Brigitte Hamann
Kronprinz Rudolf

Zu diesem Buch

Der Name des Kronprinzen Rudolf von Österreich verband sich lange Zeit hauptsächlich mit dem Jahrhundertskandal, seinem Selbstmord in Mayerling – zusammen mit der Baronin Vetsera. Brigitte Hamann zeichnet Rudolf als liberalen Intellektuellen, der in Opposition zu seinem kaiserlichen Vater und dem k.u.k. Establishment stand. Gegen die herrschenden Strömungen seiner Zeit wollte er durch die Abschaffung der Vorrechte des Adels das Habsburgerreich modernisieren. Sein politisches Ziel war ein vereintes Europa liberaler Staaten. Vor diesem Hintergrund erscheint auch die Tragödie von Mayerling in einem anderen Licht – als letzte Konsequenz eines Menschen, der keine Chance mehr für sich sah. In diese Neuausgabe flossen zahlreiche von Brigitte Hamann gefundene neue Quellen ein ebenso wie umfangreiches Bildmaterial, das zum Großteil aus dem Privatarchiv der Autorin stammt.

Brigitte Hamann, Dr. phil., geboren in Essen, studierte Geschichte und Germanistik in Münster und Wien. Durch ihre zahlreichen Veröffentlichungen zur österreichischen Geschichte wurde sie zu einer vielbeachteten und anerkannten Historikerin. Ihre Hauptwerke, darunter »Elisabeth«, »Hitlers Wien« und »Winifred Wagner oder Hitlers Bayreuth«, wurden zu Bestsellern und von Presse und Fachwelt hoch gelobt. Zuletzt veröffentlichte sie »Hitlers Edeljude. Das Leben des Armenarztes Eduard Bloch«. Brigitte Hamann lebt in Wien.

Brigitte Hamann
Kronprinz Rudolf
Ein Leben

Aktualisierte Neuausgabe

Mit zahlreichen Abbildungen

Piper München Zürich

»Kronprinz Rudolf. Ein Leben« ist die Taschenbuchausgabe der vollständig überarbeiteten Neuausgabe von »Rudolf. Kronprinz und Rebell«, zuerst erschienen 1978 im Amalthea Verlag, Wien (Taschenbuchausgabe Serie Piper 1987).

Von Brigitte Hamann liegen bei Piper im Taschenbuch vor:
Kronprinz Rudolf
Elisabeth
Bertha von Suttner
Hitlers Wien
Winifred Wagner oder Hitlers Bayreuth
Der Erste Weltkrieg

Ungekürzte Taschenbuchausgabe
Piper Verlag GmbH, München
1. Auflage Dezember 2006
3. Auflage April 2009
© 2005 Amalthea Signum Verlag, Wien
Umschlag/Bildredaktion: Büro Hamburg
Heike Dehning, Charlotte Wippermann,
Alke Bücking, Daniel Barthmann
Foto Umschlagvorderseite: Private Collection, Archives
Charmet/Bridgeman Giraudon
Foto Umschlagrückseite: Peter von Felbert
Satz: VerlagsService Dr. Helmut Neuberger
& Karl Schaumann GmbH, Heimstetten
Papier: Munken Print von Arctic Paper Munkedals AB, Schweden
Druck und Bindung: CPI – Clausen & Bosse, Leck
Printed in Germany   ISBN 978-3-492-24572-2

www.piper.de

INHALT

Vorwort 11

1. Kapitel: Kindheit am Wiener Kaiserhof 13

Österreich nach 1848 – Kaiser Franz Joseph – Erzherzogin Sophie – Die junge Kaiserin – Ehekrisen – Der kleine Soldat – Gondrecourt – Das Ultimatum der Kaiserin – Joseph Latour – Sieg bei Custozza – Niederlage von Königgrätz – Budapest im Jahre 1867 – Andrássy und Falk – Deutsch-Französischer Krieg – Familienleben

2. Kapitel: Eine bürgerliche Erziehung 57

Die Lehrer: Josef Zhisman – Hyazinth Rónay – Anton Gindely – Dionysius Grün – Josef Krist – Ferdinand Hochstetter – Adolf Exner – Carl Menger

3. Kapitel: Ein Jahr der Reisen 90

Selbständigkeitserklärung – Charles Bombelles – Der erste Zeitungsartikel – Mit Carl Menger in England – Carl Scherzer – Die Schrift gegen den Adel – Ludwig II. – Erste Liebeserlebnisse

4. Kapitel: Ornithologie 118

Freundschaft mit Alfred Brehm – Die Donaureise – Das erste Buch – Ornithologische Arbeiten – Spanienreise – Höfische und klerikale Proteste gegen Brehm – Jagdreise in den Orient – Heinrich Brugsch-Pascha – Jerusalem

Inhalt

5. Kapitel: Residenz in Prag   142

Die nationale Frage in Böhmen – Rudolf als Slawenfreund – Die erste politische Denkschrift – Opposition gegen Taaffe – Ideal einer übernationalen liberalen Partei – Plener und Chlumecky – Kampf gegen den Nationalismus in Böhmen – Anton Gindely – Moritz Benedikt – Für die liberalen Schulgesetze – Das Prager Judenmädchen – Verlobung und Heirat – Differenzen mit dem böhmischen Adel – Kardinal Schwarzenberg – Die Affäre Coudenhove – Gegen den Spiritismus

6. Kapitel: Eine unstandesgemäße Freundschaft   178

Moriz Szeps – Die Art der Zusammenarbeit – Das »Neue Wiener Tagblatt« als politisches Forum für den Kronprinzen – Höfische und politische Aktivitäten gegen Szeps – Prozeß Schönerer gegen Szeps – Finanzierungsprobleme – Baron Hirsch – Rudolf und Frankreich – Treffen mit Georges Clemenceau

7. Kapitel: Repräsentation für Technik und Wissenschaft   216

Elektrische Ausstellung – Ornithologischer Kongreß – Rudolfinerverein – Concordiaball – Karl Emil Franzos – Peter Rosegger – Das »Kronprinzenwerk«

8. Kapitel: Militär   245

Stationierung in Prag – Joseph von Philippovich – Vortrag über das Gefecht von Spichern – Als General nach Wien – Anonymes Streitgespräch über »Drill und Erziehung« – Konflikte mit Erzherzog Albrecht – Heeresmuseum – Sorge um Nationalisierung der Armee – Hentzi-Affäre – Generalinspektor der Infanterie

Inhalt

9. Kapitel: Ungarn 264

Solidarität mit der liberalen Tisza-Partei – »Die Wacht an der Leitha« – Max Falk und Gyula Futtaky – Freimaurerei – Kritik an Ungarn – Gegen den Dualismus – Verschwörungshypothesen – Wehrgesetznovelle

10. Kapitel: Balkanwirren 282

Okkupation Bosniens und der Herzegowina – Opposition gegen Kálnoky – Balkanreise 1884 – Bulgarienkrisen 1885/86 – Rudolf Graf Khevenhüller – Berlin als Schlüsselpunkt der Orientpolitik – Aspirationen Gyula Andrássys – Politische Denkschrift von 1886 – Alexander von Bulgarien – Milan von Serbien – Erzherzog Johann Salvator – Bekenntnis zur Kriegspartei

11. Kapitel: Deutschland 307

Rudolf und die Bismarckpolitik – Berlinreisen – Hilfe von Erzherzog Albrecht – Ladislaus von Szögyènyi – Herzog Ludwig in Bayern als Informant Bismarcks – Gespräch mit Bismarck 1887 – Das deutsche Kronprinzenpaar – Prinz Wilhelm – Die Kupplerin Wolf als Spionin – Herbert Graf Bismarck – Krankheit des deutschen Kronprinzen – Zusammenbruch aller liberalen Hoffnungen – Nachruf auf Wilhelm I.

12. Kapitel: Die große Wende 340

Die Broschüre des »Julius Felix« – Die Affäre Kuhn – Regierungsantritt Wilhelms II. und der Kommentar in Österreich-Ungarn-Besuch Wilhelms II. in Wien – Berliner Einmischungen in die österreichische Innenpolitik – Internationale Pressekampagne für Andrássy – Schwarzgelb – Deutschösterreichischer Pressekrieg – Heinrich Bresnitz – Agitationen Vogelsangs

Inhalt

13. Kapitel: Der Weg nach Mayerling   384

Krankheit – Testament – Affäre Pernerstorfer – Edouard Drumont – Der »unsaubere« Artikel für den Pariser Figaro – Kampf gegen den Antisemitismus – Schönerer-Prozeß 1888 – Antisemitische Demonstrationen am Maria-Theresien-Denkmal – Parteinahme für Eduard Sueß – Heinrich Heine im Mittelpunkt des antisemitischen Kampfes – Zusammenbruch Rudolfs – Scheidungsgerüchte – Mizzi Caspar – Erster Selbstmordplan mit Mizzi – Mary Vetsera

14. Kapitel: Mayerling   431

Die letzte Woche – Der 26. Januar – Der 27. Januar – Der 28. Januar – Der 29. Januar – Der 30. Januar

15. Kapitel: Reaktionen   485

Schmierige Gerüchte – Verschwörungstheorien über Ungarn – Selbstmordkrank – Reaktionen der Eltern – Stephanie und Erzsi – Mizzi Caspar – Johann Orth – Marie Larisch – Wilhelm II.

Anmerkungen   506
Kronprinz Rudolf-Schriftenverzeichnis   528
Abkürzungsverzeichnis   532
Register   533
Bildnachweis   543

Kronprinz Rudolf zu Georges Clemenceau im Dezember 1886:
Deutschland wird es niemals verstehen, welch ungemeine Bedeutsamkeit und Weisheit es ist, die Deutsche, Slawen, Ungarn, Polen um die Krone gruppiert. Der Staat der Habsburger hat längst, wenn auch in Miniaturform, Victor Hugos Traum der ›Vereinigten Staaten von Europa‹ verwirklicht. Österreich ist ein Staatenblock verschiedenster Nationen und verschiedenster Rassen unter einheitlicher Führung. Jedenfalls ist das die grundlegende Idee eines Österreich, und es ist eine Idee von ungeheuerster Wichtigkeit für die Weltzivilisation. Und wenn auch vorläufig die Ausführung dieser Idee, um mich diplomatisch auszudrücken, nicht vollkommen harmonisch ist, so will das nicht besagen, daß die Idee selbst falsch ist. Es besagt nur, daß eine solche Idee im liberalsten Sinn Harmonie und Gleichgewicht sichern müßte.

VORWORT

1978, also vor 27 Jahren, ist diese Biographie des Kronprinzen Rudolf zum ersten Mal erschienen. Als sich nun die Gelegenheit ergab, eine revidierte und modernisierte Fassung zu erstellen, habe ich mit Freude zugestimmt. Denn dieses Buch nimmt für mich als mein erstes, schwer erkämpftes einen ganz besonderen Platz ein.
In diesen 27 Jahren habe ich mich mit manchen Themen beschäftigt, die Rudolf aus anderen Perspektiven zeigen. Vor allem ist dies natürlich bei der Biographie seiner Mutter – »Elisabeth, Kaiserin wider Willen«, 1981 – der Fall, gefolgt von der Edition des Poetischen Tagebuches der Kaiserin 1984, das Überraschendes, wenn auch wenig Liebevolles über den Sohn bringt. Franz Josephs Briefe an Katharina Schratt, 1992, erhellen das schlichte Charakterbild von Rudolfs Vater. Überdies sei auf die Edition von Rudolfs geheimen und privaten Schriften, 1979, verwiesen. Die Geschichte jener politischen Strömungen, die schon in Rudolfs Biographie große Wichtigkeit haben, findet ihre Fortsetzung im Buch »Hitlers Wien« von 1996.
Diese unterschiedlichen Sichtweisen sind – natürlich auch mit der neuen wissenschaftlichen Literatur anderer Historiker – in diese Neuausgabe eingeflossen. Doch sie verändern das aus fünfjähriger Archivarbeit entstandene Rudolf-Bild von 1978 nicht grundsätzlich.
Aber die Geschichte von Rudolfs Leben ist geeignet, das Dilemma des Vielvölkerstaates Österreich-Ungarn gegen Ende des 19. Jahrhunderts wie in einem Brennpunkt zu erkennen. So sehr sich Rudolf auch bemühte, diesen Staat als Muster für ein kommendes modernes Europa zu formen, so bitter klar wurde ihm seine Einflußlosigkeit. Der Wiener Hof sah den allzu freigeistigen Kronprinzen, der sich im Privatleben mit Bürgerlichen, Intellektuellen und Juden umgab, als Feind an und verweigerte ihm politische Informationen. Unverhohlene Freude ist manchem Tagebuch zu entnehmen, als sich 1886 herausstellte, daß sich Rudolf mit einer venerischen Krankheit angesteckt hatte, die einen immer ernsteren Verlauf nahm.
Als 1888 Rudolfs Freund und Vorbild, der deutsche Kaiser Friedrich III., nach nur 99tägiger Regierung starb, endeten Rudolfs Träume

von einem friedlichen liberalen Europa. Vom aggressiv national und konservativ auftretenden gleichaltrigen Kaiser Wilhelm II. fürchtete Rudolf, daß er Österreich-Ungarn in »Nibelungentreue« in einen großen europäischen Krieg reißen würde, seiner Einschätzung nach das Ende des Vielvölkerstaates. Zudem wuchs unter dem »alldeutschen« Georg von Schönerer der Deutschnationalismus in Österreich sprunghaft an, und der Ruf nach einem Anschluß der deutschen Teile Cisleithaniens an das Hohenzollernreich wurde gefährlich laut. Gleichzeitig nahm der Antisemitismus erschreckend zu.

Der inzwischen schwerkranke, mit Morphium behandelte und rastlos arbeitende Rudolf verlor in dieser Zeit seine Zukunftshoffnungen, spielte mit Selbstmordgedanken und suchte eine Gefährtin für den Tod. Aber seine Geliebte Mizzi Caspar, der er vorschlug, sich gemeinsam mit ihm beim Husarentempel in Mödling zu erschießen, weigerte sich und kämpfte sich bis zum Ministerpräsidenten und Innenminister Graf Taaffe vor, um Rudolf zu retten. Taaffes Reaktion war schlichtes Achselzucken. Er informierte den Kaiser nicht, im Gegenteil: Wie manch anderer am Hof sah er Rudolfs Tod als eine Art Erleichterung an.

Damit sind wir in der Vorgeschichte von Mayerling, einem Thema, das auch im Lauf der letzten dreißig Jahre so manches Sensationsbuch mit stets angeblich neuen, in Wirklichkeit aber nur neuerlich ausgegrabenen alten Theorien füllte. Die größten Schlagzeilen machte die Behauptung der Exkaiserin Zita, Rudolf sei einer Freimaurerverschwörung zum Opfer gefallen und meuchlings ermordet worden. Die Hysterie fand ihren grotesken Höhepunkt darin, daß der Sarg mit Mary Vetseras Leiche aus der Gruft geraubt wurde, um Zitas These zu beweisen – was natürlich nicht gelang.

Denn es ist eine Tatsache, dass Rudolf die euphorische siebzehnjährige Mary, die keine Linkshänderin war, in die linke Schläfe schoß und dann die Waffe gegen sich selbst richtete. Dieses schuldhafte, jämmerliche Ende eines so vielversprechenden Lebens ließ selbst Rudolfs treueste Freunde verstummen und verdüsterte sein Bild in der Geschichte. Mir liegt es daran, vor allem das Leben dieses hochbegabten Habsburgers zu schildern, um auch sein Ende begreifbar zu machen.

Wien, Oktober 2005   Brigitte Hamann

1. Kapitel

KINDHEIT AM WIENER KAISERHOF

Die Zeiten waren so schlecht, daß der 28jährige Kaiser Franz Joseph kurz vor der dritten Niederkunft seiner Frau in den amtlichen Zeitungen den Willen kundtat, »daß auch bei diesem freudenreichen Anlasse jede kostspielige Festlichkeit unterbleiben, wohl aber auf die Armen und Nothleidenden Rücksicht genommen werden möge«.[1] Die Revolution von 1848/49 hatte das Land erschöpft. Die Militärausgaben für das gewaltsame Niederhalten großer unruhiger Provinzen wie Oberitalien und Ungarn erforderten riesige Summen. Ein zu kostspieliges Fest und vor allem höfischer Prunk hätten bei den vielfach belasteten Untertanen nur zu leicht der Funke zu neuen Unruhen werden können.

So aber wurde die Geburt des Kronprinzen Rudolf am 21. August 1858 in Laxenburg bei Wien zum »wahren Feste der Humanität«, wie der »Pester Lloyd« befriedigt konstatierte. Wie der Kaiser es wünschte, gaben die Reichen den Armen wenigstens aus diesem patriotischen Anlaß Almosen. Großgrundbesitzer und Bankiers spendeten für hilfsbedürftige Wöchnerinnen, Findelkinder, Sieche und arme Offizierswitwen. Bäcker verschenkten Brot, einige Gemeinden gaben Brennholz gratis ab. Soldaten erhielten da und dort eine Extraration Fleisch oder Wein. Der Kaiser stiftete in Wien ein neues Krankenhaus, das »Rudolfsspital«, für »mindestens Ein Tausend Kranke ohne Unterschied der Angehörigkeit und Religion«. Die Gemeinde Wien erhielt außerdem noch 20000 Gulden »vorzugsweise auf die Unterstützung der bedrängten Gewerbs- und arbeitenden Klassen, dann der verschämten Armen«.

Auch die Provinzen nahmen an der Freude des Kaisers teil. Zehn Studienplätze an der Theresianischen Akademie wurden für Jünglinge aus Kroatien und Slawonien, der serbischen Woiwodschaft, dem Temeser Banat und Siebenbürgen gestiftet. Zehn hinterlassene Töchter verdienter Beamter und Militärs aus denselben Ländern erhielten Versorgungsstipendien. Erzherzog Albrecht, der älteste Agnat der Habsburger und Generalgouverneur des 1849 mit Hilfe der russischen Armee besiegten Ungarn, spendete für die Armen von Ofen-Pest. Erzherzog Ferdinand Maximilian, der jüngere Bruder des Kaisers und Generalgouverneur im nur mit größter Mühe und Militärgewalt stillgehaltenen Oberitalien, spendete für die Armen Mailands und Venedigs.

Der Habsburgerhof konnte befriedigt die Festtagsfreude einer Bevölkerung registrieren, die in den letzten dreißig Jahren kaum Patriotismus gezeigt hatte. Ob diese patriotischen Freudenbeweise, von denen die streng zensurierten Zeitungen der Monarchie viel Aufhebens machten, wirklich Aussagewert für die Beliebtheit des jungen Kaiserpaares und des Hofes hatten, bleibe jedoch dahingestellt.

Der Kaiser präsentiert seinen engsten Verwandten und dem Hofstaat den neugeborenen Kronprinzen. Rechts von Franz Joseph stehen seine drei Brüder: die Erzherzöge Maximilian, Karl Ludwig und Ludwig Viktor

Kindheit am Wiener Kaiserhof

Jedenfalls erfreuten sich vor allem die seit jeher schaulustigen Wiener an den traditionellen Bräuchen, die einer Kronprinzengeburt folgten: Zwanzig Kanonen teilten von den Wällen der alten Stadtmauer das frohe Ereignis mit 101 Böllerschüssen mit. In den großen Städten der Monarchie – Wien, Ofen-Pest, Prag, Mailand, Venedig, Triest, Lemberg, Krakau – waren zumindest die Kasernen, Schulen und Amtsgebäude beleuchtet und beflaggt. Alle in der Monarchie vertretenen Religionen und Konfessionen – römische und griechische Katholiken, griechische und russische Orthodoxe, Lutheraner, Calvinisten, Juden, Mohammedaner – feierten Festgottesdienste. Die Theater gaben Festvorstellungen, deren Ertrag den Armen gespendet wurde. Unter den Spendern war auch »Herr Johann Nestroy, Direktor und Pächter des k. k. privaten Theaters in der Leopoldstadt«. Die Strauß-Dynastie wahrte die Familientradition, große Ereignisse zum Anlaß für Kompositionen zu nehmen, mit dem »Österreichischen Kronprinzen-Marsch« und der »Laxenburger Polka« von Josef Strauß.

Der so vielfach gefeierte und angedichtete Säugling bekam von seinem Vater den Orden des Goldenen Vlieses in die Mahagoni-Wiege gelegt. Seine Titel waren: »Rudolph Franz Carl Joseph, des Kaiserthumes Österreich Kronprinz und Thronfolger, königlicher Prinz von Ungarn und Böhmen, der Lombardei und Venedigs, von Dalmatien, Croatien, Slawonien, Galizien, Lodomerien und Illyrien. Erzherzog von Österreich. Ritter des Goldenen Vlieses.«

Die prunkvolle Taufe in Laxenburg war gleichzeitig eine politische Demonstration gegen die freiheitlichen Ideen des Jahres 1848. Kardinal Rauscher bekräftigte in seiner Ansprache die enge Verbindung zwischen Staat und Kirche: »Österreich ist als ein Hort der Kirche und der Gesittung, als ein Hüter des Friedens und der Gerechtigkeit zwischen den Osten und Westen gestellt ... Diesem Berufe getreu vertreten Ew. Majestät die Grundsätze, von deren Siege das Heil der Gesellschaft abhängt, in einer Gährung der Geisterwelt, welche den Lebensbedingungen des Staates gilt, und nicht blos dann, wenn sie auf der Gasse tobt, gefährlich ist.«

Die mit Hilfe von Polizeispitzeln (»Naderern«) überwachte Opposition der Verfassungstreuen konnte nur versteckt äußern, welche Hoffnungen sie auf den Kronprinzen setzte. So teilte zum Beispiel ein Herr Jos. A. M. der »Wiener Zeitung« ein lateinisches Gedicht mit, dessen

1. Kapitel

Dieses Bild zeigt die Freude über die Lösung der direkten Thronfolge: Ein trompetender Engel mit dem habsburgischen Wappen deutet auf das Bild des Urahns Rudolf von Habsburg, der einst Österreich eroberte, und ebenso auf die direkt darunter stehende Wiege des kleinen Namensvetters. Der Säugling trägt die höchste Auszeichnung des Reiches, den Orden vom Goldenen Vlies Die Wiege ist verziert mit der österreichischen Kaiserkrone und dem habsburgischen Doppeladler

Übersetzung im Kleindruck zu lesen war: »Sei vielmal gegrüßt, kaiserlicher Prinz! Österreichs aufgehendes Morgenroth!«
Dieser Satz beleuchtet den Unterton des so plötzlich aufgeflammten Patriotismus der Völker der Donaumonarchie. Ein Kronprinz war geboren, und an diesen schwachen Knaben knüpften sich von nun an die Hoffnungen der unzufriedenen, aber loyalen Bürger der Monarchie. Selbst die Ungarn schlossen sich von diesen Gefühlen nicht aus. Sie machten aus dem Namen Rudolf ein Anagramm: fordul – es ändert sich.[2]

Kindheit am Wiener Kaiserhof

Der Journalist Moriz Szeps faßte diese Gefühle später in einem Brief an Rudolf zusammen: »Als wäre es heute, so steht der 21. August des Jahres 1858 mit allem seinem festlichen Gepränge in den Straßen, den Musikbanden, welche durch dieselben zogen und den jubilirenden Volksmassen vor den Augen. Die Leute in den politisirenden Caffee- und Wirtshäusern munkelten allerlei von einer großen Amnestie aus Anlaß der Geburt des Thronfolgers und wenn es ganz sicher schien, das heißt, wenn kein ›Naderer‹ zu fürchten war, so fielen wohl auch die Worte ›Constitution‹, ›Aufklärung‹, ›Freiheit‹, ›Gleichberechtigung‹. ›Das kommt mit dem Kronprinzen‹, flüsterte man sich zu und stieß die Gläser aneinander, ›denn jetzt heißt es die Zukunft des kleinen Prinzen sicher stellen und das geht heutzutage ohne Constitution, Aufklärung und Freiheit nicht mehr.«[3]

Wesentlich nüchterner schrieb später die »Deutsche Zeitung«: »Das Volk liebt die Kronprinzen, weil es Hoffnungen auf sie setzt, die sich leider nur selten verwirklichen. Ein Volk im Ganzen hat immer etwas Kindliches, daher ist dieses Vertrauen in die Zukunft, gleich der Zuversicht des Lotteriespielers, einmal den großen Treffer zu machen, wohl erklärlich.«[4]

Das Jahr 1848 war unvergessen, als der Kaiser mit Kartätschen sein rebellisches Volk bezwungen und die verfassunggebende Versammlung in Kremsier mit Waffengewalt aufgelöst hatte, von den Bluturteilen gegen die ungarischen Rebellenführer ganz zu schweigen. Selbst die aufgezwungene Verfassung hatte Franz Joseph 1852 wieder aufgehoben und alle Versprechungen, dem Volkswillen entgegenzukommen, nicht gehalten. Der junge Kaiser war absoluter Herrscher, von keiner Volksgewalt kontrolliert. Er war oberster Kriegsherr, und die Armee war die Stütze seines Thrones. Diesem Heer verdankte es Franz Joseph, daß sein Reich (wenigstens gebietsmäßig) ungeschmälert die Revolution überstanden hatte. Er zeigte seine Dankbarkeit, indem er sich völlig mit dieser Armee identifizierte, stets in Uniform auftrat, was die Bevölkerung von den früheren Kaisern nicht gewöhnt war und als Soldatenspielerei verspottete.

Wie ernst dem jungen Kaiser die Liebe zu seiner »braven Armee« war, mag man aus dem Armeebefehl ersehen, den er gleich nach der Geburt seines Sohnes erließ: »Ich will, daß der durch Gottes Gnade Mir geschenkte Sohn von seinem Eintritte in diese Welt an Meiner braven

1. Kapitel

Armee angehöre, und ernenne ihn hiernach zum Oberst-Inhaber Meines 19ten Linien-Infanterie-Regiments, welches von nun an den Namen ›Kronprinz‹ zu führen hat. Laxenburg, am 22. August 1858. Franz Joseph m. p.«

Dieser Armeebefehl entsprach durchaus nicht habsburgischer Tradition. Keiner der Vorgänger Franz Josephs, weder Maria Theresia, Joseph II., noch Leopold II., Franz I., noch gar der »gütige« Kaiser Ferdinand waren auf die Idee gekommen, einen neugeborenen kaiserlichen Prinzen zum Offizier zu befördern. Dies war auch nicht in anderen Herrscherhäusern dieser Zeit üblich. In Preußen zum Beispiel, das als Militärstaat par excellence galt, trat der gleichaltrige Prinz Wilhelm, der spätere Wilhelm II., nach Hohenzollernbrauch erst mit zehn Jahren in die Armee ein. Kronprinz Rudolf, von dessen Existenz sich vor allem die Bürgerlichen, die Verfassungstreuen, die Liberalen und »Zivilisten« das »aufgehende Morgenroth« erhofften, war also Offizier vom ersten Lebenstage an.

Selbst die »Aja« für das »durchlauchtigste Kind« war unter militärischen Gesichtspunkten ausgesucht worden. Die damals 45jährige Karoline Freifrau von Welden war die Witwe des Feldzeugmeisters Ludwig von Welden, der sich 1848 bei der Niederwerfung des ungarischen Aufstandes einen Namen gemacht hatte. Ihre Wahl war vor allem eine Würdigung der militärischen Verdienste ihres verstorbenen Gatten, denn die Freifrau von Welden hatte keinerlei pädagogische Erfahrung. Die Hofgesellschaft hatte allen Grund zum Hohn: »Aber sage mir ganz unter uns, welche Wahl von einer Aja! Die gute Welden, die in ihrem Leben kein kleines Kind noch gesehen hat, die gar nichts davon versteht und etwas sehr Unentschlossenes hat! dabei eine schwache Gesundheit – – – in München ging sie zur Zurheim um nur zu lernen, ein Kind auf den Arm zu nehmen! ... Sie hat aber vermutlich nur den Namen, ohne die Pflicht, anordnen zu müssen.«[5]

Auch der letzten Hofdame war klar, wer allein für die Erziehung des Kronprinzen verantwortlich war: die Mutter des Kaisers, Erzherzogin Sophie, die auch schon die Erziehung der beiden älteren Mädchen des Kaiserpaares übernommen und der Mutter wenig Chancen gegeben hatte, sich um die Kinder zu kümmern. Sophie war die dominierende Persönlichkeit in der kaiserlichen Familie. Die politisch begabte und willensstarke Erzherzogin hatte vor 1848 kräftig am Sturz Metter-

Kindheit am Wiener Kaiserhof

Erzherzogin Sophie, Franz Josephs Mutter, leitete energisch, aber durchaus liebevoll die Erziehung ihrer Enkel

nichs und der Abdankung des schwachsinnigen »gütigen« Kaisers Ferdinand mitgearbeitet. Aber obwohl sie die Gattin des offiziellen Thronfolgers war, Ferdinands jüngeren Bruders Franz Carl, verzichtete sie darauf, Kaiserin zu werden. Denn ihr Gatte hätte der Monarchie nach den beschämenden Jahren des Kaisers Ferdinand kaum neue Kraft geben können. Er war zwar gutmütig, hatte aber selbst nach Aussage seines Beichtvaters »keinen Willen, keine Kraft und keine Selbstbestimmung«.[6] Man hatte Sophie angeboten, als Kaiserin praktisch durch die Person ihres Mannes zu regieren, aber sie verzichtete zugunsten ihres damals 18jährigen Sohnes Franz Joseph. Ihm und seinen jüngeren Brüdern impfte sie von klein auf ihre Vorstellungen vom Gottesgnadentum der Könige ein, vor allem ihren Abscheu vor der Revolution, über die sie eine unerbittliche Meinung hatte: »Leichter hätte ich mich über den Verlust meiner Kinder getröstet als über die Schmach, einer Studentenwirtschaft zu unterliegen.«[7]
Das Konkordat, das der Kirche übergroße Macht in der Ehegerichtsbarkeit, den Schulen, ja den Zeitungen und Theatern einräumte, galt als Sophies Werk.
Kein Wunder, daß sie beim Volk unbeliebt war und als Seele der Gegenrevolution galt. Ihr Einfluß auf Kaiser Franz Joseph war auch noch nach dessen Heirat offensichtlich. Rudolf schrieb später, sein Vater sei *zu Zeiten der armen Großmama: klerikal, schroff und mißtrauisch gewesen.*[8]
Rudolfs Mutter, Kaiserin Elisabeth, die bei der Geburt ihres Sohnes zwanzig Jahre alt war, hatte gegenüber der strengen Schwiegermutter und Tante keine Chance. Sie entstammte der kinderreichen Familie des

1. Kapitel

Herzogs Max in Bayern, einer Wittelsbacher Nebenlinie, und stand damit rangmäßig eine beträchtliche Stufe unter Sophie, die zwar auch Wittelsbacherin, aber eine Tochter des Königs von Bayern war. Dieser Unterschied hatte in der aristokratischen Geisteshaltung am Wiener Hof beträchtliche Bedeutung: Schon als die 16jährige schüchterne Elisabeth Kaiserin wurde, galt sie als zu wenig »vornehm«. Dazu kam, daß sie fern aller höfischen Etikette eher als Naturkind denn als Aristokratin aufgewachsen war. Ihr Vater, Herzog Max, hatte seinen neun Kindern zwar kein geordnetes Familienleben geboten (über die Zahl seiner mit Bauernmädchen gezeugten unehelichen Kinder streiten sich heute noch die Experten). Doch die ungezwungene Atmosphäre und Naturverbundenheit in der Familie, die skurrilen Neigungen des Vaters vom Zirkusreiten über Zitherspielen bis zum Dichten, machten diese Kindheit für Elisabeth zum verlorenen Paradies, dem sie zeitlebens nach-

Die 20jährige Kaiserin Elisabeth mit dem neugeborenen Kronprinzen, vorne die zweijährige Gisela. Das Bild an der Wand zeigt die als Kleinkind gestorbene Älteste, Sophie. Aquarell von Josef Kriehuber

Kindheit am Wiener Kaiserhof

trauerte und das ihr in der von Etiketteregeln beherrschten Umgebung des Wiener Kaiserhofes geradezu paradiesisch erschien.

Konflikte blieben nicht aus, da es in Wien niemanden gab, der die Vorzüge der jungen Kaiserin anerkannte: ihre Natürlichkeit, ihre Hilfsbereitschaft, ihre Intelligenz, der allerdings jede systematische Bildung fehlte, ihre Phantasie und ihr Gerechtigkeitsgefühl. Sophie wollte ihre Nichte unbedingt zu einer Kaiserin ihrer eigenen Vorstellung machen, tyrannisierte sie mit strengen Regeln und der ständigen Forderung, gehorsam zu sein und Disziplin zu halten.

Manche Ansichten Elisabeths sind nur aus ihrer Opposition gegen die Erzherzogin zu erklären, so ihre antiklerikale Haltung, die die fromme Sophie bis aufs Blut reizte, ihre Neigung zum einfachen Volk, die der aristokratisch-elitären Haltung Sophies direkt entgegengesetzt war, bald auch ihre fanatische Liebe zu den Ungarn, auch und vor

Mutter Elisabeth und Großmutter Sophie mit Gisela und dem kleinen Rudolf. Dies ist das einzig bekannte Foto von Elisabeth mit ihren Kindern. Alle anderen Darstellungen von Mutter und Kindern sind Montagen oder Gemälde. (Ausschnitt aus einem großen Familienfoto)

1. Kapitel

allem den Rebellen des Jahres 1848, die Sophie ebenso fanatisch haßte.

Die Geburt des so sehnlich erwarteten Kronprinzen brachte für Elisabeth keine Entspannung, im Gegenteil: Sie reagierte auf ihr Kind äußerst kühl und gleichgültig. Menschen, die es gut mit ihr meinten, begründeten diese auffällige Kälte mit dem Unglück, das ihr 15 Monate vor Rudolfs Geburt einen großen Schock versetzt hatte: Damals starb ihre schwärmerisch geliebte zweijährige Älteste, Sophie genannt, in Ungarn durch ein Fieber. Den Verlust dieses Kindes verwand Elisabeth nie und hatte nun weder Interesse an ihrer zweiten Tochter Gisela, geboren 1856, noch am kleinen Rudolf. Sie verbrachte, oft in Melancholie versunken, ihre Tage mit Reiten, spielte mit ihren Papageien und Wolfshunden, flüchtete sich voll Heimweh nach Bayern in Träumereien und schrieb klagende Verse über ihr unglückliches, unverstandenes Leben als Kaiserin. Gisela wie Rudolf schlossen sich notgedrungen der Großmutter, den Kinderfrauen und Betreuern an. Für Rudolf blieb die von ihm angeschwärmte, stets ferne Mutter das lebenslang schmerzlichste Problem.

Der Kronprinz war kaum ein Jahr alt, als der Kaiser 1859 als Oberbefehlshaber seiner Armee nach Italien in den Krieg zog. Österreich hatte sich in den italienischen Provinzen provozieren lassen und schließlich – gerade so, wie es Napoleon III. und Sardiniens Cavour gewünscht hatten – Frankreich und Sardinien-Piemont den Krieg erklärt. Es war so in einen weder militärisch noch diplomatisch vorbereiteten Krieg geschlittert, zu dem überdies gar kein Geld vorhanden war.
Franz Joseph hoffte zwar noch bis zum letzten Augenblick, Bundesgenossen zu finden und »daß vielleicht Deutschland und der schmähliche Auswurf von Preußen uns doch im letzten Augenblick beistehen werden«.[9] Aber die Hoffnung trog. Niemand kam Österreich zu Hilfe. Allein in der Schlacht von Solferino mußten 40000 Menschen ihr Leben lassen, in der Mehrzahl österreichische Soldaten, die wegen der mangelnden Organisation tagelang nichts zu essen bekamen und völlig entkräftet gegen gut ausgerüstete Franzosen und bestens motivierte italienische Patrioten kämpfen mußten. Eine der reichsten Provinzen Österreichs, die Lombardei, ging verloren. Kaiser Franz Joseph kehrte geschlagen und gedemütigt nach Wien zurück.

Kindheit am Wiener Kaiserhof

Die Kaiserfamilie 1862 in einem montierten Foto: vorn von links: Sophie mit dem kleinen Rudolf und Gisela, Elisabeth, Großvater Erzherzog Franz Carl. Links stehend Erzherzog Ludwig Viktor, Kaiser Franz Joseph. Rechts Erzherzog Maximilian mit Charlotte, darüber Erzherzog Karl Ludwig mit seiner zweiten Frau, Maria Annunziata

Hier kursierten ungeheuerliche Gerüchte über Korruption und schlechte Kriegführung. Die Popularität des Kaisers war auf dem Nullpunkt, das Schlagwort über die tapferen österreichischen Soldaten: »Löwen von Eseln geführt« in aller Munde. Die Zeitungen konnten trotz der scharfen Zensur und der harten Strafen den Wunsch nach einer Volksvertretung nicht mehr unterdrücken. Der junge Journalist Moriz Szeps schrieb die berühmten »Freien Worte eines Bürgers an den Kaiser von Österreich« und forderte eine Verfassung. Schließlich machte der Kaiser ein bescheidenes Zugeständnis in Form des Oktoberdiploms und beruhigte seine strenge Mutter: »Wir werden zwar etwas parlamentarisches Leben bekommen, allein, die Gewalt bleibt in meinen Händen.«[10]

1. Kapitel

In dieser angespannten Situation trieb die Krise innerhalb der kaiserlichen Familie ihrem Höhepunkt zu. Hin und her gerissen zwischen Mutter und Gattin, militärisch und politisch erfolglos, wandte sich der Kaiser offenbar außerehelichen Tröstungen zu. Die gedemütigte Elisabeth geriet in eine schwere seelische Krise, aß nicht mehr, hustete stark und fiel in schwere Depressionen. Da Lebensgefahr bestand, schlugen die ratlosen Ärzte vor, Heilung im Klima von Madeira zu suchen, eine Insel, die so weit entfernt war, daß der Kaiser kaum seiner Frau dorthin folgen konnte.

Die Sophie ergebenen Hofkreise kommentierten mit Genugtuung: »Jetzt werden die Familiendiners immer bei Tante Sophie sein. Ich glaube, so sehr es ihr leid ist, daß der Kaiser seit der Abreise seiner Frau so einsam ist, so wird sie im Stillen hoffen, daß er sich ihr mehr anschließen und ihr vielleicht die meisten seiner Abende weihen wird. In

Kaiser Franz Joseph mit seinen beiden Kindern. Dieses Foto wurde 1860 der fernen Mutter nach Madeira geschickt

Kindheit am Wiener Kaiserhof

Wien hat man kein Mitleid mit der Kaiserin; es thut mir leid, daß sie sich nicht die Liebe der Leute erwerben konnte.«[11]
Der zweijährige Kronprinz empfing in dieser Zeit in der Hofburg eine Abordnung seines Regimentes, dessen Oberst-Inhaber er ja war, und zwar den Hauptmann, einen Oberleutnant und sieben Rekruten. Der Hauptmann erzählte: »Ich stellte mich vor der Front neben den Kronprinzen hin und sagte: ›Kronprinz! Sie sind nicht nur Inhaber, sondern auch Oberst des Regiments, sollten uns daher kommandieren. Dazu aber wäre es freilich geboten, daß Sie zu Pferde erschienen‹ ... Hier unterbrach mich der Kronprinz mit äußerst lebhaften Gesten. ›O, ich hab ein Pferd, Liechtenstein bacsi [Prinz Rudolf Liechtenstein] hat mirs geschenkt – aber nur von Holz!‹ ›Das wollen wir doch gleich herbringen‹, sagte ich, und freudig erregt lief der Kleine fort – ich ihm nach durch zwei bis drei Räume. Da fanden wir dann einen kunstvoll gebauten Schimmel – im Nu waren wir vor der Front und der Kronprinz im Sattel – die Mannschaft setzte die Czakos auf und der Kronprinz kommandierte mit heller Stimme die von mir ihm vorgesagten: ›Figyelj! vigyázz!‹ ›Jobbra nézz‹ ›Jobbra, balra fordulj!‹ ›Indulj!‹ etc. Es machte dies nicht nur ihm, sondern auch der kleinen Erzherzogin große Freude.«[12]
Als dann auch noch der Kaiser erschien, war das Glück der Besucher vollkommen. Der Hauptmann hob »die Feierlichkeit und hohe Bedeutung des soeben Erlebten« hervor. Der zweijährige Rudolf wurde als Oberst behandelt und bekam, kaum daß er aus den Windeln war, seine erste Oberstenuniform. Nur wenn der Kleine allzusehr kränkelte, und das war sehr häufig, machte sich Franz Joseph Sorgen und nannte den kleinen Oberst scherzhaft und durchaus liebevoll wienerisch »mein Krepierl«.
Die Kaiserin kehrte nach einem halben Jahr aus Madeira zurück nach Wien, hielt es aber nur sechs Wochen im Schoße ihrer Familie aus und reiste wieder ab – diesmal nach Korfu, von wo sie Briefe dieser Art schrieb: »Mein Leben ist hier noch stiller wie in Madeira. Am liebsten sitze ich am Strand, auf den großen Steinen, die Hunde legen sich ins Wasser und ich schaue mir den schönen Mondschein im Meer an.«[13]
Inzwischen wurde Rudolf in Reichenau, der Sommerfrische seiner Kindheit, drei Jahre alt. Der Kaiser besuchte ihn zum Geburtstag auf einige Stunden, worüber ein Augenzeuge schrieb: »Die Kinder waren

1. Kapitel

Der dreijährige Rudolf in der Uniform eines Oberst

unendlich lustig und herzig, besonders der Kleine. Heute ist sein dritter Geburtstag. Das ganze Dorf war mit Blumen und Fahnen geschmückt, besonders die Kirche; vor dem Eingang stand ein Triumphbogen mit den Anfangsbuchstaben des Kaisers und Rudolphs. Im Garten hat man eine Jägerstätte für die Größe des Kronprinzen errichtet, ganz so wie die Wirklichen und mit Sprüchen verziert. Heute soll der Kaiser mit seinen Kindern das ganze geschmückte Dorf ansehen und dann mit ihnen in die Kirche gehen.«[14]

Die Mutter sah das Kind freilich erst nach Monaten wieder. Sie weigerte sich zwar weiterhin, nach Wien zu kommen, ließ sich aber die Kinder Anfang November für drei Monate nach Venedig bringen. Erzherzogin Sophie setzte als Begleitung der Kinder ihre Vertraute, Gräfin Esterházy, durch, die sie über ihre Schwiegertochter informierte. So wurde auch dieses Zusammensein alles andere als span-

Kindheit am Wiener Kaiserhof

Franz Joseph und sein Sohn auf der Jagd im Salzkammergut

nungsfrei. Auch der Kaiser kam auf einen kurzen Besuch nach Venedig. Höhepunkt seines Aufenthaltes war eine Parade des Rudolf gehörenden 19. Infanterie-Regimentes, die der Kaiser, neben ihm sein dreijähriger Sohn, abnahm.

Wieder nach Wien zurückgekehrt, griff Franz Joseph brieflich in die militärische Erziehung des Sohnes ein. Einmal lobte er ihn: »Es hat mich sehr gefreut, daß Du so brav und freundlich warst, wie die Offiziere von Deinem Regimente bei Dir waren und Du so schön ungarisch gesprochen hast.«[15] Dann wieder tadelte er den Dreijährigen: »Ihr habt ja die Soldaten von Deinem Regimente tanzen sehen; das muß sehr hübsch gewesen sein, nur höre ich, daß Du Dich gefürchtet hast, was eine Schande ist.«[16]

Nach einem kurzen Abstecher nach Reichenau, wo sie die Kinder zurückließ, fuhr die Kaiserin Anfang Juni zur Kur nach Bad Kissingen,

1. Kapitel

dann zu ihren Eltern nach Possenhofen. Erst am 14. August 1862, nach fast zweijähriger Abwesenheit, war sie wieder in Wien und wurde dort von 20 000 Menschen mit einem Fackelzug empfangen.

Der kleine Kronprinz, zwischen Großmutter, Mutter, Vater und verschiedenen Bediensteten hin und her gerissen, konnte nicht wie ein normales Kind leben. Der Vater überforderte ihn mit militärischem Ehrgeiz. Die Mutter beklagte ihr eigenes Unglück (oder was sie dafür hielt) und sah die Verlorenheit des kleinen »Krepierls« nicht.

Seit dem dritten Lebensjahr hatte der Kleine regelmäßigen Unterricht: in Religion, Tschechisch, Ungarisch, Rechnen und Schreiben. Der noch nicht Vierjährige setzte seinen ersten offiziellen Namenszug auf die Urkunde der Schlußsteinlegung des Rudolfsspitals. Tägliche Exerzier- und Schießübungen strapazierten den körperlich schwachen Knaben. Er mußte, neben seinem Vater stehend, stundenlange Paraden anschauen, Kasernen und Militärakademien besuchen.

Dabei stimmen alle Quellen darin überein, daß der Kleine überaus feinnervig und von labiler Gesundheit war, was auch der Kaiser seiner Mutter gegenüber beklagte: »Rudolph war auch einige Tage im Bett mit seinem gewöhnlichen Übel, nämlich Katarrh der Schleimhäute, der im Bauch begonnen und mit Schnupfen und großer Heiserkeit geendigt hat ... Es dauert nur jede Kleinigkeit bei ihm so lang.«[17]

Eines aber fiel bei diesem Knaben schon früh auf: Er hatte einen regen Geist, war frühreif, altklug, vorlaut, vor allem von einer nicht zu stillenden Wißbegierde. Gerade diese geistige Frühreife scheint jedoch dem Vater nicht gefallen zu haben. Denn er lobte zwar in seinen Briefen den Lerneifer des Kindes, war aber stets bemüht, ihm vor allem körperliche Übungen, so das Reiten und Schießen, nahezulegen, Sportarten, in denen sich der Kleine gar nicht hervortat.

Bald nach dem sechsten Geburtstag erhielt der Kronprinz nach Habsburger Tradition einen eigenen Hofstaat und einen Oberstshofmeister, der gleichzeitig sein neuer Erzieher war. Damit wurde er von seiner Schwester Gisela getrennt, die nicht in den reinen »Herrenhaushalt« mitgenommen werden durfte. Rudolfs innigste Bindung zu einem Familienmitglied, zur um zwei Jahre älteren Schwester, wurde so empfindlich gestört. Auch die nun nötige Trennung von der geliebten Aja Baronin von Welden wurde für das Kind zum Drama. Denn sie hatte

Kindheit am Wiener Kaiserhof

Karoline von Welden wurde von Rudolf zärtlich »Wowo« genannt. Die erzwungene Trennung von ihr stürzte den Sechsjährigen in eine schwere Krise

Der neue Erzieher Graf Leopold Gondrecourt sollte laut kaiserlicher Weisung den allzu sensiblen Knaben abhärten und bediente sich dabei sadistischer Methoden

mit großer Liebe dem sensiblen Kind fünf Jahre lang die fehlende Mutter ersetzt. Rudolfs innige Bindung an »Wowo«, seine Aja der Kinderzeit, überdauerte alle Krisen in seinem Leben bis zu Mayerling, wo er sie noch in einem Abschiedsbrief grüßen läßt.

Die Aufgabe des neuen Erziehers war eindeutig die, aus dem Knaben einen strammen Soldaten zu machen: »Se. k. H. sind phisisch und geistig mehr als Kinder seines Alters entwickelt, jedoch eher vollblütig und nervösreizbar, es muß daher die geistige Entwicklung verständig gedämpft werden, damit jene des Körpers gleichen Schritt haltet.«[18]

Generalmajor Leopold Graf Gondrecourt wurde für das Amt des Erziehers für würdig befunden. Er war gerade aus dem dänischen Krieg als »Sieger von Oeversee« zurückgekommen. Dieser in Wien so bejubelte Sieg war aber, wie ein zeitgenössischer Kritiker schrieb, errungen »nicht durch Geist und Genie, sondern durch massenhafte Blutopfer,

1. Kapitel

die durch den Wert ihres Einsatzes in keinem Verhältnisse mit dem Preis standen«. Man nannte Gondrecourt einen »der rücksichtslosesten Aristokraten, tyrannisch roh« und beschuldigte ihn, »nutzlos noch Hunderte von Menschenleben« geopfert zu haben.[19]
Aus den Erfahrungen mit dem preußischen Waffenbruder zog Gondrecourt den falschen Schluß, daß die Preußen noch in den Kinderschuhen der Kriegsführung steckten. Am Wiener Hof glaubte man ihm das und beeilte sich nicht sonderlich mit der militärischen Aufrüstung. Der sechsjährige Kronprinz erhielt vom König von Preußen den Schwarzen Adler-Orden, was ihm laut Kaiser Franz Joseph »unendlich schmeichelte«, ihn aber zwei Jahre später, als Preußen plötzlich Österreichs Erzfeind war, um so mehr verunsicherte.
Gondrecourts Erziehungsmethoden entstammten dem Militär, das hatte man gewußt und gewollt. Er hatte keine eigene Familie, kannte keine Kinder. Woher hätte er es besser wissen sollen, dazu noch bei einem so schwierigen, hochsensiblen Kind. In dieser Überbetonung des Militärischen und der Außerachtlassung jeder pädagogischen Befähigung des Erziehers lag eine große Schuld Kaiser Franz Josephs gegenüber seinem Sohn. Mit welcher Sorgfalt suchte in derselben Zeit der preußische Kronprinz Friedrich Wilhelm einen Pädagogen für seinen Sohn Wilhelm, bis er den Gymnasiallehrer Georg Hinzpeter fand. Kaiser Franz Joseph meinte dagegen noch vierzig Jahre später, als es um die Erziehung eines Enkels ging, daß ein Offizier als Erzieher besser sei »als ein mehr oder weniger pedantischer Professor«.[20]
Gondrecourt wollte das unglückliche, seiner Schwester und der Aja nachtrauernde Kind mit allen Mitteln mutig und stark machen. So ließ er es zum Beispiel allein im Lainzer Tiergarten stehen und rief ihm über die hohe Mauer zu: »Da kommt ein Wildschwein!« Das Kind brüllte vor Angst, schlug gegen das Tor, das verschlossen blieb. Nachts riß Gondrecourt den Kleinen mit Pistolenschüssen aus dem Schlaf. Er erschreckte ihn mit Kaltwasserkuren und ließ ihn ohne Erbarmen stundenlang bei Wind und Wetter exerzieren.[21] Der erst sechsjährige Kronprinz wurde immer ernster, stiller und verschreckter und war schließlich so schwach und verfallen, daß man glaubte, er sei an Diphtherie erkrankt.
Vater und Großmutter sahen dies mit an, nahmen aber keinen Anstoß. Die Mutter war wie immer auf Reisen. Es war der Gondrecourt zuge-

ordnete Joseph von Latour, der sich den Mut nahm, die Kaiserin über das Elend ihres Sohnes zu informieren – und hatte damit Erfolg: Als Elisabeth das Kind im Sommer 1865 in Ischl nach langer Zeit wiedersah, fand sie es so nervös, daß es »lebensgefährlich« sei, und meinte, die Erziehung müsse Rudolf ja »beinahe zum Trottel« machen: »Es ist ein Wahnsinn, ein Kind von sechs Jahren mit Wasserkuren erschrecken und zum Helden machen zu wollen.« Endlich raffte sie sich auf und beschwerte sich beim Kaiser. Franz Joseph zögerte wieder und wollte nichts gegen den Willen seiner Mutter tun. Doch diesmal blieb Elisabeth hart. Sie schrieb ein Ultimatum, dessen Ton ein bezeichnendes Licht auf die Gefühlskälte innerhalb der ersten Familie der Monarchie wirft:

»Ich wünsche, daß mir vorbehalten bleibe unumschränkte Vollmacht in allem, was die Kinder betrifft, die Wahl ihrer Umgebung, den Ort ihres Aufenthaltes, die komplette Leitung ihrer Erziehung, mit einem Wort, alles bleibt mir ganz allein zu bestimmen, bis zum Moment der Volljährigkeit. Ferner wünsche ich, daß, was immer meine persönlichen Angelegenheiten betrifft, wie unter anderem die Wahl meiner Umgebung, den Ort meines Aufenthaltes, alle Änderungen im Haus etc. etc. mir allein zu bestimmen vorbehalten bleibt. Elisabeth. Ischl, 24. August 1865.«[22]

Gondrecourt mußte gehen. Der Kaiser, dem die Entlassung unangenehm war, beförderte ihn zum kommandierenden General des 1. Armeekorps. Als solcher tat sich Gondrecourt wenige Monate darauf in der Schlacht von Königgrätz nicht gerade durch besondere Fähigkeiten hervor (sein Korps wurde gleich

Kaiserin Elisabeth 1865: Eine selbstbewußte, energische Frau, die ihre Interessen durchsetzen konnte, in diesem Fall zugunsten ihres kleinen Sohnes

1. Kapitel

zu Anfang geschlagen), sondern durch eine für ihn typische Affäre: Er hieb einem Soldaten, der nachts nicht gleich aufstehen wollte, im Zorn ein Ohr ab. Daß dieser Soldat ein Geistlicher war, machte die Sache besonders peinlich.[23] Die Affäre ging in der Katastrophe von Königgrätz unter, verdient aber eine Erwähnung, weil sie die Persönlichkeit des Mannes kennzeichnet, dem nach dem Willen des Kaisers die Erziehung des Kronprinzen bis zum achtzehnten Lebensjahr hätte anvertraut werden sollen.

Getreu dem Wortlaut des Ultimatums lag nun die Verantwortung für Rudolfs Erziehung bis zur Volljährigkeit allein bei der Kaiserin, und diese gab ihrem Vertrauten Latour alle Kompetenzen und deckte ihn bei Konflikten. Sie war nun nicht mehr das schüchterne Landkind, sondern eine sich ihrer Schönheit wohl bewußte Frau, die ihre Macht gegenüber dem ihr trotz allem ergebenen Kaiser kaltblütig ausspielte. So gewann sie stetig an Einfluß, den sie in diesem Fall einmal zugunsten des Sohnes geltend machte. Rudolf verdankte seiner Mutter und Latour, den er zärtlich liebte, wahrscheinlich das Überleben.

Der noch nicht Siebenjährige war jedoch zu diesem Zeitpunkt, als seine Erziehung wiederum abrupt geändert wurde, ein bereits schwer geschädigtes Kind. Schon die problematischen Erbanlagen einer Familie, die sowohl in der Habsburger als auch der Wittelsbacher Linie mehrere Fälle von Geisteskrankheiten, Epilepsie oder »Sonderlichkeiten« aufwies, und der durch Inzucht bedingte »Ahnenschwund« waren keine idealen Voraussetzungen. Die Umwelt des Kleinkindes, so prunkvoll und großartig sie nach außen auch war, bot die schlechtesten Bedingungen, diesen ungünstigen Start auszugleichen.

Die immer selbstbewußter werdende Mutter spielte fortan für den Kronprinzen die Rolle einer schönen Fee, die oft monatelang nicht sichtbar war. Wenn sie kurzfristig einmal nach Wien kam, stiftete sie in der Umwelt der Kinder Verwirrung. Sie zog Gisela wie Rudolf in einer Laune an sich und stieß sie im nächsten Moment wieder von sich, aus für die Kinder unerfindlichen Gründen.

Der Kaiser hatte Akten zu studieren, Kriege zu führen, militärische, politische und persönliche Niederlagen zu verkraften. In seinen Mußestunden schätzte er die Jagd mehr als Spaziergänge mit seinem Sohn, dem immer fragenden und anstrengenden »Rutschepeter«. Die Briefe Kaiser Franz Josephs an das Kind, so lieb und humorvoll sie auch oft sind, handeln von fast nichts anderem als der Jagd und dem Militär.

Einen »Helden« wollte man (nach Elisabeths Worten) aus dem sensiblen Kind machen. Das Ergebnis dieser Bemühungen war jedoch ein Kind, das deutliche Anzeichen von Hospitalismus aufwies: eine krankhaft gesteigerte Angst, häufige Unehrlichkeit und eine schwärmerisch hartnäckige, ja aufdringliche Liebe zu jenen Menschen, die er mit seiner Anhänglichkeit geradezu verfolgte. So geriet der sensible Rudolf in eine schwere Krise, als sein geliebter Leiblakai Martin Possega starb. Eine besonders innige Beziehung hatte er auch zu Heinrich Ritter von Spindler, der ihn als treuer Mentor vom dritten Lebensjahr bis Mayerling begleitete und Latour maßgebend bei dessen Revolution gegen Gondrecourt unterstützte.

Die Diskrepanz zwischen den glanzvollen äußeren Umständen dieses Kinderlebens – von der kunstvollen Mahagoniwiege mit den Spitzenvorhängen bis zu den Triumphbögen, die am Geburtstag für ihn errichtet wurden – und der inneren Vereinsamung ist beklemmend. In einer der Festschriften für die vaterländische Jugend allerdings liest sich diese frühe Kindheit so: »Die Züge echter Herzensgüte, die seinem Vater eigen sind, sie übertrugen sich auf ihn; die hingebungsvolle Liebe, mit welcher seine erlauchte Mutter ihn beglückte, sie fand reichlichen Widerhall in dem Herzen des zarten Kindes. So wurden durch das schöne Zusammenwirken der kaiserlichen Eltern die edelsten Keime in das Herz des Kronprinzen gesenkt.«[24]

Die Berufung des neuen Erziehers, Joseph Latour von Thurmburg, war eine der wenigen glücklichen Wendungen in Rudolfs Leben. Daß die Kaiserin sich gerade für diesen Mann einsetzte und trotz vieler Intrigen unbeirrt an ihm festhielt, machte wohl einige ihrer Fehler wieder gut.

Oberleutnant Latour war zur Zeit seiner Berufung 44 Jahre alt und Junggeselle. Er war zwar ebenso wie Gondrecourt kein ausgebildeter Erzieher, doch hatte er immerhin Jura studiert und war sieben Jahre lang Beamter, bevor ihn das Jahr 1848 zu Radetzkys Fahnen nach Italien führte. Er kannte also das Zivilleben und hatte sein Leben nicht wie Gondrecourt ausschließlich in Kasernen verbracht.

Seit 1860 war Latour als Flügeladjutant in der Nähe der kaiserlichen Familie. Er hatte das persönliche Vertrauen sowohl des Kaisers als auch

1. Kapitel

Joseph Latour von Thurmburg, der den schwer traumatisierten kleinen Rudolf durch eine mutige Aktion vom Peiniger Gondrecourt befreite. Er wurde durch Elisabeths Eingreifen der neue Leiter der Erziehung, von Rudolf zeitlebens zärtlich geliebt und »mein liebes Alterle« genannt

der Kaiserin, was sich darin äußerte, daß er mehrmals mit privaten Aufträgen Franz Josephs zur Kaiserin nach Madeira geschickt wurde. Über die Eheprobleme des Kaiserpaares war Latour wie kaum ein anderer informiert. Mustergültig war seine Diskretion. 1864 wurde er als Gondrecourts Untergebener dem Kronprinzen zugeteilt, opponierte aber gegen dessen drastische Erziehungsmethoden. Bezeichnend für Latours problematische Stellung am Hofe war, daß er nicht sofort nach Gondrecourts Ablösung offiziell neuer Erzieher des Kronprinzen wurde, sondern diesen Titel erst 1870 erhielt, obwohl er die Funktion schon seit 1865 ausfüllte. Seine Stellung war also fünf Jahre lang nicht abgesichert.

Kindheit am Wiener Kaiserhof

Die Intrigen und Kämpfe gegen Latour dauerten jahrelang. Er galt als Günstling der bei Hofe unbeliebten Kaiserin und als »liberal«, was in den Augen der Erzherzogin Sophie und des Erzherzogs Albrecht schon fast »revolutionär« war. Doch der Kaiser hielt sich peinlich an Elisabeths »Verfassungsurkunde« und unterstützte Latour, der gelegentlich Schwierigkeiten durchblicken ließ: »Ich gehe ohne jedwede Rücksicht auf Persönlichkeiten meinen geraden Weg. Dadurch wird man zwar nicht beliebt, aber es ist das einzige Mittel, um bei Hofe ein selbständiges Urteil zu behalten.«[25]

Die Bewährungsprobe für Latour war das Jahr 1866 und die Niederlage Österreichs bei Königgrätz. Die Liebe zur österreichischen Armee war dem Kronprinzen vom ersten Lebenstage an geradezu eingeimpft worden. Gondrecourts rauhbeinige Soldatengeschichten aus dem dänischen Krieg und das abfällige Urteil über die preußische Armee hatten das Kind geprägt. Selbstverständlich hielt der Siebenjährige die österreichische Armee für die großartigste der Welt.

Der kleine Kronprinz wurde schon früh als Repräsentant der Krone eingesetzt, so auch beim Bau der Ringstraße in Wien. Hier hilft er – in bürgerlichem Gewand – auf der Löwelbastei mit seinem Kinderschubkarren Steine fortzuschaffen. Hinter ihm Großvater Erzherzog Franz Carl und hinter diesem Oberst Latour

1. Kapitel

Der Kronprinz wurde Anfang Juli mit Latour und einigen Lehrern nach Ischl geschickt, war aber über die jeweilige Lage bestens informiert, was sein aufgeregter Brief an den Kaiser zeigt: *Lieber Papa! ... Ich weiß wohl, daß Du jetzt sehr viel zu thun hast. Wo ist jetzt der Onkel Ernst? Ist es wirklich, daß die Preußen in Sachsen sind? Wo sind jetzt die Sachsen? Wie viele Brigaden hat jetzt der Benedek unter sich? und der Onkel Albrecht, wie viele hat der? Papa, ist es wahr, daß beim Benedek die Musikbanden auch beim Sturm spielen müssen? Wann wird denn der Krieg losgehen?* [26]

Am nächsten Tag, nach Veröffentlichung des kaiserlichen Manifestes, das den Krieg ankündigte, schrieb Rudolf: *Mein lieber Papa! Ich schicke Dir mein Gebet, was ich für Dich in der Früh immer bete. Ich habe Dein Manifest gelesen, mir hat es sehr gefallen.*

Das Gebet hatte folgenden Wortlaut: »Zum Heil des Feldzuges von 1866. Allmächtiger, ewiger Gott! Höchster Herr des Himmels und der Erde! Ich bitte Dich demütig, entziehe in dieser Zeit der Gefahr unserem Vaterland Österreich Deine Hilfe nicht; segne die Waffen seiner Krieger, damit sie im Kampf für Recht und Ehre nicht unterliegen, sondern mit Deiner Gnade den Sieg erlangen! Laß – o gütiger Vater im Himmel – besonders jetzt meinen lieben Papa Deiner Allmacht und Liebe empfohlen sein. Bewahre ihn von allen Gefahren, wende jedes Leid von ihm und schenke seinem Herzen Trost und Freude durch einen glücklichen Ausgang des Krieges. Heilige Jungfrau, bitte für uns und, Herr Jesus Christus, erhöre uns! Amen.« Rudolfs Urteil über Preußen war eindeutig: *Ich habe auch das Manifest vom König von Preußen gelesen – er lügt dem lieben Gott ins Gesicht, mir gefällt es nicht.* [27]

Die ersten Nachrichten, die in Ischl eintrafen, waren nicht ungünstig, wenn auch ungeheure Blutopfer zu beklagen waren. Aber immerhin konnte ein österreichisches Korps in Trautenau in Böhmen einen bescheidenen Sieg erfechten. Auch vom italienischen Kriegsschauplatz, aus Custozza, kamen Siegesmeldungen. Grotesk war nur, daß die österreichische Südarmee unter Erzherzog Albrecht um ein Land – Venetien – kämpfte, das Franz Joseph bereits wenige Wochen vorher in einem Geheimvertrag gegen das Versprechen der Neutralität an Frankreich abgetreten hatte.

So sinnlos dieser gefeierte Sieg von Custozza heute auch anmuten mag, der kleine Kronprinz war jedenfalls begeistert und schrieb an Erzher-

Kindheit am Wiener Kaiserhof

Erzherzog Albrecht, der Sieger von Custozza

zog Albrecht: *Lieber Onkel! Wie freue ich mich, daß Du gesiegt hast. Die Mama und auch die Gisela gratulieren Dir von ganzem Herzen. Ich habe den lieben Gott gebeten, daß wir siegen, und daß er Dich auch ferner beschützt! Ich denke sehr viel an unsere brave Armee, und an die armen verwundeten Soldaten. Wie viele Brigaden waren im Feuer? War mein Regiment auch schon im Feuer? Ich lese alle Telegramme, die vom Süden und Norden kommen. Viele Grüße an Onkel Rainer. Behalte mich lieb, ich habe Dich auch sehr lieb. Dein Rudolf.*[28]

Erzherzog Albrecht antwortete: »Morgen werden wir über den Mincio gehen mit der ganzen Armee, die Truppen aus Tyrol gleichzeitig in die Thäler der lombardischen Grenzgebirge einfallen. Die Husaren und Uhlanen sind schon heute voraus u. haben mehrere Gefangene gemacht. Die Schlacht war sehr blutig, aber Alles ging sehr gut, wie am Exercirplatz. Im Ganzen haben wir an Todten und Blessirten bei 8000 Mann verloren, der Feind noch viel mehr u. zudem machten wir über 4000 Gefangene u. eroberten 16 Kanonen.«[29]

Ein paar Tage später schrieb Rudolf an seine Mutter: *Ich habe vom Onkel Albrecht mit Freuden gehört, daß mein Regiment so tapfer war. Der Oberstlieutenant ist schwer verwundet und Viele sind gestorben. Fechtet noch immer die Nordarmee?*[30]

Die Nachrichten von der Nordarmee aus Böhmen wurden immer schlechter. Kaiserin Elisabeth, die sich in diesen Tagen der Not auf ihre Pflichten als Landesmutter besann, informierte ihren Sohn über die Lage: »Trotz der traurigen Zeit und den vielen Geschäften sieht der liebe Papa Gott lob gut aus, hat eine bewunderungswerthe Ruhe und Vertrauen in die Zukunft, obwohl die preußischen Zündnadelgewehre

1. Kapitel

einen ungeheuren Erfolg haben. Tante Maria (Königin von Sachsen) schrieb aus Dresden an die Großmama, daß die ganze Stadt wie eine preußische Kaserne ist, in einem fort ziehen Truppen unter ihren Fenstern vorüber, oft stundenlang ohne Unterbrechung, eine Truppe schöner wie die andere ... Von den letzten großen Treffen bekam Papa heute Nachmittag ausführliche Berichte, die beßer sind, als er dachte, nur der Verlust ist furchtbar, da die Truppen zu tapfer u. hitzig sind, so daß der Feldzeugmeister einen Armeebefehl erließ, sie sollen mit dem Bajonette Angriff warten bis die Artillerie mehr gewirkt habe. Von Italien hat der Papa auch ausführliche Berichte bekommen ... Die Piemontesen benehmen sich ganz unmenschlich gegen die Gefangenen, sie bringen die Verwundeten, Gemeine wie Officire um, ja sie erhängten sogar einige Jäger, zwei konnte man noch retten, einer wurde aber verrückt. Onkel Albrecht drohte ihnen mit Repreßalien. Es hat allen Anschein, daß in Italien jetzt einige Zeit Ruhe sein wird, denn die Piemontesen haben genug zu thun sich von dem Schlag zu erholen. Wenn wir nur mit den Preußen auch schon so weit wären ... Morgen oder übermorgen wird aber sicher eine entscheidende Schlacht sein.«[31]
Am 1. Juli schrieb Elisabeth an Latour: »Die Verhältniße sind leider so, daß ich Ihnen durch den Telegraf leider keine Nachrichten mehr geben kann, aber um meinem Versprechen nachzukommen, will ich Ihnen schriftlich mitteilen, wie es jetzt um uns steht. Die Nordarmee hat durch die letzten Kämpfe furchtbar gelitten, bei 20 000 Mann Verlust, fast alle Stabs und höheren Officire sind aus den Regimentern herausgeschoßen. Auch die Sachsen sind schlecht zugerichtet. Dennoch bleiben aber immer noch Corps intact, trotzdem zieht sich das Hauptquartier mit der Armee zurück, vor der Hand nach Mähren. Sie sehen aus allem dem, daß wir nicht sehr gut daran sind ... Das sind schlechte Nachrichten, die ich Ihnen gebe, aber man darf den Muth nicht sinken lassen. Theilen Sie Rudolf mit so viel Sie für gut finden. «[32]
Latour antwortete: »Sr. kaiserlichen Hoheit dem Kronprinzen habe ich nur im Allgemeinen den Rückzug unserer Truppen bekannt gegeben – er frug mich öfter – eine Lüge will ich ihm nicht sagen, und hielt es auch für richtiger ihm die offene Wahrheit, wenn sie auch unangenehm klingt, mitzutheilen, als ganz darüber zu schweigen. Kinder sind für Freuden empfänglicher als für Trauer, daher seine traurige Stimmung nur ganz kurz andauerte. Ich sagte ihm auch, daß er auf Gott und unser

gutes Recht und auf jene Zähigkeit vertrauen soll, die in Österreichs Geschichte so oft eine entscheidende Rolle spielte und von der ich ihm Beispiele anführte.«[33]

Doch die Katastrophe von Königgrätz war bereits an diesem Tage, als Latour seinen Schützling noch mit Vertrauen »auf Gott und unser gutes Recht« beruhigte, in vollem Gange. Elisabeth an Latour am 4. Juli 1866: »Was jetzt geschehen wird glaube ich weiß Niemand. Gott gebe nur, daß kein Friede geschloßen wird, wir haben nichts mehr zu verlieren, also lieber in Ehren ganz zu Grunde gehen. Wie schrecklich es Ihnen und Pálffy sein muß, jetzt in Ischl ruhig auszuhalten, das begreife ich nur zu gut, aber Gott wird es Ihnen lohnen, daß Sie dieses schwerste Opfer bringen und das arme Kind nicht verlaßen, deßen Zukunft eine so traurige ist.«

Der Kronprinz profitierte von dem vertrauensvollen Verhältnis der Kaiserin zu Latour. Es ist kaum auszudenken, welchen Verlauf diese für Rudolf so wichtigen Wochen genommen hätten, wäre noch Gondrecourt an seiner Seite gewesen. Niemals hätte die Kaiserin diesem von ihr verachteten Militär, dem Kandidaten ihrer Schwiegermutter, solches Vertrauen entgegengebracht, das bei dem Buben ein bisher unbekanntes Zusammengehörigkeitsgefühl mit seiner Familie hervorrief. Das Kind fühlte sich einig mit den Eltern, die sich nun auch besser verstanden. Es nahm leidenschaftlichen Anteil an allen Vorgängen: *Der Gablenz habe ich gehört, ist zu den Preußen gegangen, um Waffenstillstand zu machen. Ich weiß auch, daß Onkel Wilhelm und Onkel Josef blessirt sind. Ich weiß auch, daß Du sehr viel für mich thust ich danke Dir sehr dafür, lieber Papa. Hier wird ein Spital errichtet.*[34]

Vor allem bewunderte Rudolf seine Mutter, die Lazarette und Spitäler besuchte, allerdings unter dem Einfluß Andrássys in Budapest, was Anlaß zu bitteren Kommentaren in Wien bot. Rudolf an Elisabeth: *Es wird die armen Soldaten sehr freuen, daß Du in die Spitäler gehst. Hat sich der Soldat den Arm abschneiden lassen, dem Du so oft zugeredet hast? Wie viele Spitäler sind in Ofen? Sind viele Verwundete dort? Sind Nonnen in den Spitälern? Sind noch Truppen in Ofen?*

Großmutter Sophie stellte sich mit tröstenden Worten ein: »Die männliche Ruhe und Faßung des armen Papa, seine unveränderte, ungebrochene Thätigkeit, noch so viel wie möglich gut zu machen, was

1. Kapitel

leider gefehlt u. unterlaßen wurde, u. ohne Klage, ohne Bitterkeit sind erhebend! Mir zerreißt sein stummer Schmerz, deßen Ausdruck tief in seine Züge gegraben ist, das Herz u. ich kann nur Gott innig bitten, daß Er Seinen so schönen männlichen Muth nicht sinken laße! Bethet mir auch recht, liebe Kinder, für den armen Papa, dass ihm der liebe Gott nach langen schweren Prüfungen u. rastloser Pflichttreue endl. gute, friedliche Tage schenke! Ich kann mir denken, wie schmerzlich Euch in diesen trüben Tagen die Trennung von Papa u. Mama sein muß. Ihr allein könntet sie ihnen wohlthuend erheitern ...«[35] Darauf antwortete Rudolf im festen Kinderglauben, daß Gott den Guten hilft und die Bösen straft: *Ich glaube, der liebe Gott wird uns helfen, weil unsere Sache ist gerecht.*

Die Preußen waren indes bis kurz vor Wien vorgerückt. Panik und Weltuntergangsstimmung herrschten. Die Unzufriedenheit der Wiener mit der Regierung und dem Kaiser gipfelten in Zurufen an Franz Joseph: »Es lebe Kaiser Maximilian!«, eine unverhohlene Aufforderung, zugunsten des jüngeren, beliebteren Bruders abzudanken.

In dieser hektischen Stimmung wurden die Kaiserkinder aus Ischl zurückgeholt. In Wien wurde in aller Eile gepackt. Es gab ein kurzes Wiedersehen mit dem auch in diesen Unglückstagen einsamen Kaiser. Dann mußten die Kinder, wie die Kroninsignien, die kostbarsten Stücke der Hofbibliothek und der kaiserlichen Sammlungen in Sicherheit gebracht werden: nach Budapest, wo die Kaiserin sich bereits seit Wochen aufhielt, um die Unterstützung der Ungarn zu sichern.

Auch von Budapest aus nahm Rudolf regen Anteil an den Ereignissen: *Die Preußen sind schon bei Preßburg. Weißt Du schon, daß der Tegetthoff ein feindliches Panzerschiff in die Luft gesprengt und ein anderes in Grund gebohrt, und die italienische Flotte verjagt hat? Wenn es nur bei Wien auch so gut gehen würde.*[36] Latour informierte das Kind noch auf eine andere Art: Er machte den Buben mit Soldaten bekannt, die am Krieg teilgenommen hatten. Bezeichnend für ihn war aber, daß er keinen der Generäle oder »groben Oberste« zur Audienz zum Kronprinzen einlud, sondern einen Mann, der, obwohl er dem österreichischen Hochadel angehörte, als »Gemeiner« in den Krieg nach Böhmen gezogen war, was eine damals vielberedete Sensation war: den Grafen Hans Wilczek.

Wilczek machte aus seiner Entrüstung über die schlechte Ausrüstung

Kindheit am Wiener Kaiserhof

Graf Hans Wilczek, 1837–1922, der bald durch seine Forschungsreisen und die Förderung von Sozialprojekten, Wissenschaft und Kunst berühmt wurde

der österreichischen Soldaten keinen Hehl. Die Leute ergriff, wie er erzählte, »zornige Entrüstung und sie sagten, unsere Generale hätten doch schon im holsteinischen Krieg sehen können, daß mit unseren Vorderladern, mit denen man höchstens 400 Schritte etwas treffen kann, gegen die welttragenden Zündnadelgewehre nicht aufzukommen sei ... Unsere Truppen hatten sich gut geschlagen, waren aber schlecht geführt worden.« Er berichtete dem Kind auch, wie er sich fühlte, nachdem er aus dem Hinterhalt einen preußischen Offizier erschossen hatte: »Aber als ich zu meinen Leuten zurückging, war ich nicht mehr so unternehmend wie vorher, es war mir ein peinlicher Gedanke, nicht im Kampf, sondern eher meuchlings einen Mann getötet zu haben, der mir vielleicht gleichwertig war und Frau und Kind zu Hause hatte. Das quälte mich fürchterlich und ich hatte die Empfindung, dafür eine Sühne leisten zu müssen.«[37]

Mehrere Stunden dauerte Wilczeks Audienz bei dem kleinen Kronprinzen in der Ofner Burg. Mit Humor und Feuer erzählte er seine Erlebnisse, die ganz anders waren als die statistischen Angaben von Blessierten, Gefangenen und Gefallenen, die der Kaiser und Erzherzog Albrecht in ihren Briefen an das Kind aufreihten. Daß Latour, wahrscheinlich im Einvernehmen mit der Kaiserin, diesen Gesprächspartner mit Bedacht ausgewählt hatte, damit er, der alles andere als höfisch war, Einfluß auf den jungen Prinzen nehmen sollte, geht aus einer Bemerkung Wilczeks in seinen Erinnerungen hervor: »Ich dachte mir, daß ich, mein ganzes Leben an seiner Seite stehend, ihm und vielen anderen würde viel helfen können.«[38]

1. Kapitel

Inzwischen war der Waffenstillstand ausgehandelt. In Wien waren peinliche Untersuchungen im Gange. Leute wie Gondrecourt verschwanden ohne viel Aufhebens von der Bildfläche. Der unglückliche General von Königgrätz, Feldzeugmeister Ludwig von Benedek, wurde zum Alleinverantwortlichen an der Katastrophe gemacht. Rechtfertigen durfte er sich nicht. Die Bevölkerung nahm die Benedek-Verurteilung nur widerwillig hin. Denn es war nur zu klar, daß Benedek zwar mitschuldig, aber auch andere, unter ihnen der Kaiser und Erzherzog Albrecht, Anteil an der Niederlage hatten.

Wahrscheinlich war auch der Kronprinz in diese Diskussionen eingeweiht, denn Latour war mit Benedek befreundet und brach nach Königgrätz keineswegs den Kontakt mit dem öffentlich kritisierten Feldherrn ab. Einige Jahre später (1873) beauftragte der Kaiser seinen Sohn, gemeinsam mit Latour eine Aussöhnung mit dem verbitterten Benedek zu versuchen, doch ohne Erfolg.

Nach Bismarcks Anweisungen wurde der Friede von Prag geschlossen. Österreich brauchte zwar an Preußen keine Länder abzugeben, aber verlor seine bisher führende Stellung in Deutschland. Der Deutsche Bund wurde aufgelöst. Preußen vergrößerte sich um Hannover, Kurhessen, das Herzogtum Nassau und die Freie Stadt Frankfurt. Der Sieg brachte Bismarck viele neue Anhänger. Auch bei manchen deutschsprachigen Österreichern erwachte die Bewunderung für den »Blut-und-Eisen«-Politiker.

Die Stimmung am Wiener Hof war trübe. Der Kaiser gratulierte seinem Sohn zum achten Geburtstag: »Durch diese Zeilen wünsche ich Dir alles mögliche Glück und Gottes besten Segen. Vor allem aber, daß Du einst bessere Zeiten erlebst, als wie sie mir beschieden wurden.« Aber selbst in dieser Lage versäumte er nicht, den Sohn über militärische Einzelheiten auf dem laufenden zu halten: »Hier in Schönbrunn liegt jetzt das 28. Jäger-Bataillon, welches aber sehr viele Leute bei Trautenau und Königgrätz verloren hat, auch keine Röcke hat, da es bei Trautenau die Tornister, in welchen dieselben waren, zum Sturm ablegte und nicht mehr zu ihnen gekommen ist, so daß die Leute jetzt immer in Mänteln sind.«[39]

An Erzherzogin Sophie schrieb sich Franz Joseph den Groll von der Seele: »Erst jetzt kommt man so recht auf alle die Infamie und den raffinierten Betrug, dem wir zum Opfer gefallen sind. Das war alles zwischen Paris, Berlin und Florenz lange vorbereitet und wir waren sehr ehrlich, aber sehr dumm. Es ist ein Kampf auf Leben und Tod, der noch lange nicht aus ist, und es ist mit Berechnung auf unsere vollkommene Zerstörung abgesehen. Wenn man alle Welt gegen sich und gar keinen Freund hat, so ist wenig Aussicht auf Erfolg, aber man muß sich so lange wehren als es geht, seine Pflicht bis zuletzt tun und endlich mit Ehre zu Grunde gehen.«[40]

Franz Joseph bereiste die Schlachtfelder. Das ganze Elend Österreichs trat ihm hier vor Augen, während sein kleiner Sohn schrieb: *Du schaust auch die Schlachtfelder an – bringe mir gewiß eine Kugel von Königgrätz mit.*[41] Und: *Die Dienstmagd, die Verwundete in der Schlacht verbunden hat, hast Du sie wirklich gesehen? Papa, wie ist die Bürgerwache in Prag uniformirt? In Trautenau wirst Du ja diesen gepeinigten Bürgermeister sehen? Sind die Felder in Tobitschau sehr verwüstet.*[42]

Diese Briefe zeigen, welch leidenschaftlichen Anteil das Kind an den Ereignissen des Jahres 1866 nahm, nicht anders als der gleichaltrige Prinz Wilhelm in Berlin, der spätere Wilhelm II., der Sieg auf Sieg erlebte. Welch ungeheurer Stolz bei dem jungen Hohenzollern, durch den Deutsch-Französischen Krieg und die Gründung des deutschen Kaiserreiches noch verstärkt, und welch ungeheure Niederlage für das Selbstbewußtsein des Habsburgers, der in seiner Jugend mit ansehen mußte, wie Österreich eine Position seiner einstigen Größe nach der anderen aufgab: die Lombardei 1859, Venetien 1866, die Vorherrschaft in Deutschland, schließlich die staatliche Einheit im Ausgleich mit Ungarn 1867.

Der vor den preußischen Truppen aus Wien nach Ofen geflüchtete Kronprinz wurde von den Ungarn mit Jubel empfangen. Das war alles andere als selbstverständlich, bedenkt man, wieviel Geld es sich Bismarck kosten ließ, die Klapka-Partei zu unterstützen, die mit preußischem Geld für ein selbständiges Ungarn kämpfte. Die liberale Partei unter Franz Deák und Gyula Andrássy konnte sich jedoch durchsetzen und sagte dem Kaiser Unterstützung zu. In ihnen sah Elisabeth die Retter in der Not. Der Kaiser aber zögerte, sich wie seine Gemahlin auf den »ausschließlich ungarischen Standpunkt zu stellen und diejenigen Länder, welche in fester Treue namenlose Leiden erduldeten und gerade jetzt der besonderen Berücksichtigung und Sorgfalt bedürfen, zurückzusetzen«,[43] womit das durch die Schlachten verwüstete Böhmen gemeint war.

Doch Elisabeth setzte sich, allen berechtigten Einwänden zu Trotz, nach langem Hin und Her durch. Sie war ein eifriges, ja fanatisches Werkzeug Andrássys auf dem Weg zur dualistischen Staatsform der Monarchie. Die Deutschen und Ungarn teilten sich seit 1867, dem Jahr des »Ausgleichs«, die Herrschaft aller Stämme und degradierten damit die anderen Nationalitäten zu Völkern zweiter Ordnung. Das Ideal einer zentral von Wien aus geleiteten Monarchie mußte endgültig zu Grabe getragen werden. Ab nun gab es zwei getrennte Staatsgebiete mit eigenen Verwaltungen, zwei Verfassungen, zwei Parlamenten, zwei Residenzstädten (Wien und Budapest) und komplizierten gemeinsamen Koordinierungsstätten, den »Delegationen«. Vor allem aber: die Magyaren verhinderten fortan jede Reform, die den benachteiligten habsburgischen Völkern, vor allem den Böhmen, ähnliche Rechte hätte geben können.

Franz Joseph an Elisabeth: »Ich bin sehr melancholisch und der Muth sinkt mir immer mehr, je mehr wir uns dem Frieden nähern und die inneren Schwierigkeiten klarer hervortreten, die zu bekämpfen sein werden. Mein Pflichtgefühl allein hält mich aufrecht und die leise Hoffnung, daß vielleicht doch noch aus den jetzt beginnenden europäischen Verwicklungen einst bessere Zeiten hervorgehen werden.«[44]

Rudolf war in dieser wichtigen Zeit ganz im Einflußbereich seine Mutter, die hier in Budapest zum ersten und einzigen Mal in ihrem Leben politisch wie karitativ tätig war. Er sah, daß Elisabeth voll hinter der liberalen Politik Andrássys stand. Noch viel später, als Elisabeth längst wieder ihr selbstsüchtiges Leben aufgenommen hatte, dachte Rudolf an diese Tage zurück: *Es hat eine Zeit gegeben, wo die Kaiserin oft, ob mit Glück, das will ich dahingestellt sein lassen, sich um die Politik gekümmert hat und mit dem Kaiser über ernste Dinge, geleitet von Ansichten, die den seinen diametral entgegengesetzt waren, gesprochen hat. Diese Zeiten sind vorüber. Die hohe Frau kümmert sich nur mehr um den Sport; so ist jetzt auch dieser Einlaß fremder und im großen Ganzen eher liberal angehauchter Meinungen verschlossen.*[45]

Außer Andrássy lernte Rudolf in Budapest noch einen Mann kennen, der in seinem Leben Bedeutung haben sollte: Max Falk, den führenden

Graf Gyula Andrássy, Elisabeths bester Freund, der auch den Kronprinzen politisch prägte

Max Falk, Chefredakteur des »Pester Lloyd«, politischer Berater Elisabeths und des Kronprinzen

liberalen Journalisten in Ungarn, Chefredakteur des »Pester Lloyd«. Er gab der Kaiserin auf Andrássys Empfehlung offiziell Unterricht im Ungarischen. Als Ungarischlektüre ließ sich Elisabeth von Falk ausdrücklich verbotene politische Literatur bringen, so auch das Pamphlet »Der Zerfall Österreichs« und andere radikale Schriften, die sich bis zu der Behauptung verstiegen, daß auf dem Zerfall Österreichs der Friede Europas beruhe. Auch die Geschichte des ungarischen Freiheitskampfes von 1848 hörte Elisabeth nun aus anderer Sicht und erreichte beim Kaiser, daß einige »Achtundvierziger« begnadigt wurden. Der Einfluß Andrássys und Falks auf die Kaiserin (und durch sie auf den Kronprinzen) kann nicht hoch genug eingeschätzt werden.

Daß auch Rudolf über die blutige Niederwerfung des Aufstandes von 1848 informiert wurde, ist sicher, ließ doch die Kaiserin keine Gelegenheit aus, die österreichische Politik des Jahres 1848 zu kritisieren. Sie belastete damit Erzherzogin Sophie, die die Hauptfürsprecherin einer gnadenlosen Politik gegen die Revolutionäre gewesen war. Die Erzherzogin wird kaum erfreut gewesen sein, als der aus Budapest zurückgekehrte Kronprinz ihr keine Ruhe ließ mit der Frage, wie es denn 1848 gewesen sei.[46]

1. Kapitel

Erstaunlich ist die Fülle der Informationen, die bereits der Achtjährige erhielt und die auch keineswegs einseitig waren. Bei der Großmutter erlebte er abgrundtiefen Haß gegen die Revolution und alles, was mit Verfassung oder gar demokratischen Rechten zu tun hatte, bei der Mutter eine schwärmerische Verherrlichung des freien liberalen Geistes, der gegen ein starres konservatives System kämpft. Die Beeinflussung durch solche Extreme taten der Entwicklung des Kindes allerdings nicht gut. Es nahm die Erzählungen ja nicht teilnahmslos auf, sondern regte sich über die oft sehr blutrünstigen Geschichten über die Maßen auf und wurde so, je nachdem, in wessen Nähe und Einflußbereich es sich gerade befand, hin und her gerissen.

Bei Franz Josephs Krönung zum König von Ungarn wurde der ganze Pomp des »dekorativen« 19. Jahrhunderts entfaltet. Der Krönungszug, die prunkvollen Magnatentrachten, goldglänzendes Geschirr der edelsten Pferde des Landes, der achtspännige Galawagen mit dem Königspaar, die Leibgarden mit wehendem Leopardenfell über den Schultern, der Jubel vor allem um die blendend schöne Elisabeth, das alles war ein Schauspiel, das den Kronprinzen, der zum erstenmal den Orden des Goldenen Vlieses trug, begeistern mußte, wenn auch der Schweizer Gesandte nüchtern schrieb: »Der ganze Zug machte trotz seiner Pracht und wirklichen Großartigkeit auf den unbeteiligten Zuschauer doch etwas den Eindruck eines Faschings(mummen)schanzes ... Dieses Stück Mittelalter paßt nun nicht einmal in unsere Zeit.«[47]
Rudolf beschrieb die Zeremonie in der Ofner Pfarrkirche in seinem Schulheft so: *Dann fiengen Leute mit Pauken an zu spielen und Papa und Mama kamen herein. Mama gieng auf eine Art von Thron. Papa gieng zum Altar und kniete sich nieder und man laß viel Lateinisch ... Andrássy und Primas setzten ihm die Krohne auf.*[48]
Andrássy und Elisabeth waren die Helden der Krönungstage. In Wien und Prag hörte man bittere Kommentare, und der Schweizer Gesandte berichtete nach Bern: »Es gewährte einen höchst eigentümlichen Eindruck zu sehen, wie der Mann, dessen Todesurteil Kaiser Franz Joseph 1849 unterschrieben hatte und dessen Name in Pest an den Galgen geheftet wurde, jetzt nach achtzehn Jahren die Krone auf das Haupt des Monarchen setzte, dessen höchstes Vertrauen er heute genießt.«[49]
Ein Jahr später schrieb Rudolf in einem Aufsatz über die »Unter-

Kindheit am Wiener Kaiserhof

Krönung durch den Primas und Gyula Andrássy in Vertretung des kurz zuvor gestorbenen Palatins Erzherzog Stefan

schiede zwischen der deutschen und ungarischen Nation«: *Der Ungar hengt aber mit Leib und Seele am Vaterland und gibt für dasselbe den letzten Blutstropfen her, was beim Deutschen nicht der Fall ist.*[50]

Nach der Zweiteilung der Monarchie mußte der Kaiser auch in der westlichen Reichshälfte Konzessionen machen: Im Dezember 1867 verkündete er für »Cisleithanien« das neue »Staatsgrundgesetz über die allgemeinen Rechte der Staatsbürger«. Darin setzte er die rechtliche Gleichstellung aller Staatsbürger, gleich welcher Religion und Nationalität, fest. Das bedeutete auch die Emanzipation der bisher minderberechtigten Juden der Monarchie. Sie erhielten endlich Freizügigkeit, freie Berufsausübung, volle religiöse Rechte, Rechtsschutz bei Benachteiligungen.

Das Gesetz bildete die Basis für eine grundlegende Modernisierung unter den nun regierenden Liberalen. Es begann eine Phase des wirt-

1. Kapitel

schaftlichen Aufschwungs und der Reformen vor allem in Wien, wo sich nun viele Juden ansiedelten, und in Wissenschaft und Kunst entwickelte sich ein freierer Geist als bisher unter den Klerikalen. In dieser liberalen Ära, die von 1867 bis 1879 dauerte, wurde Kronprinz Rudolf groß und wurde von diesem Zeitgeist geprägt.

Die Ehe des Kaiserpaares hatte sich inzwischen entspannt. Elisabeth erklärte sich sogar bereit, noch einmal ein Kind zu bekommen und erträumte sich einen zweiten Sohn als künftigen ungarischen König. Das »Versöhnungskind« Marie Valerie wurde 1868 in Ungarn geboren, was dem Kaiser Anlaß gab, seinem Sohn einen langen, lieben Brief nach Wien zu schreiben: »Sie ist recht hübsch, hat große dunkelblaue Augen, eine noch etwas zu dicke Nase, sehr kleinen Mund, ungeheuer

Die Königsfamilie von Ungarn mit der kleinen Marie Valerie vor Schloß Gödöllö, alle ungarisch gekleidet. Bilder wie dieses sollten die Verbundenheit zwischen Herrscher und Volk in Ungarn stärken

dicke Backen und so dichte dunkle Haare, daß man sie jetzt schon frisiren könnte ... Sie kanonisirt öfter und dann stinkt sie meistens ein wenig, was bei kleinen Kindern nicht anders möglich ist.«[51]
Für die beiden ältesten Kinder, Gisela und Rudolf, änderte sich mit Valeries Geburt kaum etwas. Denn Elisabeth zog es vor, sich mit ihrer Jüngsten, der »Einzigen«, von Wien fernzuhalten, und war mit der fast hysterischen Sorge um dieses Kind völlig ausgefüllt. Elisabeth später an Valerie: »Bei meinen anderen Kindern hat Sophie Mutterstelle vertreten, bei Dir, habe ich mir vom ersten Augenblick an gesagt, muß es anders werden ... und alle Liebesfähigkeit meines bis dahin verschlossenen Herzens habe ich dann auf Dich ausgeströmt«[52] – ein klares Bekenntnis, als Mutter der beiden älteren Kinder versagt zu haben.
Um Familienleben zu genießen, mußte sich der Kaiser nach Ungarn begeben: »Die beiden größeren Kinder folgen mir mit ihrem ganzen Hofstaat und zahlreichen Professoren übermorgen, und so wird die ganze Familie zu einem stillen, gemüthlichen Familienleben wieder vereinigt sein, auf das ich mich unendlich freue«, schrieb der Kaiser zufrieden an seine Mutter.[53]
Daß aber auch diese seltenen Treffen Probleme aufwarfen, deutete Landgräfin Fürstenberg wenig später in Ischl an: »Es war so ruhig hier, nun die ganze Familie beisammen ist, herrscht Rastlosigkeit und Ärgernis; und jedes ohne Unterschied freut sich in seines Herzens innerstem Winkel auf die allseitige Trennung und auf das Ausruhen vom Zwang, den ihm das Beisammensein mit seinen Lieben auferlegte.«[54]
Nun zeigte sich, daß Elisabeth ihre leidenschaftliche politische Parteinahme für Ungarn überspannt und das Verständnis der nichtungarischen habsburgischen Länder überfordert hatte. Sie war eine Gefahr für die Wiener Hofpartei unter Erzherzog Albrecht geworden. Hinter den Kulissen arbeiteten bereits seit 1866 mächtige Männer in Wien daran, den ihrer Meinung nach für Österreich schädlichen Einfluß der Kaiserin zu beenden. Nun hatten sie endlich Erfolg: Elisabeth stellte sich einem offenen Kampf nicht, sondern zog sich, überempfindsam wie sie war, nun vollends aus der Politik zurück. Sie führte fortan ein reines Privatleben fern ihrer Familie, mit der Ausnahme ihrer jüngsten, von ihr vergötterten Tochter Marie Valerie.
Der Kaiser finanzierte seiner Frau jeden Luxus, den sie verlangte – vor allem Reitpferde und teure lange Reisen, die sie von Wien fernhielten.

1. Kapitel

Später dichtete sie spöttisch:

>»Wie der Pontius ins Credo,
>Kam ich ins Familienjoch;
>Denn zu fliehen die Familie,
>War mein Drang von jeher doch.«

Von wenigen Ausnahmen abgesehen, waren die beiden älteren Kaiserkinder mit ihrem Hofstaat in Wien allein. Der Kaiser war mit Geschäften überhäuft und schrieb hin und wieder mitfühlende Briefe an den häufig kränkelnden Sohn: »Ich bedaure sehr, daß Du jetzt so einsam in Wien bleiben mußt und daß ich Dir nicht Gesellschaft leisten kann. Allein Du wirst diese Zeit mit gewohnter Pflichttreue zum fleißigen Studiren nützlich verwenden und Weihnachten ist ja nicht mehr ferne, wo wir Alle wieder vereint sein werden.«[55]

Immer noch kämpften die Lehrer mit den Schäden, die Gondrecourt in der Psyche des Knaben angerichtet hatte. Noch drei Jahre nach Gondrecourts Abgang schrieb Rudolfs Lehrer Josef Zhisman in sein Tagebuch über eine Lateinstunde: »Bei der Bemerkung der Sage über den Kampf der Hunnen und Römer in den Wolken plötzliche Erregung; Wirkungen der Erziehung Gondrecourts u. Nachwehe der Gespensterfurcht«, und: »Bei dem Ausdrucke umbrae Schatten, Gespenster fuhr der Kr. zusammen. Eine Nachwirkung der Erziehung Gondrecourts.«

Traurige Erlebnisse verstörten den Kronprinzen tagelang bis zur Schwermut, so als er zufällig im Schönbrunner Schloßpark Zeuge wurde, wie ein Mann mit Laugenessenz Selbstmord verübte, sich in Schmerzen wand und starb. Die ständige Konfrontation mit dem Tod

Dieses phantasievolle Bild zeichnete Elisabeth für ihre Lieblingstochter Marie Valerie. Die beiden älteren Kinder gingen auch hier leer aus

Kindheit am Wiener Kaiserhof

von Tieren auf den Jagden härtete den Knaben nicht ab, sondern sensibilisierte ihn noch mehr. Seine Kinderzeichnungen von den Jagden zeigen sein Grauen vor den erlegten Tieren. Denn er malte große, schauerlich anmutende Kleckse in grellroter Farbe bei jedem erlegten Tier.
Rudolfs rascher Wechsel von lebhafter Fröhlichkeit zu Melancholie machte die Erziehung schwierig, trug allerdings dazu bei, daß der Knabe der unbestrittene Liebling der Hofdamen wurde, deren mütterliche Gefühle er herausforderte. Elisabeths Hofdame Gräfin Marie Festetics schrieb über den Dreizehnjährigen in ihr Tagebuch: »Der Kronprinz ist gar so nett und sympathisch, seine braunen Rehäugerln erinnern mich an die Kaiserin und das lacht und kichert und freut sich seines Lebens und fragt unaufhörlich; am Attersee saß er neben mir auf dem Schiffe, ich sah in die blaue Flut, da sagte er plötzlich: ›Was haben

Gräfin Marie Festetics, die langjährige Hofdame der Kaiserin, hatte ein gutes Verhältnis zum kindlichen wie zum erwachsenen Rudolf

Sie denn jetzt gedacht? Aber auf Ehre ehrlich?‹ ›Ich dachte, wie leichtsinnig wir alle seien, so ein gebrechliches kleines Fahrzeug und das tiefe Wasser. Wir finden es ganz natürlich, daß es uns glücklich herüberbringt, denken gar nicht daran, wie wir eigentlich über den Tod dahingleiten. Ein Ruck und vorüber ist alles.‹ Er sah mich ernsthaft an und sagte: ›Über den Tod hingleiten, das klingt verdammt schauerlich, es wird einem kalt dabei.‹ Mir war gleich leid, daß ich es sagte.«[56] Gespräche dieser Art führte das Kind freilich nur mit seinen Lehrern, mit Hofdamen, Dienern. Die Eltern waren ihm weit entrückt.

Die Belastungen für den zarten Knaben waren groß: inzwischen lernte er fünf Fremdsprachen: Ungarisch, Tschechisch, Polnisch, Französisch und Latein. Der Vater gab den Lehrern, so auch Josef Zhisman deutliche Weisung: »Nehmen Sie ihn scharf her; der Junge nimmt mir die Sache zu leicht; ich leide nicht diese Spielereien.« So war die Aufregung Rudolfs verständlich, wenn der Kaiser gelegentlich einer Unterrichtsstunde beiwohnte. Laut Zhisman zeigte Rudolf »ein feuriges Streben, sich und mir Ehre zu machen«.[57]

Latour berichtete dem Kaiser regelmäßig über den Fortgang der Studien, und zwar keineswegs nur positiv. So erwähnte er auch die Unarten des Kindes, Unwahrhaftigkeit und nachlässiges Beten. Der Kaiser möge mit seinem Sohn darüber sprechen, »aber ich bitte in tiefster Ehrfurcht keine Strenge, zu einem leicht empfänglichen Herzen sprechend und ja nicht vor der Frau Erzherzogin Gisela«.[58]

Das Kind war auch durch militärische Übungen und wachsende Repräsentationspflichten zeitlich so in Anspruch genommen, daß zum Spielen mit Gleichaltrigen kaum Zeit blieb. Außerdem war genau geregelt, welches Kind wie lange beim Kronprinzen sein durfte, um niemanden zu bevorzugen. Zwölf gleichaltrige Knaben aus der Hocharistokratie und die etwa gleichaltrigen Erzherzöge Johann Salvator, Franz Ferdinand, Otto und Friedrich waren zum Kronprinzen zugelassen. Stolz schrieb Rudolfs Geschichtslehrer Zhisman in sein Tagebuch über den Zehnjährigen: »Zeigt sich allen geistig überlegen; erklärte ihnen letztens die Abyssinische Expedition; die jungen Cavaliere wußten ihm nicht zu folgen.«[59]

Familienleben gab es eigentlich nur zu Weihnachten, wenn Großmutter Sophie die Familie mit allen Enkeln um sich scharte. Sie hielt in ihrem Tagebuch das »Regierungs«spiel der kleinen Erzherzöge zu

Kindheit am Wiener Kaiserhof

Weihnachten 1868 fest: »Rudolf erhebt den fünfjährigen, in einem großen Fauteuil sitzenden Franz Ferdinand zum König. Er und alle anderen sind die Minister. Nun tritt der Kronprinz vor und fragt: ›Welche Statthalter wollen Eure Majestät ernennen?‹ Franz Ferdinand will aufstehen, macht das aber recht ungeschickt und fällt zu Boden. Tolles Gelächter, Rudolf aber sagt bedenklich: ›Das ist kein gutes Vorzeichen, wenn eine Majestät vom Throne fällt.‹«[60]

Franz Joseph interessierte sich hauptsächlich für Rudolfs Fortschritte im Schießen und berichtete stolz seiner Mutter Sophie: »Rudolph schießt im Garten Eichhörnchen und in der Fasanerie Kaninchen. Der Jäger steckt ihm im Blute.«[61] Noch vor dem neunten Geburtstag schoß Rudolf in Ischl seinen ersten Hirsch, und der Kaiser telegraphierte: »Weidmanns Heil. Ich gratuliere zum Hirsch. Habe eine ungeheure Freude.«[62] Die Jagd bildete den Hauptgesprächsstoff zwischen Vater und Sohn, wie man aus den Briefen sehen kann. Es ging um Abschüsse von Füchsen, Kaninchen, Tauben, Schnepfen, Gemsen, Hirschen, Kormoranen. Als die Großmutter ob dieser Begeisterung skeptisch blieb, meinte Rudolf: *Großmama, bedaure nicht die Vögel, die ich geschossen habe; denn es waren ja Elstern, Krähen und Falken, und die Letzteren zerreißen kleine Vögel, daher bin ich der Beschützer der Gimpel und Finken.*[63]

Farbstiftzeichnung des achtjährigen Rudolf: das Kind, in Begleitung eines Erziehers, schießt auf einen Vogel

1. Kapitel

Die Bemühungen des Knaben, ein guter Jäger wie sein Vater zu werden, waren aber nicht so von Erfolg gekrönt, wie Franz Joseph hoffte, denn in den späteren Briefen wiegen Tadel vor: »Ich bedaure sehr, daß Du, trotz beneidenswerthen Anlaufes, auf der Jagd Alles gefehlt hast und hoffe nur, daß Du auf künftigen Jagden, zu denen es wohl noch Gelegenheit geben wird, besser schießen wirst. Es ist eben etwas Anderes zahme Thiere im langweiligen Thiergarten zu schiessen und echtes Wild im herrlichen Gebirge zu erlegen. Die Hauptsache ist aber, den Muth nicht zu verlieren und bei jeder neuen Jagd von der Überzeugung auszugehen, daß man treffen muß.«[64]
Auch die Geschenke für das Kind zeigen den übergroßen Anteil der Jagd und des Militärs an der Erziehung. Erzherzog Wilhelm schenkte dem Achtjährigen ein neues Gewehr: »Ich kann mir das Vergnügen nicht versagen, Dir ein Modell des für die Neubewaffnung der Armee beantragten Werndlschen Gewehres hier mitfolgend zu übersenden und gleichzeitig einige Stück scharfe Patronen beizulegen, wobei ich nur bemerke, daß zum wirklichen Feuern der lederne Zündstiftschutz beseitigt werden muß.«[65]
Aus Paris brachte Franz Joseph als Überraschung eine Armbrust mit. Zum Namenstag bekam der Achtjährige ein Porträt des Prinzen Eugen, des Retters vor den Türken, und: *Alle meine Spielgewehre sind auch mit neuen Tragriemen versehen, auch waren sechs neuartige Patronentaschen mit Riemen da.* Erzherzog Albrecht schenkte ein Gemälde: »Ein verwundeter österr. Officier in den franz. Feldzügen bei einem Kapuzinerkloster«.

Auch den Deutsch-Französischen Krieg 1870/71 erlebte der Kronprinz intensiv mit. Sein Herz stand ganz auf der Seite der Franzosen. Die bayrischen Verwandten allerdings, auch die Brüder der Kaiserin, mußten gegen Frankreich kämpfen. Sophie schrieb ihrem Enkel nach Ischl: »Nun wird der liebe Gott durch viele Gebethe bestürmt in diesen angstvollen Tagen! Ich kann mir denken, wie Eure arme Mama sich für Ihre Brüder abängstigt und beklage sie tief! ... Daß die Baiern sich so sehr ausgezeichnet haben, freut mich sehr als Stammesverwandte, kann aber nur innig bedauern, daß es nicht lieber im Jahr 66 so kam u. sie nun als echter deutscher Michel für den gänzlichen Ruin ihrer Unabhängigkeit u. selbständigen Existenz fechten und bluthen!«[66]

Jubelbild für Wilhelm I., Kaiser des neuen kleindeutschen Reiches, nach dem Sieg über Frankreich 1871

Sophies Wunsch, Österreich-Ungarn möge mit Frankreich gegen Preußen kämpfen und sich für Königgrätz revanchieren, war nur zu deutlich. Auch Erzherzog Albrecht, Rudolfs damals noch verehrtes Vorbild, gehörte zur Franzosenpartei des Jahres 1870, in Ungarn Gyula Andrássy, der nach 1848, als er in Österreich zum Tode verurteilt war, einige Jahre im Pariser Exil verbracht hatte. Die politische Haltung des Kronprinzen wurde von ihnen geprägt.

Als der neue deutsche Kaiser im Sommer 1871 den österreichischen Kaiser in Ischl und Gastein traf, um die Beziehungen zu verbessern, schrieb der dreizehnjährige Rudolf ein blutrünstiges Rachegedicht in 32 holprigen Zeilen über eine Geisterparade gefallener Soldaten von Königgrätz und Sedan, die nach dem Blut der Preußen rufen:

1. Kapitel

Da ist er nun zu büßen seine Sünden
Menschenleben kann er schinden
Österreichs Völker fühlten dies
Frankreichs Heldenleben er aus blies ...
Wehe, wenn wir je erstarken
Wenn die blutigen Marken
Die er uns schlug wieder zugeheilt.
Dann hat ihn, nicht uns der Tod ereilt.
Möge Gott es uns ertheilen
Daß Österreichs Frankreichs Wunden heilen
Dann treten aus den Gräbern gleich
Mit entstelten Gesichtern gar sehr bleich
Die Königgrätzer Werther Sedaner Helden
Sie fordern ihr Blut, sie fordern Rache ihre entstelten
Blassen rache süchtigen Gesichter
Verfolgen ihn den Wilhelm bis vor den Richter
Und geben ihn nie frei
Und hetzen ihn selbst im Jenseits ohne Scheu
Und so gehe es alle Hohenzollern Fürsten
Die stets und immer nach Blut dürsten
Alle sie treffen dieses Los
Alle alle nicht Wilhelm blos.[67]

Rudolfs deutschfeindliche Haltung wurde auch in der Öffentlichkeit bekannt. So überlieferte der Beobachter Ludwig von Pribram, »dass es in Hofkreisen als feststehend galt, der Kronprinz Rudolf, dessen jugendliches Alter ihn zwar noch von jeder aktiven Teilnahme an der Politik ausschloß, dessen Intelligenz aber zu großen Hoffnungen berechtigte, mache aus seiner Gegnerschaft wider eine Allianz mit Preußen kein Hehl und werde darin von seiner Großmutter Erzherzogin Sophie unterstützt.«[68]

2. Kapitel

EINE BÜRGERLICHE ERZIEHUNG

Der Lehrplan für den Kronprinzen entsprach dem der Volksschule und dann des Gymnasiums, allerdings mit zusätzlichen Fremdsprachen (Latein, Französisch, Ungarisch, Tschechisch und Polnisch). Dazu kamen die militärischen Fächer und ausgiebige körperliche Übungen. Ob der alte Habsburgerbrauch, daß jeder Erzherzog ein Handwerk lernen müsse, auch bei Rudolf gepflegt wurde, ist ungewiß. Nach einigen Quellen soll er das Buchdruckerhandwerk gelernt haben, worüber sich in den Studienunterlagen allerdings kein Hinweis finden läßt.

Für fast jedes der vielen Fächer gab es eigene Lehrer, und Latour nahm sorgfältig darauf Bedacht, daß alle Nationalitäten der Monarchie vertreten waren. Fast alle Lehrer waren Bürgerliche, im Hauptberuf Lehrer an Volksschulen, Gymnasien, später an Hochschulen. Das bedeutete, daß sie keineswegs dem sozialen Milieu der traditionellen erzherzoglichen Lehrer angehörten, die entweder hohe Militärs oder Geistliche waren. Rudolfs Lehrer dagegen waren ausgebildete Pädagogen und Wissenschaftler bürgerlichen Standes. Viele von ihnen stammten aus ärmlichen Verhältnissen, waren als Wanderburschen nach Wien gekommen und hatten es allein ihrer Tüchtigkeit zu verdanken, daß sie es zu geachteten Stellungen brachten. Diese Lehrer waren Fremdkörper am Wiener Hof und der Kritik der Hofbeamten besonders ausgesetzt.

Daß Latour, nur vom Kaiserpaar abhängig, Lehrer auswählen durfte, die sogar engagierte liberale Schulreformer waren und somit zwangsläufig Gegner des alten, von der Kirche abhängigen Schulsystems, kam einer Revolution gleich. Und für diese Revolution war die Kaiserin verantwortlich, deshalb vielgescholten von der Hofpartei, die alles Übel im weiteren Lebensgang Rudolfs auf diese liberale Erziehung zurückführte, aber bedankt von ihrem Sohn, der zeitlebens leidenschaftlich für seine Lehrer eintrat und sich später für die liberalen Schulgesetze engagierte.

Man muß sich die Tatsache vergegenwärtigen, daß 1865, als Latour seine Stelle antrat, die Kirche laut Konkordat noch die Oberaufsicht über das gesamte Schulwesen hatte. Pfarrer und Bischöfe waren nicht nur für den Religionsunterricht, sondern ebenso in Rechnen, Schreiben, Geschichte und allen anderen Fächern die letzte Instanz. Es wirkt paradox, daß eine von Grund auf »klerikale« Erziehung für alle Kinder in Österreich Geltung hatte (soweit sie überhaupt in Schulen gingen), außer für den an einem demonstrativ katholischen Hofe aufwachsenden Kronprinzen, dessen Vater und Großmutter sich 1855 so vehement für das Konkordat eingesetzt hatten.

Die Gesichtspunkte der Auswahl werden vor allem beim Geschichtslehrer deutlich. Latour konnte ja nicht zulassen, daß ein nationalistischer Lehrer dem jungen Prinzen eine der Nationalitäten der Monarchie so sympathisch machte, daß er darüber die anderen und deren Bedürfnisse vergaß. Bezeichnend für Latour war, daß er diese Gefahr vor allem bei den Deutschnationalen sah. So schrieb er dem Kaiser als Entschuldigung, daß die Suche allzulang dauerte: »Die Auskünfte, die ich bis jetzt erhalten, genügen mir nicht, viele dieser Lehrer sind wegen ihrer Deutschtümelei nicht verläßlich.«[1]

Rudolfs Lehrer waren »Schwarzgelbe«, dem übernationalen Reich und nicht einer bestimmten Nation verpflichtet (freilich, wie so oft, die Ungarn ausgenommen). Eine weitere Bedingung, Lehrer des Kronprinzen zu werden, war die Enthaltsamkeit von jeder politischen Tätigkeit. Das hinderte Latour nicht daran, liberale Gelehrte zu bevorzugen, nur durften sie kein politisches Amt haben. Seine Vorschlagsliste über die in Frage kommenden Geschichtslehrer ist erhalten: »Er soll ein guter Katholik sein (besonders notwendig bei der Geschichte der Reformation), aber kein ultramontaner und intoleranter und kein solcher sein, der der Kirche einen nicht gerechtfertigten Einfluß auf die Regierungsgewalt vindiciren will.«[2]

Da sich unter den Historikern der Wiener Universität kein passender Kandidat fand, wurde der bereits bewährte Geschichtslehrer Josef Zhisman zunächst weiter beauftragt. In einem Vorgespräch wurde die Grundlinie des Unterrichts festgelegt. Zhisman: »Man wünsche ... eine liberale Auffassung; es solle überall die Wahrheit gesagt, nichts bemän-

Eine bürgerliche Erziehung

Latour mit seinem Schützling   *Lehrer Josef von Zhisman*

telt werden. Die Fehler, die man in der Erziehung früher begangen, würden gegenwärtig bitter beklagt sein.«[3]
Josef Zhisman war Slowene und stammte aus ärmsten Verhältnissen. Er war zu Fuß von Laibach nach Wien gewandert, um hier zu studieren, erlebte die Revolution von 1848, über die sein Bruder Anton, der nach Amerika auswanderte, das erste Buch in englischer Sprache schrieb. Zhisman wurde Professor am Theresianum, der vornehmsten Schule der Monarchie. Außerdem beschäftigte er sich mit dem Kirchenrecht der griechisch-orientalischen Kirche, arbeitete über dieses Thema auch in Archiven in Oxford und Paris und ist wegen seiner Unvoreingenommenheit noch heute in der Ostkirche hoch angesehen. 1871 wurde er Ordinarius für Kirchenrecht an der Universität Wien.
Zhisman faßte, wie man aus seinem Tagebuch ersieht, eine innige Zuneigung zu dem kleinen Prinzen: »Kr. ist die Herzigkeit selbst. Wird immer liebenswürdiger« und »Der Krp. ist eine Alpenblume, so zart und so jung.« Er bedauerte den damals Achtjährigen, der oft um vier Uhr aufstehen mußte und den ganzen Tag mit Lernen geplagt wurde.

2. Kapitel

Auch gegen die übermäßigen Repräsentationspflichten des Kronprinzen opponierte Zhisman, so wenn der Achtjährige Waisenhäuser und Schulen besuchen und dort Gleichaltrige und ältere Schüler examinieren sollte. »Kr. soll auch im Theresianum examinieren. Ich warnte davor; wieder vergebens. Latour aber meinte, der Kr. soll dadurch gewandte und schlagfertige Formen gewinnen. Ich machte nochmals meine Vorstellungen.« Doch nach dem Besuch war Zhisman von Stolz auf seinen Schüler erfüllt: »Der Erfolg war wie ich ihn vorausgesagt. Kr. stellte in der 1. und 2. Klasse Fragen; besuchte dann die 3. Klasse; sprach böhmisch und ungarisch, beantwortete gewandt die Anrede des Curators Schmerling u. ließ den Eindruck des liebenswürdigsten Knaben zurück.«

Zhisman hatte große pädagogische Begabung, machte den Lehrstoff so anschaulich wie möglich und bezog gerne die Geschichte Wiens in den Unterricht ein. So übersetzte er mit dem Knaben die Inschriften der antiken Statuen im Schönbrunner Schloßpark, wodurch der Schüler gleichzeitig Latein, antike Mythologie und Heimatkunde lernte. »Der Kronprinz erklärte bei der Abreise, wieviel er doch jetzt wisse u. sich der Vergangenheit schäme. Früher glaubte er nur eine Statue zu kennen, den Adam (Paris mit dem Apfel), jetzt verlasse er alle als bekannte Freunde.«

Die üblichen Lehrpläne der Gymnasien beschäftigten sich nicht mit »Zeitgeschichte«, etwa den Revolutionen von 1789 und 1848. So klagte der gleichaltrige Wilhelm II., in seiner ganzen Schulzeit im Kasseler Gymnasium nicht über die Geschichte des Dreißigjährigen Krieges hinausgekommen zu sein.[4] Rudolf dagegen befaßte sich schon mit dreizehn Jahren ausführlich, wie man aus den wenigen erhaltenen Studienheften ersehen kann, unvoreingenommen mit der Geschichte des 19. Jahrhunderts, einschließlich der Revolutionen. Typisch für Zhismans liberale Einstellung ist die Verehrung für den Bürgerkönig Louis Philippe, über den Rudolf in sein Geschichtsheft schrieb:

Geliebt, geehrt von den Franzosen, die müde waren der Bourbonschen Regierung. Er hatte sich seine Ansichten von Amerika geholt, und war einige Zeit Mathematik-Professor in Reichenau in der Schweiz. In Paris lebte er gehaßt vom König und der Familie Bourbon. Während den Tagen der Revolution wurde er gewählt, aber er hatte sich nicht aufgedrängt ... Er war der echte Bürgerkönig, und er hing mit Liebe an der

Eine bürgerliche Erziehung

Nationalgarde, seine Söhne wurden in öffentlichen Schulen erzogen und unterrichtet, der alte Adel der Bourbon haßte ihn, aber der von Napoleon I. gegründete neue Adel waren alle seine Freunde, gleich vertrieb er alle diese vielen Geistlichen die am Hofe des Bourbons die Macht hatten.[5]

Zhisman begeisterte den Knaben für den modernen Fürsten liberaler Vorstellung: einen König nicht von Gottes Gnaden, sondern vom Volk berufen, in einer Revolution vom Bürgertum zum König gewählt: ein König, der die Volkssouveränität anerkennt und dem nicht zuletzt durch seine Bildung und wissenschaftliche Arbeit auch ein natürlicher Vorrang gebührt. Diesem Ideal eines Bürgerkönigs im bürgerlichen 19. Jahrhundert strebte Rudolf zeitlebens nach, unbeeindruckt von den Haßausbrüchen des Wiener Hofes gegen den »revolutionären Emporkömmling« Louis Philippe.

Nicht zu übersehen ist in den wenigen erhaltenen Studienheften Rudolfs Kritik an Aristokratie und Klerus. Der Vierzehnjährige eiferte sich auch außerhalb des Geschichtsunterrichtes in den ersten selbständigen Schriften über nichts so sehr wie über den Adel, den er in Gegensatz zu Wissenschaft, Bildung, Bürgertum stellte: *Auch lepisch ist das ewige französisch reden, wozu haben wir unsere schöne deutsche Sprache, die jetzt die Sprache der Wissenschaften ist, doch fast ist es besser, dass diese edle Sprache nicht von denen gesprochen wird, die ihr nicht gewachsen sind. Was wissen diese Leute von Wissenschaft, schimpfen thun sie darüber, und auch über die Gelehrten, wie können sie das überhaupt thun, übel was zu reden, von denn sie keinen blauen Dunst haben, was sind hunderte und hunderte von solchen Pariser Auslagepuppen denn, was sind sie denn anders gegen einen Humboldt, sie sind nicht würdig, seinen hohen Namen auszusprechen, oder gegen unsere beiden deutschen Dichter Göthe, Schiller!*[6] Zitate dieser Art könnten seitenlang fortgesetzt werden.

Auch die Geistlichkeit kommt in den Geschichtsheften Rudolfs schlecht weg. So steht dort zum Beispiel über die Tiroler Bauern zur Metternich-Zeit: *Tyrol ... der größte Theil der Bauern waren alle clerical, ganz für die Geistlichkeit, für die Ignoranz und die blinde Unwissenheit.*[7] Ein Jahr vorher hatte Erzherzogin Sophie dem Kronprinzen noch diese klerikalen Tiroler Bauern besonders ans Herz gelegt und Rudolf nach Meran geschrieben: »Die Bauern, die so treu und dynastisch gesinnt sind, werden sich freuen Dich zu sehen u. werden auch Dich interessiren, denn sie haben im Allgemeinen einen richtigen, scharfen Verstand u. einen tiefen, festen Glauben.«[8] Rudolf lernte nun im Geschichtsunterricht, daß dieser tiefe, feste Glaube »Ignoranz und die blinde Unwissenheit« einschlösse.

Zhisman wurde 1871 Mittelpunkt einer Pressekampagne katholischer Zeitungen, als er sich als Sympathisant Ignaz Döllingers bekannte, der das vom Papst erlassene Unfehlbarkeitsdogma ablehnte. Sogar bei einer öffentlichen Geschichtsprüfung des Kronprinzen machte Zhisman keinen Hehl daraus, daß er die Krönung der mittelalterlichen deutschen Könige durch den Papst nicht guthieß – sein Beitrag zum aktuellen Streit der Historiker Heinrich von Sybel und Julius von Ficker. Die wütenden Einwände der klerikalen Zeitung »Vaterland« gegen Zhisman waren verständlich. Denn daß Rudolf unter Zhismans Einfluß antiklerikal wurde, ist eine nicht zu leugnende Tatsache. Er trat sein Leben lang für Toleranz gegenüber anderen Bekenntnissen ein. Vor allem opponierte er als guter Zhisman-Schüler gegen die katholische Missionierung der Griechisch-Orthodoxen am Balkan. Aber kein Satz ist in den vielen Schriften Rudolfs zu finden, in denen er das Christentum als solches abträglich beurteilt hätte. So finden sich schon in den Studienheften des Knaben neben häufigen Ausfällen gegen die »Clericalen« Sätze folgender Art:

Das Christenthum ideal aufgefaßt ist eine Lehre voll höchster Philosophie und den edelsten Principien; Friede den Menschen auf Erden, Arbeit Aller für Alle, und Aussicht auf ein Reich, wo dem Verdienste gemäß gerichtet, die Wesen alle gleich in Erkenntniß höchster Wahrheiten und Principien in einer unbestimmten Verklärung wandeln; ... Christus müßen wir vor Allem als den Profeten der modernsten Ideen betrachten, denn er gab dem Streben der folgenden Jahrhunderte die Basis der Menschenfreundlichkeit und Nächstenliebe, er war der Typus eines edlen für die Menschheit schwärmenden Geistes, ein Märtyrer seiner Principien, die aber durch das Reelle ihrer Basis sich schnell über die Erde verbreiteten; die ersten Christen wage ich als edle und von den wahren idealen Ansichten dieser Richtung durchdrungenen Socialisten zu bezeichnen.[9]

Die Ungarn setzten 1871 einen eigenen Lehrer für ungarische Geschichte durch, von Gyula Andrássy der Kaiserin empfohlen: Hya-

Eine bürgerliche Erziehung

Bischof Hyacinth Rónay, der auch Kaiserin Elisabeth auf einigen ihrer Reisen begleitete. Er war Liberaler und Freimaurer

zinth Rónay. Er war zwar Geistlicher (Benediktiner), aber keineswegs das, was die Liberalen der Zeit »klerikal« nennen konnten, sondern fortschrittsgläubig, tolerant, ein Parteigänger der liberalen Partei Ungarns. Feldkaplan beim Aufstand von 1848, dann als Flüchtling in England, wo er als Erzieher, Journalist und Schriftsteller arbeitete. Die Themen zweier seiner Bücher sind ungewöhnlich für einen Geistlichen seiner Zeit: »Das naturwissenschaftliche System der Seele« und »Die Entstehung der Rasse«. Er soll im Londoner Exil dem Freimaurerorden beigetreten sein.[10]

Unbedingte Toleranz in Glaubenssachen bestimmte den Unterricht, den Rónay dem Kronprinzen erteilte. So verurteilte er zum Beispiel die Kreuzzüge, weil er der Meinung war, Religion dürfe man nicht mit Waffengewalt ausbreiten: »Das Schwert kann einen stumm machen,

2. Kapitel

Kaiser Joseph II., Rudolfs anzustrebendes Vorbild

aber nicht überzeugen.« Auch die gewaltsame Rekatholisierung nach dem Dreißigjährigen Krieg stellte er als abschreckendes Beispiel hin.¹¹

Rónay war, den traditionellen liberalen Ansichten der »Achtundvierziger« gemäß, ein Verehrer Josephs II. Sein Schüler Rudolf tat es ihm nach, sogar in einer Diskussion mit dem konservativen Erzherzog Albrecht, der die liberalen Ideen des »Volkskaisers« scharf ablehnte und seinem Großneffen zur Beherzigung ein langes Elaborat »Meine Anschauung über Kaiser Joseph II.« schrieb: »Nichts ist lehrreicher, als das trübe Lebensende dieses seltenen Mannes, besonders für einen österreichischen Kronprinzen, damit ihm erspart werden dessen traurige Erfahrungen, damit er bewahrt bleibe von dessen Irrthümern.«¹²

Es war reine Polemik gegen Rudolfs Lehrer, wenn Albrecht, der älteste und mächtigste Agnat der Habsburger, gegen jede Art von Mitsprache des Volkes im Staat wetterte und seinen Großneffen Rudolf warnte, dem Beispiel Josephs II. zu folgen: »alle Unzufriedenen hofften auf Ihn, alle Neuerer drängten sich an Ihn umsomehr als sie nun von der Verkörperung der Staatsomnipotenz, d. h. vom Souverän, die Erfüllung ihrer Träume hoffen konnten, namentlich im Kampfe gegen die Kirche und ständischen, meist aristokratischen Institutionen.« Allerdings sei Joseph »das Gegentheil eines modernen Culturkämpfers, zu dem Ihn die Jetztzeit zu stempeln versucht« und »von einer Entchristlichung der Schule, wie sie heutzutage angestrebt wird, wollte er nichts hören«, eine klare Polemik gegen eine Liberalisierung der Schulgesetze.

Der wichtigste Punkt betraf die Stellung des Kaisers: »Gleich Friedrich II. liebte Er (Joseph) es, sich als ersten Beamten des Staates hinzu-

stellen, unbewußt der Gefahr, daß einst daraus die Volkssouveränität und die Absetzbarkeit des Monarchen deducirt werden könne. Er vergaß, daß die einzig richtige Benennung die ›von Gottes Gnaden‹ sein könne.«
Angeregt von den Diskussionen mit Rónay und Erzherzog Albrecht verfaßte der siebzehnjährige Kronprinz einen langen Aufsatz: »Einzelne Gedanken über Kaiser Joseph und seine Zeit.«[13] In dem pathetischen, weltverbessernden Stil seiner Jünglingsjahre befaßte er sich zunächst mit der Französischen Revolution. Es ist erstaunlich, daß Rudolf das Vertrauen hatte, seinem strengen Großonkel Ergüsse solcher Art zuzusenden: *Gegenüber der Sittenlosigkeit des französischen Hofes, einem König, der gleichgültig auf die Geschicke seines Volkes blickte, sein Volk aussog und die Menschheit so wenig wie seinen hohen Beruf achtete, standen Männer wie ein Montesquieu und nach ihm die Enciclopedisten, welche eine Philosophie der Humanität, der Menschenrechte und der hohen Stellung des Menschen in der Schöpfung aufstellten; sie verfochten Principien, die noch nicht gekannt waren. Sie stellten den Begriff des Monarchen fest, so wie er sittlich es stets sein soll, als den Schützer aller, als den Gipfel des ganzen Volkes, auf den sie vertrauend blicken, der ihnen zum Muster und zum Vorbild gereiche, nicht aber als den großen Spieler, der am Spieltische der Weltereigniße nach eigener Lust und Willkühr mit den Menschen, wie mit Würfeln spielt, ihre persönlichsten Menschenrechte außer acht laßend ...*
Darum war diese Zeit besonders in Frankreich eine großartige, welche beherrscht war von einem sittlichen Geist und einem sittlichen Moment der Neugestaltung. Selbst die Revolution, die in einer leidenschaftlichen fast thierischen Form ausbrach, war nur die Folge der früheren Zeiten, und der gräßliche Ausbruch der Leidenschaften war das Kind der gräßlichen Unterdrückungen der Menschen und aller ihrer Rechte. Die geistige Revolution durch die Entstehung der neuen Ideen und die materielle Revolution des Volkes mußten kommen, sie waren eine Nothwendigkeit, und als Ende überlebter ungesunder Zustände und als Beginn einer neuen kräftigen Epoche lag eine sittliche Bedeutung darin.
Joseph II. wurde von Rudolf, ganz im Sinne der von Albrecht so gehaßten Liberalen, als Herrscher geschildert, der dem Gedanken der Französischen Revolution *vom Gipfel der Staatsgewalt zum Wohle der Gesammtheit* zum Durchbruch verhalf, *er ward zum Verfechter der*

2. Kapitel

neuen Zeit und ihrer treibenden Ideen am Throne und dadurch wird er zu einer ethischen Gestalt, die sich unsterblichen Ruhm für die Menschheit erworben hat ...
So edel alle seine Neuerungen waren, und so weise er es wußte, des Adels und der Geistlichkeit veraltete Macht in die richtigen Schranken zu weisen und trotzdem er auch bemüht war, dem Landmann und Bürger als den wahren Säulen eines modernen Staatswesens ihre geziemende Stellung zu geben, wurde er deßen ungeachtet von vielen, und oft von jenen, für die er stritt, nicht verstanden. Er war seiner Zeit und der Bildung der Völker Österreichs weit vorangeeilt. Doch trotzdem waren seine Schöpfungen ein Segen, denn er brach die in vielem schon krankhaft gewordenen mittelalterlichen Einrichtungen und ersparte Österreich im Jahre 1848 eine noch ganz andere Revolution, als wie jene welche thatsächlich erfolgt ist. Ferners lehrte er seine Völker, in vielem selbst erst die späteren Generationen, den neuen damals noch unbekannten Gedanken der Menschenrechte, der Freiheit im edlen Sinn und des wahren Fortschritts, wie er eine Pflicht und eine der ersten Aufgaben der Menschheit und ein Naturgesetz ist.
Die in den Fürstenhäusern so seltenen Eigenschaften wahrer Humanität machten Joseph nach Rudolfs Meinung *ähnlich Friedrich dem Großen, beide sind leuchtende Sterne im Vergleich zu den Herrschern der vorangegangenen Decenien, besonders den französischen Königen. Diese beiden Herrscher waren in ihren Ländern die Spitzen einer neu sich regenden Geistesrichtung, und durch ihre hohe Stellung waren sie nur durch das einfache Bekennen ihrer Ansicht für den Fortschritt von ungemeinem Segen, denn das Gefühl, daß Monarchen eine Richtung als die ihrige bekennen, giebt derselben einen besseren Halt in den Gemüthern des geistig ruhigeren Theiles der Bevölkerung.*
Joseph habe das Prinzip vertreten, *daß der Monarch für die Völker bestehe als ihr von ihnen anerkannter Lenker und Leiter, nicht aber diese für jenen, was ein vielverbreiteter Wahn krassen Egoismusses mancher Fürsten war.* Und: *Auch wußte er den Begriff und die Aufgabe der Kirche richtig aufzufaßen und dieselbe in ihre gesetzlichen Schranken zu weisen; er achtete sehr in derselben eine ethische Macht, die berufen sei dem Volke den moralischen Halt des Glaubens zu verleihen, doch er verfolgte sie als weltliche Macht, als hinderndes Hemmniß einer modernen Staatsentwicklung, wodurch sie ihre sittliche Berechtigung und*

Eine bürgerliche Erziehung

ihren hohen Beruf durch sich selbst verliert; dadurch versuchte er getragen durch die Reinheit und Moralität seiner Ideen die Kirche von dem weltlichen Getriebe und der Verweltlichung, in den sie tief verflochten war, durch Zwang zu ihren eigentlichen Zielen zurückzuführen.

Die einzige Kritik, die Rudolf an Joseph II. übte, stammte offenkundig von Rónay: Joseph sei bei seiner Feindschaft gegen die Ungarn im Unrecht gewesen, *und bald zwang die Aufregung dieser Nation zur Rückkehr zum Recht.*

Der vielbeschäftigte Feldmarschall antwortete seinem Großneffen postwendend in einem langen Brief: »Mit ebenso viel Interesse als Freude las ich diesen Aufsatz; mit großer Freude darüber, daß der Thronerbe sich seine eigenen Gedanken u. aus ihnen ein Urtheil bildet, die Dinge im Großen auffaßt und sich nicht in Nebensächlichem verliert oder durch dieses beeinflussen läßt. Fährt er in dieser Weise fort, so bereitet er sich würdig für jenen schwersten aller Berufe vor, für welchen ihn die Vorsehung bestimmt hat und für dessen bestmögliche Erfüllung er dereinst wird Gott Rechenschaft ablegen müssen. Ebenso erfreulich ist die Werthschätzung der Menschen, die Achtung ihrer Rechte wie ihrer Ansprüche an das Leben, an den Staat u. an die Fürsorge ihres Monarchen. Mit vollem, warmem Herzen den Nebenmenschen entgegenkommend, kann man auf ihre Anhänglichkeit und Erkenntlichkeit zählen; nirgends gilt das mehr als bei uns, denn die Völker der Monarchie sind seit Jahrhunderten von unseren Ahnen daran gewöhnt worden, wie in keinem anderen Lande.«[14]

Rudolfs Karikatur seines Großonkels Erzherzog Albrecht

Dann ging Albrecht zu ausführlicher Kritik über: »Man muß sich dabei nur vor Irrwegen hüten, auch vor jenen der Zeit, in der man lebt; wenn man diesen auch nicht immer entrinnen kann, soll man sich doch

nie von ihr gedankenlos oder durch Übereifer forttreiben lassen, am meisten gilt dieß von den Höchststehenden.« Er warnte den Kronprinzen vor dem Mißbrauch von »modernen Schlagworten«; »Eigentlich ganz richtige Worte werden von der einen oder anderen Parthei, eben wegen ihres guten Klanges u. ihrer Unverfänglichkeit dazu gewählt, um damit ganz etwas Anderes zu bezeichnen. Ist dieses Manöver einmal bekannt, so wird derjenige, der sich mit Vorliebe dieser Worte bedient, als zu der Parthei gehörend, oder ihr im Herzen zustimmend, betrachtet. Wie schön ist das Wort *Freiheit*, wenn die gesetzliche u. nicht die Ungebundenheit – *Toleranz*, wenn darunter christliche Duldung aus Menschenliebe u. Achtung des Nächsten u. nicht bis ins konfessionslose gehende, religiöse Gleichgiltigkeit verstanden wird! *Liberal* war einst das Lob des großmüthigen, edelsinnigen Grandseigneurs, u. jetzt?«
Dasselbe gelte auch von den bei Rudolf häufig wiederkehrenden Worten *Fortschritt und Humanität*: »letzteres muß heutzutage alle konfessionslosen und antireligiösen Bestrebungen bemänteln. *Weltordnung* soll hier wohl die göttliche Vorsehung bedeuten, wird aber mit Vorliebe und Absicht von den modernen Ungläubigen benützt, um eben Gott und dessen Vorsehung zu ignorieren, oft als Gegensatz gegen beides.« Mit diesem Einwand war nicht nur der Liberalismus, sondern auch die Freimaurerei gemeint. Mit vielen ernstzunehmenden Argumenten versuchte Albrecht seinem Neffen klarzumachen, daß er sich, ebenso wie Joseph II., in den Händen der »Umstürzler« befinde und daß er sich von diesen Einflüssen freimachen müsse, wolle er nicht so enden wie Joseph II.
So paradox es auch klingt: mit der positiven, ja schwärmerischen Einstellung gegenüber dem Habsburger Joseph II. deklarierte sich Rudolf als Anhänger der liberalen »Umsturzpartei«. Er saß in einem Boot mit der Opposition gegen das »Gottesgnadentum« der Könige, mit allen auch, die vom Toleranzpatent Josephs II. profitiert hatten: den Protestanten, Juden, Freidenkern, auch den Freimaurern, deren Organisation zur Zeit Franz Josephs in der westlichen Reichshälfte verboten war. Auch sie brachten in ihren Zeitschriften regelmäßig Lobeshymnen auf den »edlen Kaiser Joseph«.[15] Bemerkenswert, dass diese Überzeugungen des Kronprinzen auf niemand anderen als den ungarischen Benediktiner und Freimaurer Hyazinth Rónay zurückgingen.

Eine bürgerliche Erziehung

Daß Rudolfs Verehrung für Joseph II. keine vorübergehende Laune war, bezeugen seine Briefe und Schriften auch der späteren Zeit. Daß er seine mit der am Hof herrschenden Auffassung nicht übereinstimmende Meinung offen demonstrierte, wohl auch, um seine höfische Umgebung zu reizen, brachte ihm auch außerhalb der Familie und des Hofes heftige Kritik ein. So schrieb zum Beispiel Friedrich von Holstein, die politische »graue Eminenz« von Berlin, noch 1885 in sein Tagebuch über die gleichaltrigen Thronfolger Wilhelm und Rudolf: »Der Kaiser von Österreich hat sich über den Prinzen Wilhelm ungünstig geäußert: ein für sein Alter überraschend fertiger Mann mit allzu entschiedenen Ansichten. Na, das heißt, mit dem ausgemergelten, von Autoreneitelkeit wegen seiner Reise- und Jagdbücher strotzenden, Joseph II. nachahmen wollenden Kronprinzen Rudolf tauschen wir nun doch noch lange nicht. Um Joseph II. zu spielen, macht er den Freigeist. Zu Gf. Wedel sagte er mal, auf zwei Priester zeigend: ›Wenn ich mal regiere, der Gesellschaft werde ich ihren Standpunkt klarmachen.‹ Ein Narr; für den Kaiser von Österreich ist die katholische Kirche nicht wie für den unsrigen ein unversöhnlicher Feind, sondern vielmehr das Hauptbollwerk gegen das griechische Slawenthum.«[16]

Wie sehr sich der Facettenreichtum der alten Monarchie in der Erziehung des Kronprinzen widerspiegelt, zeigt sich auch beim Historiker Anton Gindely, der ab 1873 dem Prinzen die böhmische Geschichte näherbringen sollte. Auch er war ein Vertreter der Toleranz, und zwar jener zwischen Deutschen und Tschechen in Böhmen. Als Sohn eines deutschungarischen Vaters und einer tschechischen Mutter fühlte er sich weder als Deutscher noch als Tscheche, sondern als

Prof. Anton Gindely aus Prag, einer der prominentesten Historiker seiner Zeit mit dem Schwerpunkt auf böhmischer Geschichte. Er hielt seine Vorlesungen abwechselnd in Tschechisch und in Deutsch

begeisterter, übernational denkender Österreicher. Er hielt seine Vorlesungen an der Prager Universität abwechselnd in Deutsch und Tschechisch, schrieb deutsche und tschechische Lehrbücher für Geschichte. Freilich wurde er im Zeichen des wachsenden Nationalismus, den er bitter beklagte, von beiden nationalen Parteien angefeindet.
Gindely hatte in den sechziger Jahren versucht, in Böhmen eine »staatliche Partei« zu gründen, die sich »von allen nationalen Überschwenglichkeiten fernhielt und der deutschen Sprache den ihr für das gemeinsame Verständnis nötigen Raum und Bedeutung zugesteht«[17], schrieb aber schon 1860: »Das Prinzip der Nationalität mit solcher Schärfe ... betont, läßt keine Confoederation zu, sondern führt nur zur Auflösung. ... ich suche die Geschichte eines Reiches zu schreiben und kann mich der Furcht nicht verschließen, daß ich es mit einem Leichnam zu tun habe«. Als Ausweg aus dem Dilemma schwebte ihm ein straffer Zentralismus vor: »Alle Mal, wenn ich zwischen den anarchischen Wogen des Föderalismus und dem schroffsten Zentralismus wählen sollte, würde ich den letzteren vorziehen ... Wäre der Absolutismus der vergangenen Periode glücklicher, ruhmvoller, liberaler und vor allem nicht banquerot gewesen, so hätte er nach einer 50jährigen Dauer meiner Überzeugung nach mehr für Österreich getan, als dies noch 20 Parlamente tun können.«[18]
In der Unterrichtung des Kronprinzen sah Gindely eine Chance zur Verwirklichung seiner Ideen. Er tat dies mit Erfolg, denn Rudolf vertrat später ebendiese Ideen von einem zentralistisch geführten Reich, das alle Völker gleich gut behandeln, die Minderheiten schützen und jede übernationale Zusammenarbeit unterstützen und fördern sollte.
Angeleitet von Gindely und dem Tschechischlehrer Hermenegild Jirecek wuchsen Rudolfs Sympathien für die Slawen, die er bei jeder Gelegenheit gegen die deutschen und ungarischen Nationalisten verteidigte. Ebenso deutlich nahm er Partei für die arme slawische Landbevölkerung gegen die böhmischen Adeligen: *Die Slawen sind die elendsten und schlechtesten unter den Bewohnern Europas. Sie wurden aber auch immer am allermeisten als Thiere behandelt, und jeder Hase am Felde lebt freier und beßer, als so ein armer Bauer in slawischen Ländern ... Der Adelige bleibt beim Volke noch der Herr, während er Staatsbürger ist, wie jeder Bauer. Kommt einmal in diese gedrückte Nation ein Funken Wißens, lernen sie einmal alle diese Schlechtigkeiten,*

Eine bürgerliche Erziehung

Eine von vielen Karikaturen, die Rudolf von der höfischen Gesellschaft machte

die ihnen und ihren Vorfahren angethan wurden kennen, dann wird die thierische Demuth und Enthaltsamkeit in bestialische Wuth ausarten und die Rache und die Leidenschaft wird blutige Tage hervorrufen. Sie haben nicht die Bildung und das Wißen, das sie an alle dem hindern würde; und was die Könige und Adeligen angestrebt, das Volk dumm zu erhalten, wird ihr eigenes Ende sein. Die Rache ist gut, Jahrhunderte haben die Hohen gräulich gehaust, die Zeit ist um, Blut fordert Blut, und des gemeinsten Bauern Blut wird Rache hervorrufen. Das Alte sind Ruinen, wir blicken in eine neue beßere Zeit, die Macht wird fallen, die Wißenschaft wird bleiben, und die Schlechtigkeit, die durch die ungleiche Macht und Armuth entstanden, wird schwinden.[19] Die neue Zeit für den Vielvölkerstaat sah der junge Kronprinz, beeinflußt von seinen Lehrern Gindely und Jirecek, im Erstarken der slawischen Völker und dem »Blick nach Osten«.

Die Tendenz, Rudolf zur Toleranz gegenüber allen Völkern der Monarchie, vor allem aber den bisher vernachlässigten slawischen, zu erziehen, verstärkte noch der Geographie-Lehrer Dionysius Grün. Auch er hatte eine für höfische Verhältnisse absonderliche Karriere gemacht:

2. Kapitel

Sohn armer jüdischer Eltern aus Mähren, zunächst Landwirt, dann Besuch des Gymnasiums und Studium in Prag und Berlin, vielfach unterbrochen durch den Zwang, als Hauslehrer und Schriftsteller Geld zum Leben zu verdienen. Auch Grün war »Achtundvierziger«. Wegen Zeitungsaufsätzen über den ungarischen Aufstand wurde er 1849 in Berlin verhaftet und war einige Zeit im Gefängnis. In Österreich trat er zum Katholizismus über und wurde dann Lehrer in Wien. (Später, als Professor der Deutschen Universität Prag, war er allerdings als entschiedener Deutschnationaler ein Gegenpol zu Gindely.)
Dem Unterricht bei Dionysius Grün entstammt der wichtigste Aufsatz des jungen Kronprinzen: *Die Lage Wiens und unsere Zukunft*[20] von 1875, der deutlich von Adolf Fischhofs Ideen beeinflußt war, jenes intellektuellen Führers des Jahres 1848, der nun, verbannt, nur noch durch seine alten Freunde politisch wirkte. Viele Grundideen von Rudolfs politischen Ansichten sind in dieser Schrift schon zu erkennen – ein Beispiel dafür, wie seine Meinung eindeutig in seiner Studienzeit gebildet und sich später nur noch unwesentlich änderte. Die Schrift ist eine strikte Absage an das neue deutsche Kaiserreich und voll österreichischem Patriotismus. Den deutschen Österreichern wird wie bei Fischhof die Aufgabe zuerteilt, Lehrmeister für die noch unterentwickelten Slawen zu sein:
Der Grundcharakter Österreichs, die Vielheit, zeigt sich wie im großen im ganzen Staate so im kleinen in Wien ... Österreich hat neun Millionen Deutsche und 28 Millionen Nichtdeutsche. Unmöglich kann es sich auf einen deutschen Staat hinausspielen, doch geistig sind diese neun Millionen der großen anderen Zahl überlegen. Das Deutsche Reich erreicht bald den Gipfelpunkt seiner Bildung, dann folgt die Überkultur und, den Romanen gleich, geht es dann abwärts. Also Heil jenem Staate, der noch viel zu zivilisieren hat. Die Slawen sind im Begriffe, Menschen zu werden, in gewissen Gegenden sind sie selbst schon sehr im Fortschritt begriffen. Ihnen steht die glücklichste Zukunft voraus ... Jener Staat, jene Macht, die sich der Erziehung dieser großen Nation – wenigstens eines Teiles derselben – bemächtigt, hat sich eine sehr fruchtbare Aufgabe gestellt, denn er arbeitet für die Zukunft. Darum ist Österreichs jetzige große Aufgabe und der Zweck unserer Existenz, die Südslawen zu beherrschen, zuerst geistig, dann faktisch, und sie zu erziehen und dadurch sich an ihre Spitze zu stellen ... Hiemit haben wir

Eine bürgerliche Erziehung

die große Aufgabe unseres kleinen Teiles deutscher Bevölkerung. Sie sind dazu berufen, deutsche Bildung, deutschen Ernst und deutschen Fleiß, doch nicht deutsche Gesinnung, in ein großes kulturfähiges Volk zu bringen, sie haben die Aufgabe, die Lehrmeister einer Nation zu sein, sie geistig zu beherrschen. Was wäre schöner und erhabener als diese Aufgabe! Und auch für den Ehrgeiz schmeichelnder! Denn was hilft diesen neun Millionen Deutschen ein Anschluß an das Deutsche Reich? Als unkultiviert und ungebildet, als Anhängsel an einem hochgebildeten, aber durch Zwietracht zerrissenen Staat, der nie einig wird, zu hängen und zu gelten, und noch dazu mit einem Staat verbunden zu sein, der in Gewohnheit, Charakter, Wesen, und selbst Aussehen, ein ganz anderes Volk hat. Unsere Deutschen würden sich noch unheimlicher in der Verbindung fühlen, als der Elsässer und der Holsteiner. Diese Aufgabe, die ihnen hier blüht, ist eine Beherrschung der Südslawen auf friedliche Weise. So vorbereitet, den Traum eines den Balkan kultivierenden Donaureiches träumend, erlebte der Kronprinz drei Jahre später die Okkupation Bosniens und der Herzegowina.

Auch für die naturwissenschaftlichen Fächer wurden prominente Schulreformer berufen, so der steirische Botaniker Matthias Wretschko und der Mährer Josef Krist, der zehn Jahre lang dem Kronprinzen Naturgeschichte vortrug. Erst seit der Aufkündigung des Konkordates 1871 und der Einführung der neuen Schulgesetze konnten die Naturwissenschaften ungehindert von kirchlichen Vorurteilen unterrichtet werden.
Da Rudolf keine besondere Begabung für Mathematik und abstrakte Physik zeigte, interessierte ihn Krist mit Museumsbesuchen, Exkursionen und Experimenten an seinem Stoff. Vor allem leitete er seinen Schüler dazu an, über seine Beobachtungen in der Natur, bei der Jagd oder bei Spaziergängen, schriftliche Aufzeichnungen zu machen. Er berichtete darüber an Latour, »daß Se. kaiserliche Hoheit von Ihren Spaziergängen nicht selten Naturgegenstände mitbrachten und auf eine kleine Anregung hin manche zur Erholung bestimmte Stunde für die Ausarbeitung schriftlicher Aufsätze über selbstgewählte Themata aus dem Gebiete der Naturgeschichte verwendeten«.[21] Einige Hefte des 12jährigen über Vogelbeobachtungen sind erhalten und ein langer Aufsatz über *Geschichten und Leben der Thiere, gewidmet meinem lieben Alterle* (Latour).

2. Kapitel

Einige der vielen Lehrer des Kronprinzen. Von links stehend: Oberstleutnant Kraus, Burgpfarrer Laurenz Mayer, Josef Krist, Oberst Wagner, der Französischlehrer Du Chène, der Deutschlehrer Greistorfer. Sitzend: Leibarzt Dr. Jungh, der Historiker Prof. Heinrich von Zeißberg, Prof. Ferdinand von Hochstetter und der Kirchenrechtler Josef Zhisman

Josef Krist hatte auch die Aufgabe, den 13jährigen, körperlich eher unterentwickelten Knaben sexuell aufzuklären. Er hatte ihm, so berichtete Latour dem Kaiser, »Aufschlüsse über die Fortpflanzung der Thiere, unter anderem über den Unterschied zwischen Hengst und Wallach zu geben. Nur zu bewußt, mit wie viel Vorsicht dieses Thema für die Jugend behandelt werden muß, war der Unterzeichnete zunächst darauf bedacht einen geeigneten Zeitpunkt zu finden, um jeden Anschein der Absichtlichkeit zu vermeiden.« Krist wählte schließlich den Besuch einer Salzburger Fischzucht-Anlage und glaubte, »in der anschaulichen Vorführung des bei der künstlichen Fischzucht stattfindenden Vorganges das geeignete Mittel zu erblicken, um über die heicklige Frage nach der Fortpflanzung der Thiere hinwegzukommen. Denn es ist immer besser eine bestimmte Anschauung zu bieten, als der Phantasie durch dunkle Worte Stoff zu wirren Bildern zu geben.«[22]

Über das Ergebnis der Unterweisung berichtete Krist an Latour: »Se. kaiserliche Hoheit verfolgte die ganze Procedur der künstlichen Be-

Eine bürgerliche Erziehung

fruchtung, der Entwicklung und Versendung der Fischeier, so wie die einfachen, klaren Erörterungen des Directors der Anstalt mit gespanntester Aufmerksamkeit.« Von den Fischen ausgehend, habe er seinem Schüler dann Kreuzungen wie Maultier und Maulesel erklärt, auch die Kastrierung von Pferden und ähnliche Dinge: »Schließlich wurde hinzugefügt, daß über den eigentlichen Vorgang der Fortpflanzung der Thiere noch große Unklarheit herrscht und daß man über denselben als einem der tiefsten und wunderbarsten Geheimniße der Natur stets mit heiliger Scheu denken und sprechen soll.« Damit war alles gesagt, was dem Knaben gesagt werden durfte.

Als Krist seinen Schüler 1876 nach zehnjährigem Unterricht verließ, schrieb er in seinem Abschiedsbrief sein Glaubensbekenntnis nieder: »Euer Kaiserliche Hoheit wollen stets an der Überzeugung festhalten, daß die Wissenschaft überhaupt nicht blos aufklärt, sondern auch veredelt, und daß dadurch die Wissenschaft eine Macht wird, deren Einfluß kein Staat sich entziehen darf, will er nicht die Grundlagen seiner geistigen und materiellen Entwicklung aufs tiefste schädigen.«[23] Ein Nachhall von Rudolfs Liebe gerade zu diesem Lehrer ist noch 1884 zu spüren, als er an Krist schrieb: *Die Liebe zu den naturwissenschaftlichen Studien haben Sie erst in mir wachgerufen, und dafür werde ich Ihnen mein Leben lang dankbar sein.*[24]

Mit fortschreitendem Studium wurden immer mehr Universitätsprofessoren als Rudolfs Lehrer eingesetzt, so 1872 der weltberühmte Geologe Ferdinand Hochstetter, dessen Berufung von den Liberalen enthusiastisch gefeiert wurde. Denn Hochstetter war nicht nur der einzige Protestant unter Rudolfs Lehrern, sondern auch ein prominenter Anhänger von Darwins Entwicklungslehre, die von der Kirche vehement abgelehnt wurde. Die Positionen in diesem bis heute aktuellen Streit zwischen Kirche und Naturwissenschaften ist in Rudolfs Studienheften nachzulesen: Im Religionsunterricht mußte der Jüngling Thesen auswendig lernen, die den Darwinismus aufs strengste verurteilten; so etwa im Dogmatik-Heft unter § 54: *Der Mensch ist die Verbindung von Geist und Körper; er ist aber keine höhere Form der Thierwelt, sondern ein durch Gottes Schöpferkraft unmittelbar hervorgebrachtes Geschöpf. Die Ähnlichkeit der Körperformen läßt durchaus nicht auf Verwandtschaft zwischen Thier und Mensch schließen.*

2. Kapitel

Bei seinen liberalen Lehrern lernte Rudolf genau das Gegenteil. Ihre Begeisterung für den schier grenzenlos erscheinenden Fortschritt, die neuen naturwissenschaftlichen Erkenntnisse war so stark, daß Rudolfs Denken bald völlig von diesem Themenkreis bestimmt war. Alle anderen Disziplinen, ja sogar das Theater, traten in den Hintergrund, wurden nur noch pflichtschuldig absolviert. Der moderne Geist des 19. Jahrhunderts lag für den jungen Mann allein in den Naturwissenschaften, deren Gesetze er wie selbstverständlich auf Geschichte und Politik übertrug.

In welchem Ausmaß sich Rudolf von diesen Anschauungen prägen ließ, ist seiner ersten größeren schriftstellerischen Arbeit zu entnehmen, die er als Vierzehnjähriger verfaßte und seinem Vater zum 25jährigen Regierungsjubiläum überreichte. Die Hauptpunkte der naturwissenschaftlichen Lehre, wie sie Wretschko, Krist und Hochstetter vertraten, begegnen uns hier in äußerst polemischer Form wieder: der Glaube an den Kampf der Kräfte und daran, daß die Naturwissenschaften veredeln und geradewegs zur Humanität führen, zur Gleichberechtigung vor dem Gesetz, das wie in der Natur für alle Menschen gleich sein soll, dann die Vorherrschaft nicht für den Aristokraten oder den Reichen, sondern für den geistig Stärkeren, den Gebildeten und schließlich die Verachtung für die den Fortschritt hemmende Kirche.

Dem Kaiser, der sich sein ganzes Leben lang mit solchen »Wolkenkraxeleien« (wie er auch die literarischen Versuche der Kaiserin nannte) nicht anfreunden konnte, kann diese Festgabe seines Sohnes kaum einhellige Freude bereitet haben, mußte er doch folgendes lesen:

Daß der Mensch ein Thier ist, diesen Satz bekämpfen die hohen Herren, die stolzen Aristokraten durch das ganze Mittelalter, und sie thuen es jetzt noch immer, indem sie sagen das sei gegen die Religion, doch das läßt sich unmöglich leugnen, denn sonst müßten wir das Eßen und Trinken und alle thierischen Triebe aufgeben, und dieses laßen jene Leute am wenigsten fallen, denn das ist ja ihre einzige Beschäftigung, diese Heuchler! was thun sie denn? Sie die die Religion immer auf den Lippen, statt im Herzen tragen, den Tag über in feiner Gesellschaft, in die nur Wesen hineinkommen dürfen, welche wenigstens ein Bataillon Ahnen aufweisen und feine Titel besitzen, und französische Conversation führen können, dort wird über die schlechten Zeiten geschimpft, Leute, gescheidte, Leute der Menschheit nützliche, ausgerichtet, weil sie

Eine bürgerliche Erziehung

keine Grafen sind, dann wird dort Schlechtes zugetragen, dann etwas gebetet, dann ins Theater gegangen; und diese Leute sind aufbrausend, wenn man sagt: »Der Mensch ist ein Thier« und sie vergeßen, daß sie durch Jahrhunderte ein festes Bollwerk gegen jeden Aufschwung und Bildung errichtet haben, den Menschen mit Feuer und Schwert thierisch erhalten, geknechtet, für ihren eigenen Vortheil, doch endlich brausten die Wogen zu heftig an das Bollwerk an, es brach, und die Wogen der neuen Zeit brausten über die Verechter der Menschheit.[25]

Die enge Beziehung zwischen Aristokratie und Klerus ärgerte den jugendlichen Prinzen besonders. Er nahm *die schrecklichen Tage des Mittelalters* als Beispiel und urteilte hart und feurig: *Aber genauer darf man diese Frömmigkeit und Christlichkeit nicht untersuchen, zu Hause denn auf den Gütern, wie wurden dort die Leibeigenen behandelt? Jeder solcher Ahn hat seine eigenen armen Knechte, die Bauern, am Gewißen, und seine frechen Lippen wagten dann von nichts als Frömmigkeit zu reden, und für solche groben Sünden hatte der Pabst keine Ohren, so was überging er ganz, doch die kleinste Freiheit in kirchlichen Sachen, von einem armen bemerkte er. Hunderte von armen gescheidteren Menschen verbrannten oder wurden verstümmelt als Ketzer ... Was wollten denn diese unglücklichen Leibeigenen der hohen Herren und was, als das, was jedes Thier hat die Freiheit!*

Dann pries Rudolf im Hinblick auf das 25. Regierungsjubiläum gehörig die Errungenschaften der Franz-Joseph-Zeit: *Jetzt in dieser neuen Zeit sind eben diese Herren auf ihren Gütern gar nichts mehr. Der Bauer ist frei, fehlt er, so kommt er vor ein gerechtes Gericht, er kann aus einem Dorfe in das andere wandern, kann heirathen wann er will und ist sein eigener Herr auf seinem Acker ... und fühlt sich ein Bürger in diesem Staat, wie alle diese Aristokraten, das ist eben was sie so ärgert, denn sie wollen immer mehr wie die anderen Menschen sein, und da in unseren schönen Tagen, jeder gleichviel von welcher Religion und welchem Stande, zu allen Ämtern des Staates gelangen kann, wollen diese jungen Aristokraten gar nichts werden, denn bei jedem Amte denken sie, dorthin gelangt ebenso gut der Sohn eines Trödlers, drum bleiben sie sehr elegante, feine Tagediebe die nichts gelernt haben, sich also draussen im Leben vor jedem gescheidten Studenten oder Bürgerssohne schämen, drum sich in den Salons der ersten Gesellschaft hinter den Kitteln und Kleidern der Gräfinnen und Fürstinnen verkriechen, franzö-*

2. Kapitel

sisch conversiren und dann charmant gefunden werden, je mehr sie über die Zeit schimpfen und recht fromm thun. Wie lang das noch so fort dauern soll weiss ich nicht, aber das diese erste Gesellschaft mit wenigen, sehr wenigen Ausnahmen eine faule Eiterbeule am Staatskörper ist, kann man mir glauben.

Ob und wie der Kaiser auf diese Ergüsse seines vierzehnjährigen Sohnes reagierte, ob er diese Festgabe überhaupt las, wissen wir nicht. Die weiteren Aufsätze Rudolfs waren jedenfalls nicht mehr dem Kaiser, sondern dem damals noch verehrten Großonkel, Erzherzog Albrecht, und Latour gewidmet.

Verwunderlich ist nur, daß Latour weiterhin freie Hand hatte (unter der Patronanz der Kaiserin), obwohl die Hofgesellschaft die ketzerischen Äußerungen des Kronprinzen sehr wohl registrierte und diese so unhöfische Erziehung kritisierte wie General Friedrich von Beck: »Das junge, exaltierte Gemüt des Kronprinzen, die Unreifheit seiner Auffassung, die Überspanntheit seines nicht zu leugnenden Verstandes ließen befürchten, daß er Ideen und Tendenzen in sich aufnehmen werde, die dem konservativen Charakter eines zukünftigen Monarchen nicht entsprechen würden.«[26]

Auch nach Beendigung der Studienzeit behielt Rudolf den Kontakt mit seinem Lehrer Hochstetter bei. Gesprächsthemen waren laut Hochstetter-Tagebuch die Geographische Gesellschaft, die Afrikanische Gesellschaft, der Wissenschaftliche Club, selbstverständlich das Naturhistorische Museum, dessen erster Intendant Hochstetter war. Rudolf ließ sich von Hochstetter in der Sternwarte eine Mondfinsternis erklären, besuchte ihn im Mineralienkabinett und in der Technischen Hochschule. Hochstetter machte ihn mit dem Zoologen Alfred Brehm und mit den berühmtesten österreichischen Reisenden seiner Zeit bekannt: Ernst Marno, Emil Holub. Auf ihrer Entdeckungsreise zum Franz-Josephs-Land benannten Julius von Payer und Carl Weyprecht die nördlichste Insel Eurasiens: »Rudolfa«, wie sie noch heute heißt.[27]

Die Wissenschaften wurden für den siebzehnjährigen Kronprinzen zur Religion des modernen Menschen des 19. Jahrhunderts: *ein Haupt-Factor zur Veredelung der Menschheit, und die rein geistigen Wisenschaften werden bei den vorangeschrittenen Generationen durch ihre erhabene Moral und die Verehrung der unwandelbaren Naturgesetze*

Eine bürgerliche Erziehung

1873 findet in Wien die Weltausstellung statt, zu der viele Staatsoberhäupter anreisen, so auch Kaiser Wilhelm I., Kronprinz Friedrich und Bismarck. Rudolf ist meistens an der Seite des Vaters

und der Weltordnung die Stelle der einzelnen Cultuse vertreten, die durch gehäßige Parteikämpfe und Spitzfindigkeiten tief gesunken sind, und sich bald überlebt haben werden.
Gegen die Überbewertung der Naturwissenschaften wehrten sich nicht nur der Hofburgpfarrer und Erzherzog Albrecht, sondern auch (allerdings von einer ganz anderen Warte her) der Jurist Adolf Exner, Rudolfs Lehrer für Staatsrecht 1875/76. Unter seiner Anleitung schob sich allmählich die Politik in Rudolfs Gesichtskreis. Beim gemeinsamen Aufenthalt von Lehrer und Schüler im Winter 1875 in Gödöllö entstand ein Aufsatz des Siebzehnjährigen über die konstitutionelle Staatsform: *Diese Art von Verfassung wird nur in einem kultivierten Lande blühen, in dem der Reichtum ein großer, aber im Verhältnis zur Arbeit verteilt ist, und durch den Ernst des Volkes und die Stetigkeit der Regierungsform ein Staatsleben sich entfalten kann, in dem Parteien sich entwickeln und im edlen Wettstreit den höheren sittlichen Stand-*

punkt einzunehmen trachten, und dadurch die einzelnen Glieder des großen Staatskörpers in steter Berührung und Betrachtung des allgemeinen Wohles der Blüte des Staates bleiben, und vor dem Versinken in den krassen Materialismus des körperlichen Lebens geschützt sind. Der Kampf der Parteien im schönsten Sinne ideal aufgefaßt ist ein sittlicher Moment ... Doch wo Nationalitätenhaß, Glaubensverschiedenheit und Kampf der Stände die Parteien bilden, sind sie nicht der Hebel zur Erfüllung der Blüte, sondern die Reizmittel zur steten Nahrung der Leidenschaften in den Völkern. Der Staat, der zur Lösung seiner höchsten Aufgaben nicht dem Erfolge einer reifen Überlegung und Debatte, sondern dem erhitzten Streite und dem durch Zank und Zwist errungenen Siege der einen Partei folgt, ist auf verfehlten Wegen und nicht reif zu diesem so idealen Gebilde ethischer Geister, nämlich der konstitutionellen Staatsform.

Exners Bedeutung für Rudolfs politische Weltanschauung ging über die eines Lehrers weit hinaus. Er blieb auch nach Beendigung der Studien Rudolfs »philosophischer Gewissensrat«, wie Exners Freund Gottfried Keller schrieb.[28]

Als Beispiel dafür, wie exotisch sich ein liberaler Jurist wie Exner am Hof ausnahm, sei hier aus Rudolfs Heft »Aufgaben aus den Rechtswissenschaften« die Behandlung der Ehescheidung angeführt: *Manchmal aber kann durch das Verbot der Ehescheidung die größte Ungerechtigkeit und Grausamkeit ausgeübt werden, indem man z. B. einen Teil zwingt, bei dem anderen Teil auszuharren, der ihn mit Gemeinheit, Schmach und Haß überhäuft. – Die Erlaubnis der Ehescheidung ist gut; sie lockert zwar etwas die erhabene Idee der Ehe, doch da die Menschen Fehler und Gebrechen haben, darf es nicht nur Einrichtungen für vorzügliche, sondern auch für schlechte geben; und daher ist die Ehescheidung eine rein menschliche und humane Sache, deren Mangel eben solche Fehler nach sich zöge, als die Notwendigkeit ihres Bestandes die Unvollkommenheit der Menschen beweist.*

An Lektionen solcher Art wird der Kaiser kaum gedacht haben, als er in dieser Zeit seinem Sohn nach Ischl schrieb: »Die Studien hast Du also auch wieder begonnen und ich bin überzeugt, daß Du denselben mit gewohntem Fleiße obliegen wirst, besonders auch den juridischen Gegenständen, die für Dich von eben so großer Wichtigkeit sind, wie die militärischen.«[29]

Eine bürgerliche Erziehung

Der von Rudolf sehr verehrte Nationalökonom Prof. Carl Menger

Carl Menger, Rudolfs Lehrer für Nationalökonomie, wurde von den Konservativen zum Hauptverantwortlichen für die »atheistische, demokratische und republikanische Weltanschauung« des Kronprinzen gemacht. Aber ein Gegner des Adels, des politischen Katholizismus, des Absolutismus, kurz: ein Liberaler, war der Kronprinz schon, als er Menger noch gar nicht kannte. Menger konnte nur noch Akzente setzen in einer von Grund auf liberalen Erziehung, stand seinem Schüler aber persönlich besonders nah.

Menger stammte aus einer österreichischen Beamtenfamilie. Das Adelsprädikat »Edle von Wolfesgrün« führten die drei prominenten Menger-Brüder jedoch aus Bürgerstolz nicht. Nach seinem Jusstudium versuchte er sich zunächst als Journalist und war kurze Zeit sogar Herausgeber des liberalen »Neuen Wiener Tagblattes«, das 1867 von Moriz Szeps übernommen wurde. Nach dieser Episode schrieb Menger nur noch anonyme Artikel für verschiedene Wiener Zeitungen, das »Neue Wiener Tagblatt« und vor allem die »Neue Freie Presse«. Er verdiente seinen Lebensunterhalt im Ministerialdienst, wurde aber auch dort als Sekretär im Redaktionsbüro der amtlichen »Wiener Zeitung« für Presseangelegenheiten eingesetzt.

Neben seiner Arbeit im Ministerium schrieb der Dreißigjährige sein Hauptwerk, die »Grundsätze der Volkswirtschaftslehre«, das ihm seinen Rang unter den führenden Denkern der Welt sicherte. 1872 habilitierte er sich, lehnte ausländische Berufungen ab und blieb als Extraordinarius in Wien. Er führte ein zurückgezogenes Gelehrtenleben, ohne Familie, konzentriert auf die Universität und seine Bibliothek, die heute das Prunkstück der Hitotsubashi-Universität in Tokio ist.

Mengers Ideal war das des Aufklärers und berühmten Freimaurers Joseph von Sonnenfels: »der Mann ohne Vorurteile«. In seiner Bibliothek befinden sich zahlreiche Schriften gegen den Antisemitismus, gegen die Privilegien der Kirche und des Feudaladels. Vor allem sein soziales Engagement ist bemerkenswert, weil es nicht selbstverständlich war bei einem erklärt liberalen Nationalökonomen. Dazu eine seiner Randbemerkungen: »je mehr die reichen Leute verzehren, umso flotter lebt man in der Gegenwart auf Kosten der Entwicklung der Zukunft. Würden die Reichen statt zu prassen sparen, so hätten bald alle Arbeiter gute Wohnungen, denn statt Friseuren und Huren gäbe es dann Maurer und Tischler etc. Allgemeine Volksbildung und öffentliche Zwecke etc. Freilich müssten die Stände die nur dem Luxus dienen untergehen. Dagegen würden alle jene, welche den nächsten Bedürfnissen der Menschen nachkommen, sich sehr vermehren (Ärzte etc.). Bald würden die Arbeiter gesünder und besser leben, als jetzt die Reichen.«[30]

Menger schrieb über die zweijährigen nationalökonomischen Studien seines Schülers (1876 bis 1877 mit vierzehn Wochenstunden), Rudolf sei »vielleicht der erste Kronprinz in Europa, welcher eine vollständige wirtschaftliche Ausbildung erhalten hat ... Dieser Unterricht war nicht blos eine Tändelei, welche so oft bei den Söhnen der Fürsten angewendet wird, um sie mit einer äußeren Fertigkeit auszustatten ... Die Vertrautheit mit den ökonomischen Gesetzen äußerte eine starke Wirkung auf den Character und auf den regen Geist des Kronprinzen. Aus seinen Fragen und Bemerkungen war zu erkennen, daß schon der Jüngling ganz von dem Bewußtsein seines hohen Berufes erfüllt war. Immer wieder lenkte er das Gespräch auf den Zusammenhang der Finanzen eines Staates und dessen Machtstellung ... Der Gedanke, daß ein schlechtes Budget und ein großes Deficit eine Schwächung des Reiches herbeiführen, ließ ihn nicht los, und er horchte gespannt auf, wenn dieser Gegenstand gestreift wurde. Er kannte die Vergangenheit Österreichs, und sein jugendliches Gemüth wurde mit Sorge beschattet, wenn ihn die Furcht vor einer Rückkehr ähnlicher Ereignisse überfiel.« In etwa vierzig längeren Aufsätzen behandelte Rudolf nationalökonomische Themen. »Schon damals zeigte sich seine literarische Begabung«, schrieb Menger, »und selbst die Behandlung so trockener Themen wußte er mit den Goldfäden seines künstlerischen Talentes zu umspinnen. In diesen Abhandlungen trat ein selbständiger Geist her-

Eine bürgerliche Erziehung

vor, der oft durch überraschende Wendungen und originelle Bemerkungen in Erstaunen setzte. Dabei hatte der Kronprinz die Frische und Naivität eines Kindes bewahrt.«
Wiederholt betonte er Rudolfs Interesse für die soziale Frage: »Er war volksfreundlich durch und durch. Mit einer Milde, die sonst nur aus Erfahrung gewonnen wird, wendete er sein Auge immer zu den Qualen der Armuth, und am liebsten sprach er von den Mitteln, welche ein Fürst anwenden könne, um der Dürftigkeit zu steuern. Nicht um die Theorie war es ihm zu thun, sondern um die praktische Möglichkeit, Balsam in die socialen Wunden zu träufeln, die Schwankenden zu stützen, die Hingesunkenen wieder aufzurichten … Es lebte in ihm ein Trieb zur Gerechtigkeit, welcher allen Vorrechten einzelner Classen widerstrebte.«[31]
In einem unter Mengers Anleitung verfaßten Studienheft schrieb Rudolf: *Die Institution des Eigenthums hat aber auch ihre unleugbaren Schattenseiten; eines der größten Übel desselben ist der im Laufe der Entwicklung entstandene krasse Unterschied zwischen arm und reich, der uns furchtbar entgegentritt bei den häufigen Gegensätzen eines genußreichen Lebens ohne Thätigkeit und Arbeit, gegen ein Leben voll Elend und Mangel oft an der Befriedigung der nothwendigsten Bedürfniße.*
Der Staat habe die Pflicht, sich auf die Seite des Arbeiters gegen den Fabrikanten zu stellen: *um eine Degenerirung des Arbeiterstandes durch Überbürdung mit Arbeit zu verhindern. Daher wird es den Fabrikbesitzern nicht gestattet, ihre Arbeiter über ein gewisses Maß arbeiten zu lassen, selbst wenn diese durch Noth oder höheren Lohn zu dieser ihnen verderblichen Behandlung sich bereitwillig veranlaßt fühlen würden. Z. B. werden 15 Arbeitsstunden täglich von der Regierung aus verboten, da die physische Kraft und die Gesundheit des Arbeiters darunter leidet, wenn er eine so große Stunden-Anzahl in schwerer Arbeit verbringt, wodurch seine geistige Entwickelung völlig abgestumpft wird und er zu einer Maschine herabsinkt.*
Ein noch verderblicheres Übel des Fabrikslebens ist die Zuziehung unmündiger Kinder zur Arbeit. Dadurch leidet die körperliche und geistige Entwickelung ganzer Generationen des Arbeiterstandes; denn die schwere Arbeit in so jungen Jahren untergräbt für immer die Gesundheit und hindert ein kräftiges Wachsthum; ferner schwindet

2. Kapitel

dadurch die Möglichkeit eines geregelten Schulbesuchs und nebst dem Mangel jeder Bildung führt auch der fortwährende Umgang mit den oft verderbten älteren Arbeitern eine völlige moralische Verkommenheit herbei. Hier ist es die Sache des Staates, im Interesse eines so wichtigen und großen Standes mit Macht aufzutreten, um dadurch das Interesse der Gesammtheit zu wahren. So wichtig es für einen Staat ist, viele und reiche Fabriksbesitzer aufweisen zu können, die ein Hauptfactor der allgemeinen Entwicklung und der Wohlhabenheit sind, so ist es dennoch seine Pflicht, bei Eintritt der oberwähnten Fälle, in ihre wirthschaftlichen Bestrebungen einzugreifen und lieber ihren Mehrgewinn zu hindern, um dadurch ein großes noch allgemeineres Interesse des Staates zu wahren, und eine ganze Bevölkerungsklasse, auf deren Schultern der Bestand jeder Industrie beruht, vor Schadennahme in ihren wichtigsten Interessen zu schützen. Hier bringt der Staat seinen momentanen Vortheil der unstreitig im Reichthum seiner Bürger liegt, zu Gunsten der Gerechtigkeit und Menschlichkeit ein Opfer.

In einem langen undatierten Aufsatz erging sich Rudolf über »die Gleichheit der Menschheit, die Einheit des Besitzes«: *Aus Wohlstand und allgemeinem ziemlich gleich vertheiltem Besitze, wo durch Ausnützung einer jeden Sache und Bewegung in den Vermögen der Einzelne nach Reichthum im Interesse aller strebt und es für Alle vermuthet, wird Bildung und Aufklärung blühen und gedeihen und im gesicherten Leben den Geist veredeln. Dort, wo in krassen Besitzes-Unterschieden die große Vielheit der Dürftigen in den Wenigen Feinde und Verzehrer des allgemeinen Gutes erblickt und Haß gegen diese und Kummer wegen der eigenen Erhaltung bei den Unglücklichen Verkommenheit erzeugt, wird ein edler Aufschwung nicht möglich und ein Fortschritt schwierig sein. Deshalb müßen wir vom idealen Standpunkte aus gesehen ziemlich gleich vertheilten Reichthum und Wohlstand aller als eine Quelle sittlicher Entwicklung betrachten.*

Kaiser Franz Joseph konnte mit den Problemen, die sein Sohn wälzte, gar nichts anfangen. Er tat alles mit dem Satz ab: »Der Rudolf plauscht wieder« und blieb bei seinen Hauptgesprächsthemen, der Jagd und dem Militär. Erzherzog Albrecht war der einzige der Hofpartei, der sich in seitenlangen Briefen die Zeit nahm, sich mit den naturgemäß unausgewogenen Ideen des Jünglings auseinanderzusetzen. Er schrieb für

Eine bürgerliche Erziehung

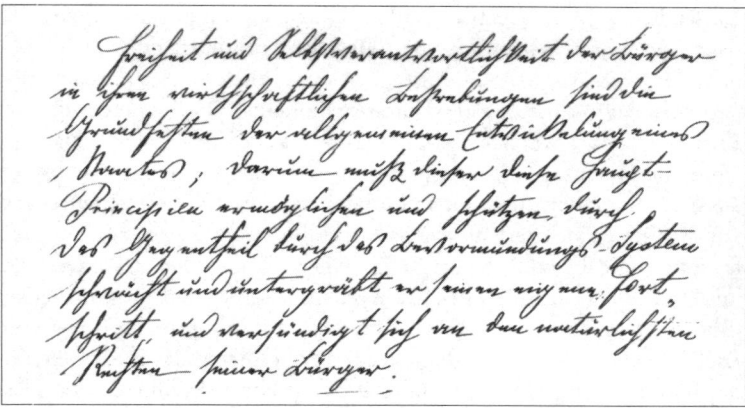

Ein Beispiel aus Rudolfs Studienheften bei Menger: »Freiheit und Selbstverantwortlichkeit der Bürger in ihren wirtschaftlichen Bestrebungen sind die Grundfesten der allgemeinen Entwickelung eine Staates; darum muß diese die Haupt-Principien ermöglichen und schützen, durch das Gegentheil, durch das Bevormundungs-System schwächt und untergräbt er seinen eigenen Fortschritt und versündigt sich an den natürlichsten Rechten seiner Bürger.«

den Siebzehnjährigen eine »Charwochen-Betrachtung« in Form eines Fragenkatalogs ähnlich einem Beichtspiegel mit dem Titel: »Wie haben sich die Prinzen einer alten, historisch mit ihren Völkern erwachsenen Dynastie heut zu Tage zu benehmen?«[32] Kritik übte er an Rudolfs Wissenschaftsgläubigkeit: »Warum muß auf Gemüth, Charakter ein größerer Werth gelegt werden, als auf bloßes Wissen? Warum auf praktisches Wissen, dem sich das Können anschließen muß, mehr als auf meist unfruchtbare blosse Theorien?«
Unverhohlen polemisierte der Feldmarschall auch gegen Rudolfs Lehrer und gab dem jungen Mann den Rat, Gelehrte so zu behandeln, »daß sie sich geachtet und geehrt fühlen, ohne sich als die Herrn, die Priester der Wissenschaft, die Prinzen hingegen als ihre Schüler, Diener, Tributpflichtige solcher hochmüthigen Gelehrten betrachten zu dürfen? (Humboldt und Friedrich Wilhelm IV.!) Welches sind die Gefahren, für einen Gelehrten gelten, nur mit solchen meist Einseitigen umgehen zu wollen?«
Die Moralpredigten blieben wirkungslos.

2. Kapitel

Kaiser Franz Joseph legte vor allem Wert auf eine gründliche militärische Ausbildung seines Sohnes. Das Ausmaß der täglich zu bewältigenden militärischen Übungen war beachtlich und wurde in den patriotischen Schriften stets hervorgehoben: »Hier leitete Oberst-Lieutenant Carl Wagner den Unterricht in der Terrainlehre, Waffenlehre und Heeresorganisation; Ober-Lieutenant von Grünewald lehrte das Reglement der Fußtruppen und das Exerciren; Oberst-Lieutenant von Rößler gab Unterweisung über Feldbefestigung, permanente Befestigung und Festungskrieg; Major Anton Kraus über das Exerciren im Bataillon; Hauptmann Hugo Kerchnawe über den Pionnirdienst; Oberst Rheinländer über Taktik und Strategie; Hauptmann Ritter von Eschenbacher über das Reglement für Artillerie und das Exerciren mit der Batterie; Flügeladjutant Major Freiherr von Gemmingen über das Cavallerie-Reglement.«[33] Über eine etwaige Vorliebe des Kronprinzen für eines dieser Fächer schweigen sich die sonst so beredten Jubelschriften aus.

Keinerlei Anzeichen deuten darauf, daß Rudolf, der auf intellektuellem Gebiet so überaus weit entwickelt war, jemals gegen die Wünsche und Forderungen des Vaters opponiert hätte. Ganz im Gegenteil: fast krampfhaft, übereifrig bemühte er sich, allen Wünschen gerecht zu werden und das zu sein, was er sein sollte: ein guter Jäger, ein guter Reiter, vor allem aber ein guter Soldat. Selbstverständlich nahm er in Oberstenuniform an allen großen Paraden und militärischen Feiern an der Seite des Kaisers teil.

Bezeichnend für Vater und Sohn war die Feier des 25jährigen Regierungsjubiläums, die Franz Joseph fast ausschließlich zu einem »Ehrentag der Armee« machte, mit der von »Zivilisten« übel aufgenommenen Rede: »Ich spreche die Zuversicht aus, daß auch künftig die Wehrkraft die festeste Stütze des Thrones und Vaterlandes sein wird, daß sie der Felsen bleibt, an welchem im Sturme die Wogen sich brechen, daß sie Meinem Sohne dieselbe Liebe und Treue weihen wird, wie sie Mir stets bewiesen hat.« Bei dieser Stelle »brach der [fünfzehnjährige] Kronprinz in ein heftiges Schluchzen aus und auch der Kaiser wurde nur mit Mühe der inneren Rührung so weit Meister, um die Rede fortsetzen zu können. Die Augen der anwesenden Offiziere füllten sich mit Thränen.«[34] Rudolf war auch sehr traurig, als seine geliebte 16jährige Schwester Gisela 1873 Prinz Leopold von Bayern heiratete und nach München zog.

Eine bürgerliche Erziehung

Auch beim Regierungsjubiläum, das mit einer großen Illumination der Innenstadt gefeiert wird, nimmt Rudolf an der Seite seines Vaters die Huldigungen der Bevölkerung entgegen. Kaiserin Elisabeth dagegen folgt ihnen in einem geschlossenen Fiaker, weil sie sich den Blicken der Menge nicht aussetzen will

Seine Empfindsamkeit, dieses so eindeutige Erbteil Elisabeths, milderte sich auch in der Pubertät nicht. Die rein männliche Umgebung, die Entbehrung eines Familienlebens taten das Ihre dazu und machten aus dem Jüngling einen glühenden Schwärmer fast hysterischen Ausmaßes, den Latour durch das Gegengewicht eifriger Studien abzulenken bemüht war.

Das Interesse der kaiserlichen Eltern an dem heranwachsenden Sohn war minimal. Elisabeth schrieb dem Sohn von ihren Reisen höchst selten, und wenn, dann ging es hauptsächlich um Pferderennen oder um das Wohlergehen der kleinen Valerie, die meist mit der Mutter reiste. Der Kaiser sah den Sohn häufiger – bei Paraden, Jagden, offiziellen Veranstaltungen –, aber sein Interesse galt vor allem der Frage, ob und was Rudolf auf den Jagden geschossen hatte.

Rudolfs schwärmerische Grundhaltung verstärkte sich noch, sobald sein Interesse an der Weiblichkeit erwachte. Ein kleines Notizheft des Fünfzehnjährigen ist erhalten, worin er ein Mädchen andichtete, das er

2. Kapitel

ganz offensichtlich nur einmal von weitem gesehen, nie aber gesprochen hatte: *D. M. sehr lustig mich angelacht, sie genau angeschaut und ihr gewunken. O Liebe! Womöglich morgen. Geschicke jetzt schrecklich, ich so melancholisch, weiß nicht wo aus und ein. Ich fühle mich so dumm, was muß ich, und was soll ich noch alles wissen?* Und: *Ich war und bin von Natur aus leicht erregbar, gefühlvoll, doch durch viele Studien und zu vielem Nachdenken bekam ich eine gewisse Begeisterung für den Materialismus, und durch besten Willen, Überwindung jeden Gefühles, und einer größeren Liebe zu den alleszersetzenden Naturwissenschaften war ich im Stande mir alle Frömmigkeit, jeden Glauben an Gott, jede Poesie und Liebe zu den Mitmenschen auszureden; da sah ich bei Wien ein Mädchen, Bernhardine! und die entzückte mich, die Sehnsucht rieb mich völlig auf, leider mußte ich fort.*

Schier endlos geht es in dieser Tonart weiter. Das Mädchen weckte in Rudolf eine überschwengliche Frömmigkeit. Er schrieb Briefe, die er nicht abschickte, die aber einen späteren Konfliktstoff bereits klar umreißen: *doch meine Stellung vernichtet jedes Verhältnis zu einer Plebejerin,* und: *Doch hoffen wir und glauben, vertrauen wir auf Gott, er ist unser mächtigster Hort, vor ihm ist der Bettler gleich dem König, vor ihm sind wir alle gleiche Menschen, deren Glück kein Stand und kein Adel trennt.*

Gegenstand der jugendlichen Schwärmerei war auch Rudolfs Tante, Erzherzogin Maria Theresia, eine der sechs berühmt schönen Braganza-Schwestern, verheiratet mit dem 22 Jahre älteren Erzherzog Karl Ludwig und Stiefmutter der Erzherzöge Franz Ferdinand und Otto. Rudolfs Schwester Gisela, bereits in München verheiratet, war die Vertraute dieser Schwärmerei. Sie klagte mit ihrem Bruder, die schöne Tante bemitleidend: »Was

Rudolfs Schwarm, die um drei Jahre ältere Erzherzogin Maria Theresia, geb. Prinzessin von Braganza. Mit achtzehn heiratete sie 1873 Rudolfs Onkel Erzherzog Karl Ludwig als dessen dritte Ehefrau

Eine bürgerliche Erziehung

Du mir über Maria Theresia schreibst, ist eigentlich traurig, man ersieht daraus, daß sie nicht glücklich sein kann. Es ist auch zu arg, einen so alten Mann zu haben, wenn man noch so jung ist.«[35] Der »alte Mann«, der nach dem Kronprinzen den zweiten Platz der Thronfolge einnahm, war allerdings sehr eifersüchtig. Rudolfs Schwärmerei, das Bemitleiden der schönen jungen Erzherzogin, kann das ohnehin gespannte Verhältnis zwischen dem als »klerikal« bekannten Onkel und dem Neffen kaum verbessert haben.

Schwierigkeiten deuteten sich bei dem Jüngling in Hülle und Fülle an, und General Beck drückte die allgemeine Anschauung des Hofes aus, als er schrieb: »Habe in Gödöllö meine Studien über den Kronprinzen gemacht ... Er ist noch ein sprudelndes Gemüt und hat das Herz leicht auf der Zunge und viele liberale Doktrinen einiger seiner Professoren nicht verdaut; ansonsten wird die Liebe bei ihm bald eine Hauptbeschäftigung sein.«[36]

3. Kapitel

EIN JAHR DER REISEN

Am 24. Juli 1877 endete Rudolfs Studienzeit und damit die Verantwortung der Kaiserin, die keinen Versuch machte, weiterhin Einfluß auf die Umgebung Rudolfs zu nehmen. Sie war mit Pferden, ihrer Schönheit und dem Wohlergehen der kleinen Valerie vollauf beschäftigt und die meiste Zeit auf Reisen. Nun war die Bahn frei für die jahrelang machtlosen Gegner der liberalen Erziehung des Kronprinzen. Das Pendel, das von einer streng militärischen Erziehung unter Gondrecourt 1865 in eine extrem liberale unter Latour ausgeschlagen war, schlug nun hart zurück zugunsten der Hofpartei um Erzherzog Albrecht und den Bruder des Kaisers, Erzherzog Karl Ludwig. Keine Rede davon, daß Rudolf nun ein Studium beginnen könnte, wie er es sich seit jeher wünschte und wie es der Rivale in Berlin, Prinz Wilhelm, in dieser Zeit tat. Rudolf sollte nach dem unumstößlichen Willen seines Vaters das werden, wozu er vom ersten Lebenstag an bestimmt war: Soldat.

Anläßlich von Rudolfs Großjährigkeitserklärung wurden seine Lehrer mit dem Orden der Eisernen Krone 3. Klasse bedacht und hatten damit das Recht, sich um den Ritterstand zu bewerben. Menger und Exner blieben freilich lieber Bürgerliche. Rudolf erhielt »als Zeichen der Anerkennung für die ruhmvoll beendete Studienzeit« das Großkreuz des St.-Stephans-Ordens. Es gab einen feierlichen Dankgottesdienst und gute Ratschläge des Erzherzogs Albrecht, diesmal in Form von »Aphorismen«.[1]

Darin warnte er den jungen Mann vor einem üppigen, luxuriösen Lebensstil und nannte die Bourbonen des 17. und 18. Jahrhunderts als warnende Beispiele: »Statt des christlichen Vorbildes sah endlich das Volk nur entnervte, im Serailleben eines üppigen Hofes verkommene Prinzen, und lernte sie um so mehr hassen u. verachten, als ihm ihre sonstigen guten Eigenschaften nicht bekannt werden konnten u. sie

den Herrn nach seinen, den Massen näher stehenden corrupten Dienern beurtheilten.« Diesem Lotterleben stellte Albrecht das Haus Österreich gegenüber mit »der würdigen Einfachheit seines häuslichen und Familienlebens, der Leutseligkeit und Menschenfreundlichkeit seiner Mitglieder«.
Auch diese Gelegenheit ließ der Feldmarschall nicht ungenützt, um gegen die Liberalen und Freimaurer zu polemisieren. Diesmal rügte er den deutschen Kronprinzen Friedrich Wilhelm, bekannt als erklärter Liberaler und Großmeister der preußischen Logen, und stellte ihn als schlechtes Beispiel hin: »Nach Kaiser Wilhelms Tod ist eine bedeutende Verweichlichung am preußischen Hofe zu erwarten ... Gott soll Österreich vor Ähnlichem bewahren!« Und: »Auf Reisen sieht man viel und lernt manches. Man hüte sich, es sogleich zu Hause einführen zu wollen. In diesen Fehler fielen Peter der Große und Joseph II.«
Latours Abrechnung über dreizehn Jahre (von November 1864 bis Ende 1877) für Erziehung, Unterricht und sämtliche Ausgaben der Kammer des Kronprinzen wies die Gesamtsumme von 388 564 Gulden 55 Kreuzer aus.[2] Das war eine horrende Summe, andererseits aber bescheiden, wenn man sie mit den Ausgaben der Kaiserin vergleicht: Elisabeth brauchte zum Beispiel allein für ihre mehrwöchige Englandreise 1876 nicht weniger als 106 516 Gulden 93 Kreuzer, für ihre Irlandreise mit Pferden und einem großen Troß von Freunden und Bedienten 158 337 Gulden 48 Kreuzer.[3]
Neuer Obersthofmeister des Kronprinzen wurde der Kandidat des Erzherzogs Karl Ludwig: Charles (Charly) Graf Bombelles. Die klerikale Presse hatte Grund zur Zufriedenheit: »Die Wahl des neuernannten Obersthofmeisters Sr. kais. Hoheit des Kronprinzen ist eine der glücklichsten Wahlen, die überhaupt getroffen werden konnte. Reiches Wissen, vielseitige Erfahrung, gesammelt in einer wechselvollen Vergangenheit und bei Bereisung eines großen Theiles der Erde, feinste Lebensart mit weltmännischem Auftreten zeichnen diesen tüchtigen, erprobten Cavalier aus, den seine langjährige Dienstleistung bei Hofe mit den Schwierigkeiten seiner künftigen Stellung so vertraut gemacht hat, daß er dieselben leichter überwinden wird als ein Neuling auf diesem Boden; das Reich aber darf beruhigt sein, denn die Einführung des Kronprinzen in das praktische Leben ist einem vielbewährten Patrioten und treuen Diener der Dynastie anvertraut.«[4]

3. Kapitel

Rudolfs neuer Obersthofmeister Graf Charles (Charly) Bombelles, ein berühmter Junggeselle und Lebemann

Erzherzog Karl Ludwig gratulierte seinem Schützling Bombelles: »Sehr froh bin ich, daß auf diese wichtige Stelle ein Mann berufen ist, der unsere Familientraditionen und die dem Rudolf durch Verwandtschaft und Freundschaft Nahestehenden genauer kennt.«[5]

Bombelles war Spielgefährte des Kaisers und seiner Brüder gewesen, dann mit Maximilian nach Mexiko gefahren, wo er, wenn man dem Tratsch glauben will, besonderes Geschick bewies, Kaiser Max bei Liebesabenteuern behilflich zu sein. Diese Fähigkeit stand auch bei seinem Dienst für den jungen Kronprinzen an wichtiger Stelle, wie gutmeinende Zeitgenossen fürchteten, so etwa Ludwig Ritter von Pribram: »Ernste Freunde der Dynastie bedauerten nur die Wahl eines ausgesprochenen Lebemanns und echten Höflingstypus zum Posten eines Obersthofmeisters, welchem man keinen günstigen Einfluß auf den jungen Herrn zumutete, der sich zu den Kreisen der Intelligenz viel mehr hingezogen fühlte.«[6] Nach der Katastrophe von Mayerling fand man in Bombelles einen der Schuldigen, so ein Polizeiagent: »Die Schuld, daß alles so gekommen, wird indirekt nur auf das Kerbholz des Grafen Bombelles geschrieben. Der Graf, selbst ein Gourmand in puncto ... (sic) habe es versäumt, je seine warnende Stimme zu erheben, habe vielmehr ein ›Vergnügen‹ nach dem Anderen vorbereitet.«[7]

Wie Bombelles' Einfluß aussah, mag man aus den blumenreichen Worten einer patriotischen Schrift ersehen: Dort heißt es, seine Hauptsorge sei gewesen, »seinen hohen Herrn ... durch körperliche Übungen, durch Zerstreuungen aller Art einer ausgeglichenen Seelenstimmung zuzuführen. Er benützte jede Gelegenheit, um ihn von den Büchern

Ein Jahr der Reisen

hinweg ins Freie zu locken und bewirkte, daß Kronprinz Rudolf ein ebenso ausgezeichneter Reiter und Schütze wie leidenschaftlicher Jäger und Naturfreund wurde.«[8]
Wie ähneln doch diese Sätze dem Erziehungsauftrag an Gondrecourt im Jahre 1864, die geistige Entwicklung des damals sechsjährigen Prinzen »verständig zu dämpfen, damit jene des Körpers gleichen Schritt halte«! Wiederum führte der Einfluß der Hofpartei zur Katastrophe. Denn Rudolfs »geistige Aktivität« wurde keineswegs gedämpft, aber eine Vergnügungssucht gefördert, die seine von Kindheit an schwachen Nerven zerrüttete. Und die »Zerstreuungen aller Art« führten ihn keineswegs einer »ausgeglichenen Seelenstimmung« zu. Auch wenn Bombelles Rudolf immer wieder mit Erfolg von den als so verderblich angesehenen »Büchern hinweg ins Freie« lockte, so konnte man zwar sicher sein, daß der junge Mann die Vergnügungen willig mitmachte, aber seine Bücher trotzdem nicht ungelesen ließ und sich ständig überforderte.
Selbst Bismarck in Berlin war über die Person des »angeblich ultramontan gesinnten« neuen Obersthofmeisters alarmiert und vermutete, man habe diesen Herrn ausgesucht, »um von vorneherein die Gesinnung des künftigen Herrschers zu vergiften«. Er verlangte vom deutschen Botschafter »eine eingehende Darlegung darüber, ob die Ernennung des Grafen Bombelles und andere Erscheinungen als Anzeichen einer Kursänderung im ultramontanen Sinn zu gelten hätte«.[9] Der deutsche Botschafter in Wien hatte alle Mühe, den Kanzler zu beruhigen. Er ging so weit, zu behaupten, das Engagement der Klerikalen für Bombelles sei nichts als »ein geschicktes Manöver zur Irreführung der öffentlichen Meinung« und Bombelles sei auf »speziellen Wunsch Rudolfs zu seiner gegenwärtigen Stellung berufen« worden.[10]
Diese Aussagen passen aber gar nicht zu Rudolfs heftiger Reaktion auf die plötzliche Änderung in seiner Umgebung: Der knapp Neunzehnjährige erlebte eine heftige Nervenkrise und trauerte bitter seinem »lieben Alterle« Latour nach, dem er sehnsüchtige Briefe schrieb: *Es kommt mir so eigenthümlich vor, Sie nicht immer um mich zu haben, alle Augenblicke will ich Sie bitten laßen herüber zu kommen, und erst langsam gewöhne ich mich an das neue Leben. Es ist keine Phrase, wenn ich Sie versichere, daß trotz Selbständigkeit, ich die ersten Tage hindurch sehr traurig war, der Abschied in Schönbrunn ging mir gar*

3. Kapitel

nicht aus dem Kopf, auf den Jagden gingen Sie mir ab, und am Stande hatte ich viel Zeit an Sie und an verfloßene schöne Tage zu denken![11]
Am Tag vor seinem neunzehnten Geburtstag schrieb er an Latour: *Es fällt mir schwer, den 21. August ohne Ihnen zuzubringen, ich war so gewohnt Sie immer als den Ersten zu sehen, der mir gratulirte.*[12]
Bombelles versuchte, den besorgten Latour zu beruhigen, und versicherte, »daß es Deinem Kronprinzen physisch und geistig wohlergeht, daß er keine Gelegenheit vorübergehen läßt, um in dankbarster Anhänglichkeit Deiner zu erwähnen, der weisen Vorsicht, der hingebenden Liebe mit der Du seine Jugend geleitet enthusiastischer Anerkennung zu zollen. Sowie ich Dich kenne, weiß ich daß Du Dich freuen wirst wenn ich Dir sage: ich fühle es, wie ich mich täglich mehr in seinem Vertrauen befestige. Der erste Schritt war auf der Fahrt von Schönbrunn nach Penzing, ich sah wie er krampfhaft gegen sein Gefühl ankämpfte, ich sagte ihm: ›Weinen Sie sich aus; Sie haben sich Ihrer Thränen nicht zu schämen.‹ Er that es, wir sprachen von Dir, sein Herz öffnete sich gegen mich und so ist es geblieben … Er hat große Sehnsucht Dich wieder zu sehen. Am 23. früh ist er in Schönbrunn. Hast Du den Muth hinzukommen? Du würdest ihm eine große Freude damit bereiten!«[13]
Auch vierzehn Tage später war Rudolfs trübe Stimmung nicht verflogen, obwohl er zur Ablenkung mit Bombelles eine Reise nach Korfu machen durfte. Bombelles an Latour: »Zwei Worte in der Hetze um Dir zu sagen daß es unserem lieben Kronprinzen so vieles beßer geht, daß wir ihn ganz hors d'affaire betrachten können – das ruhige, regelmäßige Landleben, die große jedoch gar nicht drückende Hitze, haben ihm unendlich wohl gethan.«[14]
Der Kaiser erlaubte seinem Sohn nach dem Abschluß der Studienzeit noch einige Reisen mit Carl Menger, der Rudolf wichtige Industrien in der Schweiz und in England zeigen sollte. Vorher aber schlug Erzherzog Albrecht eine Besichtigung seiner immens reichen Güter in Schlesien vor: »Das Interessanteste ist wohl die auf kleinem Raume sich vorfindende Vielseitigkeit von Landbau, Ausnützung der Forste u. Holzindustrie, Eisenwerke, Kohlengruben, Brennerzinn, Brauerei u. Flachsspinnfabrik. Ich bin sehr erfreut, Dir dieß vor Deiner Reise zeigen zu können, *nach* selber würde dieß Alles kleinlich u. unbedeutend erscheinen.«[15]

Ein Jahr der Reisen

Nach diesem Besuch schrieb Rudolf einen langen Brief an seinen Großonkel und legte die »Wiener Zeitung« vom Vortag bei: *Du wirst darinnen einen unter dem Titel »Die erzherzoglich-Albrechtschen Domänen in Schlesien« geschriebenen Aufsatz finden, der aus Professor Mengers und meiner Feder stammt. ... von all dem Großartigen, das wir auf Deinen Gütern gesehen, begeistert, folgten wir unserem Drange, schwarz auf weiß unsere Bewunderung vor den volkswirthschaftlichen Meisterwerken öffentlich auszusprechen; außerdem war ich ganz entzückt von der idealen Auffaßung der Aufgabe Deiner Güter; man sieht, daß sie nicht bloß die Melkkuh sein sollen, welche dem Besitzer das baare Geld in die Tasche liefert, sondern dem Volke eine belehrende, wirklich humane Wohlthat, dem Vaterland eine Zierde ... geschrieben habe ich es, doch ich bitte Dich so wenig als möglich es weiter zu erzählen, denn es wäre mir unangenehm, wenn man in der Öffentlichkeit erführe, daß ich in eine Zeitung geschrieben. Verzeihe diesen Jugendstreich, diese Belobung, die ein noch empor strebender, arbeitender junger Mensch einem gereiften, vielerfahrenen Manne gegeben, doch es kam von Herzen und Du mußt es nur als einen Ausdruck meiner Dankbarkeit für die Freundschaft betrachten.*[16]

Rudolfs erster Zeitungsartikel brachte keine sensationellen Neuigkeiten, war im Gegenteil eine eher trockene Schilderung der Mustergüter Albrechts. Der Stein des Anstoßes konnte nur folgender Absatz sein: *was aber der erzherzoglichen Verwaltung ihren besonderen Charakter verleiht, ist der Umstand, daß die Rücksichtnahme auf das finanzielle Ergebniß überall dort sofort in den Hintergrund tritt, wo Rücksichten der Humanität oder des Gemeinwohles dies irgendwie erfordern. Die Bevölkerung des östlichen Schlesiens anerkennt dankbar, daß Se. k. und k. Hoheit in einer nicht geringen Anzahl von Fällen Industrien begründete, deren Rentabilität von vorn herein in Frage stand, wenn es sich darum handelte, einer an Arbeitsmangel leidenden Bevölkerung dauernd Arbeit und Brot zu verschaffen; sie anerkennt, daß Se. k. und k. Hoheit in einer noch größeren Anzahl von Fällen Industrien, deren Rentabilität aufgehört hatte, noch durch Decennien fortführen ließ, lediglich, um der Arbeiterbevölkerung den gewohnten Erwerb nicht zu entziehen.*[17]

Die Wirkung dieses gutgemeinten Artikels war niederschmetternd. Albrecht antwortete postwendend: »Deinen Aufsatz hatte ich bereits

am 4. gleich bei seinem Erscheinen gelesen; ich vermuthete, daß Prof. Menger der Autor, u. hätte ihn daher, ehrlich gesagt, lieber vermißt; das mir darin gespendete überreiche Lob verdiene ich nicht, denn mein Vater war der erste Schöpfer dieser humanen Richtung, zu der Zeit der Patrimonialgerichtsbarkeit, wo sie noch viel wichtiger u. einschneidender in alle Verhältnisse war ... Dazu wird solches Lob in einer *offiziellen* Zeitung leicht als Sozialismus verdächtigt u. wirkt dann leicht verkehrt. Du wirst diesen Aufsatz in keinem anderen Blatte reproducirt finden.«[18]
Nach einigen gnädigen Lobesworten für den »idealen Zug«, den sein Großneffe in diesem Artikel gezeigt habe, folgte die Warnung vor Leuten wie Menger, der es wagte, als Journalist zu arbeiten: »Du hast sehr Recht zu verlangen, daß der Name des Autors nicht in die Öffentlichkeit trete. Ein junger Prinz, am allerwenigsten ein Kronprinz, darf als Zeitungskorrespondent figuriren. Der Nimbus geht nur zu leicht verloren, u. es gibt nichts zudringlicheres u. arroganteres, korrupteres als unsere Journalistiker.«
Unverkennbar kühlten sich nach diesem Briefwechsel die einst guten Beziehungen zwischen Albrecht und Rudolf ab. Wieder war das Wort »Sozialismus« im Zusammenhang mit Menger gefallen. Der Kronprinz konnte sicher sein, daß jede seiner schriftstellerischen und vor allem journalistischen Aktivitäten, die bald mit großer Intensität einsetzten, die Opposition des alten Erzherzogs herausfordern würden.

Rudolfs erste Auslandsreise mit Carl Menger ging in die Schweiz. Die Ruinen der Habsburg und die Uhrenindustrie standen auf dem Programm. Dann ging es nach England, dem gelobten Land der Liberalen des 19. Jahrhunderts. Die acht Wochen in England hatten für den Kronprinzen durch das enge Zusammensein mit Menger mehr Bedeutung als alle beschwörenden Briefe des Großonkels, sich vor den »liberalistischen« Ideen der modernen Zeit zu hüten.
In London trafen die Reisenden auf Karl Ritter von Scherzer, zu dieser Zeit österreich-ungarischer Handelskonsul, der das Reiseprogramm ausgearbeitet hatte. Auch Scherzer war einer der Aktiven des Jahres 1848 gewesen und damals Begründer der Buchdruckergewerkschaft. 1851 wurde ihm vor dem Kriegsgericht vorgeworfen, eine staatsgefährliche Phalanx zwischen österreichischen, deutschen und

Ein Jahr der Reisen

Karl Scherzer

englischen Arbeitern geplant zu haben. Seine Schriften wurden beschlagnahmt. Daraufhin hatte sich Scherzer durch weite Forschungsreisen der Heimat entzogen. Erzherzog Maximilian rehabilitierte Scherzer und schickte ihn als wissenschaftlichen Leiter auf die erste österreichische Weltumseglung der »Novara«, gemeinsam mit Hochstetter. Auch in seinem dem Kronprinzen gewidmeten Werk »Weltindustrien. Studien während einer Fürstenreise durch die britischen Fabriksbezirke« verhehlte Scherzer seine Meinung nicht: »Man hat in Großbritannien schon frühzeitig die ernste Gefahr erkannt, welche in dem ›Lande der Fabriken‹ aus der Nichtbeachtung der berechtigten Forderungen der Arbeiter erwachsen mußte. Die Besten und Edelsten der Nation widmen der Arbeiterfrage und Allem, was damit zusammenhängt, die theilnahmsvollste Aufmerksamkeit, und ihre Bestrebungen sind bereits von manchem erfreulichen Resultate begleitet gewesen.«

Und, so Scherzer: »Die Bemühungen der britischen Regierung, durch zweckentsprechende Fabrik- und Werkstättengesetze die Erwerbsthätigkeit im Interesse aller Betheiligten zu reformiren; das intelligente Wohlwollen, mit welchem die Industrieherren durch die Errichtung von Arbeiterwohnungen, durch die Gründung von Konsumvereinen, Bildungsanstalten, Sparbanken, Unterstützungskassen für brotlose, kranke oder erwerbsunfähige Arbeiter das Loos der Fabrikbevölkerung zu erleichtern trachten, sind doppelt wohlthuende Erscheinungen: denn sie zeigen nicht allein, wie das ›Niveau der Philanthropie‹ stetig sich hebt; wie die Beziehungen zwischen Arbeitgeber und Arbeitnehmer freundlicher sich gestalten; wie einer immer grösseren Anzahl von Menschen der Segen der Zivilisation zu Theil wird; sie deuten

zugleich die Richtung an, in welcher durch ein einsichtsvollbeharrliches Zusammenwirken jenes große soziale Problem am ehesten noch einer Lösung entgegengeführt zu werden vermag!«
Laut Scherzer bewies England, daß die Industrie weit mehr für den »Kulturfortschritt« tue als eine große Armee: »Maschinen, Dampf und Freihandel haben sich unwiderstehlicher erwiesen als Gußstahlkanonen und Präzisionsgewehre. Mit ihrer Hilfe ist England der Spinner, der Weber, der Schiffbauer, der Metallarbeiter, der Ingenieur, der Verfrachter, der Kommissionär und der Geldleiher für die ganze Welt geworden. Der überlegene Einfluß, welchen England in ökonomischer Beziehung auf das übrige Europa, sowie theilweise auch auf die anderen Theile der Erde ausübt, ist hauptsächlich erst im Laufe des gegenwärtigen Jahrhunderts errungen worden. Und es ist für junge Nationen ein ermuthigender Gedanke, dass eine verhältnismässig so kurze Periode in der Geschichte eines Volkes zuweilen hinreicht, die Prosperität desselben mächtig zu entwickeln ... Englands glückliche Erfolge auf der industriellen Rennbahn waren Kulturgewinne der Menschheit.«[19]
Zur Illustration dieser raschen industriellen Entwicklung machten Scherzer und Menger den Kronprinzen auch mit Selfmademen der englischen Industrie bekannt, um das Schlagwort vom Tüchtigen, dem die Welt gehört, anschaulich zu machen. Rudolf lernte Mr. Salt, den Erfinder des Alpacca-Stoffes, kennen, Mr. Lister, den Begründer der englischen Kammgarnindustrie, und John Brown, der Panzerplatten entwickelt hatte. Allen dreien war nicht nur gemeinsam, daß sie »als Kind dürftiger Eltern geboren« und durch ihre Einfälle und Tüchtigkeit zu enormem Reichtum gelangten, sondern auch, daß sie ihren Reichtum »mit einer beispiellosen Großherzigkeit zu Gunsten der Armen« verwendeten.
Selbstverständlich besuchte Rudolf auch die Universitäten, so Edinburgh: »Und so groß war die Sympathie, welche der Thronerbe bei den schottischen Studenten erweckte, daß er von ihnen und dem anwesenden Publicum dicht umringt wurde und einem geradezu gefährlichen Gedränge ausgesetzt war.« Daß Rudolf »viele Tage« dem Britischen Museum widmete, vor allem der ornithologischen Sammlung, wo er durch seine Ausdauer seine wenig interessierte Umgebung »bis zur Erschöpfung ermüdete«, wurde in Wien stolz berichtet. Daß er sich über Scherzer intensiv bemühte, Charles Darwin kennenzulernen und in

Ein Jahr der Reisen

Down zu besuchen, wußte man in Wien nicht. Dieses Treffen kam zu Rudolfs großem Leidwesen nicht zustande.[20]

Scherzer, der sich in Österreich für eine Reform des Strafwesens einsetzte, führte Rudolf auch in englische Gefängnisse, um ihm das neue System der Einzelhaft für Schwerverbrecher zu zeigen, das nach den vorher üblichen Massenunterbringungen einen großen Fortschritt bedeutete. Für das Strafrecht hatte sich Rudolf schon während seines Unterrichts bei dem Juristen Gustav Keller interessiert, hatte Gerichtsverhandlungen in Wien beigewohnt und, angeregt durch eine Vorlesung Kellers, einen Aufsatz über die Todesstrafe verfaßt, der leider nicht im Nachlaß erhalten ist. Rudolf bekannte sich darin als Gegner der Todesstrafe und als Befürworter einer humaneren Behandlung der Gefangenen.

Nach Wien schrieb er: *Ich benütze jeden Augenblick und sehe mir so viel als möglich an; England hat meine Erwartungen noch weit über-*

Rudolf und Menger besuchen den Herzog von Hamilton. Die Begegnungen mit englischen Aristokraten machen Rudolf grundlegende Unterschiede zur k.u.k. Aristokratie klar. Zusammen mit Menger schreibt er in England seine anonyme Adelsschrift

3. Kapitel

troffen, ich bin bis jetzt mit meiner Reise ungemein zufrieden, und von England ganz entzückt, ohne die grossen und sehr crass hervortretenden Schattenseiten dieses Landes zu verkennen. Das Leben hier ist so überaus großartig und intereßant und ich trachte es so viel als möglich nach allen Richtungen kennen zu lernen.[21]

In diesen Wochen war auch Kaiserin Elisabeth in England. Rudolf nützte die Gelegenheit, seine Mutter zu besuchen und fuhr mit Graf Bombelles nach Northamptonshire, wo sie mit ihrer Schwester, der Exkönigin Marie von Neapel, einem großen Gefolge und Reiterfreunden wie Prinz Rudolf Liechtenstein und Graf Moriz Esterházy in größtem Luxus dem Parforcereiten frönte. Ihr »leader« war der berühmte schottische Reiter Bay Middleton, mit dem sich die Damen manche Späße erlaubten.

Der ernste Neunzehnjährige paßte nicht in diese Gesellschaft, zumal seine Reitkünste sich mit denen der Mutter nicht messen konnten. Da Elisabeth sich kaum mit ihm befaßte, nahm sich Tante Marie von Neapel seiner an und erzählte ihm allerlei Tratsch über ein angeblich bestehendes »Verhältnis« Elisabeths mit Middleton. Rudolf war so entrüstet, daß er Middleton aggressiv behandelte. Dieser wiederum reagierte wütend. Schließlich nahm sich Elisabeths Hofdame Gräfin Marie Festetics, die eine große Zuneigung für Rudolf hatte, seiner an und sagte (laut Tagebuch): »Ich erkenne Kaiserliche Hoheit gar nicht – die englische Luft schlägt Kaiserlicher Hoheit nicht gut an.« Er habe gelacht »und dann schüttete er wie ein Kind sein Herz aus, halb zornig, halb betrübt mit Thränen in den Augen sagte er, er bereue, daß er nach England gekommen sei – er habe seine schönsten Illusionen verloren und fühle sich zu Tode verletzt und unglücklich.«[22] Dann erzählte er, was Marie Neapel getratscht hatte.

Die Gräfin beruhigte ihn, das sei alles nicht wahr, ließ ihrem Zorn gegen Elisabeths vergnügungssüchtige Schwestern freien Lauf und informierte die Kaiserin. Diese wiederum verlor durch den Streit ihre Lust am Reiten und meldete sich krank: »Da ich nun einige Tage nicht jage, werden die Leute sagen, es sei wegen dem Papst. Das macht sich sehr gut.« schrieb sie an Kaiser Franz Joseph.[23] Denn gerade war Papst Pius IX. gestorben.

Rudolf schrieb süffisant an Latour: *In England werde ich es wirklich vermeiden, die Parforcejagden mitzureiten, das Publikum bei uns fin-*

Ein Jahr der Reisen

Elisabeth, begleitet von Bay Middleton, setzt über eine Hecke. Im Vordergrund der Gastgeber Lord Harrington. (Zeichnung im Besitz des englischen Königshauses)

det darin keine große Heldenthat, wenn man sich dabei das Genick bricht, und mir ist meine Popularität auch zu viel werth, um sie für dergleichen Dinge zu verscherzen.[24] Die Beziehungen zwischen Mutter und Sohn waren auf dem Tiefpunkt.

Wesentlich wohler als bei seiner sportbesessenen Mutter fühlte sich Rudolf in Osborne, im Familienkreis der englischen Königin Victoria, die an den Prinzen von Wales schrieb: »He is very pleasing, but looks a little over grown and not very robust.«[25] Die Queen zeigte ihre Zuneigung so offen, daß Mary von Cambridge gegenüber dem österreichischen Botschafter Graf Beust scherzte: »Die Königin ist in den Kronprinzen verliebt, aber seien Sie ruhig, sie will ihn nicht heiraten.«[26]

Immer wieder in Wirtschaft und Politik stieß Rudolf in England auf die mächtige Rolle des Adels, der es – im Gegensatz zum kontinentalen Adel – nicht verschmähte, die Tüchtigsten der bürgerlichen Schichten in sich aufzunehmen. Wieder lebte in ihm der alte Groll gegen den Adel in Österreich-Ungarn auf. Er schrieb in England gemeinsam mit Menger ein 48 Seiten langes Pamphlet »Der österreichische Adel und sein constitutioneller Beruf«, ein Glaubensbekenntnis für den Verfassungsstaat.

3. Kapitel

Queen Victoria zeigte dem Habsburger offen ihre Sympathie

Der neunzehnjährige Rudolf zur Zeit des England-Aufenthalts

Hier wiederholt Rudolf die schon aus den Studienheften bekannten Vorwürfe gegen den k.u.k. Adel, der *dem Kenner ihrer ruhmvollen Vergangenheit fast wie die Ruine eines vormals stolzen Gebäudes erschien. Wenn man auf die grosse Stellung hinblickt, welche der Adel anderer Länder auch in dem modernen Staate behauptet und wahrnimmt, wie er dort neben den liberalen Elementen als ein wichtiger Factor des modernen politischen Lebens auftritt, mit wie viel Eifer und Hingebung er sich dem Staatsdienste überhaupt und dem Militärdienste insbesondere widmet, wenn man sieht, wie eng seine geselligen Gewohnheiten mit der Förderung der edelsten Culturbestrebungen verknüpft sind; da kann man wahrlich nicht umhin, zum Glauben zu gelangen, die geringe Bedeutung unseres Adels in dem staatlichen und socialen Leben sei nicht so sehr das Ergebniss einer dem Adel ungünstigen Entwicklung der allgemeinen politischen Verhältnisse, als vielmehr die Folge seines eigenen Verschuldens.*

Rudolf rief die k.u.k. Aristokratie auf, sich tatkräftiger für den Staat einzusetzen, der dringend einer guten konservativen Partei, allerdings

Ein Jahr der Reisen

im Rahmen eines konstitutionellen und streng parlamentarischen Systems, bedürfe: *Es liegt in der gegenwärtigen ruhmlosen Thatenlosigkeit unseres Adels eine augenfällige Gefahr für seine Zukunft. Aber die Passivität eines so wichtigen Factors unseres politischen Lebens, wie der Adel in Österreich, lähmt zugleich die Functionen des politischen Organismus überhaupt und verschiebt geradezu den Schwerpunkt der Verfassung. Sie ist die Ursache ... auch jener Mattherzigkeit unserer liberalen Parteien, welche aus dem Bewußtsein entspringt, dass sie die ganze Verantwortung für die Thätigkeit des Parlamentes tragen, dass ihnen auch der Schutz des von der Aristokratie im öffentlichen Leben preisgegebenen conservativen Gedankens obliegt.*
Diese Zurückhaltung des Adels führten Rudolf und Menger auf den zu geringen Bildungsstand des österreichischen Adels zurück, *der gränzenlosen Trägheit ... und ihrer Scheu vor jeder Art mühseliger Studien*, die sie gegenüber dem Bildungsbürgertum nicht mehr konkurrenzfähig mache. Vor allem zeige sich dies im Militärdienst. Die Hauptlast der Niederlagen von 1859 und 1866 gab er den mangelhaft ausgebildeten adeligen Militärs.
Nicht die individuellen Leistungen einiger Adeliger, die er keineswegs leugnete, zog Rudolf zur Beurteilung heran, sondern den aristokratischen Lebensstil: *Die socialen Gewohnheiten ... sind der unverfälschte Ausdruck des Ganzen, oder doch der herrschenden Mehrheit einer Gesellschaftsklasse.* Pferderennen, Jagden, Besuche, Reisen in berühmte Seebäder oder ins Gebirge, *wo sie unter grösster Langeweile das Ende des Sommers abwarten*, Bälle und Feste *mit einer zumeist unglaublich flachen Causerie*, Praterfahrten, Schlittschuhlaufen: *Dies Programm füllt, wenn wir von einigen Ausnahmen absehen, Jahr für Jahr das Leben unserer Aristokraten aus, absorbirt ihr Sinnen und Trachten und zwar in solchem Maasse, dass in der Mehrzahl derselben kaum eine Ahnung von den grossen Bestrebungen, Kämpfen und Erfolgen der anderen Stände auftaucht!*
Die *Sporting-Character-Manieren*, der *Fiakerton* wurden scharf verurteilt, ebenso die Erziehung in klerikal-konservativen Schulen wie dem vornehmen Jesuitengymnasium Kalksburg: *Anstatt hier mit Verständniss und Verehrung für die grossen Culturbestrebungen der Gegenwart, mit Liebe für ihr verjüngtes Vaterland und dessen Institutionen erfüllt und solcherart für die öffentliche Wirksamkeit im modernen*

Sinne vorbereitet zu werden, lernen die jungen Adeligen hier die wesentlichsten culturellen Institutionen und Bestrebungen unserer Zeit mißverstehen, vielleicht sogar verabscheuen, um dann in das Leben gleich Fremdlingen zu treten, nicht erfüllt etwa von conservativen Ideen und von Liebe zu dem historisch Gewordenen, sondern von Abneigung gegen bestehende, gesetzmässig gewordene Institutionen und jeden culturellen Fortschritt. Dieser Teil des Adels sei *nur ein Hemmschuh jeder naturgemässen Entwicklung unserer öffentlichen Institutionen.*

Carl Menger übergab diese anonyme Schrift dem Verlag Ackermann in München, wo sie Anfang März 1878 erschien. Der Kronprinz machte zu dieser Zeit auf der Rückreise von England noch Besuche am Berliner und am Württemberger Hof, berührte aber München wohlweislich nicht, um keine Spuren zu liefern.

In Berlin besuchte er gemeinsam mit dem gleichaltrigen Prinzen Wilhelm Bälle. Eine der Damen, Prinzessin Catherine Radziwill, schilderte den Eindruck, den Rudolf auf die Gesellschaft und vor allem die Weiblichkeit machte: »Er war nicht gerade ein hübscher junger Mann, aber doch außerordentlich attraktiv. Das jugendliche Gesicht war sehr ernst, was ihn viel älter aussehen ließ, und das rötliche Haar war ausgesprochen häßlich. Aber die Augen hatten einen träumerischen Ausdruck, voll von Geheimnis und Eifer, was ihm die Sympathien von jedem, mit dem er sprach, einbringen mußte. Rudolf machte einen ganz anderen Eindruck, als man von ihm erwartete, und ein gewisses stoßweises Sprechen ließ einen rätseln, welche Gründe er für seine Ungeduld und Unzufriedenheit haben könnte. Seine Manieren waren extrem höflich, aber doch ziemlich kühl und hatten auch eine Spur von

Ein Jahr der Reisen

Verächtlichkeit ... Er tanzte nicht, entschuldigte sich unter dem Vorwand einer Familientrauer.«[27]

Inzwischen erschien in Wien die Adelsschrift. Das konservative »Vaterland« fuhr in einem vierspaltigen Leitartikel scharfes Geschütz auf gegen »den für unser modernes Verfassungsleben begeisterten Autor«.[28] Es bestritt die Güte der in der liberalen Ära reformierten Gymnasien, die Rudolf so gelobt hatte: »Alles, was ihnen das Studium eingetragen hat, besteht in der Erdrückung ihrer geistigen und körperlichen Spannkraft, in der Ertödtung ihres Wissensdurstes durch eine sinnlose Überfüllung mit Material.« Der Bildungsstand der Adeligen stehe dem der »Sprößlinge unserer reich gewordenen Börsengrößen« kaum nach.

Vor allem gegen den in der Adelsschrift so hochgelobten Verfassungsstaat hatte das »Vaterland« einiges einzuwenden: »Das jammervolle Fiasco des modernen Systems liegt vor Aller Augen; es erstreckt sich ausnahmslos auf alle Felder des öffentlichen Lebens; von den Finanzen – das wird der Herr Verfasser gewiß am wenigsten leugnen? – bis zur Dorfschule. Nur wenn es noch oder wieder eine Anzahl von Männern gibt, die sich Geist und Character frei erhalten haben von der Narcose des Liberalismus, Männer, welche befähigt sind, in der Gegenwart die Continuität zwischen Vergangenheit und Zukunft wieder herzustellen und die Characterkraft haben, allem liberalen Aberglauben Trotz zu bieten: nur dann dürfen wir hoffen, ohne schwere Leiden dem Sumpfe uns zu entziehen, der uns verschlingen will.«

Die Wogen des Skandals hatten sich bei Rudolfs Rückkehr aus Deutschland wieder gelegt. Das Geheimnis über den Autor blieb bis lange nach Rudolfs Tod gewahrt, Anspielungen auf Carl Menger als Autor wurden allerdings im »Vaterland« gemacht.

Carl Menger war zweifellos eine der bedeutendsten Persönlichkeiten im Leben des Kronprinzen. Rudolf verdankte ihm vor allem sein gutes Verständnis für wirtschaftliche und soziale Zusammenhänge. Seine späteren Aktivitäten im »Neuen Wiener Tagblatt« zur Änderung des Steuersystems und Durchsetzung einer Bodenreform gehen auf Mengers Anregungen zurück, wie anhand der Studienhefte unschwer nachzuweisen ist. Berthold Frischauer, Rudolfs späterer journalistischer Vertrauter, schrieb: »Der Kronprinz hatte Ideen, die seiner Zeit weit vorauseilten. Er dachte schon damals an eine Bodenreform, aus der er

für die Bevölkerung wirtschaftliche Vortheile ziehen wollte, wenn er einmal den Thron bestiegen hätte. Keine gewaltsame Enteignung, die man heute ›Bodenreform‹ nennt. Er dachte an eine gesetzliche Aufhebung der Fideikommisse, aus der sich eine allmähliche Verteilung von Grund und Boden ergeben hätte.«[29]
Fest steht, daß er in fast messianischem Eifer dafür eintrat, endlich die überalterten sozialen und wirtschaftlichen Strukturen zugunsten breiterer Schichten der Bevölkerung zu Lasten von Adel und Kirche zu verändern. Menger führte ihm die Wechselwirkung von Politik und Wirtschaft vor Augen, zwei Dinge, die man in der österreichischen Politik dieser Zeit noch meist getrennt hielt.
Doch Rudolf wurde fortan daran gehindert, diese Themen auch nur zur Diskussion zu stellen. Seine Tragik besteht darin, daß er, der geeignete Mittel für eine Änderung in der Hand zu haben glaubte, ohnmächtig mitansehen mußte, wie die sozialen Unterschiede immer krasser wurden und Änderungsversuche mit dem Schlagwort »Sozialismus« im Keim erstickt wurden. Anonyme Artikel in Zeitungen oder Broschüren zu schreiben, war alles, was der Kronprinz der k.u.k. Monarchie tun konnte. Das Verhängnisvollste aber war, daß ihn die neue Umgebung unter Bombelles seit 1877 vom Studium solch heikler Fragen möglichst fernhielt.
Carl Menger impfte seinem Schüler Hochachtung vor der Wissenschaft ein und vertiefte seine Vorliebe für das Bildungsbürgertum. Er erzog ihn zu Vorurteilslosigkeit und Toleranz gegenüber Minderheiten aller Art und machte ihn immun gegen den Antisemitismus. Vor allem erzog er ihn dazu, demokratische Institutionen möglichst zu fördern und den Absolutismus abzulehnen. Letzten Endes brachte ihn Menger in einen für einen Kronprinzen ungewöhnlichen Zwiespalt: Die Liebe zu Demokratie und Verfassung war ihm so nahe gebracht, daß Rudolf fast zu einem »alten Achtundvierziger« wurde, die Berechtigung der Monarchie nur in der konstitutionellen Form anerkannte und sich als Zwanzigjähriger als Ideal vorstellte, nicht Monarch, sondern Präsident einer Republik zu sein.
Höhnende Kommentare blieben nicht aus, so Fürst Carl Khevenhüller: »Um 7 Uhr kam der Kronprinz, er soupirte allein mit mir, dann lag er am Kanape rauchend und Sherry trinkend bis 11 Uhr in der Bibliothek, dann fuhr er erst nach Hause. Er schwazte viel incongruentes

Ein Jahr der Reisen

Zeug von Freiheit und Gleichheit, schimpfte über den Adel, er sei ein überwundener Standpunkt und wünschte sich als schönste Stellung Präsident einer Republik zu sein! Ich dachte mir ›entweder hast Du einen Rausch oder bist ein Narr!‹ Er fuhr endlich ab.«[30]
Später, als die Resignation über die Zukunft der Monarchie ihn immer stärker ergriff, sah Rudolf in der Republik, vor allem der französischen, den Zufluchtsort, das mögliche Exil. Berthold Frischauer gab Rudolfs Ausspruch wieder: *Wenn man mich hier fortjagt, trete ich in die Dienste einer Republik, wahrscheinlich in die Dienste Frankreichs.*[31]
Auch in diesem Zusammenhang sei auf die Kaiserin Elisabeth verwiesen, die sich in der Schweiz ohne Wissen des Kaisers ein ansehnliches Vermögen beiseite schaffte, um für den Fall des Exils gesichert zu sein. Von der Standfestigkeit der Monarchie in Österreich-Ungarn war sie ebensowenig überzeugt wie ihr Sohn. Auch sie führte soziale Argumente an, als sie in ihr Tagebuch schrieb: »Die schöne Phrase von König oder Kaiser und seinem Volk! Ich habe ein merkwürdiges Gefühl. Warum soll das Volk, ich meine das arme, niedrige Volk uns lieben, uns, die wir im Überfluß, im Glanze leben, während die anderen bei schwerer Arbeit kaum das tägliche Brot haben und darben? Unsere Kinder in Samt und Seide – die ihrigen oft in Lumpen! Sicherlich kann man nicht allen helfen, mag noch so viel geschehen, um Not zu lindern. Dennoch bleibt die Kluft! Unser gnädiges Lächeln kann sie nicht überbrücken. Mich erfüllt ein Gruseln beim Anblick des Volkes ... Und unsere ›Sippe‹! Die verachte ich mit all dem Firlefanz um uns herum. Gern möchte ich zum Kaiser sagen:

> ›Das beste wäre, Du bliebst zu Haus,
> Hier im alten Kyffhäuser.
> Bedenk ich die Sache ganz genau,
> So brauchen wir keinen Kaiser.‹«
> (Zitat ihres Lieblingsdichters Heinrich Heine)[32]

Eines der Hauptreiseziele des jungen Kronprinzen war Bayern. Er besuchte hier seine Schwester Gisela, traf die bayrischen Verwandten seiner Mutter und selbstverständlich auch König Ludwig II. Die enthusiastische Zuneigung des exzentrischen Königs zu dem jungen Verwandten erregte Aufsehen, hatte sie doch einen starken politischen Unterton. Denn Ludwig, der an der Seite Österreichs 1866 von

3. Kapitel

Preußen besiegt worden war und 1871 an der Seite Preußens seine Selbständigkeit verlor, wich mit Beharrlichkeit jeder Begegnung mit dem deutschen Kaiser aus, verließ sogar München, als das deutsche Kronprinzenpaar sich dort aufhielt. Mit Rudolf dagegen demonstrierte er innige Freundschaft, fuhr ihm entgegen, begleitete ihn auf der Rückreise ein gutes Stück, sprach sich ihm gegenüber »sehr gut österreichisch« aus, eine deutliche Spitze gegen Berlin. Schließlich bot Ludwig Rudolf, der an Musik kaum interessiert war, das Höchste, was er sich vorstellen konnte: Wagnermusik, in Privatvorstellungen nur den beiden ungleichen Freunden dargeboten.

In seiner Verachtung für Berlin und seiner Liebe zur Kaiserin Elisabeth und Kronprinz Rudolf verstieg sich Ludwig II. sogar so weit, Rudolf Bayern zu versprechen: »Ich hänge an Niemandem so fest und treu wie an Dir, und so ist es mein großer Wunsch, daß Du nach meinem Tode dereinst Bayern erhältst.«[33]

Kein Wunder, daß die Münchner Diplomaten über das seltsame Freundespaar munkelten: »Freundschaftliche Gesinnungen und Beweise ganz spezieller Aufmerksamkeit König Ludwigs II. für Kronprinz Rudolf haben hier in allen Kreisen das regste Erstaunen hervorgerufen. Man will darin Demonstration gegen den preußischen Hof erkennen. Hofkreise verblüfft.«[34]

In stundenlangen nächtlichen Gesprächen unterhielten sich der bayrische König und der um dreizehn Jahre jüngere Rudolf über Richard Wagner, das von beiden verachtete Berlin, über Religion, Literatur, Rudolfs Studien. Nur ein schwacher Abglanz dieser Gespräche ist in den Briefwechsel eingegangen. Ludwig an Rudolf: »Noch lange, lange werde ich an der Erinnerung der seligen, mit Dir verlebten Stunden zehren, die mich wie ein beglückender Traum umschweben. Lebewohl, theuerster Bruder und gedenke meiner in Freundschaft, ich bitte Dich herzlich darum. Empfiehl mich, ich ersuche Dich darum, recht vielmals Ihren kaiserlichen Majestäten, für welche meine Verehrung tief in meiner Seele eingegraben ist. Sie haben wahrlich Grund stolz auf einen solchen Sohn zu sein, wie Du bist. Mit den Gesinnungen aufrichtigster Anhänglichkeit, felsenfester Treue bleibe ich bis zum letzten Hauche meines Lebens, mit meinem Herzen das in innigster Freundschaft Dir ergeben ist, bis zu seinem letzten Schlag Dein treuergebener Vetter Ludwig.« Und: »In Deinem Haupte wohnt Maria

Ein Jahr der Reisen

Eine von vielen Kitschkarten, die Ludwig II. als Lohengrin darstellen. Auch Schwan und Taube fehlen nicht

Theresias und Josephs des Zweiten Geist, dies ist die Wahrheit, und wer sie in Abrede stellen würde, den würde ich hassen, als wäre er mein persönlicher Feind.«[35]

Den drängenden Bitten Ludwigs II., ihm doch seine religiösen Überzeugungen zu erläutern, verdanken wir einen charakteristischen Brief des 19jährigen Rudolf: *Du bist so überaus gnädig, Dich nach jenen Büchern zu erkundigen, welche Einfluß nahmen auf meine religiösen Ansichten. Ich muß gestehen, daß ich sehr ungern mit meinem Glaubensbekenntnisse herausrücke, da ich nie weiß, ob ich nicht Andere damit in ihren Ansichten verletze, doch Dir sag ich Alles, was ich denke und fühle, da ich Deine überaus gnädige Freundschaft für mich kenne und da ich weiß, daß Du in Deinen Ansichten auch sehr aufgeklärt und nicht von einem alle höhere geistige Entwicklung*

3. Kapitel

Rudolf als Herzog Karl von Lothringen, Sieger über die Türken

Rudolf als Kaiser Karl V., geschmückt mit dem Orden des Goldenen Vlieses, den ja Rudolf selbst besaß

Zur Silberhochzeit des Kaiserpaares im April 1879 fand in der Hofburg eine Festvorstellung mit damals sehr beliebten »Lebenden Bildern« statt. Das Thema war die Geschichte des Hauses Habsburg, und sämtliche Darsteller waren Mitglieder der Familie. Das Konzept stammte vom Historiker Alfred von Arneth, dem Maria-Theresia-Biographen. Prolog und Epilog waren von Joseph von Weilen, die Szenerie unter anderem von Hans Makart. Dekorationen, Kostüme und Waffen stammten aus den kaiserlichen Museen. Kronprinz Rudolf verkörperte drei wichtige Rollen: den Stammvater König Rudolf von Habsburg, Kaiser Karl V., unter dessen Herrschaft das Habsburgerreich die größte Macht hatte, und Herzog Karl von Lothringen, Sieger gegen die Türken.

Ein Jahr der Reisen

Kronprinz Rudolf spielte die Hauptrolle als König Rudolf von Habsburg, der im 13. Jahrhundert im Kampf gegen seinen mächtigen Rivalen König Ottokar von Böhmen die österreichischen Erblande eroberte. In den »Lebenden Bildern« sitzt der Zwanzigjährige – auf dem Kopf die Krone des Heiligen Römischen Reiches, die eigens aus der Schatzkammer geholt wurde – auf einer Art Thron. In Erinnerung an 1282 belehnt er König Rudolfs Söhne Albrecht und Rudolf II. mit den eroberten Ländern Österreich, Steiermark, Kärnten und Krain

hemmenden religiösen Wahn beherrscht bist. Ich achte die Religion, wo sie in wirklich segensreicher Weise zur Erzieherin des Volkes wurde und dem gemeinen Mann die ersten Anfänge eines moralischen Gefühles einpflanzte, doch ich fürchte sie, wenn sie zur Waffe und zum Mittel zur Erreichung der Zwecke einzelner Stände und Parteien wurde, wo sie dann den blinden Glauben und den Aberglauben, statt wahre Bildung, unter das Volk säte. Für den gebildeten Menschen, der auf jenem Punkt geistiger Entwicklung steht, daß er sich von dem alltäglichen Leben emporhebt und zu forschen und geregelt zu denken beginnt, für den, wie gesagt, halte ich den christlichen Glauben in den engen Schranken, wie sie unsere Kirche verlangt, ganz unmöglich. Er wird seine Religion, oder besser gesagt: seine Gesetze der Moral haben, die er sich selbst stellt und nach denen er sein geistiges Leben richtet, doch das werden keine Schranken sein, wie sie die Kirche uns durch das Verlangen nach dem Himmel und durch die Furcht vor der Hölle auferlegen will, sondern bloß die Ketten, durch welche das geistige Leben der Menschen das physische des Körpers beherrscht.[36]

Ludwigs Gegenbrief ist nur bruchstückhaft erhalten: »Das Volk soll nur seinem guten katholischen Glauben treu bleiben mit den wohlthuenden Vertröstungen auf ein Jenseits, seinen Wundern und Sakramenten, dem Gebildeten aber können wie Du so richtig sagtest, diese veralteten Anschauungen unmöglich genügen.«[37]

Die Freundschaft lockerte sich mit Rudolfs wachsender Selbständigkeit und dadurch, daß Ludwigs Geist sich mehr und mehr verwirrte.

Goldener Prachtwagen König Ludwigs II.

Ein Jahr der Reisen

Carl Menger hatte sich nach der Englandreise als letzter Lehrer von Rudolf verabschieden müssen. Mit dem Entschluß des Kaisers, Gelehrte aus der engsten Umgebung des Kronprinzen zu entfernen, ihm kein Studium zu erlauben und Höflinge wie »Charly« Bombelles an seine Seite zu geben, änderte sich Rudolfs Lebensstil schlagartig. Er, der stolz darauf war, wie ein Bürgerlicher hinter seinen Büchern zu sitzen, »gelehrte« Abhandlungen zu schreiben, wurde nun »von den Büchern hinweg ins Freie gelockt« zu adeligen Vergnügungen: Jagd, Reiten, Hundezucht, schönen Frauen. Er wurde geradezu bestärkt, sich auszuleben und Abenteuer auf Abenteuer mitzunehmen.

Das bürgerliche Publikum und gutmeinende Freunde begannen, sich Sorgen zu machen. So ließ die Schriftstellerin Edith Salburg in einem Schlüsselroman einen alten Lehrer Rudolfs zu Wort kommen: »Statt ihn früh einzuführen in die Regierungsgeschäfte, ist es den maßgebenden Leuten lieber gewesen, er unterhält sich. Das hat er dann getan, nach einem ganzen System; höfische Schufte haben ihm alles Schlechte zugeführt und zugetragen. Er hat trotzdem auf die Politik einer Zukunft, wie er sie sich gedacht, auf die Wissenschaften nie ganz vergessen. Und weil er eben anders war, anders als seine Vorfahren, und anders sein würde auf dem Thron, da fanden es vielleicht die maßgebenden Leute besser, daß er zugrunde gehe; eben als Feind des Systems! Sie leisteten dem Verderben Vorschub in allem. Es gibt Morde, die kann man nicht beweisen. Sie sind die ruchlosesten.«[38] Aussagen dieser Art haben Quellencharakter: Gräfin Salburg war nicht nur Zeitgenossin Rudolfs, sondern eine gute Kennerin der höfischen Gesellschaft, der sie selbst angehörte.

Nüchterner drückte sich der bestens informierte Anonymus des »Berliner Börsen Courir« aus über Rudolfs »Beziehungen zur Frauenwelt, welche sehr früh begannen und sehr intensiv waren; es hat niemals an Stimmen gefehlt, welche urtheilten, daß sie viel zu früh begonnen und viel zu intensiv gewesen … Gewiß ist, daß seine Umgebung diesen flüchtigen Beziehungen nur deshalb keine Hinderniß in den Weg legte, weil man sie für seine Gesundheit minder schädlich hielt, als die allzu angestrengte geistige Beschäftigung, zu der er neigte, ferner deshalb, weil er sich auch hier als ein junger Mann von durchaus realistischer, ja geradezu nüchterner Denkweise erwies.«[39]

3. Kapitel

Die Schauspielerin Johanna Buska heiratete 1880 den fast siebzigjährigen Grafen Nikolaus Török und bekam im Februar 1881 einen Sohn, Alexander, der im Wiener Tratsch als Rudolfs Sohn galt. Nach Töröks Tod 1884 heiratete sie den Prager Theaterdirektor Angelo Neumann

Der Hoftratsch, Rudolfs »erste Liebe« sei die (sorgfältig ausgesuchte) zehn Jahre ältere Burgschauspielerin Johanna Buska gewesen, scheint zu stimmen. Denn einige Hinweise finden sich in Rudolfs Nachlaß: ihr Aquarellporträt – diskret in einer blauen Samtmappe verborgen[40] – zeigt eine blonde, hübsche Frau, freilich nicht von der grazilen, dunklen Schönheit, die Rudolf später bevorzugte. Viele andere Frauen folgten.

Rudolfs alter Lehrer Max von Walterskirchen schrieb an seinen ehemaligen Schüler erstaunlich offenherzig: »Sie haben eine schöne, freudenvolle Jugendzeit hinter sich; Sie haben nicht Noth, den Becher des Lebens mit Hast – einem lange Dürstenden gleich – hinunterzustürzen. Genießen Sie die Freude des Daseins mit Maß. Sie haben ein Recht dazu. Und lassen Sie sich durch trübende Spekulationen, deren Spuren ich ebenfalls aus den Augen Ihres Porträts zu lesen glaube, die Lebensfreude nicht vergällen. Daß Sie im Strudel der Vergnügungen nicht untergehen werden, dafür bürgt mir Ihr Verstand und Ihr auf Höheres gerichtetes Streben.«[41] Und die gutmeinende Gräfin Festetics atmete auf, wenn sich der junge Mann einmal harmlos unterhielt: »Er ist zu nett, kennt aber kein Maß, andererseits ist es gut, wenn er unschuldige und normale Unterhaltung genießt, denn sonst hat er so viele Abenteuer, daß einem etwas bange wird.«[42]

Dieser Lebensstil war bei jungen Erzherzögen und Aristokraten durchaus üblich, fühlten sie sich doch quasi über bürgerliche Regeln und Moral erhaben, was Rudolf in seiner Adelsschrift noch scharf kritisiert hatte. Mengers Lehren, Vorbild zu sein und nach denselben Prinzipien zu leben wie der normale Bürger, wurde nun in einem rücksichtslosen Hofleben entgegengearbeitet. Der jugendliche, unausgeglichene, überstreng erzogene Habsburger widersetzte sich diesen Einflüssen kaum.

Zieht die Person eines jungen Kronprinzen ohnehin schon die Phantasien der romantischen Weiblichkeit an (selbst der schwachsinnige Ferdinand soll als Kronprinz Verehrerinnen gehabt haben), so verstärkte sich die Gunst der schönen Frauen durch die von allen Zeitgenossen bezeugte starke persönliche Ausstrahlung Rudolfs. Nach den vorliegenden Fotografien war er zwar nicht gerade eine Schönheit: klein und schmal, mit leicht rötlichem, schütterem Haar. Doch er war mit Geist und jener Feinnervigkeit ausgestattet, die ihn zum Liebling der Frauen geradezu prädestinierte.

Louise von Coburg, geborene Prinzessin von Belgien und Rudolfs spätere Schwägerin, schwärmte: »Er war mehr als schön; er war verführerisch. Mittelgroß und sehr proportioniert, war er, trotzdem er zart schien, sehr kräftig. Deutlich zeigte sich seine Reinrassigkeit, und man dachte bei ihm unwillkürlich an ein Vollblutpferd; denn von ihm hatte er auch das Wesentliche ... wie dieses hatte er leichten Sinn und Launen. Auf seinem matten Teint spiegelte sich Sentimentalität; sein Auge, dessen braune, glänzende Iris im Moment der Erregung zu schillern begann, schien mit dem Ausdruck auch seine Form zu ändern. Er war sehr sensibel und wechselte seine Stimmung; war in einem Moment liebenswürdig, im nächsten zornig, und war imstande, im dritten Augenblick wieder der entzückendste Mensch zu sein. Er war verwirrend; seine aufnahmsfähige Seele schien geklärt und verfeinert. Das Lachen Rudolfs machte vielleicht noch mehr Eindruck; es war das Lachen eines rätselhaften Menschen, ähnlich dem der Kaiserin. Rudolfs mysteriöse Art zu sprechen fesselte seine Zuhörer, von denen jeder sich geschmeichelt fühlte, etwas von seinem Wesen zu begreifen.«[43]

Anzustrengen brauchte sich Rudolf jedenfalls nicht, wenn ihm der Sinn nach einem Abenteuer stand. Die Frauen drängten sich an ihn heran, sie lauerten ihm auf, sie erfanden alle möglichen Tricks, um aufzufallen und von ihm verführt zu werden. Das ging so weit, daß der Zwanzigjährige sich beim Wiener Polizeipräsidenten Hilfe holte. Er beklagte sich brieflich über das Benehmen zweier junger Damen, die seit drei Wochen jeden Tag ins Theater kamen, ununterbrochen in seine Loge starrten, dann herüberlachten und auch Zeichen machten. Rudolf vermutete, daß diese Mädchen mit anonymen Briefen in Verbindung zu bringen seien, die er seit einiger Zeit bekäme.[44]

Auch der Kaiser, selbst nicht verwöhnt von Frauengunst, sah die Beliebtheit seines Sohnes staunend an: »Was die Frau mit Rudolf treibt, ist unglaublich. Reitet ihm auf Schritt und Tritt nach. Heute hat sie ihm sogar etwas geschenkt.«[45] Hier ist die Rede von Helene Vetsera, der Mutter der »kleinen Mary«.

Das vielbeachtete Geschenk der Baronin Vetsera war eine Zigarettentasche, wie Gräfin Festetics später erzählte. »Er freute sich kindlich mit dem Geschenk, zeigte es jedermann, auch dem

Baronin Helene Vetsera, geb. Baltazzi

Kaiser, den die Gräfin Festetics aufmerksam machte, daß sie in die Tasche den Namen Helene einlegen ließ. Das sei doch furchtbar von einer Dame war die Bemerkung des Kaisers zur Gräfin.« Über Rudolfs Reaktion berichtete die Gräfin: »Darauf zog er eine Zigarette aus der Tasche, suchte nach einem Zündhölzchen und sah, daß in der Tasche nicht bloß dafür, sondern auch für einen Fidibus gesorgt war. Er fand das sehr nett und aufmerksam und wollte den Fidibus in Brand stecken, als er Schriftzeichen darauf gewahrte. Er breitete das Ding aus und las die Worte: ›Morgen um $1/2$ 12 Uhr in meiner Wohnung!‹ Er war sehr ungehalten über die Einladung und fand das Verhalten der Dame selbst unpassend, worin ihn die Gräfin bestärkte.«[46]

Der Hoftratsch, wie so oft von Kammermädchen genährt, wußte bald

Ein Jahr der Reisen

von einer »Affäre« des Kronprinzen mit der um elf Jahre älteren, vierfachen Mutter zu berichten. Mary Vetsera war damals sechs Jahre alt. Affären dieser Art, immer wieder erlebt, müssen einen jungen Mann prägen. Die Dutzenden von Frauen, die sich ihm an den Hals warfen, sorgten für das Bild, das sich Rudolf von der Frau als solcher machte: er mißachtete sie. Er war sehr verwöhnt, was Frauenschönheit anlangt und hatte einen bevorzugten Typ: klein, zart, schwarzhaarig, etwa wie seine schöne Tante, die weiterhin verehrte Erzherzogin Maria Theresia. Außer den physischen stellte er allerdings kaum Ansprüche. Die Frau war für ihn, je mehr Erfahrungen er machte, nur Jagdgegenstand. Und für die abenteuerlustigen, meist verheirateten Frauen, die es sich zum Sport machten, den umschwärmten Prinzen unter die Zahl ihrer Liebhaber einzureihen, war es kaum anders. In ihrer Frivolität und Oberflächlichkeit erscheinen diese eleganten Damen, dieser junge, lebenshungrige Prinz und der die Abenteuer fördernde alternde Lebemann Bombelles wie einem Schnitzler-Stück entstiegen.

Mehr und mehr wurde aus dem idealistischen Jüngling ein oft recht zynischer Frauenheld. Louise von Coburg: »Der Kronprinz war oft kindlich und ein wirklich angenehmer Gesellschafter, aber oft herrschsüchtig und anmaßend und es empörte mich ein von ihm gethaner Ausspruch: ›Es hat noch keine Frau gegeben, die mir widerstanden hätte.‹«[47]

Kronprinzessin Stephanie klagte später, daß Rudolf »infolge der vielen Erfahrungen, die er von jung auf mit Frauen gemacht hatte, die Frau als solche geringschätze«, er habe sie »nicht für ein ebenbürtiges Wesen« erachtet.[48]

4. Kapitel

ORNITHOLOGIE

Rudolfs Steckenpferd war von klein auf die Vogelkunde. Schon früh übte er sich in Aufsätzen über seine Beobachtungen von Vögeln in der Natur und verfaßte als Zwölfjähriger eine über hundert Seiten lange Schrift »Adlerjagden«. Der Jüngling übernahm 1876 das Protektorat des ornithologischen Vereins und pflegte eifrig den persönlichen Kontakt mit bedeutenden Ornithologen, vor allem mit dem berühmtesten Zoologen seiner Zeit, Alfred Brehm. Er besaß die erste Auflage des »Illustrirten Thierlebens« und verfolgte eifrig Hochstetters Erzählungen über Brehm, der in diesen Jahren in ganz Europa, auch in Wien, Lesungen hielt, zu denen sich die gute Gesellschaft drängte. Rudolf lernte Brehm bei der Wiener Weltausstellung 1873 durch Hochstetter kennen und war natürlich auch bei einem Vortrag Brehms in Wien als Ehrengast anwesend.

Anfang 1877 war die Freundschaft mit dem um 30 Jahre älteren Gelehrten bereits so weit gediehen, daß Brehm die beiden Vogel-Bände der zweiten Auflage des »Thierlebens« dem Kronprinzen widmete. Rudolf an Brehm: *Ich bin stolz darauf, mit diesem Werke, welches gewiss einzig in seiner Art dasteht, durch meinen Namen, der in der Widmung steht, so enge verflochten zu sein. Auch kann ich Sie versichern, dass ich Ihr Werk, besonders die beiden Bände über Vögel, sehr liebgewonnen habe; sie sind meine steten Begleiter, die ich sehr viel benütze, da ja Zoologie, besonders aber die Ornithologie, meine Lieblingsstudien sind, denen ich sowohl in freier Natur, als am Studiertische fleissig obliege.*[1]

Als Rudolf laut väterlicher Weisung seine militärische Laufbahn in Prag begann und im Hradschin residierte, war Brehm dort häufiger und wochenlanger Gast. Er ging unangemeldet, mit Büchern, ausgestopften oder gerade erlegten Vögeln im Arm, in seiner bequemen Joppe, Pfeife rauchend, in Rudolfs Privatgemächern aus und ein, allen naserümpfenden Höflingen zum Trotz.

Ornithologie

Ein hochrangiges Publikum stürmte die Vorträge des weltberühmten Zoologen Alfred Brehm in Wien, darunter auch die Erzherzöge Rainer und Johann und Graf Hans Wilczek. Dem jungen Kronprinzen war es eine Ehre, dem Wissenschaftler persönlich zu danken

Rudolf und Brehm werteten gemeinsam die Jagdbeute wissenschaftlich aus, maßen die Spannweiten der erlegten Vögel, untersuchten die Färbung von Federn und Krallen, schrieben alle Werte in lange Tabellen, ereiferten sich über Mischformen, stritten sich gelegentlich auch wegen einer unklaren Zuordnung.

Brehm hatte keine Spur von höfischen Formen an sich. Er war offen, rasch aufbrausend, und wenn man ihm widersprach, auch grob. Rudolf sah ihm alles nach. So konnten sie stunden-, ja tagelang über die Frage streiten, ob etwa Nebelkrähen unter Schutz gestellt werden sollten oder nicht: Brehm war dafür, Rudolf dagegen, weil er Nebelkrähen nicht für eine besonders seltene und interessante Vogelgattung hielt. Über diesen Widerspruch war Brehm sehr ungehalten, wie ein zeitgenössischer Ornithologe schrieb.[2]

Vor allem erregte damals die »Adlerfrage« die Gemüter der Ornithologen. Man stritt darum, ob Stein- und Goldadler verschiedene Arten oder nur verschiedene Färbungsphasen der gleichen Art seien. Rudolf bemühte sich, zur Aufhellung dieser Frage seinen Freund mit erlegten Adlern aus der vogelreichen Monarchie zu versorgen und schlug ihm vor: *Wollen Sie mich zu Adlerjagden nach Südungarn begleiten? Ich habe bestimmte Nachrichten von vielleicht 20 Adlerhorsten und glaube, daß wir alle werden lernen können, wenn wir sie besuchen und fleißig dabei beobachten.*[3] Brehm, der einen solchen Reichtum an Raubvögeln aus Deutschland nicht gewöhnt war, nahm den Vorschlag begeistert an.

Rudolf lud zu dieser Reise noch einen weiteren deutschen Ornithologen ein, den damals schon siebzigjährigen Eugen von Homeyer. Dieser, ein reiner Praktiker und Autodidakt, lebte auf einem Rittergut in Pommern, wo er sich sein Leben lang mit dem Sammeln von Vogelbälgen, Gelegen und Eiern beschäftigte. Die für Hofverhältnisse reichlich skurrile Gesellschaft wurde ergänzt durch den Präparator und Amateur-Ornithologen Eduard Hodek mit Sohn und Gehilfen, die die erbeuteten Tiere gleich auf dem Expeditionsschiff präparierten. Hodek fuhr seit den sechziger Jahren regelmäßig in die Sumpfgebiete der Donau, um dort reiche Beute für seinen Tierhandel zu machen.

Ein wenig höfischen Aufputz bekam die Expedition durch die Teilnahme von Rudolfs Schwager, den Prinzen Leopold von Bayern, und des Oberhofmeisters Bombelles, der für organisatorische und finanzielle Belange zuständig war, sich aber von den langen Gesprächen über Ornithologie fernhielt.

Rudolf: *Der Dampfer hatte einen höchst bizarren Charakter erhalten; das Verdeck strotzte von Waffen aller Art, von Büchsen und Flinten, von Kisten mit Munition; die vordersten Theile des Oberdecks waren belebt von einer ganzen Menagerie, bestehend aus jungen Adlern, jungen Uhus, Waldkäuzchen, meinem Uhu und meinen zwei Hunden; ferner stand daselbst ein großer Präparirtisch, an dem die Mannschaft, dirigirt vom jungen Hodek, an den Bälgen arbeitete und die schon fertigen Exemplare an der Sonne trocknete. Vom vielen Blut des erlegten Wildes, von Federn, Knochen und dem Schmutze der ganzen Menagerie bot unsere schwimmende Wohnung einen nichts weniger als reinlichen Eindruck.*[4]

Hier ging es nicht wie bei einer höfischen Jagd um möglichst lange Schußlisten und kapitale Geweihe, sondern darum, Material für die Forschung zu sammeln. Einerseits wollten Brehm, Homeyer und Rudolf einige bisher kaum bekannte Adler- und Geierarten in der freien Natur beobachten – sie führten deshalb ausgiebig Tagebücher –, ande-

Ornithologie

rerseits wollten sie möglichst viele seltene Gattungen erlegen, sie gleich im Schiff wissenschaftlich bearbeiten und präparieren, um sie später in naturkundliche Sammlungen aufzunehmen. Die Vogelkunde war, was das Leben der Vögel in der Natur angeht, erst in den Anfängen.

Manchmal kam auch Besuch aus den von jeder Zivilisation abgeschnittenen Dörfern an der Donau. Brehm erzählte: »Wenn aber der letzte Sonnenstrahl verglomm, sammelte sich der jüngere Theil der Bewohnerschaft des Dorfes um unser Schiff. Geige und Dudelsack vereinigten sich zu wundersamer, obschon höchst einfacher Weise, und Burschen und Mädchen schwangen sich, dem hohen Gaste zu Ehren, im volksthümlichen, ebenmäßig wogenden Reigen.«[5] Das war die Art von Unterhaltung, die Rudolf – wie seine Mutter Elisabeth – zeitlebens schätzte: abseits höfischer Formen, adeliger Gesellschaft, gekünstelter, leerer Konversation sich mitten in der Natur und unter natürlichen Menschen zu bewegen und ihre Musik zu hören.

Von links: Eugen von Homeyer, Alfred Brehm und Rudolf auf ihrer wissenschaftlichen Adlerjagd in den Donauauen

4. Kapitel

Aber selbst in dieser entspannten Atmosphäre, fern von höfischen Kritikern, umgeben von Freunden, hatte Rudolf Schwierigkeiten mit sich selbst und seinen empfindsamen Nerven, so als er zum erstenmal Kuttengeier beobachten und schießen wollte. Er erzählte: *Die nackten bläulichen Hälse hielten die ekelhaften Thiere weit vor, die fleischfarbenen Fänge hingen schlaff herab und die jetzt zusammengezogenen krummen Schwingen bewegten sich hastig, um sich einen Stützpunkt zum Aufholzen zu schaffen ... Das für mich erste Auftreten dieser Thiere, der dunkle Wald, die schönen steilen Gebirgsthäler, der riesige Horst und seine mächtigen Bewohner, dies Alles trug bei, um mich fast in einen unzurechnungsfähigen Zustand des Jagdfiebers zu versetzen. Bevor ich noch zum Anschlage fuhr, wusste ich, dass es an diesem Horste verspielt sei. Die Büchse zitterte mir wie ein Rohrstäbchen in den Händen, vergebens suchte ich die Brust des Geiers, der noch immer aufrecht am Rande seiner Behausung stand, auf der Mücke auftanzen zu lassen, der Schuss krachte – und unversehrt fuhren beide Geier in das Thal hinab. Lange hörte ich noch den Schlag der Schwingen durch die Lüfte sausen. Im Zustande völliger Verzweiflung kauerte ich mich ruhig in mein Versteck.*[6] Im Kreis der erfahrenen älteren Reisegefährten kam es aber bei Rudolf zu keiner großen Krise.

Nach der ereignisreichen Reise eilte Brehm nach Hause, zur Arbeit am »Thierleben«. Rudolf: *Dagegen aber werden Sie jetzt gewiss in den quälenden Krallen der Verleger schmachten, um während der aufreibenden Arbeit manchmal an die ungebundene Freiheit des Räuberlebens in der Fruska Gora zurückzudenken: mir geht es gerade so, mit Sehnsucht habe ich noch lange an die leider zu rasch verflogenen Tage unserer Donaureise gedacht; es war eine schöne Zeit!* Von Brehm angeregt, machte sich auch Rudolf an die Arbeit: *Jetzt bin ich in vollem Zuge, eine kleine Reisebeschreibung auszuarbeiten, die ich in einigen Exemplaren bloss werde drucken lassen, um sie dann nur an gute Bekannte zu vertheilen.*[7]

Während des Schreibens wuchs Rudolfs Hochachtung vor Brehms Leistung: *Eine genaue Schilderung der ganzen Reise und aller der vielen, einzelnen Jagdmomente nimmt viel Zeit in Anspruch, ich hätte mir die Arbeit nicht so gross vorgestellt; sobald die Broschüre fertig ist, werden Sie der Erste sein, der ein Exemplar erhält. Mit lebhaftem Bedauern denke ich bei meiner im Vergleich doch so unbedeutenden, aber zu-*

gleich überaus anregenden Thätigkeit an die Riesen-Arbeit, der Sie sich jetzt mit voller Kraft widmen.[8]

Rudolfs Beschreibung der Donaureise wurde länger und länger. Er plagte sich neben seinen militärischen Pflichten nicht wenig und stöhnte gegenüber Brehm: *Ich habe jetzt ungemein viel zu thun, das Kommando eines Bataillons und die ganze Verwaltung desselben nehmen sehr in Anspruch; auch ist jetzt die Epoche der grösseren Übungen, die den ganzen Vormittag über dauern. Meine ornithologischen Studien musste ich theilweise an den Nagel hängen und nur an Sonn- und Feiertagen kehre ich zu meinen Lieblingsarbeiten zurück. Leider konnte ich, der häufigen Jagden halber, meine Reisebeschreibung in Ischl nicht ganz vollenden, und hier sieht es damit gar traurig aus; wenn ich die Woche über um zwei bis drei Seiten vorwärts komme, kann ich zufrieden sein.*[9]

Rudolfs erstes Buch »Fünfzehn Tage auf der Donau« erschien 1878 anonym. Der Autor war aber schon durch die Widmung (*Meinem Schwager Leopold dem tüchtigen Waidmanne in treuer Freundschaft zugeeignet*) unschwer zu erraten. Rudolf zeigte darin offen seinen Stolz, daß seine Heimat das Ziel der Expedition war: *Die meisten wissenschaftlichen Vereine, Clubs, Versammlungen und wie sie alle heißen, rüsten, falls sie einmal zu Geldmitteln gelangten, grosse Expeditionen in andere Welttheile aus und die nächste Nähe, die Gebiethe unserer eigenen Heimat bleiben in mancher Beziehung thatsächlich in einen geheimnisvollen Schleier gehüllt.*[10]

Das Buch des Zwanzigjährigen ist immerhin 310 Seiten lang und auch heute noch von großem Reiz. Denn es schildert die Auen in den ungarischen Ursümpfen vor der Donauregulierung und gibt einen guten Eindruck vom Reichtum der Tierwelt in diesen unzivilisierten Gegenden im 19. Jahrhundert. Für die Ursprünglichkeit der Darstellung und den naturnahen Geist des Buches sei hier nur ein Beispiel angeführt: *Die Ringel- und Hohltauben flatterten auf den Eichen und ruckten so friedlich ihr Lied; die Tauber stiegen von Liebe geplagt in die blauen Lüfte, um schwirrend sich dann auf die dürren Wipfel des gegenüberliegenden Waldes niederzulassen; Krähen und Dohlen kamen und gingen und das fröhliche Heer der Sänger stimmte die melodischsten Lieder an; leider erstickten die einsilbigen Rufe der Blassente und des grünfüßigen Teichhuhnes so wie das endlose Quaken der Frösche jede*

Poesie; diese Thiere sind eine wahre Plage der Auwälder, doch was für liebe Geschöpfe sind sie noch im Vergleiche zur ärgsten Qual des Waidmannes, der sich in jene Wälder vertieft, nämlich den blutdürstigen Gelsen. Kaum waren wir ruhig in unserem Verstecke untergebracht, als es sich schon um uns her summend zu rühren begann; auf mein Gesicht und meine Hände machten die elenden Thiere ihre kühnsten Angriffe, und wie sollte das erst Abends werden, wenn die Dünste aus der feuchten Erde empor und ober der dampfenden Wasserfläche gespenstisch umher schwebten? Dieser Gedanke war nicht angenehm, doch es galt einem Adler und wer wirklich edles Wild jagen will, darf keine Mühen und keine Unannehmlichkeiten scheuen.[11]

Die Zeitungen der Monarchie machten viel Aufhebens von dieser vermeintlich ersten Schrift des jungen Kronprinzen – als Autor der Adelsschrift war er ja nicht bekannt – und rühmten das Büchlein als wissenschaftliche und literarische Großleistung. Rudolf an Brehm: *Meine Broschüre über unsere Donaureise feiert Triumphe, die sie wahrlich nicht verdient, von allen Seiten erhalte ich Zuschriften darüber und Bitten, das Buch noch weiteren Kreisen zugänglich zu machen, doch ich beharre auf meinem ersten Entschluß, dasselbe nur zu verschenken.*[12]

Das Buch gehört in die Kategorie der adeligen Reise- und Jagdgeschichten, deren prominentester Autor bisher Rudolfs Onkel, Kaiser Maximilian von Mexiko, gewesen war. Nicht zu vergessen ist, daß Rudolfs Großvater, Herzog Max in Bayern, neben geschichtlichen Aufsätzen, ländlichen Lustspielen und anonymen Zeitungsartikeln auch eine Reisebeschreibung über seine Orientreise von 1838 verfaßt hatte. In diese Fußstapfen trat nun der Kronprinz. Literarische oder gar wissenschaftliche Maßstäbe an Bücher dieser Art anlegen zu wollen, hielt er für verfehlt: *Was wir von ornithologisch Wichtigem gesehen, beobachtet und geleistet haben, wird von Männern zu Papier gebracht, die das Glück geniessen, in vollem Maße der Wissenschaft anzugehören. Dies drängt mich selbstverständlich in den bescheidenen Ton einer einfachen Reisebeschreibung zurück.*[13]

Der Lohn für dieses Buch war überreichlich. Beim Makart-Festzug zur Silbernen Hochzeit des Kaiserpaares 1879 ließ die Buchdruckergilde Gutenberg die noch druckfeuchten Blätter der »Donaureise« vom Festwagen in die Volksmenge flattern, ein Reklamegag, dem bald seriösere, wenn auch nicht verdientere Ehrungen folgten: Die kaiserliche

Ornithologie

Akademie der Wissenschaften in Wien ernannte Rudolf zu ihrem Ehrenmitglied, die Universität Budapest zum Ehrendoktor.
Bei aller Freude über diese Ehrungen war Rudolf doch zu intelligent, um nicht zu verkennen, daß er diese hohen Würden ausschließlich wegen seiner Stellung als Kronprinz erhielt. Die bescheidenen Dankworte an die Budapester Universität müssen ebenso ernst genommen werden wie Rudolfs Briefe an seine Freunde, zum Beispiel an den Mediziner Theodor Billroth: *Legen Sie vor allem die scharfe Brille des Kritikers ab und beurteilen Sie mit Nachsicht bescheidene Versuche eines Stümpers. Ich bin fanatischer Bewunderer der Natur und der Naturwissenschaften; aber damit ist auch alles gesagt; Zeit, Bildung und Gründlichkeit fehlen. Doch der Wille ist gut und die Freude an der Arbeit bietet genußreiche Stunden. Die »Donaureise« als erzählende Reisebeschreibung ist nur eine schlichte Wiedergabe jener herrlichen Natureindrücke, wie sie unvergeßlich sich in mein Gedächtnis eingeprägt haben.*[14]
Eine stattliche Anzahl von vogelkundlichen Aufsätzen Rudolfs entstand Ende der siebziger Jahre und wurde in den Mitteilungen des Ornithologischen Vereins in Wien und der Jagdzeitung »Cabanis« gedruckt. Häufig erschienen diese Beiträge anonym, da Rudolf immer noch den Ehrgeiz hatte, nicht als Kronprinz in den Vordergrund gestellt zu werden, sondern als Ornithologe, wenn auch Autodidakt, ernst genommen zu werden. Rudolf an Brehm nach der Donaureise: *Der Artikel in der Jagdzeitung, der nur eine ganz kurze Schilderung der Jagden und eine Schussliste enthält, wurde von mir verfaßt. Ich verfertigte denselben zu Fleiß in einer solchen Weise, daß niemand auf den Gedanken kommen könne, derselbe sei von mir geschrieben. Denn sonst hätte es in diesem Blatt, das stets bemüht ist, die lästigsten Phrasen in der schmeichlerischesten Weise zu bringen, auch diesmal nicht an dergleichen Zeug gefehlt.*[15]
Als Brehm einige Vogelbeobachtungen Rudolfs wörtlich in der nächsten Auflage der »Vögel« zitierte und ihn so einer großen Leserschaft als Ornithologe bekannt machte, bedankte sich der noch nicht Zwanzigjährige: *Sie haben mich ordentlich beschämt, indem Sie meine bescheidenen Schilderungen des Milans und des Rohrweihe wörtlich anführen und meines in wissenschaftlichen Dingen so unbedeutenden Namens auf solch rühmliche Weise gedenken. Keine andere Auszeich-*

4. Kapitel

Unter den vielen Ehrungen war auch dieses Diplom von 1882

nung, in welch einer Form sie zur Geltung käme, könnte mich nicht so freuen als wie in einem wissenschaftlichen Werke, von einem wahren Gelehrten genannt zu werden; ich habe es leider nur zu wenig verdient.[16]
Von nun an überschütteten die Zeitungen den jungen Mann selbst für bescheidene Arbeiten mit Lob. Rudolf an Brehm: *In der Deutschen Zeitung in Wien erscheinen Artikel, die meine Beschreibung des Milans und zweier Weihen wiedergeben und sie mit ungemein schmeichelnden und meine leider nur allzugeringen Verdienste beschämenden Weise begleiten ... Ich weiss nicht, ob ich mich darüber freuen soll, meine wissenschaftliche Thätigkeit scheint mir bis jetzt wahrlich noch so unbedeutend, als daß man von ihr sprechen könnte.*[17]
Rudolf ging in seinem ornithologischen Eifer so weit, Brehm mit seitenlangen Berichten über die verschiedensten Vogelarten samt genauen Maßen der erlegten Tiere zu versorgen. Oft schickte er auch Kisten mit präparierten Stücken für Brehms Sammlung mit, manchmal allerdings auch nur zur Ansicht. Dann wurden sie von Brehm noch an andere Ornithologen weitergesendet und schließlich wieder zum Kronprinzen

nach Wien zurückbefördert. Er regte auch andere zu gewissenhaften Jagdberichten an, um den Freund mit Material zu versorgen. Das fiel oft schwer, vor allem bei Jägern, die des Schreibens nicht recht kundig waren. Rudolf an Brehm: *Endlich kann ich Ihnen die versprochene Schilderung des Eisenerzer Aquilafulvus-Horstes übersenden; es hat lang gedauert, bis dieser brave Sohn der Alpen seine wissenschaftliche Abhandlung glücklich zu Papier brachte; Sie werden erstaunen über die steyrische Orthographie, die einen noch ausgesprochen mittelalterlichen Anstrich an sich hat.*[18]

Aus den bis zu 31 Seiten langen Briefen Rudolfs an Brehm können hier nur spärliche Beispiele gegeben werden, die aber den Unterschied von Rudolfs Mentalität zu der der üblichen höfischen Jäger (etwa dem Kaiser oder dem sprichwörtlichen »Schießer« Erzherzog Franz Ferdinand) zeigen. In einer romantischen Art – ganz ähnlich der Brehms – erlebte er das Tier in der Natur. Ein kleiner Ausschnitt aus einem langen Brief über eine Auerhahnjagd in Böhmen: *Der Mond war untergegangen, unzählige Sterne leuchteten auf dem wolkenlosen Firmamente, es war eine herrliche Nacht; gewürzig dufteten die Nadelholzwälder. Ein schmaler Weg schlängelte sich auf einen Hügel empor. Vorsichtig umhertappend gingen die Pferde im finstern Gehölze. Am Kamme des langgedehnten Höhenzuges angelangt, fanden wir einen Jäger, der uns bat, von den Pferden abzusteigen.*
Schnell schritten wir nun durch einen aus alten Wettertannen, schlanken Fichten, hochstämmigen Buchen, verkrüppelten Buchen, und auch einzelnen Eichen bestehenden Wald, an der entgegengesetzten sehr flach abfallenden Lehne des Berges herab.
Einzelne trauliche, von moosigem Grund, abwechselnd mit steinigem Gerölle gezierte Waldwiesen, durchrieselt von hell plätschernden Bächleins gaben dem Bilde einen freundlichen Charakter. Auf einer dieser Blössen wurde halt gemacht. Es war 4 Uhr. Hell schreckte ein Reh, das von uns Wind bekommen hatte; unaufhörlich erklang das menschenähnliche, unheimliche Gelächter des Steinkauzes, von allen Seiten her, laut schrien die Waldkäuze, und die Waldohreulen; und aus dem Thale empor erscholl das Uhu des mächtigen Schuhus. Einen ähnlichen Reichthum an Eulen habe ich noch nie in keiner Gegend beobachtet. Alle Augenblicke huschte irgend ein düsterer Geselle ober unseren Köpfen vorbei.[19]

4. Kapitel

Alfred Brehm unterrichtet den wißbegierigen Kronprinzen bei einer Exkursion in Kroatien in Zoologie

Diese langen Briefe an Brehm waren nicht für die Öffentlichkeit bestimmt. Sie erhoben weder literarischen noch wissenschaftlichen Anspruch und sollten auch nicht mit solchen Maßstäben gemessen werden. Allein die Tatsache, daß sich ein zwanzigjähriger, vielbeschäftigter Mann nächtelang an den Schreibtisch setzte, um Berichte dieser Art an einen Freund zu verfassen, ist bemerkenswert.

Die Natur war ihm, diesem getreuen Sohn des 19. Jahrhunderts, Labsal in allen Kümmernissen des Alltags. Er gestand Brehm: *Ich denke hier aus den Mauern Wiens, aus dem Dunste des Charwochengottesdienstes mit Sehnsucht an die herrlichen Morgen, die ich in den böhmischen Wäldern verlebte. Ich bin nicht für das Stadtleben geschaffen. Besonders, wenn ich nicht, wie in Prag, etwas positives zu thun habe. Hier in Wien ist für mich gar keine Beschäftigung, nur Menschen sehen, grösstentheils recht langweilige.*[20]

Auch die nächste Reise, nach Spanien, stand ganz im Zeichen der Ornithologie und im Dienste Brehms, der Rudolf wieder begleitete und schon Monate vor der Abreise nach Prag kam, um alles vorzubereiten.

Ornithologie

Neben Leopold von Bayern und Bombelles sollte diesmal auch Graf Hans Wilczek, einer der wärmsten Förderer Brehms, mitfahren. Vor Antritt der Reise verfaßte Rudolf sein erstes Testament:

Prag, 15. April 1879 Testament
In wenigen Tagen beginne ich eine große Reise. Bei meiner Freude an wilden Jagden und schwierigen Unternehmungen aller Art ist es leicht möglich, daß ich großen Gefahren entgegengehe, bei einer derselben mein Leben lasse.
Aus diesem Grunde drängt es mich, einige Verfügungen zu treffen. Alles, was ich von baarem Gelde hinterlasse, soll für wohlthätige Zwekke verwendet werden.
Bombelles soll in gleichen Theilen meiner ganzen Dienerschaft, auch allen jenen, welche hier in Prag mich bedient haben, von meinem baaren Gelde geben; was übrig bleibt, ist für Schulen. Meine Kleider gehören meiner Dienerschaft. Alle meine Schriften, Briefschaften und Papiere, die sich in meinen Schreibtischen in Wien und Prag befinden, soll Bombelles vernichten. Meine Bibliothek soll an Schulen der ganzen Monarchie vertheilt werden. Meine Bilder und übrigen Kleinigkeiten können Leute, die es der Mühe werth finden, von mir Andenken zu besitzen, sich nehmen; was überhaupt mit alledem geschieht, ist mir ganz gleichgiltig. Meine Sammlungen, alle, wie sie sind, ungetheilt der Wiener Universität, deren Kapazitäten ich so viel verdanke.
Meinen Hund Blak soll Latour in der Erinnerung an mich gut pflegen, es war ein treuer Jagdkumpan. Kastor und Schlifferl soll Bombelles pflegen und erhalten, der eine ist gut und treu und der andere kann sehr schön lachen.
Meine Uhu's und Schweißhunde so wie die Dachseln armen Jägern. Meine Insel Lacroma lege ich meinem Vater zu Füßen. Er möge sie gnädigst erhalten, ihr Seinen Schutz angedeihen lassen, sie nicht in andere Hände kommen lassen. Es ist ein Andenken an den armen Onkel Max und ein echt südslawischer Boden, den man heutzutage nicht verachten darf.
Meine Dienerschaft empfehle ich dem allerhöchsten Schutz Seiner Majestät, es sind brave Leute, die mir stets treu gedient haben; desgleichen bitte ich Ihn aus ganzem Herzen, gnädig des Majors Spindler und seiner Familie zu gedenken. Seit meinem dritten Jahr ist er bei mir; und immer hat er seine Pflicht gewissenhaft erfüllt. Beiliegender Brief ist für

4. Kapitel

Wilczek bestimmt, auch sollen ihm 20 000 fl. von meinem baaren Gelde übergeben werden.
Meinen Feinden, allen jenen, die mich, besonders in der letzten Zeit oft geärgert haben, verzeihe ich; ich bin andere Bahnen gegangen, als die meisten meiner Verwandten; doch auch ich habe nur immer die reinsten Motive gehabt. Unsere Zeit fordert neue Ansichten. Reaktion ist überall, besonders aber in Österreich, der erste Schritt zum Untergang. Diejenigen, die Reaktion predigen, sind die gefährlichsten Feinde, sie habe ich immer verfolgt, vor ihnen warne ich! Heil Österreich und seinem großen Kaiser! Heil Österreichs Heer. Sieg seinen Fahnen!
Ein Gruß dem 36ten Regiment, meiner eigentlichen Heimat.
Ein letzter Abschiedskuß in Gedanken allen schönen Frauen Wiens, die ich so sehr geliebt!
Meinen Eltern küsse ich aus ganzem Herzen die Hände und bitte sie um Verzeihung für jeden Kummer, den ich Ihnen gethan. Meine Geschwister umarme ich.
Ihnen allen danke ich für Ihre Liebe.
Der letzte Gruß allen meinen Bekannten, meinem ganzen lieben Österreich! *Rudolf*[21]

Daß dieses Testament nicht von großem Ernst zeugt, ist einem Zwanzigjährigen kaum vorzuwerfen. Es zeigt neben anderem, daß in dieser Zeit Hans Wilczek Rudolfs engster Vertrauter war. Denn die 20 000 Gulden, die ihm mit dem einzigen beiliegenden Brief übergeben werden sollten, waren kaum für den immens reichen Wilczek selbst bestimmt, sondern von ihm entweder an eine Geliebte oder ein Kind Rudolfs weiterzugeben.
Der um zwanzig Jahre ältere Wilczek galt in der Hofgesellschaft als Freigeist, als »Liberaler«, ja man verdächtigte ihn demokratischer und freimaurerischer Gesinnung. Er war erklärter Gegner des Antisemitismus und beanspruchte keine aristokratischen Vorteile, was ihm die Sympathien des Bürgertums sicherte, wo er auch viele Freunde unter Gelehrten hatte. Wilczeks Einfluß auf den jungen Kronprinzen muß man sich immer vergegenwärtigen, wenn auch leider die umfangreiche Korrespondenz der beiden verloren ist.
Die Spanienreise im April/Mai 1879 ging mit dem Dampfschiff »Miramar« von Venedig aus nach Barcelona – unter endlosen Gesprächen zwischen Rudolf und Brehm, der seit dem Tod seiner Frau im Vorjahr

Ornithologie

resigniert und weniger tatendurstig war. Um so mehr konzentrierte sich Rudolf auf ihn und ließ alle anderen, vor allem repräsentative Pflichten beiseite. Wilczek: »In Barcelona wohnten einige vornehme Familien, die noch die habsburgischen Traditionen aus der Zeit des Kaisers Karl VI. [er war als Karl III. der letzte habsburgische König von Spanien und residierte in Barcelona] pflegten und nun durchaus dem Kronprinzen ihre Aufwartung machen wollten, allein dieser zog es unter dem Einflusse Dr. Brehms vor, in den Wäldern der Umgebung seltene Vögel zu beobachten und zu schießen. Da er sich den ganzen Tag dort aufhielt, so ersuchte er mich, jene hohen Herren zu besuchen und sein Fernbleiben zu entschuldigen, da er Wichtigeres zu tun habe. Das war für mich ein peinlicher Auftrag und ich glaube, die loyalen Barcelonesen dürften dadurch sehr gekränkt gewesen sein.«[22]

In Madrid gab es noch mehr gesellschaftliche Verpflichtungen, vor allem, da es an diesem Hofe Prinzessinnen gab, die als Ehepartner des Kronprinzen in die engere Wahl gezogen waren. Die laut Wilczeks Aussage »zwar nicht sehr hübschen, aber ungemein liebenswürdigen Schwestern des Königs« konnten den Kronprinzen aber auch nicht in seiner Ornithologie-Begeisterung bremsen.

Nach einer Jagd auf Steinböcke in der Sierra de Gredos und auf Kuttengeier in Cartagena fuhr die Gesellschaft zur Mittelmeerinsel Alboran, »um eine Gattung Seemöven zu beobachten und zu schießen, die sonst nirgends als nur auf dieser Insel vorkommt«. In der Sierra Nevada, die noch durch Räuberbanden heimgesucht war, stand Rudolf zu seinem großen Mißvergnügen unter Bewachung spanischer Polizisten. Wilczek erzählte später die abenteuerliche Geschichte, wie sich Rudolf mit Wilczek und einem Jäger heimlich aus der Hazienda schlich, um wenigstens für einen Tag die Polizisten abzuhängen. Sie landeten prompt über Nacht in einer Räuberherberge, wo die beiden Gefährten den Kronprinzen mit gezogener Pistole bewachten.

Über Gibraltar und Tanger ging die Reise nach Lissabon, Oporto, Bilbao und Asturien. Die Schiffsoffiziere waren die Jagdreisen anderer Erzherzöge auf der »Miramar« gewöhnt und fanden die Schußliste am Ende viel zu dürftig. Sie wußten auch kaum zu schätzen, daß Brehm und Rudolf auf dieser Reise immerhin eine neue Spezies der Lerche entdeckten, die sie »Galerida miramare« nannten und über die es in der Folgezeit eine große wissenschaftliche Korrespondenz gab.

4. Kapitel

Nach der Rückkehr bedankte sich Rudolf überschwenglich bei Brehm: *Innigsten Dank, daß Sie auf dieser Reise mein treuer Freund und Begleiter waren. Eine schöne, herrliche Zeit liegt hinter uns, wie ein guter Traum, so rasch ist es verflogen und aus interessanten, in ihrem ganzen Wesen eigenthümlichen, wundervollen Expeditionen ist man wieder zurückversetzt in das schablonenhafte, gleichmässig von der Cultur geebnete Mittel-Europa, unter die grosse Schaar der Alltags-Menschen... Denken Sie manches Mal zurück an all die schönen Reise-Erinnerungen, an die Tage im Gebirg, und an Bord der treuen Miramare. Mit herzlichstem Gruß Ihr treuer Freund Rudolf.*[23]

In Rudolfs Nachlaß finden sich Fragmente und Vorarbeiten für ein Buch über die Spanienreise: *Spanien hatte mir gefallen; der Friedhof einstiger Größe, der Schauplatz riesiger Umwälzungen, der Blutacker der Inquisition und des Schergenthumes, die Ruine des düsteren Mittelalters und der Intriguen der ersten Jahrhunderte der Neuzeit regen den Geist an; schaurig schön sind die menschenleeren, kahlen Hochgebirge, die verlaßenen Schlösser, verfallenen Klöster und dunklen Kirchen. Ich habe sie durchstöbert, freudelos; und nur ein Bild trat mir immer und immer wieder vor Augen gleich einem Sonnenblick aus dem fernen Osten, aus der Heimath des Islams! Die Alhambra war es mit ihren leichten Bauten, arabischen Ornamenten, blühenden Gärten und sprudelnden Quellen. Ein Stück Orient, in der vollen Pracht der Farben, ein Capitel aus Tausend und einer Nacht!*[24]

Die demonstrative Verachtung, die der Kronprinz der Aristokratie und ihrem Lebensstil entgegenbrachte, und die ebenfalls demonstrative Zuneigung, ja schwärmerische Verehrung für Alfred Brehm und seine gelehrten Freunde riefen gereizte Kommentare in höfischen Kreisen hervor. Denn Brehm war nicht nur Protestant, Darwinist, Bürgerlicher: Er war auch Freimaurer und verheimlichte dies keineswegs.

Die Proteste gegen Rudolfs Umgang mit Brehm nahmen nach der Spanienreise so wütende Formen an, daß Zeitungen konfisziert werden mußten, die diese unstandesgemäße Freundschaft anprangerten. Brehms Aufsätze in Freimaurerzeitungen wurden in den vornehmen Wiener Salons schaudernd herumgereicht.

Aus Rudolfs erhaltenen Briefen an Brehm ist nicht zu ersehen, daß sich die beiden über Weltanschauungsfragen unterhielten. Immer stand die Ornithologie im Mittelpunkt. Freilich können andere Briefe

Ornithologie

Die Liebe zu großen Hunden war bei Rudolf, seiner Mutter und seiner Tochter sehr ausgeprägt: Rudolf züchtete in Prag Jagdhunde. Elisabeth ließ sich häufig mit ihren großem Hunden, aber fast nie mit ihren Kindern fotografieren. Erzsi hatte im Alter eine fast krankhafte Neigung zu ihren Schäferhunden, die ihr Haus beherrschten. Ihr Ziel war die Zucht eines »österreichischen Schäferhundes«

4. Kapitel

vernichtet sein (aus dem Krisenjahr 1880 sind nur acht Briefe Rudolfs an Brehm erhalten). Auch die nächtelangen Diskussionen der beiden Freunde auf der Miramare mögen manchen Stoff für Tratschereien am Hof abgegeben haben. Fest steht jedenfalls, daß Rudolf sich als Antiklerikaler und Freigeist exponierte und seine Gegner daraus schlossen, er sei Freimaurer geworden, was er aber energisch bestritt.
Jedenfalls fand man den Schuldigen in Alfred Brehm, in dessen Tierleben man außerdem »sittlich anstößige Stellen« gefunden haben wollte. Klerikale Zeitungen berichteten nach Rudolfs Tod, daß es dem Prager Kardinalfürstbischof Friedrich Schwarzenberg »zu danken« sei, daß »der Verfasser des Thierlebens, Herr Brehm, seinerzeit aus der Nähe des Kronprinzen Rudolf entfernt wurde. Der Kardinal reiste zu diesem Zwecke eigens nach Wien und machte den Kaiser unter Vorzeigung mehrerer sittlich anstößiger Stellen in dem genannten Buche aufmerksam darauf, wie bedenklich es sei, daß ein solcher Mann einen so großen Einfluß auf den Kronprinzen habe.«[25]
Rudolf erzählte später seinem Freund Moriz Szeps über diese Zeit: *Da befand ich mich in einer schrecklichen Situation. Man hatte ein Netz um mich geworfen und den Glauben verbreitet, ich sei Mitglied des Freimaurerordens geworden oder irgend einer anderen, geheimen, antireligiösen und revolutionären Verbindung. Diese Beschuldigung trat immer frecher auf, und endlich wußte ich mir nicht anders zu helfen, als daß ich hinging und folgendes sagte: Als Offizier darf ich keiner wie immer gearteten geheimen Verbindung angehören und darauf habe ich geschworen. Man beschuldigt mich, einer solchen Verbindung anzugehören, und ich fordere, wozu ich das Recht habe, die Einsetzung eines Kriegsgerichtes, welches die Sache in der strengsten Weise untersuchen soll. Als ich darauf beharrte, zogen sich allerdings die Denunzianten scheu zurück und seit jener Zeit läßt man mich mit dieser Geschichte in Ruhe.*[26]
Aber Rudolf mußte in der Demonstration seiner Freundschaft nach außen vorsichtiger sein. Als Brehm ihn durch Wilczek um die Patenschaft an seinem fünften Kind bat, fragte Rudolf bei Bombelles an: *Ich weiß gar nicht, ob man Taufpathe eines protestantischen Kindes sein kann? auch weiß ich nicht ob jetzt, nach alledem, was ich in Ischl über meinen armen Brehm hören mußte, dies angezeigt ist. Ich würde es ja natürlich mit der größten Freude thun, doch bei dem jetzigen reac-*

tionären [Wort unleserlich] *und Weihrauchgestank, der über unsere arme Heimath weht, könnte man mir vielleicht jeden Umgang mit Brehm verbieten, wenn ich jetzt gerade meine Freundschaft zu ihm, durch solche deutliche Zeichen, die unstreitig ihren Weg durch die Zeitungen nehmen, zu sehr hervorhebe.*[27]

Brehms Besuche beim Kronprinzen wurden notgedrungen selten. Rudolf bat seinen Freund um Verständnis: *Ich würde Sie bitten, mich ... zu besuchen, aber keinen Vortrag hier zu halten. Ich werde Ihnen die Gründe, die mich dazu bewegen mündlich mittheilen, sage Ihnen aber jetzt schon, daß Sie mir dadurch viele Unannehmlichkeiten ersparen würden. Ich werde viel von gewissen Partheien wegen meiner freien Richtung, meiner Liebe zu den Naturwissenschaften, mit scheelen Augen betrachtet. Ich habe keinen angenehmen Sommer zugebracht, das weitere mündlich. Eines ist gewiss, meine Freundschaft zu Ihnen ist unerschütterlich, da kann geschehen, was da will.*[28]

Am Jahresende 1879 schrieb Rudolf an Brehm: *Lieber Freund! Ein langes Jahr, voll schönen, interessanten Erinnerungen für uns Beide liegt hinter uns; auch garstige, traurige Erfahrungen haben wir in diesem Zeitabschnitte gemacht; doch in treuer, unwandelbarer Freundschaft übersende ich Ihnen, für Sie und Ihre Kinder meine herzlichsten, innigsten Glückwünsche für das kommende Jahr; möge es für uns alle gute, angenehme, freudige Tage bringen; möge es die Verblendung und die heimtückische Niedrigkeit unserer Gegner zerstreuen und unschädlich machen.*[29]

Auf dem Höhepunkt der Brehm-Krise 1880 wurde der Kronprinz auf eine Reise nach Ägypten und Palästina geschickt. Diesmal begleitete ihn auf väterliche Weisung der Hofburgpfarrer Dr. Laurenz Mayer, Rudolfs ehemaliger Religionslehrer, und außerdem ein Gefolge von guten Jägern, an der Spitze der exilierte Großherzog Ferdinand von Toscana. Die Sehenswürdigkeiten Alt-Ägyptens waren für die vornehme Jagdgesellschaft nur Kulisse für nicht alltägliche Jagdfreuden. So wußte man ausgerechnet auf der Chephren-Pyramide nichts besseres zu tun, als die dort hausenden Schakale zu schießen.

Rudolf war offenbar der einzige, der sich auch für die Altertümer interessierte. In seinem Buch »Eine Orientreise« räumte er ihnen jedenfalls einen durchaus gemäßen Platz ein, indem er seitenlange

Zitate des Ägyptologen Heinrich Brugsch einflocht, seines auf dieser Reise erworbenen Freundes. Der Berliner Heinrich Brugsch (seit 1881 Brugsch-Pascha) war so alt wie Alfred Brehm (31 Jahre älter als Rudolf) und nach Auguste Mariette der berühmteste Ägyptologe des 19. Jahrhunderts. Der österreichische Gesandte in Kairo empfahl ihn mit dem Satz: »Er rechnet zu den angenehmsten Gesellschaftern und tischt jedem die Egyptologie in der witzigsten und angenehmsten Form auf.«[30] Was der Hof nicht ahnte: Auch Brugsch war begeisterter Freimaurer.

Der Ägyptologe Heinrich Brugsch-Pascha (1827–1894)

Brugsch begleitete die höfische Jagdgesellschaft durch Oberägypten bis zur Insel Philä und führte Rudolf in die ägyptische Geschichte und Religion ein. In seinen Memoiren gestand er, daß ihm bei den Touren der höfischen Jagdgesellschaft oft »der Atem ausging, so daß ich ihm [dem Kronprinzen] häufig die Bitte ausdrückte, ein langsameres Tempo einschlagen zu wollen«.[31] Brugsch paßte in diesen höfischen Kreis ebensowenig wie Brehm. Aber auch er war überrascht über Rudolfs »Eifer, mit dem er meinen täglichen Vorträgen über altägyptische Geschichte, Geographie, Mythologie, Baukunst u.s.w. lauschte. Seine Bemerkungen, die er hie und da einstreute, hatten, wie man zu sagen pflegt, Hand und Fuß, und Vergleichungen mit anderen Gebieten der Geschichte der Völker des Altertums oder der Neuzeit zeigten den Kenner, der seines Gegenstandes sicher war.«

So arrogant und hochmütig Rudolf gegenüber Aristokraten sein konnte, so bescheiden wirkte er gegenüber Gelehrten wie Brugsch: »Ein besonderer Zug, den ich mit wahrer Freude in dem Charakter des Kronprinzen entdeckte und täglich bestätigt fand, war die Einfachheit

Ornithologie

seiner Sitten und eine wahre Bedürfnislosigkeit, die nur selten eine Eigenschaft der Großen dieser Erde bildet. Fern von dem Hofparkett des Palastes bot ihm der Aufenthalt in Ägypten einen unglaublichen Genuß dar, da ihm auf Schritt und Tritt in den Landesbewohnern die einfachsten Menschen gegenübertraten, mit denen er sich durch meine Vermittlung in der gemütvollsten Weise unterhielt und stets freundliche Antworten und Auskünfte gab.«

Im vertraulichen Gespräch mit Brugsch schlug Rudolf Töne an, die seine Jagdbegleiter, vor allem aber sein Vater, nicht hätten hören dürfen. Laut Brugsch habe Rudolf versichert, »auch nicht das geringste Vergnügen bei den Jagden auf Rotwild und Gemsen zu empfinden, da ihm das Töten, am allermeisten aber ein Massenmord unschuldiger Tiere geradezu einen Widerwillen bereite. Seine Neigung für das Studium der Tierwelt, besonders der geflügelten Bewohner der Lüfte, hatte eine reiche Nahrung durch seine Bekanntschaft mit dem Tier-Brehm gewonnen ... Er hatte dazu beigetragen, in dem jungen Fürsten eine kaum glaubliche Neigung für seine eigenen Untersuchungen zu erwecken, und ich selber kann es bezeugen, mit welchem Eifer der ge-

Vogeljagd auf dem Menzaleh-See in Ägypten

lehrige Schüler es sich angelegen sein ließ, nach einem vollendeten Jagdzug die heimgebrachte Beute nach Dr. Brehms Tafeln wissenschaftlich zu untersuchen. Weder Müdigkeit noch Hunger und Durst konnten für ihn einen Grund abgeben, seine Beute auch nur auf einen Augenblick liegen zu lassen. Er maß die Körper- und Flügellängen der geschossenen Geier, Adler und Falken, er trug die Zahlen in sein Jagdbuch ein, fügte sonstige Eigentümlichkeiten in dem Körperbau oder in der Färbung des Geflügels bei und hielt ein so genaues Register, als ob der Kronprinz von Österreich das Muster eines grundgelehrten Zoologen abgäbe.«[32]
Unter Brugschs Anleitung kaufte Rudolf, wie so viele Touristen dieser Zeit, ägyptische Altertümer, soviel er konnte. Er schrieb an Latour: *Ägypten hat mich entzückt; Ober-Ägypten noch alle meine Erwartungen übertroffen. Die Alterthümer sind noch coloßaler als ich mir je erwartet hätte. Man kann viel einhandeln und einfach wegnehmen. Mit Hilfe des berühmten Brugsch-Pascha bringe ich superbe Sachen, theils Unicas für das Wiener Museum mit ... Edfou ist in Sicht und ich eile gleich an Land, um meine Forschungen u. Plünderungen fortzusetzen.* Über die auf diese Art erworbenen Altertümer ließ sich Rudolf von Brugsch genaue Erklärungen geben. Solche Aktivitäten waren nicht mehr als eine liebevolle Verneigung vor der Wissenschaft, aber in höfischen Kreisen alles andere als selbstverständlich.
Der zweite Teil der Orientreise 1881 war Palästina gewidmet. Hier, angesichts der Ziele frommer Pilgerscharen, zeigte sich, daß auch der Hofburgpfarrer als geistlicher Reisebegleiter keine Änderung in Rudolfs Weltanschauung bewirkte. Denn die heiligen Stätten waren für ihn kaum mehr als Kulisse für seine Jagden und Tierbeobachtungen. Er kritisierte: *Palästina ist, so lange man auf den normalen Heerstraßen der frommen Caravanen wandert, ein echtes Touristenland, die Schweiz in's Religiöse übersetzt; dort wird der Sinn nach Naturschönheiten der Reisenden, hier der Glaube und die Andacht ausgebeutet und zu Geld gemacht.*[33]
Jerusalem und der Grabeskirche widmete Rudolf einige Seiten der »Orientreise«: *Der Glaube und alle Traditionen, die man seit der Kindheit aufgesogen, treten einem deutlich sichtbar entgegen, umgeben von einer unheimlich todten Gegend, an der Fluch haftet, dem das Volk, das hier geherrscht, für ewig weichen mußte. Wer lange in Jerusalem*

Ornithologie

Rudolf und sein Gefolge werden vor den Toren Jerusalems begrüßt, in erster Linie von katholischen Geistlichen

bleibt, muß endlich ein Fanatiker werden; man lebt sich dort, vom ersten Anblick der Stadt angefangen, in einen mystisch-schwärmerischen Gedankenkreis hinein, der leicht dauernde Macht erhält. Es sind dies dieselben Gefühle, welche die Kreuzfahrer kein Opfer an Gut und Blut scheuen ließen und allen Religionskriegen jene wilde Kraft verliehen.[34] Seine Sympathien galten sehr klar den vertriebenen Juden: *Aus den vielen im Wesen gleichen, in den Hauptgedanken ähnlichen, nur im Ritus verschiedenen Glaubensbekenntnissen und Götter-Culten des morgenländischen Alterthums hat sich nur eine rein erhalten, die hebräische, die Lehre des alten Jehova, seines Propheten Moises; doch das Volk, das auserwählte Volk der Juden, es hat Heimat und Staatsgewalt verloren, und der ewige Jude ist unsterblich, immer Typus und Glauben unverfälscht erhaltend, in alle Länder der Erde vertheilt. Unbewußt rächt er sich durch sein Wesen, bewußt vertritt er eine gewisse Macht, die ihm der scharfe Geist des Morgenlandes verleiht. Das Abendland hat ihnen alles genommen, sie über die Erde zerstreut, doch ihr Wesen auszumerzen war es nicht im Stande; und so lebt das alte vielgeprüfte Volk noch heute und hat Anspruch auf die unleugbare Gerechtigkeit der Weltgeschichte.*[35]

4. Kapitel

Im Jordantal erkrankte Rudolf an einem Fieber, das ihn in einen »jämmerlichen Zustand« versetzte und veranlaßte, einige Empfänge abzusagen, so auch in Nazareth und am See Genezareth, was sehr übel vermerkt wurde. Von Haifa aus trat die durch Krankheiten erschöpfte Jagdgesellschaft die Heimreise an: *Jeder will es durch den letzten Blick ins Gedächtniß eingraben, damit später, in kalten, grauen Wintertagen, wenn die Nordstürme den armen Europäer martern und peinigen, jene Bilder wie im Traume am geistigen Auge vorbeiziehen und man sich versetzt denkt in die Wiege des Menschengeschlechtes, dorthin, wo das Paradies stand, in den heiligen, goldenen, farbenprächtigen Orient.*[36]
Nach der Reise berichtete Rudolf an Brehm: *Ich kann es selbst sagen, dass ich während dieser Reise fleißig war. Alles, was wir erlegten, wurde bestimmt, gemessen, und noch Beobachtungen hinzu geschrieben. Ihr Thierleben und noch einige andere ornithologische Werke verließen mich nie, selbst während den etwas mühsamen Caravanen-Reisen im Oberen Jordanthale.*[37] Es folgt eine lange Aufzählung der erlegten Tier- und Vogelarten.
Die Freundschaft zwischen Rudolf und Brehm blieb unerschüttert. Ein Beispiel aus einem Rudolf-Brief 1883: *Die Finsternis, die uns umnachtet, soll weichen neuen freiheitlichen Bestrebungen und die Wissenschaft und der Wohlstand sollen blühen in langen friedlichen Zeiten. Hoffentlich sehen wir uns einmal in dem anbrechenden Jahre und wenn auch ungünstige traurige Verhältnisse uns trennen, die Freundschaft vereinigt uns in geistiger Arbeit. Seien Sie herzlichst gegrüßt von Ihrem treuen Freunde Rudolf.*[38]
Persönliche Treffen der Freunde waren freilich nicht mehr möglich, was Rudolf beklagte: *Ihren Aufenthalt bei uns in Österreich habe ich mit viel Aufmerksamkeit und Bedauern verfolgt. Wie schade, daß wir uns nicht sehen konnten ... Zu lange schon warteten wir und ließen uns von den verschiedenen Gegnern aus jenem dunklen Lager einschüchtern; nun wollen wir doch nicht das Vergnügen uns zu sehen ein für alle Mal diesen Leuten zu Ehren aufgeben! Das wäre denn doch zu viel; sie sollen nur, wenn es sie freut, über mich herfallen, sie thun es auch so und ich bin an dergleichen heimtückische und oft auch offene Angriffe zur Genüge gewöhnt!*[39]
Die Freunde sahen einander nie mehr. Denn Brehm starb 1884, von Rudolf innig betrauert.

Ornithologie

Rudolf führte die wissenschaftliche Korrespondenz mit international führenden Ornithologen bis in seine letzten Lebenstage fort. Auf seine Anregung wurden ornithologische Beobachtungsstationen gebaut, die sich bald über alle Länder der Monarchie ausbreiteten und jährliche Tätigkeitsberichte herausgaben. Auf dem Ersten Internationalen Ornithologen-Kongreß 1884 in Wien, dessen Protektor Rudolf war, regte er mit den befreundeten Ornithologen Homeyer, Finsch und A. B. Mayer die Gründung eines »Permanenten internationalen ornithologischen Comites« zur Errichtung weltweiter Stationen zur Erforschung des Vogelzuges an. Dieser Plan blieb jedoch in den Vorarbeiten stecken und scheiterte nach Rudolfs Tod an der Uneinigkeit der Forscher. Erst Jahrzehnte später konnte er realisiert werden.

Drei Bände mit ornithologischen Aufsätzen Rudolfs erschienen zwischen 1880 und 1884 im Druck. Seine Arbeiten wurden nicht nur in Brehms »Thierleben«, sondern auch von anderen Fachleuten bis heute immer wieder zitiert. Eugen von Homeyer widmete sein Buch »Die Wanderungen der Vögel« (Leipzig 1881) mit warmen Worten dem jugendlichen Freund und betonte im Vorwort: »Von hervorragendem Einflusse auf das Leben in den Wissenschaften, speciell in den Naturwissenschaften, hat sich das Interesse gezeigt, welches Se. k. k. Hoheit Erzherzog Kronprinz Rudolf von Österreich für die Wissenschaften hat. Es scheint in der That, als wenn in der ganzen österreichischen Monarchie ein neues, reges Leben erwacht sei, als wenn nicht allein viele Kräfte neu gewonnen, sondern die alten auch neu belebt werden.«

5. Kapitel

RESIDENZ IN PRAG

Voll Begeisterung für die slawische Sache, gut vorbereitet durch die Lehrer Gindely und Jirecek, war der Kronprinz 1878 nach Prag gekommen. Er rückte hier als k. k. Oberst beim Infanterieregiment Nr. 36 ein und wohnte im Prager Hradschin, dem gegenüber der Budapester Burg so vernachlässigten Sitz des Königs von Böhmen.
Seit den Verwüstungen Böhmens im Krieg von 1866, besonders aber dem Ausgleich mit Ungarn und Franz Josephs gebrochenem Versprechen, sich zum König von Böhmen krönen zu lassen, hatte sich das Klima in Böhmen gegen den Hof und die Wiener Regierung sehr verschlechtert.
Der Geograph Alexander Helfert schildert aus Anlaß von Rudolfs Übersiedlung die Situation in der Hauptstadt Böhmens: »Es läßt sich ohne Übertreibung sagen, daß nicht so bald in der Geschichte, in der Österreichs gewiß nicht, einem intelligenten und energischen, und bisher treuen und loyalen Volke in so consequent verletzender, zurückstoßender Weise begegnet worden sei wie dem böhmischen.«[1] Laut Helfert hätten die Tschechen einen »unverhohlenen Mismuth und Groll, eine Auflehnung gegen alles was von Wien kommt oder von Wien aus begünstigt wird.« Man beachte »die auffallenden Demonstrationen, womit im letzten Sommer das Andenken des Jan Hus gefeiert wurde.«
Nicht nur Tschechen, auch auf Ausgleich bedachte deutschsprachige Politiker in Wien sahen im Prager Aufenthalt des als slawophil bekannten Kronprinzen eine späte, aber vielleicht noch nicht zu späte Hoffnung für eine Verständigung zwischen Prag und Wien.
Rudolf konnte in den ersten Prager Jahren wirklich Sympathien in Böhmen gewinnen. Zur Fortbildung nahm er tschechischen Unterricht bei dem Philologen Professor Martin Hattala und betonte bei jeder Gelegenheit seine Vorliebe für die Slawen, vor allem, wenn er sich über die

Residenz in Prag

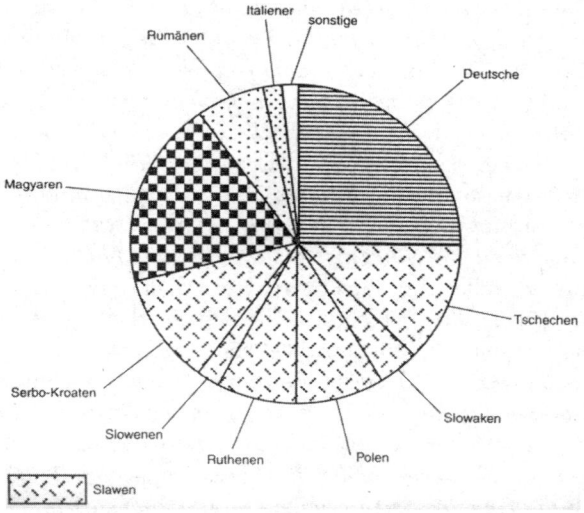

Diese Statistik über die Größenverhältnisse der verschiedenen Nationalitäten Österreich-Ungarns um 1900 zeigt das Übergewicht der Slawen, die fast die Hälfte der Bevölkerung bildeten. Die Deutschen wie die Magyaren dagegen nahmen nur rund ein Viertel der Gesamtbevölkerung ein

Wiener ärgerte: *Jeder muß wissen, wo seine Berufspflichten ihn hinrufen. In Wien ist der Kaiser, in den Provinzen ist es gut, wenn auch im dynastischen Sinne gearbeitet wird, daß ich gut gearbeitet habe, kann ich ohne Selbstüberhebung sagen. Ich bin in Böhmen sehr beliebt ... daß ich endlich für den größten Theil der Bevölkerung unserer Monarchie, für alle Slaven große Sympathien habe, erkläre ich ebenfalls ganz offen.*[2]
Hier in Prag, inmitten der nationalen, sozialen und politischen Kämpfe, wandte sich Rudolfs Hauptinteresse zur Politik, vor allem zur nationalen Frage. Denn diese war durch die Okkupation Bosniens und der Herzegowina 1878, die das slawische Element in der Monarchie bedeutend verstärkte, im Mittelpunkt des Interesses. Ohne zu zögern nahm Rudolf Partei für die seiner Ansicht nach unterprivilegierten Slawen gegenüber den Deutschen und Ungarn:
Die Slaven, welch immer Volksstamm sie auch angehören mögen, haben ihrer Selbst willen dank ihres Characters eine große, eine mächtige Zukunft vor sich, und Wahnsinn wäre es in einem Staate wie Öster-

reich, eine die Slaven nicht berücksichtigende Politik zu führen. Österreich ist seit dem düsteren Jahre 1866 durch Unglücke in die traurige Lage gedrängt worden, seine Macht im Dualismus zu theilen und zu gefährden. Das deutsche Element kam in Cisleithanien, das Ungarische in Transleithanien zu einer Macht, die diesen beiden Völkern im Concerte der gesamten österreichischen Völker nicht gebührt.[3] Von diesem »Slaven-Memorandum« ist in Rudolfs Nachlaß nur eine Skizze erhalten, die mit dem stolzen Satz endet: *Das Donaureich muß bis an das Meer, nach Saloniki, das ist nur vom slavischen Standpunkt zu erreichen.*
Gegenüber Erzherzog Albrecht eiferte sich der Zwanzigjährige 1880 sogar gegen die Wiener Liberalen, die sich mehrheitlich gegen die Okkupation Bosniens aussprachen: *Da können die Deutschen und insbesondere die Wiener Parlamentarier so viel sie wollen schreien und dagegen ankämpfen, auch die Zeitungen werden nichts ihrer Sache helfen, sondern nur erbittern. Die Slaven sind jetzt schon der Zahl nach den anderen weit überlegen; in der Bildung stehen sie den Deutschen noch zurück; doch mit der zunehmenden Cultur nimmt auch ihre Macht und ihr Einfluß immer mehr und mehr zu. In Ungarn sind sie vollkommene Parias, in Cisleithanien war es bis jetzt auch nicht viel beßer. Man muß ihnen eine beßere Stellung verschaffen; damit die treuen Stämme, wie die Böhmen und mehrere andere, so gut gesinnt bleiben, und die Südslaven, besonders die Neuerworbenen, es im selben Maße werden.*
In Wien treiben die sogenannt verfaßungstreuen Deutschen immer nur eine Politik für die Stadt Wien, sie schaffen sich Zustände, und schildern sie in ihren Reden und Zeitungen, so wie sie in Wirklichkeit nicht sind. All diese berühmten Staatsmänner beider Häuser, welche in den letzten 20 Jahren eine große Rolle gespielt haben, kennen die Zustände in den Provinzen gar nicht.[4]
Rudolf war wie die Mehrzahl der 1867 rüde benachteiligten Böhmen vor allem gegen die Ungarn eingenommen und schrieb dem Großonkel Albrecht: *Wenn man so wie ich, gestern waren es 2 Jahre, unter Slaven lebt, am Lande und in der Stadt viel mit ihnen verkehrt, gewinnt man die Überzeugung, daß diese Bevölkerung eine gute, kräftige und treue ist; nur darf man sie nicht durch kleine und große Mißgriffe in eine falsche Richtung drängen. In Cisleithanien that man dieß jetzt Jahre hindurch in Böhmen, in Ungarn wird es in einer viel ärgeren Weise noch betrieben.*

Durch das Leben in Gödöllö und viele Jagden in verschiedenen Theilen des Landes hatte ich oft Gelegenheit die ungarische Wirtschaft zu beobachten. Die Slaven werden vollkommen unterdrückt, wie Hunde behandelt ... auch eine Folge ihrer Pascha-Wirtschaft, es erinnert an die Behandlung der türkischen Sklaven; wird in der Folge zu denselben Erscheinungen führen, wie in der Balkanhalbinsel, und schon jetzt drängt es die Unzufriedenen vom österreichischen Staatsgedanken ab nach Serbien und weiter nach Petersburg und zu den panslavistischen Ideen. Österreich ist kein slawischer Staat, doch die Slaven müßen in ihm anders behandelt werden als jetzt; man darf nicht vergessen, daß der weitaus größere Theil der Bevölkerung der Gesammtmonarchie slavisch ist; daß wir ferners noch unbedingt im Oriente Fortschritte machen müßen; wir können nicht stehen bleiben, wo wir sind; bis Saloniki führt unser Weg.
Und: *Die Slaven werden bei uns zunehmen, ihre Bildung wächst von Jahr zu Jahr, damit auch die Ansprüche; die Slovaken, Ruthenen, Stämme der Südslaven werden allmählich zu Cultur-Menschen. Sie werden nicht begreifen, warum es ihnen weniger gut gehen soll, als den Deutschen und Ungarn.*[5]
Rudolf setzte sich aber nie aus nationalen Gründen für die Slawen ein, sondern betonte, daß eine Ausbreitung Österreich-Ungarns auf dem

Der Prachtbau »Rudolfinum« in Prag ist noch heute ein wichtiges Kulturzentrum und Konzerthaus

5. Kapitel

Balkan nur mit Hilfe der slawischen Bevölkerung durchsetzbar wäre. Ein zweiter Gesichtspunkt war der soziale. Denn die Slawen waren gegenüber den Deutschen und Ungarn die sozial, wirtschaftlich und kulturell schwächsten und brauchten am meisten Hilfe. Rudolf an Latour: *Viel wichtiger und ernster als alle diese Geschichten [nämlich die nationalen Kämpfe] sind die socialen Unruhen, die immer mehr an den Tag treten. In den böhmischen Bergwerken gehrt es fürchterlich; auch hier waren schon einige bedenkliche Symptome und ich mußte nun in den letzten Wochen mehrmals die Truppen meiner Division consignirt behalten.*[6]

So paradox es auch klingen mag: Die etwa fünfzig Lehrer aus allen Nationalitäten der Monarchie hatten dem Kronprinzen zwar eine lebendige Vorstellung eines bunten Vielvölkerreiches gegeben, aber nicht die sprengende Kraft des Nationalismus vermittelt. Alle – mit Ausnahme der ungarischen Lehrer – waren »schwarzgelb«, Anhänger eines übernationalen, »großösterreichischen« Reiches. Gerade diese übernationale Partei verlor aber immer mehr Anhänger. Überall gewann das nationale (und damit anti-österreichische) Element an Bedeutung, was dem Kronprinzen erst hier in Prag angesichts der Kämpfe zwischen Deutschen und Tschechen und des schließlichen Fiaskos der »schwarzgelben« Partei zu Bewußtsein kam.

Diese Probleme zeigten sich in voller Schärfe, als 1879 Graf Taaffe mit einer tschechenfreundlichen, klerikal-feudalistischen Politik die bisher liberale Regierung ablöste. Vergeblich hatte Rudolf versucht, Latour zu überreden, das Amt des Ministerpräsidenten zu übernehmen, das ihm der Kaiser angeboten hatte. Ein Kabinett Taaffe lehnte Rudolf ab: *Der ist für alles zu haben, er kann an einem Tage Pfaffe und Democrat sein.*[7] Unter Taaffe sah Rudolf den Liberalismus schwinden und den Klerikalismus und Nationalismus an Boden gewinnen: *Eine ekelhafte Stimmung herrscht jetzt in Mittel-Europa, eine Zeit, in der sich Pfaffen und hohe Trotteln im Dr... (sic) ihrer eigenen Dummheit herumwälzen! ... Was in langem Ringen erworben wurde, der Begriff eines modernen Culturstaates, ist bei uns in Gefahr. Preußen gibt das Beispiel, wir äffen es nach.*[8]

1881 verfaßte Rudolf seine erste politische Denkschrift: »Über die gegenwärtige politische Situation in Österreich. Ein schriftstellerischer Versuch auf dem Gebiete der Inneren Politik«,[9] eine eindringliche

Residenz in Prag

Rudolf rauchend auf dem Kutschbock vor der Kulisse Prags

Warnung vor *dem abermaligen Auferstehen und Emporblühen der Clericalen und Reaktionären, dieser Gespenster Österreichs, die dem Staat schon so viel geschadet haben und die, wenn sie in der Nähe der Regierung auftauchen, nur durch ihr bloßes Erscheinen Schrecken, Erbitterung und fast lächerlich viel böses Blut bereiten.*

Der vermeintliche Widerspruch, daß der Slawen- und Tschechenfreundliche Kronprinz so vehement gegen Taaffes »Versöhnungspolitik« auftrat, der den Tschechen ja nationale Zugeständnisse machte, löst sich durch die »Denkschrift« auf. Rudolf bekennt sich darin zu einer ähnlichen Verständigungspolitik, wie sie Adolf Fischhof 1878 in den »Emmersdorfer Konferenzen« gemeinsam mit Franz Rieger, dem Führer der liberalen Tschechen, und dem Chefredakteur der »Neuen Freien Presse«, Michael Etienne, versucht hatte. Der Unterschied zwischen den beiden »Versöhnungsparteien« Fischhofs und Taaffes bestand darin, daß Taaffe nationale Zugeständnisse machte (nationale Schulen, Hochschulen etc.), damit nach Rudolfs Meinung die nationalen Gegensätze verschärfte und den Zerfall Österreich-Ungarns besiegelte. Fischhof dagegen engagierte sich für eine gemeinsame politische

Arbeit der verschiedenen Parteien über alle nationalen Schranken hinweg, um das multinationale Bewußtsein zu stärken.

Rudolf kommentierte diese übernationale Zusammenarbeit in der sich formierenden Arbeiterpartei fast bewundernd: *Was hat bei uns im Laufe weniger Jahre die sozialistische Partei für Fortschritte gemacht. Hier in Böhmen sind es allein die Angehörigen und Jünger derselben, bei denen jede nationale Differenz vor den anderen Zwecken weichen muß. Deutsche und Cechen arbeiten da ganz gemeinschaftlich.*[10] Und: *Merkwürdig ist, daß unter dem Zeichen des Socialismus jeder Racenhaß aufhört und Cechen hier und Deutsche für dieselbe Sache als Brüder eintreten.*[11] Dasselbe Ziel gelte auch für die anderen politischen Parteien erstrebenswert: *Wenn es gelingen würde alle Clericalen und überhaupt reaktionären Elemente von den Slavisch-Liberalen zu trennen; dann wäre endlich zu erhoffen, daß die Parteien im Parlamente sich nicht vom nationalen, sondern vom politischen Standpunkt aus bekämpfen; und als Sieg könnte man begrüßen die Gründung einer großen liberalen und einer conservativen Partei, die dann, wie überall in anderen Staaten, im parlamentarischen Wettkampf um die Herrschaft ringen würden.*[12]

Nicht aus deutschnationalen Gründen wie so viele Wiener Politiker, sondern aus Angst um die Einheit des Reiches trat Rudolf gegen Taaffes Föderalisierungsprogramm auf: *Mit den Conceßionen wachsen die Wünsche, und die volle Befriedigung der nationalen Bestrebungen kann im Rahmen eines Reiches, das mächtig bleiben soll, nie geboten werden ... Der Preis, den jetzt Österreich als Staat allmonatlich zahlen muß, um die Fortexistenz des Ministeriums [Taaffe] zu ermöglichen, ist ein sehr großer, und zwar ein solcher, der für die Dauer nicht gezahlt werden kann, ohne das feste Gefüge Österreichs und seinen Rang unter den Culturstaaten auf das Spiel zu setzen.* Seiner Meinung nach sollte die Krone die deutsch-liberale Partei unterstützen, der sich, wie er hoffte, alle übrigen liberalen Parteien anschließen würden und die er lobte: *diese durch und durch österreichische und staatserhaltende Partei, von einer im Laufe der Jahrhunderte bewiesenen, unwandelbaren Treue an die Dynastie beseelt, zugleich der intelligenteste und wohlhabendste Theil der Bevölkerung.*

Die Denkschrift widmete Rudolf *in treuer Liebe und mit der Bitte um nachsichtige Beurtheilung, in gehorsamster Ergebenheit* seinem ehemaligen Erzieher Latour, dessen politische Überzeugungen er teilte. In seinem Begleitschreiben zeigte er sich unsicher, ob er es wohl wagen dürfe, diese Schrift dem Kaiser vorzulegen. Er habe sie unter dem Einfluß der nationalen Kämpfe in Böhmen geschrieben: *Die Wogen der Parteikämpfe schlugen damals hoch auf; ich sah die Zukunft sich düster gestalten, fühlte das Streben mitzuwirken, zu helfen und wußte nicht in welcher Weise diesen Gefühlen positive Form zu geben. Ich schrieb damals diesen kleinen politischen Aufsatz und wollte denselben dem Kaiser zu Füßen legen ... Wie ich es dem Kaiser übersenden wollte, stiegen in mir Skrupeln auf, und die Scheu vor Unannehmlichkeiten bewog mich das ganze liegenzulassen, so ruhte diese Arbeit durch Monate im Kasten ... Die Situation ist jetzt eine schwierigere als damals; es geht schlecht in jeder Beziehung und wir gehen ernsten, vielleicht sogar recht gefährlichen Tagen entgegen. In treuer Freundschaft übersende ich Ihnen diese Arbeit, mit der Bitte, niemandem gegenüber eine Erwähnung zu thun, lesen Sie dieselbe durch und schreiben Sie mir, ob Sie meinen, daß es einen günstigen oder eher schädlichen Einfluß hätte, wenn ich es dem Kaiser unterbreiten würde.*[13]

Eine Woche später, nachdem sich Latour offenbar lobend geäußert, aber von einer Übergabe der Schrift an den Kaiser abgeraten hatte, beklagt Rudolf seine einflußlose politische Stellung und seine Sorge um die Zukunft des Reiches: *Ich sehe die schiefe Ebene, auf der wir abwärtsgleiten, stehe den Dingen sehr nahe, kann aber in keiner Weise etwas thun, darf nicht einmal laut reden, das sagen, was ich fühle und glaube. Unser Kaiser hat keinen Freund. Sein Charakter, Sein Wesen lassen dies nicht zu. Er steht verlaßen auf Seiner Höhe, mit Seinen Dienern spricht Er über die Berufsgeschäfte jedes Einzelnen, doch ein Gespräch vermeidet Er ängstlich, darum weiß Er wenig über das Denken und Fühlen der Leute, über die Ansichten und Meinungen des Volkes. Diejenigen, die jetzt am Ruder sind, müssen momentan als die einzigen bezeichnet werden, die Einlaß erhalten, und diese legen natürlich die Dinge so aus, wie es ihnen am bequemsten ist.*

Er glaubt, wir sind jetzt in einer der glücklichsten Epochen Österreichs, offiziell sagt man es Ihm, in den Zeitungen liest Er nur die rothbezeichneten Stellen, und so ist er getrennt von jedem rein menschlichen Verkehr, von jedem unpartheiischen, wirklich gesinnungstüchtigen Rathschlag. Und: *Wird man mich, mit dem man nie ein Wort über Po-*

5. Kapitel

litik gesprochen hat, dem man ja niemals die Berechtigung einer eigenen Ansicht eingeräumt hat, nicht für keck und für einen Frondeur halten? Mißtrauen gegen mich herrscht, das merke ich seit einigen Monaten, und in der letzten Zeit noch mehr ... Ich habe den Ruf, liberal zu sein, und gehe mit Menschen in wahrhaft intimem Verkehr um, die nicht beliebt, sogar schlecht angeschrieben sind. Der Kaiser war vor drei oder vier Jahren schon bis zu einem gewissen Grad liberal und mit dem 19. Jahrhundert versöhnt. Jetzt ist Er wieder so wie zu den Zeiten der armen Großmama: klerikal, schroff und mißtrauisch; die Dinge können noch sehr weit gehen.

Und: *Ich bin, weiß Gott, nicht streberisch, will keine Rolle spielen, habe nicht die mindeste Lust, ein Frondeur zu werden. Meine Ansichten, Anhänglichkeit, Gehorsam und Klugheit sind größer als die Eitelkeit. Wollte ich eine böse, schlechte Rolle spielen, ein Frondeur werden, ich könnte es im ausgedehntesten Maaße thun; man trägt es mir ja von allen Seiten an.*

Und: *Aus mir spricht keine Stimme der Auflehnung, des selbst eine Rolle spielen wollen, sondern nur die Bekümmerniß des Rathgebers, im tiefsten Incognito, damit man ändern und dann die Früchte genießen könne; von wem die heilbringende Wendung eigentlich ausgeht, soll niemand wissen.*[14]

Rudolf als Regimentskommandant mit seinem Offizierskorps in Prag 1878

Die vielen, oft hochtrabenden Schriften des jungen Kronprinzen in den ersten Prager Jahren dürfen nicht den Eindruck erwecken, als hätte er sich neben seinen militärischen Pflichten ausschließlich mit Politik und Wissenschaft beschäftigt, ganz im Gegenteil: Er genoß trotz aller pflichtbewußt absolvierten und freiwillig auf sich genommenen Arbeit seine Selbständigkeit in vollen Zügen. In Gesellschaft von Adeligen gab er sich zwar gern als Blaustrumpf und zeigte nur zu deutlich, wie langweilig es für ihn war, *mit Comtessen herumzuhupfen*. Im Kreis seiner bürgerlichen Offiziere jedoch ging er aus sich heraus. Er machte alle Vergnügungen mit, Maskenfeste, Trinkereien, Eroberungen. Auch hier wollte er sich als einer der Ihren erweisen.

Auch in Prag hatte Rudolf eine Reihe von Liebesaffären. Es gab aber auch die Tragödie mit einem armen Prager Judenmädchen, das Rudolf bei seinen Streifzügen durch die Armenviertel kennen lernte. Aus Angst, ihre Tochter könne von dem Prinzen verführt werden, schickten die Eltern das Mädchen aufs Land und verlobten es mit einem Landkrämer. Es starb wenige Tage darauf an einer Art Nervenfieber, in dem es nur vom Kronprinzen phantasierte. Die Eltern brachten ihm nicht ohne Vorwurf letzte Grüße.
Über Rudolfs Reaktion berichtet uns die Tochter des zu Hilfe gerufenen Nervenarztes Dr. Moritz Benedikt: »Der Prinz kann natürlich nicht zum Begräbnis, aber um Mitternacht schleicht er an ihr Grab, verbringt mehrere Stunden weinend und schreiend am Prager Judenfriedhof. Diese Szene wiederholte sich so oft, daß ihn einmal die Friedhofswächter anhalten und erst freilassen, als sie zu ihrer Verwunderung den Kronprinzen erkennen. Er pflanzt gegen jüdischen Brauch Blumen auf das Grab, legt sie unter seinen Kopfpolster, das Bild des Mädchens umschwebt ihn vorwurfsvoll Tag und Nacht. Verzweifelt und voll Geisterglaubens vertraut er sich dem Maler Canon an, der bei der Kaiserin erwirkt, daß der Prinz auf einige Wochen zur Zerstreuung nach Wien gerufen wird. In seinem Atelier veranstaltet Canon mehrere lange Zusammenkünfte des Prinzen mit meinem Vater, der bei diesen unabsichtlichen Zusammenkünften den Kronprinzen wieder einigermaßen beruhigt.«[15]
Wenn auch bei diesem Bericht Übertreibungen einkalkuliert werden müssen, so bleibt doch einiges für den Kronprinzen Typische erkenn-

5. Kapitel

bar: seine Vorliebe, unerkannt Armenviertel zu besuchen, damit seinen bewunderten Oheim Kaiser Joseph II. imitierend, sein Hang zu einfachen Mädchen, seine Gespenster- und Geisterfurcht und ein geradezu hysterisches Schuldgefühl, eine schon als Kind gezeigte Eigentümlichkeit, sich in Selbstvorwürfen bis zur Krankheit aufzureiben.
Ob diese Prager Affäre in Wien bekannt war, bleibt unklar. Hier war man in dieser Zeit vollauf damit beschäftigt, eine Braut für den Kronprinzen zu finden. Ein Eheprojekt mit einer Tochter des Erzherzogs Joseph und Clotilde von Coburg-Coháry brachte Erzherzog Albrecht mit seinen Einwänden zu Fall. Er wies auf Mängel im Stammbaum der Coburg-Coháry und rügte die Verwandtschaft mit ungarischen Magnaten. Auch die deutsche Kronprinzessin Viktoria hätte gerne eine ihrer Töchter mit dem österreichischen Kronprinzen verheiratet, »um auf diese Weise den staatlichen Bund zwischen den beiden Reichen auch durch einen Familienbund zwischen den beiden regierenden Dynastien zu stärken und zu festigen«. Konfessionelle Unterschiede standen diesem Plan entgegen.
Es blieben also nur die im Alter passenden Töchter der ebenbürtigen katholischen Herrscherhäuser, und das waren ziemlich wenige. Rudolf mußte zunächst auf Brautschau nach Madrid und Lissabon reisen, dann nach Sachsen, wo ihm die Prinzessinnen auch nicht gefielen. So blieb nur noch das belgische Königshaus. Die älteste Königstochter, Prinzessin Louise, war mit Rudolfs Jagdfreund Prinz Philip von Coburg verheiratet. Sie schwärmte für den Kronprinzen und mag ihren Teil zu einer günstigen Stimmung für das belgische Projekt mit ihrer Schwester, Prinzessin Stephanie von Belgien, beigetragen haben.
Die belgische Königin Marie Henriette, eine geborene Habsburgerin, gestand zwar bei einem vorfühlenden Besuch des k.u.k. Gesandten Graf Bohuslav Chotek 1879, daß ihre 15jährige Tochter Stephanie »jetzt noch weder Fleisch noch Fisch sei« und in ihrer körperlichen Entwicklung etwas zurückgeblieben, aber doch ansonsten »musterhaft gesund«. König Leopold II., dessen Haus sich schon durch eine Reihe günstiger Ehen beträchtliche Beziehungen geschaffen hatte, »schien über meine Mittheilung ganz entzückt«, berichtete Chotek, »und bat mich in gehobenster Stimmung, vor allem Euer Majestät Seinen tiefergebenen Dank auszusprechen für die zarte und freundliche Behandlung des Gegenstandes und dafür, daß Allerhöchstdieselben den Blick

auf seine Tochter zu werfen und dieser Verbindung, wenn sie Seiner kaiserlichen Hoheit dem Kronprinzen zusagen würde, die eventuelle Zustimmung allergnädigst zu gewähren geruht haben.«[16]

Im März 1880 fuhr der 21jährige Kronprinz auf Brautschau nach Brüssel. Am dritten Tag seines Aufenthaltes sollte er seine Werbung vorbringen. Nach dem Dejeuner, bei dem »eine gewisse nervöse Spannung obwaltete«, ließ die Gesellschaft wie zufällig die beiden »jungen höchsten Herrschaften, bei offenen Flügelthüren, im Nebenzimmer allein«. Stephanie schilderte Rudolfs Werbung und ihre Verlobung so: »Er küßte mir die Hand, sprach mich deutsch an und erzählte mir von meiner Schwester Louise, die er verehre. Dann sagte er mir einige schmeichelhafte, aber sehr förmliche Worte, und schon nach einigen Minuten stellte er die große Frage, die über unsere Zukunft entscheiden sollte. Hierauf reichte er mir den Arm, und so näherten wir uns meinen Eltern und baten sie, unsere Verlobung zu segnen. Hocherfreut küßten sie ihren zukünftigen Schwiegersohn und erlaubten uns, fortan Du zu sagen.«[17]

Eine rasche lieblose Verlobung, gezeichnet vor der Kulisse des berühmten Palmengartens von Schloß Laeken. Im Hintergrund die Brauteltern

5. Kapitel

Chotek wurde dieser Familienszene zugezogen: »Wonach ich eintretend, Kronprinz Rudolf mit freudig erregter Miene, den früher von der Prinzessin getragenen Maiglöckchen-Strauß sich am Knopfloche befestigend, die junge Prinzessin ganz rothverweint, doch freudig und Königin Marie Henriette nebst dem hohen Brautpaare mit Thränen in den Augen dastehend fand. Es war ein still erhebender, weihevoller Augenblick, die höchsten Herrschaften vermochten kaum zu sprechen.« Telegramme mit der guten Nachricht gingen nach Wien. Um über die verlegene Stimmung hinwegzuhelfen und die Atmosphäre aufzulockern, war ein Taschenspieler engagiert, der Brautpaar, Brauteltern und Gefolge mit seinen Kunststücken unterhielt.

Rudolf hatte sich als treuer Sohn erwiesen. Er kannte die Habsburgischen Familiengesetze und die strengen Bestimmungen über ebenbürtige Ehen und unterwarf sich wie selbstverständlich dem Willen des Souveräns und den Gepflogenheiten seines Hauses. Er tat noch ein übriges: er bemühte sich nach Kräften, als glücklicher Bräutigam zu erscheinen. Am Verlobungstag noch schrieb er seinen Freunden, so Wilczek: *Ich eile Ihnen am Tage meiner Verlobung mein Glück mitzutheilen. Ich schwelge in Glück und Freude. Was ich gesucht, habe ich gefunden, einen treuen, guten Engel! Stephanie wird eine treue Tochter und Unterthanin unseres Kaisers und eine gute Österreicherin werden.* Selbst der Schwiegervater, König Leopold, wurde von Rudolf in die Begeisterung einbezogen, die allerdings nur kurz anhielt: *Der König spricht viel von Ihnen,* schrieb Rudolf an Wilczek, *er interessiert sich sehr für die Geographie, daher auch für große Reisen, ist überhaupt ein sehr gescheidter Herr.*[18]

Daß Stephanie nicht nur treue Österreicherin, sondern auch seine Frau werden sollte, konnte sich der Kronprinz offenbar nicht recht vorstellen. Denn sein Privatleben blieb selbst in Brüssel von dieser offiziellen Verlobung unberührt. Neben einem Gefolge von 21 Personen hatte er auch eine Geliebte mit nach Brüssel genommen, laut Konfidentenbericht eine »junge hübsche und fesche Jüdin«, Schauspielerin des Badener Theaters.[19]

Peinlich, daß Königin Marie Henriette, Rudolfs zukünftige Schwiegermutter, von dieser Begleitung des Bräutigams erfuhr. Bezeichnend für die geschäftsmäßige Einstellung auch der Coburger zu dieser Verlobung war jedoch, daß dieser Skandal, von dem Stephanie erst viel

Residenz in Prag

später erfuhr, keineswegs zum Bruch führte. Das Bild eines glücklichen Brautpaares wurde aufrechterhalten, wenn auch der Tratsch blühte.
Die Patrioten Österreich-Ungarns und Belgiens schwammen in Wonne und Rührung. Die Zeitungen da und dort wurden nicht müde, die Schönheit, Klugheit, Anmut, die gute Erziehung, Gesundheit, das Pflichtbewußtsein, die Religiosität und den makellosen Stammbaum der kindlichen Braut zu rühmen.
Die Meinung des Diplomaten Heinrich Graf von Lützow: »Bei uns war das Projekt einer Verbindung des Kronprinzen mit dem belgischen Königshaus äußerst populär, sobald die ersten Gerüchte in die Öffentlichkeit drangen. Unwillkürlich, und ich möchte sagen, automatisch, brachte man sie in Zusammenhang mit der ›liberalen‹ Richtung, die man im Thronerben zu finden hoffte. Die Verbindung wurde gewissermaßen als das Pfand und das Wahrzeichen einer neuen, besseren Zeit angesehen. Unser Kaiser war keineswegs dafür begeistert; König Leopold war ihm in der Seele zuwider, und auch für die Königin hatte er wenig verwandtschaftliche Gefühle.«[20]
Kaiserin Elisabeth stellte sich auf der Rückreise aus England kurz zur Gratulation in Brüssel ein. Das Brautpaar und die belgische Königsfamilie erwarteten, sie am Bahnhof. Die Augenzeugin Gräfin Marie Festetics legte sich in ihren Erzählungen keine Hemmungen auf: »Der Kronprinz sah nicht sehr glücklich aus, und seine Braut machte einen ungünstigen Eindruck. Sie war bekanntlich noch sehr jung, sehr lang mit großen Gliedern. Ihre gelben Haare fingen erst am Mittelkopfe an (die Haare, die sie vorn trägt sind eine Perücke, die sie damals selbstverständlich noch nicht aufhatte). Sie sah aus wie ein Albino, hatte kleine schlaue Augen, die rot umrändert waren, und angenehm war nur ihr schöner, weißer Teint. Ich bin auch heute noch der Ansicht, daß der Kronprinz eingefangen wurde von dem sehr klugen König Leopold II. und wie ich glaube, beeinflußt von seinem Oberhofmeister Graf Bombelles.«[21] Skepsis waltete auch bei Elisabeths Bruder, Herzog Carl Theodor in Bayern: »Dieser frühreife, geistig ungewöhnliche junge Mensch und eine erst fünfzehnjährige Koburgerin.«[22]
Berge von Glückwünschen trafen in den nächsten Wochen in Brüssel und Wien ein. Ein glänzender Empfang erwartete den Bräutigam in Prag, und Rudolfs Dank an die Prager Bürger ließ es an Herzlichkeit nicht fehlen: *Des Volkes Stimme ist Gottes Stimme, und in den freudi-*

5. Kapitel

gen Kundgebungen des Volkes erkenne ich das beste Omen für mein künftiges Glück.[23] Diese Formulierung dürfte kaum die Zustimmung Erzherzog Albrechts gefunden haben.

Rudolf konnte sich in dem Bewußtsein sonnen, mit dieser ebenbürtigen Verlobung nicht nur dem Kaiser und der Dynastie, sondern auch dem Volk einen Dienst erwiesen zu haben.

Daß die Heirat in den nächsten Monaten immer wieder verschoben werden mußte, konnte ihm nur recht sein – abgesehen davon, daß der Grund der Verschiebungen, Stephanies noch nicht eingetretene körperliche Reife, allgemein bekannt und reichlich betratscht wurde. Rudolfs Begeisterung für seine Braut und die Schwiegereltern stieg dadurch nicht. Er schrieb von einem neuerlichen Besuch in Brüssel an Latour: *Der König empfing mich überaus freundlich, aber sichtlich verlegen, noch konfuser war die Königin. Als ich auf eine bestimmte Antwort drang, hieß es, daß es beßer sei, keinen Termin zu bestimmen, weil man sonst vielleicht noch einmal verschieben müßte; aber man finde es ganz unnöthig zu warten, weil hier schon oft Ehen unter diesen Umständen geschloßen wurden, aber der König und die Königin wünschen, nicht all zu sehr zu drängen, da sie fürchten, in Wien in den Ruf zu kommen, sie wollen ihr Kind um jeden Preis, ohne Rücksicht auf Gesundheit u. spätere Folgen verheirathen. Ich dachte mir wohl, daß sie sich dieses schöne Renome schon glücklich errungen haben, aber sagte es als feiner Hofmann natürlich nicht. Also jetzt heißt es, wie bisher geduldig warten.*[24]

Selbst Kaiserin Elisabeth schaltete sich energisch in die peinliche Angelegenheit ein und schrieb an den Kaiser: »In den Zeitungen steht wieder viel von der Hochzeit im Mai. Ich habe der Königin recht deutlich und bestimmt gesagt, daß erst wenn alles in Ordnung ist, Du über den Zeitpunkt, wann die Hochzeit stattfinden könne, Dich mit den belgischen Majestäten würdest ins Einvernehmen setzen.«[25] Trotz Elisabeths Einspruch fand die Hochzeit im Mai 1881 statt.

Die sechzehnjährige Braut konnte sich nicht beschweren, von den Wienern kühl empfangen worden zu sein. Der »Myrthenblüthenwalzer« von Johann Strauß, zum Festtag komponiert, war in aller Munde: »Dein neues Vaterland / Begrüsst Dich heut mit Herz und Hand / Belgiens Königskind! / Nordisches Röselein / Dich grüßt der Süd / Liebesdurchglüht!« In Schönbrunn war ein Volksfest, »wo ein feenhaftes

Residenz in Prag

Das offizielle gemalte Verlobungsbild. Von links stehend: Kaiser Franz Joseph, König Leopold II. von Belgien, Stephanie und Rudolf. Links vorne Kaiserin Elisabeth und rechts Königin Marie Henriette, eine geborene Erzherzogin

Feuerwerk die ganze Umgebung in Licht badete und unsere Initialen R und S auf dem dunklen Nachthimmel erstrahlen ließ«,[26] berichtete Stephanie. Die Praterfahrt von 62 Hofequipagen, an der Spitze die belgischen und österreichischen Majestäten mit dem Brautpaar, mußte abgebrochen werden, weil das Menschengewühl eine Fortbewegung unmöglich machte.

Die Wiener erfreuten sich an den Vorträgen der Militär-Musikkapellen, des Wiener Männergesangsvereins, der immer wieder den »Stephanie-Walzer« singen mußte, einem Monsterkonzert mit 1300 Sängern. Turn- und Fechtproduktionen, eine große Lotterie machten den Pratertrubel perfekt. »Von allen Seiten regnete es Blüten und wir fuhren auf Rosenblättern«, schrieb Stephanie. Der Presseklub Concordia

5. Kapitel

Offizielles Hochzeitsfoto des Kronprinzenpaares

huldigte dem Bräutigam als dem »höchstgestellten Schriftsteller Österreichs«.
Wien entfaltete seine ganze Pracht als Zentrum eines Vielvölkerstaates. Moriz Szeps schilderte die Auffahrt der Gäste: »Kaum ein anderes Reich der Welt könnte eine solche Mannigfaltigkeit, eine solche Farbenfülle in den Stammestrachten und Nationalkostümen aufweisen, es ist ein lebendiges Stück Kostümgeschichte, das sich hier bietet.« Die Vielfalt habe »für eine willige Phantasie sogar etwas ›Lessing'sches‹ Gepräge, etwas an den ›Nathan‹ und seine drei Ringe Gemahnendes, wenn man so die Bekenner des Kreuzes Arm in Arm mit den Bekennern des Halbmondes daherkommen sah, wirklich und wahrhaftig Gestalten wie der Derwisch, der fromme Klosterbruder und der Patriarch im ›Nathan‹. Hier der Fez, dort das Franziskaner-Tonsurkäppchen, hier der etwas schmutzige Rock des mohamedanischen Landmannes,

dort die gerade auch nicht allzu reinliche Kutte des Trappisten. Vollblutmohamedaner, orthodoxe Türken schritten, geführt von einem die ungarische Beamtenuniform tragenden Herrn und einem mit den Bischofsinsignien bekleideten Franziskanermönch [dem apostolischen Vikar] die Treppen in den Hofappartements hinauf.«[27]
Beim Galadiner im Redoutensaal der Hofburg, am Vorabend der Hochzeit, demonstrierte der Hof mit über hundert Gedecken in Gold und 64 Silbergedecken den alten Reichtum der Habsburger. Hofballmusikdirektor Eduard Strauß musizierte mit seiner Kapelle und wartete neben dem »Myrthenblüthenwalzer« auch mit einer eigenen Komposition auf, dem Walzer »Schleier und Krone«.
Doch während das Volk jubelte und die Zeitungen der Monarchie vor Patriotismus trieften, wurde das Brautpaar im engeren Kreis des Hofes ausgerichtet. Graf Lützow: »In dem eckigen, schüchternen Kinde mit den mageren, roten Ärmchen lag nichts, was zu der Erwartung berechtigt hätte, daß es sich einst zu einer hervorragend anmutigen und hoheitsvollen Frauengestalt herausbilden würde. Der Kronprinz hatte damals ... wenig Bestrickendes in seinem Auftreten, es war ein seltsames Gemisch von Schüchternheit und Hochmut, gepaart mit hochgradiger Rücksichtslosigkeit für die Wünsche anderer. Der unruhige Blick, ein gewisser harter Zug um den Mund und eine allzu gekünstelte Frisur vervollständigten das Bild. Der jugendlichen Braut gegenüber zeigte er das bloße Existenzminimum an empressement.«[28]
Fürst Carl Khevenhüller machte es kurz: »An der Kronprinzessin ist nicht viel, fadblond, wenig Haare, Gesicht ohne Ausdruck, Nase lang.«[29] Schließlich Gräfin Marie Larisch, die schöne Nichte und intime Vertraute der Kaiserin: »Die belgische Prinzessin sah in ihrem Brautkleid so unvorteilhaft wie möglich aus; ihre Arme waren rot, ihr stumpfes, gelbes Haar sehr unkleidsam frisiert. Sie war sehr groß und ihre Figur in jenen Tagen geradezu kläglich ... Sie hatte weder Augenbrauen noch Wimpern, das einzig Schöne an ihr war ihr makelloser Teint.« Die Quintessenz der Beobachtungen ist wiederum bei Gräfin Larisch nachzulesen: »Die zahlreichen Damen, die ihn kannten und liebten, waren überglücklich. Denn bei der Braut stand nicht zu befürchten, daß jemals ein vorbildlicher Ehemann aus ihm werden würde.«[30]
Wie schon über der Verlobung, so stand auch über der Hochzeit ein Unstern. Stephanie fühlte sich an ihrem Hochzeitstag »eher wie eine

5. Kapitel

Märtyrerin«. Rudolf war gedrückter Stimmung. Gräfin Festetics schrieb in ihr Tagebuch: »Als ich in großem Staat aus meiner Tür trat, rannte der Jäger mit dem fabelhaften Brautbouquet des Kronprinzen vorbei. Mir wurde eiskalt und als ich die Schleppe über den Arm schlug, hörte ich die liebe, sympathische Stimme des Kronprinzen: ›Gräfin Marie, laufen Sie nicht davon, warten Sie ein bißchen.‹ Das tat ich und ich war ergriffen, so ernst, nein, so nervös und mißmutig sah er aus. ›Ich freue mich, daß wir uns noch treffen als die Alten.‹ Er blieb stehen, konnte sich nicht recht entschließen, durch die Tür zu treten. ›Das Bouquet wartet schon, sagte ich. ›Ja‹, antwortete er, ›es war mir zu schwer und so ist es auch gut.‹ Dabei machte er eine Bewegung mit der Hand, die ich nicht apostrophiere. Mir war es so peinlich, er merkte es auch und sagte: ›Sind Sie pressiert?‹ – ›Ja, kaiserliche Hoheit, eher.‹ ›Ich nicht‹, sagte er sehr ernst. ›Ich habe Zeit dazu!‹ – ›O, Hoheit!‹ rutschte es mir heraus, worauf er mir die Hand reichte und sagte: ›Gott befohlen, sagen Sie mir irgend etwas Gutes.‹ Die Tränen rollten mir herunter und ich sagte: ›Gott segne Sie und werden Sie glücklich! liebe, gute kaiserliche Hoheit!‹ – ›Danke‹ und der Händedruck war eines und er verschwand auch schon hinter der Tür des Appartements. Das war das Vorspiel zur Trauung.«[31]

Die Trauung in der Augustinerkirche, die schon viele unglückliche Brautpaare des Hauses Habsburg gesehen hatte, vollzog Kardinal Fürst Schwarzenberg, Rudolfs Erzfeind aus Prag, assistiert von 24 Bischöfen und Erzbischöfen. Gräfin Festetics: »Der Zug war wundervoll, die Kaiserin ganz unbeschreiblich in Ihrer Anmut, Hoheit und Ergriffenheit, der Kaiser ganz bei der Sache, eher geschäftsmäßig in seinem hohen Pflichtgefühl ... In der Kirche war es wirklich blendend und feierlich. Schauerlich feierlich ... Sein ›Ja‹ klang sehr ernst und traurig und sehr leise, sie schrie es beinahe!«

Nach der Trauung fuhr das junge Paar in das nahegelegene Schloß Laxenburg, Rudolfs Geburtsort. Stephanie: »Es war neblig und trüb. Fröstelnd und völlig erschöpft, lehnte ich in den Kissen des Wagens. Allein mit einem Mann, den ich kaum kannte, überkam mich im Zwielicht des hereinbrechenden Abends ein Gefühl furchtbarer Bangigkeit. Die Stunde schien nicht enden zu wollen. Der Wagen rollte zwischen Feldern auf einsamer Straße durch eine reizlose, melancholische Gegend. Matt nur erhellten die Laternen des Wagens den Weg. Wir wuß-

ten uns nichts zu sagen, wir waren uns völlig fremd. Vergeblich wartete ich auf ein zärtliches oder liebevolles Wort, das mich aus meiner Stimmung erlöst hätte. Meine Ermüdung, vermischt mit den verworrenen Empfindungen von Furcht und Einsamkeit, steigerte sich zu einer schweren, hoffnungslosen Verzweiflung.«[32]
Der zweispännige Hofwagen mit dem jungen Ehepaar fuhr an einem Spalier Schaulustiger entlang. Als der Wagen vor dem Schloß eintraf, trat die auf der Schloßwache aufgezogene 5. Kompanie des 38. Infanterie-Regimentes ins Gewehr und »unter Trommelwirbel und Glokkengeläute betritt Kronprinz Rudolf sein Geburtshaus«.
Die Einrichtung der vierzehn Räume, die Schauplatz der ersten Flitterwoche waren, wurde in den Tagen vor dem Fest in den Zeitungen ausführlich beschrieben und bewundert. Stephanie war jedoch alles andere als entzückt: »Modrige, atembenehmende eisige Kellerluft« durchzog die viele Jahre unbewohnten Gemächer. Stephanie vermutete, »daß man in Laxenburg seit der Niederkunft der Kaiserin Elisabeth im Jahre 1858 nichts verbessert hatte. Die Betten, Matratzen und Vorhänge stammten allem Anschein nach aus dieser Zeit ... Zu allem Überfluß empfing mich eine alte, gemein aussehende Kammerfrau, die ein schauerliches, mir ganz unverständliches Deutsch sprach. Sie glich einer Hexe.«[33]
Wieder einmal hatte sich die Kaiserin ihrer Pflichten als Mutter entledigt und sich auch bei der Hochzeit ihres Sohnes um nichts als ihre Schönheit gekümmert. Das junge Paar, jeder auf seine Art unglücklich und niedergeschlagen, war in seinem Elend alleingelassen. Stephanie zog in ihren Memoiren alle Register, um auf ihr Unglück aufmerksam zu machen: »Welche Nacht! Welche Qual, welcher Abscheu! Ich hatte nichts gewußt, man hatte mich als ahnungsloses Kind zum Altar geführt. Ich glaubte, an meiner Enttäuschung sterben zu müssen.« Nach der Flitterwoche reiste das junge Paar nach Budapest, um sich dort zu zeigen, dann nach Prag. Im Prager Hradschin, fern der Intrigen des Wiener Hofes und der kritischen Blicke des Hofadels, hatte das Kronprinzenpaar seinen ersten Hausstand.
Daß sich Rudolf in den ersten Ehejahren trotz Stephanies späterer Klagen über »die Trockenheit eines Zusammenlebens ohne gegenseitiges Verständnis, ohne geistige Erhebung, ohne Liebe und Glaubens«[34] um ein gutes Verhältnis zu seiner Frau bemühte oder doch wenigstens um

5. Kapitel

den Anschein eines guten Verhältnisses gegenüber der Umwelt, geht aus manchen Briefen an seine Freunde hervor, in denen er mit Lob für Stephanie nicht sparte. So schrieb er ein halbes Jahr nach der Hochzeit an Latour: *Ich war nie so glücklich, wie heuer im Sommer, wo ich, umgeben von einer beseeligenden Häuslichkeit, ruhig meine Vorstudien zur »Orientreise« machen konnte.* Stephanie sei *gescheit, sehr aufmerksam und feinfühlend; voller Ambitionen, eine Enkelin Louis Philippes und eine Coburg! Mehr brauche ich Ihnen nicht zu sagen! Ich bin sehr in sie verliebt, und sie ist die einzige, die mich zu vielem verleiten könnte!*[35]

Stephanies Stellung in der kaiserlichen Familie blieb jedoch schwierig. Kaiserin Elisabeth beharrte auf ihrer Verachtung für das »häßliche Trampeltier« oder den »moralischen Schwerstein«, wie sie ihre Schwiegertochter vernichtend zu nennen pflegte. Rudolfs Schwester Valerie schrieb in ihr Tagebuch, wie ungünstig sich Stephanie in der eleganten höfischen Umgebung ausmachte, etwa im Vergleich zur Tante Marie José, der Schwester der von Rudolf angeschwärmten Erzherzogin Maria Theresia: »Stephanie war neben ihr ein Thrum. So groß, dick, gelb und blond und in einem grauslichen weißen Atlaskleid.«[36]

Die Entwicklung in den achtziger Jahren war eine rapide und für die Zukunft entscheidende. Die neuen politischen Parteien – Christlichsoziale und Sozialisten – bildeten sich erst. Die jungen Politiker suchten noch, wechselten ihren politischen Standort mit den sich ändernden Verhältnissen. Soziale, nationale Standpunkte bildeten sich aus und behaupteten sich vor den alten politischen Gruppierungen, den Liberalen und den Feudalen, die Macht einbüßten. Es dauerte etwa zehn Jahre – das Jahrzehnt von 1880 bis 1890 –, bis sich die beiden neuen Großparteien etablierten. Ob es eine Chance für eine gesamt-österreichische, übernationale Partei unter dem besonderen Schutz der Krone gegeben hätte, kann im nachhinein niemand wissen. Gesamtstaatlich denkende Österreicher wie der Kronprinz glaubten an diese Chance und kritisierten Taaffe als Zerstörer des übernationalen-österreichischen Gedankens.

Auch in Berlin wurde die Föderalisierung Österreichs mit wachsender Sorge beobachtet. So schrieb der deutsche Botschafter in Wien nach Berlin, »daß Graf Taaffe nicht gern nach der Zukunft Österreichs ge-

Residenz in Prag

Johann von Chlumecky, der die »Vereinigte Linke« in der Opposition gegen das Taaffe-Regime anführte

Ministerpräsident Graf Eduard Taaffe, der das Nationalitätenproblem mit Föderalisierung zu lösen glaubte

fragt wird.« Es mache sich »ein centrifugales Bestreben in den Atomen der Monarchie immer mehr bemerkbar. ... Daß diese geschilderte Situation die aufrichtigen schwarzgelben Patrioten betrübt und auch in den höheren Finanzkreisen Besorgniß erweckt, habe ich häufig zu bemerken Gelegenheit. Ja, es ist mir vorgekommen, daß ich dringend gebeten wurde, dem Kaiser Franz Joseph die Augen zu öffnen, weil er nicht ahne, wohin die Monarchie mit diesem unglücklichen System treiben müsse, und hier Niemand den Muth hat, es ihm zu sagen.«[37]

Der Kronprinz, einer dieser glühenden »schwarzgelben« Patrioten, hatte jedenfalls weder den Mut noch die Chance, dem Kaiser »die Augen zu öffnen«. Er klagte noch 1886 gegenüber dem Liberalen Ignaz von Plener, der seinem Sohn Ernst berichtete: »Soeben komme ich vom Kronprinzen, die Erzherzogin war ebenfalls gegenwärtig. Ich fand Gelegenheit, ihm das Geeignete zu sagen, er und sie hörten sehr aufmerksam zu, er beklagte die gegenwärtige Politik, redete unverhohlen von den Gefahren der Zerreissung Österreichs, von der Absicht der Czechen nach einem böhmischen Staate (Böhmen, Mähren, Schlesien), von ihrem Wunsche nach der Krönung und sagte: ›Bei uns ist alles möglich.‹ Er erkundigte sich eingehend um Deine Wirksamkeit auf dem böhmi-

5. Kapitel

schen Landtag, um Deinen doppelten Kampf einerseits gegen die Czechen, andererseits gegen die Deutschradicalen.«[38] Ernst von Plener antwortete: »Die Äußerungen des Kronprinzen sind recht gut gemeint, nützen aber in der Sache leider gar nicht.«[39]
Ein anderer Taaffe-Gegner und politischer Gesinnungsgenosse des Kronprinzen war der liberale Politiker Johann von Chlumecky. Er schrieb über die Zeit des »Eisernen Ringes« von Klerikalen, Feudalen und Bauern unter Taaffe: »In dieser langen Zeit hätte ein schöpferischer Staatsmann die österreichische Frage, die nationalen Probleme noch zu lösen vermocht. Damals war eine schicksalhafte Zeit! ... Eine Politik der Geistesarmut und Grundsatzlosigkeit, die für Mähren andere Richtlinien als für das stammverwandte Böhmen hatte, eine ›Politik‹, der kein anderer Gedanke zugrunde lag, als die kleinen Sorgen des Alltags auf Kosten der Zukunft zu verringern und dem Kaiser so lange als möglich den Schein einer notdürftig funktionierenden Staatsmaschinerie und eines arbeitsfähigen Parlamentes vorzutäuschen. Graf Taaffe war der erste österreichische Ministerpräsident, der großzügig und skrupellos zu jener politischen Hypothekenwirtschaft Zuflucht nahm, durch welche die Zukunft auf das allerschwerste belastet wurde. Sich mit dieser Politik identifiziert zu haben, war des Kaisers schwerste Sünde an Österreich und der Dynastie. Unausgesprochen, vielleicht nicht einmal klar gefühlt, aber zweifellos im Unterbewußtsein schon damals schlummernd die wahre Devise: ›Après moi le déluge!‹ Der Leichtsinn Taaffes gab der Politik den Stempel eines frivolen Spieles.«[40]
Auf dem Höhepunkt der nationalen Kämpfe in Böhmen, den Straßenschlachten zwischen deutschnationalen Burschenschaftlern und tschechischen Studenten in Kuchelbad, brachte Rudolf sogar den Mut auf, seinem Vater einen ausführlichen Bericht über die Lage in Prag zu geben. Der Kaiser fand die aufgeregten Berichte seines Sohnes »etwas grell gefärbt«, nahm sie aber diesmal so ernst, daß er für ein scharfes Durchgreifen der Regierung sorgte, um die Exzesse zu beenden: »es muß Ordnung werden, und zwar bald, denn sonst leidet die Autorität der jetzigen Regierung, die ich erhalten sehen will, weil ich sie für nothwendig erachte, die sich aber nur halten kann, wenn sie stark ist«[41] – nicht gerade die Konsequenz, die Rudolf sich erhofft hatte.
Er versuchte nun, im Alleingang die deutschen und tschechischen Liberalen zu einer Annäherung zu bewegen, verhandelte mit dem

Residenz in Prag

Tschechenführer Franz Rieger einerseits und Plener, Chlumecky andererseits. Doch sein Appell zu Toleranz, gemeinsamer Arbeit im gemeinsamen Vaterland, das nicht durch nationale Kämpfe aufgerieben werden dürfe, fruchtete nichts, vor allem nicht bei den Deutschen, die ihren Besitzstand erbittert verteidigten.

Ein Bericht Chlumeckys an den Kronprinzen gibt Hinweise auf Rudolfs Argumentation und die Schwierigkeiten, denen er auf deutscher Seite, selbst bei dem aus Brünn stammenden Chlumecky, begegnete: »Eine Verständigung zwischen liberalen Deutschen und Slawen ist allerdings möglich, ja sie ist unerläßlich und notwendig, sie wird aber durch die heutigen Verhältnisse in immer weitere Ferne gerückt ... und ist überhaupt nur denkbar, wenn die politischen Verhältnisse den Deutschen einen tonangebenden Einfluß einräumen, wenn also sie und nicht die Slawen die Gewährenden sind ... Unterjochen unter das Diktat der siegberauschten, in ihren nationalen und politischen Anforderungen maßlosen Tschechenführer läßt sich der Deutsche in Böhmen, Mähren und Schlesien nimmermehr.«[42]

Wie sehr er den Nationalismus verabscheute, formulierte der 23jährige Rudolf unmissverständlich gegenüber dem Journalisten Moriz Szeps: *Das Nationalitätenprinzip ist auf den gewöhnlichsten thierischesten Grundsätzen basiert, es ist eigentlich der Sieg der fleischlichen Sympathien und Instinkte über die geistigen und kulturellen Vortheile, welche die Ideen der Gleichheit aller Nationen, des Kosmopolitismus, für die Menschheit bringen. Ich halte die Nationalitäten- und Rassenfeindschaften für einen großen Rückschritt, und bezeichnend genug ist es, daß eben alle die fortschrittsfeindlichen Elemente Europas diesen Prinzipien huldigen und dieselben ausbeuten. Wie die Wissenschaft eine kosmopolitische ist, so werden es auch alle Theile der menschlichen Gesellschaft in allen ihren Beziehungen zueinander mit der Zeit sein müssen. Wir in Österreich sind, ohne dem Grafen Taaffe nahetreten zu wollen, noch nicht ganz auf dem Wege, der in jene goldenen Zeiten führt.*[43]
Diese Sätze lösten noch viel später boshafte Kommentare aus, bis zum »Völkischen Beobachter« 1938.[44]

Zum Verständnis des Dilemmas, in dem sich übernational, »alt-österreichisch« denkende Politiker in den achtziger Jahren befanden, sei hier auch die Haltung von Rudolfs verehrtem Geschichtslehrer Anton

5. Kapitel

Gindely angeführt. Dieser war, als 1882 die tschechische Universität in Prag gegründet wurde, bereits seit 19 Jahren Professor für Geschichte an der alten Prager Karls-Universität. Dort hatte er deutsche und tschechische Studenten unterrichtet, abwechselnd deutsche und tschechische Vorlesungen gehalten, seine Lehrbücher in beiden Sprachen verfaßt. Er war halb deutscher und halb tschechischer Abstammung und hatte sich seit jeher weder als Tscheche noch als Deutscher, sondern immer nur als Österreicher gefühlt.

Als die Tschechen über ihre eigene Universität jubilierten und die deutschen Professoren froh waren, die tschechischen Kollegen aus ihrer nunmehr rein deutschen Universität entfernt zu sehen, stand der »Altösterreicher« Gindely zwischen den Fronten. Einerseits hatte er sich für die Verstärkung des tschechischen Elementes an der Universität ausgesprochen und war deshalb von seinen deutschen Kollegen als tschechischer Nationalist verfemt worden. Andererseits machte ihn aber die Idee einer nunmehr rein tschechischen Universität unglücklich, denn sie widerstrebte seiner übernationalen Überzeugung. Diese Gründung habe ihm, so schrieb er 1882 an den Minister für Kultus und Unterricht, »viel Schmerz verursacht«, sie erschien ihm »als ein Unglück für das Land.«[45]

Gindely entschloß sich, an der gewohnten, nunmehr deutschen Universität zu bleiben und zog sich damit den Zorn der Tschechen zu. Gegen seine Überzeugung musste er sich verpflichten, nunmehr ausschließlich deutsche Vorlesungen zu halten. Aber selbst das genügte den deutschen Professoren nicht. Sie protestierten gegen die Zusammenarbeit mit Gindely und faßten mit nur zwei Gegenstimmen den Beschluß, ihn aus der Fakultät auszuschließen. Sie begründeten dies damit, daß Gindely erwogen hätte, »ob man nicht mit vereinten Kräften dahin arbeiten könnte, aus Österreich eine Art europäische Schweiz heranzubilden«.[46] Der überzeugte Österreicher Gindely wurde zwischen den nationalen Mühlsteinen zerrieben, resignierte schließlich und ging in den vorzeitigen Ruhestand. Vor diesem Hintergrund werden Rudolfs scharfe Worte über die Nationalitätenpolitik des Kabinetts Taaffe verständlicher.

Eigenartig ist, daß über Rudolfs Prager Aktivitäten in der Nationalitätenpolitik nur wenige Quellen erhalten sind. Seine Beziehungen zum Führer der Alttschechen, Franz Rieger, bleiben ebenso im Dunkel wie

Adolf Fischhof, der charismatische Führer der Revolution von 1848. Sein Versuch, eine gesamtösterreichische Partei zu gründen, scheiterte

sein Verhältnis zur deutschsprachigen liberalen Prager Zeitung »Politik«. Der Quellenmangel gerade zu diesem Thema könnte mit einer der kompromittierendsten Aktionen des Kronprinzen wenige Monate vor seinem Selbstmord zusammenhängen: der Zeitschrift »Schwarzgelb«, auch dort tauchte der Name Rieger auf, und »Politik« leistete Schützenhilfe. (s. S. 369ff.)

Ebenso unklar bleibt das Ausmaß der Beziehungen zu Adolf Fischhof, dessen Spuren in Rudolfs Denken und Schriften so deutlich wahrnehmbar sind. Ob persönliche Kontakte bestanden, wissen wir nicht. Jedenfalls gab es unter Rudolfs Lehrern und Freunden eine ganze Reihe von Fischhof-Sympathisanten: Gindely, Grün, Zhisman, Jirecek, Szeps. Sichere, wenn auch spärliche Quellenhinweise deuten vor allem auf eine Mittelsperson hin: den Nervenarzt Moritz Benedikt, der Rudolf in seiner schweren Krise wegen des Prager Judenmädchens zur Seite gestanden hatte. Die Parallelen in Rudolfs Prager Denkschrift und den politischen Schriften Benedikts deuten auf eine jahrelange Verbindung der beiden hin.

Moritz Benedikt (1835–1920) war enger Freund, politischer Mitarbeiter und Arzt Adolf Fischhofs. Nach dem Scheitern der Emmersdorfer Konferenzen zur Versöhnung der tschechischen und deutschen Liberalen, für die er sich wie Fischhof eingesetzt hatte, zog er sich im Groll von der Verfassungspartei zurück. 1882 war Benedikt unter den Gründern der »Deutschen Volkspartei«, gemeinsam mit Fischhof, Robert Walterskirchen, Theodor Hertzka und Edmund Singer, die sich eine freundschaftliche Einigung der deutschen mit den nicht-deutschen Völkern der Monarchie zum Ziel setzte, aber sich auch für soziale Reformen, vor allem eine stärkere Berücksichtigung der Arbeiter im Staat, engagierte. Die Parteiversammlung wurde durch lärmen-

5. Kapitel

de Deutschnationale gestört und mußte geschlossen werden. Der Plan einer Versöhnungspartei unter liberalem Vorzeichen mit Einschluß der Arbeiter scheiterte kläglich, nicht zuletzt daran, daß man sie wegen des hohen Anteils von Juden sofort als »jüdische«, und daher »undeutsche« Partei verketzerte.

Moritz Benedikt veröffentlichte kurz darauf anonym sein politisches Glaubensbekenntnis: »Politische Betrachtungen eines Unabhängigen«. Scharf trat er darin gegen jede Art von Nationalismus, Klerikalismus, Feudalismus auf. Er forderte Schutz für nationale und religiöse Minderheiten: »Das, was in Österreich anzustreben ist, ist Harmonie, nicht Einförmigkeit. Die Mannigfaltigkeit, in ungeschickten Händen eine Hemmung, kann, geschickt benützt, eine Vervielfältigung der Kraft bedeuten.«[47] Als Jude trat er für die Assimilation ein und führte einen Kampf auf zwei Fronten: einerseits gegen die deutschnationalen Juden wie etwa den Historiker Heinrich Friedjung, und andererseits gegen den wachsenden jüdischen Nationalismus.

Um sich Rudolfs Haltung in der Nationalitätenfrage zu vergegenwärtigen, muß man ihn sich in der Gesellschaft liberaler Versöhnungspolitiker wie Gindely, Fischhof und Benedikt vorstellen, die stets ihr Österreichertum über ihre nationale Zugehörigkeit stellten. Das war allerdings eine für höfische Verhältnisse wahrlich suspekte Gesellschaft von alten Revolutionären, Assimilationsjuden und Freimaurern.

So ausgeglichen auch das Privatleben Rudolfs um diese Zeit war, so schwierig gestaltete sich in Prag sein Verhältnis zu den böhmischen Adeligen. Sie waren es ja, die Taaffes Politik unterstützten und unter der intellektuellen Führung des Kardinals Fürst Schwarzenberg prononciert katholisch auftraten. 1881 hatte Rudolf noch Hoffnung auf eine Änderung gehabt, als er an Latour schrieb: *Ich habe für die große slavische Race lebhafte Sympathien, und eben darum bin ich so ergrimmt über jene vollkommen nationslosen feudalen Herren, die das slavische Volk zu sich in den Koth ziehen, um es auszunützen zur Erreichung ihrer reactionären und clericalen Pläne. Die Slaven sind liberal und es wird der Tag kommen, wo sie diese Herren gründlich desavouiren werden ... Wir gehen einen sehr schlechten Weg, doch der Tag, wo die liberalen Principien und ihre wahren Vorkämpfer auf der ganzen Welt wieder an das Ruder kommen werden, ist in nicht allzu*

Residenz in Prag

weiter Ferne, auch glaube ich haben diese Reactions-Bestrebungen in Österreich und Deutschland nur den einen practischen Nutzen, dass dann die liberalen Institutionen nur noch um vieles weiter sich vordrängen werden. Druck erzeugt immer Gegendruck.⁴⁸

Kardinal Fürsterzbischof Friedrich Schwarzenberg von Prag, geboren 1809, vereinigte alle jene Eigenschaften, die Rudolf bei einem Kirchenmann verabscheute. Er war kein Seelsorger, sondern in erster Linie und überall Fürst. »Seine liebste Tätigkeit war das Abhalten feierlicher Kirchenakte; an den kirchlichen Hochfesten fuhr er in dem alten vergoldeten, mit Glaswänden und Gemälden verzierten Galawagen, bespannt mit sechs Rappen, Bedienten hinten aufstehend und zur Seite jedes Pferdepaares, vom Palaste zum Veitsdome«, schrieb der Theologe Johann Friedrich von Schulte in seinen Erinnerungen. »Im Adel sah er das eigentlich staatserhaltende Fundament.« Wenn er in den Audienzen auch für jedermann zu sprechen war, so schloß das doch nicht aus, »daß er ausschließlich Diners für den Adel gab, wobei nach Klassen geschieden wurde, adelige Soirees gab, selbst nur in adeligen Häusern zu Bällen, Diners und Soirees ging; der ›Fürst‹ war das einzige Wort, mit dem er von weltlicher und geistlicher Dienerschaft bezeichnet wurde.«⁴⁹

Friedrich Fürst Schwarzenberg, Kardinalerzbischof von Prag, Rudolfs mächtigster Feind

Rudolfs Aversion richtete sich nicht, wie seine Feinde munkelten, gegen den Kirchenmann, dem Verdienste nicht abzusprechen waren, sondern gegen den adeligen konservativen Politiker Fürst Schwarzenberg, da dieser seine Kardinalswürde dazu benützte, um seinen politischen Ambitionen besonderen Nachdruck zu verschaffen.

5. Kapitel

Der Kleinkrieg zwischen Kronprinz und Kardinal begann bereits am Anfang von Rudolfs Prager Zeit, als der Fürst ihn immer wieder rügen zu müssen glaubte – einmal wegen sonntäglicher Jagden, dann wieder wegen mangelnder Andacht und zu spärlicher Teilnahme an kirchlichen Veranstaltungen, vor allem aber mit der Intervention gegen den Einfluß von Rudolfs Freimaurerfreunden und der Verbannung Alfred Brehms. Rudolf erzählte später, er sei damals *fast isoliert* dagestanden, der Adel hätte sich von ihm zurückgezogen, *woraus ich mir übrigens nicht viel machte*.[50]

Da Rudolf seine Machtlosigkeit gegenüber dem Fürsterzbischof einsah und es unmöglich war, die politischen und weltanschaulichen Gegensätze offen auszufechten, revanchierte er sich auf seine Art: mit einem anonymen Artikel im »Neuen Wiener Tagblatt«. Anlaß dafür bot das prunkvoll gefeierte 50jährige Priesterjubiläum des Fürsten 1883 in Prag. Szeps mußte den äußerst bissigen Artikel weitgehend abschwächen, um das Blatt vor der Beschlagnahme zu retten.

Rudolf (im handschriftlich erhaltenen Original): *Wir von unserem Standpunkte aus haben keinen Grund, an diesem Tag mit besonderen Sympathien eines Mannes zu gedenken, dessen Namen für Fortschritt, Cultur und Großösterreicherthum eben keinen guten Klang hat.* Schwarzenberg habe zwar *den Ruf eines gescheidten, bedeutenden Mannes. Und eben dies ist er nicht. Charakterschwäche, Unklarheit und Nichterkennen seiner Ziele sind seine größten Fehler ... Er ist vor allem Aristokrat, dann erst Priester, und seine Untergebenen, selbst seine kirchlichen Collegen können darüber viel erzählen. Der volle lächerliche Dünkel, das sich für etwas anderes, besseres Halten, die »angeborene und ererbte« Noblesse des böhmischen Adels steckt auch vollends in seinen Gliedern.*

In Salzburg sei ein Kirchenfürst wie Schwarzenberg noch vertretbar gewesen, nicht aber in Prag: *Prag aber, welches mit seinen nationalen Streitigkeiten, einer grossen clericalen Partei und jener finsteren aus der Hussitenzeit stammenden Richtung des niederen Clerus einen großösterreichisch denkenden, dem Staate nützlichen, friedenliebenden Kirchenfürst brauchte, war keineswegs der Platz für einen schwankenden unsicheren Kardinal Schwarzenberg ... Die Macht des constitutionellen Staates, die moderne Schule, liberale Gesinnung und Fortschritt in Bildung, Wissenschaft und Gesetzgebung sind ihm niemals homogen gewesen.* Das alles und noch mehr war wohlgemerkt nicht Inhalt eines Privatbriefes, sondern als Leitartikel aus Anlaß eines festlich begangenen Jubiläums gedacht.

Auch Rudolfs Rache an anderen böhmischen Gegnern war nicht gerade fein. So schickte er seinem Freund Szeps eine eigenhändig abgeschriebene Broschüre, die Graf Franz Coudenhove an aristokratische Freunde verteilt hatte. Es ging um die Ottensheimer Affäre, die damals großen Staub aufwirbelte: Im Park des Coudenhove-Schlosses Ottensheim hatten sich zwei junge Französinnen das Leben genommen. Denn die Familie Coudenhove weigerte sich, das uneheliche Kind, das eines der Mädchen von einem jungen Mitglied der gräflichen Familie hatte, standesgemäß zu versorgen. Die Broschüre sprach in ihrem rechthaberischen, ja zynischen Ton sehr zu Ungunsten des Grafen. Rudolf lobte Szeps für die bisherige sehr scharfe Kritik an Coudenhove im »Neuen Wiener Tagblatt«: *Es war gut, das Publikum zu warnen und dasselbe auf die Grundsätze des Hochadels aufmerksam zu machen, bei dem das krumme Pferd und das bis zum Tode gebrochene Mädchen aus den unteren Schichten in eine Kategorie gehören, nämlich zum Sport ... An der ganzen so traurigen Ottensheimer Affaire war das einzige, was unterhaltend war, daß es eben einen Coudenhove aus dieser höchst ultramontanen Familie, einen Schüler des Kalksburger Jesuiten-Institutes treffen mußte. Die Vorkämpfer der hohen christlichen Moralität, der strengsten Ascese sind diesmal schlecht weg gekommen!* Er beschwor Szeps, *absolut auch keine Andeutung erkennen zu lassen, daß Sie ihn von mir erhielten, denn es würde mir dies nur viele Unannehmlichkeiten bereiten.*[51]

Man kann diese Affäre verschieden werten, muß aber auch die positiven Anliegen sehen, die Rudolf mit dieser Zeitungsinformation zweifellos hatte: sein Mitleid mit den toten Mädchen, denen auf diese Art Rechtfertigung widerfahren sollte, der Zorn über die zynische Art, wie sich manche Aristokraten über von ihnen verschuldetes Unglück Nichtadeliger hinwegsetzten, und Rudolfs unbestreitbarer, seit frühester Jugend zu belegender fast fanatischer Gerechtigkeitssinn.

Das Coudenhove-Rundschreiben erschien in vollem Wortlaut im »Neuen Wiener Tagblatt« mit der Bemerkung, es hätte »der bürgerlichen Öffentlichkeit vorenthalten werden« sollen. »Ein Freund unseres

5. Kapitel

Blattes jedoch stellt uns eine Abschrift dieses Rundschreibens zur Verfügung.«[52]
Dieser Artikel forderte einen Gegenartikel der feudal-klerikalen Zeitung »Vaterland« heraus. Die Gehässigkeit der Auseinandersetzung zwischen dem liberalen und dem feudalen Lager ist bemerkenswert.
»Das Vaterland«: »Die bekannten ›ungewaschenen‹ Reporter der liberalen Presse schwelgen im Übermaß des Skandales; und – merkwürdig – angesichts des gräflichen ›Verführers‹ sind unsere liberalen Journalisten plötzlich wahre Tugendbolde geworden.« Die Affäre wurde nun in der aristokratischen Version aufgetischt, die jungen Selbstmörderinnen schonungslos bloßgestellt: »Man kann nicht mit mehr Raffinement sterben. Selbst die theatralische Pose fehlte nicht! Jede der beiden Selbstmörderinnen hatte sich ein Blumenbeet als letztes Lager ausgewählt und dasselbe mit ihrem Blute benetzt.«[53] Diese Einzelheiten illustrieren den Stil der Auseinandersetzungen, bei denen der Kronprinz auf der Seite der »israelitisch-liberalen« Presse als »ungewaschener Reporter« eine Rolle spielte.
Einige Monate später meldete Rudolf wieder eine aristokratische Geschichte aus Prag und schrieb an Szeps: *In aller Eile einige Zeilen, um Ihnen eine Geschichte mitzuteilen, die man meiner Ansicht nach der Öffentlichkeit übergeben sollte. Vor einigen Tagen, abends, schlugen mehrere junge Herren der hiesigen blaublütigsten sogenannten ersten, aber weiß Gott, nicht besten Gesellschaft einige Fenster in der Judenstadt ein, um ihre politische Gesinnung auf eine aristokratische Weise zu dokumentieren ...*
Die ganze Geschichte ist unterhaltend und könnte recht gut im Tagblatt benützt werden. Wenn ein armer Hackerbub bei einem Juden ein Fenster einschlägt, wird gleich eine große Geschichte daraus und diese feudalen L...buben sollten ganz ungenirt und unbemerkt ihre Streiche ausführen können! [54]
Die Meldung »Noble Fenstereinwerfer« erschien zwei Tage später im »Neuen Wiener Tagblatt« und wirbelte viel Staub auf.[55]
Viel böses Blut machte die Affäre Auersperg Anfang 1883. Gräfin Marie Festetics, eine Verwandte der Auersperg, erzählte später: »Damals sollte der Kronprinz bei Auersperg auf Schloß Vlasim als Gast erscheinen. Großartige Vorbereitungen wurden getroffen, ein Heidengeld aufgewendet, um ihn würdig zu empfangen. Am Tage vor der

erwarteten Ankunft des Kronprinzen wird der Besuch plötzlich abgesagt. Was war geschehen? Statthalter Kraus hatte berichtet, der Fürst habe beim Schlusse der letzten Landtagssession das Hoch für den Kaiser unterlassen und dies so demonstrativ, daß der Statthalter sich genötigt sah, auf das Versäumnis hinzuweisen. Das wurde dem Kronprinzen gesagt, der es seinem Vater meldete und daher die Ungnade.«[56]

Rudolf zu Szeps: *Nun ist aber das Merkwürdige das, daß dieser Schritt des Kaisers demselben in dem ganzen böhmischen Hochadel ohne Unterschied der Partei sehr übel genommen wird. Die Feudalen fühlen sich seit jener Zeit ebenfalls persönlich verletzt, weil die Geschichte einem Fürsten Auersperg passiert ist. Die Aristokratie hält in solchen Dingen ohne Unterschied der Parteirichtung sehr fest zusammen. Und im Grunde ist Fürst Karlos Auersperg, obgleich ein sehr gescheiter Herr, mit dem ich gerne verkehre, ein echter Feudaler. Diese Leute möchten es wieder gerne dahin bringen, daß sie wie im Mittelalter hier vor uns hintreten und uns ihren Willen diktieren könnten. Man muß wirklich mit der Aufhebung der Fideikommisse den Anfang machen.*[57] (Fideikommiß war vor 1919 vor allem adeliger Großgrundbesitz, der unverkäuflich und nur als ganzes vererbbar war, aber den Familienmitgliedern Erträge sicherte.)

Aber dem Fürsten war Unrecht geschehen. Rudolf hatte die falsche Information weder nachgeprüft noch auszugleichen versucht, sondern nur einen hochwillkommenen Anlaß gesehen, gegen den Adel aufzutreten. Diesmal zog er den kürzeren: Auf Vermittlung der Gräfin Festetics kam es zu einer Aussprache zwischen dem Kaiser und dem Fürsten Auersperg. Die demonstrative Versöhnung zwischen Rudolf und Auersperg folgte, eine peinliche Sache für den Kronprinzen, der nun versuchte, alles herunterzuspielen, so an Szeps: *Der Entrevue mit Fürst Auersperg wird zu viel Gewicht beigelegt; es war eine reine persönliche Versöhnung in Wien; und hier mußte ich dasselbe thun, ohne eigentlich je mit ihm privatim einen Grund zu welch immer Mißstimmung gehabt zu haben. Politisch wichtig ist die Geschichte nicht.*[58]

Der Fürst war rehabilitiert. Am Kronprinzen aber blieb der Makel haften, seinen Vater falsch informiert zu haben. Daß Franz Joseph Informationen aus Rudolfs Mund von nun an noch skeptischer gegenüberstand als bisher, ist nicht verwunderlich.

5. Kapitel

Rudolf provozierte den Prager Adel vor allem durch seine bevorzugte Gesellschaft, die sich (abgesehen vom Grafen Wilczek und einigen Jagdfreunden) fast ausschließlich aus Bürgerlichen zusammensetzte: Gindely, Grün, Menger, Brehm, Homeyer, Plener, Chlumecky, Moritz Benedikt, Theodor Billroth, Hans Canon. Er besuchte auch, nur um den böhmischen Adel zu ärgern, 1883 den Lloydball in Triest. *Nun aber müssen Sie wissen, bei wem jetzt dieser Lloydball stattfinden wird: Beim Juden Morpurgo – und da können Sie sich denken was für ein Gesicht meine Prager feudalen Gäste machen werden, wenn Sie hören, ich und meine Frau hätten diese Einladung angenommen.*[59]

Zu seinen Freunden war Rudolf liebenswürdig, zuvorkommend, herzlich, offen, alles was er in adeliger Gesellschaft nicht übers Herz brachte. Heinrich Brugsch war von seinem Besuch in Prag sehr beeindruckt: »Nicht selten geschah es, daß der Kronprinz noch gegen Mitternacht in meinem Zimmer erschien und oft an meinem Bette niedersaß, um bei dem Genusse einer guten Zigarre – er rauchte nämlich viel und gern – stundenlang von den ernstesten Dingen zu reden und meine eigene Meinung über die schwierigsten Fragen einzuholen. Wissenschaft und Kunst, Politik und Religion gaben den Stoff dazu her und ich war erstaunt, bei dem unter strengster Obhut aufgewachsenen Prinzen den freisinnigsten Ansichten zu begegnen, die er in seinen ›akademischen‹ Zwiegesprächen mit aller Wärme vertrat.«[60]

Ein Hinweis auf eines dieser nächtlichen Gespräche hat sich in Rudolfs Nachlaß erhalten: dort liegen vier lange Originalbriefe des deutschen Sozialistenführers Ferdinand Lassalle an Brugsch, der Lassalles Hieroglyphen-Lehrer gewesen war. Die Briefe waren offenkundig ein Geschenk Brugschs an den

Rudolfs Freund Hans Canon war ein angesehener Maler, vor allem aber ein exzentrischer Kraftmensch mit Witz und Temperament

Residenz in Prag

Kronprinzen, der großes Interesse für die Arbeiterbewegung hatte. Er war auch Abonnent der sozialistischen Zeitungen »Zukunft« und »Freiheit«, die er allerdings von einem vertrauten, als Student verkleideten Diener, abholen ließ, um nicht aufzufallen.[61]

Brugsch war erstaunt, am Hradschin noch einen weiteren »freisinnigen« Geist zu finden, den Maler Hans Canon. Canon, fast dreißig Jahre älter als Rudolf, war ein Original der Ringstraßenzeit. Nicht so erfolgreich wie sein Rivale Hans Makart, war er doch in Wien eine stadtbekannte Persönlichkeit, von deren wilder Vergangenheit man sich tolle Geschichten erzählte: Uneheliches Kind eines Adeligen, verkrachter Student, 1848 verhaftet, dann Dragoner-Offizier, mußte aber »seiner losen Streiche wegen quittieren«, dann erbärmliches Malerleben, weite Reisen, schließlich der Durchbruch mit dem Bild »Die Loge Johannis«, einer Verherrlichung der Freimaurerei, zu der er sich öffentlich bekannte. Canon fühlte sich als Universalgenie, als Philosoph, Schriftsteller, Taschenspieler, Kunstreiter, Turner, Raufer, Schütze, Angler und Redner. Sein Auftreten an der Seite des Kronprinzen stellte eine ungeheure Provokation dar.

So besuchten beide auch spiritistische Sitzungen der aristokratischen Gesellschaft, freilich nur, um sich darüber lustig zu machen und den Geistergläubigen ihre Verachtung zu zeigen. Wieder kämpfte Rudolf mit seinen üblichen Mitteln, anonymen Zeitungsartikeln, und schrieb an Canon: *Mit Dr. Menger bespreche ich heute noch die Art und Weise, wie man gegen diesen Schwindel aufkämpfen kann.*[62] Einige Tage später erschien in der »Neuen Freien Presse« ein aggressiver Artikel gegen den Spiritismus. Fürst Carl Khevenhüller: »Es schrieb sie gewiß der Kr. Pr. mit seinen Juden und dem besoffenen Maler Canon«,[63] womit er recht hatte.

1882 erschien in Wien eine 39 Seiten lange anonyme Broschüre »Einige Worte über den Spiritismus« aus Rudolfs Feder, worin er sich zu Sätzen wie diesem verstieg: *Dem wahren, von ernster Überzeugung beseelten und durch die Früchte langjähriger Studien herangereiften Materialisten obliegt der Kampf gegen den Spiritismus.* Die Anonymität dieser Schrift blieb im Gegensatz zur Adelsschrift nicht gewahrt. Autoreneitelkeit und das Bedürfnis, die dem Spiritismus ergebenen Aristokratenkreise zu verspotten, brachten Rudolf dazu, die Broschüre an einige böhmische Adelige, auch den Fürsten Khevenhüller, mit

5. Kapitel

Die Erzherzöge Rudolf und Johann Salvator überführen das angebliche Medium Bastian als Betrüger

freundlicher Widmung zu verschenken. Die Zahl seiner Feinde wuchs weiter an.
Mit seinen antispiritistischen Aktivitäten machte der Kronprinz auch weiter Schlagzeilen, vor allem mit der Entlarvung des Mediums Bastian zwei Jahre später in Wien. Man mag diese Ambitionen mit Recht belächeln, muß sich aber auch vor Augen halten, wie groß Rudolfs Gespensterfurcht war, nicht nur in der Kindheit, sondern auch noch in Prag. Dazu kam der Einfluß der vom Sohn angeschwärmten, aber immer abweisenden Mutter: Elisabeth war schon lange vor ihren nächtlichen Unterhaltungen mit den Geistern Heinrich Heines und des toten »Königsvetters« Ludwig II. Spiritistin. Vor diesem – vor allem familiären – Hintergrund muß man den Antispiritismus des Kronprinzen sehen. Menger und Canon halfen ihm, sich von ererbten und in einer falschen Erziehung erworbenen Komplexen und Ängsten mit Hilfe des Intellekts zu befreien – wenigstens für ein paar Jahre.

Residenz in Prag

1883 war Kronprinzessin Stephanie endlich, nach einigen Falschmeldungen und langem aufgeregten Warten, schwanger. Rudolf an Latour: *möge ich stets so glücklich bleiben als ich es jetzt bin, mehr darf ich nicht wünschen; denn mehr ist unmöglich.*[64] Selbst Stephanie mußte in ihren Memoiren zugeben, daß die Zeit der Erwartung des Kindes eine glückliche war. Das junge Ehepaar bewies seine Verbundenheit mit Böhmen damit, daß es das noch nicht geborene Kind, von dem man hoffte, es sei der künftige Thronerbe und also ein Sohn, zärtlich »Wazlaw« nannte nach dem heiligen Wenzel, dem böhmischen Landespatron.

Wie innig die Beziehung des Paares in dieser Zeit war, illustriert Erzherzogin Valerie in ihrem Tagebuch: Rudolf habe die gesamte Geburt miterlebt – was zu dieser Zeit sehr ungewöhnlich war – und in den Wehenpausen am Boden neben Stephanies Bett geschlafen. Als das Kind nicht der erhoffte Sohn, sondern eine Tochter war, tröstete er die vor Enttäuschung weinende junge Mutter: *Es macht nichts – eine Tochter ist ja viel herziger.*[65] Die kleine Elisabeth, Erzsi genannt, blieb immer der Liebling ihres Vaters.

Mehr denn je kämpfte Rudolf nun darum, in Wien bleiben zu dürfen, obwohl er sich damit in die Höhle des Löwen begab: den Machtbereich seines neuen Vorgesetzten Erzherzog Albrecht. Rudolf: *Unser Hierbleiben dürfte auf große Schwierigkeiten stoßen, es wird nicht glatt abgehen – doch wir müssen bleiben. Ich kann nicht mehr dahin zurück!*[66] Tatsächlich übersiedelten »die Rudolfs« nun endgültig von Prag nach Wien.

6. Kapitel

EINE UNSTANDESGEMÄSSE FREUNDSCHAFT

Rudolfs erste Begegnung mit dem Chefredakteur des liberalen »Neuen Wiener Tagblattes«, Moriz Szeps, kam durch die Vermittlung Carl Mengers im Oktober 1881 in der Hofburg in Wien zustande. Menger umgab das Treffen mit großer Geheimnistuerei und Ehrenerklärungen, wohl wissend, wie kompromittierend seine Vermittlung war. Auch Rudolf begann das Gespräch mit dem »Amtsgeheimnis«, das es zu wahren gelte, vor allem im Hinblick auf die Strenge des Erzherzogs Albrecht.
Das Gespräch dauerte ein und eine halbe Stunde und war, gemessen an den Vorbereitungen, harmlos. Es ging zunächst um Rudolfs Buch »Eine Orientreise«, dann aber bald um Zeitungen. Rudolf fragte, wer die Leitartikel des »Tagblatt« schriebe, erkundigte sich nach einzelnen Journalisten, nach dem Nachrichtendienst, ja sogar nach dem Musikrezensenten: *Einem solchen Herrn müssen die Sängerinnen wohl sehr die Cour machen.* Bald ging das Gespräch auf die Politik über.
Das Thema Prag und Taaffes Nationalitätenpolitik kommentierte Rudolf bitter: *Es herrscht jetzt bei uns ein eigenthümlicher Fatalismus, der mir nur vielleicht deshalb nicht so fremdartig vorkommt, weil ich erst vor kurzem im Oriente war. Wohin soll das führen.* Szeps, offensichtlich unsicher, wie er auf diese Klage antworten sollte, zog das Ganze ins Lächerliche und sagte, auf Taaffes sprichwörtlich leichtsinnige Art anspielend: »Die Welt steht schon 1881 Jahre seit Christi Geburt und ist nicht zu Grunde gegangen. Sie wird also auch weiter nicht zu Grunde gehen. Ist das nicht die beste Rechtfertigung für die jetzige Politik?« Szeps: »Der Kronprinz lachte, frische Zigarren wurden angezündet, das Gespräch sprang von der Politik ab und führte zwanglos bald zur elektrischen Ausstellung in Paris, bald zu den Menschenwettrennen mit Hindernissen im Pariser Hyppodrom, dann ... zu den Fourgons [Packwagen], welche stets frische Beleuchtungsapparate für Kriegs-

Eine unstandesgemäße Freundschaft

Moriz Szeps, Chefredakteur der liberalen Tageszeitung »Neues Wiener Tagblatt«

zwecke führen, eine Sache, die dem Kronprinzen neu schien und die ich näher beschreiben mußte – von da hinüber zu den elektrischen Sekundärbatterien und der Möglichkeit, mit Hilfe derselben Luftballons willkürlich zu dirigieren, bis endlich der Kronprinz abermals auf seine Bücher zu reden kam.«[1]

Der Grund, warum Rudolf die nähere Bekanntschaft mit Szeps wünschte, ist aus diesem ersten Gespräch unschwer zu erschließen: *Ich weiß absolut nichts, was vorgeht.* Rudolf hatte sich vielfach als Parteigänger der liberalen Verfassungspartei deklariert und teilte nun, unter der Regierung Taaffe, das Schicksal der liberalen Verfassungspartei: er war auf dem Abstellgleis politischer Tätigkeit und Informationsmöglichkeit. Der Kaiser vermied es mehr denn je, mit seinem Sohn über Politik zu reden. Rudolf klagte: *Ich gehöre zu den von offizieller Seite am wenigsten informierten Leuten in ganz Österreich.*[2] Da ihm Informationen auf offiziellem Weg verwehrt wurden, er aber (im Gegensatz zu anderen Erzherzögen) politisch interessiert und arbeitswillig war, mußte er andere Informationsquellen suchen. Er fand sie bei einem der prominentesten Vertreter der am Hof so verachteten Wiener »jüdisch-liberalen Presse«, in Moriz Szeps.

Szeps war 1834 in Galizien geboren, also 24 Jahre älter als Rudolf. Er entstammte einer angesehenen jüdischen Familie, kam zum Medizinstudium nach Wien, wandte sich aber bald der Journalistik zu. Mit 24 Jahren schon war er Chefredakteur der Wiener »Morgenpost«. Nach dem Scheitern Carl Mengers übernahm Szeps bald das »Neue Wiener Tagblatt« als verantwortlicher Herausgeber und Chefredakteur. Die erste Nummer erschien mit Absicht am Jahrestag der Französischen Revolution, am 14. Juli 1867, und Szeps versprach, die Politik »vom Standpunkte des vorgeschrittensten Freiheitsgedankens« zu kommentieren. Er führte die Zeitung zu einer Auflage von 40 000 Exemplaren, womit sie die der »Neuen Freien Presse« überflügelte. Dieser Erfolg hatte vor allem darin seinen Grund, daß Szeps nicht für das Bildungsbürgertum allein schrieb, sondern sich auch um den einfachen Mann bemühte. Szeps war auch (wie Arneth, Brehm und Brugsch) ein Vorkämpfer der Volksbildung.

Die Linie des »Demokratischen Organs«, wie der »Tagblatt«-Untertitel hieß, war links-liberal, nicht nur verfassungstreu, sondern auch antiklerikal, antifeudal und religiös tolerant, wissenschaftsgläubig. Es war ein Blatt für die Bürger von der Bourgeoisie bis zum Kleinbürgertum, für den von Szeps immer hervorgehobenen Mittelstand. Die deutsche Botschaft in Wien nannte es ein »Jüdisch-deutsch-oppositionelles Bourgeoisie-Blatt vulgär-liberaler Tendenz«.[3]

Die Blütezeit der Liberalen in Österreich zwischen 1867 und 1879 war auch die Blütezeit des »Neuen Wiener Tagblattes«. Szeps verdiente, wie in einem Pariser Buch über die Wiener Gesellschaft fast ehrfürchtig berichtet wurde, 40 000 bis 60 000 Gulden jährlich, das war das zwanzig- bis dreißigfache, was Carl Menger als Universitätsprofessor bekam.

Szeps gab sein Geld mit vollen Händen wieder aus. Sein Palais in der Liechtensteinstraße wurde zum Treffpunkt des künstlerischen und wissenschaftlichen Wien. Er pflegte intensive internationale Kontakte, kämpfte für die »Zukunftsmusik« Richard Wagners, hatte exzellente Beziehungen zu französischen Wissenschaftlern, vor allem Naturwissenschaftlern und »Elektrikern«, deren Erfindungen er in Österreich propagierte. Seine Freundschaft mit französischen Politikern wie Gambetta und Clemenceau wurde in Wien argwöhnisch beobachtet, vor allem als die Szeps-Tochter Sophie 1886 Clemenceaus Bruder Paul heiratete und zu den freundschaftlichen auch verwandtschaftliche Beziehungen kamen.

Als Carl Menger den 47jährigen Moriz Szeps mit dem 23jährigen Kronprinzen zusammenführte, war Szeps' große Zeit schon vorbei. Die Schwierigkeiten seiner Zeitung wuchsen in der Ära Taaffe von Jahr zu Jahr. Vor allem hatte er mit dem in den achtziger Jahren rapide anwachsenden Antisemitismus zu kämpfen.

Szeps war zweifellos ein Mann von Welt, erlesener Bildung und einer der besten Journalisten, die das in dieser Hinsicht verwöhnte Wien je

Eine unstandesgemäße Freundschaft

hatte. Aber die Freundschaft des Kronprinzen eines konservativen, katholischen, exklusiven Hofes mit dem aus Galizien stammenden Juden und »demokratischen« Intellektuellen muß schockierend gewirkt haben. Aber eines ist nicht zu leugnen: Für Rudolfs Persönlichkeitsentwicklung waren nicht seine engere und weitere Familie, nicht der Hof ausschlaggebend, sondern allein die liberalen Lehrer und Freunde. Nicht mit den hochadeligen Blutsverwandten fühlte sich Rudolf geistig verbunden, sondern mit dem liberalen Bildungsbürgertum. Zhisman hatte ihn zur Toleranz gegenüber anderen Religionen, Gindely zur Toleranz gegenüber den Nationalitäten erzogen, Menger ihn gegen den Antisemitismus immun gemacht und bei ihm die Liebe zum am Hof so verachteten Journalistenstand geweckt. Diesen Weg ging Rudolf nun in der engen Freundschaft mit Moriz Szeps weiter.

Vor allem fand Rudolf bei ihm das, was der Hof, der Vater, die Regierung Taaffe ihm vorenthielten: Informationen über das Reich, das er einmal regieren sollte. Da er keine politische Betätigungsmöglichkeit hatte, versuchte er, aus der Anonymität heraus als politischer Tagesschriftsteller Einfluß zu nehmen – durch Moriz Szeps. Über die Wichtigkeit der Presse kam ihm nie ein Zweifel: *Die Presse muß heutzutage bei großen Unternehmungen stets beigezogen werden. Als Freundin ist sie eine große, starke Bundesgenossin, als Feindin kann sie, indem sie ja doch bei den meisten Menschen die öffentliche Meinung fabriziert, einen sehr gefährlichen Krieg führen.*[4]

Rudolfs oft krampfhaft wirkende Versuche, sich politisch zu betätigen, sei es auch in der Anonymität eines Leitartikels, führten zwangsläufig zu den Konflikten der letzten Lebensjahre: der ständigen Angst vor Entdeckung, sah er doch, wie bereits die Tatsache der bloßen Bekanntschaft mit Szeps die Atmosphäre gegen ihn am Hof verdarb. Nicht nur die adelige Hofgesellschaft, auch die Deutschnationalen und Klerikalen führten später Rudolfs Scheitern auf Szeps zurück, dessen »jüdischer Einfluß auf diesen ursprünglich bestens veranlagten arischen Menschen völlig vernichtend wirkte«.[5] Sie brandmarkten diese »widernatürliche politische Kampfgemeinschaft, die den Kronprinzen schließlich ins Verderben reißen mußte«. Rudolfs erster Biograph, Oskar Freiherr von Mitis: »Rudolf mußte bis an sein Lebensende und noch darüber hinaus das Kainszeichen dieser Freundschaft tragen, das ihm in den Kreisen, welche in dem Reiche seines Vaters Macht besaßen,

sei es aus hergebrachten Vorurteilen, sei es aus dem politischen Daseinskampf heraus, Widerspruch und Haß zuzog.«[6]
Szeps besorgte ab 1881 die Öffentlichkeitsarbeit für den Kronprinzen im »Neuen Wiener Tagblatt«, aber auch durch seine Beziehungen zu ungarischen und französischen Zeitungen. Einerseits lieferte er ihm außen- und innenpolitische Informationen, schickte ihm nicht nur Berichte und Briefe seiner Korrespondenten, sondern auch Bücher, konfiszierte Broschüren, Zeitungsausschnitte sogar aus russischen Zeitungen mit beiliegender Übersetzung. Andererseits kümmerte er sich in seiner Zeitung um das »Image« des Kronprinzen. Er berichtete ausführlich über Rudolfs Kontakte zu Wissenschaftlern, brachte Auszüge aus seinen Reisebeschreibungen und öffentlichen Reden, notierte Besuche des Kronprinzenpaares bei Wohltätigkeitsveranstaltungen und Ausstellungen. In diesen Jahren entstand im »Neuen Wiener Tagblatt« das öffentliche Bild eines arbeitsamen, gebildeten, weltoffenen und volksnahen Kronprinzen.
Szeps ging auch auf Rudolfs Anregungen ein, bestimmte Themen in seiner Zeitung zu erörtern, über bestimmte Leute in einer bestimmten Art zu berichten. Da das »Tagblatt« immer schon antifeudal und antiklerikal eingestellt war, fielen die von Rudolf angeregten Artikel nicht sonderlich auf.
Szeps bestärkte aber vor allem Rudolfs Ehrgeiz, selbst zu schreiben. Eine Vielzahl von politischen Leitartikeln entstammte Rudolfs Feder. Freilich wurde ein großes Geheimnis darum gemacht: Szeps schrieb Rudolfs Manuskripte ab, damit niemand in der Redaktion oder Setzerei die Handschrift sehen konnte, und sandte die Originale an den Kronprinzen zurück. Die Dunkelziffer der nicht im Manuskript erhaltenen, aber von Rudolf geschriebenen politischen Leitartikel ist groß.
Abmachungen über Themen wurden hauptsächlich mündlich zwischen Szeps und Rudolf getroffen. Nur gelegentlich tauchen in der Korrespondenz Hinweise auf Rudolfs Mitarbeit am »Tagblatt« auf, so schrieb Rudolf zum Beispiel 1882 aus Prag: *Ich wüßte einige Details über ägyptische Angelegenheiten, die ich leicht zu einem Artikel über die Ursachen, den Beginn und die Macht der ägyptischen Frage bearbeiten könnte, falls Sie es gerne in Ihr Blatt aufnehmen wollten,*[7] und: *Sie sollten einen Artikel über unsere Stellung zu Rumänien bringen; die Schande uns dergleichen von dem ungezogenen Carol antun zu lassen,*

ist zu groß; zugleich könnte Kálnoky einen Hieb bekommen und das Publikum aufmerksam gemacht werden auf diese elend schwache Politik den kleinen Orientstaaten gegenüber. Können Sie einen derartigen Artikel brauchen, dann bin ich bereit, denselben zu liefern.[8]
Und: Wollen Sie, daß ich Ihnen etwas über diese Angelegenheiten zu Papier bringe, z. B.: Die Macht des Mittelstandes als Grundlage des modernen Staates; wie wird gegen diesen Faktor in Österreich vorgegangen, auf welche Elemente will man sich jetzt stützen? 2. Ungarn als moderner Staat; seine soziale Gestaltung; Folgen derselben. 3. Was würde geschehen, wenn die jetzigen Zustände solche Dimensionen annehmen würden, daß Österreich sich in die ungarischen Angelegenheiten mischen wollte. Kann dies das Österreich unter dem Regime Taaffe erfolgreich tun? Falls Sie diese mehr doktrinär, ernst gehaltenen Auseinandersetzungen brauchen könnten, wäre es meiner Ansicht nach gut, dieselben auf mehrere Tage einzuteilen, wie Sie es diesen Winter in den Steuerangelegenheiten taten. Ich glaube, man könnte durch diese Artikel die öffentliche Meinung sehr aufmerksam machen auf den Ernst der jetzigen Situation.[9]

Keiner der hier angekündigten, wahrscheinlich von Rudolf auch verfaßten Artikel konnte bisher identifiziert werden. Rudolfs und Szeps' Anschauungen waren so ähnlich, daß eine Unterscheidung äußerst schwierig, ja unmöglich ist. Nur im Stil bestand ein Unterschied: Szeps war gelegentlich pathetisch, liebte blumenreiche Worte, lieferte klassische Zitate und Anspielungen auf Texte Richard Wagners; Rudolf dagegen war in seinem Stil sehr direkt, oft sarkastisch und so aggressiv, daß die Texte wegen der Zensur von Szeps gemildert werden mußten. Szeps garnierte seine politisch bedingten Umarbeitungen mit Komplimenten an den Kronprinzen, wobei ein gerüttelt Maß an Schmeichelei war: »Das Original voller Kraft, Bestimmtheit und Entschiedenheit, die Kopie verschwommen, matt, unbestimmt. Der Staatsanwalt konnte die Kopie nicht konfiszieren mit ihren Dämmerlichtern, ihren Zaghaftigkeiten und Reserven, und so ist es auch geschehen.«[10] Und in einem anderen Fall versüßte er die radikalen Änderungen mit dem Lob: »Weil er vor Allem ausserhalb der gewöhnlichen Schablone war. So viel Kraft und Verve ist bei uns in der Redaktion nicht vorhanden. Niemand von uns besitzt dieses Feuer *und* diese Prägnanz, dieses direkte Losgehen auf das Ziel. Niemand schreibt diese stählernen Sätze.«[11]

6. Kapitel

Zum 50jährigen Priesterjubiläum seines Feindes, des Kardinalerzbischofs Fürst Friedrich Schwarzenberg, verfaßte Rudolf einen sehr aggressiven Artikel, der von Szeps gründlich bearbeitet und abgeschwächt werden mußte [12]

Nicht unbedenklich war der Austausch von Informationen. Denn für die Nachrichten, die Szeps ihm vor allem aus Frankreich beschaffte, gab Rudolf dem Journalisten so gut wie alles weiter, was er über seine privaten Beziehungen zu hochgestellten Persönlichkeiten erfuhr, und zwar derart: *Am 17. fuhr ich mit dem König von Serbien nach Steiermark; in der Eisenbahn sowie auch während einer Wagenfahrt hatte ich Gelegenheit, mit ihm längere Zeit zu sprechen, und da ich bemerkte, daß er viele für uns bedeutungsvolle Dinge wisse. Auf das hin lud ich ihn zum Speisen für den 18. nach Laxenburg ein. Wir speisten zu zweien ganz allein; ich gab ihm viel moussierenden Burgunder; in vino veritas! und er wurde gesprächig und ich konnte ihm sehr vieles und in der That interessante Dinge entlocken. Nicht alles ließe sich für uns journalistisch*

Eine unstandesgemäße Freundschaft

ausnützen, vieles ist zu konfiszierbar oder zu geheim; doch immerhin bleiben einige Dinge, die Effekt machen würden.[13]

Einige Tage später: *Gestern brachte der König Milan den ganzen Tag bei mir zu. Ich konnte mittels der probaten Burgunder Manipulation ihn sehr zum Sprechen bringen ... Die einstweilen noch mehr beängstigenden Zustände in seinem Lande, die Situation des Fürsten von Bulgarien und die Aussicht, dem sicheren Untergang seines Königtums entgegenzusehen, geben ihm den wahren Galgenhumor und den echten Spielerleichtsinn ... er erklärte dem Kaiser sowie auch Graf Kálnoky offen, es gebe für ihn nur zwei Wege, entweder umzukehren und sich der russischen panslawistischen Politik in die Arme zu werfen oder gut österreichisch zu bleiben und den Kampf gegen sein eigenes Volk aufzunehmen, dazu aber brauche er eine Konzentrierung österreichischer Truppen an seiner Grenze. Darüber ist man hier sehr entsetzt.*

In ähnlicher Tonart berichtete er auch über innenpolitische Angelegenheiten. Dieses Ausmaß an Indiskretion gegenüber dem Chefredakteur eines großen oppositionellen Blattes macht das Mißtrauen Taaffes und Kálnokys verständlich. Sobald die Intimität dieser Freundschaft

Die geheimen Treffen mit Szeps fanden meistens in Rudolfs Junggesellenwohnung im »Türkischen Zimmer« der Hofburg statt. Die Teppiche und Möbel stammten zum Großteil von Rudolfs Orientreise

6. Kapitel

bekannt wurde – Rudolf beschwerte sich mehrmals, daß seine Briefe geöffnet wurden – rückte die offizielle Politik noch mehr von ihm ab. Taaffe hatte nun einen plausiblen Grund, den indiskreten Kronprinzen von Verhandlungen fernzuhalten.

Rudolf beschwor Szeps immer wieder, Nachrichten, die er ihm gab, möglichst so zu verschleiern, daß man deren Herkunft nicht eruieren könne und *von der richtigen Spur abgelenkt wird. Sie werden vielleicht über meine Vorsicht lachen, doch ich muß sehr acht geben, da ich leider schon einige Male besonders in Äußerungen unvorsichtig war und seither in Wiener sehr hohen, konservativen Kreisen den Ruf eines »Unberechenbaren« habe, was sehr fatal ist, da man bei Sachen, wo man sonst gar nicht an mich denken würde, gleich mißtrauische Blicke auf mich wirft.*[14]

Als Szeps vorsichtig anfragte, ob er anläßlich seines fünfzigsten Geburtstages eine Notiz über eine Gratulation des Kronprinzen bringen dürfe, schrieb ihm Rudolf: *Was die Frage wegen der Notiz in das »Tagblatt« betrifft, so kann ich Ihnen nur sagen, daß diese Nachricht einen Sturm von Angriffen, Vorwürfen und ganz unglaublichen Auseinandersetzungen in allen konservativen Kreisen und auch durch diese an ganz maßgebender Stelle geben würde. Mir liegt nicht viel daran. Ich bin gegen diese Dinge schon recht abgestumpft; braten und spießen und rädern werden mich meine lieben Bekannten nur in Gedanken. De facto können sie es nicht thun und so geniert es mich weiter nicht. Haben Taaffe und seine Leute momentan Grund, mich nicht zu ärgern, dann geht diese Notiz an maßgebender Stelle spurlos vorüber; sind sie aber gerade heldenmütig gestimmt, dann dürfte die Sache rot angestrichen nach Ungarn zur Lektüre wandern.*[15] (Der Kaiser befand sich zu dieser Zeit in Ungarn.)

Die Beziehungen zwischen Rudolf und Szeps blieben nur einige Monate völlig geheim. Bereits im Dezember 1882 bestellte der Kronprinz bei Szeps eine möglichst bissige Notiz über sich selbst im »Tagblatt«, um dem Verdacht, eine enge Bindung zu dieser Zeitung zu haben, entgegenzuwirken. Er klagte: *Das Tagblatt findet jetzt in der kaiserlichen Familie eine sehr große Beachtung. Alle Erzherzöge sind darauf abonniert und lesen es sehr fleißig. Man muß irgendwelche Spuren meiner Verbindung zu Ihnen haben ... Ich kenne leider nur zu gut die Kampfweise meiner Gegner; zuerst wird sondiert, angeschlichen, werden*

Eine unstandesgemäße Freundschaft

durch Kreuz- und Querfragen Fallen gelegt, und wenn gut vorbereitet, dann geht der Hauptangriff los; ich habe das schon in einer bösen, in einer schmählichen Weise durchmachen müssen, doch davon einmal mündlich. – Nun beginnen die Vorarbeiten. Man warnt und sondiert.[16]
Wie nicht anders zu erwarten, trat bald auch Erzherzog Albrecht gegen Szeps auf den Plan. Anlaß war der Tod des französischen liberalen Politikers Léon Gambetta, mit dem Szeps befreundet gewesen war und zu dessen Begräbnis er nach Paris fuhr. Rudolf an Szeps: *Ein großer Geist, einer der ersten vielleicht in unserer armen Zeit, der einzige Vorkämpfer freiheitlicher Ideen ist vom Schauplatz verschwunden. Er war eine Titanennatur, eine mächtige Gestalt, die mir immer Bewunderung und Sympathien einflößte; daß er für die liberalen Prinzipien war, ersieht man aus dem Jubel der Gegner bei seinem Tode; Sie können sich wohl denken, daß ich in allen Tonarten dieses Freudengeheul zu hören bekam.*

Die letzte Bemerkung zielte auf Erzherzog Albrecht. Er hatte seinem Großneffen einen gehässigen Artikel der konservativen Zeitung »Vaterland« geschickt über »Frankreich und die Börsenmächte«, in dem Gambetta alles andere als pietätvoll behandelt wurde. In seinem langen Begleitbrief sparte der alte Feldmarschall nicht mit Schimpfworten für den verhaßten Politiker (»Freimaurer«, »Jude«, »Republikaner«).

Wie gut inzwischen das Verhältnis zwischen Rudolf und Szeps war, ersieht man daraus, daß Rudolf alles, was der Großonkel ihm schrieb, schriftlich an Szeps weitergab, zum Beispiel: »Szeps' Trauer ist daher gewiß aufrichtig und berechtigt. Überhaupt scheint mir dieses ›Tagblatt‹ ein gefährliches Blatt, selbst bedenklicher als die ›Neue Freie Presse‹, weil es sich demokratisches Organ nennt, unvermerkt für die Förderung republikanischer Ideen arbeitet und sich dabei ab und zu in dynastisch-loyalen, patriotischen Leitartikeln drapiert, damit eine Menge Gutgesinnte düpiert, und in den unteren Klassen sehr verbreitet ist. So brachte es kürzlich einen von Loyalität triefenden Artikel über Dich! Es ist interessant.«

Rudolf an Szeps: *Aus diesen Bruchstücken werden Sie die Kampfweise kennen lernen, die diesmal etwas verändert ist. Sonst ging es anfänglich, wie diesmal über Sie, schon oft früher über meine Bekannten los – dann folgen einige Wochen Ruhe, dann kommt die heute schon mit einbezogene Epistel über die Freimaurer, dann folgt Ruhe und nach eini-*

ger Zeit geht der Sturm los. Anonyme Briefe an mich mit Denunziationen der Herren, mit denen ich in Verkehr stehe, Warnungen, Jammerrufe der Gutgesinnten und Frommen, und ganz offene Anklagen, Hetzereien und Denunziationen über und gegen mich an sehr hoher Stelle – das habe ich schon alles durchgemacht; als Freimaurer wurde ich angegeben mit Hinzufügung aller Beweise und Daten; und ich kenne ja gar nicht einmal die Statuten dieses Ordens.
Dieser Angriffspunkt, von dem der letzte Brief stammt, ist nicht der einzige, doch da befindet sich ein großes Zentrum und ein aktives Komitee, in dem dergleichen Pläne und Intrigen ausgekocht werden. Lange Zeit hindurch suchte man mich zu bestechen, als dies nichts half, ging man auf die Taktik über, mich von Zeit zu Zeit zu terrorisieren und mir viele, oft recht arge Unannehmlichkeiten an den Hals zu jagen. Daher Vorsicht und Geschicklichkeit; vielleicht kann ich Ihnen in den nächsten Tagen einen kleinen Plan für eine allenfalsige Rache senden, die neue Organisation der Armee bietet dazu verlockende Gelegenheit.[17]
Dem nächsten Brief an Szeps lag Rudolfs »Rache« bei: *Beiliegend sende ich Ihnen auch eine kleine Notiz für Ihr Blatt. – Geben Sie dieselbe unter die gewöhnlichen kleinen Nachrichten, ohne irgend eine Zugabe, die Vermuthungen aufkommen lassen könnte. Meine Schrift ist bekannt, geben Sie nur recht mit diesem Zettel acht; vielleicht können Sie ihn abschreiben und dann gleich verbrennen lassen. Der betreffende Herr, auf den es gemünzt ist, wird sich bei seiner ausgesprochenen Eitelkeit geschmeichelt fühlen und erst seinen Freunden wird es vergönnt sein, ihn auf die kleinen Bosheiten, die darin enthalten sind, aufmerksam zu machen. Vielleicht kann ich Ihnen nach einigen Tagen über denselben Herrn einen Artikel schreiben, der nur boshaft ist, doch müsste dies sehr geschickt und vorsichtig gemacht werden, um dem Consciciren zu entgehen.*
Die Notiz zeigt Rudolfs Raffinesse. Denn da negative Meldungen über ein Mitglied des Allerhöchsten Kaiserhauses zur Konfiszierung der Zeitung führten, verfiel er auf den Trick, einen von Lob triefenden Artikel über den Feldmarschall zu schreiben und ihm lauter Tugenden anzudichten, die dieser, was nicht nur Eingeweihte wußten, garantiert nicht besaß. Es war blanker Hohn, dem in Italien alles andere als beliebten Feldmarschall *liebevolles, leutseliges Wesen* gegenüber den von ihm verachteten Italienern anzudichten. Die *liberalen Gesinnungen*

stellten den Gipfel des Spottes dar.[18] Die Zensur konnte gegen einen solch höhnenden Artikel nicht einschreiten.

Rudolf freute sich, nachdem er seine Meldung im »Neuen Wiener Tagblatt« gelesen hatte: *Einen Zweck hat dieselbe gewiß, sie wird gewisse Leute konfus machen, man wird nicht wissen, was man davon halten soll; ob es Lob sei oder Hohn?*[19]

Kurz darauf schrieb er einen chiffrierten Brief an Szeps, aus Angst, seine Post könnte überwacht werden: *Es besteht ein geheimer Bund zur Katholisierung Bosniens an der Spitze der jetzt oft genannte Herr* (womit Albrecht gemeint war). *Für Pester Lloid sollten Sie Artikel schicken, den ich Ihnen senden will. Aus P. L. könnten Sie in Ihr Blatt übernehmen.*[20]

Diesmal ging es um Rudolfs heftige Opposition gegen Missionierungspläne am Balkan. Als guter Zhisman-Schüler maß er der Griechischen Kirche großen Wert bei und wehrte sich gegen die vom Hof praktizierte Methode, die Griechisch-Orthodoxen mit allen Mitteln zu Katholiken machen zu wollen. Aber selbst Szeps hatte nun Bedenken gegen die Art, wie der Kronprinz gegen den Großonkel kämpfte. Er brachte den Artikel nicht. Rudolf: *Schade, daß man diese kurze Notiz, die ich Ihnen sandte, nicht in das Blatt aufnehmen kann. Doch begreife ich, daß bei der jetzt herrschenden Richtung und Art des Vorgehens gegen die Journale derlei etwas scharfe Dinge unzulässig sind.*[21]

Wenig später schickte er einen weiteren Artikel über dieses Thema an Szeps, der wieder ablehnen mußte. Rudolf: *Sehr schade, daß dieser bewußte Aufsatz in keinem Blatte Aufnahme finden kann; er hätte eine gute Wirkung; ich kenne ja genau die Kreise und Personen, für welche er berechnet ist, und da läßt sich bestimmt voraussagen, daß dieses Aufdecken ihrer geheimsten Aspirationen und Geheimbündeleien viel Effekt gemacht hätte; ich sehe ein, daß Sie in Pest* [gemeint ist der ›Pester Lloyd‹] *unter den vorwaltenden Umständen nichts beginnen wollen und in Wien, da ist es absolut unmöglich; das muß selbst ich eingestehen.*[22]

Nach langem Hin und Her erschien doch ein Artikel von Rudolfs Hand, der allerdings von Moriz Szeps wegen der Zensur entschärft und umgeschrieben worden war: *Zwischen Katholiken und Griechen bestehen im Oriente große Gegensätze, die aufzurühren bedenklich wären, und es wäre wunderbar, wenn man sich bestreben würde, einer*

christlichen Bevölkerung (es handelt sich ja um orthodoxe Griechen) andere Dogmen und eine andere Liturgie aufzudrängen, auf die Gefahr hin, jene Eroberungen, die wir schon in den Herzen unserer neuesten Staatsbürger gemacht haben, wieder zu verlieren. Nur eine unbedingt liberale Verwaltung, die sich in die religiösen Zwistigkeiten Neu-Österreichs gar nicht einmischt, hat Aussicht, dort dauernde Erfolge zu erringen, und wahrlich, kein Staat Europas ist so sehr gezwungen, diese Politik unbedingter Toleranz zu verfolgen, als das aus verschiedenen Religionen und Nationen zusammengesetzte Österreich ... Soll man annehmen, daß wieder die staatlichen Interessen mit dem Fortschritte des Katholizismus identifiziert werden; daß wir auch auf der Balkanhalbinsel in den traditionellen Fehler der altösterreichischen Politik verfallen sollen, wodurch unsere ohnehin nicht allzu großen Fortschritte im Orient ganz in Frage gestellt werden würden; daß Jesuiten wieder wie dereinst als Pioniere der Politik auftreten?[23]
Einige Wochen später nahm das »Neue Wiener Tagblatt« das Thema wieder in einem Leitartikel auf, der wahrscheinlich aus Rudolfs Feder stammte: *Wenn Österreich bei den Balkanvölkern in den Verdacht geräth,* katholische Politik *zu treiben, dann wird es unmöglich sein, die Sympathie dieser Völker zu gewinnen, dann werden sich die Völker um so inniger an Rußland anschließen ... Wir haben im Orient österreichische Interessen und nicht Interessen der katholischen Kirche zu vertreten, wir haben dort eine spezifisch österreichische und nicht eine spezifisch katholische Politik zu machen ... denn die Gefahr liegt nahe, daß die Politik zu einem Werkzeug der Religion wird. Und wir in Österreich speziell haben hinreichende Erfahrungen darüber gesammelt, welche Folgen das haben kann.*[24]
Die mit solcher Erbitterung geführte Kampagne zeigt die Wichtigkeit weltanschaulicher Fragen gerade in Bezug auf Erzherzog Albrecht, den mächtigen Repräsentanten der maßgebenden konservativen, katholischen Hofpartei.
Albrecht versuchte offenbar, den Kaiser über Rudolfs Beziehung zu Journalisten zu informieren. In den diplomatischen Berichten der deutschen Botschaft an Bismarck findet sich der Hinweis, »man habe, als der Kronprinz von Prag nach Wien kam und sehr unvorsichtig in seinem Umgang mit allerhand literarischem Volk war, dem Kaiser geraten, er möchte dies untersagen und ihn in bessere Disziplin nehmen.

Eine unstandesgemäße Freundschaft

Das gemalte Bild der kaiserlichen Familie 1883: von links Rudolf, Stephanie mit der kleinen Erzsi, Marie Valerie, Franz Joseph, Elisabeth

Der Kaiser habe dies entschieden abgelehnt und gesagt, wenn er seinem Sohn gegenüber den Hofmeister spielen sollte, so würde das Vertrauen bald zerstört sein und, bei dem Charakter desselben das entgegengesetzte Resultat erzielt werden. Der Kronprinz solle sich die Hörner selbst abstoßen, er werde bei seinem Verstande schon selbst sehen, daß er auf unrichtigen Wegen sich befinde.«

Der Kaiser nahm die Beziehungen Rudolfs mit »allerhand literarischem Volk« offensichtlich nicht ernst und war über das Ausmaß der Beziehungen, vor allem die Tatsache, daß sein Sohn oppositionelle Leitartikel im »demokratischen Organ« des Moriz Szeps schrieb, nicht informiert. Der deutsche Botschafter Prinz Reuß: »Der Kaiser, so ist mir von mehreren genau eingeweihten Persönlichkeiten häufig versichert worden, läßt Seinen Sohn reden, Sich aber durchaus nicht durch ihn beein-

6. Kapitel

flussen [Anmerkung des Fürsten Bismarck: ›andere aber lassen sich‹]. Einen Beweis hierfür habe ich in den inneren politischen Angelegenheiten häufig gefunden. Ich wußte, daß der Kronprinz diese oder jene Handlung der Minister seines Vaters tadelte; das hat aber niemals die geringste Änderung hervorgerufen und den Kaiser vielleicht nur darin bestärkt, seinen Sohn an den politischen Geschäften nicht Theil nehmen zu lassen. ›Der Rudolf plauscht wieder‹ – soll dann der Kaiser sagen, ohne sich viel auf politische Diskussion mit ihm einzulassen.«[25]
Ministerpräsident Taaffe versetzte Anfang 1883 Szeps einen empfindlichen Schlag: aus wenig wichtigem Anlaß erließ er ein Verkaufsverbot für das »Tagblatt« in den Zeitungsverkaufsstellen, den Trafiken. Die Aktien der Zeitung fielen rapide. Doch Szeps gab nicht auf. Er mietete in einer Blitzaktion Hunderte von kleinen Verkaufslokalen für seine Zeitung in Wien und umging so das Verbot. Acht Tage nach dem vermeintlich vernichtenden Schlag gab Szeps eine prunkvolle Soiree in seinem Palais. Eduard Strauß spielte zum Tanz auf. Die Miniaturausgabe der beschlagnahmten Nummer des »Tagblatt« wurde als Ballspende ausgegeben.
Daß Taaffes Strafaktion nicht nur gegen Szeps, sondern auch gegen ihn selbst gerichtet war, wußte Rudolf zu genau. Nach dem Verkaufsverbot bestellte er Szeps zu sich in die Burg, wiederum um Mitternacht. »Des Hofballes wegen, durch welchen die verschiedenen offiziellen Aufgänge in die Appartements in Anspruch genommen seien, müsse er mich diesmal durch eine Reihe von geheimen Gängen führen«, protokollierte Szeps. »Er war sehr erregt, wie ich ihn nie zuvor so gesehen. ›Ich habe meine Meinung über das Verbot des Tagblatt‹ – sagte er – ›dem Bürgermeister und noch einigen anderen mehr oder minder offiziellen Personen, die auf dem Hofball waren, gesagt. Aber was wird das nützen. Man ist bei uns nun einmal in eine unheilvolle Richtung geraten und Niemand hat mehr die Macht, wie es scheint, sie zu ändern. Ein Verhängnis sind die Jesuiten, die sich mit den einflußreichsten Erzherzögen innig verbündet haben. Und zwar auch gegen mich. Ich werde in einer unglaublichen Weise überwacht und ausspioniert. Ich kann mich gar nicht bewegen, ich bin mißtrauisch gegen alle Personen in meiner Umgebung geworden, selbst gegen meine alten Diener.‹«[26]
In Briefen an Szeps klagte Rudolf: *Wir leben in einer bösen Zeit; Geldschwindel, Diebstahl, hochgestelltes Gesindel, rohe Willkür, Ausnah-*

meregeln, Korruption, Verfall des Staates. Das ist in einigen Worten meine Auffassung über den jetzigen Zustand der Dinge – neugierig bin ich nur als stiller Beobachter, wie lange ein so alter und zäher Bau, wie dieses Österreich, braucht, um in allen Fugen zu krachen und zusammenzustürzen ... Diese clericalen Machtentfaltungen nehmen in der Tat große Dimensionen an; nun werden Sie den Styl des Evangeliums acceptiren müssen, um nicht der Confiscation zu verfallen ... Das Kennzeichen des Selbstbewußtseins der Clericalen ist dieses sich in alles hineinmischen und das macht diese perfide Richtung so lästig, selbst das innerste Privatleben ist vor den Zudringlichkeiten dieser Menschen nicht bewahrt.[27]

Eine der Hauptaktivitäten der Taaffe-Regierung richtete sich gegen die liberalen Schulgesetze des Jahres 1869. Den Argumenten der Bauern, die von jeher gegen die achtjährige Schulpflicht waren, wurde nun mehr Beachtung geschenkt mit der Begründung, zwölfjährige Kinder müßten arbeiten, und außerdem seien Kinder, die volle acht Jahre Schulbildung hinter sich hätten, nicht mehr bereit, auf dem Lande als Dienstboten zu arbeiten. Kardinal Schwarzenberg, Führer der Klerikalen, gab im Herrenhaus eine Erklärung der österreichischen Bischöfe gegen die liberale Schule ab: »Den Ansprüchen der christlichen Bevölkerung kann nur eine konfessionelle Volksschule genügen, die jetzige ist es nicht.«[28] Das richtete sich gegen Protestanten und Juden. Die liberalen Politiker, vor allem der Historiker Alfred von Arneth, der Geologe Eduard Sueß und der Politiker Johann von Chlumecky, kämpften für die Beibehaltung der Schulgesetze, die auch Juden und Protestanten erlaubten, Lehrer an staatlichen Schulen zu sein. Der Kronprinz bestärkte sie in diesem Kampf und schrieb an Latour: *Daß ich im allgemeinen mich gegen eine Verkirchlichung der Schule, eine religiöse Verballhornung der Schul-Gesetze ausgesprochen habe, will ich gar nicht läugnen; auch mache ich niemals ein Geheimnis daraus, daß ich für einen Einfluß der Kirche im Staate gar keine Sympathien habe und mehr denn je schroffe Abneigung gegen alle kirchlichen Tendenzen hege. Auch wäre es mir viel lieber, um mich Ihres Beispieles zu bedienen, meine Kinder in eine Schule zu schicken, deren Leiter ein Jude als ein verrannter Vorkämpfer der schwarzen Tendenzen, irgend ein Geistlicher ist. Der Staat muss alle Confessionen gleich behandeln, durch ein*

Mächtigwerden der katholischen Hierarchie, hat uns bis jetzt immer nur Unglück geblüht. Bösen Zeiten gehen wir entgegen und immer kleiner wird die Schaar jener, die sich treu halten an die liberale Fahne.
An Außenminister Kálnoky schrieb er besorgt: *Die klerikale Partei tritt ganz bestimmt mit einem Gesetzentwurf schon in den ersten Wochen der bevorstehenden Session hervor, der die Einführung der konfessionellen Schule zum Zwecke hat.* Er meinte, *daß sämmtliche Abgeordneten von der Linken unter Protest den Reichsrath verlaßen, daß sie förmlich aus dem Reichsrath ausscheiden werden. Das ist ganz gewiß. Es besteht darin zwischen Plener und Chlumecky, Herbst und Neuwirth keine Meinungsverschiedenheit.*[29]
Die Liberalen konnten sich jedoch nicht durchsetzen. Bauern, Feudale und Klerikale, der »eiserne Ring« der Taaffe-Regierung, siegten auf der ganzen Linie, jedoch nach langen, erbitterten Debatten. Eduard Sueß im Abgeordnetenhaus: »Das ist der Tag der Erniedrigung, das ist der Tag an welchem kaiserliches Gesetz gebeugt werden soll unter päpstlichen Willen. Das muß man wissen, wenn man dieses Gesetz beschließt.«[30]
Das Gesetz wurde am 28. April 1883 mit knapper Mehrheit (170 gegen 162 Stimmen) angenommen. Die Verminderung der Zahl der Lehrer, die Reduktion der Schulpflicht mit großzügigen »Schulbesuchserleichterungen« in ländlichen Gebieten, vor allem aber die engherzigen Bestimmungen über die Konfession der Lehrer empörten die Liberalen. Aus dem Passus des alten Schulgesetzes: »Der Dienst an öffentlichen Schulen ist ein öffentliches Amt und allen österreichischen Staatsbürgern ohne Unterschied des Glaubensbekenntnisses zugänglich« wurden nun die Worte »ohne Unterschied des Glaubensbekenntnisses« gestrichen. Der Schulleiter mußte dem Glaubensbekenntnis der relativen Mehrheit der Schüler angehören. Für den Geist der neuen Gesetze charakteristisch war die Ausnahmebestimmung, daß dieser Artikel nicht für Galizien und Dalmatien Geltung habe, um die Juden und Griechisch-Orthodoxen daran zu hindern, in diesen Ländern, wo sie die Mehrheit hatten, Schulleiterstellen zu erhalten.
Rudolf war außer sich vor Zorn und Enttäuschung und schrieb an Moriz Szeps, der im »Neuen Wiener Tagblatt« für die liberale Sache gekämpft hatte: *Die Schulgesetz-Novelle! Dieser Rückschritt, diese Erniedrigung. Wie hatte sich dieses stolze, liberale, hoffnungsvoll sich ent-*

wickelnde Österreich in wenigen Jahren verändert! Das sind trübe Zeiten und was jetzt geschieht, ist nur der erste Schritt auf der Bahn des Rückganges.[31]

Sein Brief an einen Hauptredner der Opposition, Johann von Chlumecky, wurde in der liberalen »Neuen Freien Presse« abgedruckt: *Ihre Rede kenne ich genau. Ich verschaffte mir die stenographischen Protokolle aller Sitzungen, in denen über die Schulgesetznovelle verhandelt wurde. Es ist keine leere Phrase, wenn ich Sie versichere, wie sehr ich mit pochendem Herzen Ihre Worte las, und wenn ich in meiner Unerfahrenheit Ihnen überhaupt eine Ansicht über das, was Sie sprachen, sagen darf, so sei es ein Glückwunsch zur Art und Weise, in der Sie die Gefühle und Gesinnungen jedes Großösterreichers, jedes wahren, patriotisch denkenden, fortschrittlichen Mannes zum Ausdruck brachten ...*

Als Österreicher war ich stolz auf die so vorgeschrittenen, wahrhaft modernen Institutionen, die wir nach langen Kämpfen in cultureller Beziehung erworben hatten, und stolz bin ich auf die Bildung, die ich selbst dem österreichischen Lehrer- und Gelehrtenstande, der dieser Ära entstammte, zu verdanken habe. Daher fühle ich in diesem Kampfe, den Sie und Ihre Kollegen für die Prinzipien des Fortschrittes so glänzend durchkämpften, lebhaft mit und eine Entrüstung, ein Ekel vor den jetzigen Zuständen hat sich meiner ermächtigt, den nur gute Tage einmal zu verwischen im Stande sein können.[32]

Im selben Maße, wie Rudolfs Verbundenheit mit den Männern der liberalen Opposition wuchs, steigerte sich sein Haß auf die politischen Gegner, neben Taaffe auch gegen die Prinzen Alfred und Alois Liechtenstein, damals Hauptredner der Klerikalen. Moriz Szeps protokollierte nach einer Unterredung mit dem Kronprinzen: »Auf die beiden Prinzen Liechtenstein, die im Abgeordnetenhaus sitzen, war der Kronprinz sehr schlecht zu sprechen. ›Diese beiden Herren‹ – sagte er – ›hassen mich persönlich und verfolgen mich förmlich. ›Die roten Prinzen‹ sind zwei ganz gefährliche Individuen.‹«[33]

»Wir ruh'n nicht eher aus im Kampfe,
Bis auch die letzte Scholle frei,
Östreich wieder deutsches Land ist
Und frei von Judentyrannei!«

(Losung der Schönerianer)

6. Kapitel

»Heil dem Führer«, gemeint ist Georg von Schönerer, der Alldeutsche

Rudolfs kompromißlos antinationalistische Haltung war inzwischen in der Öffentlichkeit bekannt. Sie brachte ihm zwar die Sympathien der Liberalen und übernationalen »Schwarzgelben« ein, noch mehr aber den Haß der Antisemiten und jeglicher Nationalisten. Da er als Kronprinz aber unangreifbar schien, eröffneten deutschnationale und klerikale Antisemiten zunächst den Kampf gegen Moriz Szeps, dessen Beziehung zu Rudolf zwar nicht in vollem Ausmaß, aber doch hinlänglich bekannt war. In einem erbittert geführten Kampf mit Beleidigungen auf beiden Seiten – hier die deutschnationale und katholische, da die »jüdisch-liberale« Presse – kam es schließlich 1884 zu einer direkten Konfrontation der beiden Protagonisten Moriz Szeps und Georg Ritter von Schönerer, dem Führer der deutschnationalen Antisemiten.

In einem Ehrenbeleidigungsprozeß, den Schönerer gegen ihn angestrengt hatte, wurde Szeps schuldig gesprochen und zu vier Wochen Arrest verurteilt. Rudolf an Szeps: *Mit großem Bedauern erfuhr ich das harte Schicksal, welches Sie und das von Ihnen geleitete Blatt getroffen hat. Ich kenne Ihren echt österreichischen Patriotismus und Ihre edlen Gesinnungen und weiß daher, um wie viel mehr Sie durch das düstere Symptom unserer Zustände betroffen wurden als durch Ihre Verurteilung, die ja ein Opfer ist, das Sie Ihrer Überzeugung brachten, und auf das Sie stolz sein können. In den Augen aller echten Patrioten und für unsere moderne Kultur kämpfenden Menschen errangen Sie einen Märtyrer-Sieg. Wer hätte vor zehn Jahren die heutigen Zustände in Österreich für möglich gehalten? Und was für Zeiten stehen uns noch bevor.*[34]

Eine unstandesgemäße Freundschaft

Den Stellenwert dieser Worte kann man abschätzen, wenn man nicht etwa die antisemitischen Blätter und ihre Reaktionen auf Szeps' Verurteilung beobachtet – ihr Haß auf die »Judenpresse« war nichts Überraschendes –, sondern die Reaktion des feudalkatholischen »Vaterland«, der Zeitung, die am Hof gelesen und von Erzherzog Albrecht und dem Kaiser geschätzt wurde. Es hieß dort: »Neunmalhunderttausend Menschen haben in Wien heute freudig und wie von einem schweren Alp befreit wieder aufgeatmet, als sie in den Morgenblättern die erfreuliche Kunde lasen, daß die angeklagten Redakteure des ›Tagblatt‹ verurteilt und endlich der schon lange wohlverdienten Strafe zugeführt worden seien. Und so wie den Hunderttausenden in Wien, so wird es Millionen in ganz Österreich ergangen sein, denen der freche Terrorismus schon geradezu unerträglich geworden ist, den ein gewisser Teil der Wiener Presse auf das Publikum ausübt ... Ja, nicht vom Zufalle zusammengewürfelte Geschworene, nein, die ganze anständige Bevölkerung Wiens hat das vernichtende Verdikt über die Herren vom ›Tagblatt‹ gefällt – das Volk hat gesprochen, und ›des Volkes Stimme ist Gottes Stimme‹. [Mit diesem Zitat aus seiner berühmten Rede in Prag 1880 wurde Rudolf eindeutig in den Kampf einbezogen] ... Die Terroristen der jüdischen Presse sind gerichtet, mit ihrer Schreckensherrschaft ists zu Ende!«[35]

Szeps schrieb voll Bitterkeit an Rudolf: »Nicht die Verurteilung ist es, die so deprimierend wirkt ... aber nun liegt die Thatsache klar zu Tage, dass die Wiener Bürgerschaft ihrer grossen Majorität nach – Schönerer gehört. Ich wußte das längst und deshalb suchte ich den Kampf von Angesicht zu Angesicht mit diesem Mann, dessen Wirken ich für so gefährlich für den Staat sowohl, wie für die Dynastie halte ... Auch Graf Taaffe wird mit den Elementen, die da auftauchen, nicht zurechtkommen.«[36]

Moriz Szeps gestand seine Niederlage in einem Zeitungsartikel offen ein: »Das ist es eben nun, das die Tatsache, die aus diesem Prozesse mit so handgreiflicher Klarheit in Erscheinung tritt, das die wichtige politische, das die noch wichtigere soziale Tatsache, daß Herr von Schönerer in unserer Stadt, in den deutschen Ländern Österreichs eine Stellung gewonnen hat, wie sie jetzt kein anderer Mann einnimmt und daß dieser Stellung nichts etwas anhaben kann nichts! Wir täuschen uns darüber nicht einen Augenblick und wir sehen einem schweren, bitteren und vielleicht für lange erfolglosen Kampfe entgegen.« Und: »Sind

6. Kapitel

wir auch verurteilt worden, so zwingen uns doch unser Patriotismus und unsere politischen Überzeugungen, die Tätigkeit des Herrn von Schönerer auch weiter zu bekämpfen, wenn sie diesen unseren Überzeugungen widerspricht, aber nichts kann uns den Mut rauben, dasjenige zu tun, was unsere Prinzipien uns vorschreiben, die ewigen Prinzipien der Freiheit und der Gleichheit; was unsere ehrliche Mannespflicht, was unser österreichisches Bewußtsein uns vorschreibt, und wir werden es tun bis zum letzten Augenblicke unserer Existenz, bis zum letzten Atemzuge in unserer Brust.«[37]

Szeps saß seine vom Kaiser auf 14 Tage Arrest reduzierte Strafe im Oktober 1885 im Wiener Landesgericht ab. Vom Kronprinzen erhielt er einen langen Brief zum Trost: *Ich bedaure sehr, Sie eingesponnen zu wissen; denn bei allen Erleichterungen und philosophischen Erwägungen über die gesunde Ruhe ist es denn doch immerhin eine unangenehme Sache.* Rudolf informierte seinen *eingesponnenen* Freund ausgiebig über die Vorgänge im Parlament und gestand wieder einmal seine Angst, der Parlamentarismus sei an höchster Stelle – damit war der Kaiser gemeint – unbeliebt.[38]

Schönerer wiederum wetterte 1885 in einer Versammlung mit Tafeln »Juden ist der Eintritt verboten« im Sophiensaal vor 5000 Zuhörern gegen die »verderbte Judenpresse«: »Insbesondere aber möchte ich an die Deutschen in Österreich die Mahnung richten: Stammesbrüder! Begreift doch endlich, daß selbst der genialste Semit Euch weder in der Presse, noch in der Vertretung, noch in der Rechtspflege, noch sonstwo von dauerndem Nutzen sein kann, denn unter dem unentrinnbaren Einflusse semitischen Blutes und semitischer Moral arbeitet derselbe stets bewußt oder unbewußt an der Untergrabung unverfälscht germanischen Wesens, deutscher Eigenart und deutscher Sitte! Deutsche Interessen also können nur in einer von Deutschen geschriebenen Presse vertreten werden! Dieser giftigen Preßschlange muß auf den Kopf getreten werden, trotzdem sich dieselbe der Unterstützung und Sympathien der maßgebendsten Factoren erfreut, derselben Factoren, die für die Hoffähigkeit von Rothschild und Genossen eingetreten sind, derselben Factoren, welche dem Andenken des jüdischen Dichters gedruckter Schändlichkeiten und Schamlosigkeiten zu einem Denkmale widmen wollen« – ein deutlicher Hinweis auf Kaiserin Elisabeths Engagement für das Heine-Denkmal in Düsseldorf.

Eine unstandesgemäße Freundschaft

Nach endlosen Auslassungen gehässigster Art gegen die Wiener Juden, »den Vampyren gleich, die ihre Lebensfähigkeit aus der Kraft der arischen Völker saugen«, griff Schönerer auch den Kronprinzen an, zwar nicht namentlich, aber jeder wußte, wer gemeint war: »Die Macht der Presse sei so groß geworden, daß sie bis in sehr hohe Kreise hinauf einen förmlichen Terrorismus auszuüben vermag. Das sehe man auf den ›Concordia‹-Bällen [Rudolf erschien 1884 als gefeierter Gast bei diesem Ball der liberalen Wiener Presse], bei der Ankunft und Abreise hoher Persönlichkeiten, bei Herausgabe gewisser Werke in Wort und Bild.«[39] [gemeint ist das »Kronprinzenwerk«, s. S. 233ff.]

Rudolf an Szeps am 15. Februar 1885: *Was Schönerer und seine Leute gegen mich im Sophiensaal gesagt und getobt haben, nehme ich als Kompliment auf, denn es ist immer schmeichelhaft, von dergleichen Gesindel gehaßt zu werden.*

Karikatur über Moriz Szeps nach seinem Krach mit dem »Neuen Wiener Tagblatt« und der Gründung des »Wiener Tagblatt« 1886

6. Kapitel

Moriz Szeps, inzwischen einer der bestgehaßten Männer Wiens, zerstritt sich 1886 mit seinem Verlag und gründete mit einigen Getreuen, darunter Berthold Frischauer, das »Wiener Tagblatt«. Damit richtete er sich finanziell zugrunde.

Rudolf half dem Freund nach Kräften. Er selbst hatte jedoch kein Vermögen und war auf die Hilfe vermögender Freunde angewiesen. So gab etwa der Industrielle und leidenschaftliche Antisemiten-Gegner Baron Friedrich Leitenberger auf Rudolfs Bitte hin Geld für die Szeps-Zeitung. Doch das »Wiener Tagblatt« war ein Faß ohne Boden. Eine Information der Deutschen Botschaft in Wien: »Das Blatt scheint keine Zukunft zu haben, da es bei 14 000 Freiexemplaren nur ca. 8000 Abonnenten zählt.«[40]

Szeps arbeitete Tag und Nacht und schrieb sogar den üblichen Fortsetzungsroman selbst, um Honorar zu sparen: »Das Leben im Grabe«. »Das Wiener Tagblatt braucht einen Roman-Erfolg, um sich weiter zu erhalten. Was muss man nicht auf seine alten Tage alles thun!«,[41] schrieb er an Rudolf.

Als Rudolf Szeps auch mit vorzeitigen Informationen half, die er am Hof oder als Militär erhielt, richtete sich der Verdacht prompt auf ihn als den Informanten. Die Lage wurde für ihn immer schwieriger, so daß er sich rechtfertigen zu müssen glaubte, wie gegenüber Graf Ladislaus Szögyènyi, dem Sektionschef im Außenministerium: *Vielleicht haben Sie auch bemerkt, daß in dem Blatt des Szeps die allerneuesten und sichersten Nachrichten, vornehmlich in der allerjüngsten Zeit, früher erscheinen als in den anderen Wiener Blättern. Auch heute wird das ›Pferdeausfuhrverbot‹ als ganz neue Nachricht durch Szeps allein gebracht. Ich fürchte schon, dass die Herren am Ballplatze glauben, dass Szeps durch mich so gut informiert wird; seitdem ich aus Abbazia zurückgekehrt bin, habe ich weder Szeps noch Frischauer getroffen und war in gar keiner Verbindung mit ihnen. Woher nun Szeps die heutige neueste Nachricht bekommen hat, das weiß ich nicht.*[42]

Über die Art der Finanzierung des Tagblattes gingen in Wien wilde Gerüchte um. Die Deutsche Botschaft in Wien berichtete dem Fürsten Bismarck: »Wie ich von vertrauenswürdiger Seite höre, hat Szeps unmittelbar nach seiner Ankunft hier seinem Redaktionspersonal den gefüllten Kassenschrank gezeigt, und vor demselben gar kein Hehl daraus gemacht, daß er aus Paris mit den Taschen voller Geld zurückgekehrt sei.« Thatsächlich hätte das Wiener Tagblatt, wenn ihm nicht außerordentliche Subventionen zu Theil würden, längst seine Redaktionsstube schließen müssen. Szeps sei vor seiner Pariser Reise fast pleite gewesen, »wußte aber seine Beziehungen zu hoher Stelle so geschickt zu verwerthen, daß einige Kapitalisten sich bewogen fühlten, dem Unternehmen unter die Arme zu greifen. Speciell ein Baron Leitenberger, böhmischer Großindustrieller, opferte einen großen Betrag, wenn auch, wie er durchaus nicht verhehlt haben soll, nicht aus Rücksicht für Herrn Szeps oder dessen Blatt. Wie mir ferner mitgetheilt wird, bestehe nach wie vor ein persönlicher Kontakt zwischen Seiner kaiserlichen Hoheit dem Erzherzog Rudolf und Herrn Szeps ... Es ist auch auffällig, in welch eingehender Weise gerade das Szeps'sche Organ sich mit den, den Kronprinzen betreffenden Angelegenheiten befaßt und wie wohl unterrichtet sich dasselbe über alle Pläne, Projekte und Erlebnisse des Herrn Erzherzogs bezeigt.«[43]

Rudolf fand jedoch in Österreich keinen potenten Geldgeber mehr, der sich für ein Zeitungsgeschäft mit hohem Risiko, das zudem unter ständigem Beschuß durch die starken antisemitischen Parteien stand, bereitfand. Er wandte sich nun an einen der reichsten Männer der Zeit, den in Brüssel residierenden Baron Moritz Hirsch, der bekannt war, für alle jüdischen Belange eine offene Hand zu haben.
Hirsch hatte seine Millionen mit dem Bau der Balkaneisenbahn verdient, der durch die populären »Türkenlose« mitfinanziert wurde. Die Ziehungen dieser Lose waren jedoch während der internationalen Finanzkrise und dem türkischen Staatsbankrott eingestellt worden. Viele kleine Leute hatten ihr Geld verloren. Der Ruf des »Türkenhirsch« war seither ruiniert, seine Stellung alles andere als unangefochten. Viele europäische Bankhäuser, vor allem Bismarcks Bankier Bleichröder, hatten handfeste Interessen im Orient und versuchten, den »Türkenhirsch« bei der österreichischen Regierung auszubooten.
Allem Anschein nach sollte der Kronprinz (gegen mehrere Darlehen) für Hirsch bei der österreichischen Regierung intervenieren, was er auch gerne tat. Denn die Orientbahn war nicht nur für den österreichischen Handel, sondern auch für das Militär und vor allem die Durchsetzung der politischen Balkanpläne überaus wichtig. Ob seine Interventionen Erfolg hatten, ist den Quellen nicht zu entnehmen.

Hirsch gab trotzdem Geld, für Rudolfs außereheliche Eskapaden ebenso wie für Moriz Szeps, wahrscheinlich auch für eine weitere Zeitschrift Ende 1888: »Schwarzgelb«.

Moritz Hirsch war 27 Jahre älter als der Kronprinz und hatte 1887 seinen 31jährigen einzigen Sohn verloren, was sicherlich in seinem besonders engen, ja liebevollen Verhältnis zu Rudolf eine Rolle spielte. Hirsch war bayrischer Abstammung, wohnte abwechselnd in Paris, London, Brüssel und Ungarn, sprach ein Gemisch aus Deutsch, Englisch und Französisch und war reiner Kosmopolit, was ihm die Antisemitenzeitungen gehörig vorwarfen, so etwa Verganis »Deutsches Volksblatt«: »Der gefährlichste internationale Jude ist der Baron Hirsch; in Paris wohnt er, in Wien hat er seine Zeitungen, die Türkei raubt er aus, und seine Türkenlose brachte er in Deutschland an, wo er heimatberechtigt ist. Ein wahres Prachtexemplar von internationalem Juden.«[44] Überdies trug eine Londoner Freimaurerloge Hirschs Namen. Ende der achtziger Jahre zog sich Hirsch mehr und mehr von seinen Geschäften zurück und widmete sich philanthropischen Unternehmungen, vor allem zur Unterstützung armer Juden in Osteuropa, denen er manche Millionen spendete.

Im Briefwechsel zwischen Rudolf und Szeps taucht der Name Hirsch erst im November 1887 auf, und zwar im Zusammenhang mit Szeps' dringendem Bedürfnis nach einer größeren Anleihe. Bei einem, wie Szeps schrieb, »magnetischen Diner« erweckte Rudolf das Interesse des »Goldonkels« an Szeps, der zwei Tage später auf den ungarischen Gütern des Barons erschien und eingehend über die triste Geschäftslage des »Wiener Tagblatt« berichtete.

Als Begründung, warum er Szeps helfen wolle, gab Hirsch nur eines an: »Der Kronprinz hat mich bezaubert. Ich war fest entschlossen, seit dem Tode meines Sohnes mich in gar keine Affaire mehr einzulassen, geschweige denn in eine Zeitungsaffaire. Ich bin nur mit einer Sache beschäftigt, alles zu liquidieren. Allein der Kronprinz hat es mir angethan. Er hat grosse Principien und erhabene Ideen. Wenn er sich für eine Sache ausspricht, so muss die Sache gut sein.« Er sagte Szeps eine Summe von 100 000 Gulden zu: »Was ich für Ihr Journal thue, das thue ich ganz und gar, um meine Bewunderung für die Persönlichkeit des österreichischen Thronfolgers auszudrücken. Niemand anderer als er wäre im Stande gewesen, mich zu bestimmen, einen Abzug von der

Eine unstandesgemäße Freundschaft

Summe zu machen, die bereits für andere Zwecke ihre Verwendung finden sollte.«[45]

Schon vier Monate später aber schrieb Szeps dem Kronprinzen, daß er für die Aktienmehrheit und die gewünschte Fusion des »Neuen Wiener Tagblatt« mit dem »Wiener Tagblatt« nicht weniger als 700 000 Gulden benötigte. Wieder wurde bei Baron Hirsch vorgefühlt, diesmal jedoch mit weniger Erfolg. Die Summe war entschieden zu hoch. Auch wenn die für die Biographie des Kronprinzen äußerst wichtige Beziehung zu Baron Hirsch kaum völlig aufzuklären ist, so zeigt sich doch in den wenigen, eher zufällig erhaltenen Quellen eines: Hirsch war keineswegs nur Geldgeber für amouröse Abenteuer Rudolfs. Der Kronprinz nutzte die offensichtliche Gunst des Barons vor allem für die Realisierung wirtschaftspolitischer Pläne, die er ohne offizielles Amt und ohne eigenes Geld nicht durchsetzen konnte. Da seiner Meinung nach von offizieller Seite zuwenig in dieser Hinsicht geschah, versuchte er seine Ziele auf eigene Faust, hinter dem Rücken der Ministerien, durchzusetzen, immer in der Angst, Österreich-Ungarn könne durch die seiner Ansicht nach falsche Politik Kálnokys und Taaffes auch wirtschaftlich zu sehr ins Hintertreffen geraten und unaufholbare Zeit verlieren.

Baron Moritz Hirsch, Rudolfs väterlicher Freund und Geldgeber

Bei der kurzen Bekanntschaft mit Hirsch (etwa zwei bis drei Jahre) konnten viele Pläne nicht reifen, zum Beispiel auch nicht die von Rudolf gewünschte Förderung der Handelsflotte, für die er sich ebenfalls bei Baron Hirsch einsetzte. Hier zeigt sich der Unterschied zum gleichaltrigen Wilhelm II.: während der Hohenzoller mit kernigen

Worten und ungeheurem finanziellen Aufwand den Ausbau der deutschen Kriegsflotte betrieb, sah der zivil denkende österreichische Kronprinz in der Handelsmarine und den Balkaneisenbahnen die Grundlage für das Gedeihen der Wirtschaft.

Das wichtigste Band zwischen Rudolf, Szeps und Hirsch war der Kampf gegen den Antisemitismus. Szeps war kein jüdischer Nationalist. Er trat für die Assimilation der Juden ein und war überzeugter und begeisterter Deutsch-Österreicher. Nach einem Besuch bei Baron Hirsch informierte er den Kronprinzen über Hirschs Auffassung zum Judentum: »Baron Hirsch entwickelte einen interessanten Gesichtspunkt über den Antisemitismus – vollständige Verschmelzung der Juden mit der christlichen Bevölkerung, welcher seine religiöse Vorurteilslosigkeit darthut. – Mit welcher schwärmerischen Verehrung er von Eurer Kaiserlichen Hoheit spricht, das ist zu begreifen.«[46]

Hirsch zeigte seine Meinung über eine nötige Assimilation zwischen Juden und Christen gerade im Vielvölkerstaat Österreich-Ungarn damit, daß er 1888, zur Feier des 40jährigen Regierungsjubiläums Kaiser Franz Josephs, eine Stiftung von nicht weniger als zwölf Millionen Francs für die Erziehung jüdischer und nichtjüdischer Kinder in Galizien machte, dem ärmsten, judenreichsten Teil der Monarchie mit der höchsten Analphabetenrate (40 bis 60 Prozent). Mit diesem Geld sollten vor allem gemeinsame Volks- und Gewerbeschulen für Juden und Christen gebaut werden, um nicht nur die Bildung, sondern auch das Verständnis der Religionen untereinander zu verbessern.

Es ist sicher, daß der Kronprinz Fürsprecher, wenn nicht Urheber dieses Planes war. Denn 1888 war die Diskussion um eine neuerliche Schulreform in vollem Gange. Die Antisemiten im Reichsrat malten die Katastrophe an die Wand, »daß die Nationalität, die nationale Eigenart der Kinder unseres eigenen Volkes in der Schule in nachtheiliger Weise geschädigt und beeinträchtigt wird. Deswegen halten wir fest an dem Princip, daß die jüdischen Kinder und Lehrer aus den christlichen und deutschen Schulen auszuscheiden sind und wir werden dieses Princip immer vertheidigen und immer vertreten«.[47] Rudolf und Szeps kämpften mit allen ihnen zur Verfügung stehenden Mitteln (Zeitungskampagnen und dem Geld von Hirsch) gegen solche Bestrebungen an.

Die gutgemeinte Stiftung aber mobilisierte erst recht die antisemitischen Wiener Blätter zu wilden Beschimpfungen des »Türkenhirsch«.

Eine unstandesgemäße Freundschaft

Und auch jüdisch-orthodoxe Kreise waren gegen den Plan, weil sie in einem gemeinsamen Unterricht von jüdischen und christlichen Kindern eine Gefahr für die traditionelle jüdische Erziehung sahen. Der Hirsch-Biograph Adler-Rudel: »Diese Befürchtung war nicht unbegründet, da die eigentliche Leitung der Stiftung in den Händen der Wiener jüdischen Plutokratie lag, die die von Hirsch vertretenen Gedanken einer absoluten Assimilation der Juden Galiziens weitgehend teilte«.[48]
Das Drama des Anton Gindely, der zwischen die Fronten der deutschen und tschechischen Nationalisten geriet, wiederholte sich nun mit den Assimilierungsideen zwischen Juden und Christen, die Baron Hirsch, gemeinsam mit dem Kronprinzen und der »jüdisch-liberalen« Presse, mit einigen Millionen Francs verwirklichen wollte. Nicht nur für ihn, sondern vor allem für den Kronprinzen war das Scheitern dieses Projektes eine große Enttäuschung.
Die Kritiker, die weitaus überwogen, sahen nur die Herkunft des Geldes und die Stärkung des jüdischen Einflusses, nicht aber den Sinn, den diese Aktion haben sollte: zu versöhnen, Gegensätze zwischen Juden und Christen abzubauen und die Voraussetzungen für diese Gegensätze, soziale, wirtschaftliche und bildungsmäßige Unterschiede, zu beseitigen – letzten Endes (was für Rudolf im Vordergrund stand) die Juden als gute österreichische Patrioten zu behalten.

Rudolfs wachsendes Interesse für Frankreich wurde von Szeps gefördert. So lud Szeps zum Beispiel einen der berühmtesten französischen Schauspieler der Zeit, Constant Coquelin, ein, gemeinsam mit dem Burgschauspieler Adolf von Sonnenthal eine Matinee im Carl-Theater zu geben. Die Generalprobe fand zwei Abende vorher auf der Szepsschen Hausbühne statt. Rudolf an Szeps: *Wie gerne wäre ich gestern Abend Ihr Gast gewesen. Aber ich will morgen der Matinee beiwohnen, um die österreichisch-französische Verbrüderung zu genießen.*[49]
Unter Szeps' Einfluß begeisterte sich Rudolf für Frankreich und schrieb an Szeps über *die glückliche, reiche, sich lebensfähig erweisende mächtige französische Republik, die nun nach kaum 12 Jahren nach dem Tage von Sedan als unleugbar deutliches Beispiel dasteht, daß Republiken in Europa Großes leisten können. Und Rußland, in seinem Säuferwahnsinn, liegt in schweren inneren Konvulsionen und*

ist als Stütze für die konservativen Prinzipien, für die heiligen Allianzen verloren gegangen. Das führt die konservativen Höfe von Berlin und Wien zusammen.[50]
Begierig wartete er auf Informationen aus Paris, das Szeps mehrmals jährlich besuchte: *Einiges von Ihnen über Frankreich zu erfahren, würde mich sehr freuen … Ich habe für dieses Land, so lange es Republik bleibt, große Sympathien! Wir haben Frankreich als Urquell aller liberalen Ideen und Institutionen am Continent doch enorm viel zu verdanken, und in allen Momenten, wo große Gedanken zum Durchbruch kommen sollen, wird es uns als Muster voran sein. Was ist Deutschland dagegen, nichts als eine enorm erweiterte preußische Soldateska, ein purer Militärstaat, was es früher war, nur noch vergrößert. Was hat das Jahr 70 Deutschland genützt? Zu der ganzen Menagerie von kleinen Königen und Fürsten haben sie noch einen Kaiser dazu bekommen, eine viel größere Armee müssen sie zahlen und ein von Soldaten, Polizei und strammem Beamtenthum erhaltener und gedrillter Reichs- und Einheitsgedanke schwebt auf den Flügeln eines anbefohlenen und anerzogenen Patriotismusses an den Spitzen der Bajonette. Was ist das heutige Deutschland nach einer verlorenen Schlacht gegen das republikanische Frankreich, was thut es, wenn die Armee zu wanken beginnt; dann singen die guten Deutschen: »Allons enfants de la patrie«, wie sie es am Ende des vorigen Jahrhunderts gesungen haben. Ich glaube, wir gehen ernsten Zeiten entgegen.*[51]
Da Äußerungen wie diese keinesfalls an die Öffentlichkeit dringen durften, bat Rudolf den Freund, *mein Schreiben, das arg zensurbedürftig ist, in den tiefsten Winkel eines lodernden Kaminfeuers zu werfen*, eine Bitte, die Szeps nicht erfüllte, zur Freude der Historiker.
Szeps' Informationsbriefe aus Paris sind so umfangreich, daß sie einer eigenen Analyse würdig wären. Der Brief vom November 1883 zum Beispiel ist 18 eng beschriebene Seiten lang, berichtet über ein Gespräch mit Gambetta, über sozialistische Bewegungen, über Finanzen, denen Szeps stets besonderes Augenmerk widmete. Schon früh tauchten auch Informationen über Georges Clemenceau auf, den Führer der Radikalen, wie sich die Liberalen Frankreichs nannten. Er begann in den achtziger Jahren seine Karriere und machte mit seinen linksliberalen Ideen Furore. Szeps an Rudolf 1885: »Der Mann der Zukunft scheint mir – Clemenceau zu sein.«[52]

Eine unstandesgemäße Freundschaft

In Paris traf Szeps regelmäßig Clemenceau zu politischen Gesprächen, in deren Mittelpunkt stets das deutsch-französische Verhältnis und die »Revanche« für das Jahr 1871 stand. Er betonte wiederholt, daß Clemenceau zwar ein Gegner Deutschlands, aber ein Freund Österreichs sei und schrieb an den Kronprinzen, »daß der rothe Clemenceau also, vor dem sich eine gewisse Gesellschaftsklasse sicher bekreuzt, mir nach meinen Aufzeichnungen in einem Gespräche am 21. August 1881 folgendes sagte: ›Gesetzt auch den Fall es käme im Laufe der Dinge dahin, daß uns Bismarck Elsass und Lothringen gegen die [Zusicherung] zurückgeben wollte, daß wir die Annexion der deutschen Provinzen Österreichs geschehen lassen, so dürfen wir das nicht annehmen. Denn es ist nothwendig für uns und für Europa, daß die Habsburgische Monarchie beisammen bleibt‹«.[53] Eine solche Äußerung sicherte Clemenceau die Zuneigung Rudolfs, der stets besorgt war, Bismarck habe es auf die deutschen Provinzen Österreichs abgesehen, die ihm überdies von den Alldeutschen um Schönerer förmlich angeboten wurden. Wenn sich Rudolf auch in offiziellen Reden noch so freundlich über den Zweibund aussprach, wie es ihm der Außenminister auftrug – was konnte er als politisch einflußloser, rein höfischer Repräsentant anderes tun, als diese Weisung zu befolgen –, so hörte er sich doch von Szeps voll Genugtuung an, wenn von einem wirtschaftlichen, militärischen und politischen Erstarken Frankreichs die Rede war – und von der Revanche für Sedan und Königgrätz.

Szeps wiederholte Aussagen Clemenceaus wie diese: »Wissen Sie, wie die Preußen es gemacht haben, um Paris zu nehmen? Sie hielten sich ganz ruhig, bis wir unsere Lebensmittel verzehrt hatten, und dann mußten wir uns ergeben. Wir müssen es ebenso Bismarck gegenüber machen. Wir müssen uns ganz ruhig halten. Bismarck ist von hundert Verlegenheiten umgeben, die sich stets erneuern und verstärken werden, bis aus den Verlegenheiten eine Gefahr werden wird. Erlebt er selbst einen solchen Moment nicht, dann wird ihn sein Nachfolger erleben, und wir werden, so hoffe ich, in der Lage sein, ohne große Schwierigkeiten das zurückzunehmen, was nicht aufhören kann, unser zu sein.« Clemenceau sagte Szeps (und dieser berichtete dem Kronprinzen), daß Frankreich bereit sei, »eher sogar einen Krieg zu führen um nicht zuzulassen, daß die deutschen Provinzen Österreichs an Deutschland fallen«.[54]

6. Kapitel

Das Mißtrauen gegen Bismarck durchzieht die gesamte Korrespondenz zwischen Rudolf und Szeps. Rudolf fürchtete, daß die Schönerer-Anhänger *trotz der österreichisch-deutschen Allianz eines Tages dem Alliierten in Berlin ein willkommenes Werkzeug werden könnten, um unseren Staat in die größte Verwirrung zu stürzen*, womit wohl eine Art freiwilliger Anschluß gemeint war. Und Szeps meinte seinerseits: »Kömmt ein Moment, wo es dem Fürsten Bismarck passen sollte, uns etwas recht Unangenehmes anzuthun, so wird man sich in Berlin der deutschen Nationalparthei in Österreich schon erinnern, und man wird sich *gerne* an sie erinnern.«[55]

Bei jedem Vergleich zwischen Frankreich und Deutschland schnitt das letztere bei Rudolf schlecht ab: *Deutschland ist nur auf seine Bajonette basiert, besteht aus zu vielen Staaten und einzelnen Häuptern und ist nicht getragen von einer fortschrittlichen und zivilisatorischen Regierung. Darum ist es nie so einflußreich, als wie Frankreich es war in seinen guten Tagen.*[56]

Im Laufe der Jahre näherte sich der Kronprinz immer mehr dem Standpunkt Szeps' und Clemenceaus an, den die Szeps-Tochter Berta Zuckerkandl in ihrem Tagebuch 1885 so skizzierte: »Mein Vater und Georges haben dann lange darüber gesprochen, aus welchem Grund eigentlich Österreich sein Bündnis mit Deutschland aufrecht hält – mit diesem von ganz Europa gehaßten Staat. Und Georges sagte ganz richtig, daß Deutschland diese Allianz brauche, die für Österreich wertlos sei. Vater gab ihm recht und meinte, es sei Bismarcks größter diplomatischer Triumph, daß er in der Welt den Glauben geweckt hat, das Bündnis sei für Österreich unentbehrlich.«[57]

Szeps berichtete über Annäherungen Frankreichs an England und Rußland und machte sich auch Gedanken über die deutsche Strategie im Kriegsfall (die tatsächlich im August 1914 Wirklichkeit werden sollte): »Der kürzeste und sicherste Weg für einen Angriff Deutschlands auf Frankreich, deßen ist man sich in Paris wohl bewußt, führt über Luxemburg und Belgien. Beide sind allerdings neutral. Ihre Neutralität steht unter dem Schutze Europas. Aber wird Europa gewillt und auch im Stande sein, die Neutralität Belgiens und Luxemburgs wirksam zu schützen? Mit dieser Frage, die eine Kardinalfrage ist, hat man sich sehr ernst und eingehend in den Pariser militärischen und politischen Kreisen beschäftigt, und ist dabei zu keinem besonders tröstlichen Resultate gelangt. Belgien ist zu schwach, um selbst seine Neutralität zu wahren. Der belgischen Armee würde im Falle einer deutschen Invasion nichts übrig bleiben, als so rasch und gut als möglich das befestigte Lager von Antwerpen zu erreichen und dort den weiteren Verlauf der Dinge abzuwarten. Einen geschriebenen Protest Belgiens braucht Deutschland ebensowenig zu fürchten, als einen formalen Protest der Mächte, welche Garanten der Neutralität Belgiens sind.«[58]

In einem Gespräch mit dem deutschen Militärattaché Carl Graf Wedel verleugnete Rudolf seine guten Informationen über Frankreich keineswegs und nannte offen seine Befürchtungen über einen neuen Krieg und ein mögliches Bündnis zwischen Frankreich und Rußland. Brisant war die Unterhaltung deshalb, weil zwei Tage vorher im »Neuen Wiener Tagblatt« ein Leitartikel »Die zwei Gewitter«[59] erschienen war, worin Szeps ebendiese Befürchtungen aussprach – ein Zusammentreffen, das auch Wedel bemerkte und zur Sprache brachte.

Das Einvernehmen zwischen Rudolf und Szeps überstieg dabei alle Vermutungen: der Artikel fußte auf einem wegen seiner Schärfe nicht druckbaren Manuskript Rudolfs, worin er Bismarck verdächtigte, auf einen Krieg mit Frankreich hinzusteuern: *Bismarck lernt reiten, so tönt es hier* [Rudolf verfaßte das Manuskript während eines Berlin-Besuches] *leise, ganz leise von Mund zu Mund. An jedem Nachmittage übt er seine alten Glieder an die zukünftigen Strapazen eines Krieges ... Das Volk hat den Frieden satt, namentlich einen Frieden in solcher Rüstung. Alle Welt klagt über schlechte Zeiten und hofft nur vom Kriege Befreiung! ... Das können Sie versichert sein, wenn Deutschland, wenn Bismarck die Zeit für gekommen hält zum Kriege, dann werden wir ihn haben und Seine Majestät der Deutsche Kaiser wird trotz seines Alters an der Spitze stehen. Für einen Hohenzollern gibt es keine Schwäche, kein Alter. Und Bismarck hält die Zeit für gekommen.*[60]

Wedel berichtete an Bismarck über seine Unterredung mit Rudolf: »Der Kronprinz ging nach kurzer und gnädiger Begrüßung sofort auf das politische Gebiet über, indem er mit einer gewissen Feierlichkeit auf die in neuerer Zeit in Frankreich hervorgetretenen beunruhigenden Symptome hinwies. Seine kaiserliche Hoheit bemerkte hierzu, daß der Glaube an einen in diesem Sommer ausbrechenden Krieg zwischen Frankreich und Deutschland hier in journalistischen und anderen

Kreisen neuerdings immer festere Wurzeln fasse, und daß dieser Glaube durch die aus Frankreich hierher gelangenden Nachrichten erzeugt und ernährt werde. Doch nicht in Frankreich allein, sondern auch in Deutschland befestige sich, wie er höre, ein solcher Glaube, besonders in den Kreisen der kleineren Geschäftsleute.«
Wedel bestritt dies entschieden, betonte Bismarcks Friedensliebe und kritisierte dann ohne Umschweife die Quelle, aus der Rudolf so offensichtlich schöpfte: Moriz Szeps. Wedel: »Nichtsdestoweniger aber klang in den Worten des Kronprinzen eine gewisse pessimistische Anschauung durch, welche hauptsächlich in dem Glauben ihren Grund zu haben scheint, daß zwischen Rußland und Frankreich für gewisse Eventualitäten Abmachungen bestehen, ein Glaube, der, wie ich annehme, sich auf die jüngst von mir erwähnten Äußerungen des Herrn Clemenceau stützt.«[61]
Bismarcks Mißtrauen war geweckt, und Beschwichtigungsversuche des deutschen Botschafters in Wien reizten ihn nur noch mehr. Reuß verneinte immer wieder, so auch 1886, »daß die Ansichten des Kronprinzen irgend welchen Einfluß auf die Politik ausüben, welche sein erlauchter Vater und dessen Regierung befolgen«. Bismarcks Randbemerkung: »Das habe ich nie befürchtet, er ist aber der *künftige* Kaiser.« Reuß: »Der junge Herr ist ehrgeizig und mag sich mit allerhand Zukunftsplänen, auch mit Bezug auf die Balkanhalbinsel tragen. Mit gutem Gewissen kann ich aber den Kaiser nicht dafür verantwortlich machen.« Bismarck: »Nur die Erzieher.« Reuß: »Daß der Kronprinz wirklich Hinneigung zu Frankreich haben sollte, habe ich nie gehört … Wie ich schon zu sagen die Ehre hatte, verkehrt der Erzherzog mit Literaten und Journalisten [Bismarck: ›C'est tout dire!‹ Das sagt alles!], unter Anderen mit Herrn Szeps, dessen Tochter den Bruder des Herrn Clemenceau in Paris geheiratet hat. Der Kronprinz hält viel von dem Verstande des Redakteurs des ›Wiener Tagblatt‹ [Bismarck: ›Das genügt!‹]; er behauptet, diese Zeitung sei unabhängig [Bismarck: ›!‹], und das gefällt ihm. Nun hat Herr Szeps, der früher auch wohl französisches Geld erhalten hat, um sein Blatt am Leben zu halten, viele Verbindungen mit Paris [Bismarck: ›Wirklich!‹]. Die Briefe, die er von dort erhält, amüsieren den Kronprinzen. [Bismarck: ›Cela suffit.‹ Das genügt.] Sein journalistischer Freund mag aber auch Äußerungen des hohen Herrn benützen (und leider fehlt es auch nicht an schriftlichen),

Eine unstandesgemäße Freundschaft

um sich damit vor seinen französischen Bekannten zu brüsten und sich und seine Zeitung als einflußreich in Österreich darzustellen. Die Brüder Clemenceau und Genossen werden aber auch ihrerseits von der guten Gelegenheit Gebrauch machen und versuchen, hier Einfluß zu gewinnen. [Bismarck: ›Natürlich.‹] Ob mit Erfolg, das ist eine andere [Bismarck: ›?‹] Frage [›?‹].«
Reuß verwies immer wieder darauf, der Kronprinz hätte weder Macht noch Einfluß, man dürfe ihn nicht zu ernst nehmen. Darauf Bismarck: »Er kann aber jeden Tag zur Regierung kommen – nur 1 Menschenleben dazwischen!«⁶²

Reichskanzler Otto von Bismarck

Auf seinen gutgemeinten Brief erhielt Prinz Reuß eine ungnädige Antwort des Reichskanzlers, verfaßt von dessen Sohn Herbert Bismarck: »Einen besorglichen Eindruck muß es auf uns immerhin machen, daß der Kronprinz nicht nur mit Vorliebe mit Literaten und Journalisten verkehrt, sondern sich nach Euerer Durchlaucht eigenen Angaben von Redakteuren, die früher französisches Geld erhalten haben und jetzt intime Beziehungen zu Paris haben, imponieren läßt. Wenn der Kronprinz in diesen Bahnen bleibt, so muß uns das mit Besorgnis für die Zukunft erfüllen und zur doppelten Vorsicht in unseren politischen Entschließungen mahnen.«⁶³

Im folgenden Privatbrief aus der Familie Bismarck wird die Meinung des Reichskanzlers noch deutlicher. Bismarck »lege dem Liberalismus des Kronprinzen wenig Bedeutung bei«, heißt es da, »das wäre ein Liberalismus, der bei allen Thronfolgern üblich wäre, bei uns sowohl als auch in Rußland und anderswo. Wenn der Herr später das Regiment in Händen hätte und selbst die Verantwortung tragen müßte, würde er wohl anders denken. Aber sehr bedenklich wäre die Hinneigung zu Frankreich, die sich in den Beziehungen zu Clemenceau–Szeps dokumentierte. Die jetzige französische Hinneigung des Kronprinzen wäre

6. Kapitel

für uns gefährlich, und wir können deshalb unsere russischen Schiffe nicht verbrennen.« Es folgte darauf die Empfehlung an Reuß und Wedel, den österreichischen Kronprinzen »kühl [zu] behandeln«.[64] Szeps bestärkte Rudolf in der Angst vor der Übermacht Bismarcks und im Mißtrauen, daß Verträge, seien es nun Neutralitätserklärungen oder Bündnisse, nur so lange hielten, wie sie Bismarck nützten. Es sei deshalb nötig, sich bei einer anderen Macht rückzuversichern, jedenfalls nicht das Wohl und Wehe Österreichs vom deutschen Bündnispartner abhängig zu machen und sich von ihm nicht in einen Krieg mit Frankreich hineinziehen zu lassen, mit dem Österreich ja keinerlei Interessenkollisionen hatte.

Mindestens ein persönliches Treffen zwischen dem Kronprinzen und Georges Clemenceau ist sicher, und zwar in der Hofburg in Wien im Dezember 1886, als Clemenceau zur Hochzeit seines Bruders Paul mit der ältesten Szeps-Tochter Sophie in Wien war. Rudolfs alter Kammerdiener Nehammer, der stets für delikate Aufträge eingesetzt wurde, erwartete Szeps und Clemenceau dort, »wo Herr Szeps die Kaiserliche Hoheit immer unbeobachtet aufsucht«. Das dürfte der geheime Weg von der Albertinarampe durch verlassene Gänge und Zimmerfluchten in Rudolfs Junggesellen-Appartements gewesen sein, den auch manche Damen bei ihren Besuchen in der Hofburg benützten. Der Zeitpunkt war 12 Uhr in der Nacht: »Es wäre keine andere Stunde für ein ruhiges Gespräch disponibel.« Über das Gespräch notierte Szeps:

»Der Kronprinz begrüßte Clemenceau warm. ›Ich habe mir schon lange gewünscht, Sie kennen zu lernen. Sie sind ein Kenner und ein wahrer Freund Österreichs. Herr Szeps hat mir Aufzeichnungen zu lesen gegeben, die er nach einem mit Ihnen

Clemenceau, gemalt von Manet

Eine unstandesgemäße Freundschaft

gepflogenen Gespräch gemacht hat. Ich werde Ihre Worte nicht vergessen: ›Eher müßte Frankreich einen Krieg führen, als daß es zuließe, daß die deutschen Provinzen Österreichs an Deutschland fallen.‹
Clemenceau: ›Abgesehen von meinen freundschaftlichen Gefühlen für Österreich – ich würde meine Gefühle niemals, wenn es um mein Land ginge, in den Vordergrund stellen – habe ich auch vom Standpunkt eines französischen Politikers stets ein freies und unabhängiges Österreich gewünscht. Denn Österreichs Freiheit ist von absolut vitaler Notwendigkeit für Frankreich als Gegengewicht für Bismarck.‹
Der Kronprinz: ›Deutschland wird es niemals verstehen, welch ungemeine Bedeutsamkeit und Weisheit es ist, die Deutsche, Slawen, Ungarn, Polen um die Krone gruppiert. Der Staat der Habsburger hat längst, wenn auch in Miniaturform, Victor Hugos Traum der Vereinigten Staaten von Europa verwirklicht. Österreich ist ein Staatenblock verschiedenster Nationen und verschiedenster Rassen unter einheitlicher Führung. Jedenfalls ist das die grundlegende Idee eines Österreich und es ist eine Idee von ungeheuerster Wichtigkeit für die Weltzivilisation. Und wenn auch vorläufig die Ausführung dieser Idee, um mich diplomatisch auszudrücken, nicht vollkommen harmonisch ist, so will das nicht besagen, daß die Idee selbst falsch ist. Es besagt nur, daß eine solche Idee im liberalsten Sinn Harmonie und Gleichgewicht sichern müßte ... Deshalb müßte meiner Meinung nach Österreich mit den westlichen Demokratien zusammengehen. Denn dort herrscht noch wahrer Liberalismus – persönliche Freiheit, Verachtung der Rassenidee und des Rassenhasses.‹
Clemenceau: ›Bismarck hält diese Eigenschaften für Schwäche. Er ist gewiß ein Genie. Aber den preußischen Junker, der in ihm steckt, wird er nie überwinden. Übrigens ist seine Politik Österreich gegenüber nicht ganz durchsichtig. Weshalb, wenn er ein starkes Österreich als Bundesgenossen wünscht, dachte er daran, uns einen Tausch anzubieten? Metz und Lothringen gegen die deutschen Provinzen Österreichs? Andererseits, warum versuchte er mit aller Kraft, Österreich in diese verrückte Ostpolitik hineinzutreiben?‹
Der Kronprinz: ›Unsere Balkanpolitik! Unsere Mission, die leider von Frankreich und England oft mißverstanden wird. Und doch ist es unsere schönste Mission, Kultur nach dem Osten zu tragen. In Frankreich ahnt man nicht, welches Werk wir in den letzten 8 Jahren seit der

Okkupation in Bosnien vollbracht haben. Diese Okkupation, die Frankreich und England uns noch immer nicht verzeihen! Was ich pénétration pacifique nenne – diese Aufgabe zu erfüllen ist mein schönster Traum. Aber Rußland steht drohend dazwischen. Das betrunkene drohende Rußland, welches die Balkanvölker in Barbarei und Finsternis geknebelt haben will, um sie, wenn es ihm gefällt, gegen uns loszulassen.‹
Clemenceau: ›Auch da könnte ein wirkliches Verstehen zwischen uns und England gute Früchte tragen. Denn was hindert England, mit Eurer Balkanpolitik einverstanden zu sein? Nur daß England sich indirekt von Deutschland bedroht fühlt. Eine enge österreichisch-deutsche Allianz, die von der Nordsee und dem Baltischen Meer bis zum Mittelmeer und dem Schwarzen Meer reichen würde, dies scheint für England die deutsche Drohung noch drohender zu machen.
Der Kronprinz: ›Der Prinz von Wales ist mir freundschaftlich gesinnt. Wir sehen uns oft, viel Gemeinsames verbindet uns und er kommt gerne zu mir nach Wien. Ich weiß es bestimmt, daß, wenn er und ich einmal Englands und Österreichs Thron besteigen werden, England und Österreich zu einem vollständigen Einverständnis kommen müssen. Möge unsere Unterredung zu einem Zusammenwirken und zu einem harmonischen Verständnis zwischen unseren drei Ländern führen.‹«[65]
Diese wichtige politische Unterredung blieb sowohl in Wien wie in Berlin unbekannt. Ob Briefe und weitere Begegnungen zwischen Rudolf und Clemenceau folgten, in der diese Ideen weiter ausgesponnen wurden, wissen wir nicht, da Clemenceau kurz vor seinem Tod seine gesamte Privatkorrespondenz vernichtete.[66]
Aus dieser einzigen Gesprächsaufzeichnung wird deutlich, wie intensiv sich Rudolf bemühte, Bundesgenossen und Freunde für seine spätere Regierung zu finden. Gemeinsam mit den liberalen Thronfolgern Eduard VII. in England und Friedrich III. in Deutschland hoffte er, sein Ziel zu erreichen: einen toleranten, liberalen Vielvölkerstaat, die »Vereinigten Staaten von Europa« im kleinen, dem als Aufgabe die friedliche Kultivierung des Balkans zugedacht war, unter den wohlwollenden Augen der Westmächte.
Rudolfs Beziehungen zu Frankreich gingen über die Bekanntschaft mit Clemenceau, einigen französischen Wissenschaftlern und Journalisten weit hinaus und verstärkten sich in den nächsten Jahren, vor allem nach

dem frühen Tod Kaiser Friedrichs III. und der Regierung Wilhelms II. Dunkle Hinweise auf eine Verbindung des Kronprinzen mit dem französischen Außenminister Goblet kurz vor Mayerling, manche nach heutiger Quellenlage noch rätselhafte Aktivitäten Rudolfs in seinen letzten Lebensmonaten und -wochen deuten immer wieder auf Frankreich und Verstrickungen politischer Art, die gefährlicher kaum gedacht werden können. Denn Bismarck regte sich schon über die kleinste Tratscherei, daß es persönliche und politische Beziehungen zwischen dem österreichischen Kronprinzen und Clemenceau gebe, maßlos auf, wie aus vielen seiner Randbemerkungen zu Berichten aus Wien zu schließen ist: »Wenn irgend etwas unsere Beziehungen zu Österreich lähmen kann, so ist es Kokettiren mit Frankreich.«[67]

7. Kapitel

REPRÄSENTATION FÜR TECHNIK UND WISSENSCHAFT

Je mehr freimütige Äußerungen des jungen Kronprinzen in die Öffentlichkeit gelangten, desto gegensätzlicher wurde er beurteilt. Einerseits zog er sich den leidenschaftlichen Haß des Hochadels, der Antisemiten, der »Klerikalen« und jeder Art von Nationalisten zu. Andererseits sahen die Liberalen, die Intelligenz-Bourgeoisie und die von ihr getragene liberale Presse, die Assimilations-Juden, Nicht-Katholiken, Gegner des Taaffe-Regimes, die alten »Achtundvierziger« und übernational denkenden »Großösterreicher« in ihm den Garanten einer toleranteren, liberaleren Zukunft der Donaumonarchie.

Die Hoffnungen nahmen mit jeder offenherzigen politischen Äußerung des Kronprinzen in einem solchen Ausmaß zu, daß er gezwungen war, abzuwiegeln und darauf hinzuweisen, daß er in der Politik wie in der Wissenschaft nichts als ein interessierter Dilettant sei. Seine häufigen Klagen, daß »man« (womit der Kaiser gemeint war) mit ihm »nie ein Wort über Politik gesprochen« habe, daß er ohne politische Betätigung und Einfluß, ja ohne Informationsmöglichkeit sei und seine private Meinung deshalb von geringem Wert sei, sollten übereilige Anhänger bremsen.

Andererseits spornte der Umgang mit Gelehrten, Schriftstellern und Politikern den jungen Mann an, sich weiterzubilden, zu lernen, sich des Vertrauens würdig zu erweisen. Für höfische Feste, auch für die in der Makartzeit beliebten aristokratischen Spielereien wie Kostümfeste, Karussells mit Pferden hatte er nichts als Verachtung übrig: *Man macht sich in unserer so ernsten Zeit nur lächerlich, wenn man sich durch Monate mit dergleichen Costümfexereien beschäftigt.* Statt dessen zeigte er größtes Interesse an den Naturwissenschaften, neuen Erfindungen, vor allem der Elektrizität, und bemühte sich nach Kräften, die Neuigkeiten bekannt zu machen.

Repräsentation für Technik und Wissenschaft

Rudolfs Eröffnungsrede zur Elektrischen Ausstellung 1883 in der Rotunde in Wien wurde als Programm für eine moderne, wissenschaftsfreudige Zukunft Österreichs aufgefaßt und war auch so gemeint: *Der Verwertung einer mächtigen Naturkraft durch wissenschaftliche Arbeit und der Ausnützung derselben für das tägliche Leben neue Bahnen zu brechen ist der Zweck dieses Werkes. Nicht dem Momente blüht der volle Erfolg, die Zukunft ist eine große; – und eine weitreichende, kaum zu berechnende Umwälzung, tief eindringend in das gesammte Leben der menschlichen Gesellschaft steht bevor.* Es folgte ein Lob für Wien, das zwar nicht die erste (Paris und München waren mit ähnlichen Ausstellungen vorangegangen), wohl aber die größte elektrische Ausstellung hatte: *Ist es denn nicht unsere Vaterstadt, aus welcher Preschels Zündhölzchen im Jahre 1833 hervorging, das alte, der Steinzeit würdige Feuerzeug für immer verdrängend? Und die Stearinkerze, hat sie nicht von Wien aus im Jahre 1837 ihren Weg durch die ganze Welt gemacht? Ja selbst die Gasbeleuchtung der Straßen, die große Umwälzung im städtischen Leben wurde vom Mährer Winzer in Wien ausgedacht und erst dann in England eingeführt. Nun stehen wir an einer neuen Phase in der Entwicklungsgeschichte des Beleuchtungswesens; auch diesmal möge Wien seinen ehrenvollen Platz behaupten und ein Meer von Licht strahle aus dieser Stadt und neuer Fortschritt gehe aus ihr hervor.*[1]

Die Wirkung dieser ersten großen Rede des Kronprinzen in Wien war ungeheuerlich, vor allem in der liberalen Presse. Die Gattin des belgischen Botschafters de Jonghe schrieb skeptisch nach Brüssel: »Die Zeitungen sind von der Rede begeistert. Man will in ihr eine Neigung sehen, dem Bürgertum einen Ehrenplatz einzuräumen und ihm den Geistesadel zuzuerkennen. Ich fürchte, daß er unter dem Einfluß seines Freundes Hans W(ilczek) zu weit gehen wird und wir mit der Zeit den Pariser Liberalismus bei uns sehen werden.«[2]

Am Tag der Eröffnung erschien im »Neuen Wiener Tagblatt« ein Leitartikel aus Rudolfs Feder, ein Preislied auf den Fortschritt des 19. Jahrhunderts, der Märchenträume aus tausendundeiner Nacht wahr machte: »Tausend und ein Tag«: *Die Siebenmeilenstiefel sind durch unsere Lokomotiven überholt, unsere Botschaften in die Ferne werden mit größerer Geschwindigkeit durch die Bewegung der Elektrizität getragen, als es der dienende Geist des Märchens gethan, und jenes geheim-*

nisvolle, dabei aber blendendhelle Licht, das in den unterirdischen Feenpalästen dem glücklichen Aladin gestrahlt, es fluthet aus allen Räumen des eisernen Kuppelgewölbes, das zu einem Wahrzeichen unserer Stadt geworden ist.
Das aber ist der Unterschied zwischen dem alten phantastischen Märchen und seiner Verwirklichung im 19. Jahrhunderte: Die Siebenmeilenstiefel gehörten nur einem Einzigen, und sie konnten nur Einem gehören, ob er sie nun durch die Gunst übermenschlicher Wesen, oder durch List und Gewalt sich angeeignet. Aber diese Zeiten sind vorbei: Was der einzelne Mensch aus dem Boden der Thatsachen wirklich erschafft, das gehört sofort nicht ihm allein, das wird zum Gemeingut aller anderen Menschen, das gehört zum Gebrauch, zum Vortheil und zum Genuß der ganzen Menschheit. Das Märchen ist ein aristokratischer Traum; seine Realisierung durch die Forschung und die daran sich knüpfende Erfindung ist demokratische Wirklichkeit.[3]
Szeps nützte Rudolfs Protektorat über die Elektrische Ausstellung für einen Reklamegag: Er druckte während der Ausstellung auf einer der neuen elektrischen Rotationsmaschinen Rudolfs Eröffnungsrede und ließ sie an die Besucher als Erinnerung verteilen. Die Maschine druckte am Eröffnungstag nicht weniger als 32 000 Exemplare, und die Wirkung solch massiver Werbung blieb bei Rudolfs Feinden nicht aus. Rudolf an Szeps: *Graf Taaffe kommt morgen früh hier an; er wollte nicht bei der Eröffnung sein; vom Adel war niemand da; wollen Sie darüber ein Feuilleton? Ich bin bereit; ließe sich unterhaltend wiedergeben. Erzherzog Albrecht verzog das Gesicht auf das entsetzlichste, als ich mit Ihnen sprach und als er die Vervielfältigung der Rede in Händen des »Tagblatt« sah.*[4]
Rudolfs angekündigtes Feuilleton über das mangelnde Interesse des Adels am wissenschaftlichen Fortschritt ist im Manuskript erhalten. Bissig stellte Rudolf darin den »geistigen Adel« der Bürgerlichen und Arbeiter dem ererbten Adel gegenüber: *Der dritte und vierte Stand, die Männer geistiger und auch jene körperlicher Arbeit, letztere durch erstere in ihrem Thun und Wirken angeleitet, haben sich hier wieder ihr Heim aufgeschlagen und nicht zu kühn ist es zu sagen, der geistige Adel feiert sein Fest in der Rotunde, dem Wahrzeichen Wiener Fortschrittes. Auch einen anderen Adel giebt es und dieser will auch nicht nur in prunkenden Salons, am Spieltisch und bei den vielartigen ihm »ererbt*

angeborenen« Passionen glänzen, sondern in der Werkstätte der arbeitenden Menschen seine Leistungen zeigen. Daß nur wenige Aristokraten die Elektrische Ausstellung besuchten, kommentierte er: *Das blaue Blut circulirt nicht leicht in den Gängen einer Ausstellung, die der Industrie und dem Fortschritt dient; es muß wohl edlere Bahnen aufsuchen,*[5] womit er Pferderennbahnen meinte.

Voll Eifer und Stolz führte Rudolf Gäste durch die Rotunde und bemerkte triumphierend, wenn sich der eine oder andere blaublütige Besucher ahnungslos über die neuen Erfindungen zeigte, so König Alfonso von Spanien: *Ich nannte ihm eine Inductionsmaschine und er verstand offenbar Injektionsmaschine und sagte mir ganz verwundert: »Also mit solchen kolossalen Spritzen wird jetzt das kuriert?«, worüber ich so lachte, daß ich fast zehn Minuten mit ihm nicht mehr sprechen konnte.*[6]

Mit seinem Engagement für Wissenschaft und Fortschritt verband der Kronprinz seine Kritik an der Rückständigkeit der Monarchie: *Bei uns werden von Seite des Hofes wenig Anstalten und Fabriksetablissements etc. etc. angesehen und man beschäftigt sich in hohen Kreisen wenig mit dergleichen Dingen. In Preußen und England geschieht viel mehr, und was gethan wird, erhält doch auch in journalistischem Wege den gehörigen erläuternden Text. In einer Zeit, wie es die jetzige ist müssen Mitglieder von Dynastien sich viel zeigen und viel arbeiten, um die Existenzberechtigung zu beweisen.* Er bat Szeps dabei um journalitsische Unterstützung: *Es wäre gut, wenn die Leute durch Ihr Blatt erfahren würden, was wir, meine Frau und ich, immer thun; damit man uns nicht auch für unnütze Schmarotzer halte.*[7]

Kurze Zeit vorher hatte Szeps dem Kronprinzen ein Pamphlet zugespielt, worin es aus Anlaß der bevorstehenden Geburt von Rudolfs erstem Kind wenig enthusiastisch hieß: »Ekelhaft ist das Treiben dieser Mamelucken bei dem ›freudigen Ereignisse‹, wo sich niemand freut als das privilegierte Diebsgesindel in Frack und Uniform. Wer sollte sich auch freuen. Gewiß nicht das Volk. Der Schwindel kostet wieder einige Millionen Gulden und das Volk hat kaum trockenes Brot für seine Kinder. Wie viele Tausende fleißiger und nützlicher Frauen sehen mit Kummer und Sorge der Stunde ihrer Entbindung entgegen, nehmen sich das Leben oder werden zu Mörderinnen ihrer eigenen Kinder aus Hunger und Nahrungssorge und da sollte das Volk in freudiger Stim-

mung sein, weil ein Frauenzimmer, das zufällig einen gekrönten Tagdieb – dessen ganzes Verdienst darin besteht, daß er nicht mit langen Ohren und graubehaartem Fell zur Welt gekommen ist, geheiratet hat und seit fast zwei Jahren schwanger sein soll? Lächerlich!« Das Flugblatt schloß mit dem Aufruf: »Nieder mit allen Tyrannen und ihren Schergen! Nieder mit allen Ausbeutern und Volksbetrügern!«[8]
Im Vollgefühl seiner rastlosen Arbeit konnten dem Kronprinzen solche Anwürfe in dieser Zeit nichts anhaben. Sein Überlegenheitsgefühl gegenüber den Aristokraten war in den frühen achtziger Jahren unerschütterlich: *Das sind Leute, die im höchsten Grad ungebildet und unwissend sind, und wahrhaftig wenn eine furchtbare soziale Katastrophe hereinbräche, so bilde ich mir ein, daß ich oder in irgendeiner Weise mit ein Stück Brot würde verdienen können. Aber diese Hocharistokraten, weil sie unwissend sind, würden nicht in der gleichen Lage sein, und da sie körperlich zu schwach sind, um als Holzhacker oder Steinklopfer zu arbeiten, so würden sie bei einer solchen Umwälzung einfach verhungern müssen.*[9]
Mit ähnlichem Eifer wie für die Elektrische Austellung widmete sich Rudolf auch anderen repräsentativen Aufgaben auf dem Gebiet der Wissenschaft, so 1884 dem Internationalen Ornithologischen Kongreß. Alle seine ornithologischen Korrespondenzpartner waren anwesend: Georg Girtanner aus der Schweiz, Gustav Radde aus Tiflis, Eugen von Homeyer, A. B. Mayer und Otto Finsch aus Deutschland. Sichtlich erfreut und geschmeichelt, als einer der Ihren anerkannt zu sein, rühmte Rudolf in seiner Eröffnungsrede *die Naturwissenschaften mit ihren klaren realen Thesen, mit ihrer Erforschung der Naturgesetze, mit ihrer Nutzbarmachung der Naturkräfte. Sie haben diesem Jahrhundert ihren Stempel aufgedrückt und unter dem Zeichen wahrer, weil wissenschaftlich begründeter Aufklärung dringen sie siegreich vor, die Forscher gleichviel ob ihre Werkstatt aufgeschlagen ist in hoher Sternwarte, im chemischen Laboratorium, im Secirsaale, in der Studirstube oder im Wald draußen bei der Beobachtung des Lebens, Schaffens und Vorgehens in der Natur.*[10]
Die »Neue Freie Presse« betonte in ihrem Bericht über Rudolfs Ansprache, sie sei wie ein »Protest gegen die den Naturwissenschaften feindliche Richtung, die auf manchen Gebieten unseres öffentlichen Lebens mittelbar und unmittelbar« wahrzunehmen sei.[11]

Repräsentation für Technik und Wissenschaft

Rudolf setzte sich auch für die Gewerbeausstellung in Antwerpen ein und schärfte dem Präsidenten des Österreichischen Gewerbevereins ein, wie dieser berichtete, »unsere Industrie müsse alles aufbieten, um im Wettbewerb der Völker ruhmreich zu bestehen. Der Kronprinz nahm an der Ausstellungseröffnung teil und ertrotzte gegenüber den die Etikette hochhaltenden Hofschranzen, daß sein Gefolge ausschließlich aus hervorragenden Persönlichkeiten der Industrie, des Kunstgewerbes und der Wissenschaft bestand.«[12]

Schließlich bestätigte Rudolf 1887 bei der Eröffnung der Hygiene-Ausstellung alle liberalen Hoffnungen mit dem zündenden Satz: *Das kostbarste Kapital der Staaten und der Gesellschaft ist der Mensch*, ein Satz, der im Leitartikel des »Wiener Tagblatt« präzisiert wurde: »Aber es drängt sich doch als ein Widerspruch auf, wenn wir einerseits das kriegerische, von Waffen starrende Europa sehen, und dann wieder das Europa, das auf dem hygienischen Kongresse sich versammelt hat. Wo ist denn die Wahrheit der Gegenwart zu suchen, wo spricht sie ihr letztes Wort, dort, wo sie in furchtbaren Rüstungen ihre Kräfte aufzehrt und Alles für das Blutvergießen der Zukunft vorbereitet, oder dort, wo sie den Pflichten der Selbsterhaltung, den Geboten der Humanität zu genügen und die Volksgesundheit zu schützen sucht?«[13]

Rudolf machte sich wenig Illusionen über die Wirksamkeit seiner Bemühungen. Ein gutes Beispiel für seine Stellung am Hof ist sein jahrelanges Engagement für den Rudolfinerverein. Dieser Verein war von Wiens großem Mediziner Theodor Billroth mit dem Ziel gegründet worden, an einem eigenen kleinen Krankenhaus (dem noch heute bestehenden Rudolfinerhaus) Pflegerinnen für den Kriegsfall auszubilden. Die Krankenpflege lag damals noch sehr im argen, was sich vor allem im Krieg von 1866 katastrophal ausgewirkt hatte. Billroth wollte nicht, wie es bisher üblich war, geistliche Schwestern einsetzen und damit unter Kontrolle der Kirche arbeiten, sondern Laienschwestern ohne Rücksicht auf ihre Religion.

Die beiden führenden Philanthropen der Zeit, Hans Wilczek und Jaromir Mundy, engagierten sich für den Verein. Der Kronprinz übernahm 1878 das Protektorat. Das Unternehmen bot, wie es heute scheint, keine Ursache zu Konflikten. Doch klagte Rudolf gegenüber Billroth: *Der Verein hat sehr viele Feinde, das weiß ich wohl und bekam es genug oft zu hören; und leider in sehr maßgebenden Kreisen*

7. Kapitel

Am 11. August 1882 besuchte das Kronprinzenpaar zum erstenmal offiziell das »Rudolfinerhaus«, dessen Protektor Rudolf war. Neben Stephanie der berühmte Arzt Prof. Theodor Billroth. Hinter Rudolf steht Graf Hans Wilczek

wird Propaganda dagegen gemacht; man kämpft, mit sehr einfachen, aber höchst unlauteren Mitteln. Die Schlagworte Freimaurerverein und antireligiöse Tendenz sind sehr leicht auszusprechen, und Beweise, um die kümmern sich eben gewisse Leute nicht. Wie ein Verein, der rein humanitäre Zwecke, die Linderung der notleidenden Menschheit, verfolgt und nebst dem unter meinem Protektorat steht, auch staatsgefährliche Intentionen in sich schließen kann, das ist mir nicht ganz klar, doch wie wir sehen, kann man auch den größten Unsinn wirksam verwerten![14]

Außerdem wurde 1880 die Österreichische Gesellschaft vom Roten Kreuz gegründet, deren Protektor der Kaiser, de facto aber sein Stellvertreter, Rudolfs alter Feind Erzherzog Karl Ludwig, war. Aus den weltanschaulichen Gegensätzen und den Rivalitäten der beiden Vereine erwuchsen ständige Spannungen, die die Presse ausgiebig beschäftigten.

Repräsentation für Technik und Wissenschaft

Die Rivalitäten brachen 1881 erneut auf, als nach einem Aufstand in Bosnien viele Verwundete zu versorgen waren. Als Fürstin Pauline Metternich in Ordenshäusern Pflegerinnen anwarb, um sie unter dem »Banner des Roten Kreuzes« in die Krisenregion zu schicken, konterte Rudolf: *Wie wäre es, wenn jetzt der Krankenwärterinnenverein sich auch wieder rühren würde, um in der Tat Gutes zu leisten und zugleich den Beweis zu liefern, daß die düsteren clericalen und reactionären Strömungen zurückzuschrecken und einzuschüchtern nicht in der Lage sind. Diese Aufrufe der Fürstin Metternich sind aristokratische Spielereien, und wahrscheinlich wird das Ganze mit einer Theatervorstellung oder mit sonst einem Fest endigen. Das Rote Kreuz wurde zu Parteizwecken benützt und in Dingen, die keinen anderen als den rein humanitären Standpunkt vor Augen haben sollten, wird clericale Politik getrieben. Unser Verein wird verfolgt, weil keine Nonnen dabei sind und einige nicht als fromm angeschriebene Namen an der Spitze stehen!*[15]

An Ministerpräsident Graf Taaffe schrieb Rudolf einen langen Brief mit der Bitte, *die Bestrebungen dieses Vereines kräftig zu unterstützen*. Er glaubte sich rechtfertigen zu müssen: *Den Herren, die an der Spitze stehen sowie dem Vereine liegt es keineswegs im Sinne, antikirchliche Zwecke zu verfolgen, und was die grauen Schwestern betrifft, so sind die leitenden Persönlichkeiten aus eigener Erfahrung über die außerordentlichen Eigenschaften derselben sich wohl bewußt; nur ist für die jetzigen Verheerungen eines modernen Krieges die Zahl der barmherzigen Schwestern eine zu geringe und der Verein der Krankenwärterinnen muß als eine Wohltat angesehen werden.*[16]

Dieser engagierte Brief an den Ministerpräsidenten bewirkte zwar einige Versprechungen, aber hauptsächlich eine Verärgerung Taaffes. Ein zweites Mal wagte es Rudolf nicht, sich für den Verein bei Taaffe einzusetzen und schrieb resigniert an Billroth: *In militärischen Dingen bin ich einfacher Brigadier; ist ein Wunsch, den ich in solchen Angelegenheiten dann vorbringe, unbequem, so kehrt man einfach diesen Standpunkt hervor, das habe ich schon öfters erfahren müssen. Im Ganzen ist man, wie Sie wissen, nicht sehr erfreut über meine lebhafte Beteiligung an den Angelegenheiten der Rudolfiner; in nicht militärischen Dingen hingegen genügt eine kurze Antwort, um mich zum Schweigen zu bringen. Und in der Tat darf ich mich dann nicht mehr rühren und helfe somit dem Verein gar nichts.*[17] Wie so oft stieß er auch

7. Kapitel

diesmal wieder nicht nur mit Taaffe, sondern auch mit der »klerikalen« Hofpartei des Erzherzogs Karl Ludwig zusammen.
Betont werden muß aber, daß Rudolf zwar immer überscharf gegen die »Klerikalen«, nie aber gegen die Kirche Stellung bezog. So war er seit 1880 rühriger Protektor des »Wiener Dombauvereins« und arbeitete sowohl mit dem Wiener Fürsterzbischof Johann Kutschker als auch mit dessen Nachfolger Coelestin Ganglbauer (beide allerdings als »liberal« geltende Kirchenmänner) in herzlichem Einvernehmen.
Als einer der heftigsten Kritiker trat Rudolf beim Ringtheaterbrand 1881 hervor, wo wegen mangelhaften Feuerschutzes 300 Menschen in den Flammen umgekommen waren. Die liberalen Zeitungen machten Taaffe, der auch Innenminister war, heftige Vorwürfe. Der Kronprinz schloß sich ihnen an, was Graf Alexander von Hübner in seinem Tagebuch kritisierte: »Der Kronprinz beteiligte sich am Chor der Zeitungen, die Taaffe der Unfähigkeit und Sorglosigkeit beschuldigten und ihn als den wahrhaft Schuldigen bezeichnen und dadurch versuchen, den Kaiser zu depopularisieren. In den Caféhäusern schimpft man über die Abwesenheit des Kaisers, als wäre es ein in die Massen geschleudertes mot d'ordre.«[18]
Rudolf und seine Anhänger kritisierten aber nicht nur. Aus ihrem Kreis kam, ausgehend von der Ringtheaterkatastrophe, der Plan, die Freiwillige Wiener Rettungsgesellschaft zu gründen. Hans Wilczek und Jaromir Mundy setzten mit großzügigen Spenden in harter Kleinarbeit den Plan in die Tat um, selbstverständlich wiederum von der Hofpartei angefeindet, ein »Freimaurerverein« zu sein, bei dem zu viele Juden verkehrten.

Im Lauf der Jahre nahm so gut wie jeder öffentliche nichtmilitärische Auftritt des Kronprinzen den Charakter einer Demonstration an. Rudolf wich den Konflikten nicht aus, sondern suchte sie geradezu. Er verhielt sich stets parteiisch, kaum jemals diplomatisch und brachte in das streng geordnete, jede Spontaneität unterdrückende, sich unparteiisch gerierende, aber in Wirklichkeit klerikal-konservative Hofleben nicht wenig Verwirrung. Rudolf war das, was der Kaiser zeit seines Lebens nicht ausstehen konnte: ein Vielredner, Vielschreiber, Intellektueller, Liberaler und ein erbitterter Gegner der Hofpartei.

Repräsentation für Technik und Wissenschaft

Als Beispiele können sogar Rudolfs Ballbesuche dienen, so wenn er sich den hochadeligen Festivitäten möglichst fernhielt, aber andere Bälle auszeichnete, wie den Lloydball in Triest, ein Treffpunkt der Wirtschaft, und den Concordia-Presseball 1884.

Der Presseklub Concordia war (und ist) die offizielle Vertretung vor allem der Wiener Presse. Der Verein galt in den achtziger Jahren als liberal, »verjudet« und wurde in einem zeitgenössischen Agentenbericht geschildert »als so von Freimaurern durchtränkt, daß man ihn als faktische Logen-Affilation ansehen kann«.[19]

Der Schriftsteller Karl Emil Franzos erzählte: »Jener Abend nun war vollends der glänzendste, den der Verein bisher erlebt hat. Die Nachricht, daß der Kronprinz erwartet werde, hatte sich von Mund zu Mund verbreitet und die gewaltigen Räume trotz des hohen Eintrittspreises Kopf an Kopf gefüllt ... Ein Habsburger, und nun gar der Thronerbe, sollte aus den Grenzen der starrsten Hofetiquette, die derzeit noch in Europa aufrecht erhalten wird, heraustreten, den Ball der Presse besuchen und diesem viel befehdeten, in seiner sozialen Geltung noch lange nicht gefestigten Stande ein Zeichen seiner besonderen Wertschätzung geben; das klang an sich seltsam genug. Nun hatten sich zudem gerade damals die Beziehungen zwischen der Regierung und der Wiener Presse überaus scharf zugespitzt. Die meisten Wiener Zeitungen standen in der schärfsten Opposition gegen das herrschende Ministerium Taaffe, das zu jener Zeit längst offenkundig im Fahrwasser der Slawen, Klerikalen und Föderalisten segelte ... Kam nun der Kronprinz wirklich, so sah dies, wie immer es gemeint war, einer Demonstration gegen das Ministerium gleich, über deren Schärfe sich niemand täuschen konnte.

Nun, er kam endlich. Um elf Uhr durchbrausten Hochrufe den Saal, die Musik spielte die Volkshymne, als er ... den Saal betrat. Rasch war ein Spalier gebildet, durch das er der Estrade zuschritt ... Noch ehe wir den Prinzen sehen konnten, wußten wir, in welcher Uniform er erschienen war. ›In Gala‹, ging das freudige Flüstern von Mund zu Mund, ›mit dem Goldenen Vlies!‹ – und die Hochrufe klangen noch lauter. In der Tat war es kein Zufall, sondern gute Absicht, daß der Prinz diesmal die Galauniform eines Generals und die höchsten Orden des Reichs angelegt hatte, es sollte eine besondere Ehrung der Presse sein, die Bedeutung des Besuchs erhöhen. Und nun schritt er die

7. Kapitel

Karl Emil Franzos   *Ludwig Anzengruber*

Treppe zur Estrade empor, auf die wir ihm folgten. Als er oben, der ganzen Versammlung sichtbar, dastand, brachen die Tausende in neuen Jubel aus, wie ich ihn gleich stürmisch kaum je gehört habe. In das gebräunte Antlitz des Prinzen stieg eine dunkle Röte und schlug über die Stirn empor; die hellen Augen leuchteten auf, ein stolzes Lächeln huschte über die scharf geschnittenen beweglichen Züge. Dann hob er leicht abwehrend und dankend zugleich die Hand, und die Vorstellungen begannen.«
Vorgestellt wurden dem Kronprinzen die Chefredakteure der Wiener Blätter, diese vom Erzherzog Albrecht so gehaßten »Journalistiker« meist jüdischer Herkunft und liberaler Anschauung. Franzos beschrieb den Eindruck, den der 25jährige Prinz hier machte: »Trotz der auffallenden Beweglichkeit der Züge, der Glieder, vor allem der rechten Hand, war der Eindruck doch ein harmonischer; er hatte die schwere Kunst der Fürsten, zugleich würdevoll und ungezwungen zu erscheinen, vollkommen inne; ohne ein natürliches Talent dazu gelingt dies keinem. Aber noch mehr konnten wir schon an jenem Abend erkennen: seine Gewandtheit in der Konversation, seine Klugheit und Geistesgegenwart. Wer Gelegenheit gehabt hat, wiederholt aus näch-

ster Nähe zu beobachten, wie hohe Herren Cercle halten, wird schwerlich behaupten, daß dies immer ein erfreulicher Anblick ist.«
Franzos schilderte, wie der Kronprinz auf jeden der Redakteure einging, bei jedem eine andere Tonart anschlug: »Mit dem Herausgeber der ›Neuen Freien Presse‹, Dr. Bacher, konversierte er, wie etwa mit dem Botschafter einer Großmacht, ungemein verbindlich, aber doch reserviert, mit dem dicken, gemütlichen Hügel von der ›Vorstadtzeitung‹ zwanglos, das Hochdeutsch mit wienerischen Ausdrücken durchsetzt, aber herablassend wie etwa mit einem Wiener Großfuhrmann. Bei einer dieser Vorstellungen, die Weilen [der Präsident der Concordia] mit gewohnter Grandezza vornahm, konnten die Umstehenden kaum ein Lächeln unterdrücken. ›Gestatten, Kaiserliche Hoheit, der Herausgeber des Neuen Wiener Tagblatt, Herr Moriz Szeps ...‹ Der Prinz benahm sich in der heiklen Situation sehr gewandt; er fragte auch Szeps nach dem Verleger des Blattes und ob er seine eigene Druckerei habe, aber dabei spielte ein herzliches Lächeln um seine Lippen, und der Blick, mit dem er die Umstehenden streifte, schien zu sagen: ›Aber das geht einmal nicht anders, wenn man Kronprinz ist.‹«
Nach den Chefredakteuren hatte sich Rudolf drei Schriftsteller zur Vorstellung gewünscht: Ludwig Anzengruber, der mit seinen antiklerikalen und freigeistigen Stücken (»Der Meineidbauer«, »Die Kreuzelschreiber«) nicht wenige Feinde hatte; die beiden anderen waren Juden: Karl Emil Franzos und Eduard Mauthner.
Franzos: »Der Prinz reichte jedem von uns die Hand und wandte sich zunächst an Anzengruber. ›Wie freue ich mich‹, sprach er lebhaft und herzlich auf den Dichter ein, der dunkelrot mit gesenktem Haupte, in sichtbarer Befangenheit dastand und sich ab und zu durch den mächtigen Bart fuhr. ›Verzeihen Sie, wenn ich gleich nach etwas frage, was mich schon lange interessiert. Ihre Werke geben darauf keine Antwort. Sie sind ein geborener Wiener, leben in Wien, nicht wahr? Und dennoch schildern Sie nicht Großstädter, sondern Bauern.‹ Anzengruber strich sich durch den mächtigen Bart. ›Kaiserliche Hoheit‹, sagte er langsam und bedächtig, ›so genau weiß man das selber nicht. Jeder macht halt, was ihn freut.‹ ›Natürlich‹, sagte der Prinz, nun seine Rede wienerisch färbend, ›und daß Sie an Ihren Bauern Freude haben, ist kein Wunder. Das tun wir alle. Aber Sie haben wohl sehr lange auf dem Lande gelebt? Im Gebirge?‹ ›Nein‹, erwiderte Anzengruber, ›gelebt

7. Kapitel

habe ich da nie. Ich bin als Schauspieler ziemlich viel herumgekommen, aber gar so zu Haus bin ich im Gebirge nicht.‹ ›Aber dann machen Sie doch häufig Landpartien?‹ Anzengruber schüttelte lächelnd den Kopf: ›Ein Stubenhocker bin ich‹, versicherte er treuherzig. ›Aber wie ist das möglich‹, rief der Prinz lebhaft, fragte dann aber, was Anzengruber nun arbeite, beantwortete die Mitteilung, daß er derzeit Novellen schreibe, mit einem herzlichen: ›Darauf freu' ich mich schon heut‹, und wandte sich nun zu mir.«

Karl Emil Franzos war in dieser Zeit ein bekannter Schriftsteller, der die Werke Georg Büchners neu entdeckt und herausgegeben hatte. In seinen Romanen schilderte er das harte Leben galizischer Bauern und Juden und prangerte die Gewalttätigkeiten der herrschenden Schichten an. Rudolf erwies sich als guter Kenner der Franzos-Schriften und interessierte sich vor allem für die sozialen Zustände in Galizien.[20]

Aus dem Ballgespräch entwickelte sich eine Freundschaft, die Rudolf damit bewies, daß er mehrere Artikel für die von Franzos geleitete »Neue Illustrirte Zeitung« schrieb. Ottilie Franzos berichtete: Als Franzos »das erstemal in den Schweizerhof [wo Rudolfs Wohnung war] beschieden wurde, eilte er vom Bureau nach Hause, um sich in seinen Bratenrock zu werfen. Von da ab kam er, der lächelnden Aufforderung des Prinzen entsprechend, stets im Arbeitsröckel. Es ging überhaupt zwanglos zu im kronprinzlichen Haushalt«,[21] ein augenfälliger Unterschied zur Umgebung des Kaisers.

Diese Zwanglosigkeit ist auch in Rudolfs Briefen an Franzos zu spüren, in denen es hauptsächlich um Korrekturen, Autorenexemplare und ähnliches ging, wie in diesem: *Lieber Herr Franzos! Beiliegend sende ich Ihnen die Correcturbögen, die ich nochmals durchlas; es ist das Ganze so harmonisch und engelsrein wie ein Gebetbuch; die nächsten Bögen möchte ich aber doch auch durchforschen, ob nicht denn doch irgendwo der Bockfuß hervorblickt. Mit herzlichem Gruß Ihr Rudolf.*[22]

Die Reisebeschreibung, auf die dieser Brief anspielte, erschien Juni/Juli 1884 in drei Teilen in der »Neuen Illustrirten Zeitung«: *Einige Tage in Korfu und einige Stunden in Albanien.*[23] Die Reihe war prächtig mit Illustrationen ausgestattet und erreichte insgesamt das Ausmaß von sieben großartigen Zeitungsseiten. Der Autor versteckte sich unter dem reich verzierten, vielsagenden Buchstaben »R«.

Repräsentation für Technik und Wissenschaft

Diese Artikel unterschieden sich grundsätzlich von denen im »Neuen Wiener Tagblatt«. Stellte sich der Kronprinz hier als Reiseschriftsteller unter einem für Kenner nicht schwer zu erschließenden Pseudonym vor, so schrieb er im »Tagblatt« politische Leitartikel, deren Autor nicht bekannt werden durfte.

Gegenüber Franzos, dem deutschfühlenden Juden aus Galizien, beklagte sich Rudolf über den seiner Ansicht nach »mangelnden Patriotismus« der Deutschen in Österreich. Franzos: »Er selbst zählte sich keiner Nationalität bei. *Ich bin ein Österreicher, pflegte er zu sagen, und fühle mich nur als solcher. Einen anderen Maßstab als den, was die betreffende Nationalität für den Staat wert ist und wie sie sich zum Staate stellt, kann ich nicht anlegen. Dies ist auch der einzige Maßstab, der für einen Habsburger möglich ist.* ›Und doch‹, wagte ich einzuwerfen, ›hat Seine Majestät der Kaiser nicht in feierlicher Stunde betont, daß er ein deutscher Fürst sei?‹

Der Prinz machte eine ungeduldige Bewegung; wie denn überhaupt seine erste Regung bei einem Wort des Widerspruchs oder einem freimütigen Wort überhaupt, auch wenn er es provoziert hatte, eine nervöse war. Doch währte das immer nur, wenigstens scheinbar, kaum durch Sekunden. *Im Sinne eines Bekenntnisses zu einer bestimmten Nationalität also im modernen Sinne, wie ihn erst der Nationalitätenschwindel hervorgebracht hat, ist jenes Wort nicht gemeint gewesen und kann es gar nicht gewesen sein. Natürlich sind wir unserer Kultur nach Deutsche, unserer Abstammung nach sind wir das, was alle alten Dynastien in Europa sind: Mischblut. Damals war übrigens der Schwindel noch gar nicht so im Flor wie heute.*«

Die Frage des Patriotismus spielte auch bei der Diskussion mit, warum so viele österreichische Schriftsteller ihre Bücher in Deutschland und nicht in Österreich drucken ließen. Rudolf: *Ihr tretet erst dann an österreichische Verlage heran, wenn es mit den Deutschen nicht geht, und da soll dann der österreichische Verlagsbuchhandel florieren. Das ist es, es liegt am Mangel an Patriotismus.* Franzos wandte dagegen einiges ein, vor allem die Auswirkungen der Metternich-Ära: »Wäre damals Österreich mit im vollen Strom des deutschen geistigen Lebens gestanden, so wäre dies gewiß anders gewesen ... *Na ja*, wandte er mit etwas nervösem Lächeln ein, *der Metternich und die Zensur, die beiden Gespenster, werden einem immer vorgehalten, und etwas ist daran.*«

7. Kapitel

Peter Rosegger, der Herausgeber des »Heimgarten«

Franzos erinnerte daran, daß zur Zeit Metternichs nur zweitrangige Schriftsteller in Österreich verlegt wurden. »So habe sich die Tradition herausgebildet, daß der österreichische Schriftsteller, der in Österreich verlege, minderwertig sei, und ein Vorurteil gegen das in Österreich erschienene Buch. Daß die fünfziger Jahre nicht geeignet gewesen sind, dieses Vorurteil zu brechen, bedürfe keiner Ausführung. *Und 1866 auch nicht?* fuhr er mit schmerzlicher Bitterkeit ein.«[24]

Rudolfs Interesse an der Literatur als Kunst war eher gering. Er bevorzugte Schriftsteller, die mit seiner Weltanschauung übereinstimmten, so auch Peter Rosegger, der wegen seiner judenfreundlichen Ansichten von den Schönerianern scharf angegriffen wurde. Rudolf lud den schlichten Lehrer aus der Waldheimat demonstrativ zu einer Lesung nach Abbazia ein. Rosegger war befangen und aufgeregt und wußte nicht, wie er sich in so vornehmer Umgebung benehmen sollte. Aber: »Dieses Gefühl wurde bald zerstreut. Die Gesellschaft gerieth so gemüthlich ins Plaudern ... Das Gespräch drehte sich um die Marine, um Reisen, um naturgeschichtliche Gegenstände aus der Thierwelt, um Volksthümliches in den Alpen, um Lieder und Dialecte; in der deutschen Schriftstellerwelt ergiengen wir uns, besonders erkundigte sich die Kronprinzessin nach Hamerling, wie der Kronprinz sich nach Anzengruber.«

Und, so Rosegger: »Im ganzen wird es wohl wahr sein, daß es um die Hofluft ein eigen Ding ist. Man hat in ihr wie auf allen großen Höhen das Gefühl, als athme man zu viel Sauerstoff, man wird leicht berauscht, schwindelig. Man muß sich in solchen Kreisen wohl in Acht nehmen, daß man unbefangen sich treu bleibt. Und Fürsten müssen ein großes Herz haben, wenn sie bei der Kriecherei und Wohldienerei, die sie zu umgeben pflegt, die Achtung vor den Menschen nicht verlieren sollen.«[25]

Repräsentation für Technik und Wissenschaft

Rektor und Dekan der Philosophischen Fakultät der Universität Wien promovieren im Juni 1884 Kronprinz Rudolf zum Ehrendoktor der Philosophie

Die öffentliche Demonstration für die Sache der Intellektuellen wurde seit den Tagen des unglücklichen Erzherzogs Maximilian von keinem Mitglied des Erzhauses so eifrig betrieben wie vom jungen Kronprinzen. Sie fiel natürlich vor allem deswegen auf, weil die Atmosphäre am Hof Kaiser Franz Josephs alles andere als kulturell anregend war. Ausdruck der Hoffnung auf eine wissenschaftsfreundlichere Zukunft war die Verleihung des Ehrendoktorates der Universität Wien an den Kronprinzen 1884. Rudolfs Reaktion auf diese auch für einen Erzherzog nicht übliche Würde war zwiespältig. Einerseits freute er sich über die hohe Ehrung von Kreisen, um deren Achtung er seit seiner Knabenzeit geradezu buhlte. Andererseits war ihm klar, daß seine repräsentativen Aufgaben, seine Eröffnungsreden, seine Reisebeschreibungen, sein Wohlwollen für die Sache der Wissenschaft nicht Grund genug waren, um das Ehrendoktorat wirklich verdient zu haben. Ein Mann wie er, der sich brennend gewünscht hatte, ein ordentliches Studium absolvieren zu dürfen und mit einem Doktorat abzuschließen, mußte dieses Ehrendoktorat, das ihm letzten Endes ja doch wegen seiner Stellung als Kronprinz zufiel, als schmerzlich empfinden, trotz aller Freude über die Ehrung.

7. Kapitel

Rudolf an den alten Lehrer Krist: *Die Auszeichnung, welche mir die Wiener Universität ertheilte, hat mich hochgeehrt und herzlich gefreut; das einzige, was mich drückt ist das beschämende Gefühl, durch meine dilettantenhaften Arbeiten und die Geringfügigkeit meiner bisherigen Leistungen im Dienste der Wissenschaft den Doctortitel wohl nicht so recht selbst verdient zu haben. Immerhin wird es für mich ein neuer Sporn sein, der Aufklärung und dem Fortschritt stets zu dienen und für dieselben zu arbeiten, so weit es in meinen schwachen Kräften steht.*[26]

Obwohl 1884/85 schon die Politik im Mittelpunkt von Rudolfs Interesse stand und er auch offensichtlich den Ehrgeiz, neue Bücher zu schreiben, aufgegeben hatte (seine »Reisebilder« und die »Spanienreise« liegen als Torso im Nachlaß), bot sich in Wien keinerlei politisches Betätigungsfeld. Da er aber gesund war, viel Arbeit gewöhnt war und nie das müßige Leben eines Erzherzogs geführt hatte, suchte er sich eine Aufgabe, die seinen literarischen und politischen Interessen zwar entgegenkam, aber in keiner Weise in die aktuelle Politik eingriff: er plante ein Monumentalwerk über die österreichisch-ungarische Monarchie, eine volkstümliche Enzyklopädie, an der die geistige Elite des Landes unter seiner Ägide mitarbeiten sollte.

Zur Vorbereitung berief er einige Wissenschaftler als Ratgeber in die Burg, vor allem den Historiker Alfred von Arneth, »Achtundvierziger« und Großösterreicher mit glühendem Patriotismus, berühmter Biograph Maria Theresias. Im Herrenhaus vertrat Arneth einen deutsch-liberalen Zentralismus und trat auch in der Schulgesetzdebatte immer wieder als liberaler Redner auf. Er berichtete über die Audienz beim Kronprinzen: »Da ich in der letzten Zeit fast immer nur über politische Dinge mit ihm gesprochen hatte, bildete ich mir ein, es werde sich auch diesmal um solche handeln. Schon träumte ich von der Erfüllung meiner lebhaftesten Wünsche, welche darin bestanden, der Kronprinz möge in irgend einer Weise zur Theilnahme an den Staatsgeschäften herangezogen werden. Sein reges Interesse für sie hätte für die Sache selbst und vielmehr noch für seine eigene Person kaum andere als ersprießliche Wirkungen hoffen lassen.«[27]

So war er enttäuscht, als Rudolf ihm statt dessen seinen Plan vorlegte, ein Volksbuch über die Monarchie herauszugeben, um den Patriotismus in allen Nationalitäten der Monarchie zu fördern. Arneth: »So

Repräsentation für Technik und Wissenschaft

Feuer und Flamme war der Kronprinz für die Ausführung dieses Projektes, daß ihm meine Aufnahme desselben vielleicht etwas kühl vorkommen mochte. Aber wenn er mir auch, was bei seiner Jugend nicht zu verwundern war, die politische wie die wissenschaftliche Bedeutung des herauszugebenden Werkes allzu hoch anzuschlagen schien, so wäre es doch geradezu thöricht gewesen, ihn in der Verfolgung eines Planes wankend machen zu wollen, von welchem für ihn selbst wie für die Sache, um die es sich handelte, doch nur Erfreuliches zu erwarten war.«[28]
Auch Eduard Hanslick, der gefürchtete Musikkritiker der »Neuen Freien Presse«, wurde zu einer Vorbesprechung in die Hofburg gerufen. Er wunderte sich über die persönliche Art der Einladung, denn Rudolf schrieb seine Briefe eigenhändig, nie durch sein Sekretariat. Das gehörte laut Hanslick »zu jenen ganz modernen und liebenswürdigen Zügen, die ihn auszeichneten ... Der Kronprinz, eine feine, elegante Gestalt, blond, mit freundlich blickenden hellen Augen und sanfter, etwas hoher Stimme, entwickelte mir eingehend seinen Plan ... Er wünsche, ich möchte die ›Musik in Wien und Niederösterreich‹ bearbeiten, außerdem auch sämtliche einschlägigen Aufsätze aus den Provinzen redigieren.«[29]

Der alte Freund Wilczek war wieder an Rudolfs Seite zu finden, ebenso Nikolaus Dumba, gerade in dieser Zeit von den Schönerianern heftigst bekämpft, da er im niederösterreichischen Landtag gegen den Antisemitismus gewettert hatte, »der unserem Zeitalter zur Unehre gereicht, jeder wahren Bildung und Kultur ins Gesicht schlägt und den Namen Österreichs im Auslande kompromittiert«.[30]

Die Vorgeschichte des 24bändigen, erst 1902 abgeschlossenen Werkes »Die österreichisch-ungarische Monarchie in Wort und Bild«, kurz »Kronprinzenwerk«

Titel des von Rudolf konzipierten patriotischen Prachtwerkes über die k.u.k. Monarchie

7. Kapitel

genannt, liegt im Dunkel. Wahrscheinlich kam der erste Plan nicht von Rudolf, sondern von Erzherzog Johann. Ein in Rudolfs Nachlaß erhaltener Entwurf Johanns zeigt, daß zunächst nur an ein ethnographisches Werk gedacht war. Hier sollten nicht Deutsche und Ungarn, wie im politischen Alltag der Doppelmonarchie üblich, den Ton angeben, sondern ein Volksstamm sollte gleichberechtigt neben dem anderen stehen, die Juden ausdrücklich mit eingeschlossen: »Würdigung des Judenthums als Cultur-Element«.[31] Aber auch die »Zigeuner«, die Rudolf in Ungarn gerne um sich scharte, wurden als Teil der Monarchie gewürdigt. Das Werk sollte den Beweis erbringen, »daß die Monarchie kein Gebilde des Zufalles, sondern der Nothwendigkeit. Verschiedenheit seiner Materie kein Moment der Schwäche (Schweiz), Lebensfähigkeit und Lebensberuf.«

Bei der Planung kam es zu Zwistigkeiten mit Johann, dem schwierigen, neidischen, trotz allem aber doch von Rudolf geliebten »enfant terrible« des Kaiserhauses. Johann, der jüngste Bruder des aus der Toscana vertriebenen Großherzogs, war nicht nur ein glänzender Militär, sondern auch Schriftsteller, Komponist, Musiker, Politiker, ein Hansdampf in allen Gassen, dabei liberal und wissenschaftsbeflissen wie der Kronprinz. Auch er hatte eine antispiritistische Broschüre geschrieben. In seinem Ballett »Die Assassinen«, das es an der Hofoper zu sechs Aufführungen brachte, wendete er sich nicht nur gegen religiösen Fanatismus, sondern brachte auch eine Huldigung an die Elektrizität an: In einem Glühlichtertanz ließ er die Tänzerinnen mit kleinen elektrischen Birnen auf den Kostümen auftreten, ein Kuriosum, das im Wien der achtziger Jahre gebührend bestaunt wurde. Mit diesem exzentrischen Vetter kam es nach tiefen Zerwürfnissen immer wieder zur Versöhnung.

Welche Absichten der Kronprinz mit der Enzyklopädie hatte, legte Moriz Szeps in einem Leitartikel dar, dem er den bezeichnenden Titel gab: »Erkennet Euch selbst«: »Als scharfer und glücklicher Beobachter, wie der Kronprinz es ist und wozu ihm das Studium exakter Wissenschaften die Befähigung ertheilt hat, mußte er erkennen, daß viele Schwierigkeiten, viele Mißverständnisse davon herrühren, daß die Völker sich nicht gegenseitig kennen, sich nicht gegenseitig verstehen, nicht die Dienste zu würdigen wissen, die sie sich gegenseitig leisten können. Man hat die Monarchie oft als ein Konglomerat von Nationalitäten be-

zeichnet, hat auf das Völkergemisch in derselben hingewiesen und hat daraus pessimistische Folgerungen abgeleitet. Daher sei es wichtig, »die Gesetze der inneren Solidarität zu ergründen, die in der Monarchie trotz aller trennenden ethnographischen Momente vorhanden ist, jene Gesetze zu formulieren, welche in der ruhmvollen Geschichte der Monarchie, in ihrer noch immer kraftvollen Existenz zum Ausdruck kommen und deren Erkenntniß das Vertrauen auf die Gegenwart und die Hoffnung auf die Zukunft festigen muß ... *Wissen ist Versöhnung.*« Die Hoffnung war: »Das Interesse an dem Wachstum und der segensreichen Entwicklung der Monarchie wird befestigt und gestärkt werden; die Staatsidee wird über alle separatistischen Bestrebungen triumphieren, unnützer Streit wird schwinden, nothwendiger Friede wird kommen ... Der höchste Werth des Werkes jedoch ist in seinem politischen Charakter, in seiner politischen Bestimmung zu suchen ... so wird es ... ein Denkmal sein der Solidarität, welche die Völker der Monarchie aneinander bindet, des einigenden Gefühls, welches nach allen Trübungen und Hemmungen wieder siegreich zur Geltung gelangt.«[32]
Die »Neue Freie Presse« sekundierte: »Der Kronprinz als Führer einer geistigen Truppe, die sich aus allen Ländern und allen Waffengattungen der Literatur und Kunst rekrutiert, wird das rühmliche Beispiel dafür geben, wie Fürstentugenden auch unserer schwerfälligen Generation Schwingen zu verleihen vermögen. Mit dem Entstehen des Werkes wird dem Kronprinzen eine Fülle von Einblicken in den Staat und die Bevölkerung der Monarchie eröffnet, wie sie kein Thronfolger vor ihm sich je verschaffen konnte ... Wird dieses Werk, was es zu werden verspricht, so bietet es das beste Gefühl dafür, daß der Thronfolger seine Völker und seine Länder von Aug zu Aug vor sich hat.«[33]
Daß gerade die »Judenpresse« so viel Reklame für das Werk des Kronprinzen machte, kam nicht von ungefähr. Die übernationale, aussöhnende Konzeption des Werkes war dazu angetan, gerade die Juden anzusprechen, die Hauptleidtragende des scharfen Nationalismus waren und, wie Rudolf meinte, besonders empfänglich für die Idee eines überparteilichen Großösterreich sein müßten.
Doch wie es bei allen Unternehmen des Kronprinzen gab es auch hier Schwierigkeiten, diesmal vor allem finanzieller Art, deren Bewältigung viele Jahre in Anspruch nahm, in denen das Werk nur langsam und stockend herauskam und vielfache Änderungen des Grundkonzeptes

Kronprinz Rudolf

Rudolf als Herausgeber und Koordinator des Kronprinzenwerkes mit Maurus Jókai (links) für die ungarische und Joseph von Weilen für die cisleithanische Ausgabe

akzeptiert werden mußten. Rudolf bewies Durchhaltevermögen und setzte sich schließlich durch. Nach dem energischen Einspruch der Ungarn mußte allerdings der Plan einer gleichberechtigten Reihung der Nationalitäten aufgegeben werden. Sie setzten eine »dualistische« Einteilung in zwei gesonderten Ausgaben durch, einer deutschen und einer ungarischen, hergestellt in zwei getrennten Redaktionen. Rudolfs wichtigstes Anliegen, ein einheitlich geführtes, doch verschieden gestaltetes Reich zu dokumentieren, war damit durchkreuzt.

Ein Redaktionskomitee wurde gegründet, dem für die deutsche Ausgabe der Präsident des Concordia-Presseklubs, Joseph Ritter von Weilen, für die ungarische Ausgabe der Dichter Maurus Jókai vorstand. Das »Finanzcomité« stand unter Wilczeks, das »Künstlercomité« unter Dumbas Leitung. Die Herren trafen sich regelmäßig im »Direktionsrat«. In allen großen Sitzungen all dieser Komitees von der ersten im Juni 1884 bis zur letzten kurz vor Mayerling hatte Rudolf den Vorsitz – nur für zwei Sitzungen 1886 entschuldigte er sich krankheitshalber.

Hanslick erzählte, wie der junge Kronprinz in diesem Kreis von bedeutend älteren Intellektuellen wirkte: »Er machte den liebenswürdigsten Eindruck. Nachdem er uns Zigarren angeboten und selbst eine angezündet hatte, ließ er von dem Hauptredakteur, Professor Joseph von Weilen, die Tagesordnung und den Einlauf mitteilen und brachte die Beratungen in Fluß. Alle seine Fragen und Bemerkungen waren sachlich begründet und mit gewinnendster Bescheidenheit vorgebracht. Erstaunlich fand ich seine Detailkenntnis aller ethnographischen, geographischen und nationalökonomischen Verhältnisse jeder Provinz

Repräsentation für Technik und Wissenschaft

Redaktionskonferenz des »Kronprinzenwerkes« in der Hofburg. Von links: Hans Wilczek, Jókai, Rudolf, Weilen, Nikolaus Dumba

der Monarchie. Was ich aber am meisten bewunderte, war seine Geduld. Denn Geduld gehörte dazu, um die oft weit abschweifenden, wortreichen Reden manches bejahrten Herrn anzuhören, ohne denselben zu unterbrechen und zur Sache zu bitten.«[34]

Außer zu den Arbeitssitzungen lud Rudolf die Mitarbeiter mindestens zwei- bis dreimal pro Jahr zum Diner ein, bei dem es recht leger zuging. Hanslick: »Interessant und bedeutungsvoll war es auch, daß entschiedenste Gegner der herrschenden Taaffeschen Politik beim Kronprinzen geladen waren, namentlich der Führer der deutsch-liberalen Partei, Dr. v. Plener, Nikolaus Dumba und andere. Der Kronprinz nahm auch keinen Anstand, seinen Antagonismus gegen das Taaffesche Regime im Gespräch leicht durchblicken zu lassen«, und: »Daß ein österreichischer Kronprinz Diners für Künstler und Schriftsteller gab, nicht bloß für Generäle und Geheimräte, war bis dahin unerhört.«[35]

Geschmeichelt und befriedigt konstatierten die Mitarbeiter, daß sich der zukünftige Kaiser in ihrer Mitte wohler fühlte als in militärischer Umgebung: »Er konnte stolz und roth werden, wenn ihm einer von diesen, auf dessen unbestochenes Urtheil er etwas gab, volles Lob spendete. Und es klang sehr sympathisch, als er einem Collegen nach

7. Kapitel

einer Redaktionsconferenz sagte: *Sehen Sie, zur Noth könnte ich doch schon von der Schriftstellerei leben – dreitausend Gulden könnte ich doch in einem Jahre mit der Feder verdienen!* Und wie groß war seine Freude, als die Redakteure eine sinnige Idee Weilen's ausführend – das erste Honorar des Kronprinzen diesem – als Sparcassenbuch für sein dreijähriges Töchterchen, Prinzessin Elisabeth, überreichten.«[36]
Rudolf gab nicht nur seinen Namen, sondern einen Teil seiner Arbeitskraft. Laut Jókai gelangten die Artikel in der ersten Stilisierung in Rudolfs Hände und dann mit den Bemerkungen der Kommissionen und der einzelnen Fachgelehrten wieder zurück, »endlich erschienen sie in verbesserter Gestalt wieder vor dem obersten Redakteur, welcher sodann die offenste, objektivste Kritik übte, und während er einerseits durch seine überraschende Fachkenntnis imponierte, wußte er die zwischen den beiden Redaktionen auftauchenden Meinungsverschiedenheiten mit seltenem Talente zu schlichten.«[37]
Besonders heikle Aufsätze, so den über österreichische Verfassungsgeschichte besprach Rudolf mit Sektionschef Szögyényi: *Bei diesem Thema müsse man aber auch an alle die confusen und unklaren Zustände denken, durch die wir uns durcharbeiten mußten, um auf den heutigen Standpunkt zu gelangen, und auch all die noch bestehenden Reibungen und die noch kaum vernarbten Wunden der früheren Kämpfe, so wie die in vielen Dingen leicht empfindliche Auffassung des Kaisers sollten uns vor Augen bleiben bei der Prüfung beiliegenden Elaborates. Sie kennen eben alle diese Schwierigkeiten so genau, daß ich mich ganz Ihrem Urteil fügen will.*[38]
In der Einleitung zum ersten Band präzisierte Rudolf die Ziele des Werkes: *Durch den wachsenden Einblick in die Vorzüge und Eigenthümlichkeiten der einzelnen ethnographischen Gruppen und ihre gegenseitige und materielle Abhängigkeit von einander muß das Gefühl der Solidarität, welches alle Völker unseres Vaterlandes verbinden soll, wesentlich gekräftigt werden. Jene Volksgruppen, welche durch Sprache, Sitte und theilweise abweichende geschichtliche Entwicklung sich von den übrigen Volksbestandtheilen abgesondert fühlen, werden durch die Thatsache, daß ihre Individualität in der wissenschaftlichen Literatur der Monarchie ihr gebührendes Verständniß und somit ihre Anerkennung findet, wohlthätig berührt werden; dieselben werden dadurch aufgefordert, ihren geistigen Schwerpunkt in Österreich-Ungarn zu suchen.*

Repräsentation für Technik und Wissenschaft

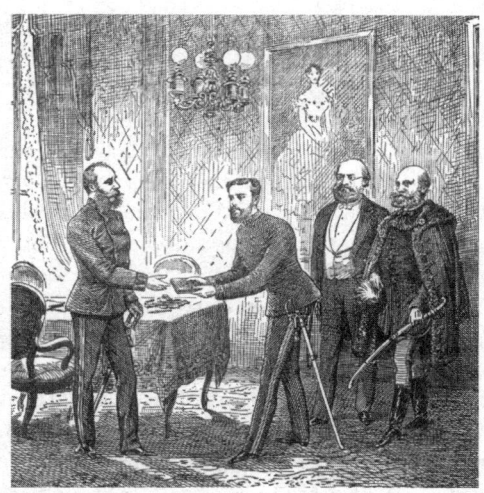

In demütiger Haltung überreicht Rudolf seinem Vater das erste Exemplar des ersten Bandes, hinter ihm Jókai und Weilen

Grund für Patriotismus sah er sogar in der Verschiedenheit der Vegetation: *Das Krummholz schlängelt sich am Gletschereis empor, die Birke glänzt im nordischen Sumpfe, die Eiche rauscht im dunklen Forste neben der Tanne, Weinrebe und Lorbeer, Cypresse und Palme, sie verschönen alle Ein Vaterland – das unsrige.*

Als das erste Heft des in Lieferungen erscheinenden Werkes im Dezember 1885 herauskam, gab der Kaiser für die Mitarbeiter einen Empfang. Maurus Jókai beschrieb die Szene zwischen Vater und Sohn: »Der Kronprinz, von seinen eigenen Appartements ausgehend, schritt bis zum Gemache seines erhabenen Vaters den ganzen Korridor entlang unbedeckten Hauptes, und vor dem Herrscher angekommen, küßte er ihm ehrfurchtsvoll die Hand. Sodann richtete er – in Feldmarschallleutnantsuniform – an den König eine aus tiefstem Herzen empfundene Rede, wie eine solche bloß ein Baccalaureus seinen bürgerlichen Eltern gegenüber halten kann, wenn er das Erstlingswerk seines literarischen Erfolges vorlegt.«

Ehrfurcht und feierliche Ängstlichkeit seinem Vater gegenüber sind für Rudolfs Haltung typisch, nicht weniger aber Franz Josephs Reaktion. Jókai: »Er gab seinem Sohn eine gnädig aneifernde Antwort, ermahnte ihn zur Ausdauer, gab seiner Zufriedenheit Ausdruck. Sodann wendete er sich zu mir und fragte mich: ›Hat denn wirklich mein Sohn diesen einleitenden Artikel selbst geschrieben?‹«[39], ein Satz, der sein völliges Unverständnis gegenüber dem Sohn dokumentiert.

Das Werk wurde in Cisleithanien ein großer finanzieller Erfolg, in Ungarn dagegen ein Mißerfolg. Auch die Jungtschechen waren mit dem »großösterreichisch« konzipierten Werk nicht einverstanden. Ihre Zeitung »Narodni listy« riet vom Abonnement ab. Daß die sonst so scharfe Pressezensur diese Notiz durchgehen ließ, erboste Rudolf über die Maßen: *Warum hat denn dieser Baron Kraus, der ja alles mögliche zusammenkonfisciren läßt, wenn es gegen ihn oder den Taaffe gerichtet ist, nicht die Nar. listy confisciren lassen, wenn sie gegen mich ausfällt? Warum lässt man es zu, daß ein Werk in der czechischen Bevölkerung discreditirt wird, welches ganz darauf angelegt ist, nicht bloss den einzelnen Nationalitäten gerecht zu werden, sondern dessen wesentlichstes Ziel in der Pflege u. Stärkung des österreichischen Gefühles besteht? Das wissen ja die Herren Taaffe und Kraus oder sie sollten es wenigstens wissen. Aber es scheint, daß ich diesen Herren in der Quere bin. Ich verlange gewiss nicht eine Extrabehandlung als Kronprinz, wenn aber die Herren nur sich selbst zu schützen, zusammenkonfisciren lassen was Platz hält, so sollten sie dasselbe auch thun, wenn es einmal mich betrifft.*[40]

Die politische Richtung des Werkes fand auch im Ausland Gegner, vor allem in Rumänien, das mißtrauisch auf die Äußerungen über die in Ungarn lebenden Volksgenossen reagierte. Rudolf: *Man muß mit den Rumänen sehr vorsichtig sein; einestheils besteht eine hinaus gravitirende Parthei ... anderentheils sind auch die guten Ungarn nicht glücklich in der Art der Behandlung der Romanen in Ungarn und Siebenbürgen.*[41]

Die Klerikalen wiederum kritisierten, daß so viele Juden am »Kronprinzenwerk« mitarbeiteten. Ein Chronist berichtete, »daß vor einiger Zeit ein Jesuitenpater in einer Predigt heftige Auslassungen gegen das unter der obersten Leitung des Kronprinzen stehende Werk richtete. Die Sache machte peinliches Aufsehen, der Kronprinz bestand auf einer Genugthuung und dieselbe wurde ihm in vollstem Maße zutheil. Es wurde die Intervention des Cardinals Ganglbauer angerufen und sie hatte zur Folge, daß der betreffende Jesuitenpater Österreich verlassen mußte. Seither herrschte äußerlich Ruhe und es folgten wenigstens keine offenen Angriffe mehr.«⁴²

Versteckte Angriffe gab es vor allem gegen den »Juden« Joseph von Weilen. Er stammte aus armer Familie und hatte als junger Schauspieler ein elendes Wanderleben in Böhmen und Ungarn geführt. 1848 wurde in Laibach sein Stück »Die Revolution des 24. Februar in Paris oder Ludwig Philipp König von Frankreich« aufgeführt – sein Beitrag zur Revolution, der zur Verhaftung führte. Später schrieb er patriotische Theaterstücke und gehörte bereits in den siebziger Jahren – katholisch geworden und frisch geadelt – zur Wiener Gesellschaft. Ab 1884 traf er den Kronprinzen zweimal pro Woche zur Arbeit am Kronprinzenwerk, hatte also jahrelang eine nie verheimlichte enge Bindung zum dreißig Jahre jüngeren Rudolf.

Immer deutlicher wurde, daß Rudolfs politisches Interesse, sein Arbeitseifer und Tatendrang seine Stellung am Hofe keineswegs leichter machten, sondern ihn als gefährlichen Faktor für die Honoratioren des Hofes erscheinen ließen. Freunde bemerkten mit Sorge, wie dem jungen Mann keine befriedigende und seiner Begabung und Ausbildung entsprechende Tätigkeit gegeben, er immer nur auf rein militärische und repräsentative Aufgaben abgeschoben wurde. Er klagte: *Einige nicht ganz schlechte Reden halten, ziemlich gute Bücher oder Aufsätze schreiben und moderne Bildung besitzen, sind Dinge, welche weit entfernt sind vom großen Erfolg im Gang der Weltgeschichte.*⁴³

Männer, die Rudolf wohlwollten, klagten bitter über die »Eifersucht« des Kaisers, »mit welcher er über die Prärogative der kaiserlichen Macht, selbst dem eigenen Sohn gegenüber wachte«, so die Worte Johann von Chlumeckys: »Wie eine Gruppe müßiger Gaffer durch einen Polizeikordon von einem Brande ferngehalten wird, so wurde dem Kronprinz auch mittels mächtiger Schranken der Einblick in den Regierungsapparat verwehrt, ihm, der fühlte, daß hier ein Brandherd herrsche oder zumindest ein unterirdisch Feuer schwele, das den ganzen Bau dereinst in Flammen hüllen könne! Lebhaften Geistes, die Fragen an Ort und Stelle studierend, hat Kronprinz Rudolf auch oft versucht, sich über die Schranken des Hofzeremoniells hinwegzusetzen und hat mit Menschen Verkehr gepflogen, die das wirkliche Leben kannten. Sehr vieles lernte er daraus. Mit der ihm eigenen Impulsivität wollte er es durch Mitteilung an den kaiserlichen Vater verwerten. Dies

aber war ihm nicht gestattet. Er mußte schweigen, obwohl er neue Gedankengänge zur Geltung bringen wollte – man verlangte von ihm, daß er sich mit dem nichtigen Schein äußeren Glanzes begnüge.« Chlumecky gegenüber klagte Rudolf: *Der letzte Hofrat hat einen größeren Wirkungskreis als ich! Ich bin zum Nichtstuer verdammt!*[44]
Die Situation spitzte sich in den achtziger Jahren zwischen Kaiser und Thronfolger ebenso zu wie zwanzig Jahre früher, als Erzherzog Ferdinand Maximilian, der jüngere Bruder Franz Josephs, Thronfolger war. Max schrieb resignierend, kurz bevor er sich in das mexikanische Abenteuer einließ: »Meine Individualität ... entspricht nun nicht den Ansichten meines älteren Bruders, dies hat er mir bei jeder Gelegenheit auf die unzweideutigste, schonungsloseste, ja kränkendste Weise fühlen lassen. Mein Freimuth, mein burschikoses offenes Wesen genieren ihn, meine liberalen Ansichten schokiren ihn, meine ungebundene Zunge fürchtet er, mein aufbrausendes Temperament erschreckt ihn, meine auf Reisen gesammelten Weltanschauungen erregen seine Eifersucht. Er ist der Herr, ihm ist die Macht, die mein strenges Rechtsgefühl jederzeit anerkennt; was bleibt mir also unter solchen Verhältnissen vom Standpunkte der Klugheit und des religiösen Gefühles übrig, als auszuweichen, ohne Kränkung und Opposition mich zurückzuziehen.«[45]
Solche offenen, anklagenden Worte sind in den vielen freimütigen Briefen Rudolfs nicht enthalten. Rudolf stellte sich, nach Aussage der verfügbaren Quellen, nie direkt gegen seinen Vater. Er griff stets nur die Umgebung des Kaisers an: Taaffe und Kálnoky, die Militärs, die Hofbeamten, kurz die »Kamarilla«. Kaiser Franz Joseph wurde von seinem Sohn – und das muß betont werden, vor allem im Gegensatz zu den beiden anderen gescheiterten Thronfolgern Maximilian und Franz Ferdinand – in einer scheuen, ja angsterfüllten Weise geliebt, vor allem jedoch gefürchtet.
Bei seinem krampfhaften Bemühen, sich als loyaler, nicht »frondierender« Kronprinz zu erweisen, traf es ihn schwer, daß vor allem Ministerpräsident Taaffe wiederholt versuchte, einen Keil zwischen Vater und Sohn zu treiben, so 1887 im Abgeordnetenhaus: Der Liberale Wilhelm Exner hatte in einer flammenden Rede Passagen aus einem Artikel Rudolfs im Kronprinzenwerk und aus der Eröffnungsrede zur Elektrischen Ausstellung zitiert. Über diese Hervorhebung des

Thronerben war Taaffe ungehalten und führte wie zum Gegensatz den Leitspruch Kaiser Franz Josephs »Mit vereinten Kräften« an. Darauf erwiderte neben Exner auch der Liberale Josef Neuwirth: »Es war kein glücklicher Zug, daß es Seiner Exzellenz dem Herrn Ministerpräsidenten beliebt hat, völlig unprovocirt höchstgestellte Persönlichkeiten, die nicht nur im parlamentarischen Leben, sondern auch außerhalb desselben der Discussion entrückt sein sollten, sogar in einen ganz offenen Gegensatz zu stellen. (Sehr richtig! Links.)«[46]

Der Szeps-Mitarbeiter Berthold Frischauer berichtete über Rudolfs Reaktion auf diesen Wortwechsel im Parlament: »Mit langen Schritten durchquerte er den großen Salon des Schlosses [Laxenburg], und er wurde nicht müde, zu rufen: *Das kann ich nicht auf mir sitzen lassen, denn das sieht so aus, als ob ich gegenüber meinem Vater persönlich hervortreten wollte. Ich werde vom Grafen Taaffe Genugtuung fordern und mich nötigenfalls mit ihm schlagen.* Der Kronprinz beschloß, sofort nach Wien zu fahren und beim Kaiser Verwahrung dagegen einzulegen, daß man es gewagt hat, einen Gegensatz zwischen ihm und dem Kaiser öffentlich zu zeigen ... Der Kaiser nahm die Loyalitätserklärung seines Sohnes mit sichtlicher Rührung auf und befahl noch an demselben Abend dem Grafen Taaffe, dem Kronprinzen einen Besuch zu machen und ihm den Zwischenfall in befriedigender Weise aufzuklären.«[47]

Bis etwa 1885 betonte Rudolf übertrieben-krampfhaft die glänzende Zukunft Österreichs und glaubte fest an die Möglichkeit einer liberalen Regierung und eine Ablösung Taaffes. *Meine Schuldigkeit werde ich immer tun, treu dem Vaterlande, dessen Zukunftsmission mein Glaubensartikel ist, und treu meinen liberalen Grundsätzen, die ich für die richtigen halte, da sie auf Veredlung und Fortschritt in der geistigen Entwicklung beruhen. – Und darum, wenn die Zeiten noch so düster sich gestalten, glaube ich stets unentwegt an die Zukunft unseres Vaterlandes und unserer Prinzipien in demselben und in der ganzen Menschheit, da beides Staatengesetze sind; Österreich muß bestehen, da kein anderes Gebilde an seine Stelle treten kann und der Raum, auf dem wir stehen, nicht verschwinden kann; und unsere Prinzipien müssen trotz Schwankungen und harten Prüfungen siegen, da alles vorwärts schreitet und eine Rückwärtsbewegung nur von kurzer Dauer sein kann.*[48]

7. Kapitel

Die Resignation kam früh. Der gerade 27jährige Prinz antwortete dem väterlichen Freund Szeps auf dessen Geburtstagswünsche: *Mögen Ihre Wünsche in Erfüllung gehen; möge ich je Gelegenheit haben, das Vertrauen zu rechtfertigen, welches viele in mich setzen, und möge die Zeit bessere Tage und Gelegenheit zu Taten bringen wenn die Kraft bis dahin nicht erlahmt ist und wenn nicht alles schon zu Ende ist.*[49]

8. Kapitel

MILITÄR

Den Soldatenberuf hatte sich Rudolf nicht ausgesucht. Er wußte aber von frühester Jugend an, daß er nach dem unumstößlichen Willen seines Vaters Soldat werden müsse und fand sich widerspruchslos damit ab.

So machte er denn eine typisch erzherzogliche Militärkarriere, war sich aber immer der Tatsache bewußt, daß er diese fulminante Karriere nicht seinen militärischen Fähigkeiten verdankte. Diese Tatsache, die andere Mitglieder des allerhöchsten Kaiserhauses wenig belastete, machte dem nach demokratisch-liberalen Grundsätzen erzogenen Kronprinzen jedoch zu schaffen. Sein übereifrig wirkendes Bemühen, sich als guter Soldat zu erweisen, hat sicherlich seine Ursache in dieser Diskrepanz zwischen Ausbildung und Leistung einerseits und der hohen militärischen Stellung, die er von Anfang an einnahm andererseits.

Die Stationen: vom ersten Lebenstag an Oberstinhaber des 19. Infanterie-Regimentes; 1878, ein Jahr nach der Großjährigkeitserklärung, Oberst beim 36. Infanterie-Regiment in Prag, dessen Kommandant er schon ein Jahr später (also mit 21 Jahren) wurde. 1880 Generalmajor, 1881 Kommandant der 18. Infanterie-Brigade in Prag, 1882 Feldmarschalleutnant, 1883 Kommandant der 25. Infanterie-Truppendivision in Wien – also eine Karriere, für die normale Militärs nicht nur außerordentliche militärische Fähigkeiten beweisen mußten, sondern auch beinahe ein halbes Jahrhundert Dienstzeit brauchten. 1888 wurde er schließlich Generalinspektor der Infanterie.

Das 36. Infanterie-Regiment in Prag war die erste Gemeinschaft, die der in Einzelunterricht erzogene Rudolf erlebte. Es war kein adeliges Eliteregiment, sondern ein aus Bürgerlichen bestehendes Offizierskorps, ganz abgesehen davon, daß die Infanterie ohnedies als viel weniger vornehm als die Kavallerie galt. Eben deshalb fühlte sich Rudolf

8. Kapitel

Der junge Rudolf mit Tschako ... *in preußischer Uniform ...*

hier vom ersten Tag an besonders wohl und bezeichnete das 36. Infanterie-Regiment als *meine eigentliche Heimat.*
Rudolf wurde gerade zu der Zeit aktiver Offizier, als die k.u.k. Armee den einzigen siegreichen Feldzug unter Kaiser Franz Joseph führte: die Okkupation Bosniens und der Herzegowina 1878. Dem General dieses Feldzuges, Joseph von Philippovich, der als kommandierender General von Prag sein militärischer Vorgesetzter war, war Rudolf in geradezu kindlich-schwärmerischer Liebe zugetan. Auch dieses persönliche Moment mag dazu beigetragen haben, daß er die Okkupation leidenschaftlich verteidigte und damit gegen die liberale Partei Front bezog, die diesen Schritt nicht billigte. Er war in dieser Zeit ein begeisterter Angehöriger der k.u.k. Armee, die endlich, nach so vielen Niederlagen und Enttäuschungen, einen Sieg an ihre Fahnen heften konnte: *In Bosnien scheint es magnifique zu gehen. Sarajewo ist in unseren Händen, und Sieg auf Sieg. Die brave Armee thut ihre Schuldigkeit auf eine magnifique Weise.*[1]
Der Zwanzigjährige trat in seinem Übereifer sogar für einen Weitermarsch der österreichischen Truppen bis zum Novi Bazar ein – wie Philippovich und viele andere Offiziere. Sie hielten die Zeit für ge-

Militär

mit Säbel und Mantel ...   *und in ungarischer Uniform*

kommen, selbst einen Krieg mit Rußland, dessen Rüstung zu dieser Zeit recht mangelhaft war, zu riskieren und eine »endgültige« Entscheidung der Balkanfrage herbeizuführen.

Der von seiner militärischen Umgebung beeinflußte Kronprinz schrieb ungestüme Briefe an Latour: *Der Gedanke jetzt, wo wir siegreich bis an die Südgrenzen Bosniens vorgedrungen sind, sollen wir umkehren, das Land aufgeben, alles Blut umsonst vergoßen haben, und eine so entehrende Sache von unseren Truppen zu verlangen? Abgesehen von dem Mangel an Patriotismus ist es ja zu dumm; wenn ein Fremder diese Sachen erfährt, muß er die größten österreichischen Staatsmänner rein für entsprungene Kranke aus einem Narrenhaus halten; doch statt Energie, statt voller Rücksichtslosigkeit werden wieder halbe Maßregeln ergriffen, ein Theil der Armee aus Bosnien gezogen und demobilisiert; jetzt wäre der Moment, weiterzumarschieren und noch ein gutes Stück Land von der Türkei loszureißen und statt die türkische Verwaltung zu laßen, sie überall aufheben, dem Plane des Philippovich folgen, und eine Militärgrenze unter ganz österreichischer Militärverwaltung in allen occupirten Gebieten errichten. Das wäre das richtige, doch man erschrickt vor dem Geschrei unpatriotischer Stimmen, vor der Ungarns*

8. Kapitel

Zeitgenössische Karikatur auf die Okkupation Bosniens und der Herzegowina: Außenminister Andrássy bringt als Klapperstorch den raufenden Völkern der k.u.k. Monarchie zwei weitere Familienmitglieder. Unterzeile: »Mama Austria: O du mein Gott, nun bringt mir der noch zwei, und ich weiß kaum, wie ich den vielen Kleinen, die ich schon habe, den Mund stopfen soll!«

insbesondere. Könnte man nur eine Dosis Energie unseren maßgebenden Kreisen einflößen und es ginge beßer. So geht man, fürchte ich, durch diese halben Maßregeln keinen guten Tagen entgegen.[2]
Fast gleichzeitig schrieb der Zwanzigjährige wesentlich kühler und überlegter an Bombelles: *Es ist wieder Hoffnung vorhanden, daß man bis Beginn des Winters mit der ärgsten Arbeit zu Ende ist, doch darüber glaube ich, muß man sich klar sein, daß noch lange Jahre fortwährend ein kleiner Gebirgskrieg gegen Räuberbanden geführt werden muß, der viele Truppen für diese Länder verlangen wird und recht viel Geld kosten wird, das wir nicht haben. Im Ganzen halte ich die ganze Geschichte für eine wundervolle Leistung unserer braven Truppen, bei der sie sich unsterbliche Lorbeeren gepflückt haben; aber ebenso sehr auch für eine colossale Blamage der diplomatischen, sowohl wie auch militärischen Spitzen der Behörden, welche diese Occupation, als friedlichen Einzug, verbunden mit einem wahren Marsch-Maneuver zur Übung der Truppen sich ausgedacht haben.*[3]

Militär

Schon im ersten Prager Jahr versuchte sich Rudolf auf militärischem Gebiet zu profilieren. Das konnte er kaum im Reiten oder Schießen tun. Auch der vom Kaiser so geliebte »Gamaschendienst«, der tägliche militärische Kleinkram, fand nicht sein Interesse. Statt dessen studierte er mit Eifer alte Aufmarschpläne und Schlachtverläufe, arbeitete Pläne aus, befaßte sich mit den neuen Entwicklungen der Kriegstechnik, besonders mit denen, die auf der Elektrizität fußten. Er befaßte sich mit den strategisch günstigen Verläufen neu zu bauender Eisenbahnlinien, aber auch mit den sozialen Verhältnissen innerhalb der Truppe.

Aus dieser Beschäftigung entstand ein 88 Doppelseiten langer Aufsatz über das Gefecht von Spichern im Deutsch-Französischen Krieg 1870/71. In seiner schwungvollen Sprache lobte Rudolf die Organisation der preußischen Infanterie und ihr Exerzier-Reglement, das er auch in späteren Jahren noch als Muster für die k.u.k. Armee ansah – unterließ es aber nicht, für den geschlagenen General Frossard, der vergebens um Verstärkung gebeten hatte, warme Worte zu finden.

Die Arbeit fand Anklang, und Rudolf ließ sich nicht lange bitten, einen zweiteiligen Vortrag im militärwissenschaftlichen Verein in Prag über dieses Thema zu halten. Die gesamte Generalität der Prager Garnison war versammelt, auch Stabsoffiziere, soweit sie im übervollen Saal Platz fanden. Der eine von zwei Nichtmilitärs war Alfred Brehm, was in den Zeitungen besonders hervorgehoben wurde.

Den lobenden Zeitungsnotizen über den Vortrag folgte die Kritik des Erzherzogs Albrecht auf dem Fuße. Rudolf an Latour: *Ich bin froh, daß ich den Vortrag hinter mir habe; er hat mir genug Unannehmlichkeiten bereitet, von verschiedenen Seiten wurde mir zu verstehen gegeben, daß es sich in meiner Stellung nicht schicke, öffentlich zu sprechen, es sei dieß ein Verlaßen der gewohnten Bahnen; Gott sei Dank fühle ich in mir nicht den Beruf, die sogenannten gewohnten Bahnen, das leppische Alltägliche meiner mit Scheuledern versehenen Verwandten zu durchlaufen. Ich diene mit Leib und Seele in der Armee, doch nicht, wie es ja eigentlich gewünscht wird, den bloßen Gamaschendienst, sondern auch mit dem Kopf. Ich habe meine Arbeit fertig gehabt, meine Kameraden haben mich aufgefordert, sie zum besten zu geben, man versicherte es sei von gutem Einfluß, wenn ich den Vortrag halten würde und da hielt ich ihn, und gerne, mit der vollen Freude, die man empfindet, wenn man wirkliches Lob, nicht von oben, sondern*

8. Kapitel

aus Freundesmund, empfängt. Man muß heutzutage arbeiten, um es zu verdienen, eine solche Stellung einzunehmen, in Wien sitzen und Grandezza haben, und die Menschen nicht kennen, wie sie sind und wie sie fühlen, das taugt nicht für unser Jahrhundert! Unter anderem war auch Onkel Albrecht sehr dagegen, daß ich öffentlich sprach, unten hat es sehr gefallen, das ist für mich genug, nächstes Jahr spreche ich wieder.[4]

Die offiziellen Dienstbeschreibungen über Rudolfs Tätigkeit als Soldat sind, wie sollte es anders sein, gut. Aber auch Privatbriefe, in diesem Fall wohl die einzig aussagekräftige Quelle, zeigen seinen Eifer in Prag. Oberst Friedrich Hotze an General Philippovich: »Der Ernst, mit welchem der höchste Herr die Sache erfaßt hat, spiegelt sich in seiner Dir bekannten Vorlesung über die Schlacht von Spicheren. Das war eine Leistung, welche jedem alten Offizier Ehre gemacht hätte, und es war seine Arbeit, seine Überzeugung. Und seither ist er mehr und mehr gereift – es ist ein wahres Vergnügen, zu betrachten, wie jedes Samenkorn, welches man in ihn legt, alsbald Frucht treibt. Seit einem Monat kommandiert er ad interim das Regiment. Was er tut, ist überlegt, seine Kritik ist gut, seine Ruhe und Objektivität sehr lobenswert … Ein fast ebenso wertvoller Faktor als der rein militärische ist für Seine Kais. Hoheit der Verkehr mit Menschen. In einem Regiment spielen sich im kleinen alle Nuancen menschlicher Regungen ab. Menschenkenntnis, dieses wichtige Gut eines Mannes von so hohem Berufe, wie soll sie sich bilden als durch den Verkehr mit Menschen, und wo wäre dazu mehr Gelegenheit denn als Regimentskommandant. Auch dieser Zweig ist beachtet worden, und S. kais. Hoheit hat oft sehr richtigen Blick gezeigt. Sein gutes Herz und Seine natürliche Liebenswürdigkeit werden schwerlich je eine Ausschreitung zulassen.«[5]

In dieser Zeit war Rudolf ein so überzeugter Soldat, daß er seine politischen Gesinnungsgenossen, die liberale Verfassungspartei, heftig kritisierte, weil sie eine Reduzierung des Heeres befürworteten: *Man hat in Wien einen nach meiner Ansicht recht unüberlegten Schritt gethan, indem man den ohnedieß schwachen Friedensstand reducirt hat … In einer tüchtig geschulten großen Armee liegt die beste Garantie für den Frieden, die einzige Macht des Staates, das letzte Wort in den wirklich wichtigen Momenten! Heute mehr als früher. Preussen arbeitet und kräftigt fortwährend seine ohnedieß kriegsgeschulte Armee; wir*

Militär

schwächen die unsere, die noch vor der Feuerprobe steht, welche Gott gebe es bald kommen wird! Das ist eben Staatsklugheit in Wien!
In diesem Brief an Latour ließ er sich sogar zu der Forderung hinreißen, im Interesse der Armee an anderen Dingen zu sparen – etwa an den Ringstraßenbauten, Parlament und Hofmuseen, an den Beamten, ja den Diäten der Parlamentarier, eine unbedachte Äußerung des 21jährigen, die ihm später von Historikern gerne vorgehalten wurde: *Wir stehen vor Kriegen mit Italien und Rußland; über kurz oder lang muß es kommen, und wer spricht dann das letzte Wort, wer entscheidet über Sein oder nicht Sein, die Armee, und an dieser rüttelt man jetzt.*[6]
Im Dezember 1882 meinte er noch gegenüber Szeps: *Ein Krieg, und zwar ein umfassender und entscheidender, der wirklich neue und große Festsetzungen für eine lange Reihe von Jahren hinaus bringt, wäre den heutigen Verhältnissen gegenüber noch von Vorteil.* In seiner Begründung freilich zeigt er sich ganz und gar nicht wie ein Soldat, sondern als Zivilist und guter Schüler Carl Mengers: Nach einem Sieg könne endlich das riesige Armeebudget gesenkt werden. *Die Militärausgaben verzehren die kontinentalen Völker. Der Steuerdruck ist nicht mehr zu ertragen und selbst das reiche Frankreich scheint kaum mehr in der Lage, die Last weiter zu schleppen. Eine Minderung der Armeekosten würde ermöglichen, teils öffentliche Arbeiten in großem Maßstabe auszuführen, teils aber auch den unteren arbeitenden Klassen durch eine ausgiebige Invalidenversicherung usw. zu Hilfe zu kommen.*[7]
So viele begeisterte Briefe über die k.u.k. Armee und den Soldatenstand aber auch aus Rudolfs Prager Zeit erhalten sind, so muß man doch bedenken, daß er gleichzeitig ein Vielfaches an Briefen und Aufsätzen über »zivile« Themen schrieb. Seine nach Dienstschluß verfaßten Schriften über Ornithologie bis zur Tagespolitik schwanden nie aus dem Zentrum seines Interesses.
Ganz bewußt schloß sich Rudolf in der Armee nicht an seine erzherzoglichen Standesgenossen an, sondern fast ausschließlich an die Offiziere seines Regimentes. Gerade weil die militärischen Fähigkeiten seiner Verwandten nur zu oft Grund zu heimlichem Spott in Offizierskreisen waren, bemühte sich Rudolf, sich von diesen zu unterscheiden, und steigerte sich geradezu in ein Sendungsbewußtsein hinein, anders als diese zu sein und zu beweisen, daß auch ein Mitglied des Kaiserhauses nicht die harte Tagesarbeit scheute, vor allem aber fähig war,

sich in eine Gemeinschaft von Bürgerlichen einzufügen. *Ich gehöre mit Leib und Seele der Armee an, jedes tactlose Benehmen gegen ein Officierscorps betrachte ich als meine Angelegenheit ... Die Armee braucht wahre Freunde unter den Mitgliedern der kaiserlichen Familie, nicht nur Herrn, die der Armee in der Theorie Sympathien bezeugen, sondern Männer, die mit ihr fühlen, arbeiten und leben.*[8]
Die starke persönliche Beziehung zu Philippovich beeinflußte den Kronprinzen derart, daß er bei seinen Besuchen in Wien alle Truppen mit dessen Augen sah. Er sandte ihm etwa einen zwölfseitigen Bericht über Truppeninspizierungen des Kaisers im Prater, auf der Schmelz und in Bruck, in dem er so gut wie alles, was er dort sah, negativ beurteilte: *Es schien mir, als sei das Schiessen im Terrain nicht für den eigentlichen Zweck, sondern mehr als Paradeproduction durchgeschult worden.*[9]

Rudolfs Stationierung in Wien 1884 traf auf beträchtliche Widerstände der Wiener Militärs. Ministerpräsident Taaffe fürchtete, Rudolfs Neigung zur liberalen Oppositionspartei würde durch die ständige Anwesenheit in Wien noch wachsen. Erst nach einem Vierteljahr Ungewißheit rückte Rudolf als einer von zwei Divisionären in Wien auf. Er trat an die Stelle seines Feind-Freundes Erzherzog Johann, der seinetwegen nach Linz versetzt wurde. In ihm hatte er nun einen scharfen Kritiker mehr.
Hier in Wien gab es keine bürgerliche Offiziersgemeinschaft, die es sich zur Ehre machte, den Kronprinzen zu verwöhnen. Hier mußte er sich als General bewähren, zudem unter den Augen seines auf militärische Angelegenheiten geradezu eingeengten Vaters und des strengen Onkels Albrecht. Es war ja nicht zu leugnen, daß Rudolf keineswegs aus militärischen Gründen nach Wien wollte, sondern aus rein persönlichen: sein Interesse für Politik war inzwischen so gewachsen, daß er im Zentrum des Geschehens sein wollte und sich bessere Informationen erhoffte. Erzherzog Albrecht klagte gegenüber Generalstabschef Beck, der Kronprinz käme als zukünftiger Feldmarschall nicht in Betracht, da »der Thronerbe sich dem Kriegswesen abzuwenden scheint«.[10]
In diese schwierige Übergangszeit fiel eine damals mysteriöse Affäre, die sich rund um einen Vortrag Erzherzog Johanns über »Drill und Erziehung« abspielte. Darin kritisierte er scharf das System des unbe-

Militär

Rudolf links und Johann Salvator rechts sitzend, dahinter von links die Offiziere Giesl, Wurmbrand und Csanády

dingten militärischen Gehorsams und der straffen Disziplin (»Drill«) und stellte statt dessen das Prinzip der »Erziehung« als für die österreichische Armee wünschenswert hin. Nach durchaus positiven Berichten in den Militärzeitungen folgte zunächst ein Zornausbruch Erzherzog Albrechts. Er ließ allen höheren Militärs, auch dem Kronprinzen, eine anonyme Gegendarstellung zusenden, die Johanns Thesen in Grund und Boden verdammte und in den Sätzen gipfelte: »Was in unserem Stande aber gefährlich und schädlich ist, sind: Politisiren, publicistische Vielschreiberei und Sucht nach Popularität um jeden Preis, mitunter zum Nachtheile der Disciplin bei schwachen und unerfahrenen Standesgenossen.« Albrecht wünschte der Armee, »daß deren edler Geist und schöne stramme Disciplin ungetrübt erhalten und dieselbe von solchen pretentiösen Eloquenz-Gymnastik-Übungen wie jene ›Drill und Erziehung‹ verschont bleibe.«[11]

Keine Frage, daß sich Rudolf durch diese Auslassungen ebenfalls angesprochen fühlte und er über die Identität des Autors nicht lange rätseln mußte. Er stand der Schrift Johanns positiv gegenüber und schrieb nun im Armeeblatt ebenfalls einen anonymen Artikel, der mit der Ansicht des »alten Soldaten« ins Gericht ging, gleichzeitig aber zwischen den beiden extremen Ansichten Johanns und Albrechts zu vermitteln versuchte.

Unter dem Schutz der Anonymität verhöhnte Rudolf ungeniert seinen Großonkel, den *kühnen und so altsoldatisch biederen Schreiber ... Nichts ist schwerer zu ertragen, als geistige Überlegenheit; ja, Alles soll so schön in der Schablone bleiben, im selben Gedankenniveau; – das wäre Stillstand und Rückschritt! Wir haben vor dem Jahre 1866 genug geistige Versumpfung, genug Lethargie durchgemacht und mussten sie schwer genug büßen. Das freie Wort, die scharfe Feder, das vertragen gewisse Leute nicht; die geistige Arbeit ist diesen kleinen Geistern ein Greuel! Nur im Wettkampf der Gedanken, im Sprühen geistiger Funken entsteht Gutes – wahrhaft Großes. Vergessen wir nicht, dass die Armee ein wichtiger Theil des Staates ist. Sie muß der Arbeit, dem nie rastenden Fortschritt, frischem geistigen Leben zugänglich sein. Und so rufe ich dem Verfasser der Gegenschrift zu: Seien wir stolz, einen Mann zu besitzen, der die Schranken des gewöhnlichen Alltagslebens verlässt, der hervorragt aus der grossen Schaar der schablonenhaften Normalmenschen; auf die engen Grenzen, die ihm seine hohe Stellung verleiht, verzichtet, in die Arena geistigen Wettkampfes als mutiger »Ritter vom Geiste« heraustritt und Alle theilnehmen läßt am Fluge seiner edlen, freien Gedanken.*

Zur Sache schlug er vor: *Der stramme preußische Drill, er ist für uns nicht ganz geeignet, das gebe ich zu, wir haben ein anderes Menschenmaterial; doch es gibt auch eine österreichische Strammheit, und zwischen Exercirplatz-Marionetten und einem lockeren Menschenhaufen lässt sich noch eine schöne, zweckmässige – die goldene Mittelstraße finden.*[12]

Erzherzog Johann vermutete den Kronprinzen sofort als Verfasser und bestürmte dessen Stabschef mit Fragen. Aber obwohl dieser das Manuskript selbst in die Setzerei getragen hatte, wahrte er das ihm anvertraute Geheimnis.[13]

Hatte Rudolf gehofft, mit dieser versöhnenden Parteinahme bei seinem Vetter Beifall zu finden, irrte er sich gründlich. Johann schrieb (ebenfalls anonym) in der nächsten Nummer des Armeeblattes: »Diese Stelle im ›Armeeblatt‹ scheint wahrhaft einem Turnierplatz gleichen zu sollen, auf welchem Ritter um Ritter mit geschlossenem Visir in die

Militär

Schranken treten. Die Ritter tragen aber farbige Schärpen, an denen sie zu erkennen waren.« Es folgte eine scharfe Entgegnung: »Der Vortrag ... kann eben nur Freunde oder Gegner haben; Vermittler sind durch die Natur der behandelten Sache, wie bei soliden Geschäften, ausgeschlossen.«[14]

Auf dieses durch Zufall entdeckte und sachlich harmlose Streitgespräch anonym bleibender Erzherzöge kann nicht nachdrücklich genug hingewiesen werden, denn es ist zweifellos nur eines von vielen Diskussionen dieser Art. Es zeigt die problematische Stellung dieser beiden ambitionierten Erzherzöge Rudolf und Johann, die sich zunächst mit journalistischen Fingerübungen versuchten, aber mit der Zeit, unter dem Siegel der Anonymität, immer waghalsiger wurden und schließlich versuchten, in den Zeitungen politische Aktionen zu starten, die der offiziellen Politik direkt zuwiderliefen.

Schon bei diesen Plänkeleien im Armeeblatt mag die Aufdeckung der Autorennamen gefährlich gewesen sein. Wieviel größer muß die Angst – selbst bei kaum zu überbietender Raffinesse im Geheimhalten – in politisch wichtigen Fragen gewesen sein! Andererseits ist in dieser wohlbegründeten Geheimnistuerei auch die Unmöglichkeit begründet, die Aktivitäten Rudolfs und Johanns restlos aufklären zu können. Das Verhältnis der Vettern blieb weiter wechselhaft. Die Rivalität war immer spürbar, so wenn Rudolf an Johann schrieb: *Sie haben Dich bei Papa wieder sauber hergerichtet. Du untergräbst die Subordination. Wenn ein Mitglied des Allerhöchsten Kaiserhauses in den soldatischen Tugenden usw. – das Beispiel der Insubordination gebe, so müsse das auf die jungen Offiziere usw. – denke Dir das übrige. Papa war sehr aufgeregt, beherrschte sich aber und sagte am Schlusse des Lamentos: »Meine Herren, seien Sie sicher, daß ich Insubordinationen in Meiner Armee nicht dulden werde. Ich erwarte in der Sache Sr. kaiserlichen Hoheit Ihre weiteren Berichte.« Du kannst Dich also freuen, wenn Onkel Albrecht wieder über Dich berichten wird. Jetzt bist Du nicht mehr der brave Gianni, der immer so fleißig lernt.* Und: *Das sage Ich Dir: Albrecht und Beck sind über Dich einig und haben, wie immer, Papa ganz auf ihrer Seite. Wenn ich etwas sage, wird Papa nur gereizter. Es ist das Gescheiteste, Du thust Buße und versöhnst den gekränkten Helden von Custozza.*[15]

8. Kapitel

Seit Rudolfs Stationierung in Wien sind in den Quellen kaum noch positive Äußerungen über die militärische Arbeit zu finden. Klagen über die Vorgesetzten, vor allem Erzherzog Albrecht und General Beck, häufen sich. Rudolf an Latour: *Der Erzherzog [Albrecht] wird physisch, und noch mehr geistig, sehr alt; Beck ist müde, abgespannt und seiner Aufgabe nicht gewachsen, seine Umgebung ist nicht glücklich gewählt. Diese Erscheinungen werden von allen Officieren bemerkt, und das ernste an der Sache ist das Schwinden des Vertrauens in die oberste Leitung, in deren Hände ja unsere Zukunft, auch im Ernstfalle gelegt ist.*[16] Und: *Das waren zwei hübsche Tage jetzt. Oberleitung-Corps-Commando liegen sich in den Haaren, der Fmlnt. Beck spielt eine miserable Rolle, die Supositionen, die von oben kommen, sind so elend, daß nur die mündlichen so tactvollen und gescheidten Eingriffe des FZM Bauer halbwegs ordentliche Maneuver zu Stande kommen lassen. Die Officiere lachen, die Stimmung ist eine höchst eigenthümliche ... Den ganzen Tag wird man seccirt, ordentlich gearbeitet wird ja leider nicht.*[17] Aus unwichtigem Anlaß kam es immer wieder zu lauten Auftritten, so 1884 beim Manöver in Bruck an der Leitha: Erzherzog Albrecht ließ ausgerechnet an Stephanies Namenstag, als Rudolf sich auf der Jagd befand und meinte, einen freien Tag zu haben, Alarm blasen. Rudolf beklagte sich bei seinem Vetter Erzherzog Franz Ferdinand, der auch unter Albrecht litt: *Hier stehen die Dinge sehr schlecht, der Feldmarschall ist in einem fürchterlichen Zustand von Nervosität, Altersschwäche, Dummheit und Bosheit. Gegen mich hat er sich vorgestern so infam benommen, daß ich mich krank melden wollte und dann gehen – ganz! Ich fuhr nach Laxenburg, wo ich den Kaiser sah; der mir aber sagte, ich solle Ihm zu lieb in der Armee bleiben, da mußte ich meinen Entschluß zurückziehen.*[18]

General Beck, der sich ganz auf die Seite Albrechts stellte, schrieb aus Bruck seiner Frau vom »unleidlichen Verhältnisse zwischen Kronprinz und Erzherzog Albrecht«: »Bin froh, daß der Kaiser kommt, sonst erleben wir bei diesem unbändigen Temperamente des jungen Herrn noch einen Skandal!«[19]

Solche spektakulären Differenzen waren nur die Spitze des Eisbergs. In Wirklichkeit und für die Umwelt nicht durchschaubar, ging es um erbitterte politische Diskussionen, die immer wieder die Stimmung aufreizten. So war es auch bei dem Zwischenfall in Bruck an der Leitha, worüber Rudolf an Szeps berichtete: *Ich hatte mit Erzherzog Albrecht vor zwei Tagen* [am Namenstag Stephanies] *ganz von selbst ohne bestimmte Ursache ein politisches Gespräch. Er entrollte mir die Ansichten und Absichten der Leute vom »Vaterland«, der Neu-Konservativen. Es standen mir die Haare zu Berge, aus solchem Munde die unglaublichsten Theorien zu vernehmen. Da es einen großen Einblick gestattet in die Gedankenwerkstätte dieser Herren, werde ich Ihnen einmal mündlich das Ganze mitteilen, – nur so viel schon heute:* »*Wir gehen auch los und müßen ihn erringen den christlich edlen Socialismus und das gelingt nur durch die volle Niederwerfung des Capitales und des Geldmarktes.*« *Solcher Unsinn, und doch so gefährlich!*[20]

Mit welcher Schärfe Rudolf die Fehler des alten Erzherzogs sah, zeigt sein späterer Brief an Franz Ferdinand: *Was den Onkel Albrecht betrifft, so kannst Du ihm nur damit unangenehm sein, daß Du ihm keine Gelegenheit giebst aufzutreten; denn er hat Freude am Schimpfen, Auszanken, am Intriguiren und Schaden, denn er ist bös. Wenn er einen Fehler oder eine Blöße an einem anderen entdeckt, ist das für ihn eine Wonne ... Auch ist er rachsüchtig ... Wenn man die Ehre hat in seiner Nähe weilen zu dürfen, muß man an nichts anderes denken, und nur da sitzen in bewundernder Erstarrung, wie die Erzengel um den lieben Gott ... Ich kenne diesen hohen Herrn sehr genau und kann Dir nur wünschen, nicht einmal die Hälfte der Reibungen und Unannehmlichkeiten mit ihm durchzumachen, die mir zu Theil wurden.*[21]

Rudolfs Klagen beschränkten sich nicht auf seine Privatbriefe. Wiederholt verlor er die Nerven, gereizt durch Anordnungen Becks oder Albrechts. Immer mehr Offiziere seiner Umgebung wurden Zeugen dieser wenig rühmlichen Auftritte. So schrieb Fürst Carl Khevenhüller in sein Tagebuch: »*Der Kronprinz, neben dem ich stand, schimpfte laut den Generalstabschef Beck vor Allen aus, er rief ihm alle möglichen Schimpfworte und Grobheiten zu.*«[22] Beck war ebenso wie Erzherzog Albrecht ein enger Vertrauter des Kaisers.

Die Eifersucht plagte Rudolf, als er sah, daß der alte Erzherzog weiterhin das Ohr des Kaisers hatte, er dagegen ohne Einfluß und ohne politischen Kontakt mit seinem Vater war. Deshalb ließ er keine Gelegenheit aus, um auf Albrechts hohes Alter hinzuweisen: *Ich hatte heute eine sehr lange und recht trostlose Unterredung mit Erzh. Albrecht; was mich am düstersten stimmte, war die Zuversicht mit welcher der Erz-*

herzog sprach und sich so quasi als ersten und maßgebenden Vertrauensmann des Kaisers hinstellte; das hat er gut informierten Personen gegenüber schon seit Jahren nicht mehr gethan. Die Unterredung nahm im Verlaufe einen ziemlich gereizten Ton an und bestärkte mich in meiner Überzeugung, daß der hohe Herr nicht nur physisch, sondern vielleicht noch mehr moralisch seiner Aufgabe keineswegs mehr gewachsen ist und daß es eine Pflicht ist für diejenigen, die ihrer Stellung nach in der Lage sind es zu thun, dem Kaiser darüber ganz offen zu sprechen und ihn auf die drohenden Gefahren aufmerksam zu machen. Selbst der Erzherzog Carl Ludwig, der es sonst ängstlich vermeidet, mit mir ernste Gespräche zu führen, frug mich um meine Meinung in dieser Angelegenheit und sprach ganz offen die Ansicht aus, daß es Pflicht sei den Kaiser auf das Alter des Feldmarschalls und die Unfähigkeit des Generalstabschefs aufmerksam zu machen.[23]

Wenn sich Rudolf auch für den »Gamaschendienst« nicht interessierte, so suchte er sich doch auf militärischem Gebiet andere Aufgaben. So setzte er sich zum Beispiel für eine Hebung der sozialen Stellung der k.u.k. Offiziere ein.

Der Typus des armen österreichischen Offiziers, der nur bürgerlich existieren konnte, wenn er eine reiche Frau heiratete, ansonsten aber ein entbehrungsreiches, wenn auch geachtetes Leben führte, ging als Typus in die Literatur des 19. Jahrhunderts ein. Mit seinem wachen Empfinden für Ungerechtigkeit und soziale Not nahm sich Rudolf dieser Sorgen an. Da er an den offiziellen militärischen und politischen Stellen mit seinen Vorschlägen keinen Erfolg hatte, wich er wieder auf Zeitungsartikel aus, etwa den im »Neuen Wiener Tagblatt« erschienenen Artikel »Große Ehre – kleine Gagen«.[24]

Zu Rudolfs militärischen Aktivitäten gehörte auch sein Engagement bei der Gründung und dem Aufbau des Heeresgeschichtlichen Museums in Wien unter der Ägide von Erzherzog Wilhelm, Albrechts jüngerem Bruder. Rudolf ließ sich zunächst vom Historiker Alfred von Arneth beraten und berief dann außergewöhnlich viele Zivilisten in das Gründungskomitee: Arneth, Dumba, Wilczek, Graf Franz Meran und Quirin von Leitner hatten die »zivile« Majorität gegenüber drei hohen Militärs. In seiner Ansprache vor dem Komitee gab Rudolf als Ziel des Museums an, *den Nimbus und die Ehre zu verherrlichen, welche all-*

Militär

Portal des Heeresgeschichtlichen Museums in Wien

zeit den Reichsstandpunkt hochgehalten haben und das Symbol der Zusammengehörigkeit aller Länder bildet.²⁵

Auch hier begnügte er sich nicht damit, seinen Namen für das Protektorat herzugeben. Er ging zu Sitzungen, verhandelte mit Militärs und privaten Mäzenen, schrieb viele Briefe, um Ausstellungsstücke für das Museum zu bekommen. Er arbeitete handschriftlich Listen aus, welche Objekte aus welchen Sammlungen zu erbitten seien, so auch zum Beispiel aus Klöstern: *Klosterneuburg. 7 preußische Fahnen. Marschallstab Josephs I., franz. Trommel. St. Florian: Commandostab v. Prinz Eugen. Kremsmünster: Aus dem 30jährigen Krieg.*²⁶

Sorgenvoll beobachtete Rudolf in den achtziger Jahren, wie sich die Armee, die doch für ihn Garant der Überparteilichkeit und der zentralistischen Idee war, allmählich aufzuspalten drohte in einzelne nationale Teile, die sich gegenseitig nur noch mit Mühe verständigen konnten. 1884 schrieb er noch voll Zuversicht an Szeps: *Die Armee ist das einzige Mittel noch, welches in diesem Chaos den Reichsgedanken vertritt; sie ist großösterreichisch. Man muß sie schützen, pflegen und für sich gewinnen – das muß jetzt in diesen düsteren Zeiten die Bestrebung der Liberalen sein; das Officirscorps bei uns ist fast ausschließlich*

bürgerlich, liberal, kaiserlich und für einen mächtigen Staatsgedanken begeistert. – Ich glaube, daß in dieser Auffassung ein Programm liegt, welches nicht unterschätzt werden darf.[27]
Szeps beschwor ihn, in der Armee die Rettung der Zukunft zu sehen: »Die Verhetzung aller Klassen der Gesellschaft durch den entfesselten Interessenkampf wird eine gefährliche Desorganisation zur Folge haben und da bleibt rasch eine Organisation in dieser Zersetzung übrig: das Heer. Diese Organisation zu bewahren ist von höchster Wichtigkeit und deshalb ist es von größtem Werthe, daß Eure kaiserliche Hoheit in steter und inniger Fühlung mit der Armee stehen. Schwer ist es, bei sinkendem Wohlstande das Heerwesen intakt zu erhalten, doch es wird mit allen Opfern geschehen müssen, denn was bliebe noch übrig, wenn auch diese Organisation durch Racen- und Klassenhaß, Interessenkampf, Reaktionswuth und Nihilismus angefressen würde?«[28]
Mit seinen Klagen über die Auswirkungen der föderalistischen Taaffe-Politik auf die Armee war Rudolf sogar mit seinem Erzfeind, General Beck, einig: *Gestern besuchte ich den Generalstabschef; selbst dieser so ultrakonservative Mann ist auf den Grafen Taaffe wütend … Er meint, Taaffe sitze fester denn je, und bedauert dies aus militärischen Gründen, da diese Desorganisation nicht ohne nachtheilige Folgen für die Armee bleiben kann.*[29] Noch aus den belanglosesten Äußerungen an *maßgebender Stelle* (dem Kaiser) zog Rudolf die Hoffnung, daß es mit der Regierung Taaffe abwärts gehe: *Aus einigen Andeutungen, die ich in Gödöllö zu hören bekam, insbesondere die Armee betreffend, scheint es mir, als sei eine eher zentralistische Strömung wieder eingetreten; man erschrak über manche Erscheinungen, die sich in böhmischen und polnischen Regimentern bemerkbar machten; auch im Ministerium des Äußern ist man dem Kabinett Taaffe nicht mehr so hold gesinnt und was nicht unwichtig ist, der Vorstand der Militärkanzlei General Popp ist durch und durch Josephiner, liberal, deutsch und zentralistisch.*[30]
In seiner politischen Denkschrift von 1886 klagte Rudolf: *Die Armee, die sich so lange intakt und vorzüglich erhalten hat und den altösterreichischen Geist zu bewahren verstand, sie beginnt auch schon von den politischen und nationalen Strömungen angegriffen zu werden; was kein Wunder ist, wenn man die Schulen betrachtet, die national sind, aber keineswegs österreichisch; schon jetzt begegnen wir nicht allzu selten Offizieren, die sich kaum deutsch auszudrücken imstande sind. Um*

eine gute Armee zu erhalten, muß dieselbe eine Armeesprache besitzen und zentralistisch-großösterreichisch geleitet sein und, so gut es ist, manchmal in anderen Dingen berechtigten Wünschen der Nationalitäten nachzukommen, was das Heer und die beiderseitigen Landwehren betrifft, sollte da eine einheitliche Leitung und eine einheitliche Sprache eingeführt werden – nicht aus politischen, sondern aus Utilitätsgründen; wo es sich um Sein oder Nichtsein handelt, wird man nicht aus Höflichkeit für beschränkte Leute mit diesen zusammen das Vergnügen haben, zugrunde zu gehen.[31]

Über die Hentzi-Affäre 1886, als in der Armee großösterreichisch denkende mit national ungarischen Offizieren aneinandergerieten, schrieb Rudolf verärgert an Szeps: *Die Ungarn haben in der Hentzi-Affäre einen großen Blödsinn begangen; denn keine Nation der Monarchie braucht so nothwendig eine starke Armee als eben die Ungarn, die nur so lange inmitten des Ansturmes der anderen Völker bestehen können, als Österreich und dessen Heer ungeschwächt dastehen.* Er schlug Szeps vor: *Sie würden in den Reihen der Armee wahren Enthusiasmus erwecken, wenn Sie einen Artikel bringen würden, der das Unsinnige der Ungarn und das Abhängen derselben eben von dieser Armee in kräftigen Worten ausdrücken würde. Und für die Ungarn wäre es eine gute Lektion, wenn gerade ein liberales Blatt ihnen den Standpunkt klar legt.*[32]

Als der »Pester Lloyd« Erzherzog Albrecht scharf attackierte, ihn einen »abgewirthschafteten österreichischen Staatsmann« nannte und die Verhältnisse in Cisleithanien in den schwärzesten Farben schilderte,[33] fürchtete Rudolf, zu Unrecht als Autor verdächtigt zu werden, da er auch mit dieser Zeitung in Verbindung stand. Um diesen Verdacht zu entkräften und weil er tatsächlich in diesem Fall einer Meinung mit dem Großonkel war, schrieb er ihm einen unmißverständlichen, scharfen Brief gegen alle ungarisch-nationalen Bestrebungen in der k.u.k. Armee.

Albrecht antwortete ruhig und anerkennend: »Wenn etwas meinen tiefen Schmerz über die der Armee angethanen Beleidigungen, meine Entrüstung über die Beschimpfung aus offiziellem, offiziösem und sonstigem Munde lindern konnte, so sind es Deine Worte, die Art, wie Du als Offizier alles dieses auffassest und mitfühlest, die Empörung Deines ritterlichen Gemüthes, Deines gesamtösterreichischen Patriotismus, des richtigen Durchfühlens, wohin es mit einer Armee kommen muß, wel-

8. Kapitel

che Spott und Schande tragen (muß) und nicht einmal vor Pöbelausschreitungen geschützt wird durch die Regierungsorgane ... In keinem anderen Lande ist die Einheit, Einheitlichkeit und dynastischer Soldatengeist für die Armee notwendiger als bei uns, wo noch die Dynastie und die Armee das letzte Band des Zusammenhaltens der zerspaltenen Monarchie bilden. Spaltet sich die Armee, entwertet sich ihr Geist, so ist die Dynastie verloren, und Österreich besteht nicht mehr. Es ist dann nur mehr eine Frage weniger Dezennien, vielleicht nur einiger Jahre![34]

Der Gegensatz zwischen Kaiser und Kronprinz offenbarte sich nirgendwo so deutlich wie auf militärischem Gebiet. Ein anonymer Kenner der Verhältnisse berichtete über Franz Joseph: »Mehr als die Hälfte der laufenden Tagesarbeit des greisen Kaisers nahmen die militärischen Angelegenheiten in Anspruch, die er in einer zweifellos viel zu weitgehenden, selbst die nichtssagendsten Details durchdringenden Weise und mit einer geradezu erstaunlichen Geduld behandelte. Letztere wäre sicherlich einer besseren Sache, unbedingt aber größerer Ergebnisse würdig gewesen. Daß Erfolge vollkommen ausblieben, hat seinen Grund darin, daß der Kaiser sich bei seiner anscheinend ungemein umfangreichen, faktisch jedoch bedeutungslosen militärischen Betätigung nur in den alten Geleisen bewegte, welche nicht bloß längst ausgefahren, sondern zweifellos weltverlassen waren. So kam es, daß Franz Joseph durch seine rege Einflußnahme auf den militärischen Kleinbetrieb – große Gedanken und durchschlagende Antriebe waren von ihm nicht im geringsten zu erwarten – nicht nur die zeitgemäße Entwicklung des Heeres und der Flotte nicht im mindesten förderte, sondern sie geradezu und oft recht wesentlich hemmte. Denn, da die militärisch leitenden Funktionäre genau wußten, daß der Kaiser bloß den altbekannten und allbekannten Anschauungen und Grundsätzen huldigte, traute sich keiner, Vorschläge oder Anregungen außerhalb dieses Rahmens vorzubringen und wenn überhaupt etwas in der Richtung geschah, so war man von vornherein sorgfältig darauf bedacht, daß es ja nicht die Grenzen der vom Kaiser jederzeit eingehaltenen engen Richtlinien irgendwie überschritte. Durch diese Zurückhaltung seiner Ratgeber, dieses Verschweigen der in anderen Heeren erprobten Neuerungen verlor Franz Joseph in militärischen Dingen jeden Überblick über die größeren Fragen, namentlich jene des technischen Fortschrittes.«[35]

Militär

Rudolf dagegen war stolz darauf, über technische Neuerungen auf militärischem Gebiet früher als das Ministerium informiert zu sein. Durch Szeps stand er mit dem französischen »Elektriker« Cornelius Herz in Verbindung und lud ihn auch nach Laxenburg ein, um genauestens über die Bedeutung der Elektrizität für militärische Ausrüstungen informiert zu werden. Seinen Reformvorschlägen, soweit er sich überhaupt getraute, sie an »maßgebender Stelle« zu formulieren, wurde mit Mißachtung begegnet. Deshalb fürchtete er, daß wichtige Zeit für überfällige Reformen verstrich, die im Ernstfall fehlen und Österreichs Chancen im Krieg entscheidend vermindern würden. Auch Erzherzog Johann stöhnte: »Hier muß ich herumsitzen, muß Rekruten drillen, muß den alten Kohl von Albrecht und Beck immer wieder aufwärmen, und ich weiß doch, daß wir daran krepieren werden. Königgrätz war noch viel zu wenig.«[36]

Aus Sorge, Österreich-Ungarn müsse schlecht vorbereitet und mangelhaft ausgerüstet in einen Krieg gegen Rußland ziehen, unterstützte Rudolf alle Bestrebungen, die Kraft der Armee zu stärken. In diesem Punkt fühlte er sich sogar mit Erzherzog Albrecht einig und schrieb an Außenminister Kálnoky: *Nach genauem Studium der Arbeit des Erzh. Albrecht über die Verbeßerungen welche an unserem ganzen Wehrsystem vorgenommen werden sollten, bin ich zu der Überzeugung gekommen, daß dieses Elaborat des Erzherzogs ganz besondere Beachtung verdient ... Einige der Vorschläge würden was Ungarn und Bosnien betrifft auf Schwierigkeiten stoßen, doch das muß eben überwunden werden. Mit was für Widerstand und Unannehmlichkeiten hatten es die Preußen zu thun, als sie Ende der 50er Jahre ihre Heeresorganisation durchsetzten und was für Früchte hat es getragen! Sie wissen, daß ich dem Erzherzog Feldmarschall nicht durch dick und dünn folge und daß ich häufiger gegen als für ihn gesprochen habe, doch diesmal halte ich es für meine Pflicht auf seine Pläne aufmerksam zu machen.*[37]

Aber angesichts ständiger Rückschläge und der Unmöglichkeit, mit dem Vater ein offenes Gespräch zu führen, um wenigstens die wichtigsten Neuerungen in der Armee einzuführen, erlahmte Rudolfs Eifer und wich der Resignation. Als er endlich 1888 zum Generalinspekteur der Infanterie ernannt wurde, war er bereits schwer krank und ganz offensichtlich uninteressiert und überfordert.

9. *Kapitel*

UNGARN

Je mehr sich die Taaffe-Regierung in Cisleithanien konsolidierte und je unwahrscheinlicher die Wiederkehr einer liberalen Regierung wurde, desto mehr richteten sich Rudolfs Hoffnungen auf Ungarn, das seit 1867 liberal regiert wurde und dessen Ministerpräsident Koloman Tisza die volle Sympathie des Kronprinzen besaß. Rudolf schrieb zu Neujahr 1883 an Latour: *meine Hoffnungen sind jetzt einzig und allein auf Ungarn basiert, welches jetzt so glücklich und geschickt geführt wird, vielleicht kommt von dort auch der Anstoß zu einer radikalen Änderung in Cisleithanien.* Eifrig registrierte er jede Unmutsäußerung Tiszas über Taaffe und schrieb nach einer Unterredung mit Tisza an Szeps: *es wird doch noch der Moment kommen, sagte Graf Tisza, wo wir uns gegen das Ministerium Taaffe werden wenden müssen. Namentlich zeigen sich die Ungarn sehr beunruhigt über die Versuche der Tschechen, die ungarischen Slowaken zu tschechisieren.«*[1]
Zwar prangerte Rudolf die Fehler der Ungarn in ihrer rigorosen Nationalitätenpolitik gegenüber den Nichtungarn immer wieder an, verkannte auch nicht den wachsenden Antisemitismus. Aber er führte so gut wie alle Mißstände auf die »reaktionären« Kräfte zurück, vor allem auf die Aristokratie und den Einfluß der Taaffe-Politik auf die ungarische Reichshälfte.
Als die Kroaten 1883 offen gegen die ungarische Regierung aufbegehrten und ein Königreich Kroatien forderten, außerdem starke antisemitische Unruhen sich auch gegen die »judenfreundliche« liberale Partei richteten, schrieb Rudolf voll Sorge an Szeps: *Das arme Ungarn! Wir stehen vor einer epochalen Krise; so kann es nicht weiter gehen. Die sogenannten Judenverfolgungen, die nehmen großartige Dimensionen an; und die kroatischen Geschichten, sie liefern den Beweis, wie sehr uns die slavische Frage immer mehr an den Leib rückt. Ungarn wird schlecht administriert, hat keinen guten Beamtenstand, keine solide*

Ungarn

Basis, es ist ein Land wie Rußland oder die Türkei; ebenso wie diese Reiche entbehrt es den reichen, gebildeten Mittelstand, es hat nur einen teils arg verlotterten Beamtenstand, viele Israeliten und armes Volk, verarmte Bauern und viel Pöbel; die wahre Basis eines modernen Staates, das große Bürgertum, fehlt. Mit Kroatien wird ein solches Land diesen Kampf nicht glücklich bestehen können und die innere Lage in Ordnung bringen, dazu fehlt die gesunde Basis und die staatliche Kraft. – Ungarn wird einem vollkommenen staatlichen Verfall entgegensehen und es wird der Moment kommen, wo man von Wien aus wird einzugreifen für notwendig finden. Doch hier, wo man die gesunde Basis zu einem modernen Staate hätte, richtet man sie systematisch politisch zugrunde und kommt durch diese slawisierende Politik auf denselben Standpunkt wie Ungarn; nur kommt hier noch die reaktionäre Richtung hinzu und da ist mir das in sich zerfallende, liberale Ungarn noch lieber als das Taaffische Österreich. Und: Ungarn war bisher der Schutzwall, der auch diese Reichshälfte vor der vollen Reaktion bewahrte, sollte dieses Bollwerk fallen und ein Österreich unter den jetzigen Auspizien die Einmischung und sogenannte Rettung Ungarns in die Hand nehmen, dann gehen wir einer Revolution, dann aber auch dem selbstverschuldeten und fast möchte ich sagen, wohlverdienten Untergange entgegen.[2]

Frischauer reiste nach Agram, um den Kronprinzen mit Nachrichten zu versorgen, da die Zustände dort von »wilder Rätselhaftigkeit« seien. Rudolf stand in dieser Krise – trotz seiner Kritik an der ungarischen Nationalitätenpolitik – eindeutig auf dem ungarischen Standpunkt. Er unterstützte aber keineswegs national-magyarische Tendenzen, sondern setzte sich zur Beibehaltung wenigstens des Dualismus gegenüber einer drohenden weiteren Zersplitterung des Reiches ein. Kroatien forderte ja praktisch den Trialismus, dem ähnliche Forderungen der Polen und Tschechen in Cisleithanien zweifellos auf dem Fuße gefolgt wären. Diese Haltung änderte er nie und nannte Kroatien noch im Juni 1888 bei einem Besuch in Agram demonstrativ *Perlen der heiligen Stefanskrone, welche unzertrennlich verbunden sind mit den Ländern dieser heiligen Krone, verbunden durch unzerreißbare Bande einer ruhmreichen Vergangenheit und gemeinsamer Interessen.*[3]

Die kroatische Krise stärkte, wie es Rudolf befürchtet hatte, die konservativ-feudale Opposition gegen Tisza. Rudolf an Szeps: *Sonst sieht*

9. Kapitel

es politisch trübe aus. Tisza war vorgestern lange bei mir; Futtaky auch. Das liberale Ungarn kämpft gegen dieselben gewaltigen reaktionären Kräfte einen harten Kampf, denen in dieser Reichshälfte das liberale Prinzip unterlegen ist. Tisza scheint auf das Äußerste gefaßt zu sein, er ist eisig ruhig, kalt, doch ein böses Lächeln spielt um seine Lippen, wenn er von den hiesigen höchsten Kreisen spricht ... Er hat es fühlen müssen, daß in Österreich noch immer neben der offiziellen, parlamentarischen Politik noch eine sehr mächtige geheime, unnahbare, ungreifbare Politik besteht, dieselbe die man 48 die Camarilla nannte und der Andrássy in den letzten Jahren weichen mußte und die auch Tisza und so manchen anderen noch zu Falle bringen wird. Die Kirche ist noch sehr mächtig; das müssen wir leider genug fühlen.[4]

Diese Klage bezog sich auf die Oberhaus-Debatte über die Zivilehe, zu der sowohl die Fürsten Liechtenstein als auch Kardinal Schwarzenberg nach Budapest reisten und die Opposition gegen die Liberalen entscheidend – bis zur Abstimmungsniederlage Tiszas – stärkten. Auch Rudolfs Schwager Prinz Philip von Coburg-Cohári, ansonsten wenig an Politik interessiert, erschien bei der Abstimmung. Er stimmte allerdings für Tisza, sicherlich nicht ohne vorherige Absprache mit dem Kronprinzen und mit lautstarkem Beifall des »Neuen Wiener Tagblatts«: »Große Sensation erregte auch das Erscheinen des Prinzen Philip von Coburg-Koháry, der in ordensgeschmückter Generals-Uniform auf der Linken neben Andrássy Platz nahm, wie um zu zeigen, daß die Hofwürdenträger, welche gegen die Vorlage sind, nicht die Ansichten des ganzen Hofes zum Ausdruck brachten ... Gegen den Hochadel, gegen die äußerste Linke, gegen den Kirchenfürsten, gegen die Kroaten und gegen den Antisemitismus gleichzeitig ankämpfen zu müssen, das ist vielleicht selbst für die Riesenkraft eines Koloman Tisza zu viel. Um da den Sieg davonzutragen, müßte die geeinte Kraft der Nation ihm zur Seite stehen.«[5]

Rudolf regte Szeps nicht nur an, für Koloman Tisza einzutreten. Er informierte ihn auch über ein Gespräch zwischen dem Kaiser und Tisza. Bezeichnend war, daß er diese Nachrichten keineswegs vom Kaiser, sondern von Tisza über dessen Vertrauten Futtaky erhalten hatte: *Futtaky bat mich heute, zu mir zu kommen, um mir alles mitzuteilen, was er über Tisza weiß ... Tisza war gestern beim Kaiser, machte eine Szene! Sagte, man hätte von Wien aus in Kroatien, bei dem Antisemitismus, bei der Oberhaus-Affäre die Hand im Spiel; er wurde schweigend angehört, auf heute bestellt ... Der Kaiser bat um Entschuldigung, daß hiesige Herren hinunter gefahren sind, sagte aber im gereizten Tone, einem Schwarzenberg und Liechtenstein kann niemand etwas ausreden oder gar befehlen. Über Dezentralisation der Bahnen und über Armee(Staats)sprache ist der Kaiser aufgeregt.*[6]

Schließlich schrieb Rudolf im »Neuen Wiener Tagblatt« einen seiner engagiertesten Leitartikel: »Die Wacht an der Leitha«, eine zweiteilige Hymne auf die Person und die Politik Koloman Tiszas:

Prinz Philipp von Coburg war mit Stephanies Schwester Louise verheiratet und also Rudolfs Schwager

Seien wir uns nur bewußt der Gefahren, die uns umgeben, die jene Errungenschaften zu vernichten drohen, die wir seit dem Jahre 1848 in stetem Streben und Ringen erreichten ... Die Liberalen in Ungarn, an ihrer Spitze der Ministerpräsident, der bedeutendste Staatsmann des Landes, ein fortschrittlich gesinnter, auf der Höhe der modernen Bildung stehender Mann, sind geschlagen. Wer hat über sie den Sieg davon getragen? Die konservativen Elemente, der klerikale Adel, und, man gebe sich keiner Illusion hin, verbündet mit den untersten Schichten der Bevölkerung, gestützt auf Leute, deren Tendenzen gewiß nicht konservativer Natur sind ... Die großen Massen, welche heutzutage antikulturellen Bewegungen, einer Verwilderung der Sitten zuneigen, boten ein geeignetes Material zu den antisemitischen Hetzen, und der Antisemitismus wurde geschickt ausgenützt, um die unteren Volksschichten gegen die liberale Partei, gegen die Männer des Fortschritts und der Bildung auszuspielen ...

Die Reaktion ist mächtig; in Deutschland fühlt sie sich in voller Kraft, in Österreich sind fast alle Männer aus maßgebenden Stellen verdrängt, die ihr in den Weg treten konnten; sie herrscht unbehindert! Ein Mann steht ihr im Wege, in Ungarn sich vollends auszubreiten; Ein Mann läßt sie nicht das Gefühl beruhigten Besitzes der eroberten Positionen genießen; das ist der einzige liberale Staatsmann in Österreich-Ungarn, der noch eine leitende Position inne hat, der überzeugungstreue Kämpfer für die Grundsätze der Kultur und des modernen Fortschrittes, Koloman Tisza ...

Auch hier wieder warf Rudolf Tisza vor, tatenlos der »reaktionären« Taaffe-Regierung in Cisleithanien zugesehen zu haben: *Das war vom Ministerium Tisza nicht klug, nach dem Sturze der liberalen Majorität in Österreich der dortigen Entwicklung ruhig zuzusehen, sondern im Gegenteile schadenfroh zu glauben, man könne diese, für Österreich an Kämpfen und Konfusionen so reiche Ära unbeschadet ausnützen, um für die Sonderstellung und die Rechte des ungarischen Staates Erweiterungen und Konzessionen zu erreichen. Tisza kämpfte nicht nur nicht gegen die immer mehr nach rechts abweichende Bahn der österreichischen Entwicklung, sondern unterstützte sie noch aus chauvinistisch-ungarischen Gründen, und vergaß dabei, daß es doch noch immer unmöglich ist, in Wien und Budapest nach diametral entgegengesetzten Prinzipien zu regieren ...*

Die Liberalen in Ungarn und jene in Österreich sind in einer ähnlichen Lage. Gegen dieselben Feinde müssen sie kämpfen, und wenn auch die österreichischen Liberalen momentan in einer scheinbar ungünstigen Position sich befinden, so darf nicht vergessen werden, daß die ungarischen Liberalen einer der Zahl nach kleinen Nation angehören, welche den reaktionären und slawischen Stürmen schwerer Stand halten könnte, als die Deutschen in Österreich, die doch einem großen Volke angehören, in wel-

Graf Koloman Tisza (1830–1902), Führer der ungarischen Liberalen, Ministerpräsident von Ungarn von 1885 bis 1890

chem der liberale Gedanke niemals dauernd unterdrückt werden kann ... (sic).
Gleiche Gefahren, gleiche Feinde; dieses Gefühl sollte sie zum gemeinsamen Kampfe, zu gegenseitiger Unterstützung drängen, die Liberalen Österreichs und Ungarns. Wenn höhere Interessen, wenn Fragen des Fortschrittes und der Zivilisation auf dem Spiele stehen, dann vergesse man kleinliche Differenzen, alte verjährte Nergeleien.
Mögen die Ungarn zur Besinnung kommen, ehe es zu spät ist, und mögen sie vor Allem einen Mann halten und unterstützen, um den wir sie beneiden, den letzten liberalen Staatsmann in der österreichisch-ungarischen Monarchie: Koloman Tisza!
Die Reaktion hat momentan gesiegt. Die Männer des Fortschritts müssen hüben und drüben der Leitha fest stehen und treu auf gemeinsamer Wacht! [7]

Wie Taaffe auf diesen Artikel reagierte, erfuhr Szeps von einem hohen Beamten und gab dies dem Kronprinzen weiter. Der Informant habe erzählt: »Da war im Tagblatt ein Artikel über die Wache an der Leitha, hat sich Graf Taaffe furchtbar darüber geärgert und hat schrecklich geschimpft ... Auf Ehrenwort, Panie! schrie er, was bin ich denn ein Niemand und der Tisza ist der Einzige in der Monarchie? Das ist persönliche Beleidigung, das ist nicht Opposition, sondern Grobheit und Affront. So hat der Taaffe geschrien und Pressbureau wird Euch schon zwicken.«[8]

Die guten Kontakte zu Andrássy und Tisza und die liberale Atmosphäre Budapests freuten den Kronprinzen gerade in der Zeit, als er in Wien mit großen Schwierigkeiten zu kämpfen hatte. Stolz berichtete er Szeps nach dem Besuch des deutschen Prinzen Wilhelm in Budapest: *Man kann diese schöne Stadt wirklich mit Stolz Fremden produzieren; es ist Leben, Aufschwung, Selbstbewußtsein und Vertrauen in die Zukunft, Eigenschaften, welche jede liberale Ära mit sich bringen und die man hier mit Freude und Behagen beobachten kann und welche leider drüben zwischen den schwarzgelben Grenzpfählen fast vollends fehlen.*[9]

Auch an der Art von Rudolfs Beziehungen zur ungarischen Presse ersieht man unschwer, daß er keineswegs national-magyarische Interessen hatte (eine Tatsache, die man angesichts der späteren Verdächtigungen nicht oft genug betonen kann), sondern daß es ihm allein um

9. Kapitel

die Durchsetzung liberaler Politik ging. Seine beiden journalistischen Freunde in Ungarn, Gyula Futtaky und Max Falk, waren die führenden liberalen Intellektuellen Budapests. Die gefährlichsten Artikel aus Rudolfs Hand (hier geht es aber keineswegs um ungarischen Separatismus, sondern um das Verhältnis zu Deutschland) erschienen wegen der Zensur nicht im »Neuen Wiener Tagblatt«, sondern im deutschsprachigen »Pester Lloyd«. Denn in Ungarn gab es seit 1867 weit liberalere Pressegesetze als in Österreich. Was Max Falk in Budapest unbehelligt schreiben durfte (vor allem seine scharfen Angriffe gegen die Bismarck-Politik), wäre in Wien gleich konfisziert worden.

So spielten das »Neue Wiener Tagblatt« und Max Falks »Pester Lloyd« häufig zusammen, wenn es darum ging, heikle Nachrichten durch die strenge cisleithanische Pressezensur zu manövrieren. Rudolf an Szeps: *Wenn diese Notiz in Wien konfisziert würde, sollten Sie dieselbe dem »Pester Lloyd« übergeben, dann würde es ja auch hier bekannt und die Wiener Blätter könnten es als merkwürdige Notiz aus den Pester Blättern zitieren.*[10]

Max Falk, dreißig Jahre älter als Rudolf, war der liberale Zeitungspapst Ungarns. Befreundet mit Deák, Andrássy, Tisza, mit blendenden Beziehungen zu den deutschen Liberalen, ab 1869 Mitglied des ungarischen Reichstages, verfügte er über die besten Informationen für seine Zeitung. Er war als Jude ein glühender Vorkämpfer gegen den Antisemitismus, als überzeugter Liberaler zudem Gegner der Bismarck-Politik und Anhänger der liberalen Berliner »Kronprinzenpartei«. Vor allem ist nicht zu vergessen, daß ihn Rudolf aus früher Kindheit bereits als den Ungarischlehrer und Vertrauten seiner Mutter kannte. Auch Falk erhoffte sich von einem deutschen Kaiser Friedrich III. den Anstoß zu einer Liberalisierung Europas und war Gegner des konservativen, mit dem Antisemitismus der Stöcker-Partei sympathisierenden Prinzen Wilhelm. In den geheimen Akten des Auswärtigen Amtes von Berlin gibt es Stöße von Akten über Max Falk, aus denen zu ersehen ist, daß Bismarck in Falk einen seiner Hauptfeinde in Österreich-Ungarn sah. Eine freundschaftliche Beziehung zwischen dem Kronprinzen und Max Falk war also vor allem im Hinblick auf den bereits mißtrauisch gewordenen Bismarck kompromittierend.

Ein Privatbrief über Falks politische Ansichten, der dem Auswärtigen Amt übergeben wurde, bezeichnete Falk als »eine Art Mitregent von

Ungarn

Das ungarische Parlament in Budapest

Ungarn«. Falk habe im Gespräch (1889, einige Monate nach dem Tod des Kronprinzen) gestanden, »daß es Kreise gegeben habe, die bis in die letzten Jahre – ›und vielleicht noch heute‹ – der Allianz nicht trauen und sie namentlich nach dem Heranziehen Italiens als *unnatürlich* betrachten ... Deutschland und Italien seien die dereinstigen Erben einzelner Teile Österreichs, das Bündnis daher eigentlich unnatürlich: so sei ›auch in Wien‹ eine stark vertretene Ansicht.« Der Schreiber bemerkte dann, »es bestehen tatsächlich in Wien und Pest Strömungen, welche ein Bündnis mit Rußland und Frankreich für ›natürlicher‹ halten.«[11]

Gyula Futtaky (1850–1897) war Herausgeber der offiziellen »Budapester Korrespondenz« und Falks Mitarbeiter. Der Kronprinz nannte ihn einen *bei allem beteiligten* Journalisten, der *immer den liberalen Mann und Gegner des Taaffeschen Regimes betont.*[12] Futtaky war ebenso wie Falk ein Freund Deáks, Tiszas und Andrássys. Auch er unterhielt freundschaftliche Beziehungen zu Georges Clemenceau. Auch er war leidenschaftlicher Kämpfer gegen den Antisemitismus und orthodoxer Jude. Futtaky hatte in Ungarn eine ähnliche Stellung wie Szeps in Cisleithanien. Er war Rudolfs Informant, politischer Berater, auch journalistischer Agent zur Vermittlung von Nachrichten und Artikeln für ungarische Zeitungen. Seine Wichtigkeit für die Biographie des Kronprinzen mag man daraus ersehen, daß die 98 Briefe Rudolfs an ihn, die dem Kaiser nach Futtakys Tod 1898 übergeben wurden, nicht etwa nach Durchsicht und Vernichtung kompromittierender Stücke dem Archiv übergeben, sondern ohne Ausnahme »eingezogen« wurden und bis auf den heutigen Tag unbekannt blieben.

Rudolfs Demonstrationen für Liberalismus, Bürgertum, Demokratie, für völkische und religiöse Minderheiten, sein Philosemitismus, seine antiklerikale, antifeudale und antinationalistische Haltung brachten ihn schon früh in die geistige Nähe der Freimaurerei. Die Anschuldigung, er sei (gegen kaiserliches Verbot) Logenmitglied, wurde am Wiener Hof mit Schaudern verbreitet, als sei er mit dem Teufel im Bunde. Auch Kronprinzessin Stephanie war »fest davon überzeugt, daß Rudolf der Loge angehörte«,[13] was allerdings kaum als Beweis zu werten ist. Wenn der Kronprinz jedoch Maurer war, dann konnte er das nur in Ungarn sein, denn nur in Ungarn war seit 1867 die Freimaurerei in der Monarchie erlaubt.

Da dieses Thema Ende des 19. Jahrhunderts von kaum zu überbietender Brisanz war und auch immer wieder in der gehässigsten und ahnungslosesten Weise behandelt wurde (bis zu den Beschimpfungen im »Völkischen Beobachter« über die »Freimaurergesellschaft« um den habsburgischen Kronprinzen), muß hier näher darauf eingegangen werden, wenn auch wegen der Kompliziertheit des Gegenstands weiter ausgeholt werden muß.

In Brockhaus' Conversations-Lexikon von 1884 heißt es im Artikel »Freimaurerei«: »Sie vereinigt würdige, getreue und ehrbare Männer, ohne Rücksicht auf Unterschied der Nationalität, der Hautfarbe, des Vaterlandes, des bürgerlichen Standes, der Religion und der politischen Meinung, und kennzeichnet ihr Wesen darin, jene Trennungen auszugleichen, ihre Äußerungen und Gegensätze fern zu halten und die einander entfremdeten Menschen auf dem freien Felde rein menschlicher Beziehungen und Pflichten in inniger Bruderliebe miteinander zu verbinden.«

Etwa diese Bedeutung einer geschlossenen Gesellschaft, die ihre Ideale von Toleranz, Gleichberechtigung aller Menschen und Religionen zu

Ungarn

verwirklichen bestrebt war (mit mehr oder weniger Erfolg), hatte die Freimaurerei in den protestantischen Ländern des späten 19. Jahrhunderts. Die Zugehörigkeit eines Staatsmannes, eines Monarchen oder Thronfolgers hatte in diesen Ländern kaum mehr als gesellschaftliche Bedeutung. So war zum Beispiel Kaiser Wilhelm I. vierzig Jahre lang Großmeister der preußischen Logen, der schwedische König Ordensmeister der Großen Landeslogen von Schweden und Norwegen, der englische Thronfolger und spätere König Eduard VII. Großmeister der Vereinigten Großloge von England.

Das Kaiserhaus der Habsburger nahm naturgemäß eine andere Haltung gegenüber der Freimaurerei ein, denn es war nicht nur traditionell, sondern unter Kaiser Franz Joseph auch demonstrativ katholisch, was sich bei kirchlichen Zeremonien – etwa der Fußwaschung im Stephansdom am Gründonnerstag oder der Fronleichnamsprozession – jährlich aufs neue zeigte. Die Kirche trat gerade in diesen Jahren aggressiv gegen die liberale Weltanschauung und die Freimaurerei auf, mit Enzykliken, Hirtenbriefen und scharfen Worten von der Kanzel. Denn die Freimaurerei bestritt ja den »alleinseligmachenden« Anspruch der katholischen Kirche, maß allen Religionen den gleichen Wert bei und wandte sich deshalb auch gegen die von Wien ausgehende katholische Missionierung am Balkan. Zudem war der Kulturkampf im vollen Gange: Papst Pius IX. griff 1873 in einer Enzyklika die Freimaurer scharf an und erließ acht »Verdammungen« gegen sie. Höhepunkt dieser Kämpfe war die Enzyklika »Humanum genus«, die Papst Leo XIII. 1884 erließ. Die Saat ging bei den österreichischen Katholiken voll auf, vor allem bei der sich in dieser Zeit bildenden christlichsozialen Partei unter Baron Karl Vogelsang, den beiden Liechtenstein-Prinzen Alois und Alfred und schließlich Dr. Karl Lueger.

Politisch wurden die Freimaurer mit Anarchisten gleichgesetzt. So ist in einem vielgelesenen Pamphlet dieser Zeit unter dem Titel »Der Hammer der Freimaurerei am Kaiserthrone der Habsburger« zu lesen: »Gut-kaiserlich ist der christlich gebliebene Kern der Völker; die Bastarden-Zucht des Josephinismus bevölkert die Redehallen der Liberalen und den Tempel der blauen Loge; die beschnittenen und unbeschnittenen Feinde des Christentums harren des Augenblicks, an dem sie auf die Hofburg die Inschrift ›National-Eigentum‹ setzen, die im Kämmerlein gehütete rote Fahne aus den Mansarden aushängen dür-

9. Kapitel

fen, und die Groß-Beamten des schottischen Groß-Orients die Erbschaft der Habsburger antreten sollen.«
Nach dem Aufschwung der liberalen Ideen im Jahr 1848, als sich sogar der Reichsverweser Erzherzog Johann zur Freimaurerei bekannte, ließ Kaiser Franz Joseph aus Rücksicht auf die Kirche die Logen schließen. Was er als Kaiser von Österreich bis zu seinem Lebensende verbot, erlaubte er jedoch als König von Ungarn ab 1867: die ungarische Freimaurerei blühte ungehindert. Die ungarische liberale Regierung ab 1867 war nicht nur freimaurerfreundlich, sondern bestand zum Großteil aus Freimaurern, angefangen von Gyula Andrássy, dem Vertrauten der Kaiserin Elisabeth. Die katholische Zeitung »Das Vaterland« lamentierte: »Wohin man in Ungarn blickt, sind alle einträglichen Stellen von Freimaurern, oder was fast gleichbedeutend ist, von Juden und Judenknechten besetzt«,[14] freilich eine Übertreibung, denn »Judenknecht« hieß bei den Klerikalen jeder, der kein Antisemit war.
Sieht man einmal von den Hetzkampagnen gegen die Freimaurerei ab und beschäftigt sich mit den offiziellen Freimaurerschriften der achtziger Jahre, vor allem mit deren Aussagen über den Staat Österreich-Ungarn, so wird rasch klar, wie nahe diese Denkweise der des Kronprinzen war und wie sehr sie seinen Idealen von Völkerverständigung in einem großen, tolerant geführten Reich und seinem glühenden Patriotismus entgegenkam.
Die Freimaurerzeitung »Das Inland« brachte zum Beispiel im Dezember 1888, also zwei Monate vor Rudolfs Tod, einen grundsätzlichen Artikel: »Welchen Einfluß kann und soll die Freimaurerei in unserem gemeinschaftlichen österreichisch-ungarischen Vaterlande zur Geltung bringen, um die schroffen nationalen Gegensätze in würdiger Weise, wenn nicht zu ebnen, so doch zu mildern zu helfen?«: »Diese Treue gegen das eigene Volk muß aber frei sein von Fanatismus und Haß gegen die anderen. Der wirkliche Kampf, um Andersdenkende zu unterdrücken und in ihrem Rechte zu verkürzen, muß endlich einmal aufhören und dem friedlichen, edlen Wetteifer in geistiger und wirtschaftlicher Entwicklung Platz machen. Die Völkerfragmente, welche Österreich bilden, dürften ihre Kräfte nicht mehr zerstörend gegeneinander richten, sondern sie müssen sie in redlicher Arbeit vereinigen, um gemeinschaftlich die Freiheit, den Fortschritt und die Wohlfahrt zu erringen ... Je festere Wurzeln unser Bund in Österreich schlägt, desto

Ungarn

mehr Adepten für die friedliche humane Verständigung der Nationen werden gewonnen werden und die Zunahme des Bundes ist daher nur segensreich für die Monarchie, weil sie die Ausgleichung, die gegenseitige Achtung und den Frieden im Innern befördert.«[15]

Die Explosivität dieses Themas war schon in den Warnungen Erzherzog Albrechts an den heranwachsenden Kronprinzen erkennbar, sich nicht von Liberalen, »Umstürzlern« und Freimaurern beeinflussen zu lassen, wie es Joseph II. zeitweilig getan hatte. Albrecht spielte bei seinen Warnungen mehrmals auf die liberalen Lehrer Rudolfs an. Er wußte oder vermutete, daß sich unter diesen Gelehrten auch Freimaurer befanden. Die Vorwürfe gegen Männer wie Zhisman, er sei nicht katholisch genug, deuteten in dieselbe Richtung. Es ist schwer, wenn nicht unmöglich, diese Vorwürfe zu entkräften oder deren Richtigkeit nachzuweisen. Denn selbst wenn der eine oder andere (cisleithanische) Lehrer Rudolfs einer Loge angehört haben sollte, wird er es mit Rücksicht auf den Hof sicher unter einem Decknamen oder anonym gewesen sein und in den Listen kaum aufscheinen. Sicher ist nur die Zugehörigkeit eines (allerdings bedeutenden) Lehrers: Hyazinth Rónay, Lehrer für ungarische Geschichte, gleichzeitig Titularbischof, von dem Freimaurer Gyula Andrássy der Kaiserin Elisabeth empfohlen und von ihr als Lehrer durchgesetzt.

In der Umgebung des selbständig gewordenen Kronprinzen findet sich dann allerdings eine ganze Reihe bekannter Freimaurer: Brehm, Brugsch, Canon (die in Deutschland eintraten) und Andrássy. Schließlich war die enge Freundschaft Rudolfs mit prominenten Liberalen und Freimaurern wie dem deutschen Kronprinzen Friedrich (Friedrich III.), dem Prince of Wales (Eduard VII.) und Fürst Alexander von Bulgarien offenkundig. Der Tratsch blühte besonders, als er sich auch offen zu den ungarischen Liberalen bekannte, die zum Großteil der Loge angehörten.

So gut wie sicher ist, daß Rudolf zur Zeit der Brehm-Krise, als man ihn erstmals der Freimaurerei verdächtigte, nicht der Loge angehörte. Denn sonst hätte er kaum so erbost und sicher »die Einsetzung eines Kriegsgerichtes« gefordert, um diese Anschuldigung zurückweisen zu können. Mit dem Erstarken des Antisemitismus in den achtziger Jahren, mit der unter Taaffe immer klerikaler werdenden Regierung und des wachsenden Nationalismus verschärfte sich Rudolfs liberale Geisteshaltung

9. Kapitel

zusehends. Wo er konnte, demonstrierte er für den Liberalismus, für die Juden, für die Minderheiten. Seine oft verzweifelt wirkenden Appelle zu Toleranz waren alles andere als Taktik, sie waren ihm dringendstes Anliegen.

Im Nachlaß ist ein bemerkenswertes Zeugnis seiner Geisteshaltung erhalten: ein handschriftliches »Gebet«, wahrscheinlich aus der Zeit um 1885, offensichtlich nicht für die Veröffentlichung bestimmt und daher wohl als intimes Glaubensbekenntnis zu werten. Das Schriftstück straft alle Behauptungen, Rudolf sei ein glaubensloser Zyniker gewesen, Lügen. Es zeigt allerdings auch, wie weit er sich vom offiziellen Glauben der katholischen Kirche entfernt und den idealistisch-freimaurerisch-liberalen Vorstellungen genähert hatte:

Gebet! Steige o Geist empor aus dem alltäglichen Getriebe in andere Sphären, die uns der Glaube gelehrt. Lasse durch eigene Vernunft und selbsttätiges Denken jene Macht erkennen, die schuf, die leitet und erhält.

Ungarn

Du mächtiger Lenker der Gestirne, Du Schöpfer und Herr, Dich wollen wir preisen und erkennen immerdar; die enge Schranke der Form, die kindliche Gemüter entreißt dem Reich der materiellen Gedanken, sie sei für uns kein Zwang. Denn überall in der Welt fühlt man Dein mächtiges Wirken; in uns selbst sehen wir Deine Kraft, der alles entsprungen. Leblose und lebende Natur, der Lauf der Sterne und die segenspendende Sonne, sie sind Deine Macht, Dein Wesen sichtbar kristallisiert. Gebieter des Weltalls; Jahrtausende, von Deinen Werken verehrt; Du olympischer Zeus der Hellenen; segenspendende Isis der Ägypter, Brahma der Inder, Sonnengott der Perser, mächtiger Allah! des Islams, versöhnender Gott der Liebe Jesus, als Mensch am Kreuze gestorben.
Immer dieselbe Kraft, auf verschiedene Weise verehrt; nach Volk, Sitte und Bildung stets das nämliche Streben; die ewige, unfaßliche Macht des Schaffens und Seins in faßliche Formen zu zwängen. Du Schöpfer des menschlichen Geistes, lasse uns fortschreiten in wahrer Erkenntnis, in der Arbeit der Veredlung des Denkens. In gleicher Liebe wechselseitig vereint, mögen Deine Völker preisen immerdar: Den Herrn des Weltalls!

Ein eingeholtes Gutachten der Wiener Forschungsloge »Quattuor Coronati« gibt Einzelheiten: »Wenn dieser Text auch keine Formel enthält, die als Beweis dafür dienen könnte, daß der Kronprinz Freimaurer war, so ist die Nähe zu den Idealen der Loge doch nicht zu verkennen: Gleichwertigkeit der Religionen (»Immer dieselbe Kraft, auf verschiedene Weise verehrt«) und Völker (»in gleicher Liebe wechselseitig vereint«). Der Text steckt voller Begriffe der Freimaurerei, sowohl im Deismus, im Kosmopolitismus wie in der Anerkennung und Achtung aller Religionen, der unbedingten Toleranz in Glaubensfragen. Auf den dritten Absatz ist besonders hinzuweisen. Bei der Aufnahme in den 1. Grad (Lehrlingsgrad) werden drei Sätze besonders eingeschärft: Erkenne Dich selbst, beherrsche Dich selbst, veredle Dich selbst! Von Erkennen und Veredeln wird hier ausdrücklich gesprochen, ebenso wird der in der Freimaurerei stets verwendete Ausdruck ›Arbeit‹ verwendet ... Die Anspielungen sind ... so gehäuft, daß der Text der Freimaurerei – vor allem den Lehren des 1. Grades – sehr nahe steht. Er ist kein schlüssiger Beweis, aber doch ein dringendes Verdachtsmoment.«[16]

9. Kapitel

Die Unsicherheit der Um- und Nachwelt über Rudolfs Beziehung zur Loge machte selbst vor den offiziellen Freimaurerzeitungen nicht halt. Während »Das freisinnige Inland« nach Rudolfs Tod betonte, daß »Schurz und Hammer ihn nicht schmückte«,[17] schrieb »Der Zirkel«: »Der A.B.a.W. [›Allerhöchster Baumeister aller Welten‹ ist die freimaurerische Bezeichnung für Gott] beschütze und beschirme, tröste und erhebe unseren erhabenen Kaiser und König, und Dir, hochherziger Prinz Rudolf, Dir legen wir einen Akazienzweig auf Dein stilles Grab.«[18] Dies allerdings kann als eindeutiger Beweis für Rudolfs Zugehörigkeit zur Loge gelten: Der auf das Grab gelegte Akazienzweig gehört zum freimaurerischen Ritual für »Meister« der Loge (also für den 3. Grad). Ein solch eindeutiges Symbol wäre laut Auskunft der Forschungsloge für einen Nichtmaurer »undenkbar«.
Irgendwann zwischen 1883 und 1889 ist demnach Rudolfs Eintritt in eine Loge in Ungarn anzunehmen. Daß sich dies in aller Heimlichkeit vollzog, nur mit dem Wissen weniger Freunde, ist selbstverständlich, die Ahnungslosigkeit des »freisinnigen Inland« also nicht verwunderlich. Denn nach wie vor war die Zugehörigkeit zu einer Loge einem k.u.k. Offizier verboten. Die häufigen Jagdreisen zu ungarischen Freunden, vor allem zu Samuel Teleki in Siebenbürgen, wo sich Rudolf 1887 eine Jagd (Görgeny Szt. Imre) kaufte, erhalten vor diesem Hintergrund eine andere Dimension – ebenso wie die Tratschereien von geheimnisvollen Abmachungen mit Teleki, einem drohenden Kriegsgericht für den Kronprinzen vor Mayerling und ähnliches, deren Grund kaum in einer politischen Verschwörung, wohl aber in Rudolfs (verbotener) Logenarbeit liegen könnte.
Die achtziger Jahre des neunzehnten Jahrhunderts brachten mit dem Überhandnehmen des Antisemitismus, des Antiliberalismus und des Nationalismus auch eine Stärkung der Gegenbewegung der Freimaurerei als Vertreterin der Toleranzidee mit sich. In einer amtlichen Untersuchung 1902 über diese Jahre hieß es beziehungsvoll: »Es hat eine Zeit gegeben in den 80er Jahren –, wo für die Maurer in Wien eine Periode außergewöhnlichen Aufschwunges gekommen schien, und damals sollen sich hinter den Pseudonymen auch die Träger hoher Namen verborgen haben.«[19]
Die Zugehörigkeit zu einer Gemeinschaft, die Toleranz und Gleichberechtigung von Völkern und Religionen als Hauptforderung auf-

Ungarn

Bärenfest in Siebenbürgen

stellte, hatte (abgesehen von der schwerwiegenden Tatsache, daß die Logen in Cisleithanien verboten waren) nichts Verschwörerisches an sich. Der Kronprinz, der einen leidenschaftlich-aktiven Patriotismus besaß, verbreitete sich mündlich und schriftlich nächtelang über die nötigen Weichenstellungen für eine glückliche Zukunft der Monarchie. Seit seiner Kinderzeit bekämpfte er jede Form von Nationalismus. Ein Vielvölkerstaat wie die Donaumonarchie war seiner Ansicht nach nur dann lebensfähig, wenn er von Brüderlichkeit und Toleranz getragen war.

Daß diesen übernationalen Idealen vor allem die Magyaren hindernd (und verhindernd) im Wege standen mit ihrer intoleranten Nationalitätenpolitik und dem ständigen Kampf um eine Ausweitung ihrer staatlichen Rechte über den Dualismus hinaus, beklagte Rudolf. Die Kritik an der ungarischen Nationalitätenpolitik durchzieht seine private Korrespondenz, seine politischen Schriften: *Das Traurige für Ungarn ist das Nichteinsehenwollen und Nichtbegreifenwollen aller Magyaren, daß man mit schlechter Behandlung, mit Verachtung und mit momentanen vehementen Maßregeln nichts erreicht Nationalitäten gegenüber, die an Zahl überlegen sind und die man absolut braucht, um den ungarischen Staat so zu erhalten, in derselben Größe, die er heute noch besitzt; denn wie schon früher erwähnt wurde, gibt es nur wenige Gebiete in Ungarn, wo Magyaren kompakter auf weitere Strecken nebeneinander wohnen, sonst sind es nur einzelne Inseln und in vielen, fast den meisten Teilen der Länder der Stephanskrone sind*

nur der Adel, die Beamten und die Juden Ungarn, das Volk aber gehört anderen Stämmen an.
In ihrer grenzenlosen Verblendung vergessen auch die maßgebenden ungarischen Kreise die Tatsache, daß noch im Jahre 1849 Serbien und Rumänien zur Türkei gehörten, noch ganz unkultivierte und politisch unreife Länder waren, während jetzt die Königreiche Serbien und Rumänien sowie das nahe Bulgarien auch in die Reihe der europäischen Staaten eingetreten sind und Bildung, Kultur und Wohlhabenheit große Fortschritte gemacht haben; mit diesen Ländern sind die ungarischen Rumänen und Slawen, welche sich selbst auch um vieles weiterentwickelten, in steter Berührung; das ist für Ungarn heute eine große Schwierigkeit, von der das alte Ungarn noch keine Ahnung hatte, welches auch daher mit diesen unterjochten Völkern damals ganz anders umgehen konnte.[20]
Nicht weniger eindeutig waren Rudolfs Äußerungen über den Dualismus, den er als »Großösterreicher« und Zentralist als Haupthindernis jeder Neuordnung der Monarchie ansah. Schon 1878, anläßlich der Okkupation Bosniens und der mangelnden finanziellen Unterstützung Ungarns, schrieb er erbost an Latour: *Es müssen neue Verhältnisse, eine Umgestaltung der ganzen Staatsform eintreten; mit dem Dualismus geht es schon nicht mehr.* Rudolf hätte es damals am liebsten gesehen, wenn man die ungarische Verweigerungspolitik zum Anlaß genommen hätte, um die Reichstage in beiden Reichshälften auf ein Jahr aufzulösen: *Auf diese Weise wäre auch der Weg gefunden, um dem Dualismus ein für alle Mal ein Ende zu machen. Doch alles das sind Träume, denn gegen die Ungarn wird nichts geschehen.*[21]
Freilich blieb dem Kronprinzen bei offiziellen Besuchen in Ungarn nichts anderes übrig, als den Dualismus als Staatsgrundlage anzuerkennen. In Privatgesprächen mit seinen liberalen ungarischen Freunden, vor allem Andrássy, konnte er nicht zu große Zweifel am Ausgleich äußern, obwohl er bei jeder passenden Gelegenheit betonte, daß er den dualistischen Staat zwar als Tatsache anerkenne, aber die endgültige Form der Donaumonarchie seines Erachtens noch keineswegs gefunden sei.
Auch in der Denkschrift von 1886 kam er auf das Jahr 1867 zu sprechen: *Die traurige Lage des Reiches und die Notwendigkeit der Aussöhnung mit Ungarn führten die in manchen Dingen überstürzt und*

Ungarn

unvorsichtig geschaffene Grundlage des Dualismus herbei: aus einem Staate wurden deren zwei; einer so wenig lebensfähig wie der andere. Ohne die jahrhundertealte Dynastie und ohne das Heer und ohne die Schwierigkeiten, die aus dem Zusammenbruch dieser Monarchie für die Nachbarn entstanden wären, hätte sich dieses komplizierte, konfuse, aus heterogenen Elementen zusammengesetzte Reich nicht zehn Jahre erhalten können.[22]

Damals sah Rudolf noch keine Gefahr, daß sich die ungarischen Nationalisten unter Kossuth gegen die gesamtstaatliche Partei eines Andrássy und Tisza durchsetzen könnten: *Die magyarische Nation ist die einzige, die außerhalb der Grenzen der Monarchie keine stammverwandten Völker aufweisen kann; sie lebt und stirbt mit Österreich und mit der Dynastie. An das Märchen einer Donaukonföderation, welches im Jahre 1849 und in den darauffolgenden Zeiten von der Emigration als letzter Trost und zugleich als Gespenst für Wien erfunden wurde, glaubt jetzt niemand mehr. Damals schon wäre ein selbständiges Ungarn nicht möglich gewesen, jetzt noch um vieles weniger; denn die magyarische Nation ist im eigenen Lande sehr zersplittert, nur in wenig Gegenden lebt sie in kompakteren Massen, und die dazwischen- und herumliegenden Völker würden bei einem Zusammenbruch Österreichs alles eher dulden, als das in diesem Moment zu einem Kleinstaat zusammenschmelzende Ungarn als selbständigen Staat. Daher gibt es in der ganzen Monarchie keine so ungefährliche Partei als die extremen Ungarn; die äußerste Linke im Budapester Parlamente verdient höchstens ein mitleidiges Lächeln, doch sie ernst zu nehmen, hieße selbst eine Posse als Wirklichkeit auffassen.*[23]

Doch die Probleme mit der »äußersten Linken« in Ungarn rissen nicht ab.

10. Kapitel

BALKANWIRREN

Die Frage, ob Österreich-Ungarn sich nach Südosten, auf der Balkanhalbinsel, ausbreiten solle, hatte schon den siebzehnjährigen Rudolf zu einem bemerkenswerten Aufsatz »Die Lage Wiens und unsere Zukunft« angeregt. Es ging hier dem idealistischen Jüngling nicht um Macht über neue Länder und Völker im Sinne des Imperialismus, sondern allein darum, den durch lange Türkenherrschaft verarmten Balkanländern wirtschaftlich zu helfen, der ungebildeten Bevölkerung Bildung und deutsche Kultur zu vermitteln, Österreichs kulturelle Ausstrahlung zu beweisen: *Der Südslawe, der mit dem Hunger ringt, dessen Boden unfruchtbar ist und der durch jahrhundertelanges türkisches Joch, im Kampfe mit den Elementen und seinen Peinigern, zum wahren Thiere geworden, kann sich selbst nie helfen, er braucht einen Staat, der ihn bevormundet, der ihn erzieht. Das ferne Rußland, das selbst noch lange nicht cultivirt ist, kann diese Aufgabe nicht übernehmen. Es ist das die hohe Aufgabe des Donaustaates, unseres Österreich.*[1]

1877 brachen die Aufstände gegen die türkische Herrschaft auf der Balkanhalbinsel aus. Rußland machte sich zum Schirmherrn der Aufständischen und erklärte der Türkei den Krieg. Rudolfs Kommentar in der Denkschrift von 1886: *Der Moment schien günstig für Österreich, die einmal durch Leichtsinn ins Rollen gekommene Frage für sich auszunützen und den Orientvölkern als Retter zu erscheinen, einen Krieg gegen die Türken zu provozieren. Daß Zeit dazu gewesen wäre, den Russen zuvorzukommen, bewies bald darauf die endlose Mobilisierung der russischen Armee – doch die verschiedenen Strömungen bei den einzelnen Nationen des österreichischen Kaiserstaates stellten sich einem so kühnen Plan entgegen.*[2] Die Erfolge der russischen Armee gegen die Türken waren mäßig.

Laut Rudolf wäre Außenminister Andrássy *sehr gerne über die Russen nach dem ersten Plewna (Sieg der Türken) hergefallen, doch er kannte jene mächtige Parthei, die in Wien selbst, nicht aus Mangel an Patriotismus, sondern in Folge angestammter Kurzsichtigkeit unsere Feinde stets besser bediente als das Vaterland.* [Gemeint war vor allem Erzherzog Albrecht.] *Über den russischen Zaren meuchlings herfallen, den Sohn des unvergeßlichen Nicolaus – das ist unmöglich, das wäre nicht chevaleresque, so sprachen diese Herrschaften, als handelte es sich um ein aristokratisches Taubenschießen oder um eine Sitzliste bei einem Hofdiner. Und gegen diese Armee, an welcher die süßesten Erinnerungen von Ehrencompagnien und brillanten alterthümlichen militärischen Spielereien hängen, und gegen diesen Staat, der noch der konservativste ist unter allen, in dem der Absolutismus blüht, der Galgen seine schönsten Früchte treibt und ein ganzes Sibirien, als Kerker hergerichtet, mit politischen sogenannten Verbrechern gespeist wird, dagegen sollten wir uns, den ungarischen Wünschen huldigend, mit pöbelhaftem Liberalismus versündigen! Das waren die Ideen, die sich stark genug erwiesen, die Pläne eines Andrássy, die schönste Gelegenheit zu großen Erfolgen für einen Staat, zu vernichten.*

Rußland besiegte schließlich die türkischen Truppen und holte sich im Frieden von San Stefano reiche Beute. Die neuerliche Kriegsgefahr wurde durch den »ehrlichen Makler« Bismarck gebannt, der auf dem Berliner Kongreß vermittelte. Rußland mußte den größten Teil der Beute wieder herausgeben, Österreich-Ungarn erhielt das Okkupationsrecht über die türkischen Provinzen Bosnien und Herzegowina. Fünf Jahre später schrieb Rudolfs bitter: *Durch den Berliner Vertrag erhielten wir eine kleine Aufgabe auf der Balkan-Halbinsel, und Bosnien und die Herzegowina durften wir uns blutig erringen.*[3]

Aufstände und Unruhen in den okkupierten Provinzen und dem benachbarten Dalmatien zeigten Tag für Tag, daß die Österreicher keineswegs als rettende Engel vor der bösen Türkenherrschaft angesehen wurden.

Rudolf war realistisch genug einzusehen, daß bei der rapide wachsenden Macht der panslawistischen Bewegung der Bestand des Vielvölkerstaates in Gefahr war und ein Krieg gegen Rußland ohne Chance war. Selbst Prinz Wilhelm (der spätere Wilhelm II.) bemerkte Rudolfs Angst vor einem Krieg und erzählte: »Der Kronprinz Rudolf von

Österreich habe schon infolge zu raschen Lebens keine Nerven mehr. Der Gedanke an einen Krieg, etwa mit Rußland, sei ihm im hohen Grade widerwärtig.«[4]

Wenn er auch nicht den Erwerb neuer Länder auf der Balkanhalbinsel befürwortete, so hielt Rudolf doch eine Neuordnung des Balkans für unbedingt notwendig. Vor allem ging es ihm um wirtschaftliche und kulturelle Verflechtungen mit den kleinen Balkanstaaten, wie er mit seinem starken persönlichen Einsatz für die (großteils von Baron Hirsch finanzierten) Balkaneisenbahnen zeigte. Österreich-Ungarn sollte, so stellte er es sich als Ideal vor, Schutzmacht der kleinen Balkanstaaten gegenüber Rußland werden. Diese, mit Österreich durch Handels-, Verkehrs- und Kulturbeziehungen verflochtenen Staaten sollten als Puffer zwischen den beiden Großmächten Österreich-Ungarn und Rußland fungieren.

Die Spekulationen um eine Neuordnung der Balkanhalbinsel zugunsten Österreich-Ungarns erhielten durch die selbständige Politik zweier Balkanfürsten gegenüber Rußland Anfang der achtziger Jahre Auftrieb: des liberalen Fürsten Alexander von Bulgarien und des schwachen, aber österreichtreuen Königs Milan von Serbien, beide mit Rudolf befreundet.

Das Anlehnungsbedürfnis König Milans an Österreich ließ den alten Plan des österreichischen Gesandten in Belgrad, des Grafen Rudolf Khevenhüller, aufleben, ein Großserbien (mit Bosnien und der Herzegowina) unter Österreichs Schutzherrschaft zu bilden,[5] eine Idee, die den Kronprinzen überzeugte.

Hatte Khevenhüller nur daran gedacht, das so vergrößerte Serbien zwar an Österreich-Ungarn zu binden, es aber selbständig zu lassen, ging Milan von Serbien im Gespräch mit dem Kronprinzen 1883 noch weiter. Rudolf erzählte Szeps, Milans *sehnlichster Wunsch wäre es, sein ganzes Königreich mit Sack und Pack Österreich zu übergeben und sich als Privatmann nach Wien zurückzuziehen ... Er habe sich mit Leib und Seele Österreich angeschlossen, er sei bereit, Handels- und Militärkonventionen mit Österreich einzugehen, selbst wenn ihm diese nur den Schein der Unabhängigkeit lassen würde, u. sei er der aufrichtigen Meinung, daß es die beste Politik Österreichs wäre, Serbien zu Bosnien und der Herzegowina zu nehmen und sich den Weg nach Saloniki offenzuhalten.*

Balkanwirren

Fürst Alexander von Bulgarien   *König Milan von Serbien*

Das war jedoch Rudolf wie Außenminister Kálnoky zuviel des Guten, denn es war bekannt, wie wenig Rückhalt Milan in seinem Land hatte: »Der Kronprinz warf ihm dazwischen ein, daß Österreich an den interessanten Volkschaften in Bosnien u. Herzegowina genug habe und nicht wünschen könne, noch die Serben dazu zu bekommen. Die slavische Idee würde dann am Ende Österreich von Innen heraus überwältigen – worauf König Milan erwiderte, die Slaven sind nichts, sie können nichts, sie sind eine untergeordnete Race, sie können sich nicht selbst beherrschen, sie müssen immer von Anderen beherrscht werden.«

Für Milan waren die Strapazen der Regierung zu groß. Er sehnte sich danach, in Bad Homburg am Spieltisch zu sitzen, schöne Frauen neben sich zu haben und seine aufrührerischen Untertanen zu vergessen. Auf einen solchen Herrscher konnte die österreichische Politik nicht bauen. Auch Rudolf nahm den Serbenkönig nicht ernst, benutzte ihn aber, gelegentlich auch mit Hilfe »moussirenden Burgunders«, um Informationen zu erhalten. Und diese waren, was das Vordringen der Russen auf dem Balkan betrafen, alarmierend. Milan zu Rudolf: »Der

10. Kapitel

Rubel rollt nicht bloß in Serbien; ich habe die Beweise dafür, daß er auch nach Croatien gekommen ist und er dringt auch weiter nach Bosnien. Wenn Sie also was thun wollen, so ist es höchste Zeit.«
Solche Vorschläge hatten jedoch 1883 bei Kálnoky wenig Aussicht auf Gehör. Denn er bereitete gerade eine Verlängerung des Dreikaiserabkommens mit Rußland vor und antwortete Milan sehr unfreundlich: »Ich will Ihre Anklage gegen Rußland nicht hören und ich verlange auch nicht nach den Berichten von dem rollenden Rubel. Vergessen Euer Majestät nicht, daß wir zu Rußland in einem innigen Freundschaftsverhältnis stehen und es ist mir nicht möglich zuzulassen, dass von einer befreundeten Macht in meiner Gegenwart in solcher Weise gesprochen wird.«
Rudolf war ein scharfer Kritiker dieser russenfreundlichen Politik: *Die Idee der Allianz mit Rußland hat offenbar ... wieder das Übergewicht, allein wie will man sich mit einem Vulkan alliieren? Rußland ist keine konservative Macht, der Czar und alle Großfürsten mit einer einzigen Ausnahme hassen die europäische Civilisation und sie unterscheiden sich darin in gar nichts von den Nihilisten. Sie wünschen uns gewiss alles Böse und wenn es ihnen möglich ist, so werden sie es uns auch anthun.*[6]

Im Frühjahr 1884 hatte Rudolf auf einer Repräsentationsreise in die Türkei, nach Serbien, Bulgarien und Rumänien Gelegenheit, die Balkanprobleme in eigener Anschauung zu erleben.
Er schrieb über diese Reise einen politischen Bericht, mit dem er zur Genüge bewies, daß er für eine Aufgabe in der österreichischen Politik reif war. Ein ähnlich gründlicher, dabei kritischer und hinter die Kulissen orientalischer Pracht schauender Bericht ist wohl selten von Angehörigen des Kaiserhauses von einer der vielen Repräsentationsreisen mitgebracht worden. Es war eines der wenigen Schriftstücke des Kronprinzen, das dem Kaiser vorgelegt und von diesem gelesen wurde.
Rudolfs Meinung über die Türkei war, trotz aller prächtigen Empfänge, luxuriösen Geschenke und schönen Reden, von denen sich Stephanie völlig gefangennehmen ließ, eine sehr negative: *Ägypten war im Jahre 1881, wenn ich mich zurückerinnere, im Vergleich zu dem, was ich jetzt in Konstantinopel sah, noch ein Kulturstaat. Es ist unfaßbar, wie das türkische Reich unter diesen Verhältnissen sich noch so lange Zeit erhalten und wie eine Staatsmaschine, die eigentlich gar nicht*

Balkanwirren

Der Sultan empfängt Rudolf und Stephanie in seinem Palast in Konstantinopel

funktioniert, bestehen kann. Über die mißtrauische Haltung der Türkei gegenüber Österreich seit der Okkupation gab Rudolf sich keinen Illusionen hin.
Enthusiastische Töne fand er dagegen für die Persönlichkeit und den Regierungsstil des Fürsten Alexander von Bulgarien: *Er ist ... eigentlich rechtlich von Rußland unabhängig und doch unter genauer russischer Kontrolle und oft fast brutaler Behandlung ausgesetzt. Er klagte sehr, daß Österreich und Deutschland ihm keine moralische Hilfe zu Theil werden lassen; und meinte, im verflossenen Jahre hätte er sich von Rußland bedeutend emanzipirt, wenn wir ihn nicht im Stiche gelassen hätten.* Rudolf schrieb von zu erwartenden *ernsten Konflikten zwischen den Bulgaren und ihren sogenannten Wohlthätern,* die schon im folgenden Jahr wirklich ausbrachen und den sich von den Russen emanzipieren wollenden Alexander vom Throne stürzten.

10. Kapitel

Bemerkenswert positiv war auch Rudolfs Urteil über Rumänien, das auf ihn einen *konsolidierten und zivilisierten Eindruck* machte. Freilich war das österreichisch-rumänische Verhältnis überschattet von der ungerechten Nationalitätenpolitik der Ungarn gegenüber der romanischen Bevölkerung Siebenbürgens. Rudolf: *Je mehr sich Rumänien staatlich entwickelt, desto lauter werden die Schmerzensrufe in Siebenbürgen erschallen, und desto wirksamer dürften dann alle die Agenten aus dem Königreiche unter unseren Romanen arbeiten können. Leider ist das Vorgehen der Ungarn den Rumänen gegenüber ein ebenso ungeschicktes als unkluges; wir hätten doch so viel Interesse daran, mit dieser Nation auf gutem Fuß zu bleiben, sie soviel als möglich für uns zu gewinnen, und wenn es so fortgeht, werden die Ungarn uns in jenen Gebieten, innerhalb der Monarchie und auch außerhalb viel Unannehmlichkeiten verschaffen.* An dieser Stelle schrieb der Kaiser die einzige Randbemerkung: »Sehr richtig.«

Die Anhänglichkeit König Milans von Serbien an Österreich würdigte Rudolf, überbewertete sie aber nicht, sondern kritisierte: *Seine ganze Zukunft hat er an Österreich gekettet, doch mehr noch würde er uns helfen, wenn er es verstünde, sich in seinem Lande sehr fest zu setzen und die Liebe seines Volkes zu gewinnen. Leider behandelt er seine Leute wegwerfend, zeigt nur allzu deutlich, wie wenig er sie achtet, betont bei jeder Gelegenheit seine Sehnsucht nach Wien und gab diesen Gefühlen uns gegenüber nur allzu viel Ausdruck in unvorsichtiger, lauter Weise. Er blieb ein Fremder im Lande, der auf seinem Posten unglücklich ist und dessen ganzes Sinnen und Trachten dahin geht, jedes Jahr einen recht langen und angenehmen Urlaub in Österreich zu verleben.*

Seine Reiseeindrücke zusammenfassend, schrieb Rudolf voll Hoffnung für seinen Traum einer friedlichen Mission Österreich-Ungarns auf dem Balkan: *Unleugbar haben wir große Interessen im Oriente, und die Geschicke der Balkanländer sind für uns eine Lebensfrage. Im Ganzen fand ich den Boden besser vorbereitet, als ich es mir erwartet hätte ... Rußland ist weit, durch ein Meer getrennt, selbst noch ein unentwickelter Staat, nicht um Vieles kultivierter als die Völker des Balkans. Aus Österreich und durch Österreich drängt die abendländische Kultur nach jenen noch brachliegenden Gebieten; sie sucht sich dahin auszudehnen, sie schlägt die nächsten Wege ein, und diese sind in unse-*

ren Händen; finanziell, handelspolitisch und durch die Übertragung der Bildung müssen wir jene Länder unter unseren dominierenden direkten Einfluß stellen und sie für uns erringen.

Siegessicher schloß die Schrift: *Falls es uns gelingt, durch Eisenbahn und Schiffahrtsverbindungen, durch Unterstützung der ohnehin großen österreichischen Kolonien und durch alle zu Gebote stehenden Mittel, insbesondere durch die Wahl sehr geschickter und energischer Diplomaten an den Balkanhöfen, unentwegt auf das eine Ziel loszuarbeiten, unbekümmert darum, was Rußland dazu sagt, mit dem ohnedies, es geschehe was da wolle, einmal gekämpft werden muß, dann wird das geschehen, was in der Natur der Sache liegt: wir werden Herren sein des europäischen Orientes!* [7]

Mit ängstlicher Beflissenheit versuchte Außenminister Kálnoky die Bedeutung der Kronprinzenreise herunterzuspielen und den Fürsten Bismarck zu beruhigen, dessen Mißtrauen vor allem durch das große journalistische Echo der Reise geweckt war. Der deutsche Botschafter schrieb an Bismarck nach einer Unterredung mit Kálnoky: »Die politische Bedeutung dieser Reise für die Beziehungen zur Pforte schlüge er, der Minister, nur sehr gering an. Der Besuch hatte keinen politischen Zweck, es wurde und sollte in Konstantinopel keine Politik gemacht werden und es wäre daher auch zwischen dem Sultan und dem Kronprinzen zu keinerlei intimer Aussprache gekommen, was ihm auch ganz recht sei. Die Eisenbahnfrage sei erwähnt worden und habe der Sultan gute Dispositionen an den Tag gelegt, ohne darauf näher einzugehen.« [8]

Durch die enge Verbindung mit Alexander von Bulgarien, Milan von Serbien und Rudolf Khevenhüller war der Kronprinz weiterhin über die Vorgänge am Balkan bestens informiert. Frischauers Recherchen taten ein übriges, um ihn zur Überzeugung zu bringen, daß Kálnokys Orientpolitik falsch sei und Andrássy mit seiner Kritik recht habe. Rudolf an Latour am 23. Juli 1885: *Im Balkan kocht es wieder sehr stark, es bereiten sich weitverzweigte Bewegungen vor; am Ballplatz weiß man wenig darüber und behandelt die Sachen mit souveräner Dummheit. Rußland benützt die so kurzsichtige Ministerschaft Kálnokys und die sogenannte Annäherung zu Österreich, um ungeniert Comites zu bilden, Gelder, Waffen etc. etc. nach Bulgarien, Rumelien, Macedonien, Serbien und selbst Bosnien zu schicken. Ich habe gute Quellen und*

weiß einige merkwürdige Sachen; ich glaube, daß wir bald sehr bewegte Zeiten an unserer südöstlichen Grenze erleben werden.
Und an Szögyènyi: *Die serbischen Nachrichten sind sehr interessant. Es geht auf Biegen und Brechen. Wir werden gezwungen sein, dort einzurücken und Ordnung zu machen, was die Russen nicht dulden werden. Was bleibt uns übrig als der Krieg. Denken Sie an mich.*[9]
Als er freilich versuchte, den Außenminister wegen des wachsenden russischen Einflusses auf dem Balkan zu warnen, kam er schlecht an. Kálnoky antwortete, seine Informationen hielten »den Zustand des Landes für einen befriedigenden« und sähen »keine imminenten äußeren und inneren Gefahren ... Daß es auf der Balkanhalbinsel nicht sehr geheuer ist und fortwährend kleine Beulen aufbrechen, die beweisen, wie viel Krankheitsstoff darin steckt, darüber ist alle Welt einig – auch darüber besteht kein Zweifel, daß der südslawische Intriguengeist nie rastet und immer genau überwacht sein will. Aber weder kann ich die jetzige Situation in Serbien und überhaupt als besonders gefahrvoll anerkennen, wie sie König Milan mit Gewalt erspüren lassen möchte, noch viel weniger vermag ich das von Seiner Majestät immer wieder angerathene Heilmittel eines Krieges zwischen uns und Rußland à tout prix als das richtige arcanum anerkennen, welches ein gewissenhafter österreichisch-ungarischer Minister seinem Vaterlande zu verschreiben wagen möchte, so lange es ihm nicht seine Pflicht gebietet.«[10]
Die österreichische Politik stand ganz im Zeichen einer österreichisch-russischen Verständigung und der beiden Treffen Franz Josephs mit dem Zaren Alexander III. in Skierniewicze und Kremsier. Rudolf kritisierte Kálnoky scharf: *Während sich die Monarchen umarmen werden, schicken die Russen Gewehre und Munition in Mengen nach Serbien und selbst auch nach Bosnien, um einen Aufstand vorzubereiten; man sieht, wie nützlich die Politik unseres Staatsmannes am Ballplatz ist.*[11]
Über die Kaisertreffen verfaßte Rudolf einen scharfen Artikel für das »Neue Wiener Tagblatt«, den aber Szeps nicht zu veröffentlichen wagte: »Nicht eines einzelnen Satzes wegen, sondern aller Sätze wegen wäre dieser Artikel beschlagnahmt worden und es war daher unmöglich, ihn durch Kürzungen ... durchrutschbar zu machen ... nur ein englisches oder amerikanisches Blatt könnte ihn unverändert drucken«.[12]

Einige Kostproben aus dem erhaltenen Manuskript: *Die Tage von Skierniewicze haben uns nichts genützt; denn mit Rußland giebt es keine ehrliche Freundschaft, nicht einmal eine halbwegs dauerhafte Verständigung, solange wir auf Theile der Balkanhalbinsel Aspirationen hegen, Provinzen derselben besetzt halten und für unsere Zukunft eine Machtsphäre im Oriente anstreben ... Wie die Dinge heute stehen, gibt es nur die Wahl zwischen vollem Verzichten auf jede Machtentfaltung im Orient oder Entscheidung durch die Waffen.*

Er wies auf die Doppelzüngigkeit der russischen Politik hin, auf die seiner Meinung nach Außenminister Kálnoky hilflos hineinfiel. Die Russen benutzen, so Rudolf, *die Leichtgläubigkeit und Kurzsichtigkeit unserer Diplomaten, um gleichzeitig die Stellung des österreichischtreuen Königs Milan zu unterwühlen, die Agitationsherde in Bulgarien und Montenegro reich zu dotieren, Emissäre zu schicken und Waffendepots an den serbischen und bosnischen Grenzen zu gründen, um den*

Kaiserin Elisabeth umarmt die Zarin am Bahnhof von Kremsier in Mähren. Links daneben Rudolf, rechts der kleine russische Thronfolger neben Zar Alexander III. in k.u.k. Uniform, Franz Joseph in russischer Uniform

von ihnen geplanten Aufstand in unseren Okkupationsgebieten und in Serbien vorzubereiten ... inmitten des hohlen Glanzes bleibt es bei der alten Tatsache: wir Österreicher müssen entweder auf jeden Einfluß, jede Machtsphäre im Orient verzichten oder uns für den schweren, aber unausweichlichen Kampf vorbereiten![13]

Dem zweiten Treffen im August 1885 in Kremsier kam besondere Bedeutung zu, was auch daran zu erkennen ist, daß beide Monarchen von ihren Ehefrauen und Kronprinzen begleitet waren. Höchst widerwillig war Kaiserin Elisabeth nach Kremsier gereist und ließ nachher ihrem Hohn über die Zarenfamilie (»decorirte Affen«) und die ihrer Meinung nach falsche k.u.k. Politik freien Lauf:

»O Muse! Was sagst du wohl zu Kremsier?
Mein Pegasus wird hier zum Höckertier!
Ja, wahrlich, als Kameel nur kann er tragen
Die Affen all', die seinen Buckel tragen.

Ein Pavian thront majestätisch
Im fremden Rock, gar ernst und gravitätisch;
Ein grosses Tier aus Asias weitem Lande,
Fühlt er sich selbstbewusst trotz seiner Bande.

Die kleine Äffin, dem Gemahl zur Seite,
Die knickst gar lieb auf all' die johlend' Leute.
Zwei Äfflein, wie der Vater wohlgelungen,
Erscheinen auch als Militärs, die Jungen.

Ein ganzes Heer von decorirten Affen,
Das gibt sich grinsend, schnatternd viel zu schaffen.
In Frack und Uniform sind hier Makaken.
Mit Ordensband, voll Schnurren und voll Schacken;

Manch' Diplomaten Eslein freut die Bande,
Dem Doppelaar gereicht er nur zur Schande;
Das Stück ist aus – Slava! Sie sollen leben!
Die Schüssel schnell, ich muss mich übergeben.«[14]

Wie sehr hätte sich Rudolf in seiner Opposition gegen Kálnokys Außenpolitik bestärkt gefühlt, hätte er diese Verse gekannt! Jedenfalls waren sich Mutter und Sohn, ohne dies voneinander zu wissen, in ihrer

Opposition gegen die österreichisch-russische Freundschaft einig, ebenso wie Andrássy: »Es geschieht nicht zum ersten Mal, daß wir diese historische Erfahrung zu wenig beachten. Um unsere Zwecke in Deutschland zu erreichen, gingen wir 1864 mit Preußen, dessen Interessen den unseren ganz entgegengesetzt waren und wurden 1866 aus Deutschland ausgeschlossen. Um unsere Interessen auf der Balkanhalbinsel zur Geltung zu bringen, schicken wir uns jetzt an, mit Rußland zu gehen, um uns demselben Resultate auszusetzen. Die vorsichtige Politik kann Fehler begehen, doch sollten es nicht immer die nämlichen sein.«[15]

Rudolf wollte – wie Elisabeth – Andrássy wieder als Außenminister sehen und schrieb an Szeps: *Wenn es gelingen könnte, den Grafen Kálnoky jetzt aus dem Sattel zu heben, so wäre dies ein großes Glück. Eine entscheidende Zeit steht uns bevor; Graf Andrássy wäre besser am Platze, doch wie er mir es selbst gestern sagte, will ihn der Kaiser nicht; er scheint mir bereit zu sein, dem ersten Rufe zu folgen, weil er das richtige Gefühl hat, daß unser jetziges Auswärtiges Amt in einer sehr wichtigen, ernsten Zeit plan- und hilflos, als Spielball von Berlin und Petersburg hin und her schwankt.*[16]

Kurz darauf brach der bulgarisch-serbische Krieg aus. Die Balkanpolitik geriet in Fluß. Rudolf an Latour: *Ich bin sehr stolz, daß Alles so gekommen ist, wie ich es vorausgesagt habe. Leider sind wir am Ballplatz so ungenügend mit tüchtigen Männern bestellt und es kommen jetzt Zeiten, wo man einen guten Kopf brauchen wird. Im Ganzen stehen die Dinge für uns gut, und es ließe sich viel machen, wenn man die Situation nur zu nützen versteht.*[17]

Einen Tag später an Szeps: *Was sagen Sie zu der plötzlich so veränderten Situation. Die Serben sind geschlagen, die Bulgaren rücken vor ... Für uns ist die Sache sehr fatal; ich habe zwar eine kleine Entschädigung; denn ich prophezeite schon am 15., basiert auf meine Beobachtungen, den maßgebenden Kreisen gegenüber den Sieg der Bulgaren und wurde verhöhnt. – Ich hätte mich gern geirrt; doch nun dürften wir bald zur Notwendigkeit gedrängt werden – energisch Partei zu ergreifen.*[18]

Daß Österreich-Ungarn Serbien militärisch unterstützte, führte man in Berlin auch auf Rudolfs Einfluß zurück. Der deutsche Botschafter schrieb an Bismarck: »Daß der Kronprinz Rudolf, der sich mit dem geschwätzigen und gut redenden Milan bei dessen häufigen Besuchen in

10. Kapitel

Graf Gustav Kálnoky, Andrássys Nachfolger als k.u.k. Außenminister

Wien und Laxenburg unbegreiflicherweise liierte, hierbei ein Wort mitgesprochen hat, unterliegt keinem Zweifel. Und darin hat dieser lebendige und rasch urtheilende Erzherzog die Arbeit des Grafen Kálnoky erschwert, daß er von Anfang der Krisis an überzeugt gewesen ist, dieselbe werde zum Krieg mit Rußland führen. Er wünschte diesen Krieg nicht herbei, hielt ihn aber für unvermeidlich und war der Ansicht, daß, da es doch einmal dahin kommen müsse, es besser sei, den Strauß jetzt auszufechten. [Bismarck: »Schlimm für alle Zukunft!«] Graf Kálnoky und namentlich Herr von Szögyènyi, der den Kronprinzen oft sieht, haben alle Mühe, denselben von der Thorheit dieser seiner Ansicht zu überzeugen und zu verhüten, daß die Äußerungen, die in den kronprinzlichen Gemächern fallen, nicht Verbreitung finden.«[19]

Rudolf ließ sich von Khevenhüller überzeugen, daß Österreich in diesem Konflikt als Vermittler auftreten müsse, und schrieb an Szeps, *daß in diesem Momente Österreich in der Lage sei, sowohl Bulgarien als auch Serbien dauernd für sich zu gewinnen und damit die Vormacht auf dem Balkan zu werden. Nicht bloß Bulgarien sei dermalen vollständig von Rußland entfremdet, sondern auch Rumänien*.[20]

Mit einer schriftlichen Notiz zur Orientpolitik wandte sich Rudolf direkt an Außenminister Kálnoky und plädierte vor jedem energischen Schritt gegen Rußland für eine Verständigung mit Rumänien und vor allem England: *Wir könnten dadurch die günstige Situation herstellen, daß wir die Interessen und Wünsche der Balkanvölker vertreten, eventuell verfechten, und daß wir weiter Rußland in ein Fahrwasser mit der Türkei, also gegen die Selbständigkeit und Entwicklung dieser kleinen Staaten drängen. Wir haben uns dann die Sache der Südslawen zu eigen gemacht, und wir spielen dann die viel angenehmere Rolle der Retter, als wie die leider bei uns durch Jahrzehnte übliche Rolle der Unterdrücker und Bekämpfer unausweichlicher Bestrebungen junger Völker. Was aber militärisch und daher auch für das Ganze die Hauptsache ist, besteht in der Freihaltung unseres Rückens durch diese Politik. Serbien, Bulgarien, Rumänien und Griechenland, also Montenegro ausgenommen, alle diese Balkanstaaten, wären unsere naturgemäßen Alliierten und die ganze Armee bleibt erhalten für den Fall eines Krieges mit Rußland.*

Wenn wir diese Politik nicht einschlagen, dann gehen wir, trotzdem eben so sicher, doch unter den denkbar ungünstigsten Verhältnissen dem Kriege mit Rußland entgegen. Bulgarien wird mit Rumelien vereinigt, doch nicht durch uns, sondern durch Rußland, was heute schon im Werden ist; und somit gelangt dieses Gebiet wieder ganz in die momentan verloren gegangene Sphäre des russischen Einflusses. Serbien zieht geschlagen, gedemütigt, ohne eine Belohnung aus dem letzten Krieg; die österreichische Partei, an der Spitze König Milan, hat sich dort blamiert, unmöglich gemacht ... Die Ruhe in Bosnien und der Herzegowina verdanken wir zum großen Teile der loyalen Haltung des Königs Milan und des von ihm regierten Serbiens; kommen andere Faktoren in Belgrad ans Ruder, dann werden auch die okkupierten Provinzen uns wieder zu schaffen geben, und wahrscheinlich auch, durch montenegrinischen Einfluß aufgehetzt, die Slawen in Süd-Dalmatien. Dieser Zustand wird uns durch seine Unerträglichkeit zum Handeln drängen, ein Einmarsch in das uns dann feindlich gesinnte Serbien gibt den Anlaß zum Krieg mit Rußland, den wir beginnen werden mit einem durchwegs antiösterreichischen Balkan, vom Schwarzen Meere bis zur Adria ... Nicht allein die Gegenwart steht auf dem Spiel, doch vielmehr noch die ganze Zukunft, für die man auch den kommenden Generationen verantwortlich ist.[21]

Kálnokys Antwort auf diese aus heutiger Sicht hellseherische »Notiz« des Kronprinzen war kühl. Er legte der Freundschaft der Balkanvölker wenig Bedeutung bei: »unvergleichlich schwerer wiegend als die Sympathie dieser unverläßlichen Völker, die vor allem egoistischen Zwecken huldigen, fällt die Frage in die Waagschale, ob Deutschland mit Leib und Seele mit uns in den Krieg gegen Rußland zieht ... In dieser Überzeugung halte ich es für meine Pflicht, unser Bündnis zu Deutschland und die Erhaltung guter Beziehungen zu Rußland nicht

aus dem Auge zu verlieren und mit der größten Vorsicht zu handeln in der Verfolgung unserer Ziele im Orient, die einen Gegensatz zu Rußland involviren.«[22] Berlin und nicht Wien war bei Kálnoky also der Schlüsselpunkt der Orientpolitik.
Die oppositionellen Strömungen gegen Kálnoky wurden in Berlin geradezu ängstlich verfolgt. Ein selbstbewußtes Donaureich, das, wie Andrássy in seiner Denkschrift schrieb, »als Großmacht und, in Folge ihrer geographischen Lage als Vormacht im Oriente das europäische Gleichgewicht« gewährleisten wollte, paßte nicht in Bismarcks Pläne. Andrássy stand unter ständiger Beobachtung.
Der deutsche Botschafter Reuß an Bismarck: »Darüber darf man sich keine Illusionen machen, daß eine Veränderung im Ministerium des Äußeren einen Unterschied in der Stellung desselben zu Deutschland mit sich bringen werde. Andrássy würde versuchen, selbständigere Ansichten [von Bismarck unterstrichen und Anmerkung: ›dann wir auch‹] zu haben, als dieser, jedesmal wenn es sich darum handeln würde, eine von uns empfohlene Rücksicht auf Rußland zu nehmen.«[23] Gyula Andrássy, zu Zeiten der Gründung des Zweibundes noch als Bismarck-Freund geltend, wurde nun zu dem vom deutschen Reichskanzler bestgehaßten Politiker, wie auch der deutsche Politiker Graf Friedrich von Holstein kritisch sieht: »Das Motiv des Vorgehens gegen Andrássy kann also eigentlich nur ein persönliches sein. Andrássy war eine Persönlichkeit, und der Kanzler möchte, daß überall in Europa nur Nullen wie Kálnoky regierten, damit er, Bismarck, die einzige Ziffer bleibe. Derartige Sachen werden wir noch öfter erleben. Kuriose Politik. Und wer kann uns noch trauen.«[24] Vor diesem Hintergrund muß Rudolfs unbedingtes Eintreten für Andrássy gesehen werden.

Im Januar 1886 verfaßte Rudolf eine streng geheime Politische Denkschrift. Szeps, einer der wenigen Mitwisser, schrieb begeistert, es sei »in dieser Schrift poetische Begeisterung und Kraft, wissenschaftliche Abstraction und hinreißende That vereinigt ... Ein Programm positiver Art ist in der Broschüre niedergelegt und aus derselben werden Eure kaiserliche Hoheit eines Tages schöpfen, was zur Ausführung reif sein wird. Ein ganzes Leben voller Arbeit und Kampf ist zu solchem Vollbringen nötig. Die Ideen sind da, die Kraft ist vorhanden, der Entschluß wird der Kraft sich gesellen.«[25]

Balkanwirren

Die Denkschrift beginnt mit einer Lobeshymne auf Andrássy: *Niemals war Österreich so stark, glücklich und geachtet, wie während der Jahre, in denen Andrássy an der Spitze der Politik stand, und trotzdem mußte dieser hervorragende Mann fallen; denn der Kampf gegen unfaßbare, unsichtbare Gegner ist unmöglich.* Mit diesen Gegnern war die *alte Kamarilla* gemeint, die *diesem Reiche wie die Erbsünde oder wie der Jesuitismus aus dem Katholizismus als untrennbarer Fluch angeklebt* sei.

Rudolf Khevenhüllers Meinung wird sichtbar, wenn Rudolf zwar als großes Ziel der österreichischen Politik die *Suprematie im europäischen Orient* sah, diese aber keineswegs durch Annexionen neuer slawischer Gebiete zu erreichen trachtete. Ganz im Gegenteil dachte er sogar daran, Bosnien an Serbien und die von Rumänen besiedelten Gebiete Österreich-Ungarns (also vornehmlich Teile Siebenbürgens) an Rumänien abzutreten, um sich die Balkanstaaten zu verpflichten: *Nachdem Rußland niedergeworfen wäre, müßte dasselbe vom Balkan für immer durch Rumänien getrennt werden. Eine Vereinigung aller Rumänen, wenn dies auch bei uns Veränderungen mit sich bringen würde, unter unserer Oberhoheit als eigenes Staatswesen, schließt Rußland und dem slawischen Strome den Weg ab. Hinter diesem Bollwerk kann sich dann auch in einem vollkommenen Unabhängigkeitsverhältnis zu Österreich ein durch Bosnien vergrößertes Serbien entwickeln, die Herzegowina muß Hinterland von Dalmatien bleiben; Albanien bilde ein kleines Fürstentum, desgleichen Bulgarien; beide durch Militärkonventionen eng an uns gebunden. Das griechische Element als ein unseren Bestrebungen sehr homogenes, muß von Österreich unterstützt werden, und man verhelfe diesem Lande zu bedeutenden Gebietserweiterungen gegen Norden ...*
Um aber der Europäisierung und Kultivierung aller dieser Gebiete wirksam zu helfen, müßte eine Sprache, die allen verständlich, als Armeesprache und als obligatorischer Lehrgegenstand in den höheren Schulen eingeführt werden. Falls bis dahin eine Weltsprache erfunden wäre und sich Eingang unter den gebildeten Völkern verschafft hätte, würde man wohl daran tun, diese zu wählen, um Niemanden zu bevorzugen, doch wenn dies nicht der Fall ist, dann hat wohl die deutsche Sprache, als die wortreichste, kultivierteste, die eine Fülle von Wissen und Literatur aufzuweisen imstande ist, am meisten recht, diesen Platz

10. Kapitel

als Armee- und Kultursprache in der alten Monarchie und in dem von ihr abhängigen Oriente einzunehmen.
Und ein Verständigungsmittel ist zur Ausbreitung geistiger und materieller Kultur unbedingt notwendig, denn es kann sich nicht der Verkehr, den die aufblühende Bildung und die Handelsverbindungen mit sich bringen, in wenigstens elf verschiedenen Sprachen durchführen lassen. So notwendig das allgemeinverständliche Verkehrsmittel für die Verbreitung der Bildung ist, ebenso unerläßlich erscheint mir die Pflege des Wohlstandes, des geistigen Aufblühens, der materiellen Fortschritte, der vollen religiösen Toleranz für Österreich, wenn es in seinem Innern und vor allem im Orient in der Dominierung der jungen Völker erstarken will.
Nur durch Wohlbehagen, welches Ordnung, liberale Zustände und Reichtum hervorbringen, gelangen wir in den Besitz des europäischen Ostens. Die Kultur und deren Vorteile, die wir bieten können, müssen größer sein, als der Zauber des Rassenhasses, der uns entgegentritt.[26]
Mit diesen Plänen sympathisierte auch Alexander von Bulgarien: »Zehntausendmal lieber [als die russische Herrschaft] wäre jedem bulgarischen Patrioten die milde und gerechte österreichische Herrschaft, welche jeder Nationalität ihr Recht werden und alle Pflege und Rücksicht angedeihen läßt. Eine solche österreichische Oberhoheit über die Balkanhalbinsel, wobei die innere Souveränität der einzelnen Staaten gewahrt bliebe, wäre sogar Sein, des Fürsten, politisches Ideal. Nichts Besseres, Glücklicheres könnte diesen Ländern zu Theil werden als ein Bundesverhältnis mit und unter dem Habsburg'schen Kaiserszepter nach Art der Stellung der deutschen Fürsten zur Hohenzollernkrone. Gleichwie den Staaten Deutschlands wäre den Balkanstaaten damit im Innern Friede und Freundschaft untereinander, nach außen aber ein machtvoller Schutz gesichert.«[27]
Aufgeputscht durch seine militärischen Erfolge gegen Serbien und seine Beliebtheit beim bulgarischen Volk, sicherlich auch ermutigt von seinen Freunden in Berlin (dem Kronprinzenpaar, aber auch den Russenfeinden Holstein und Waldersee), glaubte Fürst Alexander, sich des russischen Einflusses in Bulgarien entledigen zu können, indem er die russischen »Berater« aus dem Lande verwies. Der Traum von der Selbständigkeit war kurz. Im August 1886 wurde Alexander von der »russischen« Partei gestürzt und nach Rußland gebracht.

Die russophile Regierung in Sofia überdauerte nicht mehr als drei Tage und wurde ihrerseits durch den österreichfreundlichen Politiker Stambulow gestürzt. Alexander kehrte nach Bulgarien zurück, fand aber weder in Berlin noch in Wien Hilfe. Rudolf tat das einzige, was er für seinen Freund tun konnte: er bat Moriz Szeps um journalistische Unterstützung für Alexander: *In Bulgarien geht alles sehr gut. Wenn der Fürst in Sofia angekommen ist, sollten Sie einen großen Artikel schreiben, in dem Sie dartun, wie Rußland sich blamiert hat; es rechnete auf das Volk, und das bulgarische Volk braucht keine Beglückungen. Der Zar hat dem kleinen Fürsten Alexander gegenüber den kürzeren gezogen. Sie würden mit diesem Artikel viel Effekt machen und beweisen, wie Österreich trotz aller Fehler und Ungeschicklichkeiten immer Glück hat und am Balkan gegen seinen Willen Fortschritte macht; warum? Weil es ein Naturgesetz ist. Die Donau fließt von uns hinab. Die Balkanhalbinsel hängt mit uns zusammen; und abendländische Kultur siegt gegen moskowitische Unkultur; das in Ihrer brillanten Art dargestellt, würde einen großen politischen Leitartikel geben, doch rate ich Ihnen zuzuwarten, bis der Fürst in Sofia sitzt, sonst wird vielleicht ein Luftstoß daraus.*[28]

Alexanders Rückkehr nach Sofia war wirklich nicht mehr als ein *Luftstoß*. Er mußte sich von Rußland zur Abdankung nötigen lassen und verließ auf einem österreichischen Donaudampfer wiederum Bulgarien – diesmal für immer. Weder Bismarck noch Kálnoky setzten sich für ein selbständiges Bulgarien ein.

Rudolf gab die Hoffnung auf eine Neuordnung des Balkans im österreichischen Sinne mit deutscher Unterstützung noch nicht auf. Auf Szeps' Einwände, Deutschland habe sich hinter dem Rücken Österreich-Ungarns sicherlich schon mit Rußland verständigt, schrieb er: *Sie sehen, was Deutschland betrifft, zu schwarz. Man ist dort nur altersschwach; will absolut Krieg vermeiden und schwankt nach rechts und links; von Freundschaft zu Rußland ist keine Rede; nur der alte Kaiser und Bismarck vertreten diese matte Politik; der Tod, der bald in Berlin Ernte halten wird, dürfte viel verändern.*[29] Er hoffte also, daß dem inzwischen fast neunzigjährigen Kaiser Wilhelm I. bald dessen liberaler, mit Alexander von Bulgarien befreundeter Sohn Friedrich (III.) auf den Thron folgen würde und somit die Bulgarienfrage doch noch im Sinne Österreich-Ungarns gelöst werden könne. Doch der skeptische

10. Kapitel

Szeps, der über ausgezeichnete Informationen aus Berlin verfügte, behielt zu Rudolfs großer Enttäuschung recht.

In den liberalen Zeitungen Ungarns tauchten in diesen Monaten die ersten Unmutsäußerungen über das deutsch-österreichische Bündnis auf, verbunden mit der Überlegung, ob Österreich-Ungarn nicht besser daran täte, sich Frankreich und England zu nähern. Moriz Szeps klagte in einem Brief an Rudolf: »Es ist eine bange Zeit. Sind es wirklich nur Kartenhäuser, die jeder politische Hauch umblasen kann, diese mächtigen Allianzen, diese intimen Freundschaften, diese vertraulichen Verabredungen, diese gemeinschaftlichen Symposien? Eine einzige Frage wird, wie in Österreich so in Ungarn, mit leidenschaftlichem Eifer diskutiert: was nützt uns die Allianz mit Deutschland und was ist plötzlich dem Fürsten Bismarck durch den Kopf gefahren, daß er uns nicht bloß im Stich läßt, sondern sich Rußland offen zuwendet? Überall in Europa fühlt man, daß die alten Gruppierungen sich auflösen und daß neue an ihre Stelle treten können. Aber welche?«[30]

Das »Neue Pester Journal« griff ähnlich wie Max Falks »Pester Lloyd« die Frage auf, »was uns denn das vielgepriesene deutsche Bündnis nütze, wenn es Rußland vollkommen freie Hand läßt? Ebensowenig wie Deutschland auf der Balkanhalbinsel haben wir im Elsaß oder Lothringen ein Interesse. Seit die italienischen Provinzen verloren gingen, gibt es keinen möglichen Konflikt zwischen uns und Frankreich, wir grenzen nicht aneinander, wir werden nicht von ihm bedroht, und wenn die deutsche Allianz den Übergriffen Rußlands keinen Damm entgegenstellt, dann wäre es beinahe klüger, sich direkt mit Rußland auseinanderzusetzen und das Geschäft, bei welchem wir doch den Kürzeren ziehen, ohne Makler von Hand zu Hand abschließen.«[31]

Zur selben Zeit, als sich nun auch Gerüchte um einen bevorstehenden deutsch-französischen Krieg verdichteten, wurde Bismarck über die Beziehungen des österreichischen Kronprinzen mit Clemenceau informiert. Daß Rudolf und Clemenceau im Dezember 1886 in Wien politische Gespräche führten und Clemenceau dem Kronprinzen die deutschen Provinzen Österreichs gegen den Zugriff Deutschlands garantierte, wußte Bismarck jedoch nicht, ahnte es höchstens, so wie Rudolf seinerseits über einen möglichen Geheimvertrag Bismarcks mit Rußland nur mutmaßte.

In dieser von Mißtrauen zwischen den Bündnispartnern und ständiger Kriegsgefahr erfüllten Situation vermochte sich Kálnokys schwankende, Bismarckgläubige Außenpolitik trotz aller Opposition zu behaupten. Ende 1886 waren seine Hauptgegner ausgebootet: Alexander von Bulgarien abgesetzt und aus dem Lande verjagt, Milan von Serbien durch den verlorenen Krieg geschwächt, Andrássys Vorstoß ins Außenministerium erfolgreich abgewehrt. Im Dezember 1886 wurde Graf Rudolf Khevenhüller, Kálnokys Widersacher, aus Belgrad abberufen, ohne einen anderen Posten zu bekommen. Kommentar des älteren Bruders Fürst Carl Khevenhüller: »Ich glaube, es ist eine Conzession an die Russen vom Kálnoky.«[32]

Rudolf in ungarischer Generaluniform um 1887

Rudolf hatte offenkundig Weisung, sich in Gesprächen mit deutschen Diplomaten klar zu Kálnokys Balkanpolitik zu bekennen, um Bismarcks Mißtrauen nicht weiter zu nähren. Aber verklausuliert kam er doch immer wieder auf das Thema eines österreichisch-französischen Bündnisses zu sprechen, wenn er auch seine Meinung anderen, in diesem Fall dem deutschen Zentrums-Politiker Ludwig Windthorst, in den Mund legte. Um sicher zu sein, daß man ihn nicht eines Einverständnisses verdächtigte, empörte er sich sogar über Windhorsts Meinung. Der deutsche Militärattaché Graf Carl Wedel: »Seine Kaiserliche Hoheit sagte mir, ein Österreicher habe ihm im vorigen Jahr erzählt, Windhorst hätte dem betreffenden gegenüber seine Verwunderung darüber ausgedrückt, daß sich Österreich-Ungarn nicht mit Rußland und Frankreich verbände, weil ja dann Deutschland lahm gelegt sein würde.«[33]

10. Kapitel

Aus diesem so gewunden geführten Gespräch wird deutlich, wieso dem Kronprinzen gerade von deutscher Seite mit Mißtrauen begegnet wurde: Einerseits mußte er Kálnokys Politik vertreten, andererseits äußerte er auf verklausulierten Umwegen seine Privatmeinung, indem er sie anderen Personen in den Mund legte. Wenn ihm aber sein Temperament durchging, schimpfte er über Taaffes und Kálnokys Politik. Ein Mann wie Wedel, der Rudolf nicht gut kannte, mußte dieses Verhalten so auffassen, als ob dieser seine Ansichten ständig änderte, was er auch in diesem Brief rügend bemerkte.

Die Diskussionen über Bulgarien rissen auch nach der unmittelbaren Kriegsgefahr nicht ab. Der bulgarische Fürstenthron war unbesetzt, eine Rückkehr Alexanders immer noch im Bereich des Möglichen. In der verworrenen Situation mit mehreren Thronprätendenten versuchte auch Erzherzog Johann Salvator, im Trüben zu fischen. Er betrieb heimlich, ohne das österreichische Außenministerium zu informieren, seine Kandidatur als Fürst von Bulgarien, im Glauben, damit Österreich-Ungarn zu nützen. Auch er war seit jeher ein Kritiker von Kálnokys Balkanpolitik: »An Energie hat es aber unseren Staatsmännern immer, und ebenso an einem zielbewußten Vorgehen gefehlt. Man dreht am Ballplatze den Mantel nur immer nach dem Winde, und hält die Politik ›von Fall zu Fall‹ immer noch für die für die österreichische Monarchie einzig richtige; man versäumt dann immer die Überfuhr. Damit nun das nicht auch in der Balkanfrage geschehe, muß man, im Staatsinteresse, über die Köpfe der Diplomaten hinweg ein fait accompli schaffen; mögen sie sich dann die Finger wund schreiben – gleichviel – wenn nur der Monarchie ein Dienst geleistet wird.«[34]

Diese fragwürdige Ansicht konnte Rudolf, obwohl auch er mit der Balkanpolitik unzufrieden war, nicht gutheißen und schrieb an Johann: *Deine bulgarische Geschichte finde ich odios. Ich möchte Dich ganz gerne als Admiral an der Spitze meiner großen österreichisch-ungarischen Flotte sehen (jetzt sind es ja nur ein paar alte, qualmende Kasten), aber als Balkanese könntest Du mir zuwider werden.*[35]

Sogar gegenüber Kálnoky kritisierte er den Erzherzog: *ich habe schon viel unkorrektes Benehmen von diesem Herrn erlebt, doch ein Unterhandeln mit einer fremden Deputation in auswärtigen Angelegenheiten, in dieser kritischen Zeit ohne Erlaubnis und hinter dem Rücken des Kaisers und des Ministers des Äußeren, das ist geradezu für einen Erz-*

herzog und General eine Handlungsweise, die aufs strengste bestraft werden muß. Wohin kommen wir, wenn dergleichen Dinge innerhalb der kaiserlichen Familie und der Armee möglich sind, wenn der Kaiser sich nicht mehr auf diese Elemente verlassen kann, die kein anderes Prinzip kennen dürfen, als die des unbedingten Gehorsams und der vollsten Treue ... wie kann man Minister des Äußeren sein, wenn Erzherzoge ungeniert hinter dem Rücken ihre eigene auswärtige Politik treiben.[36]
Diese Sätze klingen freilich pharisäisch, bedenkt man, daß Rudolf nicht weniger ungeniert hinter dem Rücken des Außenministers seine eigene Politik trieb – etwa mit Clemenceau.

Unter dem Einfluß von Rudolf Khevenhüller, Andrássy und Moriz Szeps, der aus Angst vor einem sich anbahnenden russisch-französi-

Reichskanzler Otto von Bismarck zieht die Fäden bei seinen Marionetten, den drei Kaisern von Rußland, Deutschland und Österreich-Ungarn. (Punch 1884)

schen Bündnis einen möglichst frühen Waffengang mit Rußland bevorzugte, bekannte sich Rudolf schließlich zur Kriegspartei. Fürst Reuß, der deutsche Botschafter in Wien, berichtete an Bismarck: »Kronprinz Rudolf ist ganz im Kriegsfahrwasser. Er faßt die Sachen sehr leidenschaftlich auf und meint, daß, wenn Österreich den Moment versäumte, sich gegen Rußland zu schlagen, solange es noch entschiedene militärische Vorteile besäße, es besser tun würde, dann ganz von der Großmachtstellung zu abdizieren. Diese Ansichten gebe ich nur als Symptom wieder, wie die Militärs denken. Politische Bedeutung haben sie nicht.«[37]
Die Krise wurde durch die Veröffentlichung des Zweibundvertrages Anfang Februar 1888 bewältigt. Der Verlauf der Orientkrise, vor allem Bismarcks zwielichtige Haltung, änderten Rudolfs Zukunftsvorstellungen grundlegend. Zudem wurde 1887 unter deutschem Druck der Dreibund mit Italien geschlossen – mit dem sich als verhängnisvoll herausstellenden Paragraphen, daß Italien Rechtsansprüche auf Kompensationen auf der Balkanhalbinsel habe.
Die Chancen für eine aktive österreichische Balkanpolitik sanken somit zwischen 1885 und 1887 rapide. Von Bismarck war keine Unterstützung zu erwarten. Rußland und Deutschland rückten näher aneinander, ohne Österreich-Ungarn, den Partner des Dreikaiserbündnisses, einzuschließen. Österreich-Ungarn sah sich im Kriegsfall militärisch mehr denn je Rußland allein gegenüber, ohne deutsche Hilfe und damit so gut wie ohne Chance für einen günstigen Ausgang eines drohenden Krieges. Daß Bismarck bereits im Juni 1887 insgeheim den Rückversicherungsvertrag mit Rußland abschloß, der die »Nibelungentreue« zu Österreich-Ungarn wesentlich einschränkte, ahnte der k.u.k. Außenminister Kálnoky nicht. Rudolfs Mißtrauen gegen Berlin bestand also zu Recht.
Während die offizielle österreichische Außenpolitik unter Kálnoky keinen Grund sah, aufgrund der geänderten Situation auch über eine neue Politik nachzudenken, zog Rudolf die Konsequenz und gab seine Zukunftsträume von einem österreichisch beeinflußten Balkan auf.
Aber auch Kaiserin Elisabeth verfolgte die Politik sehr genau, obwohl sie keinerlei Einfluß mehr hatte. Jedenfalls dichtete sie im Februar 1888 in ihr geheimes Tagebuch folgende Verse über das »dicke Eselein« Kálnoky und den »edlen Gaul« Andrássy, der »den verfahr'nen Karren« »aus dem Dreck« ziehen solle:

»Sag an, mein trauter Ehgemal,
Was willst Du wohl bezwecken?
Mir däucht, zur allgemeinen Qual
Bleibt schier Dein Fuhrwerk stecken.

Das Es'lein, das Du vorgespannt,
Es kann schon nimmer weiter;
Zu tief hat sich's im Dreck verrannt;
O, wär' es nicht gescheidter,

Du fingest jenen edlen Gaul
Dort, auf der freien Weide,
Und zwängest ihm den Zaun in's Maul,
Nicht morgen, nein noch heute.

Schon einmal riss es aus dem Dreck
Dir den verfahr'nen Karren,
D'rum jag' Dein dickes Es'lein weg
Eh' man Dich hält zum Narren.«[38]

Der angesprochene »traute Ehgemal« freilich hatte ebensowenig Ahnung von der Existenz dieser Verse wie Elisabeths Sohn, der gerade in dieser Zeit so dringend einer Unterstützung bedurft hätte. Zu einem politischen Gespräch zwischen Mutter und Sohn kam es nie, so sehr sich Rudolf auch darum bemühte. Elisabeth, die inzwischen ihre Reitleidenschaft wegen Gicht aufgegeben hatte, reiste nun rastlos durch die Welt und entzog sich bei spärlichen Aufenthalten in Wien allen Blicken. Sie lernte Griechisch, schrieb mit großem Eifer ihr poetisches Tagebuch und glaubte, mit den Geistern Heinrich Heines und des toten »Königsvetters« Ludwig II. in Verbindung zu sein.
Auch Rudolfs schwere Erkrankung kümmerte Elisabeth nicht. Laut Tagebuch der Erzherzogin Marie Valerie vom 11. Februar 1886 handelte es sich um Rheuma und eine leichte Bauchfellentzündung. Rudolf sei »ängstlich und muss ganz ruhig im Bett liegen«. Im März reiste der Rekonvaleszente mit seiner Frau auf die Mittelmeerinsel Lacroma (heute Locrum), wo er ein Schlößchen besaß. Dort erkrankte auch Stephanie. Sogar die 17jährige Marie Valerie war nun über die Art der Krankheit informiert, schrieb sie doch am 11. März 1886 verzagt in ihr Tagebuch: »Für mich sind all die sündhaften Gedanken, die bei

10. Kapitel

Der Weihnachtsabend 1887 in der Hofburg, geschildert von Erzherzogin Valerie: »Steif und kühl geht man von Tisch zu Tisch, speist dann in peinlicher Ungemütlichkeit und ist froh, wenn man sich um $^1/_2$ 7 von Rudolf und Stephanie trennen und den heiligen Christabend wie jeden andern beschliessen kann.« Von rechts: Rudolf, Stephanie, Elisabeth, Franz Joseph, Erzsi, Marie Valerie

dieser Gelegenheit aufsteigen und sich so schwer bannen lassen, das Ärgste.«

Die 21jährige Kronprinzessin schrieb im Rückblick: »Ich selbst ahnte den Grund meines Leidens nicht. Auf hohen Befehl wurde alles vertuscht, die Ärzte auf Schweigen beeidigt. Erst später entdeckte ich und erfuhr ich, daß der Kronprinz an meinem Leiden schuld war. Auch ihn hatte die furchtbare Seuche erfaßt, die noch vor niemandem Halt macht, sofern ihr Leichtsinn oder fluchwürdiges Erbe Tür und Tor öffnet.«[39]

Rudolfs Krankheit, wahrscheinlich eine damals unheilbare Gonorrhoe, war der Anfang vom Ende. Seine immer häufigeren Depressionen, andererseits seine wilde Lebensgier der letzten beiden Lebensjahre werden erst durch die Krankheit verständlich. Das Auf und Ab zwischen Hoffnung nach vorübergehender Besserung und Verzweiflung nach neuen Krankheitssymptomen machten seinen Gemütszustand labil und schwächten seinen Willen und sein Vertrauen in die Zukunft. Überdies aber mußte er sich damit abfinden, von Stephanie keinen Thronerben mehr erwarten zu können. Denn die junge Frau war durch die Ansteckung unfruchtbar geworden.

11. Kapitel

DEUTSCHLAND

Als Rudolf acht Jahre alt war, ging Österreichs Vormachtstellung in Deutschland in der Schlacht bei Königgrätz verloren. Als er dreizehn Jahre alt war, sann Österreich kurze Zeit auf Rache und dachte an ein Eingreifen in den deutsch-französischen Krieg an der Seite Frankreichs. Die schnellen Siege der preußischen Armee machten alle Hoffnungen zunichte. Aus dem preußischen König wurde in Versailles ein deutscher Kaiser, der die Vormachtstellung in Europa beanspruchte, vom österreichischen Kaiserhaus alles andere als freundschaftlich beobachtet.

Um ein französisch-österreichisches Bündnis zu verhindern, bemühte sich Bismarck, das Verhältnis zwischen dem neuen deutschen Kaiserreich und dem alten Habsburgerreich zu verbessern. Der erste Besuch Wilhelms I. in Österreich 1871 jedoch wurde vom dreizehnjährigen Kronprinzen mit wahren Haßtiraden kommentiert.

Auf dem Berliner Kongreß 1878 gab Bismarck Österreich-Ungarn das Okkupationsrecht an den ehemals türkischen Provinzen Bosnien und der Herzegowina und lenkte damit das Habsburgerreich geschickt von einer westlich orientierten (und damit Deutschland bedrohenden) Politik in unabsehbare Balkankämpfe ab. Die gar nicht so ehrlichen Hintergedanken des »ehrlichen Maklers« wurden in Wien nicht durchschaut. Bismarck 1878: »Es liegt nicht im deutschen Interesse, einen dauerhaften Frieden im Osten herbeizuführen, weil bei unserer geographischen Lage die großen Mächte, die uns alle hassen, einen Vereinigungspunkt mit der Spitze gegen Deutschland suchen und finden würden, sobald sie die Hände ganz frei hätten. Österreich könnte in überraschend kurzer Zeit einen Regierungs- und Systemwechsel durchmachen, welcher die deutschfeindlichen Elemente dort ans Ruder brächte. Die Annäherung an Frankreich würde unter erzherzöglichen Auspizien [natürlich war Rudolf gemeint] zweifellos zu

einer Allianz dieses Landes und Frankreich führen. Aus diesem Grunde würde es ein Triumph unserer Staatskunst sein, wenn es uns gelänge, das orientalische Geschwür offenzuhalten, dadurch die Einigkeit der anderen Mächte zu vereiteln und unseren eigenen Frieden zu sichern.«[1] Die Sympathien des damals erst zwanzigjährigen Kronprinzen für Frankreich waren, wie aus dieser Quelle zu ersehen ist, dem deutschen Reichskanzler durchaus bekannt.
In einem politischen Gespräch in Berlin 1878 versuchte Bismarck, Rudolf die Vorteile des deutschen Bündnisses nahezubringen. Er versicherte ihm, »daß wenn etwa ein Krieg zwischen Österreich-Ungarn und Rußland entbrennen sollte, Österreich-Ungarn im Falle einer Niederlage vollständig sicher sei, daß es keinen Gebietsverlust und keine Minderung seiner Machtstellung erleiden werde. Deutschland werde dies unter keiner Bedingung zugestehen.«[2] Ob Bismarck den jungen Mann bewußt irreführte, um ihn auf diese Art zu einem Befürworter des Zweibundes zu machen, ist nicht zu beweisen. Sicher ist jedoch, daß Rudolf dem deutschen Reichskanzler später immer wieder falsches Spiel vorwarf.
Der Zweibundvertrag zwischen Österreich-Ungarn und dem Deutschen Reich wurde 1879 auf zunächst fünf Jahre abgeschlossen. Er war ein geheimes Verteidigungsbündnis (der Wortlaut wurde erst 1888 bei der Orientkrise veröffentlicht) und sagte Österreich-Ungarn deutsche Unterstützung zu, falls es von Rußland angegriffen würde. In einem deutsch-französischen Krieg versprach Wien, neutral zu bleiben. Dieses Bündnis bedeutete für Österreich-Ungarn den Verzicht auf jede aktive Deutschlandpolitik. Rudolf: *Man ließ sich von Bismarck gar vieles einreden und vergaß darüber, daß Preußen keinen einzigen ehrlichen Alliierten finden kann, während wir von Frankreich durch keinen unbesiegbaren Haß getrennt sind und auch mit Rußland zu einer gemeinsamen Aktion im Orient passende Gelegenheiten gefunden hätten, wäre nicht immer Bismarck dazwischengetreten, um uns zu entzweien.*[3]
Bei den unzähligen Familienbesuchen zwischen Habsburg und Hohenzollern in den nächsten Jahren mußte Rudolf Freundschaft mimen und beklagte sich darüber bei dem glühenden Bismarck-Hasser und Franzosenfreund Moriz Szeps: Außenminister Kálnoky habe gesagt: *Ein Vorwand wird sich schon finden, ja er hat sich sogar schon gefun-*

Prinz Wilhelm und Kronprinz Rudolf, fast gleichaltrig, wurden in den Zeitungen als innige Freunde und zukünftige Garanten des Zweibundvertrages vorgestellt, was sie in Wirklichkeit nicht waren

den, denn es wird in Berlin in feierlicher Weise die silberne Hochzeit des Kronprinzenpaares gefeiert werden und da Ew. Kais. Hoheit namentlich mit dem ältesten Sohn des preußischen Kronprinzen sehr befreundet sind, so könnte sich das sehr gut arrangieren lassen, daß man Sie einladet. Rudolf: *Darauf zog ich aus meiner Mappe einen Brief des Prinzen Wilhelm hervor ... Da sehen Sie nur hin, was mir mein Freund schreibt; es soll ein ganz intimes Familienfest werden, und die Hauptsache werden dabei lebende Bilder sein, gestellt von den Mitgliedern der Familie Hohenzollern ... Und nun sagen Sie mir, lieber Graf Kálnoky, wissen Sie, was lebende Bilder sind?*
Der Graf erwiderte: Ja, das sind solche Tableaus aus der Vergangenheit. Ganz richtig, antwortete ich ... Nun, glauben Sie, lieber Graf Kálnoky, wenn Sie sich ein wenig die Weltgeschichte vergegenwärtigen, was die in Berlin für lebende Bilder stellen werden? ... Die Preußen haben zwei große Tage, in welchen wir nicht vorkommen: das sind Sedan und Versailles. Aber damit stellt man nur zwei Bilder und das ist zu wenig. Um wenigstens das halbe Dutzend voll zu machen, muß man noch vier andere Bilder stellen. Da gibt es keine andere Wahl: erster schlesischer Krieg, Huldigung Schlesiens, siebenjähriger Krieg, Sadowa und noch vieles andere, was man will, und überall sind wir dabei. Denn die ganze

11. Kapitel

Geschichte Preußens bis auf Sedan ist ja nichts anderes als entweder ein langsames Absägen oder ein plötzliches Herunterhauen eines Stückes von Österreich, das dann an Preußen fällt. Sehen Sie, Graf Kálnoky, das lehrt die Geschichte über die lebenden Bilder. Und nun frage ich Sie, wie soll ich bei solchen Produktionen dabeisitzen? Mich selbst würde das zwar wenig genieren, denn ich anerkenne ja die Tatsachen der Geschichte, anerkenne das, was gewesen und was nicht zu ändern ist. Aber diejenigen, die mir Gastfreundschaft gewähren, die könnte es genieren.[4]
Der sonst so wenig geliebte Großonkel Erzherzog Albrecht stärkte Rudolf den Rücken. Albrecht war dezidierter Gegner des Bismarck-Planes, den Zweibund durch die Parlamente zum Gesetz erheben zu lassen, und schrieb warnend an seinen Neffen (der den Inhalt des Briefes an Szeps weitergab), daß die Souveränität der Krone durch diesen Schritt entscheidend geschwächt werde. »Man müsse auch bedenken, ... daß das deutsche Parlament ein einheitliches sei, daß in Österreich-Ungarn dagegen zwei Parlamente bestehen, welche oft verschiedene Interessen haben; daraus ergebe sich, daß es das deutsche Parlament und die Regierung Deutschlands wären, welche bei einer solchen Form der Allianz dominierten. Die Österreicher würden ganz gewiß zu Preußen zweiter Klasse herabsinken, denn die Erblande würden sehr bald unter die Souveränität Deutschlands kommen ... Sei daher vorsichtig; es wäre am besten, wenn Du überhaupt Dich von der Angelegenheit fernhalten und nicht als Unterhändler nach Berlin gehen würdest.«
Es war noch ein Postskriptum angefügt, in welchem Albrecht die Geschichte Polens in den letzten hundert Jahren seines Bestandes anführte, um darzutun, wie die Einmischung auswärtiger Staaten in die inneren Angelegenheiten eines Landes dessen Untergang herbeiführt. Einer solchen Einmischung würde aber auch Österreich ausgesetzt sein, wenn das deutsche Parlament und die deutsche Regierung durch die erwähnte Allianzform eine Art von Recht dazu erhielten.[5] Sowohl Rudolf als auch Szeps fanden die Einwände Albrechts »nur zu berechtigt«.
Kaiser Franz Joseph dagegen ließ sich nicht beirren: Er kündigte dem deutschen Kaiser die Ankunft des Kronprinzen mit herzlichen Worten an: »Vielleicht wird dieser Besuch auch der Tatsache der glücklichen Beziehungen Ausdruck geben, welche zwischen unseren Reichen walten; Beziehungen, die wir unseren Nachkommen ebenso unversehrt

erhalten wollen, wie wir sie selbst seit einer Reihe von Jahren beharrlichen Sinnes gepflegt und gehütet haben.«
Bismarcks Hauptgesprächsstoff mit Rudolf war, wie vorauszusehen, die engere Verbindung der beiden Kaiserreiche: »Ich bin froh, daß wir wieder das Bündnis verlängert haben; ich bin alt und will dieses Werk über jeden Zweifel und jede Ankämpfung erhaben sehen; in diesem Bündnis liegt die Zukunft Europas; es muß für alle Zeiten vor allenfallsigem Unverstand oder vor jedwedem Zwischenfall gesichert sein; und wenn auch so für den Moment unser Verhältnis ein genügend festes ist, wird doch die Zukunft meinen Gedanken eines noch engeren Anschlusses verwirklichen müssen.« Rudolf: *Nun folgte eine lange Auseinandersetzung der Allianz mit Gesetzeskraft, deren Lösung nur durch einen gemeinschaftlichen Beschluß beider Monarchen und beider Parlamente ... möglich sei. Er gebrauchte fast dieselben Worte, die ich über denselben Punkt schon in zwei Unterredungen zu hören bekam und schon zweimal nach Wien berichtet habe.*[6]
Wie Erzherzog Albrecht ihm geraten hatte, antwortete Rudolf höflich und kühl. Danach lobte ihn Bismarck gegenüber dem österreichischen Botschafter: »Ihr Kronprinz war, als er mich mit seinem Besuche beehrte, liebenswürdig, wie er ja stets zu sein pflegt. Doch was die Entwicklung seines geistigen Wesens und die Reife seiner Ansichten und Auffassungen anbelangt, so haben dieselben meine Erwartungen weit übertroffen. Sein politisches Verständnis, welches bezeugt, daß er trotz seiner Jugend selbständig und ernst über vieles nachgedacht habe, ist kein gewöhnliches und hat mich wahrhaft überrascht. Wir waren nicht stets einerlei Meinung, doch wußte er seinen Standpunkt ganz vortrefflich zu vertreten, und was mir dabei auffiel, das war die Vorsicht, mit der er dabei vorging, als ich einige heikle Fragen, wie die polnische, die italienische und andere, in etwas kühner und unternehmender Weise zur Sprache gebracht hatte.«[7] Selbst in dieser diplomatischen Lobhudelei fehlt also der Hinweis auf eine Meinungsverschiedenheit nicht.
Die umfangreiche Korrespondenz zwischen dem Kronprinzen und Moriz Szeps ist voll von Mißtrauen gegen Bismarck. Rudolf 1884: *Ich hielt ihn lange für ehrlich, jetzt habe ich großes Mißtrauen schon seit einiger Zeit gegen Berlin und mit Grund. Warum unterstützt man die Politik des Grafen Taaffe in Berlin? Warum schmeichelt man den konser-*

vativen Gesinnungen hier? Warum ist man so froh, daß hier alles in dasselbe absolutistische Horn bläst? Weil Österreich nach dem Osten gedrängt werden soll. Es soll bei den Deutschen abwirtschaften, sich in einem großen Teil von Cisleithanien in der jetzigen Form als nicht lebensfähig erweisen und dann von Berlin aus sachte nach dem Orient hinüber geschoben werden. Deshalb war man mit mir in Berlin immer so zärtlich, man wollte mich ganz für sich gewinnen. Ich habe aber eine gute Nase! Die Geschichte kommt mir schon seit einiger Zeit faul vor.[8]
Kernpunkt von Rudolfs Angst war Bismarcks Faszination auf die Deutschen der Monarchie, so auch nach Bismarcks Februarrede 1886 an die deutschen Österreicher. Als die Deutschliberalen daraufhin in einer Kundgebung ihren österreichischen (und nicht »reichsdeutschen«) Patriotismus demonstrierten, schrieb Rudolf anerkennend an den Führer des deutsch-österreichischen Klubs, Johann von Chlumecky: *Sie haben dem Fürsten Bismarck und dem ganzen In- und Auslande gezeigt, daß es Deutsch-Österreicher gibt, welche nur innerhalb der Grenzen unseres Vaterlandes ihre Zukunft suchen, und das wird ihnen an maßgebender Stelle hoch angerechnet werden. Ich werde nicht ermangeln, den Kaiser gesprächsweise auf diese Dinge aufmerksam zu machen.*[9]
In der Sorge, Bismarck erstrebe nach den kleinen deutschen Residenzen als nächstes Ziel die deutschen Provinzen Österreichs, waren sich Rudolf und Albrecht einig. Beide nahmen auch Partei für den 1866 aus Hannover vertriebenen und nach Österreich emigrierten Herzog von Cumberland. Rudolf an Albrecht 1884: *Was Du über den Mangel an gerechter Auffassung über Mein und Dein bei den preußischen Staatsmännern sagst, ist auch vollkommen meine Ansicht. Seit 1866 sind sie durch die ersten Annexionen in diese Richtung gedrängt worden, welche sie jetzt unmöglich verlassen können. Cumberland hat das Deutsche Reich nicht anerkannt, ist durch die infame Behandlung im Jahr 66 zum erbitterten Feinde Preußens geworden; jetzt wäre es ein Zeichen der Schwäche, ihm das Land zu geben, und es würde selbst eine Gefahr darin liegen, im Herzen des Reiches einen Agitationsherd zu dulden. Die seit 66 inaugurierte preußische Politik drängt zur Vereinigung des ganzen Reiches. Braunschweig nicht nehmen, hieße der alten Richtung untreu werden, würde ein Schwanken in der Politik bedeuten, und den kleinen Ländern gegenüber ein Symptom der Schwäche geben.*

Ob aber diese Politik seit 1866 eine so kluge war, als man es meint, das lasse ich dahingestellt. Das hohenzollerische Deutschland kann nicht alle kleinen Fürsten nacheinander aufspeisen, so gut auch sein Magen bis jetzt zu sein scheint.[10]

Das Klima gegen den Kronprinzen Rudolf verschlechterte sich in Berlin ab 1886 noch dadurch, daß die deutsche Botschaft in Wien einen bedeutenden Informanten aus seiner engsten Umgebung gewann: Ladislaus von Szögyènyi, Sektionschef im Ministerium des Äußeren und engster Mitarbeiter Kálnokys. Er

Ladislaus von Szögyènyi-Marich, späterer k.u.k. Botschafter in Berlin

wurde 1886 beauftragt, dem Kronprinzen politische Informationen zu geben – die ersten, die Rudolf von offizieller Stelle erhielt. Rudolf hatte zu Szögyènyi uneingeschränktes Vertrauen und schmeichelte dem begeisterten Ungarn, indem er mit ihm meist ungarisch sprach, ungarische Briefe an ihn schrieb und häufig freundliche Phrasen über »unser geliebtes Ungarn« einflocht.

Rudolf war Szögyènyi gegenüber offen, vertrauensselig, geradezu kindlich eifrig bemüht, seine politischen Fähigkeiten zu zeigen, seine politische Existenzberechtigung zu beweisen und nicht als müßiger, uninteressierter Erzherzog zu gelten. Er studierte Szögyènyis Informationen fleißig und erbrachte eine nicht zu unterschätzende freiwillige Gegenleistung, wie sie wohl noch kein Erzherzog dem Außenministerium geliefert hatte: Er leitete die politischen Informationen, die er über seinen privaten, gut organisierten Nachrichtendienst erhielt, an das Außenamt weiter.

Diese Informationen vor allem aus Frankreich hatten, was Rudolf nur zu gut wußte und auch Szögyènyi bald schätzte, für das k.u.k. Außenministerium einen hohen Wert. Leute wie Szeps, Frischauer, Futtaky, Baron Hirsch verfügten nicht selten über bessere Beziehungen zu wichtigen ausländischen Politikern als manche österreichische Diplomaten.

Rudolf dachte nur daran, in welcher Form er sich als politischer Faktor profilieren könne, nicht aber, ob nicht eine solche Offenherzigkeit ihm selbst schaden könne. Die Folge der Zusammenarbeit mit Szögyènyi war jedoch, daß Rudolfs bisher mit einigem Erfolg verheimlichten Beziehungen zu seinen journalistischen Freunden aktenkundig wurden. Das verhängnisvollste aber war, daß Szögyènyi die Informationen des Kronprinzen mit der Quellenangabe Szeps nicht nur dem Außenminister Kálnoky weitergab, sondern ebenso (vielleicht da und dort etwas abgeschwächt) an die Deutsche Botschaft, mit der ihn die besten Beziehungen verbanden. Wie die diplomatische Korrespondenz beweist, gingen diese Informationen direkt an Bismarck. Über Rudolfs Beziehungen zu Clemenceau erfuhr Bismarck auf dem Umweg über Szögyènyi.

Die Sprengkraft, die darin lag, daß ein Vertrauter des Kronprinzen indirekt den Fürsten Bismarck über Rudolfs enge Beziehungen zu Frankreich unterrichtete, übersah der sonst als vorsichtig und klug beschriebene Szögyènyi. Die Deutsche Botschaft in Wien wußte freilich seine Dienste zu würdigen.

Rudolf blieb über die Person des Informanten völlig ahnungslos und schrieb ausgerechnet an Szögyènyi: *In Berlin war Szeps bei mir und erzählte viel über Paris. Einige weniger wichtige Sachen erzählte ich dem Prinzen Wilhelm; als ich ihm sagte, daß ein Herr bei mir war, den ich aus Wien kenne und der jetzt aus Frankreich kommt, frug er gleich: »Nicht wahr: Szeps?« Worauf ich antwortete: »Woher kennst Du diesen Namen?«, worauf er erwiderte: »Wir bekommen durch die Berichte unserer Botschaft in Wien immer Nachricht, so oft Szeps bei Dir oder bei Szögyènyi war, und auch, wenn Szögyènyi Dich besucht.« Es wäre interessant zu wissen, durch wen sie so auf uns aufpassen.*[11] Verdacht gegen Szögyènyi hatte Rudolf nie.

Noch manche Berichte dieser Art könnten zitiert werden. Sie zeigen, wie intensiv Rudolf nicht nur von österreichischen Polizeiagenten (sie informierten den Polizeipräsidenten und durch ihn den Innenminister und Ministerpräsidenten Graf Taaffe), sondern auch vom deutschen Bündnispartner beobachtet wurde. Seine Furcht vor Bespitzelung, seine Heimlichtuerei mit chiffrierten Briefen und nächtlichen Treffen

Deutschland

in der Hofburg waren wohl begründet. Seine Hauptsorge galt jedoch den offiziellen Polizeiagenten, die er mit viel Geschick und Raffinesse in die Irre zu führen wußte. Gegen die weit größere Gefahr der Bespitzelung durch Bismarck-Freunde war er so gut wie wehrlos, weil er sie (im Gegensatz zu den Polizeiagenten) nicht kannte. Das läßt durchaus den Schluß zu, daß Kaiser Franz Joseph über Einzelheiten des »Umgangs« seines Sohnes weit weniger informiert war als Bismarck in Berlin. In den erhaltenen Berichten der Wiener Polizeiagenten kommen die Namen Szeps, Futtaky, Clemenceau im Gegensatz zu den Berichten der Deutschen Botschaft nicht vor.

Bismarck mußte sich für Informationen aus Wien nicht sonderlich echauffieren. Sie wurden ihm frei Haus geliefert. Denn Bismarck-Anhänger gab es in Österreich in großer Zahl, und schließlich waren Österreich-Ungarn und das Deutsche Reich Verbündete. Rudolf hatte schon durch seine extrem liberalen und »bürgerlichen« Ansichten eine stattliche Reihe mächtiger Feinde im konservativen Lager, aber auch in der Verwandtschaft. Sein Onkel Herzog Ludwig in Bayern zum Beispiel, der älteste Bruder der Kaiserin und Vater der durch Mayerling zu trauriger Berühmtheit gelangten Gräfin Marie Larisch, genierte sich nicht, dem Fürsten Bismarck (offenbar gegen Zusicherung eines Ordens und über einen Mittelsmann) Informationen über seinen Neffen Rudolf geradezu aufzudrängen. Einige der Geheimberichte über die Informantentätigkeit des Herzogs sind im Archiv des Auswärtigen Amtes erhalten geblieben, so jener wichtige vom März 1887:

»Nach Mitteilungen eines dem Österreichischen Kaiserhaus nahestehenden Gewährsmannes herrscht in den höchsten Kreisen der Wiener Hofburg wenig Befriedigung über die Entwicklung, welche S. K. H. der Kronprinz Rudolf genommen hat, namentlich wird dem Erzherzog seitens seiner Verwandten persönliche Unzuverlässigkeit vorgeworfen und demnach nur ein geringer Grad von Vertrauen entgegengebracht.

Von der Beteiligung S. K. Hoheit am Ministerrat hat Abstand genommen werden müssen wegen des von den Majestäten beklagten intimen Verkehrs des Thronfolgers mit Journalisten extremer Richtung, die Seiner Eitelkeit schmeicheln, und denen gegenüber Indiskretionen befürchtet wurden. Es hat sich demnach dieses Mittel, den Kronprinzen zu beschäftigen, als unvollziehbar erwiesen; die Übernahme eines

11. Kapitel

Herzog Ludwig in Bayern, genannt Louis, Bruder der Kaiserin Elisabeth und Vater von Marie von Wallersee, verheiratete Larisch

Kommandos in der Provinz hat Höchstderselbe abgelehnt, da Er Wien nicht mehr verlassen will. Nach derselben Quelle entbehren die persönlichen Beziehungen zwischen dem Monarchen und Seinem Sohn jenes Charakters von Herzlichkeit, welcher sonst im höchsten Familienkreise herrscht. Seine Majestät der Kaiser Franz Joseph beobachtet wider Seine sonstige Gewohnheit dem Kronprinzen gegenüber eine gewisse äußerliche Strenge, um demselben stets die Grenzen vor Augen zu halten, welche der Erzherzog in Wort und Urteil zu überschreiten geneigt sei. Bezeichnend ist, daß beide Majestäten in Ihrem Urteil über deren alleinsten Sohn übereinstimmen.«[12]

In einem weiteren Bericht verdächtigte Herzog Ludwig hohe österreichische Militärs – Erzherzog Albrecht war namentlich genannt – »im Falle kriegerischer Komplikationen das persönliche Vertrauen des Deutschland ergebenen Kaisers zum Reiche zu erschüttern und dadurch Schwankungen verhängnisvoller Art, namentlich Zögerungen bei Ergreifung der Offensive hervorzurufen«. Herzog Ludwig bot sich an, seiner Schwester, der Kaiserin, »genau die Richtungen zu bezeichnen, gegen welche Höchstdieselbe aufzutreten haben würde«. Er fügte hinzu, »daß Sein erlauchter Schwager zwar Ratschläge der Kaiserin nicht liebe, denselben aber Sich in der Regel füge«.

Der deutsche Botschafter in Wien, Prinz Reuß, der große Sympathie für den Kronprinzen hatte, dementierte alle Verdächtigungen, Wien wolle sich vom deutschen Bündnis abwenden. Er schrieb an einen weiteren Österreichfreund, Friedrich von Holstein: »Ich bin ganz mit Ihnen einverstanden, daß eine Ablösung Österreichs von uns nicht wahrscheinlich ist ... Sollte die Partei, die der Herzog Ludwig fürchtet, einmal ans Ruder kommen, so wird sie vielleicht widerwillig an dem deutschen Karren ziehen, aber sich ausspannen wird sie nicht können. Das tut weder der Kaiser noch sein Sohn.«[13]

Die Voraussetzungen für einen neuerlichen Berlinbesuch waren im März 1887 die allerschlechtesten. Bismarcks Mißtrauen gegen Rudolfs politische Ziele war geweckt und auch nicht durch begütigende Berichte des Prinzen Reuß zu zerstreuen. Kurz vorher war der Name Clemenceau zum erstenmal in der diplomatischen Korrespondenz im Zusammenhang mit Rudolf genannt worden. Die Berichte des Herzogs Ludwig heizten Bismarcks Mißtrauen weiter an. Die Bulgarienkrise war noch nicht ausgestanden. Österreich-Ungarn beklagte sich über mangelnde Unterstützung durch den deutschen Bündnispartner. Bismarck seinerseits verhandelte hinter dem Rücken Österreich-Ungarns mit Rußland, um den streng geheimen Rückversicherungsvertrag vorzubereiten. Von einem innigen Freundschaftsverhältnis zwischen Deutschland und Österreich-Ungarn konnte wirklich keine Rede sein.
Doch Kaiser Wilhelm I. wurde am 22. März 1887 neunzig Jahre alt, und Rudolf mußte – mit größtem Widerwillen und außerdem krank – als Vertreter der kaiserlichen Familie nach Berlin reisen.
Prinz Reuß an Bismarck: »Graf Kálnoky meinte, der junge Herr sei jetzt gerade in einem sehr ruhigen Fahrwasser. Er sei ernster geworden, ließe Sich nicht mehr von ersten Eindrücken hinreißen und da wäre es ihm sehr wichtig für die Zukunft, wenn Er Euere Durchlaucht wieder einmal hören könnte, den Verkehr mit den Mitgliedern unseres Allerhöchsten Königshauses zu pflegen, sei durchaus notwendig und auch der Wunsch des Kronprinzen.«[14] Und eine Woche später: »Er Graf Kálnoky, hoffe, daß man in Berlin die gleichen günstigen Eindrücke haben und andererseits Erzherzog Rudolf höchstlich, wenn dies überhaupt noch möglich, noch mehr von dem Werte unserer Freundschaft für seinen zukünftigen Thron überzeugen werde.«[15]
Erzherzog Albrecht allerdings hatte eine andere Meinung vom Wert der deutschen Freundschaft für Österreich-Ungarn: Er gab Rudolf eine Denkschrift mit auf die Reise nach Berlin, in der er die mangelnde militärische Unterstützung Österreichs durch Deutschland anprangerte: »Die österreichisch-deutsche Allianz muß *bilateral* sein, ist es

aber heute nicht mehr. Indem Bismarck bei orientalischen Verwicklungen sich nicht zu beteiligen erklärte, kann er bei einem Angriffe Rußlands auf Österreich Zuschauer bleiben, weil er uns als amoralische Angreifer hinstellt. Wir werden also trotz Allianz-Vertrag, oder vielleicht wegen dessen unrichtiger Auslegung preisgegeben. Gelingt es ihm umgekehrt, durch Provokationen Frankreich zum Angriffe auf Deutschland zu bewegen, und fällt darauf Rußland ihm in den Rücken, so soll Österreich bis zur Selbstvernichtung und fast allein gegen Rußland kämpfen. Ist es da nicht angezeigt, die Bedingung zu stellen, daß wenigstens ein gewisser Teil der deutschen Wehrkraft mit gegen Rußland kämpft? In dieses Verhältnis muß volle Klarheit gebracht, diese Eventualitäten und ihre Folge besprochen und die Allianzverpflichtung auf gleiche Basis gestellt werden.«[16]

Noch vor der Berlinreise ließ sich Rudolf von Heinrich von Spindler, dem Leiter seines Sekretariates, ein »Allgemeines Inventar über das bewegliche und unbewegliche Eigenthum« machen und schrieb sein Testament:

Nachstehendes Testament habe ich bei vollkommen klarer Besonnenheit eigenhändig niedergeschrieben und bitte Seine Kaiserliche und Königliche Apostolische Majestät unterthänigst, die Mühe als Testament-Executor gnädigst auf sich nehmen zu wollen; und auch die Vormundschaft über meine Tochter Elisabeth zu übernehmen. Zur Universalerbin meines beweglichen und unbeweglichen Vermögens bestimme ich meine Tochter Elisabeth; meiner Gemahlin Stephanie bestimme ich den lebenslänglichen Nutzgenuß des gesamten Vermögens. Im Falle ihrer Wiederverehelichung hört der Nutzgenuß gänzlich auf und geht auf meine Tochter über. Im Falle der Verehelichung meiner Tochter wird der Nutzgenuß zwischen beiden getheilt.

Ferner bestimme ich:

1. 50000 fl. schenke ich dem Leiter meines Sekretariates Oberst von Spindler, im Falle seines Ablebens seinem Sohne oder seiner Tochter, falls dieser nicht mehr lebt.

2. 20000 fl. schenke ich dem Oberthofmeister Graf Carl Bombelles, im Falle er nicht mehr am Leben wäre, fällt dieser Betrag an die Universalerbin zurück.

3. 30000 fl. sollen nach Angabe und Ermessen meiner Frau an meine Kammerdiener, Büchsenspanner, Stallpersonale und an jene Personen

des Jagdpersonales im Wienerwald, Görgeny, Laxenburg und den Donau-Auen vertheilt werden, von denen sie weiß, daß sie mich besonders gut bedienten.
4. Den großen Kasten mit den Aquarellen (Hochzeitsgeschenk der Wiener Industriellen) vermache ich den Hofsammlungen.
5. Von meinen in Gebrauch habenden Säbeln und modernen Jagdwaffen, sowie auch von allen meinen Jagdtrophäen sollen an Bekannte und Verwandte nach Angabe meiner Frau Andenken vertheilt werden; was erübrigt, vermache ich meinen Kammerdienern und Büchsenspannern.
6. Alle meine Jagd- und Luxushunde vermache ich meinen Jägern sowie Büchsenspannern, als auch dem Personale im Wienerwald und in den Donau-Auen.
7. Alle meine Kleider, Wäsche, Schuhe vermache ich meinen Kammerdienern.
8. Meine naturhistorischen Sammlungen vermache ich Wiener Unterrichtsanstalten, nach Ermessen meiner Frau.
Ich befehle ferner, daß die bestehenden Jagdpachtungen in Görgeny Szt. Imre, Liptau und im Wienerwalde nach meinem Ableben augenblicklich aufzulassen sind, desgleichen nach Ausräumung meines Besitzes die Pachtung des Schlosses in Görgeny Szt. Imre. Meine Schreibtische in Wien und Laxenburg sollen in Gegenwart meiner Frau vom Sectionschef des Äußeren, Herrn Ladislaus von Szögyènyi-Marich aufgemacht und die Schriften nach seinem Ermessen theils vertilgt, theils aufgehoben werden.
Daß diese eigenhändig von mir geschriebene Anordnung mein freier Wille ist, bestätige ich mit meiner Unterschrift und meinem Siegel.
Wien, 2. März 1887. Kronprinz Erzherzog Rudolf, Fmlt.[17]

Nicht einmal acht Jahre waren seit Rudolfs erstem Testament vergangen, worin er vor seiner Spanienreise jungenhaft burschikos einen *letzten Abschiedskuß in Gedanken allen schönen Frauen Wiens, die ich so sehr geliebt!* vermacht und Bombelles seine Jagdhunde angepriesen hatte: *der eine ist gut und treu und der andere kann sehr schön lachen.* In diesem zweiten Testament, das schon knapp zwei Jahre später in Kraft trat, machte ein 28jähriger müder, kranker, erfolgloser Mann Bilanz über recht bescheidene Werte, bedenkt man den Anspruch, mit dem dieser einst strahlende Prinz in die Welt getreten war.

11. Kapitel

Rudolf trat in Berlin als erklärter Anhänger des Erzherzogs Albrecht auf, wie Feldmarschall Graf Waldersee berichtete: Er »legte mir zahlreiche Fragen des Erzherzogs Albrecht vor, bezugnehmend auf unseren gemeinsamen Krieg gegen Rußland, fügte aber gleich hinzu, daß er wohl verstehe, wenn ich einige davon nicht beantworten würde. Vor allem wollte er gern wissen, mit wieviel Korps wir uns gegen Rußland wenden würden, wer kommandieren solle usw. Er teilte mir auch die Namen der drei österreichischen Oberbefehlshaber mit. Ich suchte mich so gut herauszuziehen als es ging, und hatte es insofern leicht, als ich ihm versichern konnte, daß bei uns ganz feste Entschlüsse nicht möglich seien, weil wir nicht wissen, ob wir es erst mit Frankreich oder gleich mit Frankreich und Rußland zu tun haben werden.«[18]

Auch in Rudolfs Gespräch mit Bismarck stand die Kriegsgefahr im Vordergrund. Bismarck betonte seine Friedensliebe und schimpfte auf die Generäle Moltke und Waldersee. Er beschwor Österreich, sich gegen Rußland still zu verhalten und auf einen Einfluß in Bulgarien zu verzichten. Andererseits drängte er zur Verstärkung der k.u.k. Armee und äußerte Mißtrauen gegen die österreichischen Slawen und deren militärische Verläßlichkeit. Er schimpfte auf österreichische Journale und *daß es in Wien Leute gebe, die ihn wegen Russenfreundschaft nur deshalb verdächtigen, um womöglich das deutsch-österreichische Bündnis zu lockern oder gar zu sprengen* – ein deutlicher Hieb auf Moriz Szeps.

Rudolfs und Albrechts Befürchtungen, daß Österreich-Ungarn in einem neuen deutsch-französischen Krieg ohne nennenswerte deutsche militärische Unterstützung dem übermächtigen russischen Gegner gegenüberstehe, erwiesen sich als angebracht. Denn Bismarck sagte dem Kronprinzen und dieser berichtete an Kálnoky: wenn Boulanger *es erreicht Präsident zu werden, dann gibt es Krieg, denn er sowohl wie die Orleans, falls sie zur Macht gelangen würden, brauchen militärische Erfolge, um sich halten zu können. In diesem Falle braucht Deutschland sehr viele Truppen gegen Frankreich, weit mehr als wie das letztemal, denn Frankreichs Wehrkraft ist eine enorme; der Sieg immerhin kein so sicherer; deshalb ist es notwendig, eine feste Koalition zu gründen für Deutschland ebensosehr wie für uns; und wir müssen, um uns für den eventuellen Doppelkrieg vorzubereiten, mit England und Italien ein sicheres Abkommen treffen, welches Österreich in die Lage setzt, auch*

Deutschland

Große Hofsoirée in Berlin zu Ehren des 90jährigen Kaisers Wilhelm I. Von links Kaiserin Augusta am Arm des Kronprinzen Rudolf, dahinter Prinz Wilhelm, sitzend Kaiser Wilhelm I., dahinter Kronprinz Friedrich Wilhelm und Kronprinzessin Viktoria, die Tochter der Queen Victoria

ohne allzu bedeutende deutsche Hilfe einen Krieg mit Rußland aufnehmen zu können. Auf die österreichisch-englischen Vereinbarungen kam der Kanzler mehrmals und mit Nachdruck zu sprechen.[19]

Was er freilich selbst dem deutschen Reichskanzler gesagt hatte, gab Rudolf nicht an Kálnoky weiter. Denn er handelte eindeutig gegen dessen Weisungen und ganz so, wie Erzherzog Albrecht es mit ihm besprochen hatte. Robert Lucius von Ballhausen berichtete: »Der Erzherzog habe sehr bedauert, daß Bismarck so entschieden betont hat, der Orient ginge uns nichts an. Sie würden von Rußland allein geschlagen, denn das habe einen enormen Nachschub, während Österreichs Kräfte schnell erschöpft seien. Bismarck entgegnete: Hunderttausend Österreicher seien ebensoviel wert wie hunderttausend Russen und ihr Offizierskorps sei besser. Man müsse nur energisch vorgehen.«

11. Kapitel

Nach der Begegnung machte sich Bismarck über Rudolfs Angst vor einem Krieg gegen Rußland lustig und sagte zu Lucius: »Der Erzherzog Rudolf habe ihm einen schwächlichen, ängstlichen Eindruck gemacht, wie ein Mann, der sich überall umsieht, ob ihm nicht ein Stein auf den Kopf von irgendwoher fällt! Gott meine es mit den Monarchien nicht gut, welchen er so schwächliche, ›chétive‹ Sprößlinge gebe, wie jetzt in Österreich und Rußland.«[20]
Offiziell aber, gegenüber Botschafter Reuß, fand Bismarck diplomatischere Worte, die für den Gebrauch am Wiener Hof bestimmt waren, aber ebenfalls Meinungsverschiedenheiten durchblicken ließen: »Mit dem Kronprinzen Rudolf habe ich gleichfalls sehr ausgiebig geredet und dabei Seine Kaiserliche Hoheit in der Politik wohl orientiert und von einsichtigem Urteil gefunden. Nur schien der Erzherzog von der Überlegenheit der russischen Armee über die österreichische mehr impressioniert zu sein, als es für seine Stellung erlaubt wäre. Ich habe es mir angelegen sein lassen, Seiner Kaiserlichen Hoheit Vertrauen einzuflößen, sowohl auf die relative Stärke des österreichischen Heeres wie auf die Dauer der friedlichen Zustände, indem ich dabei den Wunsch betonte, daß Österreich seinerseits den Frieden nicht stören oder gefährden möchte. Der Kronprinz nahm meine Bemerkungen gut auf, machte mir aber freundschaftliche Vorstellungen über die Enttäuschung, welche meine Reichstagsreden im Januar in Österreich-Ungarn hervorgerufen hätten.
Ich erwiderte darauf, daß es gerade mein Zweck gewesen sei, die zu hoch gespannten Erwartungen, welche in der öffentlichen Meinung Österreich-Ungarns an unser Bündnis geknüpft wurden, auf das richtige Maß zurückzuführen, die Situation wäre durch Übertreibungen der Presse wie der ungarischen Parlamentarier auf Kosten des Glaubens an unsere Vertragstreue und mit unnötiger Gefährdung des Friedens gefälscht worden, und ich freute mich, daß die Demonstration meiner Reichstagsrede im Interesse des Friedens eine nützliche gewesen wäre, wenn sie die kriegerischen Gelüste einiger unverantwortlicher Parlamentarier sowie der für die Presse arbeitenden Zivilisten abgekühlt hätte.«[21]
Um die strapaziösen Tage in Berlin durchzustehen, nahm Rudolf hier zuerst und zwar auf Anweisung des Arztes Morphium, vor allem um die offiziellen Empfänge nicht mit seinen ständigen Hustenanfällen

stören zu müssen. Rudolf schrieb an Stephanie aus Berlin: *Die letzten Tage waren sehr anstrengend; von früh bis abends ununterbrochene Hetze, Besichtigungen, Diners, Frühstücke, unzählige Visiten, nebst alle dem die wichtigen Dinge, die ich hier abmachen mußte; gestern kam ich erst gegen 10 Uhr abends zuhaus und um 1 Uhr früh saß ich noch am Schreibtisch; so geht es immer fort ... Meinen Husten kann ich nicht los werden, oft hört es für viele Stunden auf, dann kommen wieder förmliche Krämpfe, die besonders bei Diners und dergleichen Sachen sehr lästig sind. Ich bekämpfe das mit Morphin, was an und für sich schädlich ist. In Abbazia werde ich mir das abgewöhnen.*[22] Das sollte freilich nicht gelingen.

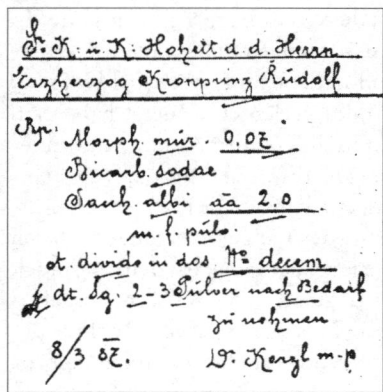

Morphium-Rezept des kaiserlichen Leibarztes Dr. Kerzl vor Rudolfs Berlinreise im März 1887

Die Diskussion über den Wert des deutsch-österreichischen Bündnisses hatte sich am Bulgarienproblem entzündet, das zur Zeit von Rudolfs Berlinbesuch auch in Deutschland noch hochaktuell war. Die Fronten am Berliner Hof waren heillos verhärtet zwischen Bismarck und dem Prinzen Wilhelm einerseits, die Bulgarien zur russischen Einflußsphäre rechneten und persönliche Feinde Alexanders von Bulgarien waren, und dem Kronprinzenpaar andererseits. Kronprinzessin Viktoria hatte eine schwärmerische Zuneigung zu dem berühmt schönen und erklärt liberalen Battenberger, wünschte seine Heirat mit ihrer Tochter Viktoria und bot alles auf, um im Kampf gegen Bismarck Bundesgenossen zu finden, natürlich auch den österreichischen Kronprinzen, der ja sowohl mit dem deutschen Kronprinzenpaar als auch dem Battenberger befreundet war.

Rudolf geriet am Hohenzollernhof in ein wahres Wespennest. Kronprinzessin Viktoria fragte ihn über ihren Sohn Wilhelm aus, mit dem sie selbst kaum ein Wort sprach. Prinz Wilhelm wiederum wollte jede

11. Kapitel

Einzelheit wissen, die seine Mutter dem Habsburger gesagt hatte. In einem zehn Seiten langen Brief an seinen engsten Vertrauten Herbert Graf Bismarck schrieb Wilhelm, Rudolf habe ihm über seine Unterredung mit der Kronprinzessin folgendes berichtet: »Zuerst habe man bitter geklagt über den Antisemitismus, die Unterdrückung der Liberalen, das jetzige Regime überhaupt.« Die Damen hätten dann ein »langes Loblied auf den Bulgaren« gesungen, dann »habe man sich über die Gemeinheit der Russen ihm gegenüber des Längeren ergangen. Da ich dem Kronprinzen Rudolf den Rat gegeben, er möge bei dem Gespräch bedenken, daß was er sage, sofort in England an die Kaiserin von Hindustan und Salisbury berichtet werde [Viktoria war eine Tochter der Queen Victoria], so habe er sich vorgesehen und fast gar nicht gesprochen nur gehört.«

Prinz Wilhelm sah in den ausführlichen Gesprächen der Kronprinzessin mit Rudolf ein Komplott der »englischen Schar«: »Wahrscheinlich soll Österreich die englischen Kastanien im Orient aus dem Feuer holen, da Deutschland nicht gegen Rußland gehen will, so soll nun Österreich heran. Die vielfachen Erkundigungen, ob in Wien und Österreich viel Sympathien für Alexander von Bulgarien seien, bestätigen die Annahme, daß es sich auch um Bulgarien dabei handele und um ihn. Sei es, daß er wiedereingesetzt werde, sei es, daß in Österreich er irgend eine anständige Stellung erhalte, die ihn dann als künftigen hiesigen Schwiegersohn dem Publikum schmackhafter macht. Jedenfalls werde wieder einmal der Versuch gemacht, die Dreikaiserallianz zu sprengen und Österreich herauszuziehen, es sogar vielleicht auf Rußland zu hetzen. Da eine Verständigung Österreichs und Rußlands im Balkan England natürlich das Unangenehmste sei, was passieren könne. ... Sie sehen, lieber Herbert, daß der Bulgare nach wie vor immer wieder aufs Tapet kommt, und wie die alte Schlange der heimlichen englischen Intrige ihr Haupt wieder mächtig hebt.«[23]

Einen ganz anderen Bericht über die Unterredung mit Rudolf gab allerdings Kronprinzessin Viktoria ihrer Mutter, der Queen. Kein Wort davon, daß Rudolf »fast gar nicht gesprochen, nur gehört« habe. Ganz im Gegenteil hatte er sich recht deutlich für ein Zusammengehen Österreichs mit England ausgesprochen, eine Aussage, die auch an die Adresse der Königin von England gerichtet war, was auch gelang. Kronprinzessin Viktoria an die Queen: »Besonderen Wert schien er auf

Deutschland

das gute Einvernehmen zwischen Österreich und England zu legen und sagte, daß die österreichische Regierung fürchtete, nicht in der Lage zu sein, eine wertvolle Entente zu sichern; obgleich Lord Salisbury vielleicht nichts dagegen haben würde, wechselten die englischen Kabinette und mit ihnen die Politik des Landes so oft, daß es schwierig sei, sich auf Englands Hilfe und Worte zu verlassen.«
Diese Wendungen stimmen fast wörtlich mit denen Kálnokys überein, der in diesen Wochen Österreichs Beitritt zum Mittelmeerabkommen vorbereitete. Rudolf befürwortete diesen Plan, sah er darin doch den ersten Schritt zu einer westlichen Orientierung Österreich-Ungarns. Wie sehr er sich für ein österreichisch-englisches Abkommen einsetzte, konnte er aber nicht dem Prinzen Wilhelm enthüllen, der seine englischen Verwandten haßte.
Angesichts des hohen Alters Wilhelms I. waren nach menschlichem Ermessen die für die Zukunft wichtigsten politischen Persönlichkeiten im Deutschen Reich nicht Prinz Wilhelm, auch nicht Bismarck, sondern das Kronprinzenpaar, vor allem die ihrem Mann intellektuell überlegene und einflußreiche Kronprinzessin Viktoria. Rudolfs Gespräch mit ihr hatte demnach eine weit größere Bedeutung für Österreichs Zukunft (so mußte er jedenfalls im März 1887 annehmen) als das mit dem greisen Bismarck, zumal über das enge Verhältnis zwischen der Queen und ihrer ältesten Tochter kein Zweifel bestand.
Selbstverständlich schnitt Rudolf im Gespräch mit Viktoria auch das Thema eines russischen Krieges an. »Rudolf glaubt, daß, wenn in dem bevorstehenden Kriege England nur im Schwarzen Meere Hilfe leisten und die Türken in Ordnung halten und sie von der Vereinigung mit den Russen abhalten würde, der Dienst, den es der Welt damit leisten könnte, ein ungeheurer sei. Er meinte sehr vernünftigerweise, daß man in einem Kriege Rußland nicht ernstlich zu schädigen vermöge – man könne ihm keine Provinzen nehmen usw.; der einzige positive Nutzen, den man zu erreichen imstande sei, wäre, Rußland von der Gewinnung seiner Ziele und der Betätigung seines Willens abzuhalten. Er scheint zu glauben, daß Rußland Österreich in Galizien angreifen will; es sei von größter Wichtigkeit, daß Italien sich ruhig verhalte und Österreich nicht angreife, so daß letzteres keine Soldaten an der italienischen Grenze lassen müsse, sondern alle verfügbaren Kräfte im Norden verwenden könne ...

11. Kapitel

Rudolf meint, daß, wenn Deutschland Österreich gegen Rußland hilft, die Franzosen sofort Deutschland angreifen und der kommende Krieg sehr ernst werden würde! Er hält Frankreich für stärker, besser bewaffnet, besser vorbereitet und patriotischer als früher – auch Rußland für kampfbereiter als im Russisch-Türkischen Krieg, aber so schlecht regiert und mit Mißtrauen erfüllt, daß die Regierung schon deswegen den Krieg wünschte, um eine Ablenkung zu schaffen, Rudolf sagt, man könne nicht leugnen, daß gegenwärtig Rußland die erste Geige in Europa spiele, die stärkste Macht sei und den übrigen ihren Willen aufzwänge; daß dies eine beständige Gefahr bedeute, da es jederzeit imstande sei, Frankreich auf seine Seite zu ziehen. Man könne es nur durch eine Allianz der vier obenerwähnten Mächte in Schach halten ... Er sprach mit wundervoller Klarheit, Klugheit und gesundem Menschenverstand, ist vollkommen au fait über alles und mit verschiedenen schwierigen Botschaften an den Fürsten Bismarck betraut worden. Er ist sich vollkommen klar, daß seine Ansichten mehr mit unseren als mit denen des Kaisers oder Willys übereinstimmen.«[24]
Daß Rudolf Parteigänger der liberalen Kronprinzenpartei am Berliner Hof war, wurde bald publik. Wohl auch deshalb weht aus vielen Berichten über Rudolfs Berlinbesuch im März 1887 Kampfstimmung. Der k.u.k. Botschafter in Berlin schrieb nach dem Besuch an Rudolf: »In der kronprinzlichen Familie ist die Erinnerung, die man Ihnen weiht, eine besonders herzliche und wahrhaft anerkennende. Die Frau Kronprinzessin ist förmlich entzückt und macht kein Hehl aus dem Wohlgefallen, das sie in jeder Richtung an Euerer kaiserlichen Hoheit gefunden hat. Es liegt wohl ein ungemein bedeutsames und beruhigendes Moment in dieser Eroberung der Zukunft, die in jeder Minute zur Gegenwart werden kann, gleichwohl jedoch hier das nie zum Verblassen gelangte Bewußtsein, daß man als englische Prinzessin geboren ist, einigermaßen auch mitspielt. Der rege Verkehr, gnädigster Herr, den Sie hier mit dem Kronprinzenpaar gepflegt haben, sowie auch das ganz besonders freundschaftliche Entgegenkommen seitens dieser beiden Herrschaften sind indes hier sehr bemerkt worden und auch lebhaft kommentiert. Hierbei fragt man sich, ob dies nicht etwa eine Erkältung zwischen Ihnen und Prinz Wilhelm bedeute.«[25]
Eine »Erkältung« zwischen Rudolf und Wilhelm war inzwischen selbst in der vorsichtigsten diplomatischen Korrespondenz nicht mehr zu

leugnen. Rudolfs Berlinbesuch hatte ein monatelanges Nachspiel. Im Juli noch schrieb Graf Hugo Radolin, der Hofmarschall des Kronprinzen Friedrich, an Holstein: »Nach dem Essen ging ich mit Pr. W. en tête à tête rauchen. Da goß er mir sein Herz bezüglich seiner Mutter aus und ich sah, daß er sie schrecklich haßt. Seine Erbitterung kennt keine Grenzen. Was soll das werden? Dann sprach er wieder von der Sache Rudolf und sagte, die Kr. Pz. habe versucht, mit ihm das Dreikaiserbündnis zu sprengen, und habe ihn aufgefordert, gegen Rußl. Front zu machen. Also noch eine neue Version, anders als es mir B.[ismarck]s. Zt. erzählte. Was mag die Wahrheit sein.«[26]

Die »englische Partei« – das Kronprinzenpaar, Viktorias Bruder, der Prince of Wales, und Queen Victoria – sah den österreichischen Kronprinzen als den Ihren an. Das wurde wenig später auch bei Rudolfs Englandreise zum 50jährigen Regierungsjubiläum der Queen offenbar, wo Rudolf über die Maßen hofiert wurde. In einem Privatbrief an

Rudolf im Ornat des Hosenbandordens. Diese Auszeichnung wies ihn auch als Anhänger der »englischen«liberalen Partei rund um das deutsche Kronprinzenpaar aus

11. Kapitel

Außenminister Kálnoky heißt es: »Die Königin überhäufte ihn mit Ehren und Liebenswürdigkeiten. Er führte sie neulich zum Diner und ging allen Königen vor ... Die Verleihung des Hosenbandordens wurde hier als besondere Auszeichnung angesehen, und es ist derselbe sicher mit dieser Intention verliehen worden. Der Prinz von Wales sagte mir ausdrücklich, er sei sehr froh, denn es wäre eine besondere, ausnahmsweise Auszeichnung, da der Orden sonst nur Familienmitgliedern oder gekrönten Häuptern verliehen wird, und er hoffe, der Kronprinz fasse es auch so auf.«[27]

Die Differenzen zwischen den Bündnispartnern Deutschland und Österreich 1887 personifizierten sich in den beiden Thronerben, hier Rudolf, dort Prinz Wilhelm. Die beiden waren gleich alt (Rudolf geboren im August 1858, Wilhelm im Januar 1859) und wurden schon früh auf Bismarcks Wunsch bei allen Gelegenheiten offiziell wie privat zusammengespannt. Von Freundschaft war viel die Rede, vor allem in den Zeitungen. Doch hatten sich die beiden Thronerben recht wenig zu sagen. Rudolf hatte den am Wiener Hof recht hinterwäldlerisch auftretenden, plump-unerfahrenen deutschen Prinzen zunächst wie die anderen »Kavaliere« behandelt: von oben herab, aber freundlich, aus der Warte des intellektuell haushoch überlegenen, eleganten und weltgewandten Gastgebers. Trotz und Stolz, daß sein Vaterland zwar im Krieg geschlagen, trotz allem aber das alte deutsche Kaiserreich war neben dem neureichen Deutschen Reich, setzte er dem durch die frischen Siege unerhört selbstbewußten Hohenzollern entgegen.

Rudolf hatte für den sich schon früh als »Reaktionär« mausernden Wilhelm nichts als Verachtung übrig, wenn er auch den Unerfahrenen durch die liebevoll höfliche Umgangsart, die Wilhelm aus Berlin nicht gewöhnt war, lange über seine wahren Gefühle täuschen konnte. Rudolf schrieb 1883 nach einem Berlinbesuch an Moriz Szeps, daß *Prinz Wilhelm trotz seiner Jugend ein hartgesottener Junker und Reaktionär ist. Er spricht von dem Parlament nie anders als »diese Saubude« und von den Oppositionsmitgliedern als von diesen »Hundekerlen, die man mit der Peitsche traktieren muß«.* Er erzählte auch von Wilhelms (gescheitertem) Plan, den Liberalen Eugen Richter durch sechs Unteroffiziere »durchhauen« zu lassen.[28]

Deutschland

Kronprinzessin Stephanie: »Der Kronprinz liebte Deutschland nicht und begab sich nur auf Befehl des Kaisers, seines Vaters, hin. Er besaß eine gewisse ehrerbietige Verehrung für den greisen Kaiser Wilhelm, dessen Würde, dessen ritterlich liebenswürdige Art er schätzte. Fürst Bismarck aber erdrückte ihn; er ertrug weder seine beispiellose Willenskraft, seine Überlegenheit, seinen genialen Blick, noch seinen Eindruck von absoluter Sicherheit. Gegen den Prinzen von Preußen vollends hegte der Kronprinz eine ausgesprochene Abneigung, die sich bei jeder neuen Begegnung verstärkte.«[29]

Freilich hatte auch Prinz Wilhelm starke Vorbehalte gegen seinen liberalen Freund, um dessen Gunst sich seine Mutter, die Kronprinzessin Viktoria, mit solchem Eifer bemühte. Doch stand die Aversion gegen Rudolf nicht dermaßen im Zentrum seines Denkens wie umgekehrt Rudolfs Aversion gegen ihn. Wilhelm war politisch in der Position des Stärkeren. Er war auf der Siegerseite, Rudolf auf der der Verlierer. Wilhelm brauchte keiner Minderung der Macht seines Vaterlandes nachzutrauern. Er brauchte sich vor Österreich-Ungarn, das immer deutlichere Schwächesymptome aufwies, nicht zu fürchten wie Rudolf vor dem Bismarck-Reich. Seine Kritik am österreichischen Kronprinzen war demgemäß auch weniger politisch als persönlich gefärbt.

Wilhelm schrieb in seinen Erinnerungen über Rudolf: »Er war eine anregende, kluge und in ihrer frischen Lebhaftigkeit fesselnde Natur, voll sprudelnden Humors, freilich auch nicht ohne eine beträchtliche satirische Ader ... Zu meinem Leidwesen mußte ich aber im Lauf der Jahre bemerken, daß er es mit der Religion nicht eben ernst nahm, und es war mir schmerzlich, wenn mein Kamerad auch über die Kirche und Geistlichkeit wie über den schlichten Glauben des Landvolks die Lauge seines spöttelnden Witzes ausgoß. Auch andere Charakterschwächen konnten mir nicht verborgen bleiben, und so kam es, daß mein ursprüngliches Vertrauen schwand, und daß wir mit der Zeit mehr und mehr auseinandergerieten. Hinzu trat, daß ich allmählich erkennen mußte, wie wenig der Kronprinz innerlich dem Deutschen Reiche und dem Zweibund geneigt war; vor allem die Idee des Preußentums war ihm in der Seele verhaßt. Aus allen diesen Gründen wurden unsere Beziehungen kühler und schließlich auf beiden Seiten lediglich unter dem Gesichtspunkt politischer Notwendigkeiten gepflegt.«[30]

11. Kapitel

Ganz abgesehen von den politischen Gegensätzen waren die beiden »Freunde« schon als Typen konträr: Hier der sensible, intellektuelle, unmilitärisch auftretende, freidenkerische, übernational fühlende Liberale, dessen Hauptwaffe beißende, aber stets leise, subtile Ironie war – und da die Inkarnation militärischen Denkens, zackig, laut, plump, direkt, nationalistisch, jemand, der die Welt mit preußischen Waffen zu erobern gedachte, den Namen Gottes stets für pathetische Reden auf den Lippen hatte und auf andere Länder – nicht nur Österreich-Ungarn – voll Überheblichkeit herabsah, dabei nicht dumm und auch weit offener wirkend neben einem Mann von soviel überzüchteter Raffinesse wie dem österreichischen Kronprinzen. Beide waren glühende Patrioten und überzeugt von der Größe ihres Vaterlandes. Deshalb mißtrauten sie einander. Es gab kaum eine Übereinstimmung, außer der einen: der Freude am süßen Leben.

Wilhelm spielte zwar in Berlin den sittenstrengen und gottesfürchtigen Ehemann und Familienvater, nahm aber günstige Gelegenheiten zu amourösen Abenteuern vor allem auf Reisen gerne wahr. Das Wiener Nachtleben des stets unter Geldnot leidenden Hohenzollernprinzen wurde gelegentlich sogar von Rudolf finanziert. Eine Quittung ist noch erhalten: »3000 Gulden zu Wohlthätigkeitszwecken empfangen zu haben bescheinige ich hiermit.«[31] Unterschrift Wilhelm. Rudolf an Stephanie: *Wilhelm unterhält sich sehr gut; ich muß ihm 3000 fl. leihen – auf unbestimmte Zeit! Den Kaiser unterhalten diese Geschichten sehr gut!*[32]

Rudolf nützte diese Schwäche Wilhelms mindestens in einem Fall kaltblütig aus, und zwar zugunsten seiner politischen Information. Zentralfigur der Affäre aus der Wiener Halbwelt war eine Kupplerin (freilich die vornehmste des damaligen luxuriösen Wien) namens Johanna Wolf. Die Wolf hatte berühmt schöne Frauen unter ihrer Obhut, Frauen, die sich auch in höchster Gesellschaft perfekt benahmen und oft mehrere Sprachen beherrschten. Dementsprechend vornehm war die Kundschaft, worunter sich auch Kronprinz Rudolf befand.

Johanna Wolf, geboren 1841 in Budapest unter dem Namen Rosenstrauss, war die Witwe eines aus Bayern stammenden Buchbinders. Sie wohnte und arbeitete seit 1865 in Wien als Händlerin und Herstellerin von Weißwaren, also Wäsche, betrieb aber vor allem ein immer vornehmer werdendes Bordell. 1887 verlegte sie ihr Wäschegeschäft und

Deutschland

ihre anderen Aktivitäten in die Heumühlgasse 10 im teuren Bezirk Wieden.[33] Besitzerin dieses Hauses war seit kurzem die 23jährige Mizzi Caspar, laut Fürstin Nora Fugger ein »auffallend hübsches und nettes Mädchen, das von Künstlern oft gemalt wurde«.[34]
Es war Rudolf, der seiner Geliebten 1886 dieses Haus zum Preis von 60000 Gulden (rund 600000 Euro) gekauft und geschenkt hatte. Das Geld stammte aus der für ihn schier unerschöpflichen Quelle des Baron Hirsch. Denn mit seiner Apanage hätte er sich Ausgaben dieses Ausmaßes nicht leisten können: Sie betrug alles in allem nur 45000 Gulden jährlich. Die dunkelhaarige, zierliche Mizzi, Jahrgang 1864, also gleich alt wie die Kronprinzessin, war Rudolfs große Liebe seiner letzten beiden Jahre, und selbstverständlich hatte Mizzi außer ihm keinen anderen Liebhaber. Rudolf war sehr großzügig, was Mizzi betraf. So kaufte sie sich zum Beispiel im noch heute existierenden renommierten Stoffgeschäft Jungmann, das auch große Roben anfertigte, allein in den Jahren 1888 und 1889 Kleider im Wert von fast viertausend Gulden (mehr als 40000 Euro) und war damit nach der Königin von Portugal Jungmanns beste Kundin.[35]
Die Wolf hat in der Biographie des Kronprinzen eine nicht unbedeutende Stellung. Denn sie unterhielt neben ihrem Hauptgeschäft eine Art Nachrichtendienst für den Kronprinzen. Wenn Rudolf seinen abenteuerlustigen »Freund« Wilhelm zur Wolf und ihren Damen führte, quasi als Krönung des eleganten Wiener Nachtlebens, oder Johanna Wolf mit hübschen Mädchen nach Berlin schickte, so hatte er einen Hintergedanken: den großsprecherischen, im Grunde aber naiven Hohenzollern aushorchen zu lassen.
Über solche Dinge gibt es im allgemeinen keine schriftlichen Quellen. Es ist ein Glücksfall, daß ein langer Brief Rudolfs in dieser Angelegenheit vom Empfänger nicht, wie Rudolf es wünschte, verbrannt wurde, sondern in ein Wiener Archiv gelangte. Über die Informationen, die die Wolf vom Prinzen Wilhelm aus Berlin mitbrachte – auf dem Umweg über eine ihrer Damen –, berichtete Rudolf mit großer Geheimnistuerei dem k.u.k. Militärbevollmächtigten in Berlin, Oberst Steininger:
Ein Herr, dem ich mein Wort gab seinen Namen nicht zu nennen, ich will nur so viel sagen, daß er mit mir verwandt ist, sagte mir, er sei in den letzten Tagen hier in Wien bei der bekannten Kupplerin Wolf gewesen, die schon seit Jahren hie und da mit Prinz Wilhelm in Verbin-

11. Kapitel

dung steht, und diese Frau habe ihm mitgeteilt, sie wisse Dinge aus Berlin, die man hier hören soll, nur wolle sie es unter der Garantie der vollen Verschwiegenheit, und ohne für ihre Aussagen entlohnt zu werden aus purem österreichischen Patriotismus erzählen. Ich schickte diesen Herrn wieder hin und sagte ihm, er solle sagen, sie könne ihm alles mitteilen und er stehe gut dafür daß niemand etwas von der Sache erfahren werde. (Diese umständlichen Bemerkungen über den geheimnisvollen Unbekannten sind für Rudolfs Versteckspiel typisch. Er konnte sich einem ihm nur flüchtig bekannten Diplomaten kaum als Stammgast der Wolf zu erkennen geben.)

Prinz Wilhelm habe laut Johanna Wolf *in gehobener Weinstimmung auf das tactloseste über seine intimsten Gedanken* gesprochen: *Er sprach nicht ganz respektvoll über unseren Kaiser, sehr abträglich über mich, verglich mich mit seinem Vater als eitlen, künstlerisch, schriftstellerisch verjudeten Popularitätshascher, ohne Charakter, ohne Tüchtigkeit etc. etc., dann meinte er, es gehe nur in Preußen alles gut; in Österreich sei der ganze Staat morsch, der Auflösung nahe, werde in sich zusammenbrechen, die deutschen Provinzen werden als reife Frucht Deutschland in den Schoß fallen, sie werden als ein unbedeutendes Erzherzogtum in noch abhängigerer Stellung als Bayern unter Preußen kommen. Der Kaiser von Österreich kann als unbedeutender Monarch, wenn er will, sein Leben in Ungarn fortsetzen. Preußen wird nichts tun, um das rasch herbeizuführen, es kommt ja ohnehin sehr bald von selbst.*

Ferner sagte er, er jage gern mit uns, wir seien alle angenehme Leute, aber unbrauchbare, verweichlichte Schlemmer, die nicht mehr lebensfähig sind. In der Politik gibt es keine Sympathien; seine Aufgabe wird es sein, Deutschland auf unsere Kosten zu vergrößern. Nachdem er noch seinen Großvater und noch weit mehr sich selbst gelobt und in der zynischesten Weise über seine Eltern und seine Frau geschimpft hatte, schloß er diese erbauliche Konversation mit den zwei unsauberen Frauenzimmern. Alles konnte ich Ihnen nicht schreiben, es ließe sich das nur erzählen; einige Bemerkungen über Personen und Verhältnisse bei uns sind so übereinstimmend mit dem Gedankengang des Prinzen Wilhelm, daß ich das ganze als bare Münze annehmen muß. Als Kommentar dazu muß ich Ihnen auch noch erwähnen, daß ich schon seit nahezu 5 Jahren (also seit 1882) *einen Brief besitze, den Prinz Wilhelm, ohne verstellte*

Deutschland

Für die Öffentlichkeit wurde Harmonie zwischen den Thronfolgern von Deutschland und Österreich-Ungarn demonstriert. Hier Rudolf und Wilhelm, Stephanie und Auguste Viktoria im Herbst 1888 in Wien

Schrift ganz offiziell an Frau Wolf nach Wien schrieb, und der auch ein Unicum an Unvorsicht und Taktlosigkeit ist und den ich damals durch den selben Weg wie diese letzten Nachrichten erhielt![36]

Wilhelms großsprecherische Worte bestätigten Rudolfs Mißtrauen gegen die Bismarck-Politik, deren glühendster Anhänger ja Prinz Wilhelm zu dieser Zeit war. Die Gräben zwischen Berlin und Wien wurden immer tiefer, vor allem durch Bismarcks geheimen Rückversicherungsvertrag, der Rußlands Einfluß auf Bulgarien und Ostrumelien anerkannte und Rußland die deutsche Neutralität zusicherte, falls Österreich-Ungarn Rußland angriffe.

Bismarcks Sohn Herbert war in diesen Monaten der maßgebende Politiker in Berlin. Der Reichskanzler, von Krankheiten und Schlaflosigkeit gepeinigt, blieb die meiste Zeit in Friedrichsruh, führte die Geschäfte schriftlich über ihn, der einen glühenden Österreichhaß und eine Vorliebe für Rußland hatte und damit entscheidend zur schlech-

11. Kapitel

ten Stimmung zwischen Berlin und Wien beitrug. Herbert Bismarck ließ sogar die weinseligen Reden des russischen Botschafters in Berlin unwidersprochen: »Es ist unbedingt notwendig, daß Rußland und Deutschland jenes Kaisertum [Österreich-Ungarn] von der Karte Europas verschwinden lassen. Das Deutsche Reich soll die deutschen Provinzen Österreich-Ungarns annektieren und nichts wird dann die verbleibenden beiden Kaiserreiche mehr trennen können.«[37] Genau das war der Albtraum des Kronprinzen Rudolf.

Die Bismarcks bezogen einen neuen deutsch-französischen Krieg in alle Berechnungen als feste Größe ein, was Holstein kritisierte: »Statt daß wir jetzt mit Österreich, Italien, England und der Türkei – die alle bereit sind – eine Allianz schließen und dann ruhig abwarten, was Rußland und Frankreich tun, ist der Plan jetzt der, daß wir uns gegen Frankreich schlagen, und daß Rußland als Preis seiner Neutralität freie Hand im Orient bekommt, gleichviel ob Österreich dabei zugrunde geht oder nicht. ›Wir machen uns mit Frankreich zu tun und sehen mal eine Zeitlang nicht hin nach dem, was hinter unserem Rücken vorgeht‹, meint Herbert.«[38]

Die nächste Folge des Rückversicherungsvertrages war, daß Rußland – durch den Vertrag mit Deutschland abgesichert – Österreich-Ungarn durch ständige Truppenverschiebungen nach Galizien provozierte und reizte, um es zum Angriff zu bewegen. Es bestand höchste Kriegsgefahr, die Moltke und Waldersee noch verstärkten, als sie (in Unkenntnis des Rückversicherungsvertrages) zum Präventivkrieg rieten. Als Bismarck ablehnte, wendeten sich die beiden Militärs, mit denen auch Kronprinz Rudolf in Verbindung war, nach Wien, um die dortigen Rüstungen zu beschleunigen und Österreich-Ungarn zu einem Präventivkrieg gegen Rußland zu bewegen.

Erzherzog Albrecht erwies sich in dieser wirren Lage als kühler Denker und schrieb an General Beck: »Mir machts den Eindruck, als ob der stets kriegslustige Waldersee uns mitbenützen möchte, um mit seinen Absichten in Berlin durchzudringen ... Jedenfalls sind wir in einer niederträchtigen, zwickmühlenartigen Situation mit dem elastischen casus foederis, dessen Auslegung in Bismarcks Händen liegt.«[39]

Rudolf schrieb ratlos an Szeps: *Situation ist sehr ernst. Eigentlich kennt man sich nicht aus; was will Rußland? Soll es noch im Winter losgehen? Sollen wir anfangen, Truppen nach Galizien zu senden? Das sind die*

Hauptpunkte der Konfusion. Einen anderen Namen gibt es nicht für diesen eigentümlichen Zustand. Ich glaube, es wäre gut, das ohnehin heute aus der Friedensduselei unsanft erweckte Publikum nicht noch mehr aufzuregen. Ruhe und noch einmal Ruhe, das brauchen wir jetzt alle als Haupteigenschaft.[40] Und einen Monat später: *Man predigt von Berlin aus offiziell Frieden und zugleich bereitet man auch offiziell den gemeinschaftlichen Krieg vor. Es ist eine merkwürdige, ganz unklare Zeit.*[41]

Kaiser Franz Joseph jedoch ließ sich in seiner Treue zum Deutschen Reich nicht beirren und schrieb an seinen Freund König Albert von Sachsen: »Das nervöse, ungestüme und leider oft widerspruchsvolle Drängen von Berlin aus hat in der hiesigen öffentlichen Meinung mehr geschadet als genützt und das hier nicht auszurottende Mißtrauen gegen Fürst Bismarck nicht vermindert. Hier muß ich Dir die Versicherung geben, daß ich dieses Mißtrauen nicht im geringsten teile, daß ich nie daran gezweifelt habe, daß Deutschland uns gegenüber aufrichtig ist, und daß wir auf die Erfüllung seiner uns gegenüber eingegangenen Verpflichtungen mit Sicherheit und Beruhigung rechnen können. Auch war das so notwendige gegenseitige Vertrauen, wenigstens unsererseits, nie getrübt. Ich betrachte die genaueste Verständigung und das engste Zusammengehen mit Deutschland in allen politischen und militärischen Fragen als den Leitstern unserer Politik.«[42]

Doch Kaiser Franz Joseph war bei den Bismarcks nicht hoch geachtet. So sagte Herbert Bismarck forsch: »Die Bornierung der Österreicher liege primo loco an Franz Joseph, der in langer Übung eine gewisse Geschäftsroutine hat, aber doch ganz ungewöhnlich beschränkt und nebenbei Jesuitenknecht ist.«[43]

Rudolfs Berlinreise zeichnete ihn sichtbar. Stephanie fand ihren Mann danach »stark verändert. Nicht nur, daß seine Gesundheit erschüttert war, auch seine Unrast hatte zugenommen; seine Jagdleidenschaft hatte sich ins Unnatürliche gesteigert und seine Abende verlebte er in Kreisen, in die ich ihm nicht folgen konnte. Ich fühlte deutlich, daß er mir jetzt völlig entglitten war, hinabgezogen in eine andere Welt. Heute weiß man, daß das veränderte äußere Wesen des Kronprinzen nur eine Folge des schweren moralischen und politischen Konfliktes war, aus dem er sich nicht mehr befreien konnte. Das war die Zeit, da sich das

Schicksal des Kronprinzen Rudolf entschied ... Es war traurig, daß man von alledem, solange es sich noch vorbereitete, nichts wußte oder aber wissen wollte.«[44]

Aggressivität wurde zu einem vorher nicht gekannten Wesensmerkmal Rudolfs, was auch der exzellent informierte Anonymus des »Börsen-Couriers« bestätigte: »Diese Lebensführung steigerte seine Nervosität so sehr, daß der Verkehr mit ihm immer schwieriger wurde. Peinliche Szenen, die sich seit dem Frühjahr 1887 immer häufiger ereigneten, beweisen, daß er schon damals zeitweilig die Herrschaft über sich selbst verloren hatte; kam es nicht direct zu peinlichen Auftritten, so gab er doch fortwährend seinen Sympathien und Antipathien so unverhohlen Ausdruck, wie es ein Mann in seiner Lebensstellung nicht thun darf, und die unzähligen Verdrießlichkeiten, die er sich dadurch zuzog, wirkten wieder ungünstig auf seine Stimmung zurück. Er litt nun wieder an Anfällen der tiefsten Melancholie, sprach bald in ganz stereotypen Ausdrücken und gegen Jedermann die Ahnung seines frühen Todes aus (›Ich weiß, daß ich jung sterben muß‹ – ›Mir ist prophezeit, daß ich durch eine Kugel fallen muß‹ – nach einer Pause ›also natürlich auf dem Schlachtfeld‹), und fragte Jedermann – darunter Leute, an deren Ansicht ihm wahrlich nichts liegen konnte – um seine Meinung über das Jenseits (›Glauben Sie an die Unsterblichkeit der Seele?‹).«[45]

Kurze Zeit nach Rudolfs Rückkehr aus Berlin 1887 änderte sich die politische Szene schlagartig. Gerüchte über eine schwere Krankheit des deutschen Kronprinzen Friedrich Wilhelm gingen um, jenes Mannes, auf den Rudolf alle seine Hoffnungen auf ein liberales Europa der Zukunft gesetzt hatte. Szeps wußte bald zu berichten, daß diese Krankheit wahrscheinlich unheilbar sei und auf den neunzigjährigen Kaiser Wilhelm I. in kürzester Zeit Prinz Wilhelm als Wilhelm II. folgen würde. Das bedeutete ebenfalls, daß aller Wahrscheinlichkeit nach kein Ende der Bismarck-Dynastie abzusehen war. Denn der Reichskanzler war sich wie sein Sohn Herbert der Bewunderung des jungen Wilhelm sicher.

Rudolf versuchte zunächst, die Bedeutung des Prinzen Wilhelm herunterzuspielen, ja sich einzureden, Wilhelm sei ebenfalls krank, man brauche sich also seinetwegen keine zu großen Sorgen zu machen. Er schrieb an Szeps im September 1887: *In Berlin sucht man Frieden, der Kaiser ist sehr schlecht, der Kronprinz ein halbtoter Mann. Prinz Wil-*

helm sehr kränklich und nicht als ernster Faktor aufgefaßt; mit Rußland will man sich verständigen; nicht aus Sympathie, sondern aus Schwäche. Mit uns ist man zärtlicher denn je, nur Rußland gegenüber sehr mißtrauisch. Ich habe viel in den letzten Tagen mit Graf Waldersee, dem eigentlichen jetzigen Moltke, gesprochen und habe nun eine Überzeugung gewonnen: Berlin ist altersschwach. Woanders ist man aber auch nicht jung. Die ganzen Großmächte sind eine matte Gesellschaft.[46]
Kaiser Wilhelm I. starb im März 1888. Das »Wiener Tagblatt« druckte einen Nachruf aus Rudolfs Hand. Ein Hauptmerkmal seiner Schreibweise, die Ironie, beherrscht diesen Aufsatz, den Moriz Szeps in manchen Ausdrücken mildern mußte. Hier ist aus dem handschriftlich vorliegenden Manuskript über Wilhelm I. zitiert:
Er war religiös, gottesfürchtig und gottvertrauend, und hatte das Talent, selbst immer davon durchdrungen zu sein, daß alle seine Taten, wenn sie auch noch so unrecht waren, der Wille Gottes seien, er war immer das Werkzeug, dessen Gott sich bediente! Pflichttreu und arbeitsam, pünktlich und genau, eine geistig und körperlich stramm gedrillte Natur.
Soldat von Jugend auf, mit Leib und Seele preußischer Offizier, hing er mit ganzem Herzen an seiner Armee. Er erkannte sehr genau, daß die Hohenzollernmacht nur auf der Tüchtigkeit der preußischen Armee beruhe, und so hegte und pflegte er sein Heer mit größter Fürsorge. Als Soldat war er eine schöne, mutige, ritterliche Erscheinung, er wußte sehr gut mit Soldaten umzugehen, väterlich, ohne nach Popularität zu streben.
Er war nie stolz auf seine großen Taten, sondern hielt dieselben für die selbstverständliche, von Gott gewollte historische Entwicklung der Hohenzollernmacht.
Er war konservativ, mehr als das: absolutistisch ... Er hielt sich für den Schutzherrn aller guten konservativen Ideen, stahl aber dabei seinen Nachbarn die Länder weg. Er war ländergierig, entthronte Könige und Fürsten, doch nicht gerne, immer unter dem Zwang des göttlichen Willens, der ein mächtiges Preußen zum Schutz alles Guten und Alten in Europa brauchte. Diese Ideenverwirrungen waren bei ihm nicht Komödie, es sind das die echten, alten Hohenzollerntraditionen.
Zur Auseinandersetzung Preußens mit Österreich 1866 schrieb Rudolf: *Der Krieg in Böhmen lebte in seiner* [Wilhelms I.] *Erinnerung als*

11. Kapitel

ein Unglück, wir haben ihn durch eine falsche Politik gezwungen, das Schwert zu ergreifen, Gott hat es zugelassen und gewollt, daß Preußen siegt. Nun aber hat er – und das forderte er auch von uns – dieses Duell ganz vergessen und knüpft seine alten Gefühle für Österreich an die Zeiten der Heiligen Allianz wieder an ...
Er hatte kein hartes Herz, aber ebensowenig ein empfindsames Gemüt. Familienunglücke griffen ihn nur auf kurze Zeit an, was man ja häufig bei religiösen Menschen findet. Mit dem Willen Gottes, dem Vertrauen auf Gott, seinen guten Nerven und seiner felsenfesten Überzeugung, die Macht und die Waffen Preußens können nicht unterliegen, half er sich über alle Emotionen hinaus. Vor und nach Schlachttagen aß und schlief er so gut wie in seinem Palais in Berlin, und auch die Greuel des Krieges gingen ziemlich spurlos an ihm vorüber.
Er war ein Preuße durch und durch, für die großdeutsche Idee und selbst für die deutsche Kaiserkrone hatte er keine allzu großen Sympathien. Er war der echte Preußenkönig, der mittels der Macht der preußischen Bajonette Deutschland in Ordnung halten, aber nicht in demselben aufgehen wollte.[47]

Der todkranke, schon stumme Kaiser Friedrich III. wurde von den Liberalen Europas wie ein Märtyrer begrüßt. Vor allem das »Wiener Tagblatt« tat sich mit Lobpreisungen des kranken Kaisers hervor. Rudolf dagegen verfiel in Resignation: *Ich glaube, der stumme Kaiser wird seine Zeit, so kurz sie auch bemessen sein mag, zu Reformen aller Art benützen; sein Nachfolger wird wieder alles auf das alte zurückschrauben wollen. Resultat: Desorganisation, Konfusion! Auch gut.*[48]

An eine Ablösung Bismarcks war unter diesen traurigen Umständen nicht zu denken, ebensowenig an eine Aussöhnung mit Frankreich. Bismarck sprach offen von einem möglichen deutsch-französischen Krieg: »Mit dem alten Kaiser habe man nicht mehr in einen Krieg hineintreiben dürfen, mit dem jetzigen friedlichen, schwerkranken Herrn sei die Sache ähnlich, wenn aber der junge kriegslustige Herr erst auf den Thron gelange, so sei die Sache anders. Er sage das nur als eine naturgeschichtliche Bemerkung, wenn er annehme, daß der Kronprinz leicht zu einem Krieg entschlossen sein würde, und der sei da, wenn man ihn nicht wie bisher ängstlich und geflissentlich vermeide.«[49] Je schwächer der neue Kaiser wurde, desto höher stieg der Stern des 28jährigen Prinzen Wilhelm und der Dynastie Bismarck. Holstein:

Deutschland

Mit dem Tod Kaiser Friedrichs III. am 15. Juni 1888 starben alle Hoffnungen auf eine politische Liberalisierung des Deutschen Reiches

»Herbert [Bismarck] ist über das Ende des Kronprinzen [gemeint ist Friedrich III.] so vergnügt, daß es im Amt allgemein auffällt. Mir erzählte er, sein Vater habe ihm mal vor Jahren gesagt: ›Wenn es unser Herrgott mit Deutschland gut meint, dann läßt er den Kronprinzen nie zur Regierung kommen.«[50]

Rudolfs Traum eines liberalen Deutschland unter einem Kaiser Friedrich III. war ausgeträumt und ebenso seine Hoffnung, einst am Bau eines friedlichen, miteinander verbündeten Europa zu arbeiten, regiert von Friedrich III., dem englischen König Eduard VII., einer durch die Rückgabe Elsaß-Lothringens versöhnten Republik Frankreich unter Clemenceaus Führung und ihm selbst als liberaler Herrscher in Österreich-Ungarn. Der kranke deutsche Kaiser regierte nur 99 Tage, hauptsächlich durch die Kaiserin.

Der neue Kronprinz Wilhelm, Bismarck-Verehrer, erklärter Konservativer, unversöhnlicher Feind Frankreichs und persönlicher Feind des englischen Hofes, Soldat durch und durch, der Rußland als konservativer Macht Avancen machte, wurde noch zu Lebzeiten des kranken Vaters zum Mann der Zukunft.

12. Kapitel

DIE GROSSE WENDE

In den Monaten nach der Rückkehr aus Berlin 1887 und in der wachsenden Gewißheit, daß mit der Todeskrankheit des deutschen Kronprinzen Friedrich Wilhelm dem Militarismus rund um Wilhelm II. die Zukunft gehörte, änderte Rudolf seine Meinung über das Bündnis mit Deutschland und über die österreichische Balkanpolitik. Auf Deutschlands Hilfe gegen Rußland war nach den deutlichen Bismarck-Worten nicht zu rechnen, ebensowenig mit einer Ablöse Bismarcks unter einem Wilhelm II. Das Damoklesschwert eines neuen deutsch-französischen Krieges, von Kriegsminister Boulanger offen gefordert – hing lastend über Europa und damit die Gefahr, daß Rußland das ohne deutsche Militärhilfe schwache Donaureich angreifen und – was für Rudolf unausbleiblich schien – besiegen und zerstören würde.

Die einzige Hoffnung, diese Katastrophe abzuwenden, sah Rudolf in einer Änderung des Bündnissystems: Nichtverlängerung des 1889 auslaufenden, ihm unnütz und gefährlich erscheinenden Zweibundes mit Deutschland, auch des Dreibundes mit Italien, gegen den er von Anfang an opponierte, stattdessen eine friedliche Verständigung mit Rußland über Balkanfragen, auch durch den Verzicht auf Bosnien und die Herzegowina. Das wichtigste aber war für ihn ein Bündnis mit Deutschlands Erzfeind Frankreich, kurz, ein »renversement des alliances« nach Kaunitz-Muster. Die Saat Clemenceaus und Moriz Szeps' war aufgegangen.

Bedenkt man die zynischen Auslassungen Herbert Bismarcks über Österreich und das Säbelrasseln des jungen Prinzen Wilhelm, ist Rudolfs Reaktion verständlich. Denn seine Informationen aus Berlin waren auf dem Weg über die deutschen Liberalen weitaus besser als die Berichte der Diplomaten, auch was die österreichfeindlichen Strömungen in Berlin betrafen. Jedenfalls ging der k.u.k. Kronprinz in Opposition gegen die Bündnispartner wie gegen die eigene Regierung.

Die große Wende

Damit befinden wir uns in der politischen Vorgeschichte von Mayerling. Entsprechend spärlich und widersprüchlich fließen die Quellen. Der Historiker sieht sich recht hilflos einer Mauer des Schweigens und verwirrenden Tratsches gegenüber. Denn Hof und Regierung taten alles, um diese, das Bündnis mit Deutschland belastenden Aspirationen des Kronprinzen zu vertuschen.

Im April 1888 erschien in Paris eine deutschsprachige Broschüre, die mit großer Sicherheit aus Rudolfs Feder stammte: »Österreich-Ungarn und seine Alliancen. Offener Brief an S. M. Kaiser Franz Joseph I. von Julius Felix.«

Der Autor sagt über sich selbst wenig, nur: *Ich bin Österreicher wie Sie, Majestät, liebe mein Vaterland wie Sie und denke, daß einige Zeilen, die ein Unterthan an seinen Fürsten richtet, nicht ohne Interesse sein können ... da auch ich meinerseits nicht die Geduld habe, einen Brief an meinen Kaiser erst nach meinem Tode veröffentlicht zu sehen, so will ich keck der Mode folgen, und das Voranstehende wie das Nachfolgende in Druckerschwärze verewigen lassen. – Ich will!? – Werden diese Zeilen das Licht der Welt erblicken, und wenn, werden dieselben bis an die Stufen Ihres durch Jahrhunderte festgegründeten Thrones gelangen, den Sie selbst, Majestät, durch Ihr Vertrauen in unselbständige Rathgeber und falsche Freunde erschüttern wollen!? – Wird mein schwaches Wort Hörer finden, die es anerkennend verbreiten, Feinde genug, die es laut bekämpfen, bis das Geschrei auf dem politischen Markte die Aufmerksamkeit der öffentlichen Meinung zu fesseln und das Urtheil der öffentlichen Gerechtigkeit herauszufordern im Stande ist?!*

Die Ähnlichkeit dieser Sätze mit denen, die Rudolf in seiner ersten politischen Denkschrift 1881 an Latour schrieb, ist unverkennbar. Dort hieß es: *Wird man mich, mit dem man nie ein Wort über Politik gesprochen hat, dem man ja niemals die Berechtigung einer eigenen Ansicht eingeräumt hat, nicht für keck und für einen Frondeur halten? ... Ich sehe die schiefe Ebene, auf der wir abwärtsgleiten, stehe den Dingen sehr nahe, kann aber in keiner Weise etwas thun, darf nicht einmal laut reden, das sagen, was ich fühle und glaube ... Aus mir spricht keine Stimme der Auflehnung, des selbst eine Rolle spielen wollen, sondern nur die Bekümmerniß des Rathgebers, im tiefsten Incognito, damit man ändern und dann die Früchte genießen könne; von wem die heilbringende Wendung eigentlich ausgeht, soll niemand wissen.*

Ging es 1881 um die nach Rudolfs Meinung verfehlte Nationalitätenpolitik der Regierung Taaffe, in der Denkschrift von 1886 um Kálnokys Orientpolitik, so ging es jetzt um das Bündnis mit Deutschland: *Was suchen Sie, Majestät, in einer Alliance mit Deutschland und was verfolgen Sie mit einem Kriege gegen Rußland? Ich will zuerst von Ihren Interessen sprechen, um praktisch zu sein, und dann in zweiter Linie an Ihre Ehre, die Ihres Hauses und Ihrer Vorfahren appelliren, um nicht, mit Gefühlssachen beginnend, im Vorneherein als politischer Schwärmer verurtheilt und ohne weiteren, gründlicheren Richtspruch verdammt zu werden,* wieder typische Rudolf-Wendungen.

Der Aufbau des 35 Seiten langen Offenen Briefes stimmt mit den beiden früheren Denkschriften Rudolfs überein: ein Vorwort in elegischer Stimmung, dann eine historische Rückschau, die den Hauptinhalt des Offenen Briefes wie der Denkschriften bildet, dann Schlußfolgerungen aus der Vergangenheit für die zeitgenössische Politik mit neuen Lösungsvorschlägen. (Die Denkschrift von 1886 weist darüber hinaus noch ein aktuelles Schlußkapitel auf, das nachträglich geschrieben wurde.)

Konkret warf »Julius Felix« dem Kaiser vor, 1870 nicht für Frankreich Partei gegen Preußen ergriffen zu haben: *Österreich ließ diese einzige Gelegenheit vorübergehen, die sich darbot, alle Treulosigkeiten, moralische Schlappen und Niederlagen, die uns Bismarck seit 10 Jahren beigebracht hatte, im Interesse Aller zu rächen!* Statt dessen habe sich Österreich durch einen *Winkelzug* Bismarcks in die Balkanpolitik drängen lassen. *Dionysos-Bismarck, Tyrann von Berlin* wurde von Julius Felix als Hauptverantwortlicher für Österreichs unglückliche Balkanpolitik seit 1878 hingestellt: *Mit dem Danaergeschenke eines*

Die große Wende

schmutzigen Winkels im Balkan (Bosnien und Herzegowina), *der aber groß genug ist, um die Eifersucht der Anderen zu erregen, Ihnen denselben abzujagen, und Ihre Eigenliebe anzustacheln, ihn zu behalten, mit diesem Schachzuge, den Ihre geehrten Politiker, Majestät, nicht durchschauten, hat Bismarck erreicht, was er erreichen wollte. Er hatte dem Zaren einen Gegner in den Weg gestellt, über dessen naive Leichtgläubigkeit er keinen Zweifel mehr besaß ...*
Nun war der Kanzler eine direkte Sorge in bezug auf Rußland los: Österreich hat die liebenswürdige Aufgabe übernommen, für das heilige Preußen zu kämpfen. Im Falle eines Sieges würde Bismarck Rußland's ledig sein, während die Niederlage Österreichs – und ich bin sicher, daß er eher damit, als mit dem Gegenteile rechnete – diesen getreuen Freund zerbröckeln, seinem Feinde Befriedigung verschaffen oder Zeit zur Verdauung rauben und ihm selbst vielleicht noch einen guten Bissen eintragen würde. Doch, als praktischer Mensch, spielte er, während die berühmte Urkunde der deutsch-österreichischen Allianz in geheimen Fächern ruhte, auf alle Fälle sein Spiel mit Rußland weiter und wußte die Komödien von Skierniewicze und Kremsier zu inszenieren. Und je nachdem er in Petersburg kalt oder warm verspürte, zeigte er sich warm oder kalt Österreich gegenüber. Glaubte er in seinen Beziehungen zum Zaren glücklicher zu sein, so ließ er den sogenannten Bundesgenossen in seiner Reptilienpresse beschimpfen und sogar einmal erklären – Majestät, hat sich Ihre alte Habsburger-Ehre nicht aufgebäumt – »*daß sich das jugendliche Deutschland nicht an das alte und morsche Österreich anschließen und binden könne!*« *– Fühlte er kalt im Rücken – denn sein Gesicht ist stets nach den Vogesen gerichtet – so ließ er so lieblich schreiben, als eine schwere, aber wohl geschmierte preußische Pfote nur tun kann, und ließ Sie ja nicht an die ihm so kostbare Armee vergessen.*
Dann appelliert der Schreiber geradezu inständig an den Kaiser: *Sagen Sie sich doch los, Majestät, so lange es noch Zeit ist! Verständigen Sie sich doch direkt mit Rußland, indem Sie als Basis dazu die Zustände annehmen, wie sie, was Österreich-Ungarn betrifft, vor dem Jahre 79 im Balkan bestanden, und wenn ernste Politiker im Petersburger Kabinett sitzen, welche auf eine friedliche, unblutige Verwirklichung ihrer Pläne hoffen, muß man Ihnen ja mit offenen Armen entgegen kommen. Denn was hat Rußland bei einem Kriege zu gewinnen? Es würde ein entsetz-*

12. Kapitel

liches, unmenschliches Schlachten hervorrufen, dessen Folgen materiell grauenhaft und moralisch unabsehbar wären! ...
Lassen Sie den Balkan, Majestät, so lange es noch Zeit ist! Eine Gefahr, die von dort her Europa bedrohte, würde nicht Sie allein und Österreich, sondern alle übrigen Mächte den Slawen gegenüberstellen; also wozu sich über Dinge den Kopf zerbrechen, die nicht existieren und die, wenn sie eintreten, Sie weder allein bekümmern, noch von Ihnen allein geordnet werden müssen?
Lassen Sie Bulgarien, den Coburg [Prinz Ferdinand von Coburg wurde 1887 Fürst von Bulgarien], *seine Mutter, seine Minister, die Türkei und das ganze Gesindel im Balkan, und werfen Sie denselben womöglich noch Ihr Bosnien und die Herzegowina an den Kopf.*
Angst vor einem Krieg mit Rußland durchzieht die ganze Schrift: *Für den nächsten Frühling sagt man also Schauerdinge voraus, und ganz Europa steht mit eingezogenem Atem da. Will man es denn ersticken lassen? Dazu noch der Tod des Kaisers Wilhelm, dessen hohes Greisenalter wie ein Briefbeschwerer auf so manchen Friedensdocumenten lag, die jetzt beim ersten Windstoße nach allen Himmelsgegenden auseinanderfliegen werden. Kaiser Friedrich, der Dritte, der sehnsüchtig Erwartete, kann auch nicht mehr thun, als den Unglücksweg verfolgen, auf welchem sich die Geschichte Deutschlands fortbewegt. Seine Tage sind gezählt, und schon heute, wenige Wochen nachdem die Hülle des alten Kaisers mit ungeheurem Pompe aber unter der cynischesten Gleichgültigkeit seiner getreuen Berliner in die Gruft hinabgelassen worden war, hört man von einer stillen, hartnäckigen Opposition, welche den friedlichen Absichten des kranken Kaisers mit allen Mitteln entgegenzutreten bereit ist. An der Spitze dieser Gegenpartei, die aus ungeduldigen, blutrünstigen Offizieren und dem hochnasigen Feudaladel zusammengesetzt ist, steht der eigene Sohn Friedrichs III.* [Kronprinz Wilhelm], *der im Ohre nicht nur ein skrophulöses Absceß, sondern auch einen Ehrgeizfloh trägt, welchen ihm der Fürst Bismarck hineingesetzt hat. Und wenn der jetzige Kaiser mit dem Tode abgeht, was dann? Ein unerfahrener preußischer Offizier, ein Hitzkopf der Chef der deutschen Kaserne, und weiß der liebe Himmel, was dann kommen wird!*
Und allenthalben wird gerüstet, in den Arsenalen Kanonen gegossen, Flinten fabrizirt, Säbel geschliffen, in den Häfen Schiffe gebaut und ausgerüstet; die fieberhafteste Thätigkeit überall! Militäranleihen und

Wehrgesetze in den Parlamenten Europa's an der Tagesordnung; man athmet nicht mehr, man lebt kaum!
Wer denkt an den Bauer, den Kaufmann, den Arbeiter, den Gelehrten!
Bismarck braucht noch Blut, um sein wackeliges Werk fester zu kitten, und sein würdiger Schüler möchte bald Kaiser werden! Und: *Niemand glaubt an eine Moral in der Politik; die unverschämteste Heuchelei aber sollte den Leitern der Völker und den Geschichtemachern wenigstens ferne bleiben; aber auch diese muß dem eisernen Makler ein Atout im Spiele liefern, das er stets nur durch seine betroffen machende Unverschämtheit und die Kleinmüthigkeit seiner Gegner gewann!...*
Und da ist Niemand in Europa, kein einziger, ehrlicher Dritter, der eine edle Respectirung der Menschenrechte und des Volkswillens auch auf eine andere Provinz auszudehnen vorschlägt, deren gewaltsame Zurückhaltung vom Mutterlande eigentlich das ganze Unglück in Europa heraufbeschwor!?
Da ist Niemand unter den Mächtigen und Gekrönten, der mit standhaftem Ernste und edelmüthiger Ausdauer auf Elsaß-Lothringen weist, das, in übermüthiger Selbstsucht erobert, mit vielleicht schon bedauerter Hartnäckigkeit behalten und geknechtet wird!? ... Unterdrückung, Knechtung, Hohn und Spott, Gefängniß und Confiszirung – was hat es genützt? Nichts, gar nichts! Ja, das Land ist erbittert, der Handel ruinirt, der Boden wird verschleudert und ganz Europa zu ewiger Unruhe verdammt, zu fortwährender Angst vor einem entsetzlichen, unmenschlichen Kriege! ... und kein Fürst wagt dem Despoten eine bescheidene Bemerkung entgegenzustellen! –
Und: *In allen Parlamenten sitzen Männer und auch Minister, welche die Stellung Frankreichs als würdig, seine Forderungen als gerecht und die Zustände in Europa als unnütz geschraubt erklären, und dennoch sollte Bismarck fortfahren, dem gesunden Menschenverstande in's Gesicht zu schlagen und über die Feigheit Europa's in's Fäustchen zu lachen? ...*
Sie haben mit Deutschland einen Vertrag abgeschlossen, in welchem sich die beiderseitigen Reiche ihre heutige Länderausdehnung garantiren. Das ist ja eine neue Fabel mit einer höchst lehrreichen Moral, wie jemand, welcher bedroht ist, mit dem Diebe, der ihn zu bestehlen beabsichtigt, einen Vertrag eingeht, ihm einen schon begangenen Raub bewahren zu helfen, unter der Bedingung, daß der gefürchtete Pikpo-

ket des Freundes Eigenthum verschone! – Denn so muß man diese Garantie verstehen, da bekanntlich nur Preußen, und in zweiter Linie Italien, also unsere Bundesgenossen, Österreich zu bestehlen gedenken.
Auch das Folgende ist Kennern der Rudolf-Briefe vertraut: *Während sich Ihr Reich, Majestät, lediglich von Rußland bedroht sieht, und was auch nur ein von Bismarck zu seinem eigenen Besten geschaffener Zustand ist, – denn wenn Österreich heute noch, Majestät, in richtiger Erwägung seiner Interessen und seiner Ehre, mit Rußland direct in Verbindung tritt und, anstatt Seifenblasen im Balkan nachzujagen, an seine frühere Stellung in Deutschland denkt, so fällt auch der einzige Zwist hinweg, den es haben kann und fürchten muß – während Ihr Reich also nur einen fictiven imaginairen Feind besitzt, findet sich Ihr geehrter Bundesgenosse in der unangenehmen Lage, zwischen zwei Feuern zu sitzen: Auf der einen Seite das unangreifbare, tausendarmige Rußland, das einen ersten Napoleon vernichtete, und auf der anderen Seite das neu erstandene, erstarkte Frankreich, das im gegebenen Falle einen zweiten finden kann! Kommt es nun wirklich zwischen Österreich und Rußland zum Kriege und hält Deutschland – wider alle Erwartung – Wort, so kann Europa schon heute versichert sein, daß Frankreich, durch achtzehn Jahre gehöhnt, geneckt und provozirt, nicht ruhig hält, sondern sich wie ein Mann erhebt, und dann wehe Deutschland! wenn nur ein Soldat seines Heeres im Westen fehlt, nur eine Kanone in Österreich oder Rußland zurückbleibt! Dann können Sie versichert sein, Majestät, sich Rußland allein, mutterseelenallein gegenüber zu befinden! ...*
Wo ist also, Majestät, Ihr Vortheil in diesem gepriesenen Bundesvertrage, den Sie doch nur geschlossen haben, um einer gefürchteten Eventualität, dem Alleinsein, auszuweichen, Eventualität, die aber in jedem Falle eintreten muß, und in welcher Sie Bismarck sogar direct seiner Sicherheit zum Opfer bringen kann! ... Und nicht nur, daß der preußisch-punische Politiker Österreich in einen Engpaß drängt, der durch den Morast der Lächerlichkeit führt und vor einem Abgrunde endigt, so hat er Ihnen noch die Gesellschaft Italiens aufgedrungen, dessen er sich direkt gegen Frankreich bedienen will ...
Sie glauben in Rußland einen Gegner zu erblicken und rüsten, und Sie wissen, daß Italien ein offener Feind ist, welcher, sans gêne, von Südtyrol, von Triest und Dalmatien wie ein Dieb spricht, der einen Streich

beabsichtigt, oder wie ein lachender Erbe, der auf den Tod des alten Verwandten spitzt, und Sie, Majestät, verbünden sich mit ihm! So muß denn Österreich stets den Betrogenen spielen? Jedenfalls dürfte der Geschichtsschreiber, der die Ereignisse unserer Tage erzählen will, sich schwer des Lachens enthalten, wenn er auf die Bündnisse Österreichs zu sprechen kommen wird, und diese Seite der Geschichte, zwar mit Blut und Thränen getränkt, wird sich wie ein bitterlich spöttelndes Witzblatt lesen! ...
Die Menschheit hat also fünf Jahrtausende gekämpft und gelitten, jeden Fortschritt mit Blut, viel Blut, jeden Rückschritt ebenso theuer bezahlt, Entdeckungen gemacht, die den Gesichtskreis vergrößern, Erfindungen hervorgerufen, die das Leben erleichtern und verschönern sollen, und das alles, um dahin zu gelangen, wo wir heute angekommen sind? Der Spielball des Fürsten Bismarck zu sein! Zu sehen, wie das Genie und das ganze Leben von Hunderttausenden dem Militarismus, das heißt der grausamen Vernichtung der Nebenmenschen, gewidmet ist.
In der Behandlung der österreichischen Innenpolitik beschränkte sich »Julius Felix« auf die deutschnationale Bewegung: *Es ist traurig, aber wahr, Majestät, in Ihrem Reiche giebt es Deutsche, welche die Feigheit, die Niederträchtigkeit besitzen, ihr Vaterland zu verleugnen! In Ihrem Parlamente sitzen Abgeordnete, die – Schande und dreimal Schande – offen ihre elenden Neigungen eingestehen, die in der Verkündigung eines Schlagwortes, das sie in Berlin holten* [gemeint ist das Bismarckwort: »Wir Deutsche fürchten Gott und sonst nichts auf der Welt«, das Schönerer in den Titel seiner »Unverfälschten Deutschen Worte« aufnahm], *in der Verbreitung von Lehren, welche die Nachwelt beurtheilen wird, ihren Lebenszweck erblicken und in ihren Bestrebungen oft glücklicher sind, als jene ehrlichen, stolzen Österreicher, die ihr zurückgedrängtes Vaterland immer noch höher halten, als den trunkenen, johlenden Sieger. – Und unter den Männern, die frei nach Bismarck I., dem Zwietrachtstifter, von einer Annexion des deutschen Österreichs an Preußen sprechen, die den deutschen Kaiser ihren Kaiser, Bismarck ihren Minister nennen, welche Ihre Porträts, Majestät, vernichten, Ihre Büsten zertrümmern, sind Lehrer, die Sie besolden, Majestät, denen Sie die Jugend Ihres Reiches anvertraut haben! ... welche Entschuldigung kann es aber für jene ehrlosen, feigen Männer und Buben geben, die ihre Fahne wie ein Schnupftuch wechseln, die hinter dem Besieger und*

12. Kapitel

Verdränger Ihres Vaterlandes herlaufen? Welche ihrer Jugend nach nur für Freiheit glühen und nur für die ganze Menschheit sich begeistern sollten, und statt dessen den größten Tyrannen, den blutigsten Despoten besingen, weil es ihm vor Jahren gelang, der vorbeihuschenden Glücksgöttin einige Siege abzubetteln!
Und wenn jene Wirtshauspolitiker nur wissen würden, mit welch gleichgültiger Verachtung jeder echte »Preiße« auf den sogenannten »österreichischen Bruder« herabsieht, wie wenig er denselben als national gleichwertig erachtet, mit welcher Miene er bei sich in Deutschland oder im Auslande von und mit einem Österreicher spricht! Wer wollte auch behaupten, daß wir, die wir seit einem Jahrtausend und mehr von Slaven, Lateinern und Ungarn umgeben, fast eingeschlossen sind, nicht ein Volk darstellen, das zwar aus einer Mischung hervorgegangen, dennoch ein eigenes Gepräge, einen eigenen Nationalcharakter besitzt ... denn niemals wird es sich mit dem Stolze und der Würde eines Volkes vereinigen, seine Stellung auf Grund feiger, jesuitischer Prinzipien aufzugeben und sich, zumal dem, der es besiegt und zurückgedrängt hat, freiwillig in die Arme zu werfen!
Der Österreicher hat ein Vaterland,
Er liebts und hat auch Ursach es zu lieben! (Zitat aus Friedrich Schillers Wallenstein)
Wir sind Österreicher, nur und nichts als solche, und diejenigen, welche von Preußen sprechen, sind Schulbuben, die auf heuchlerisch feigem Wege in eine vermeintlich höhere Klasse aufsteigen wollen!
Außenminister Kálnoky bekam wegen seiner zu großen Deutschfreundlichkeit eine kräftige Rüge: *Bismarck drückt des Kálnoky Hand, verhandelt aber mit Rußland, als ob unser auswärtiges Ministerium auswärtig hieße, weil es sich in Berlin und nicht in Wien befindet.*
Friedrich III. wurde als rühmlicher Widerpart der Bismarck-Politik hingestellt: *Ja, mit dessen festem und uneigennützigem Beistande hoffte Deutschland seine Geografie in Ordnung zu bringen und sich als ehrbare, creditfähige Firma in die großen Bücher der Geschichte eintragen zu lassen, da es das heutige Schwindelgebahren einsieht und wohl fühlt, daß es mit Verlust an Menschen, Geld und Zeit arbeitet und eine plötzlich geforderte Bilanz mit einem schrecklichen Bankrotte abschließen würde!*
Über den Kronprinzen Wilhelm, den baldigen Wilhelm II.: *Übrigens steht im Hintergrunde der Ereignisse ein Bismarck-Augustulus bereit,*

der durch seinen ungestümen und verbrecherischen Ehrgeiz, dem das Genie fehlt, an der Zerstörung dessen arbeiten wird, was sein Herr und Meister Bismarck zum Ruine Europa's aufgebaut hat. Doch das wäre wieder nur in einem Meere von Blut, worin Österreich und Deutschland, wie es heute dasteht, versinken würde.

»Julius Felix« beschwor den Geist Maria Theresias, jener Herrscherin, die gegen Preußen kämpfte und gerade in den achtziger Jahren des 19. Jahrhunderts als Inkarnation österreichischen Patriotismus aufgebaut wurde, und zwar durch den liberalen Kreis um den Maria-Theresia-Biographen Alfred von Arneth. Das große Maria-Theresia-Denkmal zwischen den neuen Hofmuseen war im Bau: *Ihre Urgroßmutter, Majestät, die stolze, herrliche Frau war es, die von dem Hohenzollern Friederich überfallen und beraubt ward. Und was that Maria Theresia? Sie setzte ihr letztes und äußerstes daran, das Verlorene wiederzugewinnen, und hatte die Großmacht zur Verbündeten, welcher Sie heute feindlich gegenübergestellt werden. Ja. Ihre Vorfahren haben an der Seite, niemals gegen Rußland gekämpft!*

Eine Frau also, dem weichherzigen und schwachen Geschlechte angehörend, stritt, bis sie erschöpft war, und begann von neuem, als sie sich erholt glaubte!

Sieben Jahre führte Ihre Ahnin um Schlesien Krieg, während Sie, Majestät, kaum nach Verlauf derselben Zeit mit dem, der Sie verdrängt und besiegt hatte, einen verderblichen Bund eingingen. Bismarck gab vor, nach 70 Jahren noch Deutschland an Frankreich rächen zu wollen und raubte eine Provinz, die vor 200 Jahren den Habsburgern genommen worden war! (Elsaß-Lothringen)

Groll, der so lange währte, haben Sie nicht gekannt, Majestät, und wer heute von dem uns geraubten Preußisch-Schlesien sprechen wollte, (von Friedrich II. in einem Angriffskrieg gegen die junge Maria Theresia annektiert) *würde als Verrückter in's Narrenhaus gesperrt werden! Was würde, frage ich, die kaiserliche Frau, Ihre Urgroßmutter, sagen, deren Standbild sich in der Nähe des österreichischen Parlaments erheben soll, wenn sie die Abgeordneten sehen könnte, die Ihrem einstigen, größten Feinde so liebevoll die Soldatenstiefel küssen! Wenn Maria Theresia ihren Urenkel in der Gefolgschaft Preußens einherziehen sehen würde, welches sie so eifersüchtig verfolgte! Und es war nur eine Frau!*

12. Kapitel

Und schlägt denn nicht auch Ihr Fürstenherz vor Trauer, wenn Sie an die deutsche Kaiserkrone denken, die Ihr Großvater noch trug, der Mann, der Sie auf seinen Knien wiegte, der Ihnen, als Sie noch Kind waren, vielleicht oft ins Ohr raunte, das Verlorene wiederzugewinnen, oder niemals an eine große, glorreiche Erinnerung eine Frevlerhand legen zu lassen, und der darin seine theuersten und letzten Hoffnungen auf das blonde Haupt des geliebten Enkels setzte! Ja, welche Bitterniß, wenn Sie, mein Kaiser, an die Krone denken, welche die Habsburger durch ein halbes Jahrtausend und mehr ruhmvoll besaßen! Die Krone, welche Ihr erlauchter Großvater im Kriegsgetümmel verlor, das am Anfang unseres Jahrhunderts über Europa brauste und alles durcheinander warf! Dieselbe Krone, welche Bismarck aus blutigen Schlachtfeldern ausgrub und Ihrem Rivalen, Ihrem eifersüchtigen Nachbarn auf's Haupt setzte! (Gemeint ist Kaiser Franz II., der 1806 nach den Niederlagen gegen Napoleon die deutsche Kaiserkrone niederlegte und als Franz I. nur noch Kaiser von Österreich war.)
Und Sie, Majestät, Sie helfen jetzt noch, zu Ihres Hauses Demüthigung und Ihres Volkes Unglück diese Krone auf den Schädel des neuen Inhabers festzunageln? Sie sind bereit, das Fehlende an der Machtstellung Ihres Feindes aus eigenem Besitze beizutragen? Sie wollen wirklich aus den stolzesten Seiten der Geschichte der Habsburger, wie man es mit einer alten Zeitung für einen alten Großvaterhut macht, eine Schleife falten, welche die deutsche Kaiserkrone, <u>Ihr oder Niemandes Eigenthum</u>, fester und besser auf eines Fremden Haupt sitzen machen soll ... Ich bin Österreicher wie Sie, Majestät, aber mein Herz ist voll Trauer und Bitterkeit, meine Fäuste ballen sich, meine Zähne knirschen in ohnmächtiger Wuth bei so bitteren Nachrichten aus meinem Vaterlande ... Entschließen Sie sich Majestät, kehren Sie auf der Bahn um, die zu einem Abgrunde führt, und verwirklichen Sie den stolzen Wahrspruch Ihrer Väter: Austria erit in orbe ultimo! (Österreich wird die Welt beherrschen, in der äußersten Welt sein.)
Wenn nicht, rauben Sie uns doch mit einem Schlage eine letzte Hoffnung, eine letzte Illusion, indem Sie offen zu Gunsten Preußens zurücktreten! Aber geben Sie Acht, Majestät! Nicht ungewarnt ziehen Sie die Wege, die Sie jetzt eingeschlagen haben ...
Eine Freundschaft giebt es: Österreich-Rußland-Frankreich! Alles andere ist Schein und Heuchelei!

Die große Wende

Bismarck, der heute noch in den Himmel gehoben, in zwanzig Jahren aber verdammt sein wird, veranlaßt Sie, Majestät, zu einer Politik, welche in der Gegenwart lächerlich, für die Zukunft vernichtend ist!
Sie siegen, er wird Sie Ihrer Erfolge berauben!
Sie verlieren, er theilt Österreich als Beute mit Ihren Feinden!
Er sucht Ihr Vertrauen, Majestät, um es zu mißbrauchen! Er umarmt Sie, um Sie lautlos zu erdrücken und er nennt sich Ihren Bruder, um Sie als Nächster zu beerben!
Fort mit Preußen!
Hoch Österreich und die Habsburger! [1]

Dieser verzweifelte, beschwörende Appell, dieser Ausdruck der letzten Hoffnung auf eine Änderung der österreichischen Politik, verpuffte wirkungslos. Das Pamphlet fand weder Hörer noch Feinde. Die Schrift wurde gleich nach ihrem Erscheinen, schon in Sachsen von dortigen österreichischen Diplomaten als staatsfeindlich angekündigt, konfisziert und kam gar nicht über die österreichische Grenze, außer einigen auf dunklen Kanälen geschmuggelten Exemplaren.
Am 29. April 1888, also nur wenige Tage nach dem Pariser Erscheinen der Schrift, schickte der Kronprinz dem Sektionschef Szögyènyi *eine recht interessante Brochure*, die wahrscheinlich die des Julius Felix war. Szögyènyi war ja die einzige offizielle Persönlichkeit der österreichischen Politik, durch die Rudolf Nachrichten oder Schriftstücke zumindest an Außenminister Kálnoky weitergeben konnte. Ob dieser »Offene Brief« jemals seine wahre Adresse, den Kaiser, erreichte, ist unwahrscheinlich.
Kurz nach dem Erscheinen der Broschüre des Julius Felix gab es mehrere geheimnisvolle Affären, die das deutsche Bündnis betrafen und in die der Kronprinz verwickelt war. Nur sehr wenig ist aufzuklären, weil der Hof mit erstaunlicher Gründlichkeit jeden Hinweis auf neue Bündnispläne des Kronprinzen vernichtete und ihn posthum zu einem überzeugten Freund des Zweibundes machte.

Doch manchmal hat der Historiker Glück: Erst kürzlich tauchte das jahrzehntelang verschollene Tagebuch des Kriegsministers General Baron Franz Kuhn von Kuhnenfeld auf, das eine Lücke in Rudolfs Biographie schließt. Franz Kuhn war eine der farbigsten Persönlichkeiten

der k.u.k. Armee: ein leidenschaftlicher Liberaler, für straffen Zentralismus im Innern, dabei »altösterreichischer« Patriot, Preußengegner und einer der Hauptbefürworter eines Eintretens Österreich-Ungarns auf französischer Seite in den deutsch-französischen Krieg 1870.
Aus seinen Ansichten machte er auch in den achtziger Jahren, als sich Österreich-Ungarn zum Zweibund bekannte, keinen Hehl und sagte im September 1886 zu Erzherzog Albrecht: »An der Orientpolitik gehen wir zu Grunde – Wir können allein den Kampf mit Rußland nicht aufnehmen! Preussen spitzt auf unseren Untergang – die Hohenzollern wissen recht gut, daß, solange Habsburg-Lothringens Macht existirt, sie immer für ihre Existenz zu fürchten haben.« Kuhns Konsequenz: »Allianz mit Frankreich u. Rußland. Aufgeben der Orientpolitik. Bosnien u. Herzegowina müssen den Mandataren des Berliner Vertrages zurückgegeben werden, augenblickliche Räumung dieser Provinzen im Einvernehmen mit Rußland – dann Krieg gegen Preußen! – Vernichtung dieses Staates.«[2]
1888 analysierte Kuhn in einer (ungedruckt gebliebenen, im Nachlaß aufgefundenen) Denkschrift[3] das deutsch-österreichische Bündnis und kam zu dem Ergebnis, daß Österreich-Ungarn keinerlei Vorteile von diesem Vertrag habe, daß es sich im Falle eines Krieges allein dem russischen Heer gegenübersehe und deshalb keine Chance auf einen Sieg habe. Kuhn vermutete sogar das Bestehen eines geheimen »Rückversicherungsvertrages« Bismarcks mit Rußland, der ja tatsächlich 1887 geheim geschlossen war.
Kuhns Haßausbrüche gegen den deutschen Bündnispartner sollen auch Bismarck nicht verborgen geblieben sein, der sich in Wien über Kuhn beschwert habe. Kuhn sollte offiziell gerügt werden und zwar von niemand anderem als dem Generalinfanterie-Inspektor Kronprinz Rudolf. Generalstäbler Wilhelm Gründorf von Zebegény: »Als nun Kuhn während eines zweitägigen Zusammenseins mit dem Thronfolger in Graz, in seiner klaren, überzeugenden Weise darstellte, wie tief die Habsburger gegenüber den Hohenzollern gesunken seien, loderte die wilde Glut in der Brust des Thronerben so heftig auf, daß er nach seiner Rückkunft nach Wien dem kaiserlichen Herrn offen erklärt haben soll, Kuhn denke ganz richtig.«[4]
Laut Kuhn-Tagebuch fand die Unterredung zwischen ihm und dem Kronprinzen am 24. und 25. Mai 1888 in Graz statt. Es ging zunächst

Die große Wende

um die Kriegsgefahr des letzten Winters, die Kuhn »als eine Finte Bismarcks betrachtet um seinen 140 Millionen Mark-Kredit durchzubringen, und wir dabei gewaltig aufgesessen sind«. Kuhn kritisierte dann Außenminister Kálnoky heftig: »Welche Dummheit!! Gar kein Blick in die Zukunft!« Schließlich kam der General wieder auf sein Hauptthema, das Bündnis mit Deutschland, kritisierte den deutschen Reichskanzler, »daß er es mit uns nicht aufrichtig meine u. wir ihm kolossal aufsitzen, – daß sie uns, wenn es zum Kriege mit Russland kommen sollte, im Papp sitzen lassen werden!«

Rudolf hätte diesen Auslassungen energisch widersprechen müssen, ging es doch um die Grundsätze der Politik seines Vaters. Aber wie so oft, wenn er zu einem Menschen seiner Geistesrichtung Vertrauen gefaßt hatte, vergaß er auch hier seine Stellung und sprach seine Meinung offen aus. Kuhn: »Er zog auch über Preussen los u. scheint gegen sie erbittert zu sein! ... Als wir auf Frankreich zu sprechen kamen, sagte ich, daß ich schon viele Wetten gemacht habe, das deutsche Heer werde beim nächsten Kriege geschlagen werden – der Kronprinz nahm diesen Gedanken sehr begeistert auf – sagte daß auch er mit Freuden dieselbe Wette um jeden Preis eingehe.«[5]

Sieben Wochen nach dieser Unterredung wurde Kuhn »aus Altersgründen« plötzlich entlassen. Er erhielt sogar die Weisung, sich nur noch in Graz aufzuhalten und nicht nach Wien zu ziehen. Nach langem Rätselraten über den Grund der Entlassung kam Kuhn zu dem Schluß, daß Kronprinz Rudolf beim Kaiser, Erzherzog Albrecht oder Graf Kálnoky über den Inhalt der Unterredung gesprochen haben mußte.

Die Offiziere nahmen die Brüskierung ihres beliebten Generals nicht widerspruchslos hin. Sie demonstrierten für ihn mit einem Fackelzug, trugen ihn auf den Schultern, spannten einmal sogar die Pferde seines Wagens aus und zogen Kuhn im Triumphzug durch Graz. Das mußte als Demonstration gegen den Kaiser aufgefaßt werden, vor allem, da die liberalen Zeitungen, das »Wiener Tagblatt« an der Spitze, überaus schmeichelhaft über Kuhn berichteten. Der deutsche Botschafter berichtete dem aufgebrachten Bismarck nach Berlin, das starke Presseecho »erkläre sich zur Genüge aus den intimen und freundschaftlichen Beziehungen, welche der von semitischem Blute stammende General infolge seiner nicht unbedeutenden literarischen Tätigkeit mit den Vertretern der Publizistik seit Jahren unterhalten habe«.[6]

12. Kapitel

Über Rudolfs Reaktion auf Kuhns Entlassung ist nichts bekannt. Die Taktik des Hofes, die Gesinnungsfreunde des Kronprinzen mundtot zu machen – außer Kuhn hatten ja auch Brehm und Szeps diese Erfahrung machen müssen –, war kaum geeignet, den im Sommer 1888 schon schwer kranken und depressiven Kronprinzen zu beruhigen. Er mußte die Entlassung Kuhns als Tadel für sich und seine politische Einstellung auffassen und sich außerdem Vorwürfe machen, diese so ungerechte Beendigung einer verdienstvollen Karriere verschuldet zu haben.

Erfüllt von wachsender Resignation, in jeder selbständigen Regung auch auf militärischem Gebiet gehemmt, ohne Hoffnung auf wirksame Reformen, ließ sich der physisch und psychisch schwache Kronprinz immer häufiger Disziplinlosigkeiten zuschulden kommen. Er kam bei Inspektionen zu spät, machte seine Inspizierungen oberflächlich und schlampig, zeigte seiner Umgebung, der er doch immer Vorbild hatte sein wollen, wie sehr ihn der »Gamaschendienst« anödete.
Ein militärisches Avancement Rudolfs als inzwischen dienstältester Divisions-Kommandeur war 1888 überfällig, was auch der deutsche Militärberichterstatter bemerkte: »Durch die Ernennung des Feldzeugmeisters Freiherrn von Bauer zum Kriegsminister kommt die Neubesetzung des von demselben bisher kommandierten Wiener, des zweiten Armeecorps in Frage. Seine kaiserliche Hoheit der Kronprinz Rudolf, als ältester Divisions-Kommandeur tritt vorläufig in das Kommando dieses Corps ein, es ist aber, wie ich höre, nicht wahrscheinlich, daß Hochderselbe zum kommandierenden General desselben ernannt wird. Wie mir Seine kaiserliche Hoheit selbst sagte, sei von Seiner Majestät dem Kaiser Franz Joseph noch nichts beschlossen worden und Er wisse noch nicht, was aus Ihm werde ... Wie ich aus Äußerungen von anderer Seite her entnehmen zu können glaube, dürfte eine Verwendung Seiner kaiserlichen Hoheit außerhalb Wiens ins Auge gefaßt werden. Man hält es an entscheidender Stelle für nützlich, daß sich der Thronerbe auch mit den Verhältnissen anderer Theile der Monarchie bekannt mache.«[7]
Dieser Plan mußte jedoch für Rudolf, der nie ein Hehl daraus machte, in Wien bleiben zu wollen, den Charakter einer Bestrafung, eines Exils haben, ob er nun nach Bosnien oder an einen anderen abgelegenen Ort

Die große Wende

versetzt werden sollte. Nach längerer Ungewißheit konnte er sich durchsetzen: Er blieb in Wien als neuer General-Infanterie-Inspektor. Kommandierender General wurde er jedoch nicht.
Die neue militärische Stellung war, so klingend ihr Name auch war, kein wirklicher Aufstieg. Sie war eigens für den Kronprinzen geschaffen. Bisher hatte Erzherzog Albrecht als Artillerie-Inspektor auch die Agenden der Infanterie besorgt und dachte gar nicht daran, die wichtigen Geschäfte dieses Amtes abzugeben. Rudolfs Hauptaufgabe bestand darin, von einer Truppeninspektion zur nächsten zu fahren, kreuz und quer durch die weiten Länder der Donaumonarchie. Wirkliche Kompetenzen hatte er nicht, denn zu den unter Vorsitz des Kaisers abgehaltenen Militärkonferenzen wurde er nur dann zugezogen, wenn Unwichtiges zu verhandeln war. Wichtige Themen der Konferenz wurden erörtert, wenn er auf Reisen war.
Sein Einfluß wurde auf diese Art minimiert. Zudem erschöpften die strapaziösen Reisen den gesundheitlich und nervlich schon sehr geschwächten Kronprinzen zusehends, ja führten seinen endgültigen Ruin herbei. Selbst Stephanie konnte nicht umhin, in ihren Memoiren zu schreiben: »Die neue, eigens für ihn geschaffene Stellung des Kronprinzen als Generalinspektor der Infanterie des Heeres überanstrengte in Verbindung mit seiner unruhigen privaten Lebensführung seine Gesundheit und seine Nerven in immer steigenderem Maße. Selbst eine festere Natur als die seine würde diese Lebensweise angegriffen und zerrüttet haben.«[8]
Zu den Strapazen der Reisen, der gesundheitlichen Schwäche, die er sich nicht traute offen einzubekennen, der unbefriedigenden Arbeit kam die Angst vor der Rüstung Rußlands, vor allem genährt durch Beobachtungen in Ostpolen. Aus Lemberg schrieb Rudolf im Juli 1888 an Stephanie: *Ich bin sehr abgehetzt. Die letzten Tage waren ungemein mühsam; von früh bis abends in Bewegung, dabei den Tag über die fürchterliche Hitze, Staub, Gestank, elendes Essen, jeden Abend kolossales Gewitter, aber immer ohne Abkühlung. So geht es fort in angenehmer Abwechslung. Das Land hat sich seit vorigem Sommer ganz geändert, man glaubt schon im Beginn kriegerischer Operationen zu leben; überall Zelt- und Barackenlager, Befestigungen, Depots und neue Bahnen, dabei ist alles vollgestopft mit Soldaten, die mehr oder weniger eine recht elende Existenz führen.*[9]

12. Kapitel

Der stark gealterte und kranke 29-jährige Kronprinz Rudolf 1888 in der Uniform eines Feldmarschalleutnants

Noch gab er aber nicht auf und versuchte neuerlich einen Vorstoß wegen einer Reform des Exerzierreglements, die er schon in seinem Prager Spichern-Vortrag vorgeschlagen hatte. Unüberwindlich stand diesen wie anderen militärischen Aktivitäten Erzherzog Albrecht im Weg, der kühl erklärte: »Was die in diesem Berichte angeregte Revision des Exerzierreglements der k.u.k. Fußtruppen anbelangt, so liegt eine solche schon seit längerer Zeit nahe und habe ich darüber meine Ansicht dem Chef des Generalstabes schon mitgeteilt … Ich kann schließlich nicht verschweigen, daß ich meiner dienstlichen Stellung wegen, ferner deshalb, weil ich Jahrzehnte hindurch den mangelnden General-Infanterie-Inspektor, soweit es möglich war, zu vertreten suchte, endlich im Hinblick auf die gedachte Zusammensetzung der Kommission, den Vorsitz in derselben mir zu beanspruchen erlaube.«[10] Rudolf war also nicht nur in der Politik, sondern auch in seinem Beruf als hoher Militär machtlos.

Die Inspektionsreisen hatten aber immerhin den Erfolg, daß sich Rudolf wie kaum ein anderer in allen Truppenteilen auskannte, die Offiziere persönlich kennenlernte und wußte, wie es an der Basis der Armee aussah. Die Kehrseite war, daß nicht nur er die Truppen, sondern die Truppen auch ihn sahen. Zigtausende Soldaten konnten im Jahr 1888 den Kronprinzen beobachten. Sie erlebten einen körperlich ruinierten, übernervösen und an seiner Arbeit, eben den Truppeninspizierungen, uninteressierten General, der teilnahmslos, oft melancholisch geistesabwesend, die Vorführungen über sich ergehen ließ. Da er oft kaum in der Lage war, sein Pferd zu bändigen, kam es immer wieder zu peinlichen Szenen.

Die große Wende

Mit strengforschem militärischem Geist, mit Zucht und Drill hatte dieses seltsame Verhalten wenig gemein, vor allem wenn man sich den lauten Kommandoton des in diesem Jahr zum deutschen Kaiser aufgestiegenen Wilhelm II. vergegenwärtigt. Die Militärs hatten den Eindruck, daß der Kronprinz nur widerwillig seine Arbeit machte. So büßte er Sympathien ein und bestätigte die Vorbehalte seiner Gegner.

Im Juni 1888 vollzog sich der Regierungsantritt Wilhelms II. unter Säbelrasseln und forschen Worten. Die erste Proklamation des neuen Kaisers galt nicht dem Volk, sondern der Armee. Kommentar des »Wiener Tagblatts«: »Das Gelöbniß der Liebe zur Armee geht dem Eide auf die Verfassung voraus. Man versteht diese Zeichen, und sie bedürfen keiner näheren Deutung.« Szeps sah in diesem Armeebefehl den »vollständigen Triumph des Militarismus«.[11]

Noch aggressiver kommentierte Max Falks »Pester Lloyd« Wilhelms Rede an das Volk, worin dieser mit großen Worten wie »Frömmigkeit und Gottesfurcht« nicht sparte: »Wie gewaltig aber auch die materielle Potenz eines Reiches und eines Volkes sein mag, die Millionen der Bajonette schützen es nicht dauernd vor dem Niedergange, wenn es die Sympathien der freien zivilisirten Völker verscheucht, weil es einen Widerspruch gegen die edelsten Überlieferungen der europäischen Welt verkörpert.«[12]

Dieser Artikel löste in Berlin Entrüstungsstürme aus. Herbert Bismarck ersuchte die Wiener Regierung, »dem Falkschen Unfuge nach Möglichkeit [zu] steuern ... Überdieß gebe es kaum ein auswärtiges Blatt, das die inneren Angelegenheiten Deutschlands stets auf eine so hämische sarkastische und mit peinlichen Spitzen durchspickte Art besprechen würde wie der ›Pester Lloyd‹.«[13] Falk wurde von Ministerpräsident Tisza öffentlich gerügt. Denn Bismarck hatte sich ereifert, »wenn Herr von Tisza mit Falk und Letzterer mit unserer Fortschrittspartei Fühlung halte, so werde die Fühlung zwischen uns und Herrn von Tisza auf die Dauer nicht bestehen können«.[14]

Der Tratsch befaßte sich ausgiebig mit der neuen Konstellation in Deutschland und ihrer Auswirkung auf den österreichischen Kronprinzen. Fürst Carl Khevenhüller schrieb triumphierend in sein Tagebuch: »Die Thronrede des jungen deutschen Kaisers hat mich unendlich gefreut, er scheint ein echter Conservativer zu sein und zu werden, doch die Juden, die Freiheitler und die Socialdemokraten haben sie mit Mißfallen gesehen, Saujuden, der Pester Lloyd Jud Dr. Falk hat sogar einen Schandartikel darüber geschrieben, nur unser Kronprinz wird die Nase lang hängen lassen, denn er ist ein liberaler Papler, und mag den deutschen Kronprinzen als Kaiser nicht.« Rudolf stecke »ganz in Judenhänden«.[15]

Auch den Hoffnungen auf eine Verständigung mit Frankreich trat Wilhelm gleich zu Anfang seiner Regierungszeit dezidiert entgegen, und zwar in einer furchterregenden, markigen Rede als Antwort auf den Ratschlag des Prinzen von Wales, sich mit Frankreich zu versöhnen und sogar an die Rückgabe Elsaß-Lothringens zu denken (wobei sich Wales auf angebliche Pläne Friedrichs III. berief). Wilhelm: »Es giebt Leute, die sich nicht entblöden zu behaupten, daß mein Vater das, was er ... mit dem Schwert erkämpfte, wieder herausgeben wollte. Wir alle haben ihn zu gut gekannt, als daß wir einer solchen Beschimpfung seines Andenkens nur einen Augenblick ruhig zusehen könnten. Er hatte denselben Gedanken als wir, daß nichts von den Errungenschaften der großen Zeit aufgegeben werden kann ... daß wir lieber unsere gesamten 18 Armeekorps und 42 Millionen Einwohner auf der Walstatt [in anderen Quellen: ›auf der Strecke‹] liegen lassen, als daß wir einen einzigen Stein von dem, was Mein Vater und der Prinz Friedrich Karl errungen haben, abtreten.«[16]

Rudolf schrieb an Szeps: *Wilhelm II. macht sich; er dürfte bald eine große Konfusion im alten Europa anrichten; dieses Gefühl habe ich auch; er ist ganz der Mann dazu. Von gottbegnadeter Beschränktheit, dabei energisch und eigensinnig wie ein Stier, sich selbst für das größte Genie haltend, was will man mehr. Er dürfte im Lauf weniger Jahre das hohenzollerische Deutschland auf den Standpunkt bringen, den es verdient.*[17] Und: *Zwischen dem Prince of Wales und dem jetzigen deutschen Kaiser, die sich als gute Verwandte seit jeher hassen, gehen merkwürdige Dinge vor, die auch die Ursache der berühmten 42 Millionen-Strecke-Rede waren.*[18]

Die erste Auslandsreise Wilhelms II. führte nicht zum Bündnispartner Österreich-Ungarn, sondern zum Feind Österreichs, nach Rußland, und machte den neuen Berliner Kurs deutlich. Rudolfs Mißtrauen, Berlin verständige sich hinter dem Rücken Wiens mit Petersburg, wurde dadurch bestätigt.

Wilhelm II. schrieb vor der Reise einen erklärenden, herzlich gehaltenen Brief an seinen »Freund« Rudolf in Wien, betonte, daß er mit dieser Reise die Wünsche seines Großvaters wie seines Vaters erfülle und daß er in St. Petersburg nicht nur wirtschaftliche Fragen erörtern, sondern auch ein neues Dreikaiserbündnis vorbereiten und in der bulgarischen Frage und in den russisch-österreichischen Grenzproblemen vermitteln wolle: »Ich muß auch im Interesse des Friedens meiner Völker in Petersburg die letzten Kundgebungen französischer Intrigen zerstören, zu denen sich seit meiner Thronbesteigung noch die Intrigen Englands gesellt haben ... Die letzteren, die unter bestimmten Umständen noch stärker und mächtiger als die ersteren werden könnten, schätze ich als die gefährlicheren ein.« Er versicherte dann mit höflichen Worten, nach der Rußlandreise auch nach Österreich zu kommen.[19]

Kaiser Wilhelm II. hoch zu Roß

Abgesehen vom politischen Inhalt ist dieser Brief wegen einer mysteriösen Sache wichtig: Er gelangte noch im selben Monat (Juli 1888) in einer Abschrift an den Quai d'Orsay nach Paris, wurde dort unter die geheimen Akten eingereiht und 1895 von einer französischen Zeitung in französischer Übersetzung gedruckt mit dem Hinweis, daß der »Korrespondent« der französischen Regierung in seinem Heimatland eine Stellung innehätte, die es ihm nicht erlaube, direkt mit dem französischen Außenministerium zu verhandeln. Er habe sich eines

12. Kapitel

Mittelsmannes bedient und so sei nie ein Stück der Handschrift dieses »Korrespondenten«, also ein Beweisstück, an den Quai d'Orsay gelangt.

Diese Wendungen verstärken den Verdacht, daß Rudolf auch in dieser Affäre die Hand im Spiel gehabt haben könnte und den privaten Brief Wilhelms, in dem dieser seine Feindschaft gegenüber Frankreich bekräftigte, über einen seiner Mittelsmänner (ob Szeps oder einen der französischen Journalisten, mit denen er Fühlung hatte) in die Hände des französischen Außenministers Goblet weiterleitete, jenes Mannes, der wie Clemenceau für ein Bündnis Frankreichs mit Österreich-Ungarn eintrat.

Der Antrittsbesuch Wilhelms II. in Wien im Oktober 1888 stand unter einem schlechten Stern. Trotz aller Freundschaftsbeteuerungen war eine ernste Krise im deutsch-österreichischen Bündnis nicht zu übersehen. Die deutschnationalen Kreise um Schönerer trafen Vorbereitungen, Wilhelm II. als »ihren« Kaiser in Wien demonstrativ zu empfangen und ihre Wünsche nach Anschluß der deutschen Gebiete Österreichs anzubringen. Die Polizei hatte alle Mühe, peinliche Aktivitäten zu verhindern. Das Hissen der schwarzrotgoldenen Fahnen wurde ebenso verboten wie ein prächtiger Fackelzug, der dem deutschen Kaiser Dank sagen sollte, »weil derselbe das österreichische Bündnis in Ehren halte«.

Schönerers »Unverfälschte Deutsche Worte« wurden mehrere Male wegen österreichfeindlicher Artikel konfisziert. Die Zeitung nannte Wilhelm II. »die Hoffnung, die Zukunft, die Leuchte des deutschen Volkes«. Er sei »größter Feind der heutigen Preß-Corruption«, ein Mann, den die Juden zu Recht haßten: »Aber je mehr dieselben lästern, desto volksthümlicher wird er überall, wo Deutsche wohnen. Das Volk glaubt nur noch an eine Rettung vom Judenjoche durch Kaiser Wilhelm II.«[20]

Alle Vorsichtsmaßregeln wurden getroffen, um Wilhelm II. keinen deutschnationalen Ovationen auszusetzen. Rudolf an Kálnoky: *Der Kaiser befahl mir heute, Ihnen mitzutheilen, Er sei ganz einverstanden, wenn ich an dem Dejeuner bei Reuß* [dem deutschen Botschafter] *theilnehme, nur meinte Er, es müsse dies mit großer Vorsicht eingeleitet werden, damit die eigentliche Absicht, den deutschen Kaiser nicht allein in Wien herumfahren zu lassen, nicht zu erkennen sei.*[21]

Die große Wende

Dieses Foto von der Jagd 1888 zeigt von links Edward Prince of Wales, Rudolf, Prinz Miguel von Braganza – pikanterweise der Verehrer der 17jährigen Mary Vetsera, deren Mutter sich ihn als Schwiegersohn erhoffte – und Erzherzog Otto, der Vater des letzten Kaisers Karl. Otto sollte später nach sehr langen Martern an Syphilis sterben

Zu allen Widrigkeiten kam es noch zu einem Streit zwischen Wilhelm und seinem Onkel, dem Prince of Wales, der um dieselbe Zeit in Wien zu Manövern und Jagden eingeladen war. Wilhelm ließ vor seiner Ankunft in Wien ausrichten, er wünsche, der einzige königliche Gast in Wien zu sein. Der englische Thronfolger mußte die Demütigung auf sich nehmen, während der acht »Kaisertage« aus Wien zu verschwinden, um seinem Neffen nicht unter die Augen zu kommen.
Das war Wasser auf Rudolfs Mühle. Wem seine Sympathien in diesem deutsch-englischen Familienstreit galten, zeigte er unmißverständlich: Er lud den englischen Thronfolger, noch während Kaiser Wilhelm in Wien war, auf eine Jagd nach Siebenbürgen ein. Rudolf an Stephanie: *Den Wales lad ich gern ein, den Wilhelm möchte ich höchstens einladen, um ihn durch ein elegantes Jagdabenteuer aus der Welt zu schaffen.*[22]
Weltanschaulich und in ihren politischen Überzeugungen waren sich Eduard und Rudolf sehr nahe. Daß der englische Thronfolger schon in dieser Zeit an ein Bündnis zwischen England, Frankreich und Rußland dachte, für das er durch die Fürsprache des Kronprinzen Rudolf auch Österreich-Ungarn gewinnen wollte, war der politische Hintergrund des Streites zwischen Onkel und Neffen.

12. Kapitel

Rudolf mischte sich insofern in den Streit ein, als er unfreundliche Bemerkungen Wilhelms über Eduard und umgekehrt weitererzählte und so das Feuer noch schürte. Bis zu Wilhelms Englandreise im August 1889, also fast ein Jahr lang, dauerten die Debatten über die Tratschereien in Wien. Dieser ernste Konflikt zwischen dem englischen und dem deutschen Hof wurde wesentlich durch Rudolfs Indiskretionen verschärft, wahrlich kein Ruhmesblatt in seinem Kampf gegen den gehaßten deutschen Kaiser.

Aber es gab in Wien noch mehr Ärger über Wilhelm II.: Er rügte den österreichischen Ministerpräsidenten Taaffe öffentlich wegen dessen »slawenfreundlicher« Politik, indem er den Schwarzen-Adler-Orden zwar an den ungarischen Ministerpräsidenten Tisza, nicht aber an Taaffe verlieh. Bismarck: »Im Taaffismus liege das Auflösende für unsere Beziehungen zu Österreich; es sei sehr viel von S. Majestät dem Kaiser, daß er trotzdem an Österreich festhalte, aber er könne sich nicht so weit erniedrigen, daß er Taaffe dekorire. Dies würde nicht nur würdelos, sondern auch politisch unklug sein. Wenn man auf den Fuß getreten sei, müsse man schreien; bedanke man sich dafür, so werde man weiter getreten werden.«[23] Das Klima zwischen den Bündnispartnern, die sich in feierlichen Reden gegenseitig ihre Freundschaft versicherten, konnte kaum kühler sein.

Wilhelm II. und Bismarck erreichten bei Kaiser Franz Joseph das Gegenteil ihres Zieles: Kaiser Franz Joseph hielt nun erst recht an seinem Ministerpräsidenten fest. Bezeichnend auch, daß Kronprinz Rudolf, bisher erklärter Taaffe-Gegner, nun ausdrücklich für Taaffe eintrat und in diesem Moment, da der österreichische Ministerpräsident von deutscher Seite gerügt wurde, Taaffes Partei bezog. Berthold Frischauer: »Kronprinz Rudolf, der keine große Zuneigung für den Kaiser Wilhelm hegte, und der sich vielmehr zu dem Onkel des deutschen Kaisers, dem Prinzen von Wales, hingezogen fühlte, betrachtete die verweigerte Ordensauszeichnung seitens des Kaisers Wilhelm als eine weitaus größere Auszeichnung, als in dem Orden gelegen wäre, und er meinte: ›An dem Taaffe muß doch sehr viel sein, wenn Wilhelm so gegen ihn demonstriert.‹«[24]

Doch auch die Taaffe-Affäre war noch nicht der schlimmste Fauxpas des denkbar ungeschickt auftretenden Wilhelm II. Auf Bismarcks Wunsch versuchte er, Kaiser Franz Joseph zu einem Staatsstreich mit

Die große Wende

militärischer Gewalt gegen Parlamentarismus und Presse zugunsten der kaiserlichen Macht zu überreden. Der hochbrisante Notenwechsel zwischen Bismarck und Botschafter Reuß in den Tagen des Wiener Kaiserbesuches hat sich im Archiv des Auswärtigen Amtes erhalten: Reuß versuchte, diese Pläne, die eine vehemente Einmischung in die Politik eines fremden Landes bedeuteten, vorsichtig abzuwehren und schrieb an Bismarck: »Wien, 6. Oktober 1888. Geheim! Sicher! Eigenhändig! ... Die Idee der Suspendierung der Verfassung muß von vorneherein als unausführbar [Bismarcks Randbemerkung: ›warum?‹] bezeichnet werden [›!‹]. Abgesehen davon, daß der Kaiser nicht die Energie zu einer solchen That hat, bestehen auch Verpflichtungen [›ultra posse‹], die beim Ausgleich mit Ungarn eingegangen sind, die konstitutionelle Bahn nicht zu verlassen.«[25]

Bismarcks Antwort, geschrieben von Franz von Rottenburg, dem Chef der Reichskanzlei, an Reuß: »Schon bei den ersten constitutionellen Versuchen in Österreich, als Seine Durchlaucht noch in Frankfurt gewesen sei, habe er den Eindruck erhalten, daß dieses System

Galadiner zu Ehren Kaiser Wilhelms II. im Oktober 1888 in der Hofburg: In der Mitte die beiden Kaiser, links Kaiserin Elisabeth, rechts Kronprinzessin Stephanie und Kronprinz Rudolf

12. Kapitel

wegen der nationalen und sprachlichen Verschiedenheit in Cisleithanien unmöglich sei, während es vielleicht in Ungarn nicht angehe, ohne dasselbe zu regiren. Das sei Sache des technischen politischen Urtheils. Noch heute halte seine Durchlaucht an der Meinung fest, daß Österreich, soweit menschliche Einsicht reiche, eines Staatsstreiches zu Gunsten des kaiserlichen Regiments bedürfen würde, wenn es nicht großen inneren Gefahren entgegengehen wollte. Durch jeden weiteren Aufschub würde diese Operation nur erschwert, da das kaiserliche Ansehen in der Armee und ländlichen Bevölkerung nicht im Wachsen begriffen sei. Früher oder später werde man doch dazu kommen müssen. Der Fehler liege darin, daß Österreich die Nationalitäten, die deutsche nicht ausgenommen – zu einer so scharfen parlamentarischen und publizistischen Ausprägung habe kommen lassen. Man hätte reine ›Österreicher‹, aber nicht Deutsche, Slaven, Polen u.s.w. cultiviren müssen.

Ob die angegebene Operation nach dem Charakter des Kaisers möglich, und ob Leute, die sie ausführen könnten, zur Hand seien, wüßte seine Durchlaucht nicht. Im Civil schwerlich. Man würde, wenn man es wollte, zu schärferen Conflicten treiben und dann militärisch eingreifen müssen.

Die vorstehenden Bemerkungen beträfen aber nur Cisleithanien. In Ungarn müsse man, nachdem einmal die traurige Trennung geschehen, es bei dem Bestehenden belassen.«[26]

Auch Graf Waldersee berichtete über Berliner Einmischungen in die innere Politik Österreich-Ungarns, diesmal wegen Böhmen: »Wir haben in Österreich Vorstellungen wegen der dortigen inneren Politik erhoben ... Wir haben sagen lassen, daß ein Föderativstaat erheblich weniger bündnisfähig für uns sei. Da im nächsten Jahr der Vertrag erneuert werden muß, ist der Druck auf Österreich vielleicht wirksam.«[27]

Angesichts solch bewußter Demütigung des Verbündeten und dem »Blut-und-Eisen«-Vorschlag, »zu schärferen Conflicten« zu treiben, um dann »militärisch eingreifen« zu können – das alles unter dem Druck der Bündnisverlängerung vorgebracht – war Rudolfs Reaktion verständlich: Er lehnte sich gegen die Bevormundung Österreich-Ungarns durch Bismarck auf. Sein Haß gegen die Person und die politischen Anschauungen des damals noch gelehrigen Bismarck-Schülers Wilhelm II. wuchs. Die Klage, Österreich sei zur *preußischen Pro-*

Die große Wende

vinz²⁸ herabgesunken und verliere seine Souveränität, wurde vernehmlicher und aggressiver, vor allem, als auch noch ein persönlicher Zwist dazukam.
Diesmal ging es um Rudolfs militärische Stellung. Der russische Graf Vladimir Lamsdorf erfuhr aus Wien folgende Einzelheiten: »Der deutsche Kaiser inspizierte die österreichische Armee nicht wie ein Gast, sondern wie ein Inspektor, der den strengen Auftrag erhalten hatte, eine Revision durchzuführen. Die Resultate dieser Truppenbesichtigung fielen sehr ungünstig aus, und die Kritik des Kaisers Wilhelm II. war sehr scharf. Kaiser Wilhelm II. sprach seine Unzufriedenheit über die österreichische Armee aus, besonders scharf kritisierte er die österreichische Infanterie, deren Generalinspektor der Thronfolger war. Kaiser Wilhelm nahm sich kein Blatt vor den Mund, schonte nicht den Thronfolger und sagte dem Kaiser Franz Joseph und der Kaiserin Elisabeth offen seine Meinung. Die Kaiserin war über das Verhalten Kaiser Wilhelms empört und erklärte kategorisch, daß sie sich weigere, in der Gesellschaft des deutschen Kaisers weiter zu bleiben. Wilhelm II. war gezwungen, sich zu entschuldigen.
Nach seiner Rückkehr nach Berlin schrieb Wilhelm II. an Franz Joseph einen Brief, in dem er dezidiert erklärte, daß er das Recht habe, die Aufmerksamkeit seines Verbündeten auf die Mißstände in der österreichischen Armee zu lenken, da die deutschen und österreichisch-ungarischen Truppen gezwungen seien, Schulter an Schulter zu kämpfen und die gemeinsamen Interessen der Verbündeten zu verteidigen. Kaiser Wilhelm II. stellte an Kaiser Franz Joseph das Ersuchen, den Thronfolger Rudolf von seinem Posten als Generalinspektor der österreichischen Armee zu entheben und an seine Stelle eine tüchtige militärische Persönlichkeit zu berufen. Das Resultat dieses Briefes war eine dramatische Szene zwischen Kaiser Franz Joseph und dem Kronprinzen Rudolf. Das Drama, das sich in Mayerling abspielte, machte einer Affäre ein Ende, die vielleicht für Österreich peinliche Folgen haben konnte.«²⁹
Berthold Frischauer, der engste Szeps-Mitarbeiter, präzisierte die Vorwürfe, die Berlin gegen den Kronprinzen machte: »In überstürzter Weise wurde das neue Schnellfeuermagazingewehr angenommen und Hunderttausende von Gewehren waren fertiggestellt worden. Es zeigte sich jedoch, daß ein wichtiges Moment übersehen worden war.

Das Schnellfeuergewehr erforderte große Munitionsmengen, die jeder Mann in seiner Patronentasche zu tragen hatte. Diese Menge war bei dem alten großen Kaliber zu schwer und konnte dem Infanteristen nicht zugemutet werden. Man hatte übersehen, daß das neue Gewehr ein kleineres Kaliber erfordere, damit die mitzutragende Munitionsmenge einem möglichen Gewicht entspreche. Es mußte also das kleinere Kaliber eingeführt werden, und dadurch war eine Umgestaltung des Gewehres bedingt. In Berlin hatte man für dieses Versehen den Generalinspektor der Infanterie verantwortlich gemacht.«[30]

Daß es bei diesem Streit gerade um das neue Mannlicher-Gewehr ging, läßt aufhorchen und an eine weitere anonyme Broschüre denken, die 1887 in deutscher Sprache in Budapest erschien und großes Aufsehen erregte. Sie ist in Rudolfs Nachlaß erhalten,[31] trägt den bezeichnenden Titel: »Wollen Sie ein zweites Königgrätz?« und kritisierte aggressiv das Mannlicher-Gewehr, »das sich schon in den nächsten Jahren als bewährter Ladenhüter aller Eisentrödler erweisen wird«. In dieser Broschüre wurde auch ausführlich niemand anderer als Moriz Szeps in einem Gespräch mit dem französischen Kriegsminister Boulanger zitiert. Als mögliche Autoren der Broschüre waren mehrere Journalisten im Gespräch, aber auch Rudolf kommt als Autor in Frage, denn auch er war gegen das neue Gewehr. Daß Wilhelm II. ihm mit der heftigen Kritik Unrecht tat, ist sehr wahrscheinlich. Denn nicht Rudolf, sondern der von ihm angefeindete Kriegsminister war für diese umstrittene Neubewaffnung verantwortlich.

Über die Auswirkungen der Wienreise Wilhelms II. ist bei Waldersee nachzulesen: »Was mir am Ergebnis der kaiserlichen Reise am wenigsten gefällt, ist der Umstand, daß unser Verhältnis zu Österreich nicht besser, sondern schlechter geworden ist. Auf beiden Seiten regt sich wieder Mißtrauen. Ich fürchte, Herbert Bismarck, der die Österreicher nicht leiden kann und den Kaiser immer gegen Österreich aufregt, hat hier einen Teil der Schuld. Glauben wir an Österreichs Zerfall, so mögen wir meinetwegen noch dabei mithelfen, müssen uns doch aber klar sein, was nachher sein wird.«[32]

Rudolfs Befürchtungen wurden freilich durch die Wirklichkeit der späten Bismarck-Politik noch übertroffen. Baron Holstein schrieb in sein Tagebuch: »Herbert [Bismarck] hat einen unmöglichen Gedanken. Er meint, wenn der Krieg losgeht, sollen wir unsere ganze Kraft,

Die große Wende

womöglich zusammen mit der von Italien, auf Frankreich werfen. Gegen Rußland sollen wir nur Landwehren und sonstige ›Neubildungen‹ aufstellen, also die Österreicher ganz sich selbst überlassen. Herbert ist eben vor allem ein leidenschaftlicher Mensch. Der Taaffe-Zwischenfall hat seine alte Erbitterung gegen die Österreicher noch gesteigert, er möchte die vernichtet sehen.«[33]

Graf Waldersee schrieb in sein Tagebuch, Bismarcks Haltung ließe sich »dahin zusammenfassen: Österreich ist ein unsicherer Faktor, wir dürfen es daher mit Rußland nicht verderben. Wir werden also fortfahren, Österreich mißtrauisch zu machen, und da ich bezweifle, daß es uns gelingen wird, Rußland zu befriedigen, könnten wohl aus einem Freunde zwei Gegner werden. Ich weiß ja ganz genau, daß der Fürst einen weiteren Blick hat als die meisten Menschen, bin aber recht besorgt. Gott gebe, daß er den richtigen Weg geht. Der Kanzler traut dem Kaiser von Österreich, ist aber sehr eingenommen gegen den Kronprinzen. Nun ist der Kaiser ein sehr gesunder Herr, der noch eine ganze Reihe von Jahren leben kann, die große Entscheidung liegt nahe vor uns; nach menschlichen Mutmaßungen treten wir also an dieselbe heran zu Lebzeiten des Kaisers Franz Joseph und müssen mit ihm rechnen. Ferner kennt der Kanzler den Kronprinzen sehr wenig und hat z. B. eine ganz andere Auffassung von ihm wie Reuß, der ihm doch nahe steht. Außerdem sind bekanntlich alle Kronprinzen in einer gewissen Opposition gegen den Vater, ändern nachher aber oft ihre Ansichten. All den Klatsch über seine Vorliebe für tschechische Sprache usw. bekam ich wieder zu hören, während es der Kanzler vermied, auf Rußlands Rüstungen, auf die nichtswürdigen Gesinnungen der Panslawistenführer, auf die dortige Franzosenfreundschaft einzugehen. Kurz, er ist, wie in den letzten Jahren schon mehrfach, in die alte Liebe zu Rußland zurückgefallen.«[34]

Bismarcks Übereinstimmung mit dem jungen Wilhelm II. hob Waldersee ausdrücklich hervor: »Unser Kaiser, der ja leicht gegen jemand einzunehmen ist, wird nachweislich durch Herbert Bismarck gegen Österreich aufgehetzt, namentlich auch gegen den Kronprinzen Rudolf.«[35]

Daß sich bereits erste Differenzen zwischen Wilhelm II. und den Bismarcks gerade am Problem Österreich entzündeten, wußte Rudolf in Wien nicht. Graf Wedel berichtete später über den Zorn Wilhelms II., als er hörte, daß Bismarck und der russische Botschafter in Berlin den

Plan gehabt hätten, »Rußland in Bulgarien einrücken zu lassen, dadurch Österreich zum Losschlagen zu veranlassen und dann unsererseits den casus foederis zu negieren. Eine derartige hinter seinem Rücken eingeleitete Machenschaft übersteige doch ›alles bisher Dagewesene‹.«[36]

In der internationalen Presse wurden Rudolf und Andrássy als Repräsentanten einer neuen Politik gegenüber Rußland und Deutschland genannt. Im Pressebericht aus St. Petersburg hieß es im Dezember 1888 zusammenfassend: »Der Wiener Correspondent der Nowoje Wremja [›Argus‹] läßt sich heute über die deutsch-feindliche Stimmung aus, welche sich in Österreich nicht allein des Kronprinzen bemächtigt hat, sondern auch in den dortigen politischen Sphären immer mehr und mehr Platz greift. Wie sehr sich die Situation Österreichs Deutschland gegenüber verändert hat, sieht man schon daraus, daß die Furcht vor dem Panslawismus zurückgetreten ist und die Regierung jetzt um die deutschen Bezirke in Böhmen und an der Grenze besorgt ist, deren Vereinigung zu einer besonderen Provinz als ein verrätherischer Plan zur Vereinigung eines Theiles von Österreich mit Deutschland bezeichnet wird.«[37] Es ging also um die an Deutschland angrenzenden deutschsprachigen »Sudetenländer« in Böhmen.

Die »Nowoje Wremja« kommentierte das 40jährige Regierungsjubiläum Kaiser Franz Josephs im Dezember 1888 mit deutlicher Anspielung auf das Jahr 1849, als russische Truppen Ungarn für Österreich retteten: »Wir Russen können nicht umhin, das Jubiläum der Thronbesteigung des benachbarten Herrschers mit Theilnahme zu begrüßen, weil dieser Thron durch russische Freundschaft und Hilfe errichtet worden ist. Wenn auch die Rathgeber Franz Josephs in ihrer Politik sich wenig von dieser Erinnerung leiten ließen, so mußten ihnen die Ereignisse der letzten Zeit selbst klar machen, wer Österreichs wahrer Freund ist und wer es auf seine Unabhängigkeit abgesehen hat. Man darf, ohne Optimist zu sein, die Hoffnung hegen, daß unsere künftigen Beziehungen den beiderseitigen Interessen mehr entsprechen werden.«

Vor allem der Wiener Korrespondent der »Nowoje Wremja«, Tatistschew, brachte wiederholt den Grafen Andrássy ins Spiel und stellte ihn als denjenigen österreichischen Staatsmann hin, »der die nötige

Die große Wende

Qualification zur Anbahnung einer österreichisch-russischen Verständigung besitze«.[38] Und: »Der historische Entwicklungsgang Deutschlands weist auf die Verschlingung Österreichs in der einen oder anderen Form hin. Dieser Prozeß ist zur Zeit noch ein ganz in der Stille sich vollziehender, aber jedenfalls ist die deutsch-österreichische Frage der Boden, auf dem eine praktische Politik zu arbeiten hat. Denn mit dieser Frage steht in der Zukunft die Kriegs- und Friedensfrage fast ebenso eng in Zusammenhang wie mit den Balkan-Angelegenheiten.«[39]

Wie die Verbindungen zwischen den russischen Korrespondenten liefen (Tatistschew und dem unter »Argus« schreibenden Wehselitzki, der ein Freund von Heinrich Bresnitz war, der wiederum beim »Tagblatt« mitarbeitete), den französischen Journalisten (Cohn d'Abrest, Fillon) und österreichischen Journalisten (Szeps, Frischauer, Falk, Futtaky) ist derzeit nicht zu eruieren. Ebenso unklar ist, wie der Kronprinz und Andrássy in diese geheimen Beziehungen verwickelt waren. Auf die kaum auf Zufälligkeit beruhende Übereinstimmung gewisser französischer, russischer, österreichischer, ungarischer und auch polnischer Zeitungen muß aber hingewiesen werden, deuten sie doch auf eine politische Aktion für eine Änderung der europäischen Bündnisse hin.

Daß Kronprinz Rudolf, Andrássy und Clemenceau Drahtzieher der journalistischen Vorstöße waren, ist zu vermuten, aber nicht zu beweisen – und, nach den raffinierten Geheimhaltungstricks zu urteilen, wohl kaum aufzuklären. Unbestreitbar und auffällig ist nur, daß die Zeitungen immer wieder diese Namen als Repräsentanten einer neuen Politik nannten.

Auffällig ist auch, daß diese offensichtlich international abgestimmte Aktion zugunsten einer neuen russenfreundlichen, aber gegen Deutschland gerichteten Politik Andrássys (und des Kronprinzen) gerade anläßlich des 40jährigen Regierungsjubiläums Kaiser Franz Josephs gestartet wurde. Ob sie mit (allerdings obskuren) Gerüchten in Verbindung steht, Kronprinz Rudolf habe erwartet, daß sein Vater nach vierzig Regierungsjahren auf den Thron verzichte und freie Bahn für eine gänzlich neue Politik geben würde, bleibe dahingestellt.

Am 31. Oktober 1888, also kurz nach Wilhelms II. Antrittsbesuch in Wien, erschien in Wien eine neue Zeitschrift: »Schwarzgelb. Politisches Journal. Organ für altösterreichische und gesammtstaatliche Ideen«. Erscheinungsweise des zunächst acht Seiten umfassenden Heftes war zweimal, nach kurzer Zeit einmal wöchentlich. »Schwarzgelb« verfocht eine scharf antideutsche Richtung, trat für eine Verständigung mit Rußland in Balkanfragen ein und propagierte ein österreichisch-französisches Bündnis. Innenpolitisch trat es gegen den Dualismus und für eine starke Zentralgewalt ein bei gleichberechtigter Stellung aller Nationalitäten der Monarchie, ja ausdrücklicher Förderung der nationalen Minoritäten. Das Blatt triefte geradezu von einem »altösterreichischen« militanten Patriotismus.

Es muß angenommen werden, daß dieses Blatt ebenso wie das »Wiener Tagblatt« ein Organ des Kronprinzen war. Rudolfs Öffentlichkeitsarbeit, auf die er stets soviel Wert legte, stand ja seit 1886, mit Szeps' Austritt aus der Redaktion des »Neuen Wiener Tagblatt«, auf schwachen Füßen. Politisch erfolgreiche Kampagnen konnten mit dem kleinen »Wiener Tagblatt« kaum geführt werden, zumal bei den maßgebenden Stellen über die Person des »Inspirators« dieser Zeitung kein Zweifel bestand und damit ein Teil der erhofften Wirkung von vorneherein verpuffte.

Das neue Journal gab sofort Anlaß zu Vermutungen und Tratsch. Die Deutsche Botschaft wußte über den Herausgeber des »Winkelblättchens« zu berichten: »Als Redakteur ist genannt Herr Bresnitz junior, der eigentliche Herausgeber ist indeß dessen Vater Dr. Bresnitz, ein getaufter Israelit aus der Bukowina ... Da Bresnitz sich öfter Erpressungsversuche zu Schulde kommen ließ, wurde er von seinen Mitjournalisten immer mehr gemieden. Zur Zeit berichtet er für den ›Warschawski Dniewnik‹. Als Pariser Korrespondent bedient ein gewisser Badère das ›Schwarzgelb‹, ein Prager Jude, der intimere Beziehungen mit Herrn de Serres – Staatsbahn – unterhält. Die Kosten des Blattes werden nach übereinstimmender Ansicht verschiedener hiesiger Journalisten von Rußland her bestritten.«[40]

Der Hinweis auf eine Verbindung zwischen »Schwarzgelb« und Auguste de Serres ist äußerst wichtig. Denn dieser Name tauchte schon während des Deutsch-Französischen Krieges 1870 auf, damals im Zusammenhang mit einem Komitee, das sich aus Franzosen, österreichischen Offizieren und Journalisten zusammensetzte und journalistisch wie militärisch-nachrichtendienstlich gegen Deutschland arbeitete. Auf französischer Seite soll der Szeps-Freund Léon Gambetta über den Mittelsmann de Serres mitgearbeitet haben und auf österreichischer

Die große Wende

Seite General Kuhn ebenfalls über einen Mittelsmann.[41] Es überrascht nun auch nicht, den Namen des kurz zuvor entlassenen Generals Kuhn unter den Mitarbeitern von »Schwarzgelb« wiederzufinden.[42] Bresnitz senior war seit Jahren Agent des staatlichen Informationsbüros mit monatlichen Bezügen zwischen 200 und 300 Gulden (2005: 2000 bis 3000 Euro). Er soll aber auch aus anderen Quellen Geld bekommen haben. In einem Konfidentenbericht heißt es, daß Bresnitz »auf Halbpart« mit Wehselitzki zusammenarbeitete,[43] jenem Sachverständigen für österreichische Politik, der sich in russischen Zeitungen unter dem Pseudonym »Argus« verbarg. Er war auch der Autor eines großen Artikels über einen Plan der Neuaufteilung Österreich-Ungarns, den Szeps dem Kronprinzen 1885 zugespielt hatte. Mehr als diese mittelbare Begegnung zwischen dem in russischen Diensten stehenden »Argus« und dem Kronprinzen ist freilich derzeit nicht nachzuweisen.

Daß Bresnitz nur ein Strohmann und Moriz Szeps der eigentliche Chef von »Schwarzgelb« war, ist möglich, aber nicht wahrscheinlich. Denn Szeps war Ende 1888 bereits ein schwer angeschlagener Mann, der Tag und Nacht arbeitete, um seine marode Zeitung am Leben zu erhalten und nebenher Informationen für den Kronprinzen einzuholen. Außerdem spricht die recht laienhafte, aggressive Aufmachung von »Schwarzgelb« nicht dafür, daß der exzellente Journalist Szeps für die Leitung verantwortlich war.

Immerhin aber war Bresnitz Mitarbeiter des »Tagblatt«, und unbestreitbar ist, daß Szeps genau jene politischen Ideen vertrat, die »Schwarzgelb« in hysterisch-übersteigerter Form verkündete. Auch er beschwor in seinen Briefen an den Kronprinzen immer wieder ein »Großösterreich«, dessen Einfluß vor den deutschen Grenzen nicht haltmachen dürfe, und maß allen Schwierigkeiten, die Bismarck mit den deutschen Fürstentümern hatte, übergroße Bedeutung bei, so etwa 1884: »Österreich und Habsburg haben noch viel tiefere Wurzeln in Deutschland als man in Berlin glaubt. Wir leben in einer schweren Übergangszeit und die Generation, der ich angehöre, wird das gelobte Land nicht sehen.«[44] Das gelobte Land bedeutete für Szeps eine Rückkehr Habsburgs nach Deutschland, auf dem Weg über ein von Frankreich und Österreich gemeinsam besiegtes Preußen.

Die Tatsache, daß allein Rudolfs Briefe an Moriz Szeps bekannt sind, verleitet dazu, sich ausschließlich mit ihm als den wichtigsten Persön-

12. Kapitel

lichkeit in Rudolfs journalistischem Freundeskreis zu beschäftigen. Aber es gab neben Szeps andere wichtige Journalisten in Rudolfs engster Umgebung, in Wien vor allem Berthold Frischauer, in Ungarn Futtaky und Falk, in Frankreich eine ganze Reihe deutschfeindlicher Journalisten um Georges Clemenceau.

Manche Spuren von »Schwarzgelb« führen auch nach Warschau zu Madame Gurko, der französischen Frau des russischen Generalgouverneurs für Polen. Sie galt als glühende Bismarck-Hasserin und Vorkämpferin eines französisch-russischen Bündnisses. Sie mischte sich insofern in die Politik ein, als sie die große in Warschau erscheinende Zeitung »Warszawski Dniewnik« »inspirierte« und hier gegen das Bismarckreich polemisierte. Für »Schwarzgelb« machte der »Warszawski Dniewnik« (dessen Wiener Korrespondent Bresnitz war) vom ersten Erscheinungstag an Reklame, voll Genugtuung über deutschfeindliche Stimmen in Österreich. In den Akten des Auswärtigen Amtes Berlin tauchte gleich der Verdacht auf, »daß hinter dem Wiener Wochenblatt ›Schwarzgelb‹ nicht russisches, sondern Warschauer Geld und Frau von Gurko, eine Französin, stecken«.[45]

Madame Gurko war auch den Lesern des »Tagblattes« keine Unbekannte. Szeps stellte sie im Juni 1888 in einem Leitartikel groß heraus, nachdem sie von Bismarck-Zeitungen als Deutschlandhasserin angeprangert worden war. Befriedigt wies Szeps darauf hin, daß Madame Gurko ein Hindernis auf dem Weg Wilhelms II. zur deutsch-russischen Freundschaft sei.[46]

Deutsche Diplomaten drückten in ihren Berichten nach Berlin offen ihre Furcht vor einer durch »Schwarzgelb« angeregten Diskussion über das deutsch-österreichische Bündnis aus, vor allem in bezug auf die österreichischen Slawen: »In der Habsburgischen Monarchie ist dieses Bündnis sowohl bei der ganzen slawischen Majorität ohne Ausnahme als auch bei den politischen Schwärmern, welche das alte Österreich von den Toten auferwecken wollen, verhaßt. Als Anhänger desselben könnten allein diejenigen Elemente gelten, welche für den Fortbestand Österreichs am gefährlichsten seien, nämlich die Magyaren und die Pangermanisten.«[47]

Einer der wenigen in der ersten Nummer von »Schwarzgelb« genannten Namen war denn auch der des Alttschechenführers Franz Rieger. Auch Rieger stand in dieser Zeit zwischen zwei Feuern, einerseits der

Dr. Franz Ladislaus Rieger, der Führer der Alttschechen

Jungtschechen, denen er zu habsburgfreundlich war, andererseits der Deutschnationalen, denen er zu wenig berlinhörig war. Die »Vossische Zeitung«: »Wenn Herr Rieger die Kühnheit hatte, zu behaupten, in Deutschland habe sich in Folge der großartigen Entwicklung des Reiches der Größenwahn ausgebildet, wenn er behauptete, Österreich dürfe mit Deutschland kein ›staatsrechtliches Verhältniß‹ eingehen, keine Provinz Deutschlands werden und den Kaiser Franz Josef nicht zum Statthalter des Deutschen Kaisers werden lassen, so kennzeichnet diese Verdächtigung die Gesinnungen des altczechischen Führers weit besser als sein platonisches Bekenntniß zu der augenblicklichen Nothwendigkeit des Bündnisses mit Deutschland.«[48]

Diese Hinweise auf den Sympathisantenkreis von »Schwarzgelb« sind notgedrungen unvollständig. »Schwarzgelb« erklärte sich in der ersten Nummer als über allen politischen Parteien stehend und schrieb, es wolle »einen publicistischen Sammelpunkt schaffen für alle österreichischen Patrioten von der Adria zu den Karpathen«. »Der Titel unseres Blattes ist unser Programm ... Seit dem Unglücksjahre 1866 wird die Lossagung von der alten österreichischen Staatsidee gepredigt, wird die Irrlehre verbreitet, daß wir nunmehr die alte Fahne von uns werfen, und in der inneren und äußeren Politik vor neuen Göttern uns beugen sollen, wird die Lüge kultiviert, daß Königgrätz ein Glück war ... So wird das staatliche Bewußtsein demoralisiert und der österreichische Patriotismus in dem aufwachsenden Geschlechte gemordet. Haben vielleicht die Jahrhunderte unserer ruhmreichen Vergangenheit, wo die Sonne in unserem Reiche nicht unterging, und Savoyen und Brandenburg die Vasallen des Hauses Habsburg waren, gelogen?« Unter den Themen des ersten Heftes waren auch »Ruthenische Beschwerden« über die Herrschaft der Polen in Galizien mit dem Appell an die polnische Majorität: »Die österreichische Staatsidee beruht darauf, daß unter dem Walten einer höheren Staatsautorität die localen und provinziellen Tyranneien unmöglich gemacht, daß die stärkeren Nationalitäten gezwungen werden, die Rechte und Interessen der schwächeren Nationalitäten zu respektieren. In dem Rechtsschutze, welchen die staatliche Gemeinschaft dem Schwachen gegen den Starken gewährt, liegt die Wurzel aller staatlichen Organisation. In Österreich, welches ein staatliches Wesen höherer Ordnung ist, gebührt dieser Rechtsschutz nicht nur den einzelnen Individuen, sondern auch den einzelnen Nationalitäten. Es heißt ein Attentat auf die österreichische Staatsidee begehen, wenn man die Autorität des Staates mißbraucht, um einer Nationalität den Rechtsschutz zu verkümmern, den sie vom Staate zu fordern und zu erwarten berechtigt ist.«

Ganz ähnlich bezog »Schwarzgelb« Stellung für die nationalen Minderheiten in Ungarn, vor allem die Rumänen, Kroaten, aber auch die Juden. Die Nationalitätenpolitik von »Schwarzgelb« stimmte voll und ganz mit den Auffassungen überein, die der Kronprinz auch in »Österreich-Ungarn in Wort und Bild« propagierte.

Das außenpolitische Programm von »Schwarzgelb« war das des »Julius Felix«: »Was haben wir in der Weltgeschichte geleistet und was die Preußen? Seit wann giebt es überhaupt eine preußische Geschichte? Welche glänzende Vergangenheit hat Wien aufzuweisen und welch ein lächerlicher Parvenu ist Berlin dagegen? Und wir sollen uns beugen vor dieser improvisirten Größe, die gestern erst geboren worden und morgen schon zusammenbrechen kann. Nein, nimmermehr! *Wir verzichten nicht und wir abdiciren nicht!* ... Und wenn sich das Kriegsglück wendet? Werden wir Österreicher vielleicht uns in den Abgrund stürzen, um das Preußenthum vor dem Untergange zu retten? Warum? Weshalb?«[49]

»Schwarzgelb« entfachte mit seinen massiven Äußerungen einen Pressekrieg zwischen deutschen und österreichischen Zeitungen über den Wert des deutsch-österreichischen Bündnisses. Auf der Seite von »Schwarzgelb« kämpften die von Schönerer als »Judenblätter« titulierten Zeitungen, also die liberale Presse, vor allem das »Wiener Tagblatt« unter Moriz Szeps und der »Pester Lloyd« unter Max Falk. In Prag zitierte das Jungtschechenblatt »Narodni Listy« ausführlich jeden deutschfeindlichen Artikel aus »Schwarzgelb«. Außerhalb der Monarchie stritten der »Warszawski Dniewnik« (Madame Gurko), der »Nowoje Wremja« (mit dem Korrespondenten »Argus« alias Wehselitzki) und gelegentlich der panslawistische »Swjet«, in Frankreich und England eine erstaunlich große Anzahl von Zeitungen auf der Seite Österreichs. Ganz unverhüllt wurde im westlichen Ausland der Name des Kronprinzen Rudolf in die Fehde einbezogen, als Hoffnung für eine Wende in den Bündnissen Europas. Daß Rudolf der Initiator von »Schwarzgelb« war, wurde in Pariser Zeitungen als bekannt vorausgesetzt.

Der »Gaulois« schrieb: »Österreich, Frankreich, Rußland! das ist wirklich der Ruf, der jetzt Wien erstaunt, in dieser Zeit des Dreibundes und des sich ausbreitenden Germanismus. Man hat von dieser Zeitung mit seltsamem und fast kaiserlichem Titel gesprochen, die zu erscheinen beginnt: ›Schwarzgelb‹, das ist der Name des Organs, von dem man glaubt, daß es einer Person, die dem Habsburgerthrone am nächsten ist, kaum fremd ist. Am 1. Dezember veröffentlichte die Zeitschrift einen merkwürdigen Artikel – selbst merkwürdig, wenn man nicht annehmen könnte, daß er aus einer prinzlichen Feder stammt – in dem die Lage Europas in einem ganz neuen Gesichtspunkt behandelt wird.

›Das verkreuzte Bündnis‹, so könnte der richtige Titel des Kommentars heißen: eine Allianz zwischen Rußland, Österreich, Frankreich und Spanien auf der einen Seite, Deutschland, Italien und der Orient auf der anderen Seite, so ist die Zukunft, die der Verfasser für den Tag vorhersieht, wo die gegenwärtigen Bündnisse ... ihre Zweckmäßigkeit verloren haben. Es ist das erste Mal, daß man in Österreich offen diese zukünftige Kombination ausspricht. Aber viele wissen schon seit langem, daß die Sympathien und Antipathien des jungen und ehrgeizigen Prinzen sich auf die Seite Frankreichs gewendet haben. Viele hoffen auf eine neue Jugend für das Reich, das Franz Joseph mit so viel Weisheit regiert, das sein Sohn aber eines Tages mit ritterlichem Eifer regieren wird.«[50]

Dazu ist anzumerken, daß die vom »Gaulois« erwähnte Nummer von »Schwarzgelb« in Österreich-Ungarn beschlagnahmt wurde. Diese Ausgabe fehlt leider auch in den Polizeiakten, die die konfiszierten Zeitungen verwahren, so daß keine weiteren Zitate hier angeführt werden können. Auch den Akten des Literarischen Büros, das laut Index Akten über »Schwarzgelb« besaß, sind die Unterlagen über »Schwarzgelb« entnommen.

12. Kapitel

Bismarck ärgerte sich nicht sosehr über das Winkelblättchen »Schwarzgelb«, sondern vor allem über die Verbreitung der antideutschen Parolen durch den »Pester Lloyd« Max Falks. Das publizistische Sprachrohr des deutschen Reichskanzlers, die »Norddeutsche Allgemeine Zeitung«, griff den »Pester Lloyd« vehement an: »Wenn aber ein Blatt von der Verbreitung des ›Pester Lloyd‹ damit droht, daß die ›österreichische Monarchie sich zum Mittelpunkt einer deutschgegnerischen Koalition machen könne‹, da sie von Frankreich durch keinen natürlichen Gegensatz getrennt werde, und sich das russische Bündnis durch Zugeständnisse im Orient einkaufen könne, dann macht es doch einen wunderlichen, man kann fast sagen, unverschämten Eindruck, wenn dasselbe Blatt ›ernsten und anständigen Vertretern der öffentlichen Meinung Deutschlands‹ Vorhaltungen über die Pflege der Freundschaft beider Reiche machen will.«[51]

Der »Pester Lloyd« revanchierte sich schon am nächsten Tag: »Uns treibt es die Zornesröte ins Gesicht, wenn man es wagt, das österreichisch-ungarische Bündnis, bei welchem Deutschland mindestens ebensoviel empfängt als es gibt, so darzustellen, als ob die Habsburgische Monarchie bei dem jungen Deutschland das Gnadenbrot äße, und geradezu verhungern müßte, wenn ihm dieses entzogen würde.«[52]

Der von »Schwarzgelb« entfachte deutsch-österreichische Pressekrieg wurde auf zwei Ebenen ausgefochten: Vordergründig ging es um den Wert oder Unwert des deutsch-österreichischen Bündnisses. Die Kontrahenten dieses Streites waren deutsche Zeitungen auf der einen und österreich-ungarische Zeitungen auf der anderen Seite. Zu diesem von den Initiatoren von »Schwarzgelb« beabsichtigten Streit kam bald ein unvorhergesehener: Innenpolitische Gegner des österreichischen Kronprinzen ergriffen die Gelegenheit, um anläßlich der längst vermuteten Verbindung Rudolfs zu »Schwarzgelb« den publizistischen Kampf gegen ihn in deutschen Zeitungen aufzunehmen – ungehindert von jeder Pressezensur. So wurde Rudolfs Name nicht von deutschen, sondern von österreichischen Journalisten, die für deutsche Zeitungen schrieben, zum Mittelpunkt der immer peinlicher werdenden Affäre gemacht.

Den Anfang machte der deutschnationale und antisemitische Wiener Journalist Paul Dehn in einem Artikel seiner »Dehn'schen Korrespondenz«, der von mehreren deutschen Zeitungen, so auch dem »Deut-

Die große Wende

schen Tageblatt«, abgedruckt wurde: »Seitdem es bekannt ist, daß eine sehr hohe Person – im Gegensatz zum Kaiser Franz Joseph – eine von Haß und Neid gespeiste geradezu krankhafte Abneigung gegen den Deutschen Kaiser bekundet, glaubt eine gewisse Gattung industriöser Journalisten in Wien, deren Zahl von Tag zu Tag zunimmt, ein gutes Geschäft machen zu können, indem sie einen Wechsel, dessen Fälligkeit die Geschichte bestimmt, schon jetzt diskontieren. In einer Verherrlichung des Kronprinzen Rudolf von Österreich berichtete dieser Tage der Pariser ›Figaro‹ aus Wien, wie die Gestalt des Kronprinzen Rudolf sich seit einiger Zeit in Umrissen abhebe, welche allerseits Aufmerksamkeit und Sympathie wach rufen ... Kronprinz Rudolf sei für den Dualismus ohne Vorbehalt, aber er wolle kein Österreich, das der Vasall seiner Verbündeten sei. Es ist auffallend, daß diese Gedanken sich begegnen, ja bedenklich in deutschfeindlichem Sinne entwickelt werden durch eine neue Wiener Wochenschrift ›Schwarzgelb‹, welche von Pariser Blättern sehr beachtet wird.« Es folgten ausführliche deutschfeindliche Zitate aus »Schwarzgelb«.
Und: »Ähnlichen Gedanken, wenngleich nicht so keck und schroff ausgesprochen, begegnen wir im ›Pester Lloyd‹ ... Wie man sieht, ist die Ähnlichkeit des Gedankenganges der altösterreichischen Deutschfeinde und der Goldenen Internationale in Ungarn [Judentum] ganz überraschend ... Kaiser Franz Josephs I. Bundestreue ist allerdings über allen Zweifel erhaben. Als oberste Aufgabe haben die österreichisch-ungarischen Staatsmänner indes darauf zu rechnen, daß unter den angedeuteten staatserschütternden Strömungen Österreich-Ungarns Widerstandskraft nicht bis zur Bündnisunfähigkeit geschwächt wird. Deutschland benötigt und verlangt einen starken Bundesgenossen und nicht die Wiederherstellung eines schwachen Weltreiches, in welchem alle Nationalitäten, Stände und sonstige Interessengruppen um die Herrschaft kämpfen, um dieselbe schließlich völlig unter den Einfluß der Goldenen Internationale gelangen zu lassen. Sind doch im wesentlichen alle die angedeuteten, von Paris her treibend geschürten Anfeindungen und Verhetzungen auf diese dunkle Macht zurückzuführen.«[53]
Bismarck forderte gleich nach Erscheinen dieses Artikels im »Deutschen Tageblatt« telegraphisch von seiner Wiener Botschaft einen Bericht. Von Botschaftsrat Graf Monts aus Wien kamen jedoch Be-

schwichtigungen: »Das Programm der Zeitung ... [»Schwarzgelb«] ist so ungeheuerlich, daß derarte, den Krieg mit allem Bestehenden in sich schließende Aspirationen kaum eine ernste Beachtung verdienen. Für einzelne Theile dieses Programmes könnten wohl einflußreiche Persönlichkeiten, ja auch gewisse Fraktionen und Kasten sich erwärmen, ein Groß-Österreich, im Theresianischen Geiste regirt, ist noch jetzt das Ideal der besten österreichischen Patrioten, die Gesammtheit der Tendenzen des Winkelblattes wird aber heut zu Tage innerhalb der schwarzgelben Grenzpfähle kein ernsthafter und nicht vom Ausland erkaufter Politiker vertreten wollen.«
Und: »Ganz unrichtig ist es ferner, wenn Herr Dehn in der Einleitung des betreffenden Aufsatzes gewissermaßen Seine Kaiserliche Hoheit den Kronprinzen Rudolf als Gönner und Förderer derarter Bestrebungen hinstellt und von fingirten persönlichen Gegensätzen spricht, deren öffentliche Besprechung, selbst wenn sie wirklich vorhanden wären, im Interesse der Beziehungen zwischen hier und Berlin keinesfalls zulässig erscheint.
Kronprinz Rudolf steht zwar nach wie vor in Verbindung mit dem Revolver-Journalisten Szeps, der gewissermaßen die Aufgabe sich angemaßt hat, für die wissenschaftlichen Bestrebungen Seiner Kaiserlichen Hoheit Reklame zu machen, beziehungsweise auch der nicht eben großen Popularität des hohen Herrn künstlich etwas nachzuhelfen. Wenn auch die Vielseitigkeit, die Gewandtheit und die Schmeichelkünste dieses gefährlichen Individuums den Herrn Erzherzog oft ganz umgarnen, wäre es doch unbillig, Seine Kaiserliche Hoheit für jeden Artikel und die Tendenzen besser Tendenzlosigkeit des Szepsschen Tagblattes verantwortlich zu machen. Der stets in Geldnot befindliche verschwenderische Journalist nimmt eben Subventionen, von wem es auch immer sei, und bringt namentlich oft französische Artikel, die je antideutscher ausklingen, je reichlicher die Pariser Spenden fließen ... jedenfalls wird Seine Kaiserliche Hoheit zu keinerlei Berathungen herangezogen; man thut daher Unrecht, wenn man den Herrn Erzherzog für Dinge verantwortlich machen will, die Hochderselbe selbst beim besten Willen nicht zu ändern im Stande ist.«[54]
Auch Botschafter Prinz Reuß verteidigte den Kronprinzen nach Kräften, wenn seine Informationen auch nicht gerade auf dem neuesten Stand waren: »Meine langjährige aufmerksame Beobachtung dieses

Die große Wende

hohen Herrn erlaubt mir indessen nicht, ihn wegen dieser Verbindungen [mit Szeps] französischer Sympathien anzuklagen. Er ist neugierig zu wissen, was in Frankreich vorgeht und macht sich ein eitles Vergnügen daraus, die Sachen früher und angeblich besser zu wissen, wie der Minister des Äußeren ... Was seine Sympathien und Antipathien in der auswärtigen Politik betrifft, so ist der Kronprinz ein entschiedener Gegner Rußlands. Ich habe dies aus häufigen Äußerungen, die er gegen mich und Andere gemacht hat, mit Bestimmtheit entnehmen können. Auch gehörte er hier zu den Militärs, die in den letzten Monaten des Jahres 1887 das Heil Österreichs nur in einem an der Seite *Deutschlands* geführten Krieg gegen Rußland suchten. Mag dieser Wunsch, an unserer Seite zu fechten, nun aus der Überzeugung hervorgehen, die hier fast jeder österreichische Officier theilt, daß nur im Bunde mit uns Lorbeeren zu pflücken seien, jedenfalls habe ich den Kronprinzen immer nur als den entschiedensten Anhänger unseres Bündnisses nennen hören. Daß dieses Bündniß bei den hiesigen Klerikalen und Czechen nicht populär ist, dürfte den Kronprinzen nur in seinen Ansichten bestärken. Es ist zu bedauern, daß der künftige Kaiser von Österreich so wenig Religion hat, daß seine Ansichten an Atheismus grenzen, denn diese Principien werden ihn seinen katholischen künftigen Unterthanen immer mehr entfremden. Andererseits ist der Erzherzog aber hierdurch der Einwirkung römisch-jesuitischer Politik entrückt, die bis jetzt vergeblich sich bemüht hat, bis zu ihm durch zu dringen.«[55]

Weit bessere Informationen als die Deutsche Botschaft in Wien hatte der österreichische Autor eines »Wiener Briefes« Ende November 1888 in der konservativen Berliner »Kreuz-Zeitung«. Dieser Artikel erregte große Aufregung in Rudolfs Freundeskreis. Denn er zeigte, wieviel die innenpolitischen Gegner des Kronprinzen bereits über seine am Hofe so geschickt verheimlichten politischen und publizistischen Aktivitäten wußten. Auch in der »Kreuz-Zeitung« wurden politische und weltanschauliche Motive vermengt, der »christliche« deutsche Kaiser Wilhelm gegen den »verjudeten« österreichischen Kronprinzen ausgespielt. Der Titel des langen Dreispalters: »Eine internationale Aktion des Groß-Judenthums«:

»Das Großjudenthum, das in der That eine Großmacht ist, gerade weil es international und daher in allen Staaten gleichmäßig und systematisch arbeitet, ist von einem tiefen Hasse gegen Deutschland erfüllt, seit

12. Kapitel

es in dessen energischem und machtbewußten Herrscher ... seinen Feind und zwar nur deshalb erblickt, weil derselbe seine tiefinnerste religiöse Überzeugung und seine treue Anhänglichkeit an die Lehren des Christenthums stark betonte, und als ein mächtiger Hort der in unserer Zeit nahezu unterdrückten, oder mindestens zurückgedrängten christlichen Lebensanschauung sich zu erkennen gab.
In diesem ernsten, nicht zu unterschätzenden Kampfe war das Großjudenthum natürlich bemüht, sich Alliierte zu suchen. Vor allem lag es hiebei nahe, an Frankreich zu denken als einen Staat, der nicht nur durch seinen traditionellen Haß gegen Deutschland sich zu jeder solchen Aktion von selbst empfahl, sondern der durch den Zersetzungsprozeß, in dem er sich befindet, dem korrumpirenden und nur auf Korruption gestützten Einflusse jener dunklen Macht auch am leichtesten zugänglich war.
Mit Frankreich allein war aber noch wenig gewonnen, und so warf man sein Auge sofort auch auf Österreich-Ungarn, wo ja unter der langjährigen Herrschaft des Liberalismus das Großjudenthum alle wichtigen Positionen mehr oder weniger in seinen Besitz gebracht und bis heute erhalten hat. Da die über jeden Zweifel erhabene Bundestreue des ritterlichen Kaisers auf Habsburgs Thron ein direktes Gelingen dieser Bestrebungen ausschloß, so versuchte man es bei einer dem Throne nahestehenden Persönlichkeit. Systematisch und von langer Hand vorbereitet wurde auf die Umgebung des hohen Herrn einzuwirken versucht. Man benützte die Vorliebe desselben für literarische Thätigkeit, um zwei ihrer Abstammung nach jüdische wenngleich getaufte, aber darum nicht minder für das Judenthum verläßliche ›Dichter‹ in persönlichen Verkehr mit ihm zu bringen, denen es auch gelang, sich in sein Vertrauen einzuschleichen. Der eine, ein ursprünglich deutscher Jude, dann chauvinistischer Magyare [gemeint war Max Falk] war zugleich dazu ausersehen, die Interessen der vollständig in Judenhänden befindlichen liberalen Partei Ungarns an jener Stelle zu vertreten.
Als die Seele und zugleich der Geldgeber für alle diese Bestrebungen trat ein Pariser Banquier und Millionenbesitzer auf, der Sohn eines ehemals baierischen Hofbanquiers, ein fanatischer Jude, der als politischer Agent Frankreichs seine großen finanziellen Erfolge im Oriente wesentlich der französischen Unterstützung zu danken hatte, und der nun sein Geld dazu benutzte, um auch in Wien und Budapest zahlrei-

Die große Wende

che und wichtige Beziehungen anzuknüpfen und sich einer Reihe einflußreicher Persönlichkeiten dort zu versichern [gemeint war Baron Hirsch]. Er nahm mehrere, ebenso gewandte als gewissenlose Journalisten in seinen Dienst, die ihm nicht nur publizistisch dienten, sondern durch ihre Beziehungen zu jenem hohen Herrn, der ahnungslos das Treiben dieser Leute in seiner Nähe duldet, ihm werthvoll erschienen. Er versicherte sich zugleich des Wohlwollens und der Dienstbereitschaft jener in Österreich so allmächtigen geheimen Nebenregierung, durch die ihm zugleich ein bedeutender Einfluß auf bureaukratische Kreise erschlossen wurde. Ja seine Beziehungen zu einer hochstehenden Persönlichkeit in England [gemeint war Prince Edward of Wales], deren Abneigung gegen Deutschland kein Geheimniß ist, ermöglichten es ihm, das Netz der gegen Deutschland gerichteten Intriguen selbst über den Kanal zu spinnen oder mindestens den Schein dafür zu erwecken. Wie weit er hierbei Werkzeug ist und was seiner eigenen Initiative zufällt, läßt sich natürlich nicht bestimmen; wohl aber treten nicht zu verkennende Anzeichen als Symptome dieser Minirarbeit immer mehr zu Tage.« Szeps und Bresnitz werden namentlich als angebliche Agenten des Baron Hirsch genannt.

Der »Wiener Brief« prangerte vor allem die liberale Partei an: »So lange die liberale Parthei in Österreich-Ungarn nur ein Werkzeug in der Hand des Großjudenthums ist, und sie ist dies heute mehr denn je, wird sie absolut nicht als die Stütze eines Bündnisses Österreich-Ungarns mit dem Deutschland Kaiser Wilhelms II. betrachtet werden können, weil der allein maßgebende Faktor dieser Parthei von einem tiefen Hasse gegen ein konservatives Deutschland und dessen christlichen Herrscher erfüllt ist.«[56]

Rudolf schrieb am Tag nach dem Erscheinen des Artikels aufgeregt an Szeps: *Eben vom Lande wiedergekehrt, finde ich in allen Blättern die Berliner Zeitungskampagne gegen uns. Haben Sie ein Exemplar der »Kreuzzeitung«? Was ist da für pamphletartiges Zeug geschrieben? Könnten Sie mir nicht den Artikel verschaffen?*[57]

Szeps antwortete verzweifelt: »Die ganze Pressemeute ist losgelassen. Und hier in Wien wacht sorgsam der Staatsanwalt und konfisziert jedes noch so vorsichtige Wort, das sich gegen Preussens Dynastenfamilie richtet. Aber in Berlin darf mit unverfrorener Frechheit Alles gedruckt werden ... So ein schamloses Blatt wie die ›Kreuzzeitung‹ darf den

Kronprinzen Rudolf ›in ungeheuerlicher Weise‹, wie der Korrespondent telegrafirt, angreifen, aber eingeschritten wird nur – vom österreichischen Staatsanwalt gegen Wiener Blätter.«[58]
Gleich begann das Rätselraten über den Autor dieses auf so stupend guten Informationen fußenden Artikels. Der Berliner Korrespondent des »Wiener Tagblatt« schrieb an Szeps, daß der Autor wahrscheinlich kein Deutscher, sondern Österreicher sei, und man vermute den klerikal-konservativen Professor Friedrich Maaßen. Der deutsche Militärattaché Graf Deines hatte für Bismarck aber bessere Informationen: »Im Reichskriegsministerium, wo man über die hiesigen Preßverhältnisse meist gut informirt ist, bestätigte man mir heute die von anderer Seite zu meiner Kenntniß gelangte Nachricht, daß der Einsender der Schmähartikel über den Kronprinzen Rudolf an die Berliner konservativen Zeitungen ein bekannter hiesiger Journalist Vogelsang sei. Diese Ansicht stehe bei allen Wohlinformirten fest.«[59] Durch die folgenden diplomatischen Berichte nach Berlin wird klar, daß Karl Freiherr von Vogelsang, Chefredakteur des »Vaterland« und Mitbegründer der antisemitischen christlichsozialen Partei Österreichs, gemeint war.
Auch wenn Rudolf über die Person seines Hauptgegners in der Pressefehde vielleicht nicht richtig informiert war, so mußte ihm doch klar sein, daß nicht Wilhelm II. oder gar Bismarck hinter den Angriffen auf ihn standen, sondern Österreicher, die sich, weil sie in Österreich-Ungarn durch die Zensur daran gehindert wurden, in ausländischen Zeitungen gegen ihren zukünftigen Kaiser wehrten und offene Opposition gegen ihn, seine liberale Überzeugung und seine jüdische Umgebung machten. Ihre Informationen waren gefährlich gut und trotzten allen raffinierten Geheimhaltungstricks.
Wenn man annimmt, daß die Diskussion über das deutsch-österreichische Bündnis vom Kreis um den Kronprinzen mit der Absicht entfacht worden war, das Bündnis, dessen Verlängerung ja für 1889 anstand, zu Fall zu bringen, so muß das Ergebnis dieser waghalsigen Aktion als katastrophal angesehen werden. Der beabsichtigte Schuß ging nach hinten los: Statt das Bündnis und den Bündnispartner zu diskreditieren, war Rudolfs Person ins Schußfeld geraten. Szeps bemühte sich schon Ende November 1888 verzweifelt, die Wogen zu glätten. Er zog in einem schwungvollen Artikel, genannt »Die Berliner Damenkapelle«,

die ganze Pressefehde ins Lächerliche und schloß: »Zu einer wirklichen Beunruhigung, zu einer leidenschaftlichen Aufregung ist kein Anlaß geboten. Vielleicht singt das Orchester bald, wie im ›Faust‹ pianissimo: ›Wolkenzug und Nebelflor/ Erhellen sich von oben./ Luft im Laub und Wind im Rohr, Und Alles ist zerstoben.‹«[60]
Die deutschen offiziellen und halboffiziellen Zeitungen wie die »Norddeutsche Allgemeine« oder »Die Post« erklärten schließlich, um die unfruchtbare Fehde zu beenden, österreichische Antisemiten hätten den Kampf gegen den österreichischen Kronprinzen in deutschen Zeitungen entfacht: »Diese Herren sind erbittert gegen den österreichischen Thronfolger, weil sie wissen oder glauben, daß dieser ihrer Agitation vorzugsweise abgeneigt gegenübersteht. Da die Herren überall das Judenthum sehen, so verleumdeten sie auch den Thronfolger, daß er in den Händen der Juden sei und von diesen aufgehetzt gegen den Deutschen Kaiser.«[61]

13. Kapitel

DER WEG NACH MAYERLING

Die Enttäuschungen und Rückschläge der Jahre 1887 und 1888 konnten sich deshalb so katastrophal auswirken, weil Rudolf durch seine Krankheit immer mehr an Widerstandskraft verlor. Er scheute sich, seine Schwäche zuzugeben, erfüllte seinen militärischen Dienst in Wind und Wetter auf anstrengenden Reisen und arbeitete nebenher wie gewohnt an seinen politischen Plänen und der umfangreichen Korrespondenz. So blieben ihm, wie alle Leute seiner Umgebung übereinstimmend aussagten, täglich kaum drei bis fünf Stunden Schlaf. Seine Angst vor dem übermächtigen Vater war zu groß, als daß er es gewagt hätte, ihn um Schonung zu bitten. Morphium, Alkohol und Frauen benützte er in Stunden der Depression und Angst als Rauschmittel, um der tristen Wirklichkeit zu entgehen. Damit verschlimmerte er das Elend nur noch.
Eine Zeitlang fand er noch Entspannung in der Natur. Bei seinen tage- und nächtelangen Streifzügen durch die Donauauen, oft nur mit einem Begleiter, verlor er die Angst, die ihn in der Wiener Hofburg wie ein düsterer Schatten verfolgte. Im Februar 1888 trat eine ansteckende Augenentzündung auf, die auch die Jagd unmöglich machte. Bei seinen Reisen wurde Rudolf inzwischen von einem Arzt begleitet, nicht dem kaiserlichen Leibarzt Dr. Widerhofer oder seinem persönlichen Leibarzt Dr. Auchenthaler, sondern Dr. Johann Lanyi, Stabsarzt und Spezialist für venerische Krankheiten. Die üblichen Quecksilberkuren wurden angewendet. Bezeichnend für die Geheimnistuerei rund um den Kronprinzen ist, daß aus dem Rezeptbuch der Hofapotheke das Blatt mit seinen Rezepten aus dem Jahr 1888 herausgerissen und sorgfältig ein früheres, harmloses eingeklebt wurde.
Rudolfs Zeitgenossen wußten trotzdem Bescheid. Die Symptome der Krankheit waren vor allem in Armee- und auch Hofkreisen wegen der großen Verbreitung gut bekannt. Immer quälender wurden die Ge-

lenkschmerzen, die das öffentliche Exerzieren, das Paradeabnehmen und das Reiten erschwerten. Er magerte ab, wurde bleich und alt. Der 30. Geburtstag im August 1888 war Anlaß zu tiefer Resignation. Rudolf schrieb an Szeps:
30 Jahre ist ein großer Abschnitt, kein eben zu erfreulicher; viel Zeit ist vorüber, mehr oder weniger nützlich zugebracht, doch leer an wahren Taten und Erfolgen. Wir leben in einer schleppenden, versumpften Zeit; wer weiß, wie lange das noch so fortgehen wird. Und jedes Jahr jetzt macht mich älter, weniger frisch und weniger tüchtig, denn die notwendige und nützliche, doch auf die Länge hin ermattende alltägliche Arbeit, das ewige Sichvorbereiten und die stete Erwartung großer umgestaltender Zeiten erschlaffen die Schaffenskraft! Sollen die Hoffnungen in Erfüllung gehen und die Erwartungen, die Sie auf mich setzen, dann muß bald eine große, für uns glückliche, kriegerische Zeit kommen, nach deren siegreichen Abschluß die Basis geschaffen wird, um auch in friedlicher Arbeit im alten Österreich umgestaltend Großes zu leisten. (Dieser Satz ist mißverständlich: Es war kaum ein Krieg Österreichs gegen Rußland gemeint, wie in Rudolfs Briefen während der Orientkrise 1885 bis 1887, sondern nach dem Sprachgebrauch der Zeitschrift »Schwarzgelb« eine Auseinandersetzung Frankreichs mit Deutschland, bei der Österreich an der Seite Frankreichs, mit Rußland durch Verträge abgesichert, um die Wiederherstellung seiner »alten« Größe kämpfen würde.)
Ein Menschenleben, wenn es in ruheloser Bewegung und oft, ich kann sagen, meistens, in aufreibender, anspannender, weil so vielgestaltiger Thätigkeit zugebracht wird, ist kurz, kurz in der Epoche der wahren geistigen Beweglichkeit und Leistungsfähigkeit. Wie immer es sei, man muß an die Zukunft glauben; ich hoffe und rechne auf die nächsten zehn Jahre! [1]
Der Hofbeamte Heinrich von Slatin erhielt nach Rudolfs Tod von Kammerdienern und Jägern »ein schreckliches Bild von der nervenzerrüttenden Lebensweise des Kronprinzen ... es ist unglaublich, was sich dieser Mann zumutete. Der Kronprinz wollte arbeiten und arbeitete auch viel und war gleichzeitig maßlos genußsüchtig und unterhaltungsbedürftig. Infolgedessen war jede Minute seines Tages mit hastender Eile ausgefüllt, mit Arbeit und Genuß. Kam er dann spätabends oder in der Nacht nach Hause, so arbeitete er noch stun-

13. Kapitel

denlang an seiner ausgebreiteten Korrespondenz oder seinen politischen Schriften. Um sich aufrechtzuerhalten, trank er eisgekühlten Champagner mit Cognac gemischt und begab sich häufig erst um zwei oder drei Uhr morgens zu Bett, um am nächsten Tage ziemlich zeitlich früh dasselbe Leben wieder zu beginnen. Mußte eine solche Lebensweise nicht auch eine normal veranlagte, sehr kräftige Konstitution zugrunde richten und den tiefsten Lebensüberdruß erzeugen.«[2]
Während Rudolf immer deutlicher erkennen mußte, daß er nach menschlichem Ermessen nicht den Thron besteigen und auch ohne männliche Nachkommen bleiben würde, erlebte er den unaufhaltsamen Aufstieg seines Intimfeindes, des Prinzen Wilhelm. Dieser wurde mit 29 Jahren Kaiser und hatte es inzwischen zu vier Söhnen gebracht. Rudolfs hysterisch wirkende Aktionen gegen seinen deutschen »Freund« sind wohl auch aus der Erkenntnis der eigenen Schwäche und Hilflosigkeit erklärbar.
Zu allen Schwierigkeiten kamen spätestens seit 1887 Eheprobleme, da sich das Paar völlig gegensätzlich entwickelte: Je älter Stephanie wurde, desto entschiedener mißbilligte sie den in ihren Augen so wenig feinen Umgang Rudolfs mit »einer Art Menschen, die sonst nicht an den Hof kamen«, und meinte damit Leute wie Szeps, aber auch die bürgerlichen Wissenschaftler, mit denen Rudolf freundschaftliche Beziehungen unterhielt: »Sein altes Blut, wohl das vornehmste Europas und der Mangel jeglicher Scheu, sich in einer Weise unter das Volk zu mischen, die alle Grenzen aufhob ... Was ich gelegentlich beobachtete und hörte, widersprach meinem Wesen völlig; ich habe gegen diese Menschen, mit denen er einen besonders regen Verkehr pflegte und die ihn ganz in den Kreis ihres liberalistischen Denkens einmauerten, stets eine instinktive Scheu gehabt.«[3]
Sie hatte kein Verständnis für Rudolfs intellektuelle Ambitionen, kritisierte seine negative Einstellung gegenüber dem Adel und lebte für Dinge, die er geringschätzte: Repräsentation, elegante Empfänge, glanzvolle Bälle, bei denen sie als Kronprinzessin als Krönung des Abends gefeiert wurde, hochadelige Umgebung. Sie wurde zeremoniös, steif, würdevoll und paßte immer weniger zu ihrem temperamentvollen, unkonventionellen Gatten. Kaiserin Elisabeth, die Stephanie von Anfang an ablehnte, drückte ihre Verachtung für die Schwiegertochter in einem Gedicht aus, das sie im August 1887 anläß-

lich Franz Josephs Geburtstag schrieb. Darin karikierte sie die Habsburgischen Verwandten als Tiere, so auch Stephanie. (Mit Oberon ist Kaiser Franz Joseph gemeint):

> »Ob'ron, ei! zu Deiner Rechten
> Welch'ein mächtig Trampeltier.
> Statt der langen falschen Flechten
> Siehst du blondes Fell jetzt hier!
>
> Doch die Augen sind dieselben,
> Listig lauernd wie vorher,
> Auch die Löckchen noch, die gelben,
> Liegen auf der Stirne schwer.
>
> Und den Stolz in seinen Zügen
> Trägt es selbst als Trampeltier;
> Volksgejohl ist sein Vergnügen
> Vivat! Slava! sein Plaisir.
>
> Drum zieht's in allen Städten,
> Märkten feierlich herum;
> Voraus muss der Tambour treten;
> Aufgepasst! nun kommt's, bum bum.«[4]

Stephanies in Wien lebende Schwester, Prinzessin Louise Coburg, sah das Elend aus nächster Nähe: »Die beiden Naturen paßten nicht zusammen, beide herrschsüchtig, unversöhnlich, und so faßte die Entfremdung bald tiefe Wurzeln. Jähzornig waren sie beide und es spielten sich unerquickliche Szenen ab. Bis zur Unverzeihlichkeit verletzten sich beide – so daß ich entsetzt über die Kälte meiner Schwester Stephanie war, mit der sie am Sarge ihres todten Gatten stand. Die Haltlosigkeit, die Unzufriedenheit mit sich selbst, der Drang sich zu betäuben, trieb den Kronprinzen in der letzten Zeit zum Alkoholgenuß; in so einem Zustande war der Kronprinz geradezu gewaltthätig.«[5] Seinem Zynismus gegenüber Stephanie ließ Rudolf bei vielen Gelegenheiten freien Lauf. So diktierte er zum Beispiel seiner Frau einen Brief an den Großonkel Albrecht, entschuldigte sich, wegen seiner Augenentzündung nicht selbst schreiben zu können, klagte, daß er wegen der Ansteckungsgefahr *von der Kleinen abgesperrt* sei, also seiner vier-

13. Kapitel

Rudolf und Stephanie 1888

jährigen Tochter »Erzsi«, und *nur indifferente Persönlichkeiten sehe, deren Gesundheit weniger wichtig ist* – ein nur zu deutlicher Hieb auf die neben ihm sitzende und schreibende Stephanie.⁶

Vor der Öffentlichkeit wurde nur noch unvollkommen die Komödie einer glücklichen Ehe weitergespielt. Neben der in Geschmeiden, Hermelin und Diamanten prangenden, mit riesigen Hüten aufgedonnerten stämmigen Kronprinzessin wirkte Rudolf klein, schmächtig und fahrig. Die Komödie gelang immer weniger gut. Gräfin Edith Salburg, eine verläßliche, wenn auch sehr gefühlvolle Quelle, schilderte den Eindruck, den das Kronprinzenpaar bei seinem Besuch in Graz 1888 auf das Publikum machte: »Ein Galawagen bringt zwei Menschen – Mann und Frau. Er sieht rechts, sie links. Beide grüßen; sie gezwungen strahlend, er tötlich gleichgültig, automatenhaft. Im Statthaltergebäude ... warten alle Spitzen. Die Kaiserzimmer sind für das Paar bereit. – Schon abends erzählt man, der Kronprinz hat sein Bett selbst aus dem gemeinsamen Zimmer zur Türe hinausgeworfen und kampiert im Empfangssalon.«⁷

Daß Rudolf seiner Frau nicht treu war, war kein Geheimnis. Aber niemand hatte mit der äußerst heftigen Eifersucht Stephanies gerechnet, die keine Gelegenheit ausließ, um ihren untreuen Ehemann in der Öffentlichkeit zu blamieren, wohl wissend, daß ihn nichts empfindlicher traf als ein für sein Renommee ungünstiges öffentliches Auftreten. Es kam, ausgelöst durch Stephanie, zu immer häufigeren peinlichen Auftritten, die, weil sie sich mit Absicht vor der Öffentlichkeit abspielten, nicht mehr als Privatsache gewertet werden konnten.

Der gut informierte Anonymus des »Berliner Börsen Courir« schrieb nach Rudolfs Tod über die Kronprinzenehe: »Keine Intervention der beiderseitigen Elternpaare, keine Berufung auf die Staatsraison – die Ehe war ja noch mit keinem Sohn gesegnet – vermochte die Prinzessin zu bestimmen, mit ihrem Gemahl anders als im Beisein Dritter zu verkehren. Gewiß ist, daß der Kronprinz sich dadurch maßlos gedemütigt fühlte, daß er die ihm nun entgegengebrachten Empfindungen voll entgalt, gewiß aber ist auch, daß er sich in dieser, allerdings höchst peinlichen Situation nicht so benahm, wie ihm seine hohe Intelligenz, seine sonst so wahrhaft vornehme Gesinnung hätten gebieten sollen, sondern wie ihm seine Nervosität, seine unheilvolle psychische Veranlagung gebot ... er aber glaubte sich nun zu einer Lebensführung berechtigt, die ihn der Welt gegenüber, deren Sympathien doch anfangs wahrlich ungetheilt auf seiner Seite standen, in's Unrecht setzen mußte.«[8]

Selbst dem so übervorsichtigen Grafen Josef Hoyos erschien Stephanies Haltung bedeutsam genug, um sie in seiner Denkschrift nach Rudolfs Tod zu erwähnen: »Seine Gemahlin soll ihm, aus begründeter oder nicht begründeter Eifersucht, wie mir Oberst-Hofmeister Graf Bombelles sagte, gewisse Rechte verweigert haben, die ihn erbitterten und auf schlimme Abwege brachten.«[9]

Zudem registrierte Wiens elegante Damenwelt nicht ohne Schadenfreude, wie ungünstig sich Stephanies Aussehen entwickelte. Sogar die Frau des belgischen Botschafters de Jonghe mußte zugeben: »Sie ist sehr verändert, häßlich geworden, mit fast ordinärem Aussehen« und berichtete nach Brüssel, »daß Stephanie enorme Ausmaße annimmt und vor Fett platzt«.[10]

Jedenfalls fand die Kronprinzessin im Wien des ausgehenden 19. Jahrhunderts, das Schnitzler so treffend beschrieb, wenig Verständnis. Untreue Ehemänner waren wohl, falls sie es sich finanziell leisten konnten, die Regel. Die Toleranz war groß – freilich nur für Männer. Der Anonymus des »Börsen Courir«: »Wie sich sein Eheleben gestaltet hatte, wußte man ja: ihm völligen Verzicht auf Frauengunst zuzumuten, fiel keinem Menschen bei; was man mit Sorge verfolgte, war nur, daß er so viele, so flüchtige Beziehungen knüpfte, daß er – auch in dieser Richtung minder vorsichtig und (minder) würdevoll geworden – seine Gunst Frauen zuwendete, welche dieselbe in einer seinem persönlichen Ansehen abträglichen Weise auszubeuten suchten ... Er hatte selbst in seinen gesunden Tagen, da er an den Adel der Menschennatur glaubte und selbst ein Mann von wahrhaft adeliger Denkweise war, von den Frauen nicht allzu hoch gedacht – und vollends nun, wo sich der sonst so klare Geist zu umdüstern begann.«

13. Kapitel

Graf Arthur Potocki

Aber auch Stephanie hatte längst eine heimliche außereheliche Liebe: den polnischen Grafen Arthur Potocki, den sie im Juni 1887 bei einer offiziellen Galizienreise kennenlernte. Damals wohnte das Kronprinzenpaar auch in Potockis Schloß in Krzeszowice, wo Rudolf einige Briefe datierte. Potocki, geb. 1850, war Witwer mit zwei kleinen Kindern. Stephanie hielt sich nun sehr häufig auf Reisen auf und kam selten nach Wien. In Briefen an ihre Schwester Louise Coburg schwärmte sie unter dem Namen »Ophelia« vom »Hamlet« Genannten: »Meine Sehnsucht nach ihm ist unsagbar.«[11]

Da kaum Aussicht bestand, daß der Hauptzweck dieser Ehe – ein männlicher Nachkomme – jemals erfüllt würde, mußte der Gedanke an eine Scheidung naheliegen. Stephanies Schwester Louise: »Es war in letzter Zeit gar kein Geheimniß, daß er die Ehe mit Stephanie zu lösen strebte und sich zu diesem Zwecke an den Papst wandte.«[12]

Wie der Anonymus des »Berliner Börsen Courir« berichtete, sei Rudolfs Wunsch nach Auflösung seiner Ehe »zur beherrschenden Idee« geworden: »Da er sich gleichzeitig eifrig mit den Bestimmungen des canonischen Rechts zu beschäftigen begann und die Rede oft auf jene Fälle lenkte, wo eine katholische Ehe gelöst worden, so nahm man an, daß er an eine Intervention des Papstes denke. Nebenbei sei bemerkt, daß der Kronprinz, obwohl im Allgemeinen trotz aller Aufgeklärtheit und seines darwinistischen Standpunktes ein guter Katholik, gleichwohl niemals ein Anhänger der Unauflöslichkeit der Ehe war, im Gegentheil oft, und zwar auch in jenen Tagen, da seine eigene Ehe noch recht glücklich war, bekannte, daß die starre Satzung oft zur Unmoralität führe und viele Menschen unglücklich mache, die sonst glücklich und sittlich leben könnten.« Das war die Meinung, die Rudolf von seinem Lehrer Adolf Exner bezogen hatte.

Es gab in den achtziger Jahren spektakuläre Ehescheidungen, die die Kir-

Der Weg nach Mayerling

che anerkannte, vor allem die Scheidung der Lady Hamilton vom Erbprinzen von Monaco. Die Hamilton heiratete danach Tassilo Graf Festetics, einen Jagdfreund Rudolfs. Über diesen ihm wohl vertrauten Fall äußerte sich Rudolf gegenüber dem Musiker Carl Udel: »Eine merkwürdige Geschichte, aber man kann darüber nicht sprechen. Es ist aber ein Beweis, daß man auch beim Papst mit Geld alles richten kann.«[13]
Die Scheidungsgerüchte waren im Januar 1889 so verbreitet, daß Außenminister Kálnoky den österreichischen Gesandten in Brüssel, Graf Rudolf Khevenhüller, beauftragte, »auf etwaiges Befragen dazu berufener Persönlichkeiten hier selbst [also in Brüssel] Gerüchte über seitens des Kronprinzen beabsichtigte Ehescheidung als unbegründet in Abrede zu stellen«.[14] Khevenhüller erklärte das spätere Dementi der Wiener Nuntiatur, die Scheidung betreffend, »als unglaubwürdig«. Da er ein enger Freund des Kronprinzen war, kann man dieser Aussage wohl Glauben schenken. Daß Rudolf wegen seines Scheidungswunsches an den Papst schrieb, dieser aber nicht ihm, sondern dem Kaiser antwortete und damit die große Krise Ende Januar 1889 auslöste, ist durchaus möglich, aber derzeit nicht zu belegen.
Die heftigsten Angriffe gegen den Kronprinzen stammten von den Antisemiten, die sich in diesen Jahren in zwei großen neuen Parteien zusammenfanden, die die Straße beherrschten: einerseits die Christ-

So stellte sich der Zeichner Gause die kaiserliche Familie 1888 vor. Von links: Kaiserin Elisabeth, Marie Valerie, Stephanie, Rudolf, Erzsi, Kaiser Franz Joseph

lichsozialen unter Baron Vogelsang, dem bald in Wien der weit erfolgreichere Karl Lueger folgte, und andererseits die Alldeutschen rund um den Bismarck-Verehrer Georg Ritter von Schönerer. Er propagierte den Anschluß der deutschsprachigen Gebiete Österreichs an das deutsche Reich, sah in den Hohenzollern die wahren Herrscher aller Deutschen und griff das multinationale Habsburgerreich bei jeder Gelegenheit an.

Für beide Parteien war Rudolf ein »Judenknecht«, denn seit jeher trat er unmißverständlich gegen jede Diskriminierung der Juden ein. Auch Szeps gegenüber sprach er sich schon in der ersten Begegnung *in der unzweideutigsten, stärksten und lebhaftesten Weise* gegen den Antisemitismus aus: *was will man von den Juden? Sie zahlen ihre Steuern, und die Berichte, die wir aus Bosnien und der Herzegowina haben, konstatiren, daß sich in dem dortigen Corps über achthundert Juden befinden, deren militärische Konduite eine tadellose ist und daß von den einberufenen Reserveoffizieren die Juden sich besonders hervorgethan haben, so daß der Prozentsatz derjenigen, die zu Auszeichnungen vorgeschlagen sind, ein ihrer Zahl nach bedeutend höherer ist. Wer seine Pflichten in einem Staat erfüllt, der hat auch allen Anspruch auf den Schutz desselben.*[15]

Bei allen möglichen Gelegenheiten (es sei nur an seine Äußerungen über die Juden in Palästina erinnert und an seine Parteinahme für die religiösen Minderheiten in der Schulgesetzdiskussion) sprach sich Rudolf eindeutig für den besonderen Schutz der Minderheiten, eben auch der Juden, durch den Staat aus. Auch einer der entschiedensten Artikel im »Neuen Wiener Tagblatt« gegen antisemitische Wirren in Ungarn stammt mit großer Wahrscheinlichkeit aus Rudolfs Feder:

Man wüthet, wie man nur wüthen kann, wenn angeborene Barbarei, angeborene Gesetzlosigkeit mit Racenhaß und Religionshaß in Verbindung treten ... Wenn man sieht, wie selbst Juden, welche unbedingt nützliche Faktoren des geschäftlichen Lebens sind, welche zur Hebung der gesellschaftlichen Wohlfahrt redlich das Ihrige beitragen, unter dem Religions- und Racenhaß, unter unausrottbaren Vorurtheilen leiden müssen; wenn man wahrnimmt, wie es den guten Ton und den Anstand nicht verletzt, unaufhörlich in der Judenfrage herumzuwühlen, dann muß man sagen, daß Ungarn seine Verantwortlichkeit nicht allein trägt, daß viele Faktoren außerhalb Ungarns diese Verantwortlichkeit mit ihm theilen. Dem Judenhaß steht der Markt offen, die Juden sind schutzlos allen Angriffen preisgegeben, selbst in Staaten, wo man sonst die öffentliche Meinung strenge bevormundet. Ungarn allerdings ist jetzt in einer wirklich unglücklichen Lage. Ein Theil der ungarischen Bevölkerung ist wie vom Rausche erfaßt; eine Art von Geistes-Epidemie hat das Volk ergriffen, und es ist sehr traurig, wenn man zu Bajonetten und Flintenschüssen seine Zuflucht nehmen muß, um eine solche Epidemie zu beseitigen ... Wir werden nicht an die Gefühle der Humanität appellieren; aber schließlich wird man doch einsehen, daß es eine harte Sache ist, wenn Familienväter mit ihren Frauen und Kindern Nachts aus ihrer Wohnung flüchten müssen, um nicht einer bestialischen Wuth zum Opfer zu fallen, und wenn sie es nicht wagen dürfen, ihre zerstörten und geplünderten Wohnungen aufzusuchen. Das wird doch Jeder wissen, daß es in der Pflicht eines geordneten Staates liegt, Leben und Eigenthum zu schützen. Die Dinge in Ungarn wären nicht so weit gekommen, wenn alle dazu berufenen Faktoren von jeher ihre Pflicht gethan hätten. Aber man hat von einflußreicher Seite den Racenhaß unterstützt und gefördert und hat so das Verderben heraufbeschworen.[16]

Zum Ärger des Hofes befanden sich in Rudolfs engster (freilich nicht offizieller) Umgebung unverhältnismäßig viele Juden: der Bankier Moritz Hirsch, der Industrielle Emil Kuranda, die Schriftsteller Karl Emil Franzos, Joseph Weilen, Friedrich Kraus, die Mediziner Moritz Benedikt und Emil Zuckerkandl, die Journalisten Moriz Szeps, Berthold Frischauer, Gyula Futtaky, Max Falk (wahrscheinlich auch Cohn d'Abrest und Bresnitz) und nicht zuletzt Johanna Wolf, was für Antisemiten jeglicher Couleur eine Provokation war.

Im einzigen bekannt gewordenen Brief an Futtaky verteidigte sich Rudolf 1884 gegen die Anschuldigung, Antisemit zu sein: *Ich will persönlich nicht in die Arena dieses so ekelhaften Kampfes treten, und bei dem Charakter dieser Hetze läßt es sich erwarten, daß sie selbst eine Entgegnung dazu benützen würden, meinen Namen noch mehr in ihre Debatten hinein zu ziehen. – Falls Sie es aber für gut finden, einen Artikel in ein Pester Journal einrücken zu lassen ... bitte ich Sie dies zu thun. – Wenn später derlei Verleumdungen noch zunehmen sollten, ließe sich immerhin energischer auftreten, doch der Schritt müßte wohl erwogen werden, denn ein Antisemit ist an mancher maßgebender Stelle noch lieber gesehen als ein aufgeklärter, toleranter Liberaler.*[17]

13. Kapitel

Mit *mancher maßgebender Stelle* war bei Rudolf stets der Kaiser gemeint, dessen Meinung zu dieser Sache aus dem Tagebuch der Erzherzogin Valerie ersichtlich ist: »Man sprach von Judenhaß da sagte Papa: Ja ja man tut natürlich alles, um die Juden zu schützen, aber wer ist eigentlich kein Antisemit.«[18]
Das lawinenhafte Anschwellen des politischen Antisemitismus in Wien in den achtziger und neunziger Jahren sei durch einige Zahlen aufgezeigt: 1885 bekam der erste antisemitische Kandidat in Mariahilf nur 41 Stimmen. Zehn Jahre später standen im Wiener Gemeinderat 74 Liberalen schon 64 Antisemiten gegenüber. Ende 1895 zogen 91 Antisemiten im Wiener Rathaus ein gegenüber nur 46 Liberalen.[19] Die Liberale Partei, als deren Anhänger sich Rudolf immer noch bekannte, wurde geradezu aufgerieben. Antisemitismus und Nationalismus vielerlei Färbung beherrschten die öffentliche Szene.

Zu einem skandalösen Ausbruch des Schönerer-Antisemitismus kam es im März 1888, als Wiener Blätter einige Stunden zu früh Extrablätter über den Tod Wilhelms I. druckten und verkauften. Schönerer stellte die peinliche Angelegenheit so dar, als wollten die Wiener »Judenblätter« die Ehre des christlichen deutschen Kaisers Wilhelm beschmutzen und auf seine Kosten Geschäfte machen. In den Abendstunden drang Schönerer mit einigen Begleitern in die Redaktion des »Neuen Wiener Tagblatt« ein und verprügelte die dort arbeitenden Redakteure.
Daß die betreffenden Zeitungen keineswegs aus Abneigung gegen den von Schönerer als seinen wahren Kaiser verehrten Wilhelm I. gehandelt hatten, sondern einfach einer falschen Information aufgesessen waren, verursacht durch den langen Todeskampf des 91jährigen, wird aus Rudolfs Brief an Stephanie klar, der die Ereignisse dieses Tages zu einem ironischen Sketch über das Wiener Volksleben verarbeitete:
Von gestern auf heute war hier große Hetz. Um sieben Uhr kam die Todesnachricht aus Berlin; in Berlin werden Extrablätter aufgegeben, ganz Berlin glaubte an den Tod, der Alte muß durch einige Zeit scheintod gewesen sein. Hier versprengten die Korrespondenten aller Blätter die Nachricht, es wurden um neun Uhr schon Extrablätter mit schwarzem Rand ausgetragen, große Bewegung in der Stadt. Frischauer, Szeps kamen zu mir, ich sandte, der erste, die Nachricht auf den

Ballhausplatz, wollte soeben mein Beileidstelegramm loslassen, als im letzten Moment Szeps mit dem Telegramm kam. Alles falsch, der Kaiser lebt. Um Konfusion zu verhüten, lief ich zum Kálnoky hinüber, der eben im Begriff war, die falsche Todesnachricht auszusprengen. Um 12 Uhr noch viel Bewegung. Um 12 einhalb unternimmt Schönerer mit seinen Kumpanen einen Raubzug in die Zeitungsredaktion, Du wirst das im heutigen Abendblatt lesen. Heute wirkliche Todesnachricht, auf der Börse Hausse, warum, das weiß kein Mensch.
Die Stimmung im Publicum war kostbar, wie immer. Gestern abends große Hetze, nicht teilnahmvoll gerührt, sondern eben nur Hetz, wie die Nachricht kam, er ist nicht tot, hieß es allgemein: Das ist fad, der foppt einen noch beim Sterben; wie die Telegramme kamen, er hat in der Nacht noch gegessen und Champagner getrunken, war hier Heiterkeit, die richtige Todesnachricht nahm man indifferent auf, eher in der Stimmung: Gott sei Dank, jetzt hat man Ruh mit diesen ewigen Nachrichten. Schönerer-Skandal belustigt momentan, und noch mehr hat dem Interesse an dem Tod des Kaisers Wilhelm der große Brand am Bauernmarkt geschadet, der sehr merkwürdig war, da die Stiege einstürzte und die Damen im Hemd in das Sprungtuch springen mußten. Und Pintscher, Möpse und andere Verreckerln durch den Rettungsschlauch gerettet wurden, als ob sie die wichtigsten Persönlichkeiten wären. Das ist halt weanerisch, weanerisch, weanerisch und hat an Schan, aber an eigenen Schan! Das Lied ist sehr wahr und richtig, das hab ich in den letzten zwei Tagen wieder gesehen.[20]
Schönerers nächtlicher Überfall auf die »jüdische Pressemeute« hatte eine Gerichtsanklage zur Folge. Da er Reichsratsabgeordneter war, mußte er vom Parlament »ausgeliefert« werden, um vor Gericht angeklagt werden zu können. Rudolf setzte sich vehement für eine solche Auslieferung ein, und zwar bei Chlumecky, der zu dieser Zeit zweiter Vizepräsident des Abgeordnetenhauses war. Rudolf an Stephanie: *Um 5 einhalb war Chlumecky bei mir, den ich reden mußte wegen der Auslieferung Schönerers durch das Parlament an das Gericht. – Diesmal dürfte die Canaille politisch und sozial umstehen.*[21]
Das Urteil gegen Schönerer lautete auf vier Monate Kerker und Verlust des Adels und wurde als »Justizmord« empfunden, nicht nur bei seinen engeren Anhängern, sondern auch bei den anderen Antisemiten und Antiliberalen, die nun aus Schönerer einen Märtyrer und ein

13. Kapitel

Mit diesem Gefängnisfoto machte Schönerer höchst wirksame politische Propaganda für sich und seine alldeutsche Partei

Opfer der Judenzeitungen machten. Demonstrationen nie dagewesenen Ausmaßes mit den Schlachtrufen: »Hoch Schönerer!«, »Nieder mit den Juden!« erschütterten das öffentliche Leben Wiens, das sich gerade zu einem patriotischen Fest vorbereitete: der Enthüllung des neuen Maria-Theresien-Denkmales an der Ringstraße zwischen den Hofmuseen. In den Zeitungen wurde die große Vergangenheit Österreichs beschworen, im »Wiener Tagblatt« auch dezent auf den großen ehemaligen Feind Preußen und auf das Bündnis des Fürsten Kaunitz mit Frankreich hingewiesen. Es wurde viel von der Einheit des Staates geschrieben, von der Unabhängigkeit, dem Glauben an eine glückliche Zukunft, vor allem von der Stärke des dynastischen Gefühles in der Bevölkerung und ihrer Liebe zum Vaterland.

Am Abend vor der feierlichen Enthüllung des Denkmals organisierten die Antisemiten, unter ihnen der spätere Wiener Bürgermeister Dr. Karl Lueger, eine Ovation für den vor Gericht schuldig gesprochenen Schönerer vor dessen Wohnung bei der Bellaria, also unweit des noch verhüllten Denkmals. Viele Demonstranten trugen Kornblumen im Knopfloch, die Lieblingsblume Kaiser Wilhelms I., sie trugen schwarz-rot-goldene Bänder, die deutschen Farben des Jahres 1848, sie grölten immer wieder dasselbe Lied: »Die Wacht am Rhein.«

Nach der Ovation für Schönerer setzte sich der Zug, angeführt von deutschnationalen Couleurstudenten, in Richtung Maria-Theresien-Denkmal in Bewegung, die ganze Breite der Ringstraße einnehmend, lärmend, alles mit sich reißend. Auch dort, vor dem noch verhüllten Denkmal der Größe und Vaterlandsliebe Österreichs, sangen sie ihr

Der Weg nach Mayerling

Glaubensbekenntnis, die »Wacht am Rhein«, und forderten den Anschluß der deutschsprachigen Länder der Habsburgermonarchie an das Deutsche Reich.

Der Zug bewegte sich bis zum Opernring. Unter den vielen Wagen, die an diesem Abend von der Demonstration am Weiterfahren gehindert wurden, waren auch zwei Hofwagen, und in einem von ihnen saß der Kronprinz. Eingekeilt zwischen lärmenden und johlenden Fanatikern, die Rufe »Nieder mit den Juden«, »Hoch Schönerer« und die »Wacht am Rhein« im Ohr, verließ Rudolf den bewegungsunfähigen Wagen und schlug sich zu Fuß bis zur Hofburg durch. Er hatte ein bemerkenswertes Lehrstück der österreichischen Politik erhalten, das so gar nicht mit dem übereinstimmte, was er sich erträumt hatte.

Es ist durchaus möglich, daß Rudolf, der ja außergewöhnlich furchtsam war, die Bedeutung dieser Demonstration überbewertete und daß sich durch dieses Erlebnis seine Angst vor einem Zerfall des Reiches,

Das Kaiserpaar bei der Enthüllung des patriotischen Maria-Theresia-Denkmals zwischen den Hofmuseen. Die schwarze Dame links ist Kaiserin Elisabeth. Franz Joseph mit Federbusch im Hintergrund

13. Kapitel

vor allem einem Überhandnehmen des »Anschlußgedankens« an das Deutsche Reich, noch steigerte. Kurz vorher war er wieder als Judenfreund angepöbelt worden. Sein Haß auf die fanatisierten Massen um Schönerer, aber auch auf die antisemitischen Christlichsozialen, wurde immer größer.

Die welfisch-partikularistischen »Hessischen Blätter« erwähnten diesen Zwischenfall wenig später und betonten, »daß den Kronprinzen die Deutschthümelei im österreichischen Lager viel stärker afficirt als seinen Vater. Die Thatsache, daß er bei dem bekannten Schönerer-Skandal von der ›Wacht am Rhein‹ umsungen und aufgehalten wurde, soll ihn heftig alterirt haben, und direct auf seine sofortige Beschwerdeführung beim Kaiser führt man das Einschreiten gegen diese nationalpatriotischen Excesse zurück.«[22]

Beim feierlichen Familiendiner nach der Enthüllung des Denkmals machte Elisabeth wieder Valeries baldige Verlobung mit Erzherzog Franz Salvator zum Thema. Als Rudolf die mangelnde Bildung des jungen Mannes kritisierte, sagte Elisabeth: Es sei »allerdings wahr, dass der Österreicher in der Heimat nie reife, dass also auch sie es wünschte, könnte Franz in Deutschland studieren.« Entsetzt antwortete Rudolf: *Deutschland geht nicht – aber z. B. die Artillerieschule in Woolwish – das ginge.*[23] Die Episode zeigt, wie ahnungslos und uninteressiert die Kaiserin an allem war, was Rudolf betraf. Von ihr war keinerlei Hilfe zu erwarten.

Die »Klerikalen« bekannten sich nun offen als Schönerers Sympathisanten, so etwa die katholische Zeitung »Österreichischer Volksfreund«: »wir glauben gewiß Herrn v. Schönerer unvergleichlich mehr als jener ekelhaften, heimtückischen Schlange, genannt Judenpresse, die sich am Busen der Arglosen nährt und wärmt, um wenn sie ihren Zweck erreicht hat, sie mit ihrem Giftzahne zu vernichten. Wir, die wir in der Erhaltung der christlichen Monarchie auch die Gewähr für die Existenz der christlichen Völker erblicken, wir haben diejenigen, die für beides zu sorgen berufen sind, oft und oft darauf aufmerksam gemacht, welche Gefahren in der ungeheuren Machtfülle des internationalen jüdischen Kapitales für Thron und Staat gelegen sind.«[24]

Die liberale Presse warf der Taaffe-Regierung vor, nichts gegen die Antisemiten zu unternehmen. Die »Neue Freie Presse« wurde sofort konfisziert, da sie schrieb: »Niemals ist ein Laut vernommen worden, welcher zeigen würde, daß auf den Höhen der politischen Gewalt die giftigen Beleidigungen gegen eine Confession mißbilligt werden, deren Angehörige durch mehr als dreißigtausend Menschen in der Armee vertreten sind, welche der allgemeinen Noth gerade so unterworfen ist, wie andere Kinder der Erde, die längst praktisch von den meisten öffentlichen Stellen ausgeschlossen worden ist und schwer seufzt unter der traurigen Bürde eines historischen Fluches. Graf Taaffe blieb still, und die Lippen öffneten sich leider auch nicht, als durch eine häßliche Szene in den Straßen das Vaterland beleidigt wurde.«

Als Drahtzieher hinter den antisemitischen Aktionen wurde in diesem Artikel Prinz Alois Liechtenstein genannt, eine Meinung, die auch Rudolf und Szeps immer wieder äußerten. Der Koalition zwischen Antisemiten, Deutschnationalen, Feudalen und Katholiken, versuchte die »Neue Freie Presse« Argumente entgegenzustellen: »Katholizismus und Antisemitismus schließen sich grundsätzlich aus«,[25] was jedoch auf Unverständnis stieß.

Rudolfs Lage wurde 1888 zusehends schwieriger. Als in Graz ein Burschenschaftler und Schönerer-Anhänger zu elf Monaten Kerker verurteilt wurde, weil er den Kronprinzen als Judenfreund beschimpft hatte, brachte das diesem neue Angriffe ein. Im Herbst wurde auch die Bekanntschaft Rudolfs mit Baron Hirsch öffentlich an den Pranger gestellt: Rudolf hatte in Wien ein Treffen des Barons mit dem englischen Thronfolger arrangiert, der dringend ein privates Darlehen von Hirsch brauchte. Die Zusammenkunft der beiden Thronfolger mit dem jüdischen Bankier wurde im »Wiener Tagblatt« ganz offiziell bekanntgegeben – wahrscheinlich eine Bedingung Hirschs für das Darlehen. Damit galt der »Türkenhirsch« zwar nicht als hoffähig, doch als gesellschaftsfähig für zwei Thronfolger.

Die Wiener Antisemiten entfachten nun, als auch noch Moritz Hirsch in der nächsten Umgebung des Kronprinzen auftauchte, einen wilden Sturm. Wegen der scharfen Zensur bei negativen Äußerungen über Mitglieder des »allerhöchsten Kaiserhauses« konnte Rudolfs Name nicht direkt genannt werden. Aber man wußte schon, wer gemeint war mit folgenden Sätzen in Schönerers »Unverfälschten Deutschen Worten«: »Was in Wien die Spatzen von den Dächern pfeifen, was jedem echten Ostmärker das Herz bedrückt, soll hier nicht ausgesprochen werden – wer aber mit Baron Hirsch Arm in Arm das Jahrhundert in die Schran-

ken fordert, muß sich *üble Nachrede* gefallen lassen«, und unter der Überschrift: »Adel verpflichtet – zum Judenknecht« stand: »Daß ungezählte Thränen an diesem Gelde hängen, stört weder Ehren-Hirsch, noch seine hochadeligen Gäste. Nicht geadelte Juden, sondern Österreichs und Frankreichs *alter Adel*, die Träger historischer Namen, sie buhlen förmlich um die Gunst eines Mannes, mit dem sich ein ehrlich denkender Bürger nicht zu Tische setzen würde.«[26]
Neben Schönerers »Unverfälschten Deutschen Worten« hatte im Herbst ein neues Antisemitenblatt, Verganis »Deutsches Volksblatt«, ungeheuren Erfolg. Schon in der Probenummer sparte es nicht mit gehässigen Angriffen auf Rudolf und seine jüdischen Freunde, ausgehend von der Zeit der Türkenlose: »Schamröthe muß jedem ehrlichen Bürger ins Gesicht steigen, wenn er erfährt, wie Männer, deren volltönender Name geachtet war im Volke, und deren volksfreundliche, mit dem Brusttone der Überzeugung herausgeschmetterte liberale Phrasen den Widerhall stürmischer Begeisterung weckten, mit hohler Hand und krummem Rücken dem Finanzbaron sich nahten, um sich mit Hunderttausenden einkaufen zu lassen. Mit hastiger Gier wurde der Judaslohn des Volksverrathes in die Taschen gesteckt, und dann klang es jubelnd: Hoch Baron Hirsch!«[27]
In diesem aufgehetzten Klima scheiterte der wohlgemeinte Plan des »Türkenhirsch«, mit einer Millionenspende für christliche und jüdische Kinder Galiziens die Rassenschranken zu mildern. Im Gegenteil: er rief nichts als Hohn hervor.
Das Selbstvertrauen der Christlichsozialen äußerte sich im Dezember 1888 beim 70. Geburtstag ihres Parteigründers Baron Karl Vogelsangs vernehmlich mit einer Glückwunschadresse von nicht weniger als 10 000 Unterschriften – alles für jenen Mann, der in der Berliner »Kreuzzeitung« kurz zuvor den Kronprinzen als Handlanger des Großjudentums angeprangert hatte.
Auch der Stern Dr. Karl Luegers ging in diesen Monaten auf, und zwar im erklärten Kampf der Klerikalen gegen die Juden, die Liberalen, die Freimaurer, die »Gottlosen«. Lueger hielt glänzende, agressive Reden auch im Wiener Dialekt, von Begeisterungsstürmen seiner Anhänger umrauscht: »Das Jahr 1889 wird eine Art Prüfstein sein für unsere Partei ... Wir dürfen nicht aufhören, Protest zu erheben gegen die Herrschaft der fremden Personen, der fremden Ideen; wir dürfen nicht

Der Weg nach Mayerling

Der Mann, der da sitzt hinterm Gitter,
Ist Schönerer, der deutsche Ritter.
Als Karl dies sah, er fröhlich lachte,
Und zum Parteiführer sich machte.

Karl Lueger nützte Schönerers Haft, um die deutschnationalen Antisemiten in das Lager der Christlichsozialen zu ziehen

Professor Eduard Sueß, Rektor der Universität Wien, weltberühmter Geologe und hochgeachteter liberaler Politiker

ruhen in der Wiederaufrichtung der christlichen Weltordnung. Im Jahre 1789 war die Revolution, im Jahre 1889 muß die Revision der Revolution eintreten, der katholische Priester muß wieder voran, er muß zeigen, daß er Führer des Volkes ist, daß das gesamte Volk hinter der katholischen Bewegung steht.«[28]

Luegers Hauptangriffsziel war damals gerade Eduard Sueß, liberaler Abgeordneter des Reichsrates, Rektor der Universität Wien, weltberühmter Geologe und Erbauer der ersten Wiener Hochquellwasserleitung und angeblich Halbjude, was Lueger zu Beschimpfungen veranlaßte: »Sueß, der Culturkämpfer, Sueß, der glaubte, er könne gleich Moses mit dem Stabe an den Felsen klopfen, um Wasser hervorzuzaubern, sich aber dabei ganz gewaltig irrte.« In diesem Ton ging es weiter: »kurz, er ist ein Mann, der alle Nationen frißt, nur nicht die Juden.« Vogelsang sekundierte im christlichsozialen »Vaterland«: »Bisher hat man über die Verjudung unserer Universität geklagt, von jetzt an wird man sich damit abfinden müssen, daß diese katholische Stiftung dem Antichrist dienstbar geworden ist.«[29]

Die liberalen Zeitungen, vor allem das »Wiener Tagblatt«, verteidigten Sueß und brachten ausführliche Auszüge aus seinen Reden. Der pro-

minenteste Fürsprecher für Sueß freilich war der Kronprinz. Er bat, als die Hetze auf dem Höhepunkt war, den Angefeindeten zu einem freundschaftlichen Gespräch zu sich in die Hofburg und ließ dies auch veröffentlichen, wiederum eine Kampfansage an die Antisemiten.
So affektgeladen auch die Begleitumstände dieser Unterredung waren, so harmonisch verlief sie. Sueß erzählte darüber, leider nicht auf den Inhalt der politischen Gespräche eingehend. »Der Kronprinz war heiter angeregt und vielleicht etwas blasser von Gesichtsfarbe, als man es bei jungen Männern zu sehen gewohnt ist. Das Gespräch kam zu meiner Einladung zur Teilnahme am Festkommers der Universität und seinem Bedauern, nicht erscheinen zu können, auf das Fest, von diesem auf die Universität selbst, dann auf des Kronprinzen Ehrendoktorat und seine Schriften, namentlich seine Schilderungen des Pflanzenwuchses und der Tierwelt der Donauauen, auf die Vorliebe der Römer für das Labyrinth von Wasseradern, auf die überhängenden Ranken von wildem Hopfen, auf die Schwierigkeit des Forschers, sich die Herrlichkeit des Gesamtbildes nicht verkümmern zu lassen durch das Studium des einzelnen. Dann wendete sich der Kronprinz der Tagespolitik zu. Voll der glücklichsten Eindrücke verließ ich den Raum.«[30]
Auch in einer anderen antisemitischen Hetzkampagne Ende 1888 nahm Rudolf demonstrativ Stellung: im Streit um Heinrich Heine. Kaiserin Elisabeth hatte sich als Heine-Verehrerin für die Errichtung eines Heine-Denkmals in Düsseldorf engagiert und eine sehr hohe Summe gespendet. Bis dahin beispiellose Kampagnen der deutschen Antisemiten bewogen Kaiser Wilhelm II., den Bau des Denkmals zu untersagen. Er stellte sich damit auf die Seite der Heine-Gegner. Anhänger Heines wurden als Vaterlandsverräter und Judenknechte verunglimpft. Schönerers »Unverfälschte Deutsche Worte« zeterten: »So muß von Heine hingegen gesagt werden, daß seine Werke einem bisher von Semiten und deren Anbetern ungebührlich verherrlichten, giftdünstenden Sumpfe zu vergleichen seien, den zu durchwaten nicht heilsam und in welchem sich das ekelhafte Gewächs und das abscheulichste Getier in Hülle und Fülle vorfindet. Bismarcks Reden – und Heines Werke; welcher Vergleich! Hier die kraftvollen Worte des größten Deutschen, dort boshafte Schnurrpfeifereien eines eitlen Tropfes; hier der Kämpfer und Retter des deutschen Vaterlandes, dort die vaterlandslosen, von Frankreich Geld nehmenden – Deutschland beschimp-

fenden Literaturjuden ... Weg mit diesem Schandfleck auf dem glänzenden Himmel unserer Literatur, die Gott sei Dank ohne Juden noch bestehen kann. Schänden wir nicht unsere Dichter damit, daß wir in unseren Bücherschränken auch die jüdischen Freiheitshelden, die liberaljüdischen Revolutionsmacher und Goethebeschimpfer haben, werfen wir sie hinaus, denn das sind nur Classiker für *jüdische* Bücherschränke, das sind die Erfinder der Charakterlosigkeit und der Gemütsheuchelei in der Literatur, um dieselbe der jüdischen Razzia auszuliefern.«[31]

Moriz Szeps verteidigte im »Wiener Tagblatt« den Dichter Heine und erwies der Kaiserin, die bei dieser Kampagne ständig im Mittelpunkt stand, seine Reverenz: »Ein Märchen schien's, daß man Heinrich Heine in unserer Zeit ein Denkmal errichten wollte, und ein Wunder war's, entzückend und begeisternd wie die Märchenwunder des Orients, daß hohe und edle Frauen dem Andenken des Dichters ihre Sympathien zuwendeten. Ein leuchtendes Beispiel wurde gegeben, damit der Glaube an das Ideal nicht verlösche ... Die Zeit ist nicht groß, ist nicht duldsam genug, um an einem Heinrich Heine das Unsterbliche zu ehren. Er soll und darf kein Denkmal in Deutschland finden, denn er war nicht – preußenfreundlich.«[32]

Diesen Artikel im Kronprinzenblatt prangerten Schönerers »Unverfälschte Deutsche Worte« als »Stilblüten jüdischer Selbsterhebung und Fälschung« an und gaben die Rede eines Antisemiten wieder, die in den Sätzen gipfelte: »Mögen Juden, Judenknechte sich für diesen schamlosen Juden begeistern, wir Deutschen wenden uns mit Abscheu von ihm ab ... Dieses Denkmal errichtet das Judenthum sich selbst, es ist eine freche Herausforderung, es ist ein Geßlerhut, den das Judenthum dem deutschen Volke aufrichten will.«[33]

Über Rudolfs Position in diesem Kampf gab es keinen Zweifel. Wieder fühlte er sich mit seinen jüdischen Freunden auf der Anklagebank. Wieder sah er sich als Gegenpol Wilhelms II., dessen großsprecherische Worte aus dem Jahre 1887 die Runde machten: Wenn er einmal darankomme, werde er nicht dulden, daß Juden in der Presse tätig seien! Auf den Einwand, das sei wegen der geltenden Gewerbeordnung nicht zu verhindern, wuße er nur zu sagen: »Dann schaffen wir die ab.«[34]

Daß nun auch Kaiserin Elisabeth in den üblen Streit hineingezogen wurde, erfüllte Rudolf mit Stolz und Freude. Nun endlich traute er sich, der sich ihm stets verweigernden, so fremden Mutter seine Ver-

13. Kapitel

Erzherzogin Marie Valerie und ihr Bräutigam Erzherzog Franz Salvator

ehrung und kindliche Liebe zu zeigen, voll Stolz, daß nun auch sie öffentlich auf der Seite der »Judenfreunde« stand: Er schickte Moriz Szeps im Dezember 1888 nach Paris, um dort von einem Heine-Verwandten Autographen des angefeindeten Dichters zu kaufen, und zwar zu einem horrenden Preis. Die elf Heine-Briefe wurden Rudolfs Weihnachtsgeschenk an seine Mutter und das in der Presse am meisten kommentierte Geschenk, das er jemals gemacht hatte.[35]
Ob die Kaiserin die schüchterne Huldigung ihres Sohnes würdigte, ob sie fühlte, wie sehr er um ihr Verständnis geradezu buhlte, wurden sie doch beide von denselben Leuten angegriffen, ist kaum wahrscheinlich. Allen Quellen zufolge war Elisabeth um diese Zeit vollauf mit Valerie, ihrer »Einzigen«, beschäftigt, deren Verlobung und dem bevorstehenden Trennungsschmerz von diesem ihrem Lieblingskind.
Selbst Rudolfs Zusammenbruch am Heiligen Abend 1888 konnte Elisabeth nicht dazu bewegen, sich um ihren kranken, verzweifelten und lebensmüden Sohn zu kümmern. Ihre Hofdame Gräfin Marie

Festetics erzählte dem Historiker Heinrich Friedjung: »Doch wußte die Kaiserin, wie der Kronprinz zerrüttet sei, anläßlich der Szene, die sich zu Weihnachten vor seinem Tode abspielte ... Am Weihnachtsabend ... führte die Kaiserin den Kronprinzen Rudolf seiner Schwester als Braut zu und sagte ihm, sie hoffe, er werde, wenn einmal die Eltern tot wären, sich seiner Schwester immer warm annehmen. Da fiel ihr der Kronprinz um den Hals und brach in ein langes, nicht zu stillendes Schluchzen aus, durch das sie tief erschreckt wurde. Es war das ein Vorzeichen der Katastrophe, die sich vorbereitete. Die Kaiserin und auch der Kaiser brachen in Thränen aus. Unmittelbar nach dieser Szene wurden die Gräfin Marie und die Adjutanten an den Weihnachtsbaum gerufen und fanden die Mitglieder des kaiserlichen Hauses noch verweint und gerührt ... Man legte auch seinen Äußerungen, daß es mit ihm zu Ende gehe, nicht die Bedeutung bei, die ihnen zukam und erinnerte sich ihrer erst später.«[36] Bei seiner Familie fand also der bereits schwer depressive Kronprinz keine Hilfe.

Treue Freunde bis zuletzt blieben allein diejenigen, als deren »Knecht« er in der Öffentlichkeit verhöhnt wurde: Szeps, Frischauer, Futtaky, Franzos, der väterliche Freund und Geldgeber Moritz Hirsch und viele andere. Sie beklagten mit ihm die verfahrene politische Lage wie Szeps: »Der Kampf verdichtet sich gewissermaßen. Jetzt wird man es in gewissen Regionen einsehen, was man gethan hat, indem man die Schönerer und Genossen förderte, dieselben so wie die Liechtensteiner, die schwarzen Anarchisten von dem Schlage der Meyer etc. heimlich unterstützte und vollständig gewähren ließ. Remorquirt vom Antisemitismus ist die deutsch-nationale Idee in Kreise eingedrungen, in welchen das patriotisch österreichische Gefühl seine durch die Tradition gefestigte Basis hatte. Um die liberale Partei zu entwurzeln, um sie zu spalten und die Opposition derselben unschädlich zu machen, hat man jene Elemente gewähren lassen, hat man schadenfroh zugesehen, wie das Übel krebsartig um sich griff, nicht bedenkend, daß der Krebs nicht still steht, daß er nicht bloß das Gewebe zerstört, in welchem er zuerst sich einnistet, sondern daß er dann weiter um sich greift.«[37]

In seiner Verzweiflung und Resignation, dann wieder seinem fanatischen Patriotismus der letzten Lebensmonate war sich der Kronprinz selbst der größte Feind. Er lud Schuld auf sich, die wenige Jahre vor-

her noch undenkbar gewesen wäre, so in der Affäre um Engelbert Pernerstorfer. Der spätere Sozialist war 1888 noch ein engagierter Deutschnationaler und Habsburggegner. Das »Wiener Tagblatt« griff ihn deshalb immer wieder an, vor allem im Februar 1888, als er im Abgeordnetenhaus das Wort vom »bornierten österreichischen Patriotismus« fallen ließ. Außerdem wies er unter dem Schutz der Immunität auf die Verwilderung der Sitten in der höchsten Gesellschaft hin mit folgenden Einzelheiten, freilich ohne Namen zu nennen:
»Mir ist eine Geschichte bekannt von einem sehr jungen und sehr hohen Herrn, der mit seinen Kameraden, lauter hohen Herrn, auch sehr jungen Herren, nach einem wüsten Gelage diese seine Freunde in das Zimmer seiner Frau führen wollte. Weiter ist mir die Geschichte bekannt von einem sehr jungen, sehr hohen Herrn, der mit seinen Kameraden, lauter fürstliches Blut, dahinstürmte auf den Pferden auf einem weiten Felde, wo sie von fern einen Leichenzug sahen, den sie stillzustehen zwangen, und all dies edle Fürstenblut machte sich ein Vergnügen daraus, über den Sarg hinüberzuspringen. Da ist mir weiter eine Geschichte bekannt aus einer Stadt, die freilich keine Universität besitzt, aber eine Kavalleriekaserne, wo junge Herren etwas getan haben, was vielleicht dem Herrn Unterrichtsminister bekannt ist; wenn sie ihm aber nicht bekannt ist, dann möge er sich erkundigen und die patriotische Entrüstung, welche der Herr Unterrichtsminister jederzeit zur Verfügung hat, wird deswegen nicht geringer werden, weil die Stellung eines dieser Männer eine verflucht hohe ist. Wenn man diese beglaubigten Beispiele, die man in ganzen Kronländern weiß, vorführt, dann wird man mit Berechtigung von der Verrohung und der Verwilderung sprechen können; das ist aber nicht die bürgerliche Jugend, nicht die Jugend des gemeinen Volkes, das ist eine sehr vornehme Jugend.«[38]
Zur Erläuterung: die Schlafzimmergeschichte zielte auf Erzherzog Otto, der nach einem Gelage seine Zechkumpane in das Schlafzimmer seiner berühmt frommen Frau geführt hatte, um ihnen, wie er sagte, »eine Klosterschwester« zu zeigen.«[39] Auch mit der Affäre in der Kaserne war Otto gemeint, eine üble und heute schwer aufzuklärende Geschichte eines Zechgelages in Enns, bei der ein Unteroffizier der Dragoner starb.[40] Die Affäre mit dem Sarg schließlich ging auf das Konto von Ottos älterem Bruder, Erzherzog Franz Ferdinand, dem späteren

Der Weg nach Mayerling

Thronfolger. Alle drei Geschichten kursierten im Tratsch, gelangten aber wegen der strengen Zensur in keine Zeitung.

Daß Kaiserin Elisabeth über die Untaten der Erzherzöge ein wütendes Gedicht verfaßte, konnte Rudolf nicht wissen. Das lange Gedicht schließt mit der »Moral«:

> »Ihr lieben Völker im weiten Reich,
> So ganz im Geheimen bewundre ich Euch:
> Da nährt ihr mit eurem Schweisse und Blut
> Gutmütig diese verkommene Brut.«[41]

Zehn Jahre früher, unter Mengers Einfluß, hatte Rudolf selbst die Mißstände des adeligen Lebens kritisiert und ihnen die Tugenden des Bürgertums entgegengehalten. Sei es, daß er in dieser Rede einen willkommenen Anlaß sah, gegen den wegen seiner deutschnationalen Reden gehaßten Pernerstorfer aufzutreten, sei es aus Solidaritätsgefühl mit den in diesen Jahren häufiger in seiner Gesellschaft zu findenden Vettern – jedenfalls mischte sich Rudolf, der ja persönlich gar nicht angesprochen war, in diese fatale Angelegenheit ein. Er verabredete mit Erzherzog Otto (»Bolla«), Pernerstorfer verprügeln zu lassen, so wie es Prinz Wilhelm mit dem Liberalen Eugen Richter hatte machen wollen. Zehn Tage nach seiner Rede im Abgeordnetenhaus wurde Pernerstorfer in seiner Wohnung von zwei ihm unbekannten Männern überfallen und mit Stöcken geschlagen, aber nicht schwer verletzt. Die Krone der Geschmacklosigkeit war, daß Moriz Szeps im »Wiener Tagblatt«, über die Hintermänner des Anschlages bestens informiert, versuchte, den Verdacht auf die mit Pernerstorfer zerstrittenen Schönerer-Anhänger zu lenken.

Die Täuschungsmanöver mißlangen. Rudolf schrieb an Stephanie, die, wie man sieht, in die ungute Geschichte eingeweiht war: *Die Polizei hat mir schlechte Stunden bereitet, sie haben die Spuren entdeckt und auch das Regiment, von welchem die Prügel ausgegangen sind. Die Leute konnten sie nicht finden, denn wir haben den einen in Südungarn, den anderen in der Herzegowina angebaut. Es hat meine ganze Frechheit und Findigkeit dazugehört, um mich und Bolla aus allem zu salvieren. Jetzt sind wir wieder ganz in Sicherheit.*[42]

Doch Pernerstorfer sprach in einer geheimnisvollen Rede einen Monat später vom »Besuch zweier Strolche aus der besseren Gesellschaft«

und meinte: »Gewisse Dinge, so scheint es, dürfen nicht aufgehellt werden ... Ich habe bis jetzt darüber niemals gesprochen, weil es mich anwidert, über persönliche Dinge zu sprechen, aber, meine Herren, es gibt auch Leute, die gesagt haben: ›ja, Sie wissen nicht, wer die Leute sind? Die Polizei weiß das ganz genau.‹«[43]

Die Gerüchte um eine Beteiligung des Kronprinzen an der Affäre Pernerstorfer zogen weite Kreise. Nicht nur die Deutschnationalen, auch die Antisemiten und die Christlichsozialen sahen darin einen Anlaß, um publizistisch gegen den ihnen verhaßten Kronprinzen vorzugehen. Da sie das aber in Österreich nicht tun konnten, verlegten sie den Kampf ins Ausland, nach Paris und Berlin.

Im Oktober 1888 erschien in Paris ein neues Buch des bekannten französischen Antisemiten Edouard Drumont: »La fin d'un monde.« Im Vorwort ging Drumont unvermittelt auf österreichische Verhältnisse ein und tadelte, daß Österreich-Ungarn »noch verjudeter« als Frankreich sei. »Keine Hoffnung auf Erholung scheint für diese Monarchie möglich, die in Verwesung fällt. Irregeführt durch schlechte Ratgeber, führt der Thronerbe Erzherzog Rudolf, ein schändliches Leben.« Dann zitierte Drumont ausführlich die Rede des »Antisemiten« Pernerstorfer mit den Schandtaten der Erzherzöge Otto und Franz Ferdinand, und zwar so, daß der Leser glauben mußte, der Kronprinz sei gemeint gewesen. In einer Anmerkung hieß es außerdem: »Statt sich bei Pernerstorfer zu bedanken, daß dieser ihm die Unwürdigkeit seines Verhaltens zeigte, wollte Erzherzog Rudolf den energischen Redner halbtot schlagen lassen.«

Ganz massiv wurde Rudolfs Privatleben angegriffen: »Die Prinzen scheinen es sich heute zur Aufgabe gemacht zu haben, das Werk der Revolution zu verrichten und jedes Gefühl von Achtung und Liebe im Volk zu zerstören. Nach einigen Jahren verließ Erzherzog Rudolf seine Frau und lebte öffentlich mit einer Jüdin namens Stern, die einen Knaben gebar am selben Tag, als Kronprinzessin Stephanie eine Tochter bekam. Wen wundert es also, daß die Sympathien des Volkes sich von diesem Prinzen abgewendet haben, der seine Laster so ohne jede Scheu zur Schau trägt?«

Nicht um den Kronprinzen zu entschuldigen, sondern um die Wut verständlich zu machen, die dieser Hinweis auf sein Privatleben auslöste, sei erwähnt, daß eine Dame namens Lina Stern im September 1887 versucht hatte, Rudolf zu erpressen, und zwar mit einer Affäre, die vor der Ehe mit Stephanie bereits beendet war. Der zwölf Seiten lange Brief Lina Sterns kam 1961 in den Autographenhandel und ist leider nur bruchstückhaft bekannt:

»South Kensington, 17. 9. 1887
Mein lieber Rudolf. Ich schreibe nur einige Zeilen, sie sind von großer Wichtigkeit. Ich hatte im Jahre 78–80 das Vergnügen, mit Dir bekannt zu sein. Detektive erforschen mein Vorleben und wollen es in die Öffentlichkeit und Zeitungen bringen, worin Du natürlich stark vertreten und compromittiert sein würdest. Es wird mir nicht gelingen, es zu verhindern. Ich wende mich daher an meinen durchlauchtigsten Kronprinzen, welchem es gewiß nur einen Wink kosten würde, die Aussagen zu widerrufen, sonst wird in London und Wien ein großer Skandal entstehen.«[44]

Rudolf hatte den Brief an Bombelles weitergegeben, der finanzielle Dinge dieser Art für ihn erledigte, und sich ansonsten nicht mehr darum gekümmert: *Beiliegenden Brief fand ich heute bei meiner Rückkehr aus Siebenbürgen. Erst nach langem Nachdenken entdeckte ich von wem er stammt. Die erste Lüge, wo sie sagt, ich wäre von 1878 bis 1880 mit ihr gewesen, brachte mich auf die falsche Fährte. Im October 1878 gieng das Verhältnis eigentlich auseinander, dann sah ich sie noch einigemale; seit December 78 aber, das sind fast 9 Jahre her, habe ich sie mit keinem Auge mehr erblickt, nicht einmal auf der Gasse begegnet. Ich halte die ganze Sache für eine gemeine Erpressung.*[45]

Bald gab es Angriffe wegen einer angeblichen Liebschaft mit einer weiteren Jüdin: Annie Kuranda, der schönen Frau des Industriellen Emil Kuranda. Dieser machte in dieser Zeit den Adria-Kurort Abbazia (heute Opatja) zum Treffpunkt der mondänen Welt, baute Luxushotels (»Stephanie«) und verstand es, das Kronprinzenpaar für den Ort zu begeistern. Abbazia galt zwar als elegant, aber »jüdisch«. Erzherzog Franz Ferdinand etwa schimpfte über »dieses eckelhafte Judenaquarium Abbazia, eingekeilt zwischen Slawen und Irredentisten«.[46]

Rudolf liebte es, sich in Abbazia zu erholen, und kam prompt ins Gerede, und zwar derart: »Jedenfalls bewirkte bei den alten Bekannten des Kronprinzen in Abbazia und Fiume sein freundschaftlicher Verkehr mit den anrüchigsten Presse- und Finanzjuden schließlich nicht weniger bittere Enttäuschung als sein mit lächelndem Zynismus öffentlich zur Schau gestelltes intimes Verhältnis zu einer Vollblutjüdin, der üppigen Gattin eines widerlich hebräischen Generaldirektors aus Fiume«,⁴⁷ womit Annie Kuranda, geborene Frankfurter, gemeint war. Die Aufregung in Abbazia war groß. Rudolf schrieb an Bombelles: *Was die Familie Kuranda betrifft, können Sie sich ganz beruhigen und die lieben, guten Nebenmenschen werden sich auch allmählich ausgeschnäuzt haben. Mit ihm Kuranda hatte ich zu thun; auf ungarischen Wunsch hin nahm ich mich für die »Adria« an, selbst hier am Ballplatz; durch ihn lernte ich sie, durch sie ihre Schwester Gusti kennen, durch mich machte Fritz* [Erzherzog Friedrich] *die Bekanntschaft dieser ganzen Gesellschaft. Da ich wegen meiner Augen nicht jagen durfte, und mich in Abbazia sehr langweilte, ging ich mit den Kurandas viel um, die mich recht gut unterhielten. Wir speisten einmal mit ihnen und promenirten zusammen und spielten bei ihnen Roulette. Weder Fritz noch ich haben mit Madame Kuranda und Schwester einen Fehltritt begangen, das kann ich mit meinem Wort verbürgen. Mit hochgehobener Stirn und meinem alten Selbstbewußtsein werde ich in wenigen Tagen nach Abbazia kommen. Sowohl Stephanie als auch Isabelle* [die Gattin des Erzherzogs Friedrich] *wißen jeden Schritt, den wir damals mit den Kurandas gemacht haben und lachten uns viel aus über unsere Judenbekanntschaften.*⁴⁸

Nicht so sehr die Tatsache, daß der Kronprinz ein untreuer Ehemann war, war bei dieser Tratscherei wichtig, sondern einzig und allein, daß es eine »Vollblutjüdin« war, mit der er sich offenbar gut unterhielt. Daß möglicherweise mehr an der Affäre war, als Rudolf zugab, mag einer Aussage des Polizeiagenten Meißner entnommen werden. Er behauptete, Rudolf habe mit Annie Kuranda bei Madame Wolf in der Heumühlgasse vorgesprochen. Aber diese habe abgelehnt – was angesichts der Tatsache, daß es sich um Mizzi Caspars Haus handelte, kaum verwundert.

Die Tratschgeschichten sind als das zu nehmen, was sie waren: willkommene Mittel, um den politisch verhaßten Kronprinzen moralisch unmöglich zu machen. Dabei bemühten sich die österreichischen Alldeutschen besonders, den »verjudeten«, sittenlosen Kronprinzen dem »christlichen«, untadeligen Kaiser Wilhelm II. gegenüberzustellen. Drumont griff außer dem Kronprinzen auch Kaiserin Elisabeth wegen deren »glühender Verehrung« für den »Juden« Heinrich Heine an. Der kurz zuvor gestorbene deutsche Kaiser Friedrich III. wurde als Judenfreund beschimpft (»Die Menge nannte ihn schon Kohn«). Nur der junge Wilhelm II. fand die rückhaltlose Anerkennung des antisemitischen Autors.

Moriz Szeps schäumte vor Wut über diesen Angriff aus Paris. Er forschte den Hintergründen nach und berichtete dem Kronprinzen: »Drumont ist Chefredakteur des Pariser clericalen Organs ›Univers‹ und steht, wie ich sicher weiß, mit dem Prinzen Alois Liechtenstein in Beziehungen ... Die Coalition ist wahrhaft wie aus einem Hexenkessel. Deutsche Irredenten, Preussenthum und Clericalismus mit Sozialismus ... grässliches Gebräu.«[49]

Die Tratschgeschichten über Rudolfs Privatleben wurden von der Pariser Tagespresse, unter anderem auch vom »Figaro«, übernommen. Diesen neuen Schlag, der besonders schmerzte, weil er aus seinem geliebten Paris und von einer Zeitung wie dem »Figaro« kam, verkraftete Rudolf nur mühsam, obwohl er an Szeps schrieb: *Frischauer war bei mir; ich glaube, daß er sich fast scandalisirt hat über meine philosophische Ruhe; ich treffe es gar nicht mehr, mich zu ärgern, über gar nichts, am allerwenigsten aber über Dinge, die mich betreffen ... Ich bin Franzosenfreund; bekannt und intim mit Journalisten und Zeitungen und überhaupt nicht ein lohnendes Objekt, um gerade von diesen Kreisen angegriffen zu werden, das heißt: sich ins eigene Nest ... [sic]! das wäre gut, diesen Leuten einmal zu sagen; ich könnte dafür als Belohnung dem »Figaro« gute Nachrichten für einen unsauberen Artikel über andere geben.*[50]

Szeps bemühte sich nach Kräften, den schwer depressiven Kronprinzen aufzurichten. Er lancierte einen Leitartikel im Pariser »Figaro«, worin Rudolf über alle Maßen gelobt und im Gegensatz zu den früheren Meldungen sogar von einer glücklichen Ehe berichtet wurde. Auch hier versagte es sich Szeps nicht, gegen das Deutsche Reich zu polemisieren: »Der Erzherzog akzeptiert den österreichisch-ungarischen Dualismus ohne Vorbehalt, aber er will weder, daß Österreich der Vasall seiner Verbündeten wird noch ein Reich, in dem der Kaiser nichts mehr zu sagen hat.« Der Artikel schloß mit einer deutlichen Warnung an die Adresse Bismarcks: »Herr von Bismarck schwört gestern wie heute, daß Preußen sich nicht in die inneren Angelegenheiten Österreichs einmische. Erzherzog Rudolf nimmt diese Rede, glaube ich, wörtlich.«[51] Dieser lobhudelnde Artikel griff in den deutsch-österreichischen Pressekrieg ein, der zu dieser Zeit auf dem Höhepunkt war, und machte alles nur noch schlimmer.

Auch der *unsaubere Artikel über andere*, den Rudolf in seinem Brief an Szeps ankündigte, ist erhalten. Er zeigt, wie tief getroffen Rudolf durch die ständigen Vergleiche mit dem »allerchristlichsten« Kaiser Wilhelm und dessen »untadeliger« Lebensführung war. Er zeigt aber auch, wie sehr sich Rudolf, von Antisemiten und Deutschnationalen gehetzt und zeitweilig durch die ständigen Angriffe außer Kontrolle geratend, mehr und mehr in seinen eigenen Netzen verstrickte. Denn er schrieb als Revanche für die Tratschgeschichten, die über ihn selbst kolportiert wurden, folgendes aus dem Privatleben des »gottbegnadeten« deutschen Kaisers – wohlgemerkt nicht in einem Privatbrief, sondern als Artikel für eine der größten europäischen Zeitungen, der verständlicherweise nicht gedruckt wurde:

Der jetzige Kaiser Wilhelm kam im Jahre 1887 zu den steierischen Gebirgsjagden nach Österreich. Eine gewisse Ella Socupis, die aber de facto ganz anders heißt und eine Wienerin ist, mit der Prinz Wilhelm schon seit einiger Zeit in Berlin ein Verhältnis hat, traf um einige Tage früher ein. Sie empfahl dem Prinzen eine Freundin, eine gewisse Anna Homolatsch, Tochter einer gewesenen Kammerfrau der Königin von Württemberg.
Beide Damen sollten mit dem Prinzen in Schönbrunn im Garten ein Rendezvous haben. Der Prinz kam schon vor 6 Uhr früh in Civil in den Garten; ein allzu eifriger Gardist erkannte den Prinzen u. trachtete nun die, wie es ihm schien, allzu lästigen Damen ferne zu halten, so daß die Zusammenkunft trotz ermüdenden Hin- und Herlaufens nicht zu Stande kam.
In Mürzsteg angelangt, sollte dort ein Rendezvous stattfinden. Die Damen kamen an und sahen den Prinz zum ersten Male. Abends am katholischen Friedhof hierauf im einzigen Gasthause dieses kleinen Ortes. Alle Leute wußten die Geschichte. Da der Prinz die Reise der Damen nicht zahlen wollte u. ihnen nur einige Mark gab, fuhren sie grollend weg, nachdem zuvor noch Frl. Ella ihm Manchettenknöpfe mit Namenszug und Krone gestohlen hatte, um sie siegesbewußt in Wien verschiedenen Herren zu zeigen.
Verschiedenen Bitten des Prinzen folgend kamen die Damen wieder nach Eisenerz, stiegen dort im Gasthaus zum König von Sachsen ab. Da

sie sich als Socupis und Baronesse Wimpfen ausgaben, ihre Papiere nicht in Ordnung waren u. sich sehr auffallend benahmen, wollte sie ein Gendarm ausweisen. Im letzten Moment kam der Kammerdiener des Prinzen u. erklärte die Damen seien für seinen Herrn. Nun blieben sie und hatten des Nachts beide in einem Zimmer ein Rendezvous mit dem Prinzen, wobei so ein Lärm gemacht wurde, daß sich alle Hausbewohner darüber aufhielten. Anna Homolatsch war schon bevor sie nach Eisenerz kam in der Hoffnung von einem russischen Diplomaten. Jetzt benützte sie die Gelegenheit, um das Kind dem Prinzen Wilhelm anzuhängen. Der Prinz wurde mit Briefen von der Familie Homolatsch bombardirt, immer drohender wurden dieselben. Desgleichen erhielt Prinz Reuss einige Schreiben. Er rieth zum Zahlen, doch in Berlin zahlt man nicht gerne u. so kam der Auftrag, die Botschaft u. die Wiener Polizei mögen die Sache ohne Geld in Ordnung bringen. Ein Advocat Dr. Meissner mischte sich in die Angelegenheit. Prinz Reuss führte die Sache in auffälligster u. ungeschicktester Weise durch. Endlich zwang unsere Polizei den Botschafter, seinen Prinzen zum Zahlen zu bewegen. Da Meissner es erreichte, daß die Summe keine allzu hohe sei, erhielt er bald nach Regierungsantritt des jetzigen Kaisers den preußischen Kronenorden. Das inzwischen geborene Kind ist ein Mädchen. Das ist die Geschichte.[52]

Auch bei vollem Verständnis für Rudolfs Erbitterung, daß er ständig als der verjudete Frauenheld ohne Moral dem Musterbild eines christlichen Herrschers ohne Fehl und Tadel entgegengestellt wurde, kann die Beurteilung dieser Denunziation an den Pariser »Figaro« nicht anders als negativ ausfallen. Wie in der Pernerstorfer-Affäre, so setzte sich der bis aufs Blut gereizte, nervlich überforderte Kronprinz auch hier ins Unrecht. Wieder einmal bedachte er nicht, welcher Gefahr er sich aussetzte, als Autor dieser Zeilen über den deutschen Kaiser entdeckt zu werden.

Die Bestätigung, daß Rudolfs Informationen über Wilhelm durchaus der Wahrheit entsprachen, fand John C. G. Röhl, der Biograph Wilhelms II., im Brandenburgisch-Preußischen Hausarchiv. Dort befindet sich sogar noch ein Brief von Ella Sommssich (so der richtige Name) aus Wien vom Sommer 1887, worin das Treffen zu dritt vorbereitet wird – und das Angebot, daß Sommssich im Winter eine Wohnung in Berlin nehmen werde, »wo Hoheit ganz gut hinkommen können. Die

13. Kapitel

Dame [gemeint ist Anna Homolatsch] besucht mich dann auch, wo sie Hoheit bei mir sehen können. Indem ich Hoheit um sofortige Antwort bitte und Sie im Geiste schon 10 000 mal küsse, zeichne ich mich als Ihre ganz ergebene Ella Sommssich.« Außerdem erbat sie sich 500 Mark für die Reise.[53] Ebenfalls wird bestätigt, daß der in Berlin als untadeliger christlicher Gatte auftretende Wilhelm, der sich über die Frauengeschichten seines Onkels Edward Wales und auch Rudolfs so gerne moralisch entrüstete, bereits als junger Ehemann, also seit Jahren, die Kupplerdienste der Madame Wolf in Wien und Berlin in Anspruch nahm.

Das hektische Dasein, das Rudolf in seinen letzten beiden Lebensjahren führte, hatte einen Ruhepunkt: Mizzi Caspar. Ihr Name löste noch Jahrzehnte später bei der alten Stephanie Haßgefühle aus, als sie ihrer Biographin Gräfin Juliana Stockhausen von Mayerling erzählte: »Mary Vetsera? Wer war die Vetsera? Eine von Vielen. Die Nacht, bevor er nach Mayerling fuhr, hat er mit der grande cocotte von Wien, Mitzi Kaspar, verbracht.« Gräfin Stockhausen kommentierte diese Worte: »Es sprudelte wie ein Sturzbach aus der Prinzessin hervor. Ein Ausdruck von Haß war in dem rosig glatten Gesicht; der allzu lang unterdrückte Haß eines alten Menschen.«[54]

Mizzi Caspar war eine schöne, grazile, schwarzhaarige Frau, warmherzig und natürlich, ganz der Typ, den Rudolf bevorzugte. Sie stammte aus Graz, war sechs Jahre jünger als er und gab 1887 für die Meldeakten den Beruf

Mizzi Caspar, Rudolfs Gefährtin der beiden letzten Lebensjahre

Der Weg nach Mayerling

»Hausbesitzerin« an. Seit 1886 wurde sie in Rudolfs Begleitung gesehen. Gelegentlich tauchte sie sogar mit ihm in den Garnisonen auf, so in Enns, worauf Erzherzog Franz Ferdinand seinem Vetter Rudolf begeistert schrieb: »Eine wunderschöne Frau«, wobei das »wunderschöne« dreimal unterstrichen war.[55] Da es nicht schicklich war, daß eine unverheiratete junge Frau alleine lebte, wurde Mizzi Caspar in ihrem Haus von ihrer mütterlichen Freundin Johanna Wolf betreut, also eben jener Kupplerin, die auch den Prinzen Wilhelm in Berlin mit schönen Frauen versorgte – und ebenso den Prince of Wales.

Je unglücklicher, kränker und erfolgloser Rudolf wurde, desto mehr suchte er Erholung und Vergessen in kleinen, oft schäbigen Heurigen am Wiener Stadtrand in Begleitung Mizzis und Josef Bratfischs, der nicht nur sein Leibfiaker, sondern auch ein bekannter Heurigensänger und Kunstpfeifer war. In Mizzis und Bratfischs Begleitung, bei Schrammelmusik, löste sich Rudolfs Verzweiflung in melancholische Dulliöh-Stimmung. Seine Lieblingslieder waren das Fiakerlied, »Vindobona, du herrliche Stadt«, »Wien bleibt Wien« und »Der Schwalbe Gruß«.

Bratfisch sang auch folgendes, von Rudolf für Mizzi gedichtetes Couplet zur Melodie »Das hat ka Goethe gschriebn, das hat ka Schiller dicht«:

Zur schwarzen Mitzi sagt a Herr ganz leis
Mei Schatzerl s' Herz brennt für Dich gar so heiß
Sein mir mitsamm' bekannt auch schon sehr lang,
So ist uns doch für d'Zukunft no nit bang,
Denn wenn auch Eifersüchtige uns trennen woll'n
Sag m'r höchstens arm Tschaperl'n, die ihr seid
Denn mir kennen uns ja doch gar zu gut
Wir zwei Echten vom Weanerblut ja ja!
Das hat kan Göthe gschriebn, das hat ka Schiller dicht
S'ist von kein Claßiker, von kan Genie
Das ist ein Wiener der zu einer Wienerin spricht
Un's klingt halt doch so voller Poesie.

Ein anderes Couplet für Mizzi schrieb Rudolf zur Melodie: »Das was nur a Weaner«:

13. Kapitel

Mit a harben Fiaker s'fescheste Madel
Fahrt aini in Prater zum Staunen vom Adel
S'is schon a so zam g'wichst wie d'nobeste Dam
A klan Zwergdachsel zerrts von Stamm zu Stamm,
Nun kummt abi d'Verehrer uj je do is gar
Da lacht freundlich das Madel na das is ja klar.
Und wie's da nur schiangelt und wie sichs freut
Ein echts Weanerherz lieben hat keinen no greut
Ja das was nur a Weaner, a weanerisches Blut
Was a weanerisches Madel a Weaner all's thut.[56]

Rudolfs Hang zu volkstümlichen Vergnügungen, möglichst inkognito, hatte die würdevolle Kronprinzessin schon lange gereizt. Am Anfang ihrer Ehe hatte sie einen solchen Abend miterlebt und schrieb darüber naserümpfend: »Nur einmal ließ ich mich dazu herbei, ihn, als fesches Bürgermädel verkleidet, zu begleiten. Zunächst erschien mir ein solches Unternehmen nicht ohne Reiz. War ich aber schon einigermaßen erstaunt, wie wenig der Kronprinz dabei die Vorsichtsmaßregeln des Incognito beobachtete, so war meine Enttäuschung erst recht groß, als wir die verschiedenen Cafés chantants und andere fragwürdige Lokale in und außerhalb der Stadt zusammen aufsuchten. Die Luft war überall erstickend; ein Geruch von Knoblauch, schlechtem Fett, Wein und Tabak betäubte mich. Man saß bis zum Morgengrauen an ungedeckten, schmutzigen Tischen, neben uns spielten Fiakerkutscher Karten, pfiffen und sangen. Man tanzte, Mädchen sprangen auf Tische und Sessel und sangen immer wieder die gleichen sentimental-ordinären Schlager, die ein furchtbares Orchester nicht müde wurde zu begleiten. Gern hätte ich mich darüber amüsiert, aber den Aufenthalt in dieser verrauchten Kneipe fand ich zu abstoßend, unwürdig und noch dazu langweilig. Ich begriff nicht, was der Kronprinz darin fand.«[57]
Die Kronprinzessin war über ihre Nebenbuhlerin sehr wohl informiert und machte aus ihrer Verachtung keinen Hehl. In der Skandalpresse ist (als eins von mehreren Beispielen) folgende Affäre nachzulesen, die sich vor dem Haus Mizzi Caspars in der Heumühlgasse abspielte: Dort wartete Rudolfs Leibfiaker Josef Bratfisch oft stundenlang mit seinem unauffälligen »Zeugl« auf seinen Herrn. Rudolf hatte ihn engagiert, um weder auf die prunkvollen Hofwagen noch anony-

Der Weg nach Mayerling

Bratfisch als Heurigensänger und -pfeifer

mer und nicht immer diskreter Fiaker angewiesen zu sein. Eines Tages, zur Stunde des größten Straßenverkehrs, fuhr jedoch ein prachtvoller Hofwagen vor. Die Kronprinzessin stieg aus, ging zu Bratfisch und befahl ihm, sie in die Hofburg zu fahren. Währenddessen sollte der Hofwagen auf den Kronprinzen warten. Der elegante Wagen mit livriertem Kutscher des Kaiserhauses lockte in kürzester Zeit Hunderte Zuschauer herbei. So mußte der Kronprinz, als er aus dem Haus trat, eine begeisterte Ovation der Menge über sich ergehen lassen. Ganz Wien tuschelte darüber.

Rudolfs Neigung, sich unters Volk zu mischen, wurde gegen Ende seines Lebens immer stärker. Er zeigte dem urwüchsig-wienerischen Bratfisch offen seine Zuneigung, indem er sich zuweilen in dessen guter Stube einfand, wo Bratfischs Frau, die eine gute Köchin war, ihm deftige Mahlzeiten bereitete und Bratfisch Wiener Lieder sang und pfiff. Beide blieben zeitlebens unerschütterlich loyal und diskret bei allem, was ihren geliebten Kronprinzen betraf.

13. Kapitel

Mizzi freilich war weniger vorsichtig und erzählte der mütterlichen Freundin Johanna Wolf, auf deren Diskretion sie fest baute, recht freimütig über ihre Erlebnisse und Sorgen mit dem Kronprinzen. Die Wolf aber ließ sich von dem auf sie angesetzten Polizeiagenten namens Dr. Florian Meißner bereitwillig ausfragen. Ins Polizeipräsidium kamen also Informationen dieser Art: »K. R. äußerte zur Mizzi: Er sch… (sic) auf die Regierung u.s.w. Der Franzl (Franz d'Este) solle die Geschichte fortmachen.«[58] Arglos erzählte Mizzi der Wolf auch (und diese dem Polizeiagenten) von Rudolfs Potenzproblemen, die er mit Hilfe von Champagner zu überwinden versuchte. Es sind nur die wenigen Berichte Meißners bekannt, die dieser im Februar 1889 (also nach Mayerling) an das Polizeipräsidium gab. Alle früheren, wahrscheinlich wichtigeren, sind mit anderen Agentenberichten, die Rudolf betrafen, aus dem Polizeiarchiv entnommen worden.

Meißner versuchte nicht nur über die Wolf, mit der er offensichtlich sehr gut war, an Informationen zu kommen. Er stellte zum Beispiel auch Mizzi Caspars Hausmeister bei sich als Zimmerputzer ein, um auch auf diesem Wege Einzelheiten zu erfahren: wie oft und wie lange Rudolf bei Mizzi war, wieviel Geld sie ausgab und ähnliches.

Daß Meißner die heiklen Informationen wirklich nur für den Wiener Polizeipräsidenten und damit den Grafen Taaffe verwendete, ist zu bezweifeln. Sehr wahrscheinlich, wenn auch nicht beweisbar, offerierte er die heißen Informationen seinem hohen Mandanten in Berlin, dem deutschen Kaiser Wilhelm II. Sicher ist jedenfalls, daß der sich so außergewöhnlich intensiv mit dem Privatleben des Kronprinzen beschäftigende Polizeiagent Meißner mit eben jenem Rechtsanwalt Meißner identisch war, der den damaligen Kronprinzen Wilhelm 1888 im Alimentenprozeß gegen Anna Homolatsch vertrat und daraufhin einen hohen deutschen Orden für »besondere Verdienste« erhielt.

Auch Johanna Wolf ist mehr als schillernd. Denn wenn man Mizzis Reden noch als Vertraulichkeit gegenüber einer Freundin erklären kann, so darf die Wolf, von deren *purem österreichischen Patriotismus* Rudolf so schön zu erzählen wußte, kaum auf viel Entschuldigung rechnen. Denn sie wußte ja, daß dieser Meißner, dem gegenüber sie bereitwillig die Intimitäten ihres hohen Kunden ausplauderte, ein Polizeiagent war. Außerdem wußte sie, daß er der Anwalt Wilhelms II. war, denn sie selber hatte ja in der Alimentensache mit ihm verhandelt

Der Weg nach Mayerling

und war, wie wir aus Rudolfs Brief an Steininger wissen, auch über die schlechten Beziehungen zwischen den beiden Thronerben wohl informiert.

Der Kronprinz, der immer in der Angst und Gewißheit lebte, beobachtet und kontrolliert zu werden, der kaum noch Privates schriftlich aus der Hand gab, aus Angst, seine Post würde kontrolliert, der seine politischen und journalistischen Freunde in der Nacht und über verlassene Stiegen der Hofburg zu sich kommen ließ, aus Angst vor Agenten, wurde gerade dort am meisten beobachtet, wo er sich völlig sicher glaubte – bei Mizzi.

Neben Mizzi, dem schönen Mädchen aus dem Volke, hatten alle anderen Frauen in Rudolfs Umgebung nur mindere Bedeutung, einschließlich Annie Kuranda und Mary Vetsera. Nicht zu Mary, der »Petite«, wie er und Stephanie sie wenig respektvoll nannten, sprach er zuerst von Doppelselbstmord, sondern zu Mizzi. Meißner: »Vom ›Erschießen‹ sprach K. R. seit Sommer 1888. Er machte auch der Mizi den Vorschlag, sich mit ihm im Hußaren-Tempel zu erschießen. Mizi lachte darüber ... K. R. äußerte sich Mizi gegenüber wiederholt – aber immer erst seit dem Sommer 1888 – es erheische seine Ehre, daß er sich erschieße. Warum es seine Ehre erheische, detailirte er nicht näher.«

Mizzi nahm die Sache so ernst, daß sie zum Polizeipräsidenten ging und eine Aussage über den geplanten Selbstmord des Kronprinzen zu Protokoll gab, um Rudolfs Leben zu retten. Dieser Schritt zeugt von außerordentlichem Mut, erheblicher Intelligenz und – bedenkt man, daß Mizzi erst 24 Jahre alt war, außerhalb der Hofgesellschaft stand und es trotzdem schaffte, sich Zutritt zum mächtigsten Politiker Cisleithaniens zu verschaffen – von immensem persönlichen Einsatz für den geliebten Mann. Weder Rudolfs Vater noch Mutter noch seine Geschwister, noch seine zahlreichen Freunde und Ärzte unternahmen einen solchen energischen und, wenn es mit rechten Dingen zugegangen wäre, ja auch erfolgversprechenden Rettungsversuch für den selbstmordkranken Kronprinzen.

Taaffes Pflicht als Ministerpräsident, Innenminister und oberster Chef der Polizei wäre es gewesen, mit allen ihm zur Verfügung stehenden Mitteln einzugreifen und natürlich die kaiserliche Familie zu informieren. Aber Taaffe, in dessen Hand nun Rudolfs Leben lag, war nicht gewillt, ausgerechnet seinen mächtigsten Feind zu retten. Der Historiker Conte Corti: »Aber man scheint es vermieden zu haben, Franz Joseph davon Mitteilung zu machen, obwohl die Beweise in Gestalt eines klaren Briefes vorliegen.«[59] Tatsächlich blieb die kaiserliche Familie ahnungslos.

Als das Unglück in Mayerling geschehen war, wollte jeder von der Sache gewußt haben. Auch Reuß schrieb an Bismarck: »Mündlich hat der Kronprinz bekanntlich öfter Selbstmordgedanken geäußert, und sogar einem Mädchen niederer Extraktion, mit der er bis kurz vor seinem Tode Umgang gepflogen hatte, im September v. J. proponirt, sich mit ihm zu erschießen.«[60]

Der Selbstmordplan im Spätsommer 1888 läßt Schlüsse auf den Grund der Lebensmüdigkeit Rudolfs zu. Er ist der Beweis, daß die Theorie des Liebestodes mit Mary Vetsera und wegen Mary Vetsera nicht stimmt, ebensowenig wie die Theorien, die Rudolfs Tod mit der Wehrgesetznovelle in Ungarn in Verbindung bringen wollten – die war ja im Sommer 1888 überhaupt nicht aktuell. Der Zeitpunkt dieses ersten konkreten Selbstmordplanes mit Mizzi Caspar im Husarentempel und die von nun an ständigen Reden von Selbstmord, ja einer »Selbstmordmanie«, deuten eher auf die grundsätzliche Änderung der europäischen Politik durch den frühen Tod des liberalen deutschen Kaisers Friedrich III. hin. Denn auf ihn hatte Rudolf seine Zukunftshoffnungen gesetzt. Der Regierungsantritt des konservativen und kriegerisch auftretenden Wilhelm II. im Juni 1888 hatte Rudolfs politisches Konzept zerstört. Er erwartete nun das Schlimmste, einen baldigen Krieg, der das Ende Österreich-Ungarns sein würde.

Der Husarentempel bei Mödling als Ort des Selbstmordes des Kronprinzen von Österreich-Ungarn: das sollte eine Demonstration sein. Der auf der Höhe des kleinen Anningers mit wei-

Der Husarentempel in Mödling

tem Rundblick bis Wien und das Leithagebirge mitten im Wiener Wald erbaute klassizistische Tempel (Architekt: Josef Kornhäusel) ist eigentlich ein Mahnmal für die Gefallenen von Aspern und Wagram. Auf dem Dachfirst steht die patriotische Widmung: »Für Kaiser und Vaterland. Den ausgezeichneten Völkern der österreichischen Monarchie gewidmet.«
Dieser Tempel der österreichischen Vaterlandsliebe, gegen den Angreifer und Sieger Napoleon erbaut, sollte eine effektvolle Kulisse darstellen für den Selbstmord des über die Politik seines Landes verzweifelten Kronprinzen. Es war ein Zeichen tiefster Verzweiflung und Hoffnungslosigkeit, aber auch ein Zeichen von Schwäche: Rudolf wollte nicht alleine sterben. Er suchte dringend eine Gefährtin für den Tod.

Baronesse Mary Vetsera, geboren 1871, war die Tochter jener Helene Vetsera, die 1877 den jungen Rudolf so aufdringlich mit ihren Liebesbezeigungen nachgestellt hatte. Das Mädchen war eine eher kleine, orientalische Schönheit, frühreif, ein »Turf-Engel«, der auf den Pferderennplätzen ihre erotische Anziehungskraft spielen ließ. Durch ihre 1887 verwitwete Mutter wuchs auch Mary in die Wiener Gesellschaft hinein, wenn auch nicht in die streng aristokratische Hofgesellschaft, deren Anerkennung der große Traum der Vetseras war.
Der bereits mehrfach erwähnte Anonymus des »Berliner Börsen Courir« schrieb über Mary: »Die Baronesse war nicht eigentlich, was man eine Schönheit nennt, am wenigsten eine edle, vornehme Schönheit; das Wort Schopenhauers vom ›Knalleffect der Natur‹ paßt selten so gut wie hier; von der üppigen, früh erblühten Gestalt, dem hübschen Gesichtchen mit den zuckenden Lippen, dem kecken Stumpfnäschen, den feuchtschimmernden blauen Augen ging ein Hauch heißer Sinnlichkeit aus, welcher um so mehr auf die Männer wirkte, je sinnlicher ihre eigene Natur war ... Sie war mäßig begabt, ihre Bildung entsprach nothdürftig jener ihrer Kreise, was für jeden Kenner einer gewissen Schichte des österreichischen Adels zur Orientirung genügen wird. Sie hatte keinerlei, und zwar buchstäblich keinerlei geistige Interessen und interessierte sich, außer für ihre Toilette, nur für den Rennsport.«[61]
Helene Vetsera und ihre vier Brüder Baltazzi galten als reich, hatten sie doch in der Türkei großen Grundbesitz geerbt, der ihnen ein Leben ohne Arbeit ermöglichte. Laut Gräfin Marie Larisch sei das ererbte

Kapital aber fast aufgezehrt worden durch den großen Aufwand im Palais Vetsera, um die schöne Mary in der Hocharistokratie zu verheiraten. Prinz Miguel von Braganza, lebenslustiger Witwer mit drei kleinen Kindern, galt als Bewerber um Marys Hand und wäre eine glänzende Partie gewesen.

Marys Hauslehrer sagte später aus, seit dem Frühjahr 1888 sei das Mädchen auffällig verändert gewesen und habe mit großer Begeisterung vom Kronprinzen gesprochen, sich aber auch plötzlich auffällig bemüht, ihre mangelhafte Bildung zu verbessern. Er schloß daraus, daß sie einen sehr gebildeten, wissenschaftlich oder literarisch bedeutenden Mann liebte, der darauf Wert legte. Wer es war, wußte der Hauslehrer freilich nicht.[62] Diese Schwärmerei der damals Sechzehnjährigen für den 29jährigen Kronprinzen war nicht absonderlich. Auch die zwei Jahre jüngere Burgschauspielerin Rosa Albach-Retty erinnerte sich in einem Interview: »Damals hatten wir Backfische von der Steckel'schen Höheren Töchterschule für Kronprinz Rudolf genauso geschwärmt wie die heute Vierzehnjährigen für ihren Film- und Fernsehliebling. Seine Fotografie trugen wir wie einen Schatz im Schulranzen herum.«

Um die hysterische Tochter auf andere Gedanken zu bringen, fuhr Helene Vetsera im Juni 1888 mit ihr für einige Monate nach England, von wo das Mädchen sehnsüchtige Briefe nach Wien an ihren Hauslehrer und ihre Klavierlehrerin schrieb. Auf den dringenden Rat ihrer Vertrauten, die aussichtslose Sache abzubrechen, erklärte Mary, »da er sich unglücklich fühle, ihm ihre Liebe weihen zu müssen, sie könne

Die 16jährige Mary 1888

Der Weg nach Mayerling

Dieses Foto wurde am 5. November 1888 im vornehmen Fotoatelier Adele aufgenommen, kurz bevor Marie Larisch (links) Mary zum erstenmal in die Hofburg zum Kronprinzen führte

nicht anders, es möge kommen, was da wolle.«[63] Mitte Oktober 1888 kehrten die Vetseras nach Wien zurück.

Wie Mary es schaffte, als gutbehütetes Mädchen heimlich Kontakt mit ihrem großen Schwarm aufzunehmen, schilderte Gräfin Larisch. Mary habe Rudolf einen Brief geschrieben: »Ich sagte ihm, daß ich ihn liebe, und daß ich nur den einen Wunsch hätte, ihn zu sprechen. Ob er mir eine Zusammenkunft bewilligen wolle. Ein postlagernder Brief unter der und der Nummer würde mich erreichen.« Rudolf sei darauf eingegangen, wohl nachdem er das Mädchen am 21. Oktober bei einem Pferderennen gesehen hatte. Marys eingeweihte Zofe Agnes Jahoda sagte nach Mayerling aus, Rudolf habe geschrieben, »daß auch er das lebhafteste Verlangen in sich trage, mit ihr zu sprechen und deshalb um ein Rendez-vous im Prater bitte.«[64]

Das Mädchen durfte aber nicht ohne Aufsicht das Haus verlassen, da eine Affäre die von der Mutter erträumte Heirat mit dem Prinzen von Braganza gefährdete. Sie brauchte deshalb Hilfe und fand sie bei Gräfin Marie Larisch, der schönen, wenn auch nicht ebenbürtigen Lieblingsnichte der Kaiserin und somit Rudolfs Cousine. Als Freundin Helene Vetseras konnte sie, ohne Verdacht zu erregen, Mary zu Spaziergängen oder Einkäufen zu Hause abholen und in dieser Zeit ein Treffen mit dem Kronprinzen ermöglichen. Für ihre Bemühungen forderte die Gräfin von Rudolf erhebliche Geldsummen, die er sich von Baron Hirsch lieh.

Die Hauptquellen dieser letzten Wochen sind zwei Rechtfertigungsschriften: die Denkschrift der Baronin Helene Vetsera, die sie nach Marys Tod verfaßte, und die Memoiren der Gräfin Marie Larisch, die in der letzten Phase praktisch als Kupplerin auftrat. Vor allem die Aussagen von Marie Larisch, in mehreren Büchern in Variationen dargelegt, bilden einen wahren Sumpf von Halbwahrheiten und Andeutungen.

Helene Vetsera zitiert in ihrer Denkschrift einen undatierten und nicht im Original aufgefundenen Brief Marys über ihren ersten Besuch in der Hofburg am 5. November 1888 mit der Gräfin Larisch. Hier schrieb Mary, der Kronprinz habe nach der Ankunft mit der Gräfin allein zu sprechen gehabt, und sie, Mary, sei eine Weile in Rudolfs Schreibzimmer allein gewesen: »Ich untersuchte einstweilen alles. Auf seinem Schreibtisch lag ein Revolver und ein Totenkopf. Ich nahm letzteren in die Hand und besah ihn von allen Seiten. Plötzlich kam er herein, und nahm ihn mir ganz erschrocken aus der Hand. Als ich ihm sagte, daß ich mich nicht fürchte, lachte er.«[65] Es waren, was das Mädchen ja nicht wußte, erst wenige Wochen vergangen, seitdem Rudolf mit Mizzi Caspar hatte sterben wollen.

Der Schädel war ein Geschenk des Anatoms und Szeps-Schwiegersohns Prof. Emil Zuckerkandl, der mit Rudolf Gespräche über den Tod führte und versuchte, Ängste zu mildern. Rudolf fragte ihn, »ob es nicht unheimlich sei, im Anatomischen Institut zu wohnen, von Leichen und Skeletten umgeben, in einer Atmosphäre des Todes. ›Nein‹, antwortete Zuckerkandl, ›selbst Totenschädel besitzen eine gewisse Schönheit, und bald wird man mit der Idee vertraut, daß Tod kein Unglück ist, sondern eine notwendige, wundervolle Erfüllung des Lebens.‹ Der Kronprinz schien von diesen Worten sehr frappiert zu sein und erwiderte entschlossen: ›Ja, man muß dem Gedanken an den Tod furchtlos ins Auge blicken.‹ Auf Rudolfs Bitte brachte Zuckerkandl ihm einen besonders präparierten Schädel, den Rudolf dann auf seinem Schreibtisch stellte.«[66] Ideen der Freimaurerei – der Tod als Erfüllung des Lebens – tauchten als Trost auf. Bald legte Rudolf einen Revolver neben den Totenkopf, ein für alle Besucher sichtbares Zeichen, daß er mit Selbstmordgedanken spielte.

All das erweckt den schlimmen Verdacht, daß Rudolf das schwärmerische, naive Mädchen hauptsächlich als Gefährtin für den Tod wählte, nachdem Mizzi sich geweigert hatte und ihn mit aller Kraft vor dem Selbstmord bewahren wollte. Die Beziehung zu Mizzi blieb weiterhin innig.

Das Todesmotiv wurde zusehends stärker. Marys Hauslehrer erzählte später, Mary habe sich im November auffällig für den Fall Chambige interessiert. Dieser Fall eines geplanten Doppelselbstmordes eines Liebespaares machte damals Schlagzeilen, denn er endete mit dem Tod der Frau, während der Mann durch einen Fehlschuß überlebte. Mary meinte dazu, »daß eine waffengeübte Hand einen so unsicheren Schuß nicht hätte abgeben können. Später kam sie auf den Gegenstand zurück und machte hiebei die bezeichnende Äußerung, ein Freund von ihr, der ein sehr geübter Jagdschütze sei, habe ihr erklärt, dafür einzustehen, mit dem Spiegel in der Hand sein Ziel nicht verfehlen zu können.« Dieser glaubwürdigen Aussage ist zu entnehmen, wie genau der Kronprinz bereits im November 1888 seinen Selbstmord geplant hatte – er benützte ja in Mayerling, nachdem Mary bereits tot war, tatsächlich einen Spiegel, um sein Ziel nicht zu verfehlen.

Der Leibfiaker Josef Bratfisch gab nach dem Tod des Paares an, Mary etwa zwanzigmal hinter dem Grand Hotel, wo Gräfin Larisch wohnte, abgeholt und in die Hofburg gebracht zu haben, meist allerdings nur kurz.[67]

Die kaiserlichen Eltern waren ahnungslos, obwohl Rudolf gerade zur Hofdame seiner Mutter, Gräfin Festetics, auffällig oft über sein nahes Ende sprach. So ließ er einmal in ihrer Gegenwart alle Luster des Saales anzünden. Als die Gräfin fand, das sei zuviel und tue den Augen weh, erwiderte er: *Lassen Sie mir die Freude, denn wenn ich im Grab liege, wird es finster genug sein!* Ein anderes Beispiel, ebenfalls von Marie Festetics erzählt: »Zu Allerseelen vor seinem Tode fragte er mich, ob ich in den Segen gehen werde. Natürlich, erwiderte ich, ich werde doch für meine Toten beten. Nun, sagte der Kronprinz, werden Sie auch für mich beten, wenn ich tot bin? Was sprechen Sie da, kaiserliche Hoheit? erwiderte ich, ich bin doch um so vieles älter als Sie und werde dazu keine Gelegenheit haben. Er aber blieb bei seinem Begehren und verlangte von mir, ich solle ihm versprechen, an seinem Sarge zu Allerseelen zu beten, wenn er dahingegangen sein werde. Er ruhte nicht, bis ich zusagte.«[68]

Mary beschäftigte sich Ende 1888 mit der Möglichkeit, Gift zu nehmen. Ihr Hauslehrer erzählte, welche Probleme die Siebzehnjährige hatte: »Sie selbst trüge übrigens keine Bedenken, das Leben zu verlassen, denn wozu diente es überhaupt? Sie hatte auch mehrfache Anfälle von Melancholie und Selbstmordgedanken, sprang aber von tiefster Niedergeschlagenheit zu ausgelassenster Lustigkeit über ... In ihren Gesprächen kam sie immer wieder auf den Tod zurück. Das Wort der Alten gefiel ihr: ›Wer jung stirbt, den haben die Götter lieb‹ ... Im Dezember war sie immer noch bald kindisch fröhlich, bald zum Sterben betrübt. Eines Tages sagte sie zu dem Freunde: ›Ich werde nicht mehr lange leben. Sehen Sie an meiner Hand die Linie, die plötzlich abbricht? Das bedeutet frühen Tod.«[69]

Zu Weihnachten schickte Mary der Gräfin Larisch ihr Foto mit der rätselhaft erscheinenden Widmung: »Treu bis in den Tod« und schrieb dazu: »Dies ist die letzte Photographie, die ich von mir machen lasse. Ich will es wie die Kaiserin halten und in jedermanns Erinnerung in meiner Schönheit und Jugend fortleben.«[70]

Auch Rudolfs Geschenke an das ihn abgöttisch liebende Mädchen waren inzwischen eindeutig: ein eiserner Ehering mit der Gravierung: »I.L.V.B.I.D.T.« – »In Liebe vereint bis in den Tod« – und ein Medaillon, worin sich ein Stück Leinwand mit einem Blutstropfen befand. Baronin Vetsera: »Dieses Medaillon wurde von ihr zu Hause als ein Geschenk der Gräfin Larisch ausgegeben und von ihr nie, selbst nicht zur Nachtzeit abgelegt.«[71]

Zu Neujahr 1889 schrieb Szeps, der sich sichtlich große Sorgen machte, an Rudolf beschwörend: »In der Schwüle nicht zu ermatten, für die Zeit der That den Geist und den Arm stark zu erhalten, das ist die Aufgabe, die Sie, kaiserliche Hoheit, sich gesetzt haben, und diese Aufgabe, sie wird von Ihnen Tag für Tag mit rastloser Ausdauer und Thätigkeit erfüllt. Sie ermatten nicht, wo so viele, ermattet, dem angeblich Unabänderlichen sich fügen, und weil der Kronprinz nicht ermattet, halten wir unsere Hoffnungen auf die Zukunft eines großen, ruhmreichen, freien und wohlhabenden Österreich aufrecht. Sie haben, kaiserliche Hoheit, im abgelaufenen Jahre mancherlei Bosheit und Tücke erfahren müssen, aber Sie haben das mit wunderbarem Gleichmut abgeschüttelt. Man weiß, daß Sie Grosses wollen, Grosses zu leisten befähigt sind – und wo man das nicht weiß, ahnt man es. Deshalb werden Sie jetzt schon mit den verschiedenen Mitteln bekämpft, vertritt man Ihnen die Zukunftswege, haben Sie heute schon viele Gegner und Feinde. Aber Sie zählen auf sich selbst und auf Ihre Natur, auf Ihr Genie, auf Ihre Kraft und Beharrlichkeit, und Sie dürfen mit Recht darauf zählen. Zu diesem ein bißchen – Glück, nicht einmal so viel Glück, als Ihnen Ihre aufrichtigen Freunde und Bewunderer wünschen – nur ein bißchen von diesem Glück, und Großes werden Sie vollbringen für diese Monarchie, die unser Vaterland ist, für Ihren eigenen Ruhm, und für das Volk, das an Ihnen hängt.«[72]

Am 11. Januar 1889 kehrte Kronprinzessin Stephanie von einer ihrer wochenlangen Kreuzfahrten im Mittelmeer zurück und erschrak über Rudolfs Aussehen: »Nun war sein Verfall schon so weit fortgeschritten, daß es auch äußerlich stark auffiel. Ich fand den Kronprinzen erschreckend gealtert, seine Haut war fahl und schlaff, sein Blick flackernd, seine Gesichtszüge völlig verändert. Es war, als hätten seine Züge den inneren Halt, den ihnen der Wille geben muß, verloren, als lösten sie sich von innen her auf. Ein tiefes Mitleid überkam mich und die bange Sorge: wie soll solche Verheerung enden? In meiner Herzensangst entschloß ich mich, zum Kaiser zu gehen und ihm über alles rückhaltslos und rücksichtslos die Augen zu öffnen. Ich klammerte mich an den Gedanken, daß sein Eingreifen uns helfen und retten würde ...

Obwohl es nicht gestattet war, unangemeldet beim Kaiser zu erscheinen, nahm ich all meinen Mut zusammen und ließ mich gleich durch den Kammerdiener ansagen. Der Kaiser empfing mich gütig. Ich begann damit, daß ich sagte, Rudolf sei sehr krank und sein Aussehen und sein Benehmen bereite mir ernste Sorgen; ich bat ihn inständig, er möge seinen Sohn doch bald durch eine längere Weltreise seinem aufreibenden jetzigen Leben entziehen. Da fiel mir der Kaiser in das Wort: ›Das

ist eine Einbildung von dir. Rudolf fehlt nichts. Er sieht nur blaß aus, ist zu viel unterwegs, er mutet sich zu viel zu. Er soll mehr bei dir bleiben; sei nicht ängstlich! Der Kaiser umarmte mich; ich küßte ihm die Hand. Ich war entlassen, und alles, was ich dem Kaiser mitteilen wollte, war ja noch unausgesprochen. Wankend trat ich ins Vorzimmer, ich mußte an einem Sessel Halt suchen. War das alles, was mir von dieser letzten Hoffnung blieb? Das Schicksal des Kronprinzen schien mir besiegelt. Ich fürchtete das Ärgste: ein Dahinsiechen, schauerlicher als der Tod.«[73] Eben das muß auch Rudolf gefürchtet haben.
Am 13. Januar 1889 fiel ganz offensichtlich eine Entscheidung. Helene Vetsera berichtete in ihrer Denkschrift, was sie erst nach Marys Tod erfuhr: Das Mädchen sei an diesem Tag wieder heimlich beim Kronprinzen gewesen, »kam aber an diesem Abend sehr aufgeregt nach Hause, und sagte zu ihrem Kammermädchen, wäre sie nur heute nicht hingegangen, es wäre besser gewesen. Und noch später äußerte sie sich zu ihr, sie müsse jetzt alles tun, was er von ihr verlange, denn jetzt gehöre sie nicht mehr sich selbst, sondern ihm ganz allein an.«[74] Zwei Tage später ließ sie beim Juwelier eine Zigarettentasche für den Kronprinzen mit den Worten gravieren: »13. Jänner. Dank dem Schicksal.«
Laut der Vetsera-Schrift bestand die Wichtigkeit des 13. Jänner darin, daß das Liebespaar an diesem Tag zum ersten Mal intimen Kontakt hatte, was die kolportierte These von einer möglichen Schwangerschaft Marys widerlegt.[75] Die Bedeutung des 13. Januar könnte aber auch in einer Art Todespakt oder Versprechen eines gemeinsamen Todes bestehen.

Auch in diesen letzten Wochen arbeitete Rudolf laut Szeps sehr hart, »besonders viel für die Militärkonferenzen, welche unter dem Vorsitze des Kaisers im Monate Jänner stattfanden ... Speziell eine Denkschrift, welche wichtige militärische Angelegenheiten betraf, fand die lobende Anerkennung des Kaisers.«[76] Ob diese Denkschrift lediglich Rudolfs alte Forderung nach Reform des Exerzierreglements betraf oder wichtigerer Natur war, worauf Szeps hindeutet, muß unklar bleiben, solange sie nicht vorliegt.
Wie auch immer die militärischen Pläne Rudolfs gewesen sein mögen, eines war kaum zu übersehen: Die Resignation der letzten Lebensmonate bezog sich auch auf die Zukunft der k.u.k. Armee. Die Unruhen in Budapest wegen des neuen Wehrgesetzes im Januar 1889, die pan-

slawistischen, ungarischen und deutschnationalen Bewegungen, die auch die Armee nicht verschonten, gaben zu Optimismus keinen Anlaß. Hämische Zeitungsmeldungen in Deutschland wie in Russland, die den Zerfall der vielsprachigen Armee fast genüßlich erwarteten, verfehlten ihre Wirkung auf den unsicher gewordenen Kronprinzen nicht. Das alte stolze Selbstbewußtsein hatte sich inzwischen in einen hysterisch wirkenden Patriotismus gesteigert, der den tiefen Pessimismus nur äußerlich bemänteln konnte.

Am 16. Januar 1889 brachte, nachdem Szeps' »Wiener Tagblatt« wegen eines deutschfeindlichen Artikels beschlagnahmt wurde, die Zeitschrift »Schwarzgelb« folgenden Artikel auf Seite 1:

Die zehn Gebote des Österreichers.

1. Gebot: Du sollst keinen anderen politischen Glauben haben, als den Glauben an das alte, einige und ungetheilte kaiserliche Österreich, wie es in Jahrhunderten emporgewachsen ist und an welches deine Väter und Vorväter geglaubt haben.

2. Gebot: Du sollst dir keine neuen Götter machen, keine neuen Programme, keine neuen Staatsideen, sondern mit deinem ganzen Herzen an dem alten Österreich hängen, für welches deine Vorfahren Ströme von Blut vergossen haben.

3. Gebot: Du sollst dich vor keinem anderen Kaiser beugen als nur vor deinem Kaiser, vor dem Kaiser von Österreich, welcher auf dem ältesten und berühmtesten Throne der Welt sitzt und für dein Wohl und für das Wohl deiner Kinder wie ein Vater sorgt.

4. Gebot: Du sollst keinen Götzendienst treiben weder mit Preußen noch mit dem von Preußen beherrschten Deutschland.

5. Gebot: Du sollst dich nicht fürchten vor Bismarck oder vor Moltke und dir stets vor Augen halten, daß sie beide bereits müde und schwache Greise sind, die jeden Augenblick vor den Richterstuhl Gottes berufen werden können.

6. Gebot: Du sollst nicht begehren die Unterdrückung einer Nation, noch die Herrschaft einer Nation über die andere, denn die vollständige nationale Gleichberechtigung und die absolute Gerechtigkeit gegen alle Nationen bilden die sicherste Grundlage der österreichischen Staatsexistenz.

7. Gebot: Du sollst dich nicht bethören lassen durch die trügerische Lockung, daß Österreich seinen Schwerpunkt nach Osten verlegen soll, und sollst unerschütterlich daran festhalten, daß Österreich bleiben muß, was es war und wo es war.

8. Gebot: Du sollst mit felsenfester Zuversicht auf die Zukunft Österreichs vertrauen und dir von Niemandem die Überzeugung rauben lassen, daß Österreich ebenso eine Nothwendigkeit für die eigenen Völker wie für das europäische Gleichgewicht ist.

9. Gebot: Du sollst nicht vergessen, daß Österreich die größte Monarchie der Welt war, in welcher die Sonne nicht unterging, daß es noch bis auf unsere Tage in Deutschland und Italien regiert hat und daß es von der Vorsehung berufen ist, bis an das Ende aller Welten zu bestehen.

10. Gebot: Du sollst bei Tag und bei Nacht unablässig darauf sinnen, wie Österreich seine frühere Macht und Bedeutung zurückgewinnen kann.

Möglicherweise veröffentlichte der bereits todesbereite Rudolf diese »Zehn Gebote des Österreichers« ganz bewußt als sein Vermächtnis und seinen politischen Appell an die Nachwelt. Aber auch dieser letzte Versuch, politischen Einfluß zu nehmen, verpuffte wirkungslos.

Am 18. Januar verfaßte die 17jährige Mary Vetsera ihr Testament und hinterlegte es in jener Kassette, worin sie auch Rudolfs Fotos und Geschenke verwahrte. Die Vorbereitungen für den Doppelselbstmord waren getroffen.

14. Kapitel

MAYERLING

Die letzte Woche

Die letzte Woche vor Rudolfs Tod hatte zwei große politische Themen: die für den 28. Januar in Frankreich angesetzten Neuwahlen, die dem Kriegsminister Boulanger mit einem scharfen antideutschen Kriegsprogramm beträchtliche Chancen gaben, und die ungarischen Wirren wegen des neuen Wehrgesetzes.

Der Name des Kronprinzen wurde in dieser Woche zweimal in den politischen Tagesstreit gezogen: »Schwarzgelb« brachte am 23.1.1889 – es war die letzte Nummer vor Rudolfs Tod – neben wüsten Ausfällen gegen die ungarischen Radikalen ein ausführliches Zitat aus den preußenfeindlichen »Hessischen Blättern«, die auf die Verbindung von »Schwarzgelb« zum österreichischen Kronprinzen hinwiesen: »Die französischen und russischen Journale glauben dagegen aus der neuen Wochenschrift die Gedanken des österreichischen Kronprinzen Rudolf zu hören, und auch in Berlin hat man in einem unbewachten Augenblick des ersten Zornes verrathen, daß man diese Annahme für eine naheliegende halte und daran Befürchtungen knüpfe, die ebenso groß sind als die aus der gleichen Quelle entsprungenen französischen und russischen Hoffnungen.«

Was bisher nur in ausländischen Zeitungen zu lesen war – daß Rudolf ein Bündnis mit Frankreich und Rußland anstrebe –, war nun in einem Wiener Blatt ausgesprochen. Über etwaige Folgen dieses Artikels ist aus den Quellen nichts zu erfahren. Die Unterlagen über »Schwarzgelb« gehören zu den »verschwundenen« Papieren.

Auch in die ungarische Wehrgesetzdebatte wurde der Kronprinz hineingezogen, diesmal von dem ihm seit jeher feindlichen »Fremdenblatt«: Die Zeitung kritisierte die Rede, die Rudolfs Jagdfreund Graf Pista Károlyi am 25. Januar gegen Tisza und damit gegen die gemein-

14. Kapitel

Straßenunruhen in Budapest werden mit Gewalt niedergeschlagen

same deutschsprachige Armee gehalten hatte, so als wenn Rudolf damit einverstanden gewesen wäre oder Károlyi gar in Rudolfs Auftrag gesprochen hätte. Von der »fatalen« Lage, in die ihn diese Rede gebracht habe, sprach Rudolf noch in Mayerling. Jedenfalls schickte er sofort ein Telegramm nach Budapest und beorderte den Jagdfreund nach Wien. Moriz Szeps versuchte am Tag darauf, im »Wiener Tagblatt«, die Bedeutung der Károlyi-Rede herunterzuspielen, tat sie als aristokratische Spielerei ab und machte sich über den in der Politik dilettierenden Károlyi lustig. Schon die Überschrift des Artikels war vernichtend: »Vom Kasino ins Parlament«: »Allein, Graf Károlyi wird nicht als politische Persönlichkeit betrachtet, nachdem er kein Parlamentarier von Beruf ist und heute erstmals im Abgeordnetenhaus gesprochen hatte.« Auch dieser Artikel schloß wie fast alle anderen, die das »Tagblatt« in dieser Zeit über ungarische Angelegenheiten veröffentlichte, mit einem Lob für Koloman Tisza und – natürlich – die gemeinsame k.u.k. Armee. Ausländische Diplomaten, die den Kronprinzen noch in den letzten Lebenstagen sahen, bemerkten übereinstimmend seine Bitterkeit gegenüber Wilhelm II., so Lady Walpurga Paget, die Gattin des engli-

Mayerling

schen Botschafters. Auch der französische Botschafter Décrais berichtete Ende Januar in einer vertraulichen Depesche nach Paris über Rudolfs unfreundliche Bemerkungen gegenüber Deutschland.[1]
In diesen Tagen stand der kaiserliche Gegenbesuch nach Berlin zur Diskussion, der für März 1889 geplant war. Der Kronprinz sollte den Kaiser begleiten, um die Differenzen mit Wilhelm II. endlich beizulegen. Nach den Informationen, die der spätere russische Außenminister Graf Vladimir Lamsdorf erhielt, weigerte sich Rudolf jedoch, nach Berlin zu fahren. Laut Lamsdorf-Tagebuch habe er erklärt, »daß es wesentlich besser wäre, wenn er, statt nach Berlin zu fahren, diese Zeit ausnützen und zu unserem allerhöchsten Kaiser [dem Zaren] fahren würde. Zuerst wehrte man sich gegen dieses Projekt, dann wurde im Prinzip beschlossen, daß der Kronprinz im Anschluß an Berlin nach Rußland fahren dürfe. Diese Aussicht erfreute ihn unendlich. Aus ihr schöpfte er Trost bei den zahllosen Kränkungen, die ihm seine Stellung bereitete.«[2]
Diese glaubwürdige Quelle bestätigt also Rudolfs Wunsch, neue Bündnisse anzubahnen, vor allem eine Verständigung mit Rußland in Balkanfragen zu erreichen.

Der 26. Januar

Bis Samstag, den 26. Januar, wurde von den Augenzeugen keine Veränderung im Auftreten und Aussehen des Kronprinzen bemerkt. Er führte sein gewöhnliches Leben. Vormittags war er in der Kanzlei der Franz-Josephs-Kaserne: Schreibtischarbeit, Audienzen, Besuche (so der des ehemaligen Fürsten von Bulgarien, Alexander von Battenberg, der in Österreich vergeblich eine Stelle in der Armee suchte), politische Gespräche mit Szeps und Frischauer.
An diesem Tag schrieb Rudolf an Joseph von Weilen, den Hauptredakteur des Kronprinzenwerkes in Cisleithanien, einen harmlosen Brief wie Dutzende andere vorher: *Lieber Weilen! Es war mir bisher nicht möglich, die Skizze von Gödöllö niederzuschreiben. Ich war, wie Sie wissen, diese Zeit über mit vielen, namentlich militärischen Arbeiten überhäuft, und jetzt habe ich die Qualifikationslisten durchzusehen, was sorgfältig geschehen muß und viel Zeit in Anspruch nimmt.*

14. Kapitel

Aber ich werde, wenn ich Montag nach Meierling komme, dort einige Stunden Muße finden, um den Aufsatz über Gödöllö fertigzustellen. Das Material dazu, welches mir zur Verfügung steht, habe ich heute durchgesehen, es ist zwar weitläufig, aber doch sehr dürftig, und es ist nur sehr wenig daraus zu benützen. Ich hoffe, Sie Mittwoch oder Donnerstag zu sehen und Ihnen dann das Manuskript zu übergeben. Mit besten Grüßen Ihr Rudolf.[3]

Selbst mit der Ornithologie beschäftigte er sich noch an diesem 26. Januar. Es ging um ein seltenes »Waldhuhn, das in Schweden erbeutet, am Wiener Wildpretmarkte gekauft worden« war und das der Schweizer Ornithologe Girtanner verschiedenen Forschern, unter ihnen auch dem Kronprinzen, zur Begutachtung eingesandt hatte. Rudolf antwortete am 26. Januar. Nach seinem Tod, als der Wiener Hof offiziell eine Geisteskrankheit als Grund des Selbstmordes angegeben hatte, wunderte sich die »Times« über den »klaren und sachlichen Stil« dieses Briefes.[4]

Augenzeugen registrierten an diesem Tag einen grellen Umschwung von Rudolfs Stimmung. Die Kammerfrau der Kronprinzessin, Sophie Planker-Klaps, erzählte: »Am 26. Januar 1889 ungefähr um 9 Uhr früh befand ich mich in einem Garderobezimmer in der Hofburg, als der Kronprinz auf dem Wege nach seinen Appartements durchkam. Er war in Parade und sah fürchterlich verstört, geradezu verfallen aus, und die Hand, in der er den Generalshut hielt, zitterte sichtbar. Ich fragte den Kammerdiener Beck später, was denn geschehen sei und hörte, daß der Kronprinz bei Seiner Majestät in Audienz war; es müsse etwas Schreckliches gegeben haben, denn der Kaiser solle gesagt haben: ›Du bist nicht würdig, mein Nachfolger zu werden‹«.[5]

Das ist sicherlich, was die Worte des Kaisers betrifft, eine problematische Aussage, wenn auch die Informationsmöglichkeiten eines Kammerdieners nicht zu unterschätzen sind. Die Tatsache einer erregten Auseinandersetzung zwischen Vater und Sohn kann aber als erwiesen gelten. Denn gleich nach Rudolfs Tod suchten Beauftragte des Kaisers – entgegen Rudolfs Letztem Willen, der allein Szögyènyi das Recht gab, den Schreibtisch zu öffnen – in den nachgelassenen Papieren, »ob nicht etwa eine Schrift vorhanden sei, die sich auf die letzten großen Mißhelligkeiten in der Familie beziehe«.[6] Über das Ergebnis dieser Suche wurde nichts bekannt.

Mayerling

Eine heftige Auseinandersetzung taucht auch in den diplomatischen Berichten an ausländische Regierungen immer wieder auf, wenn sie auch selbstverständlich von offiziellen Wiener Stellen dementiert wurde. Die Witwe Kaiser Friedrichs III., Viktoria, schrieb ihrer Mutter, der Queen Victoria: »Fürst Bismarck erzählte mir, daß die heftigen Szenen und Streitigkeiten zwischen dem Kaiser und Rudolf die Ursache des Selbstmordes wären. Ich erwiderte, daß mir Zweifel darüber zu Ohren gekommen seien, worauf er sagte, daß Reuß es geschrieben habe und es sich so verhielte.«[7] Graf Lamsdorf hatte ähnliche Informationen: »Man sagt, daß sich zwischen dem Kaiser und dem Thronfolger eine furchtbare Szene abgespielt habe, die den Thronfolger in den Tod getrieben habe.«

Auch im Hause Vetsera ging es am 26. Januar hektisch zu. Die Baronin hatte Verdacht geschöpft, Marys eiserne Kassette öffnen lassen und darin neben einer Serie von Fotografien des Kronprinzen und einer Zigarettentasche mit Rudolfs Namenszug auch Marys Testament vom 18. Januar gefunden. Das Testament ängstigte sie allerdings kaum: »Sie betrachtete dasselbe vielmehr als das Werk jugendlicher Überspanntheit und bemerkte zu ihrer Tochter, daß man sie nur auslachen müsse, solchen Unsinn zusammengeschrieben zu haben. Die Baronesse sah nach dieser Szene sehr bleich und eingefallen aus.«[8]

Als männliche Verstärkung zog Helene Vetsera ihren Bruder Alexander Baltazzi in die Familiendiskussionen mit ein.

Am späten Nachmittag zwischen 17 und 18 Uhr flüchtete Mary aus dem Elternhaus ins Grandhotel zu Gräfin Larisch, die schrieb: »Sie war totenbleich und die Augen schienen für ihr Gesicht viel zu groß. Sie machte auf mich den Eindruck, als sei ihr etwas Fürchterliches zugestoßen.«[9] Als Grund für ihre Flucht gab Mary an, daß ihre Mutter sie gefangen halte und in ein Kloster schicken wolle, um sie vom Kronprinzen zu trennen.

Marie Larisch half weiterhin, schon im eigenen Interesse, da sie in Geldnot war. Sie zerstreute Helene Vetseras Mißtrauen und brachte die fatale Geschichte mit der Zigarettentasche in Ordnung, indem sie der Baronin erklärte, sie selbst habe die Tasche vom Kronprinzen geschenkt bekommen und sie an Mary weitergeschenkt. Die zweite Tasche, Marys Gegengeschenk an Rudolf mit der Gravierung: »13. Jänner. Dank dem Schicksal«, versprach sie, auf ihren Namen umschreiben zu lassen, um auch diesen Verdacht eines Übereinkommens zwischen Rudolf und Mary zu zerstreuen.

Marie Larisch schrieb in einer ihrer Rechtfertigungsschriften, an diesem Nachmittag (26. Januar, 17 Uhr) sei der Kronprinz bei ihr gewesen und habe sie beschworen, die »kleine Vetsera zur Vernunft« zu bringen. Ob Mary den Kronprinzen bei ihr traf, oder ob Rudolf schon fort war, als Mary ins Grandhotel »flüchtete«, ist unklar, wie die Zeitangaben der Gräfin überhaupt viel Verwirrung stiften. Rudolf habe seiner Cousine gesagt: *Ich bin nicht ganz gefühllos und mein besseres Ich treibt mich dazu, Mary zu retten, ehe es zu spät ist. Wir dürfen uns nicht treffen, ehe meine Angelegenheiten geordnet sind. Du gehst mit Larisch an die Riviera, kannst du nicht die Baronin und Mary überreden, dich zu begleiten, damit das Kind von Wien fortkommt? Sag ihr, ich käme inkognito nach. Versprich ihr, was du willst. Nur hilf mir jetzt.* Er habe sich, wie er sagte, *die Lunge ausgeredet, sie zu bewegen, Miguel Braganza zu heiraten*, aber Mary ließe sich partout nicht abschütteln. Ihre schwärmerische Anhänglichkeit sei unerschütterlich: *Vielleicht ist es töricht, die Liebe dieses kleinen Mädchens von sich zu stoßen. Sie hat nicht den Ehrgeiz, die Pompadour zu spielen. Mein Rang ist ihr gleichgültig, sie ist nichts als ein liebendes Weib. Ich habe viele schönere gekannt, aber niemals bin ich einem treueren Gemüte begegnet.*

Rudolf klagte laut Marie Larisch: »*Diese Intrige wäre weiter nicht schlimm, wenn sie nicht mit viel wichtigeren Dingen zusammenträfe. Ich habe keine Zeit für Liebeleien, denn dringende Dinge verlangen meine ganze Spannkraft. Du weißt, wie schlecht ich mit Stephanie lebe; du weißt, wie unleidlich mein Vater ist, und dich brauche ich nicht daran zu erinnern, wie wenig meine Mutter mich liebt. Kurz, mir ekelt. Rudolf ließ meine Hand los und ging im Zimmer auf und ab. Jede Bewegung verriet seine Erregung. Ach, rief er, ich habe dieses Leben satt! ... du hast hinter die Kulissen geblickt und weißt, was für armselige Puppen wir sind. Wir treiben Mummenschanz, um das Volk zu ergötzen, wir tanzen nach der Pfeife anderer; weh uns, wenn wir natürlich sind! Wozu bin ich bloß geboren? Was bin ich denn schließlich? Eine arme Kreatur mit dem Kainszeichen der Sünde meiner Vorfahren.*«[10]

Am Abend fand Helene Vetsera die von der Gräfin nach Hause gebrachte Mary »im Bette, leichenblaß und sprachlos von einer Art Nervenanfall befallen«. Ihre älteste Tochter Hanna berichtete, daß Mary

Mayerling

gleich nach ihrer Heimkehr im Zimmer zu Boden gefallen sei, worauf man sie unter Beihilfe der Gräfin ins Bett gebracht habe.[11]
Am Abend dieses ereignisreichen 26. Januar schickte Marie Larisch laut Agentenbericht einen Brief in die Hofburg zum Kronprinzen, und es ist nicht unwahrscheinlich, daß dieser in den Larisch-Memoiren verschwiegene Brief mit jenem identisch ist, der nach Rudolfs Tod in einem Waffenrock gefunden wurde und worin von einer hohen Geldsumme die Rede war, die die Gräfin vom Kronprinzen erhalten hatte: jenen 70 000 Gulden (immerhin rund 700 000 Euro), die später in einem Umschlag fehlten.[12] Als man der Gräfin vorwarf, für ihre Dienste eine so horrend hohe Summe angenommen zu haben, verteidigte sie sich damit, das Geld sei ja nicht für sie, sondern für Mary bestimmt gewesen.[13]
Marys Verzweiflung an diesem Abend könnte also daher rühren, daß sie sich weigerte, mit Geld »abgeschoben« zu werden, und fürchtete, der Kronprinz könne allein, ohne sie, Selbstmord begehen. Mary soll zur Gräfin Larisch gesagt haben: »Rudolf hat mir von seinen Sorgen und von der schrecklichen Lage erzählt, in der er sich befindet. Es ist besser, wenn ich von Wien fern bin. Aber ich möchte ihn nicht gerade jetzt verlassen, wo er so sehr eine Stütze braucht.«[14]

Der 27. Januar

Unzweifelhaft stand Rudolfs Entschluß, sich in Mayerling das Leben zu nehmen, am 27. Januar fest. In übergroßer, von allen Augenzeugen bestätigter Hektik verbrachte er diesen Tag. Morgens war er zum letztenmal in der Kanzlei der General-Infanterie-Inspektion und erteilte militärische Audienzen. Er ließ dem Grafen Joseph (»Josl«) Hoyos die Nachricht schicken, daß die für die nächste Woche geplante Jagd in Mayerling auf den 29. und 30. Januar vorverlegt worden sei. Joseph Hoyos war schon seit Jahren Rudolfs Jagdgenosse.
Laut Agentenbericht erschien Rudolf an diesem Morgen um 10 Uhr wieder im Grandhotel »und begab sich über die rückwärtige Stiege zu der Gräfin Larisch ... Se. kais. Hoheit war in Uniform und ist nicht bekannt, wie lange Hochderselbe bei der Gräfin verweilte.«[15]
Die Zeitangaben der Gräfin Larisch sind derartig konfus, daß sie sich

14. Kapitel

mit den präzisen Angaben der Polizeiagenten nicht vereinbaren lassen. Andererseits aber bestätigen die Agenten, daß der Kronprinz wirklich kurz vor seinem Tod einige Male die Gräfin besuchte. So ist kaum Anlaß, an den Schilderungen der Larisch über ihre letzten Unterredungen mit dem Kronprinzen zu zweifeln, wenn auch Einzelheiten einerseits verschwiegen, andererseits übertrieben sein mögen – auch dadurch bedingt, daß Marie Larisch ihre Rechtfertigungsschrift erst 1913 schrieb, also 24 Jahre nach Rudolfs Tod. Mit beträchtlichen Vorbehalten, die aber für die meisten Mayerling-Quellen gelten, sei hier die berühmte Szene zitiert, die wahrscheinlich auf den 27. Januar zu verlegen ist (Marie Larisch nannte den 28. Januar, 17 Uhr, als Rudolf jedoch längst in Mayerling war).

Marie Larisch: »Er war sehr erregt, und seine ersten Worte waren: *Marie, wenn du mir nicht hilfst, ist alles verloren.* Ich starrte ihn wortlos an. Mein Vetter war nicht wiederzuerkennen. Er sah bleich und zermürbt aus. In seinen Augen funkelte ein seltsamer Raubtierglanz, den ich immer an ihm bemerkt hatte, wenn es in ihm tobte. Ich empfand instinktiv, daß etwas Furchtbares geschehen war. Er übte eine hypnotische Gewalt über mich aus, und ich fühlte, daß ich ihm willenlos jeden Wunsch erfüllen mußte.«

Du kannst dir die Wirrnis nicht vorstellen, die mich umstrickt, soll Rudolf gesagt und die Gräfin beschworen haben, Mary am nächsten Tag in die Hofburg zu bringen. *»Ich versichere dich, ich muß Mary sehen. Übrigens bin ich selbst in Gefahr.* Ich hob den Kopf. ›Du in Gefahr?‹ *Ja, in großer Gefahr! Wir sprechen jetzt »Mann zu Mann«. Du bist der einzige Mensch, dem ich unbedingt vertrauen kann. Schwöre mir, daß du zu meinen Lebzeiten niemals verraten wirst, was ich dir jetzt sagen werde!* ... Der Kronprinz blickte mich seltsam an. Dann zog er wortlos einen kleinen, dunklen Gegenstand unter seinem Mantel hervor. Ich konnte erkennen, daß es eine kleine, in Stoff genähte Schachtel war. ... *Marie, du mußt diese Schachtel an dich nehmen und sie sofort an einem sicheren Orte verstecken. Sie darf unter keinen Umständen in meinem Besitz gefunden werden. Jeden Augenblick kann der Kaiser eine Durchsuchung meines Eigentums befehlen.* ... Hiermit händigte mir der Kronprinz die Schachtel ein, die zu meinem Erstaunen schwer wie Blei war ... ›Wie lang soll ich dieses schreckliche Ding aufbewahren?‹ *Bis ich sie zurückfordere,* entgegnete Rudolf, *oder bis jemand an-*

derer sie zurückverlangt. Für den Fall, daß es dazu kommen sollte, sagte er ernst, *muß ich dir Verhaltungsmaßregeln geben. Nur ein Mensch kennt das Geheimnis dieser Kasette, und er allein hat außer mir das Recht, sie zurückzuverlangen.* ›Wer ist das?‹ *Sein Name tut nichts zur Sache. Du kannst sie der Person übergeben, die dir vier Zeichen nennt. Schreib sie dir auf und wiederhole sie‹* Und langsam sprach der Kronprinz die Buchstaben: ›R.I.U.O.‹«
Rudolf habe sie daraufhin gebeten, Mary in die Hofburg zu bringen: »*Ich muß Mary allein sprechen. Vielleicht kann ich dadurch der Gefahr entrinnen, die mir droht. Das glaubte ich nun zwar nicht, doch ich fragte:* ›Betrifft die Gefahr die Zwistigkeit mit Stephanie?‹ Rudolf lachte: *Stephanie! – Ach nein, die ist nur ein häusliches Unheil. Die Gefahr, die mir droht, ist politischer Natur.* ... ›Um Himmels Willen‹, rief ich. ›Ich flehe dich an, Rudolf, verliere keine Zeit, vertrau dich der Kaiserin an oder noch besser, gehe zum Kaiser.‹ *Du Närrin,* schalt er. Dann fuhr er sanfter fort: *Das kann ich nicht tun, Marie. Wenn ich dem Kaiser beichten wollte, würde ich mein eigenes Todesurteil unterschreiben.*«[16]
Trotz aller Skepsis kann diese Szene kaum als pure Erfindung abgetan werden. Daß Rudolf in seinen letzten Tagen Ordnung in seinen Papieren machte, kompromittierende Schriften vernichtete oder Freunden zur Verwahrung gab, Briefe an ihre Absender zurückgab, ist erwiesen. Die Erzählung der Gräfin, es sei Erzherzog Johann gewesen, der nach Rudolfs Tod die Kassette abholte, verstärkt die Vermutung, daß die immer wieder als Lügengespinst abgetane Erzählung einiges Wahre enthalten könnte. Erzherzog Johann war 1887 strafweise aus der k.u.k. Armee ausgeschlossen worden und kam, im höchsten Maße verbittert, kaum noch nach Wien. In diesen Wochen hielt er sich in Fiume auf. Es ist also durchaus möglich, daß Rudolf die Gräfin um Verwahrung bat, weil er die Schriften nicht vernichten, sich auch die Möglichkeit einer Rückkehr aus Mayerling offenhalten wollte, aber doch sicher sein wollte, daß die Kassette nicht in falsche Hände geriet.
Marie Larisch war dem Kronprinzen durch bedeutende Geldsummen verpflichtet, die er der ständig Verschuldeten verschafft hatte. Aber nicht nur das: nur bei ihr, die keinerlei offizielle Verbindung mit dem Kaiser hatte, konnte er sicher sein, daß sie niemals die Kassette an Franz Joseph weitergeben würde. Wohl aber, und diese Feststellung ist

14. Kapitel

wichtig, konnte er damit rechnen, daß sie, die erklärte Lieblingsnichte und Vertraute der Kaiserin, Kaiserin Elisabeth in das Geheimnis einweihen könnte. Das war das Risiko, das Rudolf einging, als er die Kassette gerade Marie Larisch übergab.

Das Herrscherpaar vertrat so konträre politische Ansichten, hatte so eine konträre Anhängerschaft am Hofe, daß man die Möglichkeit einkalkulieren muß, Rudolf könnte dieses Risiko mit Bedacht eingegangen sein: daß dieselbe Sache, wegen welcher er fürchtete, vom Vater vor ein »Kriegsgericht« gestellt zu werden, von der Mutter nicht für schlimm gehalten, vielleicht sogar gebilligt werden könnte. So liegt der Gedanke nah, daß es sich bei diesen Schriften kaum um Staatsstreichpläne oder gar eine geplante Absetzung des Kaisers handelte, wie Übereifrige munkelten, sondern vielmehr um weltanschauliche Fragen.

Rudolf und Johann standen einander trotz mancher Eifersüchteleien politisch und weltanschaulich nahe: Beide waren liberal, »Reformer«, als Freimaurer verdächtigt, Gegner des Bündnisses mit Deutschland und Italien. Daß sie gemeinsame Pläne für Rudolfs Regierungszeit ausgearbeitet hatten und Johann in diesem Fall eine wichtige – militärische – Rolle eingeräumt werden sollte, ist sicher. Ambitionen auf Ungarn ins Spiel zu bringen, blieb dem Hoftratsch und Marie Larisch vorbehalten, die keinerlei Einblick in die politischen Pläne der Erzherzöge hatte.

Kurz nach Rudolfs Besuch beobachtete der Polizeiagent: »Sonntags, 27. Jänner, Vormittags 11 Uhr, erhielt der Dienstmann Nr. 198 vom Hotel Imperial von der Gräfin Larisch ein Paket mit einem Brief, um beides in der k. k. Hofburg an seine kais. Hoheit den durchl. Kronprinzen persönlich abzugeben. Kronprinz Rudolf, der eben mit dem Oberstlieutenant Mayer Dienststücke bearbeitete, entfernte sich auf die Meldung des Kammerdieners von diesem und schickte durch den Dienstmann einen Brief zurück.«[17] Das Paket dürfte Rudolfs Briefe an Mary enthalten haben, die das Mädchen aus Angst vor der Mutter bei der Gräfin in Verwahrung gegeben hatte.

Die von den Polizeiagenten bemerkte Hektik des Kronprinzen am 27. Januar mit mehreren Besuchen bei Gräfin Larisch, hin- und hergeschickten Briefen und Päckchen, hat sicherlich ihren Grund darin, daß er kompromittierende Papiere noch vernichten beziehungsweise an Vertraute weitergeben wollte. Noch an diesem Tag vernichtete er seine Briefe an Mary. Aber seltsamerweise hinterlegte er Marys und Larischs

Mayerling

Gegenbriefe an ihn in seinem Schreibtisch, offenbar mit voller Absicht. Denn als die Papiere nach dem Tod des Paares gefunden wurden, kompromittierten sie Marie Larisch wegen ihrer Kuppelei und Geldgeschäfte erheblich. Und die tote Mary war durch ihre schwärmerischen, zur Tat drängenden Briefe ebenfalls in ein schlechtes Licht gerückt. Diese Aktion hatte den Charakter einer befremdlichen, zumindest partiellen Schuldzuweisung.

Da Mary nicht ohne Begleitung das Haus verlassen durfte, war die Vermittlung der Gräfin von entscheidender Bedeutung. Ihr Brief an Rudolf zeigt die Dramatik dieser Tage: »Lieber Rudolph! Du weißt, daß ich Dir blind ergeben bin und Deinem Befehl *jedesmal* folgen werde, wenn Du mich rufst! Ich komme natürlich unter diesen gefahrdrohenden Umständen *mit*, ich kann sie nicht allein Unannehmlichkeiten aussetzen – ich komme also *bestimmt*, mag geschehen, was will! – Ich wollte sie allein schicken, weil ich vormittags eine wichtige Kommission habe, von der für mich *alles* abhängt, wenn ich später als zwölf hinkomme, da ich um zwei Uhr abreisen muß! doch werde ich nach dem gestrigen Vorfall mit A. [Alexander Baltazzi] mit ihr gehen, ich traue ihm alles zu! Deine ergebene Marie. Ich fahre besser mit meinem Fiaker, gegen halb elf sind wir dort!«[18]

Wie dieser Brief ankündigte, sollte Marie Larisch die »kleine Mary« am nächsten Vormittag zur angegebenen Zeit in die Hofburg zum Kronprinzen begleiten.

Kurz nach Mittag beobachtete ein Agent wiederum den Kronprinzen im Grandhotel. Er »vergriff sich an der Türklinke und öffnete die Thüre, welche in die sogenannte Schwemme führt. Die daselbst anwesenden Fiaker sprangen auf, da sie den Kronprinzen erkannten, und höchstderselbe entfernte sich verlegen.«[19] Auch Mary Vetsera war laut Vetsera-Denkschrift an diesem Nachmittag bei der Gräfin Larisch, und zwar zwischen $1/2$ 3 und 6 Uhr. Sie habe sich, wie sie der Mutter sagte, »verplaudert«.

An diesem Nachmittag wurden Rudolf und Marie Larisch aber auch in erregtem Gespräch im Prater beobachtet, und zwar von Stephanies Schwester Prinzessin Luise Coburg, die in ihren Memoiren die Angaben der Larisch über Rudolfs Gemütsverfassung vollauf bestätigte: »Der Kronprinz sah meinen Wagen, gab mir ein Zeichen, daß ich auf

14. Kapitel

ihn warten sollte, und kam mit raschen Schritten auf mich zu ... Rudolf war furchtbar bleich, fieberhaft, und schien seine Nerven mühsam zu beherrschen. ›Ich fahre jetzt bald nach Mayerling‹, redete er mich an, ›sag dem Dicken [Philip Coburg], er möchte diesen Abend noch nicht kommen, sondern erst übermorgen früh‹ ... Ich wollte meinen Schwager zurückhalten und versuchte noch weiter mit ihm zu reden; ich sagte: ›Wir haben uns lange nicht gesehen, wann kommst du zu mir?‹ Er antwortete mit gleichgültiger Stimme: ›Wozu?‹«[20]
Daß Rudolf bei diesem durch Polizeiagenten bestätigten Besuch im Prater auch Mary traf, die sich ja laut Vetsera-Denkschrift bei Marie Larisch befand, ist anzunehmen. Das Mädchen kam jedenfalls an diesem Abend »ausgelassen heiter« nach Hause. Sie wußte nun, daß Marie Larisch sie am nächsten Tag heimlich in die Hofburg bringen sollte. Sie wußte auch, daß es von dort aus direkt nach Mayerling ging. Sie hatte sich durchgesetzt. Sie durfte den Kronprinzen in den letzten Lebensstunden begleiten.
Bei der Soiree in der deutschen Botschaft in Wien an diesem Abend, zur glanzvollen Geburtstagsfeier für Kaiser Wilhelm II., fiel Mary Vetsera durch ihre geradezu triumphale Schönheit auf, dasselbe Mädchen, das am Abend vorher noch verzweifelt zusammengebrochen war. Louise Coburg, selbst eine glühende Verehrerin ihres Schwagers Rudolf, beobachtete mißgünstig »diese Verführerin, die uns mit brennenden Augen fixierte. Es bedarf nicht vieler Worte, um sie zu schildern; dort stand sie, strahlend wie eine Königin, die keine Rivalin fürchtete, so leuchtend und triumphierend schien ihre Schönheit; ihr Blick aus wundervollen, schwarzen Augen und ihre ganze sinnliche Grazie waren sich ihrer Macht bewußt.«[21]
Der Zustand des Kronprinzen jedoch war an diesem, seinem letzten Abend in Wien, zu Ehren seines Intimfeindes Wilhelm II., erschreckend. Louise Coburg bemerkte »erstaunt, meinen Schwager so entsetzlich nervös und enerviert zu sehen«. Lady Paget, die noch drei Tage vorher mit dem Kronprinzen in der englischen Botschaft geplaudert hatte, erzählte, daß sie Rudolf »in frappanter Weise wie alle Welt verändert gefunden habe. – Er schien niedergeschlagen, traurig, nur mit Mühe die Tränen zurückhaltend.«
Über die Gesprächsthemen, die der Kronprinz an diesem Abend anschnitt, gibt es zwei Aussagen: Dem Bildhauer Viktor Tilgner gegen-

Rudolf in deutscher Uniform

über klagte er, auf die schweren silbernen Achselklappen seiner deutschen Uniform weisend, die er Wilhelm II. zu Ehren angelegt hatte: *Unerträglich schwer, überhaupt ist mir diese Uniform zuwider.*²² (Dazu ist zu bemerken, daß sich im Nachlaß ein zwar undatierter, aber aufgrund des Briefpapiers in die letzten Januartage 1889 zu verlegender kurzer Brief des Kaisers an den Kronprinzen befindet, wohl der letzte, den Rudolf von seinem Vater erhielt: »Lieber Rudolf, Zur Soiree bei Reuß in preußischer Uniform und zwar kleine Uniform. Euch herzlich umarmend Dein Papa.«²³)

Recht zwanglos dagegen politisierte Rudolf mit Fürst Richard Metternich, dem früheren Botschafter in Paris, über die Wahlen in Frankreich. Er »richtete an ihn die Frage, die an jenem Abend auf aller Lippen war, was er über die Ereignisse in Paris denke. Fürst Metternich erzählte dem aufmerksam zuhörenden Kronprinzen, wie General Boulanger nach und nach zu seiner beispiellosen Beliebtheit gelangt sei, und Kronprinz Rudolf lächelte, als Fürst Metternich auch darauf zu sprechen kam, daß dem ehrgeizigen General besonderen Vorschub auch der Volkssänger Paulus mit dem Gassenhauer: ›En revenant de la revue‹ geleistet habe.«²⁴

Um das Maß des Tratsches voll zu machen, kam es am Ende der Soiree noch zu einem Wortwechsel des Kronprinzenpaares, der sich, wie Augenzeugen berichteten, an Marys Person entzündet haben soll: »Als das Kronprinzenpaar sich vom Botschafter und der Prinzessin Reuß verabschiedet und Erzherzogin Stephanie den Saal bereits verlassen hatte, wechselte Kronprinz Rudolf noch mit dem zunächst der Tür stehenden ihm befreundeten Grafen Hoyos, der kürzlich geheimer Rat geworden war, einige Worte, wobei er den Blick nicht von der in der Mitte des Saa-

14. Kapitel

les stehenden Baronesse Vecsera wandte. Sein Zögern, der bereits im Vestibül seiner harrenden Gemahlin zu folgen, erschien so ungewöhnlich, daß es jedem, der die Szene beobachtete, auffallen mußte ... Prinzessin Reuß ... wußte ... zu erzählen, daß sich daran beim Herabschreiten über die Freitreppe ein so lebhafter Wortwechsel des kronprinzlichen Paares geknüpft habe, daß er nicht nur von dessen Gefolge, sondern auch von der im Vestibül befindlichen Dienerschaft vernommen wurde, die hierüber als von etwas ganz Ungewöhnlichem berichtet hätte.«[25]

Eines muß betont werden: Es war kaum ein Zufall, daß die Auseinandersetzung zwischen Vater und Sohn am Tag vor der prunkvollen Feier zum dreißigsten Geburtstag Kaiser Wilhelms II. stattfand. Noch nie war in Wien der Geburtstag eines deutschen Kaisers so prächtig gefeiert worden: Auf der Soiree traf sich geschlossen die Wiener »Gesellschaft«, angeführt vom Kaiser, den Erzherzögen, den Ministern. Nicht nur die deutschnationale Presse, sondern auch die »gemäßigten« Zeitungen betonten, daß diese Feier als Demonstration für das deutschösterreichische Bündnis aufzufassen war. Der Kaiser »brachte seine Freundschaft für Kaiser Wilhelm auch noch dadurch zum Ausdruck, daß er in eigener Person, in der Uniform seines preußischen Garde-Regimentes, umgeben von den in Wien weilenden Mitgliedern seines Hauses, in den schimmernden Festräumen der deutschen Botschaft erschien. Diese vom Gesichtspunkte des höfischen Herkommens ganz ungewöhnliche Auszeichnung des deutschen Botschafters widerlegt die tendenziösen Ausstreuungen über eine angebliche Lockerung des deutsch-österreichischen Bündnisses, mit welchen eine gewisse Presse ihre Leser von Zeit zu Zeit und erst ganz kürzlich wieder regalirt hat«, schrieb die Wiener »Deutsche Zeitung«.[26]

Für den Kronprinzen als Haupt der frankreichfreundlichen Partei, der erst vier Tage vor dem Fest als Inspirator der deutsch-feindlichen Zeitschrift »Schwarzgelb« genannt worden war, stellte es eine Demütigung dar, in aller Öffentlichkeit, dazu noch in deutscher Uniform, diese Geste der Unterwerfung unter die Politik seines Vaters zu tun und sich damit zum Gespött der Deutschnationalen zu machen. Es ging ja hier um die Verlängerung des Zweibundes, die für Oktober 1889 anstand und gegen die Rudolf so verzweifelt ankämpfte.

Wenn Scheidung und Wiederverheiratung wirklich das Hauptproblem dieser Tage gewesen wären, hätte Rudolf kaum Veranlassung gehabt,

Mayerling

Szeps noch in dieser Nacht nach der Soiree zu sich in die Hofburg zu rufen. Dieser fand ihn laut Berta Zuckerkandl »in unbeschreiblicher Aufregung«: *Der Kaiser* (so rief er aus) *hat mich vor aller Welt entwürdigt, beschimpft! Nun sind alle Bande zwischen ihm und mir zerrissen. Nun fühle ich mich frei!*. Zuckerkandl: »Vergebens suchte mein Vater (der mir dies alles bestürzt erzählte) beruhigend auf ihn einzuwirken.«[27]

Was nach dem Fest und der kurzen Unterredung mit Szeps noch geschah, wissen wir wieder aus einem Bericht des Polizeiagenten Meißner: »Montag, den 28. 1. 1889 war E. R. bei Mizi bis drei Uhr morgens, trank sehr viel Champagner und gab dem Hausmeister 10 Gulden [rund 100 Euro] Sperrgeld. Als er sich von Mizi empfahl, machte er ganz gegen seine Gewohnheit ihr an der Stirne ein Kreuzzeichen.« Meißner erwähnte noch einmal Rudolfs Plan, sich mit Mizzi beim Husarentempel das Leben zu nehmen. »Mizi lachte darüber und glaubte es auch nicht, als er ihr Montags den 28. 1. 1889 sagte, er werde sich in Mayerling erschießen.«[28]

Der 28. Januar

Wenige Stunden nach dem Abschied von Mizzi saß der Kronprinz schon wieder an seinem Schreibtisch in der Hofburg und empfing wie jeden Tag den ihm zugeteilten Oberstleutnant des Generalstabes, Albert Mayer, um Unterschriften für militärische Dienststücke zu geben. Prinz Reuß an Bismarck: »Am 28. früh ist dem dienstthuenden Adjutanten die unaufmerksame und flüchtige Art aufgefallen, mit der der Prinz ganz wider seine Gewohnheit die zum Vortrag gebrachten militärischen Angelegenheiten erledigt hat. Der Erzherzog hat sich zum Schluß mit sehr heftigen Kopfschmerzen entschuldigt, das beste Mittel gegen Kongestionen würde Landluft sein und möchte daher so bald als thunlich nach Mayerling fahren, um daselbst ein paar Tage zu jagen.«[29] Rudolf sei sehr ungeduldig gewesen mit der Begründung: *Ich muß noch, bevor ich nach Mayerling gehe, einen sehr ausführlichen und wichtigen Brief schreiben.*[30]

Der Leibjäger Rudolf Püchel: »Nach 10 Uhr verließ der Oberstleutnant das Arbeitszimmer, und der Kronprinz trat dann zu mir heraus

14. Kapitel

und sagte: *Püchel, ich muß leider mein Programm bezüglich Mayerling ändern – ich fahre heute schon hinaus; Loschek, Vodicka und das Wirtschaftspersonale sind bereits vorausgefahren und mein Wagen ist für 12 Uhr bestellt. Ich erwarte aber noch dringend einen Brief und ein Telegramm.*«[31] Über Absender und Inhalt dieser Schriftstücke, die kurz darauf eintrafen, gibt es nur Vermutungen.

Auch Moriz Szeps und Berthold Frischauer waren an diesem Vormittag noch beim Kronprinzen und brachten die neuen Nachrichten von der Wahl in Frankreich: General Boulanger hatte mit seinem antideutschen Revancheprogramm einen glänzenden Sieg erfochten. Man erwartete von ihm, daß er nun als neuer Präsident ins Elysée einziehen würde. Daß Boulanger, wie Frischauer schrieb, dann doch nicht »den Mut zu dieser entscheidenden Tat« aufbrachte,[32] konnte nach dem großen Wahlsieg vom 28. Januar niemand vorhersehen. An diesem Tag mußte ein neuer deutsch-französischer Krieg, der zu Boulangers Programm gehörte, als sicher erscheinen, gefolgt von einem Überfall Rußlands auf das nach Rudolfs Meinung viel zu schwache Österreich-Ungarn – kein Grund, ihn von seinem Selbstmordplan zurückzuhalten. Rudolf habe zu Moriz Szeps gesagt: *Von nun ab – hören Sie, Szeps – von nun ab sind alle Fesseln, Pflichten, Bedenken von mir abgefallen!* Die Aufzeichnungen, die Moriz Szeps von seinen letzten Gesprächen mit dem Kronprinzen machte, sind, wie kaum anders zu erwarten, verschollen.

Spätestens jetzt verfaßte der Kronprinz vier seiner undatierten Abschiedsbriefe und eine Ergänzung seines seit März 1887 im Hofmarschallamt liegenden Testamentes. Er schaltete darin die Anwesenheit der Kronprinzessin bei der Öffnung seines Schreibtisches und Sichtung des schriftlichen Nachlasses aus und schrieb, daß Sektionschef Ladislaus von Szögyènyi allein, und nicht wie im Testament angeordnet, Stephanie und Szögyènyi gemeinsam, diese Aufgabe zufallen sollte. Der Wortlaut des »Letzten Willens«:

Sektions-Chef von Szögyènyi-Marich soll die Güte haben allein gleich meinen Schreibtisch im Türkischen Zimmer in Wien aufzumachen.
Folgende Briefe werden verschickt:
1. An Valerie
2. An meine Frau
3. An Baron Hirsch
4. An Mizi Caspar

Was an Geld sich vorfindet, bitte ich alles Mizi Caspar zu übergeben. Mein Kammerdiener Loschek weiß ihre Adresse genau. Alle Briefe der Gräfin Marie Larisch-Wallersee und der kleinen Vetsera an mich sind allsogleich zu vernichten.
Mit den anderen Schriften kann Szögyènyi nach Gutdünken handeln, mit militärischen sich früher mit Oberstleutnant Mayer ins Einvernehmen setzen. Rudolf.[33]
Das Geld für Mizzi legte der Kronprinz in seinem Schreibtisch bereit. Nach Rudolfs Tod fand Szögyènyi dort »30 000 Gulden, die für eine Dame zweifelhaften Rufes bestimmt waren und die über kaiserlichen Auftrag an die Betreffende ausgefolgt wurden.«[34] Dieses Geld war (wie die am Vortag der Gräfin Larisch übergebenen 70 000 Gulden) von Baron Hirsch geliehen, zusammen immerhin mehr als eine Million Euro.
Der Begleitbrief an Szögyènyi war – wie fast alle Briefe, die Rudolf an ihn schrieb – in ungarischer Sprache abgefaßt:
Lieber Szögyènyi!
Ich muß sterben, das ist die einzige Art, zumindest wie ein Gentleman diese Welt zu verlassen.
Haben Sie die Güte, meinen Schreibtisch hier in Wien im Türkischen Zimmer, dort, wo wir in besseren Zeiten so oft zusammensaßen, aufzumachen und die Papiere so zu behandeln, wie es in meinem letzten Willen – hier beigeschlossen – aufgeschrieben ist. Herzlichst grüßend, und Ihnen und unserem angebeteten ungarischen Vaterland alles Gute wünschend bin ich Ihr getreuer Rudolf.
Die Schlußwendung von *unserem angebeteten ungarischen Vaterland* kann wohl kaum, wie es oft geschehen ist, als Bestätigung ungarischer Aspirationen des Kronprinzen gedeutet werden. So wie Rudolf den Brief an Stephanie höflich mit *Dein Dich liebender Rudolf* unterschrieb, so gebrauchte er im Brief an Szögyènyi die auch in anderen Briefen übliche Phrase des »geliebten« oder »angebeteten« Ungarn. Was im ungarischen Original als freundliche Formel wirkt, erhält in der deutschen Übersetzung einen falschen Klang. Die Wendung *zumindest wie ein Gentleman diese Welt zu verlassen*, macht freilich angesichts der zweiten Leiche von Mayerling ratlos, falls man sie nicht derart deuten will, daß Rudolf das Mädchen, wie er der Larisch sagte, in seinen letzten Stunden bei sich haben, aber nicht mit in den Tod nehmen wollte.

14. Kapitel

Ladislaus Szögyènyi wurde damit zur Schlüsselfigur für Rudolfs Nachlaß. Gräfin Festetics trat später den am Hofe kursierenden Reden von einer angeblich innigen Freundschaft zwischen dem Kronprinzen und Szögyènyi dezidiert entgegen: »Nicht daß Szögyènyi ihm so nahe gestanden wäre, aber er wählte jemanden, der von dem Hofgetriebe etwas abseits stand und an den der Brief bestimmt kommen mußte.«[35] Seinen wirklich intimen Freunden, den am Hof mißtrauisch beobachteten »liberalistischen«, bürgerlichen Schriftstellern hätte er diese Aufgabe nicht übertragen können, weil sie keinerlei offizielle Funktion am Hofe hatten. Adeligen Hofbeamten vertraute er nicht. Szögyènyi aber konnte nach menschlicher Voraussicht nicht das Recht genommen werden, allein den Nachlaß zu sichten.

Unter diesen Papieren befand sich wahrscheinlich kaum noch politisch Kompromittierendes außer einigen Manuskripten für Zeitungsartikel. Brisant waren vor allem die im Letzten Willen erwähnten Briefe Mary Vetseras und Marie Larischs, die Rudolf eigenartigerweise nicht vernichtet hatte.

Von den vier im »Letzten Willen« angegebenen Abschiedsbriefen ist nur einer im Wortlaut und Original bekannt:
Liebe Stephanie!
Du bist von meiner Gegenwart und Plage befreit; werde glücklich auf Deine Art. Sei gut für die arme Kleine, die das einzige ist, was von mir übrig bleibt. Allen Bekannten, besonders Bombelles, Spindler, Latour, Wowo (Rudolfs Kinderfrau Karoline von Welden), *Gisela, Leopold etc. etc. sage meine letzten Grüße. –*
Ich gehe ruhig in den Tod, der allein meinen guten Namen retten kann. –
Dich herzlichst umarmend, Dein Dich liebender Rudolf.[36]

Erzherzogin Marie Valerie überlieferte einen Satz aus Rudolfs Abschiedsbrief an sie in ihrem Tagebuch: *Wenn Papa einmal die Augen schließt, wird es in Österreich sehr ungemütlich. Ich kenne, was dann folgt, nur zu genau und gebe Euch den Rat, dann auszuwandern.*[37] Dies ist die einzige bekannte politische Äußerung in Rudolfs Abschiedsbriefen, eine Äußerung der Resignation über die Zukunft des Vielvölkerstaates. Man muß sie auch als Einbekenntnis werten, daß auch Rudolf sich nicht fähig fühlte, das auseinanderstrebende Reich zusammenzuhalten. Aber er hielt auch die nächsten Thronfolger, Erzherzog Karl Ludwig und dessen ältesten Sohn Erzherzog Franz Ferdinand, für unfähig, diese Aufgabe zu erfüllen. Marie Valerie erinnerte sich in diesem Zusammenhang an eine Aussage Rudolfs gegenüber der Kaiserin: *Wenn je Franzi* [Franz Ferdinand] *zur Regierung käme, ginge es nicht mehr«*[38]

Der Inhalt des dritten Abschiedsbriefes, an Baron Moritz Hirsch, ist nie bekannt geworden. Der Brief wurde Hirschs Witwe mit anderen Briefen 1899 (kurz nach Elisabeths Tod, die offenbar zeitlebens solche Zwangsaktionen verhinderte) vom Kaiserhaus unter erheblichem Druck abverlangt. Nur die Wendung im Brief der Baronin, es sei ihr äußerst schwergefallen, diese »Reliquien« herauszugeben, läßt darauf schließen, daß hier durchaus nicht nur von Geld die Rede war.[39]

Der vierte Brief, an Mizzi Caspar, war in einem engen Kreis bekannt, denn er war für den Kaiser geöffnet worden. Szögyènyi sagte zu Hoyos, Rudolf habe an Mizzi einen »von Liebe überströmenden Brief« geschrieben. Ob dieser Brief noch existiert und ob er überhaupt jemals in Mizzis Besitz gelangte, ist unbekannt. Mizzi Caspar ließ nach der Katastrophe von Mayerling auch nicht die geringste Indiskretion verlauten.

Während der Kronprinz noch letzte schriftliche Verfügungen traf, fuhr Gräfin Larisch, wie am Vortag ausgemacht, gegen 10 Uhr vormittags zum Vetsera-Palais, um Mary abzuholen. Sie wollten, wie sie der Baronin sagten, die vielberedete Zigarettentasche auf den Namen der Gräfin Larisch umschreiben lassen.

Mary hatte sich an diesem Morgen zwei Stunden lang in ihrem Zimmer eingeschlossen. Marie Larisch schilderte, wie die Siebzehnjährige an diesem Morgen aussah: »Ihr Haar war schlicht zusammengeknotet, und ihre ganze Erscheinung wirkte so frisch und jungfräulich, daß sie eher wie eine unschuldige Braut als wie die leidenschaft-durchwühlte Frau der letzten Tage aussah ... Sie trug keinen Schmuck, außer ihren Boutons, dem eisernen Armband und Ring und einem goldenen Kreuz um den Hals.« Armband und Ring waren Geschenke Rudolfs, das Armband mit der Gravierung: »I.L.V.B.I.D.T.« (In Liebe vereint bis in den Tod). Marie Larisch: »Niemals werde ich den Ausdruck in ihren wunderbaren Augen vergessen. Eine fast überirdische Liebe strahlte in ihren blauen Tiefen.«[40]

14. Kapitel

Um halb elf Uhr fuhr die Gräfin mit Mary vom Palais Vetsera in der Salesianergasse ab, dirigierte den Fiaker aber nicht zum Kohlmarkt, wo sie die Rechnung umschreiben lassen wollte, sondern zunächst zu einem Wäschegeschäft, wo sie noch kurz einkauften, und dann zur Hofburg. Wie geplant, trafen die Damen gegen elf Uhr in den Appartements des Kronprinzen ein, selbstverständlich nicht auf dem offiziellen Weg über die Botschafterstiege, an allen Wachen vorbei, sondern durch die kleine Tür bei der Augustinerrampe durch geheime Gänge und leere Zimmerfluchten.

Rudolf erwartete sie, bat aber seine Cousine, Mary »nur zehn Minuten« allein sprechen zu dürfen. Er schloß die Tür hinter sich und Mary zu.

Die Gräfin sah das Mädchen nie wieder. Denn es eilte denselben abenteuerlichen Weg zurück und stieg, wie ein Fiaker beobachtete, in Bratfischs bereitstehenden Wagen. Nach Rudolfs und Marys Tod fand die Untersuchungskommission in Rudolfs Türkischem Zimmer eine Aschenschale aus Onyx, auf die Mary mit violetter Tinte eilig geschrieben hatte: »Lieber Revolver, nicht Gift. Revolver ist sicherer.«[41]

Rudolf kam von der »Besprechung« mit Mary allein zur Larisch zurück, die nun in Panik verfiel, weil sie sich getäuscht sah. Auf ungeklärte Art gelangte sie an einen Zettel von Marys Hand: »Ich kann nicht leben. Heute habe ich Vorsprung. Bis Du mich einholst, bin ich unmittelbar in der Donau.«[42] Rudolf riet seiner Cousine, im Hause Vetsera zu erzählen, Mary sei geflohen. Er gab ihr 500 Gulden, um den Fiaker dazu zu bringen, Marys angebliche Flucht zu bestätigen. Die Panik der Gräfin, auch vom Polizeipräsidenten eine Stunde später erstaunt wahrgenommen, ist nur zu verständlich.

In einer dramatischen Szene soll Rudolf seine Cousine gar mit dem Revolver bedroht haben. Larisch: »Ach, du bist ja wahnsinnig, Du sagtest mir, du hättest keine Zeit für Liebesgeschichten; da wären Dinge, die deine ganze Spannkraft forderten, und, nachdem du mir das gesagt hast, entführst du ein junges Mädchen. Ich glaube dir kein Wort mehr. Es ist alles ein wirres Lügengewebe.« Rudolf soll darauf gesagt haben: *Es ist die Wahrheit. Viel kann in zwei Tagen geschehen, und ich will Mary bei mir haben. Ich stehe am Rande des Abgrundes. Warum willst du mir das bißchen Glück nicht gönnen?* Zum Schluß der leidenschaftlichen Auseinandersetzung soll Rudolf sich bei Marie Larisch entschuldigt haben: *Laß uns nicht in Unfrieden scheiden, Marie*, bat er, *wenn du wüßtest, wie unglücklich ich bin ... Vielleicht kommt doch alles ins rechte Gleis eines Tages. Versprich mir nochmals, Stillschweigen über alles zu bewahren!*[43]

»Mehr tot als lebendig« verließ Gräfin Larisch die Hofburg, bestach den Fiaker, führte die Komödie mit der angeblichen Flucht Marys am Kohlmarkt auf, eilte zu den Vetseras und dann ins Polizeipräsidium, um Marys Verschwinden anzuzeigen. Sie machte aber nicht die geringste Andeutung über einen Zusammenhang mit dem Kronprinzen. Während Mary Vetsera mit Josef Bratfisch in Richtung Mayerling fuhr und Gräfin Larisch beim Polizeipräsidenten vorsprach, wartete Rudolf in der Hofburg noch die Ankunft eines Briefes und eines Telegrammes ab, deren Absender und Inhalt unbekannt blieben. Hofjäger Püchel erzählte später: »Um 11 Uhr kam der erwartete Brief. Ich trug ihn ins Arbeitszimmer, fand aber den Kronprinzen dort nicht, auch nicht in anderen Räumen. So ging ich ins Schlafzimmer und traf dort den Kronprinzen vor dem Fenster stehend; er hielt die Uhr in der Hand, drehte an dem Regulator und blickte auf den Franzensplatz hinab, ganz in Gedanken vertieft. Er schien mein Erscheinen nicht wahrgenommen zu haben. Ich meldete: ›Euere kaiserliche Hoheit, der Brief ist hier!‹ *ja danke!* Ich entfernte mich. Nach ungefähr einer halben Stunde traf das erwartete Telegramm ein. Als ich es überbrachte, stand der Kronprinz noch immer im Schlafzimmer vor dem Fenster mit der Uhr in der Hand und sah wieder auf den Franzensplatz hinab. Er öffnete hastig das Telegramm, las es rasch, faltete es wieder zusammen und warf es, während ich mich entfernte, erregt mit erhobener Hand und den Worten: *Ja, es muß sein!* auf den Tisch. Ich fragte mich im Stillen: Was hat der Kronprinz heute, was geht mit ihm vor?«[44]

Spekulationen über den Inhalt dieses Telegrammes anzustellen, ist müßig. Es ist durchaus möglich, daß das Telegramm von Pista Károlyi aus Budapest kam und die Nachricht brachte, daß die für diesen Vormittag geplante Abstimmung über das Wehrgesetz wegen der Unruhen auf den nächsten Tag, den 29. Januar, verschoben war. Daß in diesen Tagen nicht weniger als drei Telegramme von Pista Károlyi beim Kronprinzen ankamen, wissen wir aus der Hoyos-Denkschrift. Doch kamen täglich viele Telegramme an, auch noch in Mayerling. Alle Schriften dieser letzten Tage sind nie bekannt geworden. Ob sie

14. Kapitel

Ungarn, Frankreich, Deutschland oder private Angelegenheiten des Kronprinzen betrafen, kann niemand sagen.
Sicher ist nur, daß sich der Kronprinz nach dem Empfang der beiden Schriftstücke zur Abfahrt bereitmachte, ohne auf die für 13 Uhr angesagte Audienz des Prager Fürsterzbischofs Graf Franz Schönborn zu warten und ohne sich für die Sitzung im Heeresgeschichtlichen Museum am Nachmittag zu entschuldigen.
Die Kammerdienerin der Kronprinzessin beobachtete: »Am 28. Januar gegen 11 Uhr vormittags, ich war eben im Zimmer der Kronprinzessin, kam der Kronprinz im Jagdanzug herüber, um sich vor der Fahrt nach Mayerling zu verabschieden. Er wollte auch noch die kleine Prinzessin Elisabeth sehen, kam aber gleich wieder aus der Richtung des Kinderzimmers zurück. *Zu dumm*, sagte er ein wenig ärgerlich, *die Aja hat mich nicht hineingelassen, weil Erzsi am Thron sitzt*. Ich kann mich nicht erinnern, daß er besonders ernst oder aufgeregt gewesen wäre.«[45]

Püchel gegenüber gab er *seiner Freude Ausdruck, wieder Waldesluft atmen zu können und hoffentlich auch Wild zu sehen*. Dann gab er mir

Rudolf liebte es, selbst zu kutschieren, immer die Zigarette im Mund und wegen der Kälte in eine dicke Decke gehüllt. Neben ihm der Kutscher, der allein mit dem leeren Wagen zurückfuhr

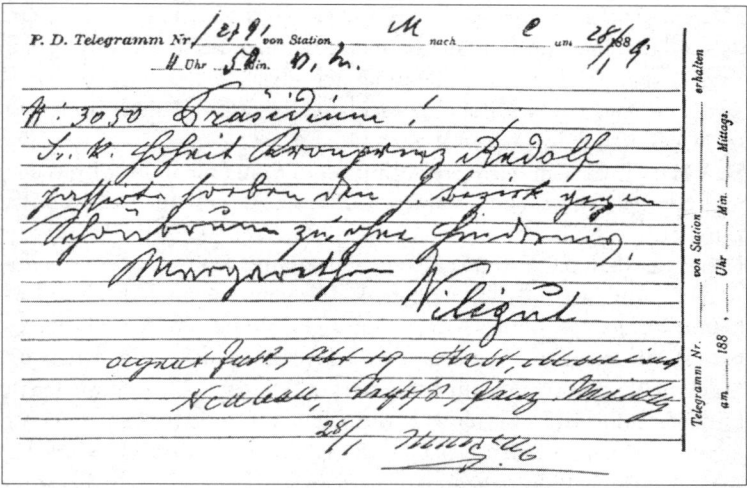

Ein Polizeiagent gab am 28. 1. 1889 um 11.50 Uhr Meldung an das Präsidium: »S.k.Hoheit Kronprinz Rudolf passirt soeben den h. (hiesigen, also Margarethen) Bezirk gegen Schönbrunn zu ohne Hindernis. Margarethen Wiligut.«

den Befehl: *Püchel, also erwarten Sie mich morgen nachmittag, ich werde längstens fünf Uhr hier sein, da ich um sechs Uhr mit Ihrer kaiserlichen Hoheit der Kronprinzessin bei den Majestäten dinieren werde.«*
Mit einem Einspänner, selbst kutschierend, aber in Begleitung eines Kutschers, verließ der Kronprinz Wien.
Etwa auf halbem Wege nach Mayerling ließ Rudolf den Kutscher nach Wien zurückfahren und ging zu Fuß weiter zum Gasthaus »Roter Stadl«, wo vereinbarungsgemäß Mary und Bratfisch warteten. Bratfisch gab zu Protokoll: »Gegen 1 Uhr mittags erschien Seine kaiserliche Hoheit zu Fuß. Er war offenbar schon früher dem Wagen entstiegen, der ihn dorthin gebracht hatte, um jedes Aufsehen zu vermeiden. Seine kaiserliche Hoheit waren ungewöhnlich heiter und aufgeräumt und entschuldigten sich bei Bratfisch noch mit einem Scherzwort wegen der langen Wartezeit.«[46] Zu dritt – Rudolf, Mary und Bratfisch – fuhren sie auf einem recht umständlichen Weg, um in Mayerling nicht zu früh (das heißt, nicht im Hellen) einzutreffen.
Gegen ½ vier Uhr nachmittags, als es schon dämmerig war, kam Rudolf, der wieder aus dem Wagen ausgestiegen war, allein zu Fuß in

14. Kapitel

Mayerling an. Der Förster Karl Ratschek: »Die waren alle überrascht, daß er da ist; niemand hat ihn kommen gesehn.« Ratschek erzählte, daß Rudolf sehr müde gewesen sei und sich gleich schlafen gelegt habe, »weil er die ganze Nacht nicht geschlafen hat«. Eine Stunde nach ihm sei erst Bratfisch im Wagen angekommen.[47]
Daß Mary in diesem Wagen war, ahnte der Förster nicht. Nur Bratfisch und der Diener Loschek wußten von ihrer Anwesenheit in Rudolfs Zimmer.
Der Aufenthalt des Kronprinzen in dem kleinen Jagdschlößchen sollte so unauffällig wie möglich sein. Rudolf ließ ausdrücklich den Telegrafendienst, der bei seiner Anwesenheit gewöhnlich im Schloß eingerichtet wurde, nicht avisieren und verbot dem Gendarmerieposten von Mayerling, seine Anwesenheit zu melden. Dieser Posten mußte jeden Hinweis auf Rudolfs Gegenwart vermeiden und »durfte seinen Dienst nur in der Kappe und ohne Gewehr versehen.«[48] Rudolfs Vorsicht, seine Angst vor Polizeiagenten, war so groß, daß er selbst die Fensterläden zur Straße hin geschlossen hielt.

Der 29. Januar

Graf Hoyos und Prinz Coburg trafen gegen acht Uhr morgens in Mayerling ein. Hoyos: »Der Prinz machte mich, sobald wir Mayerling in Sicht hatten, darauf aufmerksam, daß alle Jalousien der Fenster gegen die Straße und Einfahrt zu geschlossen seien, als ob das Schlößchen unbewohnt wäre.«[49] Rudolf nahm mit ihnen das Frühstück ein und gab dabei eine nicht recht verständliche Schilderung seiner langen, schwierigen Fahrt von Wien nach Mayerling auf eisglatten Bergstraßen. Er habe sich beim Anschieben des Wagens verkühlt, sagte er, und erklärte, daß »es daher besser sei, wenn er der abzuhaltenden Jagd in Glashütte mit ihren steilen Hängen nicht beiwohne, zu was ihm auch Loschek gerathen habe. Das Frühstück verlief ganz heiter, und entließ uns der Kronprinz huldvoll mit Waidmannsheil«, schrieb Hoyos in holperigem Deutsch. Von Marys Anwesenheit ahnten die Herren nichts.
Wie Rudolf diesen seinen letzten Tag verbrachte, wissen wir nicht. Am Abend sagte er zum Grafen Hoyos, der von der Jagd zurückkam, »er habe heute sehr viel geschrieben und sei gar nicht vor der Thüre gewe-

Mayerling

Das wahrscheinlich letzte Foto des Kronprinzen: Er trägt einen neuen sehr warmen Pelz, da er wegen seiner Krankheit sehr kälteempfindlich war

Johann Loschek, Rudolfs vertrauter, sehr intelligenter Kammerdiener, der die vielen pikanten Geheimnisse seines Herrn lebenslang für sich behielt

sen«. Die »Neue Freie Presse« erwähnte in einer Meldung vom 30. Januar: »Der Kronprinz soll noch gestern Abends eifrig gearbeitet und mehrere Briefe geschrieben haben. Unter den letzteren befand sich auch ein Schreiben an den in Baden lebenden General der Cavallerie Baron Koller, den er für morgen (Donnerstag) zum Diner einlud. Baron Koller empfing dieses Schreiben heute um 10 Uhr morgens«, eine Angabe, die darauf hindeutet, daß Rudolfs Beschluß zu sterben, zeitweise ins Wanken geriet. Auch der Unterförster Ratschek erwähnte Briefe vom 29. Januar: »Also der Loschek hat mir dann a paar Brief gegeben, die hab ich weggeschickt. An wen sie waren, weiß ich nicht, ich hab nicht geschaut.«

Unter den durch die Post geschickten, also nicht im Sterbezimmer oder in der Hofburg vorgefundenen Abschiedsbriefen soll auch jener gewesen sein, dessen rätselhafter Wortlaut ohne Enthüllung des Adressaten später veröffentlicht wurde. Die von Hoyos bemerkte weiche Gemütsstimmung Rudolfs und die von Bratfisch erwähnte

14. Kapitel

Fröhlichkeit Marys an diesem letzten Lebenstag würden durch diese Zeilen allerdings bestätigt:
Mein Lieber, Guter!
Meine Kraft war erlahmt und ich habe nicht mehr den Mut gehabt, den Nimbus meiner Würde nach außen hin so lächerlich zur Schau zu tragen. Man wird mich jetzt erst recht für unüberwindlich halten und es wäre doch am Ende gar nicht gewesen, wenn ich nur gewollt hätte; aber ich bin zu müde. Du darfst nicht glauben, daß ich nichts anderes tun wollte als meine »Schuldigkeit«. In einer philosophischen Ruhe sind diese letzten Dinge getragen worden; und ich spüre jetzt nicht einmal mehr etwas von Nervenabspannung oder den Zwang, gegen den ich mich, wie früher so oft, auflehne. So gerne möchte ich Dir mein Herz ausschütten! Die Zeit ist jetzt so furchtbar eilig und kurz; ich muß sie besser nützen. M. sitzt neben mir und ihre Fröhlichkeit überwältigt mich. Ich bin in diesen Stunden wahrhaft glücklich. Allerherzlichste Grüße sendet Dir Dein R..[50]
Gegen $^1/_2$ 2 Uhr kam Prinz Philip Coburg von der Jagd zurück und nahm mit dem Kronprinzen, »der in guter Laune war«, den Tee. Coburg wollte mit ihm, wie verabredet, nach Wien zurückfahren, denn beide waren zum Familiendiner um 18 Uhr in die Hofburg geladen. Rudolf erklärte jedoch plötzlich, in Mayerling bleiben zu wollen und schickte ein Entschuldigungstelegramm an Stephanie: *Alland, den 29. Jänner 5 Uhr. Ich bitte Dich, schreibe Papa, daß ich gehorsamst um Verzeihung bitten lasse, daß ich zum Diner nicht erscheinen kann, aber ich möchte wegen starken Schnupfen die Fahrt jetzt nachmittag unterlassen und mit Josl Hoyos hier bleiben. Umarme euch herzlichst. Rudolf.*[51]
Dem Prinzen Coburg gab er einen eigenartigen Auftrag für den kaiserlichen Vater mit. Hoyos: »Bei dieser Gelegenheit meinte der Kronprinz, er hätte seinem Schwager etwas mitzutheilen, rieb sich die Hände, schien etwas verlegen und sagte schließlich auf Aufforderung wegen Mittheilung, da die Zeit zur Abfahrt da sei, nur, Prinz Coburg möge dem kaiserlichen Vater viele Handküsse entbieten«, eine, wenn sie nicht ironisch gemeint war, bemerkenswert devote Äußerung gegenüber dem Kaiser, der ja keinen Abschiedsbrief von seinem Sohn erhielt.
Daß dieses Familiendiner sehr wohl besondere Bedeutung haben sollte, etwa die Versöhnung des Kronprinzenpaares, läßt sich aus Stephanies Reaktion ablesen, als der Jäger Püchel ihr das Telegramm über-

gab. Püchel: »Die hohe Frau hielt in einer Hand das Telegramm aus Mayerling, in der anderen ein Sacktuch. Gesenkten Hauptes stand sie einige Schritte von mir. In ihrem Antlitz spiegelten sich Gram und Sorge – eine Träne glitt die blasse Wange herab. Nach einer Weile sprach die Frau Kronprinzessin vor sich hin: ›Gott, was soll ich tun – wie ist mir zu Mute – nun muß ich allein zu den Majestäten gehn!‹«
Stephanies Verlegenheit war groß: »Als ich zum Familiendiner in den Saal trat, schien mir, als seien aller Augen auf mich gerichtet. Kaiser und Kaiserin kamen mir mit der Frage nach dem Verbleib Rudolfs entgegen – ich antwortete, er sei verkühlt und wolle sich schonen. Er sei schon lange leidend, und sein Aussehen verursache mir Sorgen. Ich wagte es jedoch nicht, meinen Befürchtungen soweit Ausdruck zu geben, um zu bitten, daß man einen Arzt nach Mayerling sende. So versuchte ich meine mir selbst unerklärlichen, angstvollen Gefühle zurückzudrängen.«[52]
Rudolfs überraschende Absage löste in Wien Hektik aus. Telegramme gingen hin und her. Rudolfs Sekretariat telegrafierte nach Mayerling, um anzufragen, was mit den inzwischen in Wien eingetroffenen Briefen zu geschehen habe – ob sie nach Mayerling geschickt werden sollten oder nicht. Es kam keine Antwort.[53] Eine gut informierte (und gleich konfiszierte) Zeitung schrieb nach Rudolfs Tod: »Es heißt, daß noch Nachts ein lebhafter Depeschenverkehr zwischen der Hofburg und der nächsten Telegraphenstation von Mayerling, Baden, geherrscht habe. Der Bahntelegraph soll eine Reihe von chiffrierten Depeschen befördert haben, deren Inhalt aber nur Wenigen bekannt geworden sein wird.«[54] Der Polizeipräsident schickte einen Agenten nach Mayerling. Der Kaiser beauftragte seinen Leibarzt Prof. Widerhofer, den Kronprinzen in Mayerling medizinisch zu versorgen.
Alle diese Aktivitäten waren bisher unterlassen worden, weil man bis zum Familiendiner fest mit der Rückkehr des Kronprinzen nach Wien gerechnet hatte. Nun konnte auch Gräfin Larisch nicht länger verheimlichen, was vorgefallen war. Immerhin war die 17jährige Mary abgängig, und ihr Onkel Alexander Baltazzi wollte sie nach Hause zu holen.
Aber da das Jagdschlößchen weitab in gebirgiger Umgebung mit schlechten, überdies vereisten Bergstraßen lag, konnte ein Fiaker diese Fahrt nur im Hellen machen. Da das Rudolf natürlich auch wußte, hatte das Paar noch eine ungestörte Nacht für sich.

14. Kapitel

Das Jagdschloß von Mayerling, wie es 1889 aussah

Während sich das Schicksal ihres Mannes und der kleinen Mary in Mayerling entschied, besuchte Kronprinzessin Stephanie mit dem Brautpaar Erzherzogin Valerie und Erzherzog Franz Salvator den Zirkus Renz: »Die hohen Herrschaften folgten dem Verlaufe des abwechslungsreichen Programms mit sichtlichem Interesse und verblieben auch während der heiteren Pantomime ›Japan, oder die neckischen Frauen des Mikado‹.«[55]

Um 19 Uhr aß Rudolf mit Hoyos zu Abend. Hoyos: »Er schien mir etwas weich, milde in seinen Urtheilen und ließ den ganzen Zauber seines Wesens auf mich wirken.« Das Gespräch, das Hoyos später wiedergab, bietet wenig Aufschlußreiches. Es ging um die Jagd, den Instinkt verschiedener Vorstehhunde und die Kochkünste der nach Mayerling mitgenommenen Köchin. Dann zeigte Rudolf dem Grafen drei Telegramme des Grafen Pista Károlyi aus Pest und meinte, diese seien das Resultat der Mahnungen des schlechten Gewissens, da Károlyi in Pest eine Rede gegen das neue Wehrgesetz gehalten habe, und oppositionelle Zeitungen diese und die Mitteilung, Graf Pista Károlyi habe vorher einen Brief des Kronprinzen bekommen, hintereinander brachten, um den Thronerben zu kompromittieren. »Der Kronprinz meinte denn auch, die Sache sei recht fatal, man dürfe dies aber den eigentümlichen Naturen dieser Herrn nicht übel nehmen. Erst sprach Károlyi gegen das Wehrgesetz und gratuliert dann telegraphisch zur Annahme desselben.«[56] (Wenn Károlyi dem Kronprinzen zur erfolgreichen Abstimmung am 29. Januar mit liberaler Mehrheit für Tisza gratulierte, so zeigt das, daß Rudolf als Tisza-Anhänger bekannt war. Für eine etwaige Verschwörung mit ungarischen Nationalisten gibt es nicht den geringsten Anhaltspunkt.)

Auch der Schnupfen wurde wieder erwähnt, Hoyos: »Auf meine Anfrage, ob ich vielleicht mit Sacktüchern aushelfen dürfe, erwiderte er dankend, daß er bis morgen sein Auskommen mit solchen fände. Nachdem wir geraucht hatten, und es etwa 9 Uhr geworden war, zog sich der Kronprinz, bemerkend, daß er seinen Schnupfen pflegen müsse, mit gewohnter Herzlichkeit die Hand reichend und gute Nacht wünschend, zurück. Ich konnte nicht ahnen, daß ich diese Hand zum letztenmal geschüttelt hatte!« Daraufhin ging Hoyos in seine »etwas entlegene Wohnung« außerhalb des Jagdschlößchens.

In der Mayerling-Literatur wird für diesen Abend der Besuch eines Geistlichen erwähnt, einer schwarz verschleierten Dame, der Aufenthalt preußischer Geheimagenten. Schließlich kursieren noch heute in der Gegend von Mayerling wilde Gerüchte über von Rudolf verführte Försterfrauen und deren rachedurstige Ehemänner. Dutzende verschiedener »Försterversionen« mit immer anderen Namen und immer anderen Todesursachen Rudolfs wollen die Selbstmordversion widerlegen. All das ist, solange auch nicht der mindeste konkrete Anhaltspunkt besteht, in das Reich der Legende zu verweisen.

Sicher ist nur, daß im Laufe des Tages Bratfisch wieder in Mayerling eingetroffen war und dem Liebespaar am Abend, nachdem Hoyos gegangen war, im Billardzimmer noch einige Wiener Lieder vorsang und -pfiff. Die Stimmung dieses Abends ist aus Marys Abschiedsbrief an ihre Mutter zu erkennen: »Gestern hat Bratfisch ganz wunderbar gepfiffen.« Beim Abschied schenkte Mary dem treuen Diener ihre kleine Sportuhr mit Perlenanhänger und sagte: »Gute Nacht, lieber Bratfisch – es war wunderschön.« Als er zögerte, die Uhr anzunehmen, ermunterte sie ihn: »Nehmen Sie nur, ich brauche sie sowieso nicht mehr.«[57] Der Fiaker und Kunstpfeifer Josef Bratfisch war der letzte Mensch, der Mary lebend sah. Er sollte später der Baronin zum Trost sagen, wie fröhlich die Siebzehnjährige in ihren letzten Stunden gewesen war.

14. Kapitel

Irgendwann am Nachmittag oder Abend dieses Tages schrieben Rudolf und Mary weitere Abschiedsbriefe. Mary an ihre Mutter: »Liebe Mutter! Verzeiht mir, was ich getan; ich konnte der Liebe nicht widerstehen. In Übereinstimmung mit ihm will ich neben ihm am Friedhof von Alland begraben sein. Ich bin glücklicher im Tode als im Leben. Deine Mary.«[58]
Mary an die Schwester Hanna: »Wir gehen Beide selig in das ungewisse jenseits. Denket hie und da an mich, seid glücklich und heiratet nur aus Liebe. Ich konnte es nicht thun und da ich der Liebe nicht widerstehen konnte, so gehe ich mit ihm. Deine Mary. Weine nicht um mich, ich gehe friedlich hinüber. Es ist wunderschön hier draußen. Man denkt an Schwarzau. Denkt an die Lebenslinie in meiner Hand. Jetzt noch einmal: Leb wohl.« Dann bat sie die Schwester, am 13. Jänner und am Jahrestag ihres Todes eine Gardenie auf ihr Grab zu legen, »als letzten Wunsch einer Sterbenden bitte ich die Mama, für die Familie der Agnes [ihre Kammerjungfer Agnes Jahoda, die ihr bei den heimlichen Ausflügen geholfen hatte] zu sorgen, damit sie nicht durch meine Schuld leide«.[59] Mary schickte auch ihrem Französischlehrer Grüße durch die Schwester und bedauerte, daß sie ihn nicht mehr im »Bräuhaus« sehen könne.[60]
Der Rudolf-Forscher Planitz erwähnte noch einen zerknüllten Zettel Marys an ihre Schwester, der in einem Kleidungsstück gefunden wurde (und wie alle anderen Briefe Marys nie von einem Historiker gesehen wurde): »Er hat mir heute endlich offen die Unmöglichkeit dargelegt, daß ich je die Seine werden könnte; – er hat seinem Vater sein Ehrenwort darauf gegeben, von mir zu lassen. Es ist aus! Ich gehe freudig in den Tod!«[61]
An den jüngeren Bruder Fery (Franz) schrieb Mary: »Leb wohl, ich werde über Dich wachen von der – andern Welt, da ich Dich so liebe. Deine treue Schwester.«[62]
Der abgeblitzte Verehrer, Prinz Miguel von Braganza, mußte sich mit einem von Hoyos »heiter« genannten, in Wirklichkeit aber derb-spöttischen Brief Marys begnügen. Es handelte sich darin um eine Boa, die Mary ihm vermachte und die er sich über seinem Bett aufhängen sollte, eine spöttische Wiener Phrase. Rudolf fügte diesem Brief einen burschikosen Gruß »Servus Wasserer« hinzu. »Wasserer« (ein Fiakerausdruck für den Wasserträger für die Pferde) war Braganzas Spitzname.

Mayerling

Den wichtigsten und längsten Abschiedsbrief schrieb Rudolf an seine Mutter. Dieser Brief wurde mit anderen Papieren nach Elisabeths Ermordung 1898 auf ihre Weisung von der Vertrauten Ida Ferenczy vernichtet. Der Historiker Egon Caesar Conte Corti erfuhr von Ida Ferenczy einiges aus dem Inhalt: »In dem Briefe an Elisabeth stehen Worte voll Liebe und Dankbarkeit gegen sie und den Kaiser, dem er nicht zu schreiben wagte. *Ich weiß sehr gut,* heißt es darin, *daß ich nicht würdig war, sein Sohn zu sein.* Dann spricht Rudolf vom Weiterleben seiner Seele und betrachtet jene, die seinen Tod geteilt, als einen reinen, sühnenden Engel. Er bittet die Kaiserin, an der Seite des Mädchens in Heiligenkreuz begraben zu werden. Es ist klar, ohne sie hätte er es vielleicht nicht gewagt, in den Tod zu gehen, aber nicht um ihretwillen hat er es getan. Doch einen klaren Grund hat der Kronprinz in keinem Briefe ausgesprochen.«[63]

Rudolfs Tochter, Fürstin Elisabeth Windischgrätz, erzählte später dem Historiker Viktor Bibl, der Abschiedsbrief an Elisabeth habe einen Hinweis auf die *Ehre* enthalten, *er könne nicht mehr seinem Vater vor die Augen treten, er sei seines Offiziersportepees unwürdig.*[64] Einen weiteren – allerdings rätselhaften – Hinweis auf den Inhalt des Briefes an Elisabeth bringt die Vetsera-Denkschrift, die erwähnt, Rudolf habe diesem Brief eine Fotografie von Mayerling beigelegt mit der Bitte, diese an die Baronin Vetsera weiterzugeben und sie »auf die zwei geschlossenen Fenster des Schlosses aufmerksam« zu machen.

Auch Rudolfs letzter Brief an seinen Diener Loschek ist nicht im Wortlaut bekannt, da das Original vom Hof eingezogen wurde. Loschek erinnerte sich vierzig Jahre später an seinen Inhalt: *Lieber Loschek! Holen Sie einen Geistlichen und lassen Sie uns in*

Augenzeuge Graf Rudolf Hoyos

14. Kapitel

einem gemeinsamen Grabe in Heiligenkreuz beisetzen. Die Pretiosen meiner teuren Mary nebst Brief von ihr überbringen Sie der Mutter Marys. Ich danke Ihnen für Ihre jederzeit so treuen und aufopferungsvollen Dienste während der vielen Jahre, welche Sie bei mir dienten. Den Brief an meine Frau lassen Sie auf kürzestem Wege zukommen. Rudolf.[65] Bei dem Hinweis auf einen Brief an Stephanie muß es sich um einen Gedächtnisfehler handeln, denn die dem Kodizill an Szögyènyi beigeschlossenen vier Abschiedsbriefe an Valerie, Stephanie, Baron Hirsch und Mizzi Caspar lagen ja in Rudolfs Schreibtisch in Wien.

Im Brief an Loschek war auch ein Gruß an Hoyos: *Graf Hoyos lasse ich grüßen. Die Baronesse läßt ihm sagen, er möge sich an das erinnern, was er ihr am Abend des Empfanges bei dem deutschen Botschafter Prinz Reuß über Mayerling gesagt hat. Hoyos soll nicht nach Wien telegraphieren, sondern nur nach Heiligenkreuz um einen Geistlichen schicken, damit dieser bei mir bethe.*[66] Diese Äußerungen, die eine Vertrautheit zwischen Hoyos und Mary Vetsera andeuteten, veranlaßten den Grafen dazu, sich in einer Denkschrift zu verteidigen und die Vorgänge in Mayerling, soweit er sie beurteilen konnte, zu schildern.

Der mit der Feststellung des Nachlasses beauftragte Hofsekretär Heinrich von Slatin fand im Sterbezimmer den Brief an Loschek, ein Telegramm an den Prior des nahen Zisterzienserstiftes Heiligenkreuz mit der Bitte, nach Mayerling zu kommen und dort für ihn zu beten, und fünf weitere Briefe, deren Adressaten nicht angegeben sind. Einer der Briefe war der an die Kaiserin, der zweite die in einem von Rudolfs Hand adressierten Umschlag zusammengefaßten Abschiedsbriefe Marys an ihre Familie. Über die Adressaten der drei anderen Briefe gibt es nur Vermutungen. Der dritte könnte Marys Brief an Miguel von Braganza gewesen sein, der vierte Marys Brief an Gräfin Larisch, der laut Larisch-Memoiren folgenden Wortlaut hatte: »Liebe Marie! Vergib mir all das Leid, das ich über dich gebracht habe. Ich danke Dir herzlichst für alles, was Du an mir getan hast. Wenn das Leben schwer für Dich werden sollte, und ich fürchte, das wird es werden, nach dem, was wir getan haben, so folge uns. Es ist das Beste, was du tun kannst. Deine Mary.«[67] Es gab auch mehrere, wenn auch karge Telegramme, etwa das von Rudolf eigenhändig, in großer klarer Schrift verfaßte Telegramm an Erzherzog Friedrich: *Herzlichste Grüße. Rudolf.* Laut

Mayerling

Obersthofmeister Prinz Constantin von Hohenlohe wurde dieses Telegramm am 31. Januar in Mayerling gefunden.[68]
Über den zahlreichen Abschiedsbriefen darf nicht vergessen werden, daß Rudolf offensichtlich doch auch zögerte, seinen Entschluß, in Mayerling zu sterben, wirklich auszuführen. Er verschickte für den 31. Januar Einladungen sowohl an General Koller als auch an Pista Károlyi, Tatsachen, die die Anhänger der Mordtheorie als Beweis für ihre Version geltend machten. Offenbar zögerte er auch, Mary mit in den Tod zu nehmen. Denn er befahl Bratfisch, am nächsten Morgen, also am 30. Januar, um acht Uhr einzuspannen, um Mary nach Wien zurückzubringen. Der kaiserliche Generaladjutant Graf Paar erzählte der Mutter Vetsera nach der Katastrophe: »Es sei erwiesen, daß der Fiaker für Mittwoch 8 Uhr früh bestellt gewesen sei, um sie wieder nach Hause zu bringen ... Wahrscheinlich wollte sie sich nicht nach Hause schicken lassen.«[69]
Es ist anzunehmen, daß sich in diesen letzten Stunden das Kräfteverhältnis zwischen dem Liebespaar entscheidend zugunsten der »kleinen Mary« verschob, die, was ihre Abschiedsbriefe zeigen, in einem schwärmerisch-euphorischen Zustand war. Jetzt scheint sie es gewesen zu sein, die den zögernden Kronprinzen an sein Versprechen erinnerte, gemeinsam mit ihr in den Tod zu gehen.

Der 30. Januar

Vor jedem Versuch, die letzten Stunden in Mayerling zu rekonstruieren, muß das Eingeständnis des Historikers stehen, daß das »Geheimnis von Mayerling«, vor allem was das Motiv der Tat betrifft, nach derzeitiger Quellenlage nicht zweifellos aufzuklären ist, wenn auch am Doppelselbstmord (Slatin: »Der Kronprinz erschoß im Einvernehmen mit Mary Vetsera diese und dann sich!«[70]) nicht zu zweifeln ist.
Als eingeweiht können nur zwei Personen gelten: der Fiaker Josef Bratfisch – er schwieg unerschütterlich – und der Kammerdiener Johann Loschek. Er schrieb als alter Mann kurze Erinnerungen über Rudolfs und Marys Tod, blieb aber, was Rudolfs Privatleben anging, sehr diskret.
Die beiden vielzitierten adeligen Jagdgäste waren zur Tatzeit nicht in der Nähe: Prinz Philip Coburg war beim Familiendiner in Wien und

14. Kapitel

wurde erst am Morgen des 30. Januar gegen acht Uhr zurück erwartet. Er gab seiner Schwester in einem Brief vom 3. Februar 1889 einen Bericht, der hier erstmals zitiert wird.

Graf Josef Hoyos hatte sich, wie er angab, am Abend des 29. Januar gegen 21 Uhr nach dem Abendessen in sein Gästezimmer, das sich in einem anderen Gebäude befand, zurückgezogen und kam erst am nächsten Morgen zurück. Er verfaßte eine Rechtfertigungsschrift, die – trotz eidesstattlicher Erklärung – einige gravierende Unrichtigkeiten enthält.

Loscheks Bericht behandelt die Zeit, nachdem sich Hoyos am Abend des 29. Januar zurückgezogen hatte: »Spät abends war es, als wir alle schlafen gingen. Für Rudolf und Mary gab es aber keinen Schlaf mehr. Ich schlief wie gewöhnlich im Nebenzimmer, und Rudolf sagte mir beim schlafen gehen: ›Sie dürfen niemand zu mir lassen, und wenn es der Kaiser ist!‹ ... Vetsera erwartete Rudolf im Zimmer, wo sie auch das letzte Nachtmahl eingenommen hatte. Ich hörte die ganze Nacht über Rudolf und Vetsera in sehr ernstem Tone sprechen. Verstehen konnte ich es nicht. 5 Minuten vor $^1/_4$ 7 Uhr [also 6 Uhr 10] früh kam Rudolf ganz vollständig angezogen zu mir in das Zimmer heraus und befahl mir, einspannen zu lassen. Ich war noch nicht im Hofe draußen, als ich 2 Detonationen hörte, ich lief sofort zurück, der Pulvergeruch kam mir entgegen, ich stürmte zum Schlafzimmer, doch es war entgegen der Gewohnheit – sonst sperrte Rudolf das Zimmer nie ab – abgesperrt. Was nun machen, ich holte sofort Graf Hoyos, und mit einem Hammer bewaffnet schlug ich die Türfüllung ein, so daß ich gerade mit der Hand hineinkonnte, um die Tür von innen aufzusperren. Welch grauenhafter Anblick – Rudolf lag entseelt auf seinem Bette angezogen, Mary Vetsera ebenfalls auf ihrem Bette vollständig angekleidet. Rudolfs Armeerevolver lag neben ihm. Beide hatten sich überhaupt nicht schlafen gelegt. Beiden hing der Kopf herunter. Gleich beim ersten Anblick konnte man sehen, daß Rudolf zuerst Mary Vetsera erschossen hatte und dann sich selbst entleibte. Es fielen nur zwei wohlgezielte Schüsse. Die Anwesenheit einer dritten Person sowie daß Glasscherben im Kopfe Rudolfs steckten, ist wie so vieles über Rudolfs Tod frei erfunden.«[71]

Loscheks Bericht weist eine Reihe von Unrichtigkeiten auf, die vor allem seinem Schicklichkeitsempfinden entsprangen. So gab es in Ru-

Mayerling

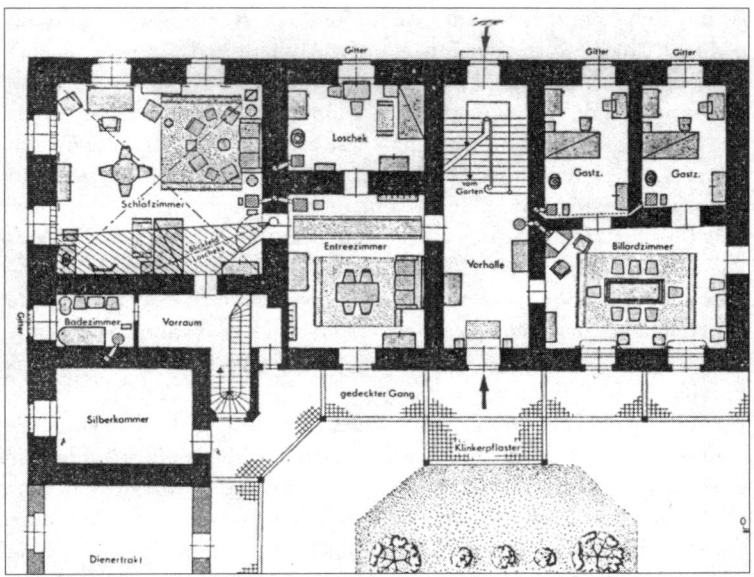

Das Jagdschloß Mayerling im Grundriß des Erdgeschosses, rekonstruiert von Fritz Judtmann. Im ersten Stock befanden sich die Räume der Kronprinzessin

dolfs Schlafzimmer nicht zwei Betten, sondern nur eines (das Appartement der Kronprinzessin befand sich im ersten Stock), und Mary wurde erst am nächsten Abend, als ihre beiden Onkel sie abholten, angekleidet. Wichtig ist aber Loscheks Angabe, daß der Tod des Paares *gemeinsam* erfolgte, daß zwei Schüsse fielen, und zwar kurz nach 6 Uhr 10. Das heißt, daß Loschek entgegen seinen Angaben fast zwei Stunden (bis kurz vor acht Uhr) wartete und dann erst den Grafen Hoyos rief. Es ist erwiesen, daß die Tür zum Schlafzimmer erst gewaltsam geöffnet wurde, nachdem (um 8 Uhr 10) Prinz Coburg eingetroffen war.

Die Zeitangabe über den Tod stimmt mit einer Angabe Bratfischs überein, die dem Grafen Hoyos rätselhaft schien. Hoyos: »Der Fiaker Bratfisch hat sich zum Leibjäger Wodiczka, als dieser um 7 Uhr früh zum rendez vous der projectirten Jagd fahren wollte ... geäußert, er könne sich dies wohl ersparen, da ohnedies keine Jagd sein würde, weil der Kronprinz todt sei ... Welche Motive Bratfisch zu dieser Aussage hatte,

14. Kapitel

ist mir unbekannt. Ist es auf Grund von Gesprächen, die er während der Fahrt belauschte oder nur eine Combination. Thatsache ist, daß Wodiczka nicht zur Jagd, wie sonst üblich, vorausfuhr.« Eine solch schwerwiegende Aussage Bratfischs kann kaum auf bloßen Vermutungen beruht haben, sondern allein darauf, daß er zweifelsfrei bereits um sieben Uhr (eine Stunde vor Hoyos) wußte, daß der Kronprinz (und Mary Vetsera) tot und keine Rettung mehr möglich war.

Was Loschek und Bratfisch in der Zeit unmittelbar nach dem Tod des Paares taten, ob sie von Rudolf irgendeinen Auftrag hatten, ob sie vielleicht nach den Schüssen im Sterbezimmer waren (es gab eine zweite Tür, die über eine Treppe aus dem ersten Stock in Rudolfs Schlafzimmer führte, die aber laut Loscheks Angabe verschlossen war, was Hoyos nicht nachprüfte), weiß niemand.

Es gibt nur zwei beschränkt glaubwürdige Aussagen: die eine von Einheimischen, die berichteten, daß Bratfisch am Morgen des 30. Januar um sieben Uhr in das Dorfwirtshaus kam und daß er dort bis acht Uhr blieb, ohne mit irgend jemandem ein Wort zu sprechen.[72] Die andere Aussage, über Johann Loschek, stammt vom Unterförster Karl Ratschek: »Um 7 Uhr hat mich der Graf Hoyos geschickt, ich soll im Speisezimmer schauen, ob er nicht seine Zigarettentasche hat liegen lassen. Ich hab sie nicht gefunden und hab auch im Vorzimmer beim Kronprinzen schauen wollen. Ich hab die Tür aufgemacht und da hab ich den Loschek sitzen gesehen, der hat geschlafen. Da hab ich die Tür wieder ruhig zugemacht, daß er nicht wach wird und bin zum Grafen gegangen. Da hab ich mir denkt, der Kronprinz wird wieder auf der Pürsch sein, weil der a so schlaft.«[73]

Das Verhalten der beiden ihrem Herrn unbedingt ergebenen Diener – der eine wirklich oder vermeintlich schlafend, der andere schweigend im Wirtshaus sitzend – deutet darauf hin, daß sie Rudolfs Weisungen befolgten, mit dem Aufbrechen der Tür zu warten, bis auch der zweite adelige Zeuge, Prinz Philip von Coburg, in Mayerling eintraf. Seine Ankunftszeit acht Uhr zehn stand fest, er kam mit dem Zug Wien-Baden, von dort mit einem bereitgestellten Fiaker.

Hoyos sagte aus, einige Minuten vor acht sei er von Loschek gerufen worden, weil »der Kronprinz nicht zu wecken sei«. Loschek habe ihm erzählt, »der Kronprinz sei um $1/2$ 7 auf gewesen, im Morgenanzug ins Vorzimmer gegangen, habe dort an Loschek, der im Nebenzimmer

Mayerling

wohnte, den Auftrag gegeben, ihn um ½ 8 wieder zu wecken und für selbe Stunde ein Frühstück und den Fiaker Bratfisch mit seinem Wagen zu bestellen, und habe sich dann, vor sich hinpfeifend, wieder in das Schlafgemach zurückbegeben. Loschek klopfte nun seit ½ 8 Uhr ununterbrochen, erst mit dem Finger, dann mit einem Scheite Holz an die Thüre des Schlafzimmers, ohne daß irgend ein Lebenszeichen erfolgte. Die Thüre des Schlafzimmers gegen das Vorzimmer sei von Innen und ebenso die Thüre, welche von der Wendeltreppe vom ersten Stock in das Schlafgemach führt, ebenfalls von Innen versperrt und stecken die Schlüssel.«

Diese von Loschek dem ahnungslosen Grafen Hoyos gegebene Version wird als maßgebend angesehen. Die Widersprüche sind derzeit unauflösbar, vor allem, wieso Loschek, der doch, wie er später angab, zwei Schüsse hörte, nichts davon erwähnte. Hoyos: »Da Loschek die Verantwortung wegen eventuellem Einbruch der Thüre nicht übernehmen wollte, gab ich den Befehl, die Thüre auf meine eigene Verantwortung sofort zu erbrechen. Nun erst erklärte Loschek, daß der Kronprinz nicht allein sei, und setzte hinzu, eine Baronesse Wecsera sei bei ihm. Diese Mitteilung brachte mich begreiflicher Weise in die größte Bestürzung, umsomehr, als ich weder eine Ahnung von der Anwesenheit der Baronesse in Mayerling noch überhaupt von Beziehungen von ihr mit dem durchlauchtigsten Kronprinzen hatte, und für mich auch nicht der geringste Anlaß vorlag, irgend welche Beziehungen auch nur entfernt zu vermuten. Nun war das Schlimmste zu befürchten, bei der Todtenstille, die im Schlafgemache herrschte, war an die Möglichkeit einer erfolgreichen Hülfe kaum zu denken.«
Hoyos besprach sich mit dem gerade eintreffenden Prinzen Coburg. »Unter den so unendlich heiklen Umständen sollte Loschek allein sich von der Sachlage überzeugen und die Bestimmung weiterer Zeugenschaft, wenn nicht Gefahr im Verzuge ist, ausschließlich Sr. a. Majestät vorbehalten bleiben.« Die Türfüllung wurde mit einer Holzhacke eingeschlagen: »Loschek, der in das Gemach blickte, erklärte, daß Beide als Leichen im Bette lägen.« Der Diener überzeugte sich dann im Auftrag des Grafen Hoyos in dem von einigen Kerzen höchst spärlich beleuchteten Sterbezimmer, daß »jede Hülfe vergeblich wäre«.

14. Kapitel

Darstellung des Sterbezimmers aus der Sicht des Kammerdieners Loschek. Die linke Tür geht ins Badezimmer. Rekonstruktion von Fritz Judtmann

Laut Hoyos »trat Loschek ein, um nach wenigen Augenblicken zu erklären, daß sich keine Spur von Leben in den Körpern befindet, der Kronprinz über den Bettrand gebeugt liege, eine große Blutlache vor sich, und der Tod voraussichtlich durch Vergiftung mit Cian Cali erfolgt sei, da hiebei solche Blutstürze vorkämen. Der Tod durch Schußwaffe wurde erst später constatirt.«

Der andere Zeuge, Rudolfs Schwager Prinz Philipp Coburg, berichtete ähnliches, und zwar in einem Brief an seine Schwester am 3. Februar 1889, also zu einem Zeitpunkt, als die Erwähnung einer zweiten Leiche bereits verboten war: »Um 8 Uhr früh komme ich nach Meierling, Graf Hoyos steht im Hofe, führt mich ins Speisezimmer u. fragt was er thun soll, der Kronprinz, der noch um halbsieben draußen war, habe sich im Zimmer eingesperrt u. wäre nicht zu erwecken. Wir klopfen mit Holzscheiten keine Antwort, endlich wird der Entschluß gefasst die Thür einzuschlagen. Welcher Anblick. Rudolf halb aus dem Bette gelehnt, todt! Blut aus dem Munde, ruft Loschek unser einziger Zeuge u. meint Vergiftung mit Strichnin. Hoyos reist gleich nach Wien, ich bleibe allein mit Loschek eingesperrt im Schloße, vor Befehle vom Kaiser darf Niemand etwas wissen, anrühren.«

Diese falsche Aussage ist nur so zu erklären, daß sie offenbar zu einer

Zeit mit Rudolf abgestimmt war, als er noch an Gift dachte. Es sei nur an Marys Aufschrift auf der Aschenschale in Rudolfs Wohnung erinnert: »Lieber Revolver, nicht Gift«.

Erst als Hoyos auf dem Weg nach Wien war, betrat Philipp Coburg, der bisher schluchzend vor der Tür des Sterbezimmers gestanden hatte, endlich den düsteren Raum: »Doch muß ich mit Loschek nochmal ins Sterbezimmer um die abgebrannten Kerzen auszulöschen wegen Feuersgefahr, da constatiren wir Schuß im Kopfe, Revolver neben der Hand, Gehirn verspritzt, Kruzifix, Briefe vorbereitet am Nachttisch. Noch entsetzter entfernen wir uns, sperren zu.«

Der schwer geschockte Coburg unterließ es, den Kaiser telegrafisch über diese wichtigen Tatsachen zu informieren. So brachte Hoyos die Nachricht von Rudolfs Tod nach Wien und gab als Todesursache Vergiftung durch Marys Hand an. Offiziell wurde die Version ausgegeben, der Kronprinz sei an Herzschlag gestorben.

In Mayerling regelte der Diener Loschek selbstbewußt und sicher, was zu regeln war. Marys Leiche wurde sofort in eine Abstellkammer gebracht, auf ein Bett gelegt und mit Kleidungsstücken so überdeckt, daß

Graf Rudolf Hoyos kommt in der Hofburg an, um die schlimme Nachricht zu überbringen

man sie nicht sehen konnte. Die Tür zu diesem Zimmer wurde versiegelt. Denn eines war klar: die Existenz dieser zweiten Leiche mußte mit allen Mitteln verheimlicht werden.
Dann empfing Loschek den Arzt Dr. Hermann Widerhofer und die aus Wien gesandte höfische Kommission des Obersthofmarschallamtes, die die Zustände protokollieren sollten und auch die vorgefundenen Telegramme und Abschiedsbriefe übernahm. Rudolfs Obersthofmeister Graf Bombelles brachte einen Sarg nach Mayerling. Von der zweiten Leiche wurde keine Kenntnis genommen.
Noch im Jagdkostüm eilte Hoyos in die Hofburg, traute sich aber nicht zum Kaiser, sondern informierte zuerst Rudolfs Obersthofmeister Graf Charles Bombelles. Mit diesem ging er dann zu Baron Franz Nopcsa, dem Obersthofmeister der Kaiserin, der Hoyos und Bombelles zu Elisabeth führte, die gerade mit ihrem Griechischlehrer Homer las. Hoyos übermittelte die Todesnachricht und gab an, daß Mary den Kronprinzen vergiftet habe. Dann bat er die Kaiserin, den Kaiser zu informieren.
Nach dem Vater wurde die Schwester Erzherzogin Marie Valerie benachrichtigt, und dann erst die Witwe Stephanie, die in ihren Memoiren erzählt: »Der Kaiser saß in der Mitte des Raumes, die Kaiserin, dunkel gekleidet, schneeweiß und starr im Gesicht, war bei ihm. In meinem fassungslosen, erschütterten Zustand glaubte ich, daß man mich wie eine Verbrecherin ansah. Ein Kreuzfeuer von Fragen, auf die ich einesteils nicht antworten konnte, andernteils nicht antworten durfte, ging auf mich nieder.«
Kurze Zeit später erschien völlig verstört die ahnungslose Baronin Helene Vetsera auf der Suche nach ihrer Tochter in der Hofburg und bat dringend um Audienz bei der Kaiserin. Elisabeths Vorleserin Ida Ferenczy, die über den Tod des Paares bereits informiert war, wollte sie abweisen, doch die Baronin beharrte auf ihrer Bitte: »Ich habe mein Kind verloren, nur sie kann es mir wiedergeben«.
Und dann kam die Kaiserin wirklich zu jener kleinen, vor Angst aufgelösten Dame, die sie aus vergnüglichen Zeiten kannte: von Pferderennen in Ungarn, Böhmen und England, inmitten einer oberflächlichen Gesellschaft und gelegentlich gemeinsamen Verehrern. Die Kaisertochter Marie Valerie schrieb als Augenzeugin in ihr Tagebuch, Elisabeth sei ruhig und »voll Hoheit« vor der Baronin erschienen und

habe ihr »mit sanfter Stimme« gesagt, daß das Mädchen tot sei. Da brach die Baronin in lauten Jammer aus: »Mein Kind, mein schönes Kind!« Darauf Elisabeth: »Aber wissen Sie, daß auch Rudolf tot ist?« Die Baronin taumelte, fiel vor der Kaiserin nieder und umfing ihr Knie. »Mein unglückliches Kind, was hat sie getan?«
Nach einigen weiteren Worten verließ Elisabeth die schluchzende Baronin mit den Worten: »Und jetzt merken Sie sich, daß Rudolf an Herzschlag gestorben ist!«
Gegen 17 Uhr gingen Telegramme an die Mitglieder der Kaiserfamilie ab mit der Nachricht, Rudolf sei an Herzschlag gestorben. Rudolfs Schwester Prinzessin Gisela aus München kam mit ihrem Ehemann in der Hofburg an.
Auf dem Burghof sammelten sich die Menschen zu Tausenden und warteten auf Nachrichten. Das »Wiener Abendblatt«: »Bis spät nachts war der Tramwayverkehr ... unterbrochen. In den Telefonstationen

Am Abend des 30. Januar erschienen die ersten Extrablätter mit der Todesmeldung, aber noch ohne Angabe der Todesursache

herrschte ein förmliches Chaos. In zahlreichen Familien sind Erkrankungen der Frauen und zahlreiche Ohnmachtsanfälle vorgekommen. Der Geschäftsverkehr stockt völig«. Am späten Nachmittag erschienen die Extrablätter mit der Nachricht, Rudolf sei an Herzschlag gestorben. Aber Gerüchte, Rudolf sei ermordet worden, waren nicht zu stillen. Man sprach auch von Jagdunfall, Mord, Selbstmord. Da es am Vortag in Budapest wieder Straßenunruhen wegen der Wehrgesetzvorlage gegeben hatte, munkelten viele von politischen Ursachen: die Ungarn mußten schuld sein und den Kronprinzen in eine Verschwörung verwickelt haben. Es entstand ein ungeheurer Wirrwar von einander widersprechenden Todesursachen.

Philipp Coburg berichtete, was inzwischen in Mayerling geschah: »Das Protokoll wird aufgenommen, ich unterschreibe, wir verpflichten uns mit Eid nichts zu sagen. Die Leiche wird in den Sarg gelegt, eingesegnet, ich allein von der Familie da! Um 10 (abends) bin ich in Wien. Furchtbarer, schauerlicher Tag.«

Auch Prof. Widerhofer kam erst gegen 22 Uhr in Wien an und eilte sofort zum Kaiser. Aber Franz Joseph hatte sich bereits »zurückgezogen«[74] und für den Arzt die Nachricht hinterlassen, er solle sich am nächsten Morgen (31. Jänner) um 6 Uhr früh bei ihm einfinden.

Gerüchte durchschwirrten die Stadt. Zeitungen, die von Selbstmord oder Mord (durch Erschießen, Erschlagen) berichteten, wurden konfisziert. Zur allgemeinen Verwirrung trug die Meldung der Rothschild-Bank bei, der Kronprinz habe sich erschossen. Eigenartigerweise stammte diese Meldung von niemand anderem als dem Grafen Hoyos, der den Stationsvorstand in Baden gebeten hatte, den nächsten nach Wien fahrenden Zug anzuhalten und ihn mitzunehmen. Als Begründung sagte er, der Kronprinz habe sich in Mayerling erschossen.[75] Von der Südbahngesellschaft, die der Rothschild-Bank gehörte, ging diese Nachricht, die sowohl der offiziellen (Herzschlag) als auch der am Hof geglaubten (Vergiftung durch Mary Vetsera) widersprach, in die europäischen Hauptstädte. An Tod durch Herzschlag glaubte niemand.

Mayerling

Der 31. Januar

Um zwei Uhr nachts wurde der Sarg mit Rudolfs Leiche in die Hofburg gebracht. Die 21jährige Schwester Erzherzogin Marie Valerie: »Mama und ich lagen wach und hörten die Wache rufen, als der Zug über den Hof ging.« Schweigend standen die Menschen im Schweizerhof, als der Sarg über die Botschafterstiege in Rudolfs Junggesellen-Schlafzimmer getragen wurde. Dort sahen Adjutanten und Diener die Schußwunde am Kopf, wurden aber zum Schweigen vereidigt. Rudolfs Leibarzt Dr. Franz Auchenthaler brachte einen festen Kopfverband an. Später wurde mit viel Wachs der zersprengte obere Kopf modelliert. Marys Leiche lag immer noch unter den alten Kleidern in der Abstellkammer in Mayerling – blutverschmiert und mit weit geöffneten Augen. Erzherzogin Valerie hielt die Szene um sechs Uhr früh zwischen dem Kaiser und Hofrat Widerhofer in ihrem Tagebuch fest: »›Sagen Sie mir nur alles‹, befiehlt er Dr. Widerhofer, ›ich will genau alles wissen.‹ Der Arzt, der seinerseits der Meinung ist, daß sein kaiserlicher Herr über die näheren Einzelheiten der Geschehnisse in Mayerling schon unterrichtet worden sei, beginnt mit dem Trost: ›Die Versicherung kann ich Euer Majestät geben, daß Seine kaiserliche Hoheit nicht einen Augenblick gelitten hat, die Kugel ist direkt in die Schläfe gedrungen.‹ Da wird der sonst so beherrschte Monarch böse: ›Was reden Sie denn von einer Kugel?‹ ›Ja, Majestät, die Kugel, mit der er sich erschossen hat‹, antwortet der Leibarzt. ›Er … ‹ fragt der Kaiser, ›hat … sich … erschossen? Das ist nicht wahr, sie hat ihn doch vergiftet! Der Rudolph hat sich erschossen … Was Sie sagen, das müssen Sie auch beweisen können!‹ Erschüttert von der Größe des väterlichen Schmerzes muß Dr. Widerhofer nun berichten, wie die Tatsachen an Ort und Stelle – die sorgsame Aufbahrung der Baronesse, die Art des Schusses, der zur größeren Sicherheit vor einem am Nachtkästchen angebrachten Spiegel abgegeben worden war – jeden Zweifel darüber ausschlössen, daß der Kronprinz die Waffe gegen sich selbst gerichtet habe. Der Kaiser bricht für einen Augenblick völlig zusammen und weint in verdoppeltem Schmerz.«[76]
Auch Philipp Coburg wurde früh morgens vom Kaiser empfangen: »Am 31. zum armen Kaiser, berichte, er fällt mir um den Hals, schluchzend mich küssend, ich ihm die Hände, ergreifende Scene, dazu dankt

14. Kapitel

Rudolf auf dem Totenbett. Der zerborstene Kopf ist durch einen Verband verdeckt

er mir, daß ich in Meyerling geblieben bin, ein wahrer Trost. Die Kaiserin, unglückliche Stephanie gesehen! Wie ich ganz in Trauer, kein Mensch denkt an etwas Anderes.«

Gegen sieben Uhr früh ging die Familie (die Eltern, die Schwestern Marie Valerie und Gisela von Bayern, und die nunmehrige Witwe Stephanie, die in dieser Situation ganz im Hintergrund stand) zu der aufgebahrten Leiche. Valerie über die 24jährige Schwägerin: Wir »mußten Stephanie fast ziehen, so fürchtete sie sich.« Sowohl Stephanie wie Marie Valerie hatten nie zuvor einen Toten gesehen. Auch Gräfin Marie Festetics sah die Leiche an diesem Tag, bemerkte die »Schußwunden an beiden Schläfen; die Kugel war gerade durch den Kopf gegangen.« Energisch trat sie den von klerikalen Kreisen ausgestreuten Gerüchten entgegen, die Freimaurer hätten Rudolf ermordet und ihm den Schwurfinger abgeschnitten: »Es ist gar keine Rede davon, daß der Körper verunstaltet war, daß er Zeichen einer Gewalttat an sich trug. Bloß die Hand, in der er den Revolver und zwar zu nahe von der Schußbahn gehalten hatte, war geschwärzt und etwas verbrannt.«[77]

Die Abschiedsbriefe des Paares wurden erst am 31. Januar übergeben. An eine Erfüllung des Wunsches, gemeinsam in Heiligenkreuz begraben zu werden, war nicht zu denken. Vorbereitungen für eine traditionell-prunkvolle Habsburger-Beisetzung in der Kapuzinergruft wur-

Mayerling

den getroffen. Freilich war dazu das Ergebnis der Obduktion nötig, daß der Selbstmörder im »Zustande der Geistesverwirrung« Hand an sich gelegt hätte.[78] Das Gutachten der Ärzte, »pathologische Befunde« in Rudolfs Gehirn gefunden zu haben, »die erfahrungsgemäß mit abnormen Geisteszuständen einherzugehen pflegen«, wurde vom Kaiser als Erleichterung empfunden und als Erklärung für die schmachvolle Tat akzeptiert, zumal über die Gründe der Tat nach wie vor Unklarheit herrschte.

Der Hof gab nie zu, daß der Kronprinz Mary Vetsera mit in den Tod genommen hatte. Während in der ganzen Monarchie Trauerfahnen für den Kronprinzen wehten und Totenmessen gehalten wurden, wurde der Leichnam des Opfers von Mayerling, Mary Vetsera, unter unwürdigsten Verhältnissen weiter versteckt gehalten.

Der Polizeibeamte Ferdinand Gorup schilderte, wie er Mayerling am 31. Januar 1889 antraf: »Mayerling war von einem Kordon Gendarmerie umstellt, und ein Heer von Polizeiagenten zernierte das Jagdschloß. Vergebens aber suchte ich im Schlosse die Funktionäre, außer dem Zimmerwärter Zwerger war keine lebende Seele anwesend. Unheimlich lag die Stille über den Gemächern, kein Mitglied des Hofes, kein Regierungsbeamter, keiner der Herren, die sonst im Schlosse lebten, waren zu finden.«[79]

Erst gegen Abend des 31. Januar 1889 traf Dr. Franz Auchenthaler mit dem Hofsekretär Heinrich Slatin in Mayerling ein, um Marys Leiche zu untersuchen. Slatin: »Hätte ich eine solche Szene in einem Schauerroman gelesen, ich hätte das für eine übertriebene Schilderung gehalten, was ich jetzt erlebte.« Immer noch lag Marys Leiche unter den alten Kleidern, immer noch waren ihre Augen weit geöffnet, und aus ihrem Mund quoll ein gestockter Blutstrom. Dr. Auchenthaler war, so Slatin, »seelisch ... so niedergebrochen, daß er mir keine Stütze sein konnte.« Das ärztliche Gutachten ist in Slatins Abschrift erhalten. Es konstatiert zwar Selbstmord, um polizeiliche Untersuchungen zu verhindern, beweist aber indirekt, daß Mary sich als Rechtshänderin zweifellos nicht selbst den Schuß beigebracht haben konnte, zumal sie mit der linken Hand ein Taschentuch umklammerte: »Am 30. Jänner 1889 wurde in der Gemeinde Mayerling ein weiblicher Leichnam aufgefunden. Der Leibarzt Dr. Franz Auchenthaler konstatiert zweifellos Selbstmord mittels Schußwaffe. Am linken Stirnwandbeine befindet sich ein fünf

Zentimeter breiter lappiger Substanzverlust der Haut, in dessen Umgebung die Haare versengt sind; es ist dies also die Eintrittsstelle des Projektils. Der Schußkanal geht quer durch das Gehirn und endet zwei Zentimeter ober dem äußeren, rechten Gehörorgan, hier eine schmale, kantige Ausschußöffnung bildend; die Knochen um den Ausschuß sind rings zersplittert; so teilweise auch die Schädeldecke. Sonst ist keine Verletzung wahrzunehmen; die Verletzung ist absolut tödlich, und muß der Tod augenblicklich eingetreten sein. Am Rücken und an den unteren Extremitäten befinden sich ausgebreitete Totenflecke.«[80]
Aus der Tatsache von Totenflecken ist jedoch nicht zu folgern, daß Mary einige Stunden vor dem Kronprinzen starb und Rudolf demnach die halbe Nacht neben der Leiche zugebracht hätte. Die Totenflecke ergaben sich zwangsläufig daraus, daß Marys Leiche bereits seit fast 40 Stunden unversorgt lag und in einem solchen Fall Totenflecke normal sind.
Der Hofsekretär Slatin betonte ausdrücklich, »daß Auchenthaler und ich bei Mary Vetsera Selbstmord konstatieren mußten, weil sonst die sofortige stille Bestattung nach dem Gesetze nicht möglich gewesen wäre. Wir beide taten dies auf unsere eigene Gefahr und Verantwortung, was allgemein gebilligt wurde.« Bei Fehlen aller Zeugenaussagen und Protokolle, die in diesen Tagen angefertigt wurden, muß diese Erklärung von einem so glaubwürdigen, weil in die Angelegenheit nicht persönlich verwickelten Zeugen wie Slatin als Bestätigung des Doppelselbstmordes gelten, präziser: als Bestätigung der Tötung Marys durch Rudolfs Hand. Denn wäre ein anderer Täter in Frage gekommen, hätten so gewissenhafte Beamte wie Slatin, vor allem aber Dr. Auchenthaler, der Rudolf sehr gern gehabt hatte, kaum eine derart schwerwiegende Falschaussage gemacht.
Auch Rudolfs Ordonnanzoffizier Baron Arthur Giesl (der allerdings nur Rudolfs Leiche, nicht die Marys gesehen hatte) bestätigte später: »Der Kronprinz tötete mit ihrem Einverständnis die Baronin Mary und dann sich selbst. Es liegt in dem offenen Bekenntnis der vollen Wahrheit eine so entsetzliche, unfaßliche Tragik des Schicksals, daß es mir unverständlich ist, warum die Welt noch immer Schrecklicheres vermutet und nicht Ruhe gibt.«[81] Giesl irrte freilich: denn der Hof bekannte die »volle Wahrheit«, die in der Existenz einer zweiten Leiche lag, nie ein.

Mayerling

Ministerpräsident Graf Taaffe hatte als Chef der Polizei strengste Diskretion angeordnet und sowohl Leichenwagen wie Sarg und auch die Teilnahme von Marys Mutter und Geschwistern am Begräbnis verboten, ja, die verstörte Baronin zur Abreise ins Ausland genötigt. Marys Onkel Graf Georg Stockau mußte die Leiche identifizieren und im Stift Heiligenkreuz die nötigen Papiere für das Begräbnis unterschreiben. Wie eine Lebende sollte Marys Leiche in einem normalen Fiaker bei Nacht zum Friedhof nach Heiligenkreuz geschafft werden.

Dr. Auchenthaler reinigte die Leiche und kleidete sie, assistiert von Marys Onkeln Graf Georg Stockau und Alexander Baltazzi,

Mary in jenem eleganten olivgrünen Kleid mit schwarzem Besatz, das sie in Mayerling trug und schließlich auch im Grab

in das elegante olivgrüne Wollkleid, das das Mädchen bei der Ankunft getragen hatte. Er zog ihr sogar die Schuhe an, hüllte sie in in ihren Pelz und setzte ihr den mit Federn geschmückten Hut auf den blutigen Kopf. Dann wurde die Leiche von den beiden Verwandten übernommen – und mußte aufrecht, wie eine Lebende, zum Fiaker geschleift und sitzend zum Friedhof gefahren werden – in tiefer Dunkelheit, bei schlechtem Wetter und über eisige Bergstraßen. Da die Leiche immer wieder zusammensackte, gab man ihr schließlich einen Spazierstock als Halt ins Kleid.

Gegen Mitternacht kam der Fiaker mit der toten Mary auf dem kleinen, abgelegenen Friedhof von Heiligenkreuz an. Die Leiche wurde in einer Totenkammer in einen sehr einfachen Sarg gelegt und vom Prior von Heiligenkreuz eingesegnet. Die Totengräber mußten bei ihrer vom Wetter und der tiefen Nacht erschwerten Arbeit von den Polizisten un-

14. Kapitel

Erst am 1. Februar gestand der Hof den Selbstmord des Kronprinzen ein. Die zweite Leiche von Mayerling wurde bis zum Ende der Monarchie verleugnet

terstützt werden. Erst am Morgen des 1. Februar konnte Mary endlich, von einem Polizeikordon abgeschirmt, begraben werden. Um 10 Uhr ging im Polizeipräsidium in Wien die Nachricht aus Heiligenkreuz ein: »Alles Abgethan«. (Erst im Mai 1889 wurde Marys Leiche in einen würdigen Sarg umgebettet und in jener Gruft beigesetzt, worin sie noch heute liegt. Der erst viel später angebrachte Grabspruch spricht eine deutliche Sprache: »Wie eine Blume sproßt der Mensch auf und wird gebrochen.« Hiob 14,2)

In dieser Nacht vom 31. Januar auf den 1. Februar, als man Marys Leiche so würdelos behandelte, wurde Rudolfs Leiche von drei prominenten Ärzten, darunter Dr. Widerhofer, in Wien obduziert. Da sich die Ärzte beharrlich weigerten, als Todesursache fälschlicherweise Herzschlag anzugeben, entschloß sich der Kaiser nach langen Bera-

tungen und auch angesichts der umgehenden Gerüchte, Rudolfs Selbstmord einzugestehen.
Am 2. Februar wurde das ärztliche Gutachten veröffentlicht: »Seine k.u.k. Hoheit der durchlauchtigste Kronprinz ist zunächst an Zertrümmerung des Schädels und der vorderen Hirnpartie gestorben. Diese Zertrümmerung ist durch einen aus unmittelbarer Nähe gegen die rechte vordere Schläfengegend abgefeuerten Schuß veranlaßt worden.« Als letzter Punkt werden »abnorme Geisteszustände« konstatiert, die »zur Annahme berechtigen, daß die Tat in einem Zustand der Geistesverwirrung geschehen ist.« Diese ärztliche Bestätigung war für das kirchliche Begräbnis des Selbstmörders nötig und gab der Familie auch die Möglichkeit, eine Entschuldigung für die furchtbare Tat zu finden. Marie Valerie: »Papa ist der Gedanke, daß Rudolf nicht zurechnungsfähig und darum nicht verantwortlich war für seine Tat, ein Trost.«
Sehr aufschlußreich sind die unterschiedlichen Meinungen der Zeitungen über den Kronprinzen. Die liberalen Zeitungen Österreich-Ungarns konnten kaum auf seine politische Ideen eingehen, da jeder Hinweis auf ein problematisches Verhältnis Rudolfs zu Deutschland zur Beschlagnahmung führte. So hielten sie sich an Allgemeinheiten. Die »Neue Freie Presse«: »Es lebte in ihm ein Trieb zur Gerechtigkeit, welcher allen Vorrechten einzelner Classen widerstrebte. Der Sprosse des stolzesten und vornehmsten Geschlechts fühlte und dachte wie ein Bürger, ein Strom der Sympathie verband ihn mit den Männern, welche durch ihren Geist und ihre Arbeit den Staat erhalten, und das Größte, was wir von ihm sagen können, ist, daß er das Volk, welches er dereinst beherrschen sollte, mit ganzem Herzen liebte.«[82]
Nur zwischen den Zeilen war manchmal ein Gegensatz zu Kaiser Franz Joseph zu finden: »Österreich sah einen Monarchen aufkeimen, der nicht in ängstlicher Abgeschlossenheit verweilte, sondern mitten im Getriebe der Gesellschaft stand, der seine Eindrücke nicht aus Vorträgen und Berichten, sondern aus dem Munde der hervorragendsten Männer gewann; der nicht von stummen Werkzeugen und unterwürfigen Dienern umgeben sein wollte, sondern stets Offenheit und Wahrheit forderte; der nicht mit kühler Hoheit auf die Massen niederschaute, sondern wirkliche Freunde in allen Schichten besaß; der trotz des Bewußtseins seiner Würde nicht selten auch den Tadel ohne Zorn

und als Beweis der Treue hinnahm. Kronprinz Rudolf war volksthümlich.«[83]

Max Falks »Pester Lloyd«: »Aber das militärische Element beherrschte seine Denkweise nicht; es wurde ausgeglichen durch einen kräftigen Zug ziviler Vorurtheilslosigkeit. In der konstitutionellen Atmosphäre des neuen Österreich-Ungarn nahm er die politischen Ideen der Zeit in sich auf, und diese klangen harmonisch zusammen mit den Motiven geistiger Freiheit, denen er wie einem Kultus anhing. Keine Tradition hatte in seinen Augen Werth, wenn sie nicht mit dem neuen Werden vereinbarlich war; keine Größe war ihm begehrenswerth, wenn sie nicht zugleich eine intellektuelle Größe war.«[84]

Ausländische Zeitungen stellten ungehindert Rudolfs politische Ansichten in den Vordergrund ihrer Nachrufe. Dabei war nicht zu verkennen, daß manche Journalisten weit besser über Rudolfs Ideen und Pläne informiert waren als die kaiserliche Familie. Freilich begann mit diesen, von Polemik gegen Wilhelm II. erfüllten Auslassungen ein neuer Pressekrieg. Denn österreichische Zeitungen (vor allem das »Fremdenblatt« und »Das Vaterland«) dementierten alle diese ausländischen Berichte mit voller Schärfe.

Der »Figaro« in Paris schrieb: »Erzherzog Rudolf war nicht nur die Hoffnung derjenigen zukünftigen Untertanen, die Sadowa nicht vergessen, sondern auch derer, die fanden, daß die Ereignisse von 1866 und 1870 das europäische Gleichgewicht in einzigartiger Weise gestört haben. Er war liberal, in einem aufgeklärten und klugen Liberalismus; er liebte die Literatur und die Künste, und man sah in ihm den Mann, der bei Gelegenheit gegen die reaktionären Tendenzen in Politik und Kunst handeln könnte, die man in Berlin so protegiert ... Und wenn man denkt, daß der, der gerade gestorben ist, als Gegner Deutschlands galt, und daß vor ihm alle die, die denselben Ruf hatten, ebenso verschwunden sind, sagt man sich, daß es Länder gibt, die einzigartiges Glück haben.«[85]

Ganz ähnliche Andeutungen machte die »Moskauer Zeitung«: »Ja – wie ist das alles dunkel und rätselhaft! Und in was für einer Angelegenheit! Und in Betreff welcher Persönlichkeit! Und nun kommt noch dazu, daß der Tod des Kronprinzen gerade in einem solchen Augenblick eintreten mußte, wo die österreichische Diplomatie Berliner Anweisungen folgt und die Interessen Österreich-Ungarns für identisch

Hoftrauer-Ansage.

Auf Allerhöchste Anordnung wird für weiland Seine kaiserliche und königliche Hoheit den durchlauchtigsten **Kronprinzen Erzherzog Rudolph** die Hoftrauer von Dienstag, den 5. Februar 1889, angefangen durch drei Monate in nachstehender Art getragen:

Die k. k. Generale, Stabs- und Ober-Officiere tragen während der ersten Periode, d. i. vom 5. Februar bis einschließlich 4. März, sowohl in als **außer** Dienst, den Flor am linken Arme und das Porte-épée mit Flor umhüllt, die Generale auch die goldene Feldbinde (Leibgürtel) mit Flor überzogen; während der übrigen Trauerzeit aber nur den Flor am linken Arme, sowohl **in** als **außer** Dienst.

Die k. k. geheimen Räthe, Kämmerer und Truchsessen erscheinen im ersten Monate, d. i. vom 5. Februar bis einschließlich 4. März, in schwarzer Kleidung von aufgeriebenem (rauhem) Tuche, die Aufschläge ohne Knöpfe, mit schwarz überzogenem Degen*), Flor auf dem Hute und mit **schwarzen Handschuhen**;

im folgenden Monate, d. i. vom 5. März bis einschließlich 4. April, in schwarzer Kleidung von glattem Tuche mit angelaufenem Degen und mit **weißen Handschuhen**;

im letzten Monate, d. i. vom 5. April bis einschließlich 4. Mai in letzterwähnter Kleidung mit gefärbtem (vergoldetem) Degen.

*) Die **Kämmerer-** und **Truchsessen-Ehrenzeichen** sind aber nicht mit Flor zu überziehen.

Hoftrauer-Anzeige mit Kleidervorschriften

mit den deutschen hält, während der verstorbene Erzherzog solche Anschauungen ganz offen nicht teilte. Lange verschloß er seine Ansicht in dem Innern seiner Seele; endlich aber brach sie sich Bahn nach außen, er sprach sie aus – und man findet ihn tot! Doch dem sei, wie es wolle – jedenfalls hat das Bismarck'sche Deutschland Glück. Einer nach dem anderen steigen sie ins Grab, die Männer, die ihm unbequem sind: Chanzy, Gambetta, Skobeleff, Ludwig II., Friedrich III., Rudolf von Habsburg. Es ist geradezu, als ob über allen irgend ein ›Vehmrichter waltet‹, wie die Deutschen sagen, der zur rechten Zeit stets diejenigen forträumt, die Deutschland schädlich und gefährlich werden.«[86]

Unter den Gerüchten, Rudolf sei ermordet worden (von einem Förster, von Soldaten seines Vaters, von Freimaurern, Jesuiten), konnte die Schauergeschichte nicht fehlen, Bismarck habe Mörder nach Mayerling geschickt.

Besonders herzliche Nachrufe erschienen in der slawischen Presse. Die russische »Nowoje Wremja« schrieb, »an den Kronprinzen Rudolf hätten die slawischen Völker Österreichs die größten Hoffnungen geknüpft; sie hätten von dem Prinzipe der Gleichberechtigung, dessen höchster Träger der Verblichene gewesen, die Versöhnung aller sich widerstreitenden Elemente der Monarchie erwartet; von dem Thronfolger, dem künftigen Herrscher aller West- und Südslawen, hätten sie gehofft, daß er sie vor der ihnen drohenden Gefahr, von Deutschland verschlungen zu werden, retten würde.«[87]

Im selben Ausmaß, wie die peinlichen Umstände von Rudolfs Tod durchsickerten, gewannen aber Rudolfs traditionelle Feinde an journalistischer Durchschlagskraft. Schönerers »Unverfälschte Deutsche Worte« machten schon zwei Tage nach Rudolfs Tod den Anfang mit einer raffinierten Schmähung, gegen die die Zensur nicht einschreiten konnte: Während alle Zeitungen der Monarchie und sogar des Auslandes Nachrichten und Nachrufe über den Kronprinzen brachten, erwähnten die »Unverfälschten Deutschen Worte« den Kronprinzen mit keiner Silbe. Der große Leitartikel hieß: »Heil Wilhelm, dem deutschen Kaiser«, der Leitspruch dazu: »Laßt brausen, was nur brausen kann!«: »Wir bringen dem deutschen Kaiser Wilhelm II. unseren Heilwunsch dar in deutscher Treue, unbekümmert darum, ob tückische Feinde heimliche Verleumdung in mächtige Ohren zischen, unbekümmert darum, ob der Phäaken-Patriotismus irregeführter, verdumpfter Stammesgenossen im Bunde mit der berechnenden Bosheit vaterlandsloser Volksausbeuter lautes Verdächtigungsgeschrei erhebt.«[88]

In der nächsten Nummer hetzte Schönerer gegen Baron Hirsch und damit indirekt gegen den toten Kronprinzen: »Der unglückliche Wahn unserer Zeit, im Judenthume die Stütze einer arischen Nationalität zu finden oder zu besitzen, kann sich daher nur bitter rächen und es ist insbesondere für uns Deutsche hoch an der Zeit, jenen Zwist zu begraben, der nur durch die Judenpresse angezettelt, uns in zwei Lager spaltet.«[89]

Auch der engste Freund Wilhelms II., Philipp Graf zu Eulenburg, machte aus seinem Herzen keine Mördergrube, als er an Holstein schrieb: »Was sagen Sie zu Kronprinz Rudolf? Ich denke mir, daß für Freunde des österreichischen Bündnisses der Wegfall dieser Figur nicht unangenehm ist ... S. M. [Wilhelm II.] liebt Österreich nicht. Kronprinz Rudolf war ja nach seinen Handlungen (so gleichgültig sie an und für sich sein mochten) das Barometer für die steigende oder ru-

Mayerling

Mit Fackeln geleiten die Kapuziner den Sarg aus der Kirche in die Gruft der Habsburger

hende Aversion des Kaisers gegen Österreich. So schnell wird sich hoffentlich nicht wieder eine neue Figur finden! Von diesem Gesichtspunkt aus betrachte ich die Situation ... Das Beispiel, das der gänzlich demoralisierte Mensch dem an allem Heiligen zerrenden Europa gibt, ist geradezu gefährlich! Immer mehr empfinde ich den Hort, den unser Kaiser in moralischer und politischer Hinsicht bedeutet.«[90]

Die Schuldigen am glanzlosen Ende des Kronprinzen waren bald gefunden: Juden, Liberale, Freimaurer wurden sogar von den Kanzeln herab angeklagt. So wetterte etwa der Pfarrer von Waizenkirchen in Oberösterreich, daß ein Lehrer Rudolfs »ein Freimaurer war, weshalb auch Hochderselbe nicht die wahren christlichen Grundsätze sich eigen machte und auch nicht die rechte Vorstellung oder den Begriff von Gott gehabt« habe.[91]

»Das Vaterland« unter Rudolfs Erzfeind Baron von Vogelsang unterdrückte seine Genugtuung nur mit Mühe und schrieb von der »reinigenden Wirkung, welche durch diese Katastrophe herbeigeführt wird. Die heilende Kraft derselben werde nicht ausbleiben und der Geist der Kirche werde Alle über die leichtfertige Tagesbegebenheit erheben.«[92]

14. Kapitel

Der Beisetzung des Kronprinzen in der Kapuzinergruft am 5. Februar ging der ganze Pomp des Protokolls voraus. Die einbalsamierte Leiche wurde am Tag vorher in der schwarz drapierten Hofburgkapelle auf einem hohen, von Kerzen umgebenen Katafalk ausgestellt. Über hunderttausend Wiener stellten sich mehr als zwölf Stunden bei eisiger Kälte und Schneegestöber am Josefsplatz an, um einen Blick auf den mit Wachs präparierten Schädel des Selbstmörders zu werfen, was nur 20 000 gelang. Die übrigen mußten zurückgeschickt werden. Es kam zu Ohnmachten, Schreikrämpfen und hysterischen Anfällen, auch zu Raufereien unter den Wartenden.

Rudolfs Sarg wurde in der Kapuzinergruft zunächst neben den seines Onkels Maximilian gestellt, des 1867 erschossenen Kaisers von Mexiko. Heute stehen die Särge von Rudolf und Elisabeth links und rechts neben dem des Kaisers Franz Joseph.

Daß der Hof keinen Zweifel am Selbstmord Rudolfs hatte, zeigen selbst die Gebetserinnerungen: »Bei dem Herrn ist Verzeihung; – bei dem Herrn ist Erbarmung und überreiche Erlösung« Ps. 129, 4, 7, und »Wenn eure Sünden wären wie Scharlach, sollen sie weiß werden wie Schnee« Is. 1. 18.

15. Kapitel

REAKTIONEN

Das Geheimnis einer zweiten Leiche von Mayerling blieb offiziell bis zum Ende der Monarchie 1918 gewahrt. In Wirklichkeit aber liefen bereits vor Rudolfs Beisetzung in Wien Gerüchte über den Tod des Mädchens um. Das zeigt auch zum Beispiel das Tagebuch des dem Hof fernstehenden Wiener Barons Dr. Joseph Alexander von Helfert. Er notierte bereits am 3. Februar: »Es ist in der Nacht vor dem 30. ein weiblicher Leichnam in Heiligenkreuz zur Erde gebracht worden. Keine Dame der hohen Gesellschaft, die man vermissen wird.« Außerdem hatte er erfahren, daß die Kronprinzessin ihren Mann bereits seit einiger Zeit nicht mehr in ihr Schlafzimmer gelassen habe und er »wie ein Garçon hat leben müssen«. Außerdem sei Rudolf bei einem Sturz vom Pferd »noch dazu von einem Pony, worüber er sich am meisten geärgert!« auf den Kopf gefallen und habe seither unter heftigen Kopfschmerzen gelitten.

Am 5. Februar wußte er bereits mehr: »Die junge Vecsera, Mary sei es, ein hübsches leidenschaftliches Ding, aus einer Zigeunerfamilie! Er soll sie, sie soll ihn zum sterben gebracht haben!« Helferts Frau ging, wie viele andere Wiener, eigens zum Vetsera-Palais, um dort Einzelheiten zu erfahren – freilich erfolglos, da das Haus versperrt war und die Nachbarn schwiegen.

In den nächsten Wochen notierte Helfert ständig neue, immer abenteuerlichere Versionen, so etwa am 3. März: »Als er dann schlafend bei ihr gelegen, hat sie ihm den Penis abgeschnitten. Er wütend darüber, hat sie gewürgt, darauf sich erschossen.« Außerdem sei Rudolf in Mailand lebend gesehen worden und demnach eine falsche Leiche beigesetzt worden.

In übelster Form wurde bereits im Februar 1889 die unglückliche Mutter Helene Vetsera beschimpft, so auch von Helfert: »Die ›Kanal-Ratte‹ heißt die alte Vetsera in aristokratischen Kreisen, weil sie klein,

15. Kapitel

schwarz und – schmutzig; sie soll mit Wasser und Seife auf gespanntem Fuße leben.«[1] Die Geschichten wurden dank frei ufernder Phantasie immer obszöner.

Die Familien Vetsera und Baltazzi waren inzwischen outcasts der Gesellschaft geworden. Helene Vetsera wehrte sich mit einer Denkschrift über ihre Sicht von Mayerling. Doch die Broschüre wurde noch in der Druckerei auf polizeiliche Anordnung eingestampft. Die wenigen verbliebenen Exemplare aber sind in vielen handschriftlichen Kopien verbreitet.

Der Wiener Schriftsteller Raoul Auernheimer erinnerte sich an Rudolfs Tod, der »den Ausgang meiner Knabenjahre überschattet«. Damals »wanderte ein Visitekartenbildchen der erschossenen Baronesse Mary Vetsera in der dritten Klasse des Döblinger Gymnasiums, ... unter der Bank verstohlen weitergegeben und von schrägen Blicken angstvoll begleitet, gleichfalls in Kniehöhe von Hand zu Hand. Ich habe es in seiner verbrecherischen Lieblichkeit noch deutlich vor Augen. Ein zierliches Kammerkätzchen, ... ein slawisch aufgedrehtes Näschen, ein naschhaftes Mäulchen und zwei weitaufgetane Puppenaugen gaben dem noch so flüchtigen Betrachter dieser frühreifen Reize allerhand zu denken und zu fühlen. Er hätte das von einem geschäftskundigen Photographen vermutlich über Nacht in Tausenden von Abzügen hergestellte Lichtbildchen gerne etwas länger festgehalten, aber schon langte die nächste feuchte Knabenhand unter dem Pult begierig danach, da auch der Nachbar sich an seinem Anblick schaudernd weisen wollte.«[2]

Wie sehr Rudolfs Ansehen ruiniert war, ist in einer Polizeimeldung nachzulesen: »Das Bezirkscommissariat Leopoldstadt hat laut einer soeben anhergelangten Anzeige in mehreren Geschäftslokalen im II. Bezirke Stöcke saisirt, welche in einer kleinen Öffnung mikroskopische obscöne Photographien zeigen, denen auch Portraits weiland des Kronprinzen Rudolf und der Baroneße Vetsera angereiht sind. Diese Bilder werden durch Druck auf einen Knopf in Bewegung gesetzt ... Die gesetzliche Amtshandlung ist eingeleitet.«[3] Und in einem Bericht aus Bukarest hieß es, daß beim Pfingstjahrmarkt eine Schaubude mit Panorama das Liebespaar Rudolf und Mary Vetsera »in einer geradezu skandalösen Darstellung dem Besucher vor Augen geführt wird«.[4]

Zu all diesen Geschichten paßt die Nachricht vom Tod von Rudolfs Obersthofmeister Graf Charles (Charly) Bombelles, der den Kron-

Reaktionen

prinzen seit dessen Volljährigkeit wie ein Schatten begleitete und ihn in kaiserlichem Auftrag von intellektuellen und politischen Ambitionen ablenkte. Laut Graf Alexander von Hübner habe Bombelles am 29. Juli 1889 »2 filles publiques (Huren) auf den Kahlenberg geführt und wurde dort im Hotel während einer Orgie letzter Sorte vom Schlag getroffen. Er war nicht sofort tot, konnte alles, was er besaß, einer dieser filles publiques zutestieren. Und das war... der Mentor und Obersthofmeister des Erzherzogs Rudolf ... Man konnte gar keine unglücklichere Hand haben!«[5]
Unter diesen Umständen ist die Äußerung des Augenzeugen Philipp Coburg vom 3. Februar verständlich: »Überall Tränen u. der Ausruf: O Rudolf warum hast du uns, dem Kaiser, dem Lande das angethan!« Im selben Maß, wie die Gerüchte über immer abstrusere Scheußlichkeiten kolportiert wurden, erlahmten Rudolfs Freunde in ihrer Verteidigung. Dieser jämmerliche Tod, besonders die Tatsache, daß Rudolf nicht nur den tödlichen Schuß auf sich, sondern auch auf das willfährige siebzehnjährige Mädchen abgegeben hatte, konnte von niemandem akzeptiert werden. Viele Gerüchte, Rudolf sei ermordet worden, sind wohl auch aus der Hilflosigkeit gegenüber einem solchen Ende zu erklären.

Die wildesten Gerüchte über ein politisches Motiv für den Selbstmord galten einer angeblichen Verschwörung Rudolfs mit ungarischen Nationalisten gegen Kaiser Franz Joseph. Laut Marie Larischs Memoiren habe Erzherzog Johann, als er Rudolfs ihr anvertrautes Kästchen abholte, gesagt: »Bedauern Sie Rudolf nicht. Hätte der Kaiser diese Papiere gefunden, so hätten die Dinge viel schlimmer für ihn gestanden. Der Kronprinz hat Selbstmord begangen; aber hätte der Kaiser alles gewußt, so hätte er ihn vor ein Kriegsgericht stellen und als Hochverräter erschießen lassen müssen. ›Mein Gott‹, schrie ich, ›was hat er getan? ... [sic] Hat er an die Krone von Ungarn gedacht?‹ Der Erzherzog nickte zustimmend, und mir fielen plötzlich Tantes Worte ein, mit denen sie vor langer Zeit einmal angedeutet hatte, daß Rudolf sich in den Händen der Freimaurer befinde. Aber Elisabeth hatte wenig Grund, einen Stein auf ihn zu werfen, denn sie kokettierte selbst immer mit der Sozialistenpartei.«[6] Undenkbar, daß sich der intelligente Erzherzog Johann mit derartigen »Enthüllungen« in die Hand der ihm bis

15. Kapitel

dahin unbekannten und inzwischen vom Hof verbannten Gräfin gegeben haben soll.
Was eine etwaige Krönung des Kronprinzen zum König von Ungarn angeht, so hatte dies gar nichts mit einer Absetzung Franz Josephs zu tun. Der Wunsch der Ungarn, sich den jeweiligen Thronfolger mit einem Eid auf die ungarische Verfassung zu verpflichten, der mit der Krönung untrennbar verbunden war, beschränkte sich auch nicht auf Rudolfs Person. Denn auch Kaiser Ferdinand, Franz Josephs Vorgänger, wurde bereits als Kronprinz zum König von Ungarn gekrönt.
Eine Krönung des damals elfjährigen Kronprinzen Rudolf wurde bereits nach dem »Ausgleich« und der Krönung Franz Josephs in Budapest heftig diskutiert, und dann wieder 1876, kurz vor Rudolfs Volljährigkeit. Ein entschiedener Gegner dieser Krönungspläne war stets Erzherzog Albrecht, über den Rudolf im Januar 1883 seinem Freund Szeps erzählte:
Man hat ein Mittel ausgedacht, um wenigstens die Zukunft zu sichern, es war das im Sommer vergangenen Jahres (also 1882), *da setzte sich Tisza mit zweien seiner Ministerkollegen und noch einer dritten nichtamtlichen politischen ungarischen Persönlichkeit, die aber ein großes Ansehen genießt, zusammen, um die Idee zu beratschlagen, mich zum König von Ungarn krönen zu lassen, und es wurde darüber eine Art Beschluß gefaßt. Aber obgleich bei dieser Beratung, wie gesagt, nur vier Personen anwesend waren, so kam doch nach einigen Wochen der Erzherzog Albrecht zu mir und sagte mir folgendes »Rudolf, ich höre, man will dich zum König von Ungarn krönen. Ich warne dich davor, denn der Titel Majestät, der dir dann gebühren wird, würde höchstens deiner Eitelkeit schmeicheln, im Grunde aber wenig bedeuten. Wenn du aber gekrönt wirst, so wirst du einen feierlichen Eid auf die ungarische Verfassung schwören müssen, und dann bist du für immer gebunden. Denke an Deine und an die Zukunft unserer Familie, binde dich nicht, schwöre nicht und lasse dich nicht krönen, denn man kann nicht wissen, was noch alles geschehen wird, und ein solcher Eid könnte für dich in gewissen Fällen ein furchtbares Hindernis werden.« Seit jener Zeit,* fügte Rudolf hinzu, *war auch von meiner Krönung in Ungarn keine Rede mehr.*[7]
Als der 24jährige Rudolf 1882/83 mit dem Gedanken spielte, das Angebot der Ungarn, ihn zum König zu krönen, anzunehmen, tat er das mit den Beweggründen, die er Szeps offenbarte: um ein Bekenntnis zur

Reaktionen

liberalen Verfassung zu geben, in der Hoffnung, daß dieser Liberalismus auf dem Umweg über Ungarn auch Einfluß auf Österreich gewinnen würde. Dieser Schritt hätte nicht die Spur einer verschwörerischen Handlung an sich gehabt, weil er ja im Einklang mit den Gesetzen war und die Stellung des Kaisers nicht angetastet hätte. Von separatistischen oder gar nationalmagyarischen Bestrebungen im Gefolge der Ideen Kossuths konnte nie die Rede sein.

Wenn wirklich die ungarische Krönungsfrage eine so zentrale Bedeutung in der Vorgeschichte zu Mayerling gehabt hätte, hätte Gyula Andrássy kaum die Unbefangenheit gehabt, drei Tage nach Rudolfs Tod bereits wieder das Thema aufs Tapet zu bringen, diesmal schon in Zusammenhang mit dem nächsten Thronfolger Erzherzog Franz Ferdinand. Andrássy an Reuß, den deutschen Botschafter in Wien: »Ein altungarischer Brauch sei es, den Thronfolger wie zuletzt den Kaiser Ferdinand, noch bei Lebzeiten des Kaisers zum König von Ungarn zu krönen, und durch den Eid auf die Verfassung, welche derselbe zu leisten habe, ihn zu verpflichten, und hierdurch eine Art von Garantie zu haben. Bei Kaiser Franz Joseph war diese Krönung nicht möglich. Seine Thronbesteigung fiel in eine unruhige Zeit und vor derselben war er nicht mündig. Beim Kronprinzen Rudolf hat niemand in Ungarn daran gedacht, eine solche Garantie zu verlangen, weil man seiner Person sicher war. Es wäre nicht unmöglich, daß man diese Frage in Ungarn aufwerfen werde … Aller Augen seien natürlich auf den Erzherzog Franz von Este gerichtet, der noch wenig, und nur durch einige Garnisonsstreiche von zweifelhaftem Geschmack bekannt sei.«[8]

Rudolfs Haltung änderte sich auch nicht, als ein neues ungarisches Wehrgesetz zur Debatte stand und radikale Kreise in Ungarn die Abschaffung der deutschen Kommandosprache und damit praktisch eine Zweiteilung der k.u.k. Armee forderten. Er war einer Meinung mit seinem politischen Leitbild Andrássy, der klar an der Seite des von den Radikalen angefeindeten Koloman Tisza stand und wiederholt »die Notwendigkeit einer gemeinsamen Verteidigung, aus der Gemeinsamkeit der Verteidigung das gemeinsame Wehrsystem, aus dem gemeinsamen Wehrsystem die Notwendigkeit der gemeinsamen Armee« betonte: »Es folgt schließlich, daß unter den heutigen europäischen Verhältnissen weder die *gegenseitige* Verteidigung, noch das System einer *zweifachen* Armee dem Zwecke entsprechen würde.«[9]

15. Kapitel

Auch die Verschwörungsvariante, die den Grafen Samuel Teleki als Rudolfs Mitkonspiranten nennt, ist nichts als Tratsch. Denn Teleki war zur kritischen Zeit gar nicht in Österreich, sondern auf einer Jagd- und Entdeckungsreise in Ostafrika. Dort entdeckte und benannte er den »Rudolf«- und den »Stephanie«-See, wahrlich kein günstiger Platz für eine Verschwörung.

Das einzige, was sich aus Marie Larischs Kästchen-Geschichte möglicherweise schließen läßt, ist eine (verbotene) Verbindung Rudolfs und Johanns zur ungarischen Freimaurerei. Denn es bietet sich – mit allen nötigen Vorbehalten – eine Deutung der Buchstabenfolge des Losungswortes R.I.O.U. an: R. vor Logennamen gebräuchlich als Abkürzung für »respectable« (ehrwürdig), I.O. für »Innerer Orient«, ein enger Kreis von Hochgradfreimaurern, schließlich U. für Ungarn.

Für wie überaus wichtig die weltanschaulichen Gegensätze gehalten wurden, ersieht man aus den guten Lehren, die Erzherzog Albrecht einige Monate später dem neuen Thronfolger Franz Ferdinand nach Rudolfs Tod und dem Ausscheiden Erzherzog Johanns aus dem Kaiserhaus gab: »Unsere Dynastie galt bisher als streng katholisch u. darin lag unsere Stärke u. half über die ärgsten Nöthe u. Stürme hinaus. Was der arme Rudolf u. Johann in dieser Beziehung uns Allen u. unserer Stellung geschadet, läßt sich nicht beschreiben! ... Gottlob regt sich bei uns wieder der katholische Geist, die gute Gesinnung in Cis wie in Trans. Sie, die kräftigste Stütze des Thrones u. des wahren monarchischen Gefühls zu unterstützen, ist unser erstes Interesse, sie zu mißachten, zu froissiren, wäre einfach politischer Selbstmord!«[10]

Der politisch gut informierte Szögyènyi dagegen erzählte dem späteren russischen Außenminister Graf Vladimir Lamsdorf, was dieser in sein Tagebuch schrieb: »Es gibt viele seriöse Staatsmänner, die dieses Unglück ausschließlich politischen Gründen zuschreiben. Ihrer Meinung nach hat sich der Thronfolger gegenüber der derzeitigen Politik des Wiener Kabinetts und seinen Verbündeten derartig kompromittiert, seine Einstellung gegenüber Kaiser Wilhelm II. und Deutschland hatte sich derartig verschlechtert, eine Umkehr schien so unmöglich, daß er erkennen mußte, daß er für sein Vaterland zu einer Quelle ernsthafter Schwierigkeiten und sogar zu einer Gefährdung geworden war, falls er diesen Weg weiter verfolgen wollte.«[11]

Reaktionen

Wenn in der Kaiserfamilie Furcht vor einem nahen Zusammenbruch Österreich-Ungarns geäußert wurde, dann nicht etwa wegen der akuten ungarischen Wirren oder des Panslawismus, sondern stets wegen der deutschnationalen Bewegung, die bereits Mitglieder der kaiserlichen Familie infiziert hatte. Rudolfs Schwester, Erzherzogin Valerie, schrieb am 18. Februar 1889 in ihr Tagebuch. »Mama sagt, nur die Liebe zu Papa halte die Völker Österreichs zurück, offen zu bekennen wie sehr sie sich nach dem großdeutschen Vaterland zurücksehnen, aus dem sie verbannt sind.« Valerie bekannte sich offen als Deutschnationale: »Vor allem sind wir Deutsche, sagte Erzherzogin Valerie, dann Österreicher und erst in dritter Linie Habsburger, das Wohl des deutschen Vaterlandes muß uns vor allem am Herzen liegen, wenn es gedeiht ists einerlei ob mit Habsburg oder Hohenzollern. Deutsch ist Deutsch und das Vaterland geht vor die Familie.«[12] Unter diesen Umständen ist es kaum zu verwundern, daß der von einem messianischen Österreich- und Habsburg-Glauben besessene Kronprinz so eifrig bemüht war, nichts von seinen politischen Ideen an seine Familie dringen zu lassen, selbst nicht nach seinem Tod.

Die Frage nach den makabren Einzelheiten der Katastrophe von Mayerling verliert an Bedeutung, wenn man sich Rudolfs desolate physische und psychische Verfassung in den letzten Lebensmonaten vergegenwärtigt. Es ist nicht zu leugnen, daß dieser Mann am Ende war, körperlich wie seelisch, daß sein zweifellos vorhandener Verstand diese Lage als ausweglos erkannte und daß er keine Chance sah, seine Ideen jemals durchsetzen zu können. Welches von vielen möglichen Motiven Auslöser der Tat wurde, ob Schuldgefühle, politische Verstrickungen, die damals unheilbare Krankheit, die versagte Scheidungserlaubnis, die Differenz mit dem kaiserlichen Vater, den der Kronprinz ja trotz aller Gegensätze liebte und verehrte, oder ein völlig unbekanntes Motiv, weiß niemand.
Der Wiener Selbstmord-Forscher Erwin Ringel: »Im gesamten gestattet jedenfalls das Motiv nur den Überblick über einen kurzen Augenblick, eben über den des Selbstmordes, es beleuchtet das Geschehen nur nach Art einer Momentaufnahme. Und diese Betrachtungsweise kann dem Selbstmord niemals gerecht werden. Jedem Selbstmord geht – wenn auch noch so versteckt – eine lang dauernde Entwicklung zum

Selbstmord voraus. Der Selbstmord ist keine *Reaktion* auf irgendwelche Schwierigkeiten und Umstände, sondern er ist vielmehr der Abschluß einer sich allmählich entwickelnden und steigernden Verhaltensweise der gesamten Persönlichkeit. Diese Entwicklung erst bringt den Menschen in eine Verfassung, die es verschiedenen Faktoren gestattet, zum Motiv zu werden.« Bedeutsam auch für Rudolfs Biographie ist die Aussage des Mediziners, »daß die Ursache der Selbstmorde bedeutend mehr in der *Entwicklung* der Persönlichkeit und des Lebensweges liegt, als in der akuten Situation, die unmittelbar vor dem Selbstmord besteht«.[13]

Rudolfs Leben zeigt zumindest in den letzten beiden Jahren fast alle Motive, die moderne Selbstmordforscher an ihren Patienten feststellen: die Einengung der Aktivität auf bestimmte, fast zwangsweise wiederkehrende Themen: Sein extremer, zuletzt hektischer Patriotismus, sein Haß auf Bismarck und Wilhelm II., Antisemiten und Deutschnationale. Seine starken Aggressionen, denen er nie nachgeben konnte, richteten sich letzten Endes gegen die eigene Person. Eine offene Opposition gab es nicht, dazu hatte Rudolf viel zuviel Angst vor dem übermächtigen Vater. Alkoholsucht und der Hang zu Drogen wird von Selbstmordforschern als »Selbstmord auf Raten« und »Selbstzerstörungstendenz« diagnostiziert.

Was den letzten Anstoß zur Tat gab, ist von zweitrangiger Bedeutung. Viel wichtiger ist die Frage, welche Umstände (sowohl äußere wie innere) zu dieser unheilvollen Entwicklung des glänzend begabten Kronprinzen Österreich-Ungarns beitrugen und wieso es niemanden gab, der diese sichtlich auf eine Katastrophe steuernde Entwicklung aufzuhalten versuchte. Das siebenjährige Kind – krank, verstört, vereinsamt unter der Gewalt des Erziehers Gondrecourt – war durch Latour, sein »liebes Alterle«, gerettet worden. Für den dreißigjährigen, moralisch, körperlich und seelisch kranken Kronprinzen gab es keine Rettung.

Die Reaktion des Kaisers auf den Tod seines einzigen Sohnes ist aus den Akten und Briefen dieser Tage nicht zu erkennen. Schrift und Stil blieben unverändert. Kein Akt blieb unerledigt, als wäre nichts geschehen. Die Tatsache, daß der Name des Kronprinzen nach der Beisetzung am Hofe tabu war und das demonstrativ pflichtbewußte, beherrschte Verhalten des Kaisers sind Hinweise darauf, daß er Rudolfs Tod als

Angesichts der immer wilder werdenden Gerüchte über die Umstände von Rudolfs Tod sah sich Moriz Szeps zu dieser beschwörenden Schlagzeile veranlaßt

Schande und Schmach empfand, der öffentlich gezeigte Trauer nicht gemäß war. Aus diesem Grund wurde auch jeder Versuch unterbunden, ein Rudolf-Denkmal zu errichten. Graf Monts: »Bekannt wurde nur, daß der Kaiser den Selbstmord als Fahnenflucht auffaßte und tiefe Scham darüber zunächst alle anderen Gefühle zurücktreten ließ. Deshalb lehnte er auch die Teilnahme Wilhelms II. an der Bestattung ab.«[14] Prinz Reuß schrieb noch im März 1889 an Bismarck, der Kaiser könne »das Gefühl der Scham und der Erniedrigung noch nicht überwinden, welches Ihn wegen des kläglichen Endes Seines Sohnes ergriffen hat.«[15] Daß Rudolf zwar eine Reihe von Abschiedsbriefen schrieb, darunter aber keinen an den Vater, verletzte den Kaiser tief. Prinz Reuß schrieb über eine Unterredung mit Kaiser Franz Joseph am 1. Februar, als der Selbstmord des Kronprinzen offiziell bestätigt worden war, an Wilhelm II.: »Der Entschluß zu sterben, wie aus den Briefen hervorginge, sei ein vorbedachter gewesen. Gar nicht zu verwinden schien es der Kaiser zu können, daß er seinen Vater ohne einen Abschied, selbst keinen schriftlichen, verlassen hätte. Er hat ihn zum letztenmal am 27.

abends bei unserer Abendgesellschaft gesehen und die Hand gedrückt, aber ihm keine Bewegung, nichts anmerken können, was darauf hindeuten könnte, daß der beklagenswerte Prinz bereits wußte, er würde seinen Vater nicht wiedersehen. Denn daß er am 28. nach Mayerling mit der bestimmten Absicht ging, sein finsteres Vorhaben auszuführen, sei wie gesagt, nunmehr erwiesen. Weder von seiner Gemahlin noch von seinem Töchterchen, welches er sehr liebte, habe er Abschied genommen. ›Wie ich das Leben nunmehr ertragen soll, weiß ich nicht‹ – fuhr der Kaiser fort, ›ohne meinen Sohn, der meine ganze Freude war und für den ich arbeitete –, ich werde nun aber für die Monarchie arbeiten und meine Pflicht tun, ohne Freude, so lange meine alten Knochen halten wollen; Gott weiß, wie lange dies noch sein wird. Sagen Sie Ihrem Kaiser, ich würde aber nicht nachlassen, auf mich kann er immer rechnen!‹«[16]

Neben solchen, für die Diplomatie und die Öffentlichkeit bestimmten Äußerungen soll freilich auch das immer wieder zitierte Wort gefallen sein, Rudolf sei »wie ein Schneider« gestorben. An diese Äußerung knüpfte man die abenteuerlichsten Kombinationen, warum Franz Joseph seinen Sohn gerade mit einem Schneider verglichen habe. Die Erklärung ist wohl in der Jägersprache zu suchen. »Schneider« bedeutet einen schwachen, feigen Hirsch, der sich furchtsam im Unterholz verkriecht und einem offenen Kampf mit dem Stärkeren ausweicht. Daß Franz Joseph als leidenschaftlicher Jäger häufig Redensarten aus der Jägersprache verwendete, wissen wir. Das Wort »Schneider« hätte demnach, auf einen Menschen angewendet, die Bedeutung von »Schwächling« oder »Feigling«. Es wäre eine verächtliche Färbung des noch harmlosen Wortes »Krepierl«, mit dem der Kaiser seinen Sohn als Kind bedacht hatte.

Noch im März schrieb er an Katharina Schratt: »Gestern waren Rudolphs ehemalige Herren und Widerhofer bei der Audienz, um sich für die erhaltenen Auszeichnungen zu bedanken. Letzterer war dann auch nachmittags über eine Stunde bei mir, und da sprachen wir wieder die ganzen traurigen Ereignisse durch, suchten sie in einen Zusammenhang zu bringen, suchten nach Ursachen. Das nützt alles nichts und hat auch keinen rechten Zweck, aber man kann eben an nichts anderes denken und das Besprechen gibt doch eine gewisse Beruhigung. Da bin ich wieder bei dem traurigen Kapitel.«[17]

Reaktionen

Die im Nachlaß aufgefundenen und von Szögyènyi gesichteten Schriften Rudolfs brachten keinen Aufschluß. Reuß an Bismarck im April 1889: »Trotz der genauesten Nachforschung ist es Herrn von Szögyènyi aber nicht gelungen, auch nur eine Zeile zu finden, welche auf eine sichere Spur hätte führen können. Ebensowenig wäre etwas zu entdecken gewesen, was auf beginnenden Irrsinn hätte schließen lassen.«[18] Reuß schrieb, Rudolf habe offensichtlich seine gesamte »Korrespondenz mit seinen literarischen und publizistischen Freunden« beiseite geschafft. Szögyènyi vermutete sogar, sie seien vernichtet, denn er habe noch nicht einmal die vielen Briefe gefunden, die er, Szögyènyi selbst, an den Kronprinzen geschrieben habe. Diese Korrespondenz, die einen bedeutenden Umfang gehabt haben muß, ist bis heute, mehr als hundert Jahre nach Mayerling, verschollen, und die Hoffnung, sie noch aufzufinden, ist minimal.

So ganz ergebnislos, wie Szögyènyi dem deutschen Botschafter versicherte, scheint die Suche jedoch nicht gewesen zu sein. Auf Zetteln von Szögyènyis Hand über die Ordnung des Nachlasses tauchen zum Beispiel zwei Posten von Briefen auf, die Szögyènyi »zu verbrennen« beschloß: »Damenbriefe. Interessante Briefe.«[19] Darunter dürften sich Marys und Marie Larischs Briefe an Rudolf befunden haben, die er mit Absicht nicht vernichtet hatte.

Es bleibt die Frage offen, ob Kaiser Franz Joseph überhaupt Einzelheiten über politisch kompromittierende Schriften seines Sohnes wissen wollte. Denn schließlich war Rudolf für ihn geisteskrank, und er hatte seinen Sohn als Politiker nie ernst genommen. Daß Szögyènyi den schwer geprüften Kaiser nicht mit Enthüllungen zusätzlich belasten wollte, wäre ebenfalls verständlich. Und er, der erklärter Deutschenfreund war – er ging wenig später als k.u.k. Botschafter nach Berlin –, sah schon gar keinen Anlaß, die 1888/89 so strapazierten deutsch-österreichischen Beziehungen durch eine detaillierte Bekanntgabe von Rudolfs Ansichten über das Deutsche Reich weiter zu verschlechtern.

Sosehr die These von Rudolfs Geisteskrankheit den Kaiser auch beruhigte, so verheerende Folgen hatte sie bei der Kaiserin. Sie hatte sich in den ersten Tagen nach Rudolfs Tod bemerkenswert tapfer gehalten, von ihrem Gatten überschwenglich dafür bei jeder Gelegenheit bedankt.

15. Kapitel

Elisabeth als trauernde Mutter, die vor der Öffentlichkeit flieht

Sobald das Gutachten der Ärzte aber am Hofe immer mehr Glauben fand (weil man sich die Katastrophe nicht anders erklären konnte und aus politischen Gründen auch nicht wollte), verlor Elisabeth ihre Selbstbeherrschung. Prinz Reuß: »Die hohe Frau soll gealtert haben. Sie weint viel und giebt sich fortwährend dem Grübeln über den Vorfall hin, macht Sich Vorwürfe und mißt dem vererbten Wittelsbacher Blut die geistige Verwirrung Ihres beklagenswerthen Sohnes bei.«[20]

Gemeint war damit vor allem Elisabeths geisteskranker »Königsvetter« Ludwig II. von Bayern, der sich 1886 im Starnberger See das Leben nahm, und der unheilbare Irrsinn von dessen Bruder Otto, der zwar offiziell König war, aber regierungsunfähig in einer Anstalt lebte. Zweifellos war die bei Rudolfs Tod 51jährige Kaiserin Elisabeth extrem selbstmordgefährdet und benahm sich häufig so ungewöhnlich, daß so mancher auch sie für geisteskrank hielt. Sie hörte mit Rudolfs Tod abrupt mit dem Dichten auf, trug bis an ihr gewaltsames Lebensende 1898 nur noch schwarz und irrte als mater dolorosa mit wenigen Begleitern inkognito durch Europa.

Elisabeth, die sich, als es noch Zeit gewesen wäre, nicht um ihren Sohn gekümmert hatte, machte ihn nun, wohl auch beeinflußt durch seinen liebevollen Abschiedsbrief, zu einer Idealfigur. Sie forschte den politischen Hintergründen nach, bezeichnenderweise zuerst bei Gyula Andrássy, den sie ohne Wissen des Kaisers noch vor Rudolfs Beisetzung bei der gemeinsamen Freundin Ida Ferenczy traf. Sie schickte Andrássy auch zu ihrer inzwischen vom Hof verbannten Nichte Marie Larisch, um sie über die politischen Hintergründe von Rudolfs Tod zu befragen, freilich ohne Erfolg.

Reaktionen

Rudolfs Rat an die Schwester Marie Valerie, sie solle nach Franz Josephs Tod Österreich verlassen, fand deren Zustimmung. Denn das Mädchen wollte nicht »Untertan« des vermutlichen Thronfolgers Franz Ferdinand werden »und unser Leben auf dem faulen Wiener Boden, in dieser schwülen, ungesunden moralischen Atmosphäre« zubringen. Die Mutter bestärke sie, so schrieb Valerie am 18. Februar in ihr Tagebuch: »Übrigens glaubt Mama, dass sich Österreich überhaupt nicht mehr halten wird, wenn Papa nicht mehr ist, der durch die Macht seines makellosen Charakters und aufopfernder Güte die widersprechensten Elemente eint ... Nur die Liebe zu Papa halte die Völker Österreichs zurück, offen zu bekennen, wie sehr sie sich nach dem grossen deutschen Vaterland zurücksehnen, aus dem sie verbannt seien.«[21]

Aber Franz Joseph blieb unerschütterlich, wie auch der deutsche Militärberichterstatter nach Berlin berichtete: »Nie, auch jetzt nicht, hat Seine Majestät den festen Glauben an die Zukunft Österreichs verloren, an die hohe Mission und an die Liebe seiner Armee und seines Volkes.«[22]

Wieder ging in der Kaiserfamilie das Gespenst der alten Prophezeiung um, daß die Reihe der Habsburger mit einem Rudolf begonnen habe und auch mit einem Rudolf enden werde. Elisabeth steigerte sich in eine derartige Untergangsstimmung hinein, daß man mit Recht um ihren Geisteszustand besorgt war. Erste Meldungen, die Kaiserin sei verrückt geworden, erschienen in der ausländischen Presse.

Erst zehn Jahre später, nach der Ermordung der Kaiserin, ließ Franz Joseph systematisch Briefe seines Sohnes aufkaufen. Wahrscheinlich erhielt er erst jetzt in diesen Briefen – an Szeps, Futtaky, Baron Hirsch, Berthold Frischauer und andere – Aufschluß über die politischen Ideen seines Sohnes. Da diese Briefe – außer jene an Szeps – seither verschollen sind, gibt es auch darüber nichts als Vermutungen.

Die 24jährige Witwe Stephanie stand in diesen Tagen völlig im Schatten, ja fühlte sich zur Schuldigen an der Katastrophe gemacht. Auch sie hatte keine Erklärung für die Tat: »Ich habe vor dieser Selbstzerstörung gezittert, gewarnt, und trotzdem war mir an diesem Tage das Geschehen ein Rätsel. Warum hatte er das getan? war die immer wiederkehrende Frage. In dem Augenblick der furchtbarsten Verlassenheit stürzten alle Überlegungen immer wieder in sich zusammen.«[23]

15. Kapitel

Von ihr Worte des Mitleids für den nicht geliebten Mann zu hören, der sie auf so peinliche, sie in ihrem Stolz treffende Art verlassen hatte, konnte niemand erwarten. Rudolfs Wort in seinem Abschiedsbrief: *Du bist von meiner Gegenwart und Plage befreit*, kennzeichnete genau die Stimmung, die Stephanie noch vier Jahrzehnte später, als sie ihre Memoiren schrieb, bestätigte: »Dennoch, der Tod hatte mich von einem angstvollen, sorgenvollen und trostlosen Zusammenleben erlöst – allein, um welchen Preis! Alles, meine und des Landes Zukunft, schienen zerschellt, für die ich vieles geduldig ertragen hatte.« Über Stephanies Gleichgültigkeit bei Rudolfs Tod war selbst ihre Schwester, Prinzessin Louise von Coburg, entsetzt.

Stephanies Liebe zu Arthur Potocki währte nicht lange: Im Herbst 1889 erkrankte er schwer an Zungenkrebs und mußte mehrfach operiert werden. Er starb im April 1890, 39 Jahre alt. Zehn Jahre später heiratete Stephanie den ungarischen Grafen Elemér Lónyay, den Kaiser Karl später zum Fürsten machte. Die Lónyays kauften das Schloß Orosvár in Ungarn, wo sie nun lebten. Die berüchtigt geizige Stephanie erregte immer wieder Aufsehen, da sie gegen ihren Vater, König

Inschrift in der Krypta der Benediktinerabtei Pannonhalma für Fürstin Stephanie Lónyay, geborene Prinzessin von Belgien und ehemalige Kronprinzessin von Österreich-Ungarn

Reaktionen

Leopold II. von Belgien, gegen die Schwester Louise und ihre einzige Tochter Erzsi prozessierte, wobei es immer um Geld ging. 1944 mußte das betagte Paar vor den Russen flüchten und fand Zuflucht im Benediktinerstift Pannonhalma. Dort starb Stephanie am 23. August 1945 81jährig und wurde in der Krypta des Stiftes beigesetzt. Auch ihr Nachlaß wird hier verwahrt.

Rudolfs und Stephanies Tochter Erzherzogin Elisabeth, genannt »Erzsi«, ein hochgewachsenes, hübsches blondes Mädchen, war beim Tod des Vaters fünf Jahre alt. Sie war zwar Rudolfs Alleinerbin, aber dieser Nachlaß war so bescheiden, daß Kaiser Franz Joseph seiner Lieblingsenkelin im März 1889 Wertpapiere im Wert von zwei Millionen Gulden überschrieb. 1898 erbte sie nach der Ermordung der Kaiserin Elisabeth ein weiteres großes Vermögen.
Früh ging »Erzsi« – in Berufung auf ihren vergötterten Vater Rudolf – in Opposition zur Mutter Stephanie, der sie die Schuld an Rudolfs Schicksal gab, zeigte starken Oppositionsgeist und ein aufbrausendes Temperament. 1902 setzte sie beim Kaiser die Heirat mit dem um zehn

Rudolfs Tochter Fürstin Elisabeth Windischgrätz mit ihren vier Kindern, die wiederum eine zahlreiche Nachkommenschaft haben

Jahre älteren nicht standesgemäßen Prinzen (von Franz Joseph zum Fürsten gemachten) Otto Windischgrätz durch und bekam vier Kinder. Die Ehe war wegen beiderseitiger Untreue nicht von Dauer, aber eine Scheidung war erst 1924 in der Republik möglich, begleitet von vielen Skandalen.
Im Kampf um ihre Kinder holte sich die Fürstin den Beistand des Schutzbundkommandanten Leopold Petznek, von seinen Parteifreunden »Der Lord« genannt, und ging mit ihm eine Lebensgemeinschaft ein. Sie wurde Mitglied der SPÖ und berief sich dabei auf ihren Vater Rudolf, der dies, wie sie meinte, mit Sicherheit auch getan hätte.
Von den Genossen hoch geachtet, begleitete die ehemalige »Erzsi« ihren Mann auf SPÖ-Versammlungen und Aufmärsche. Unter dem autoritären Regime von Kanzler Engelbert Dollfuß wurde der »rote« Petznek verhaftet und inhaftiert. Elisabeth hielt treu zu ihm und spendete in seinem Sinn sehr viel Geld für verfolgte, emigrierte und im Untergrund arbeitende Sozialisten. Wie abgrundtief Stephanies Haß gegen die einzige Tochter war, beweist eine Anzeige, worin Fürst Otto Windischgrätz 1934 (als Petznek im Gefängnis war) im Namen seiner Schwiegermutter Stephanie den Antrag stellte, über seine geschiedene Frau Elisabeth Kuratel zu verhängen, sie also zu entmündigen – mit der Begründung, sie schade mit der reichlichen Finanzierung der verbotenen Sozialisten den vier ehelichen Kindern Windischgrätz.[24]
Die seit 1956 verwitwete Elisabeth Petznek, herrisch, schwierig und einsam geworden, starb 1963 79jährig. Ihre politische Überzeugung zeigte sie in ihrem sehr detaillierten Testament: »Ich habe veranlaßt, daß sämtliche Kunstgegenstände und Bücher, die in kaiserlichem Besitz waren, gegen den Willen meines Mannes, der sie den Kindern erhalten wollte, an Museen oder an ihre alten Plätze zurückgestellt werden, da ich der Ansicht bin, daß kaiserlicher Besitz nicht Ausländern zukommen soll und nicht in Auktionen versteigert werden darf.« Um dies zu sichern, verbot sie ihren Kindern, das Haus zu betreten, »bevor nicht die der Republik Österreich geschenkten Sachen ... aus dem Haus entfernt sind.«[25]
Es handelte sich um Millionenwerte: von Schmuckstücken Maria Theresias, hunderten von Gemälden und Kunstgegenständen aus habsburgischem Besitz bis zur Bibliothek der Kaiserin Elisabeth und deren berühmtes Winterhalter-Porträt mit den Diamantensternen im Haar.

Reaktionen

Den Windischgrätz-Nachkommen, Kindern wie Enkeln, blieben als gesetzlichen Erben ohnehin eine hohe Geldsumme, Liegenschaften und Kunstgegenstände.

Elisabeth Petznek ist auf dem Hütteldorfer Friedhof neben ihrem Mann Leopold begraben. Allerdings verbot sie, einen Namen auf den Grabstein zu meißeln.

Mizzi Caspar lieferte fortan nicht mehr den geringsten Anlaß zu Tratsch. Sie lebte, obwohl erst 24 Jahre alt, nun ganz zurückgezogen, gab nie ein Interview und heiratete nie. Johanna Wolf zog 1889 laut Wiener Adreßbuch aus der Heumühlgasse 10 aus. Mizzi erhielt am 7. November 1889 das Wiener Bürgerrecht und gab als Beschäftigung »Hauseigentümerin« an. 1891 verkaufte sie ihr schönes Haus, wo sich einst Thronerben wie Edward Wales, Wilhelm von Preußen und Rudolf von Österreich-Ungarn muntere Stunden gemacht hatten, und übersiedelte in die Paniglgasse 19 im vierten Bezirk. Dort starb sie am 29. 1. 1907 im Alter von 42 Jahren laut Totenschauprotokoll an »Rückenmarksverhärtung«. Sie hinterließ weder Memoiren, Briefe noch Tagebücher.

Diese Statue von Johannes Benk stellt Mizzi Caspar als Lautenspielerin dar und stammt aus dem Nachlaß von Rudolfs Tochter Elisabeth Petznek. Ein weiteres Exemplar holte Mizzi nach Rudolfs Tod bei Benk ab. Der Wiener Bildhauer Johannes Benk war der Schwiegersohn von Johanna Wolf

Zu den vielen ungelösten Rätseln rund um Mayerling gehört auch das Schicksal Erzherzog Johanns. Da er in kaiserlicher Ungnade war und weder am Hof noch in der Armee eine Funktion hatte, erklärte er im Herbst 1889 verbittert seinen Austritt aus der Familie Habsburg. Er nahm den bürgerlichen Namen Johann Orth an (nach seinem idyllischen

15. Kapitel

Schlößchen am Traunsee) und verzichtete auf seine Apanage mit dem flotten Satz: »Bin zu stolz, um einen fürstlichen Müßiggänger abzugeben. Ich will nicht das Geld des Volkes verfressen wie andere.«
Ob und wieweit bei diesem Schritt eine Kompromittierung durch Rudolfs Tod eine Rolle spielte, ist unklar. Jedenfalls durfte Johann Orth den Boden der Donaumonarchie nicht mehr betreten. Er machte das Kapitänspatent, heiratete 1889 seine langjährige Geliebte, die Tänzerin Milli Stubel, und ging mit ihr auf große Fahrt nach Südamerika. Das Schiff versank mit der ganzen Besatzung im Juni 1890 bei heftigen Stürmen am Kap Hoorn. Der Todestag von Johann und Milli Orth ist unbekannt. Sie wurden erst 1911 für tot erklärt. Johanns Nachlaß wurde 1912 in Berlin öffentlich versteigert.

Moriz Szeps war durch Rudolfs Selbstmord diskreditiert und hatte größte Probleme mit seiner Zeitung. Aus Geldmangel mußte er schließlich seine prachtvolle Villa in der Liechtensteinstraße verkaufen, die heute die Residenz des Schwedischen Botschafters ist. 1901 versuchte er ein letztes Mal die Neugründung einer Zeitung, der »Wiener Morgenzeitung«, starb aber bereits 1902 völlig verarmt in Wien im Alter von 66 Jahren. Seine Tochter Berta Zuckerkandl setzte seine Tradition fort – als Journalistin und tapfere Kämpferin für die Wiener Moderne, vor allem auch durch ihren Salon, der ein künstlerisches und gesellschaftliches Zentrum Wiens war.

Gräfin Marie Larisch wurde sofort nach Rudolfs und Marys Tod vom Wiener Hof verbannt. Ihr Mann ließ sich von ihr scheiden. Ein Sohn nahm sich vor Scham über die Mutter das Leben. In ihrer zweiten Ehe mit dem bayrischen Sänger und Kapellmeister Otto Brucks bekam sie einen Sohn, ebenfalls Otto genannt. Seit 1914 verwitwet und mittellos, ging sie 1924 eine dritte Ehe mit dem amerikanischen Farmer William Meyers ein, um versorgt zu sein, trennte sich aber bald von ihm. Aus Geldnot versuchte sie immer wieder, mit Enthüllungen über das Kaiserhaus Geld zu verdienen, wobei ihre Erzählungen immer phantasievoller wurden. Elisabeths einstige Lieblingsnichte überlebte ihre fünf Larisch-Kinder und starb 1940 82jährig als Maria Louise Meyers, staatenlos und verarmt, in einem Stift in ihrer Geburtsstadt Augsburg.

Reaktionen

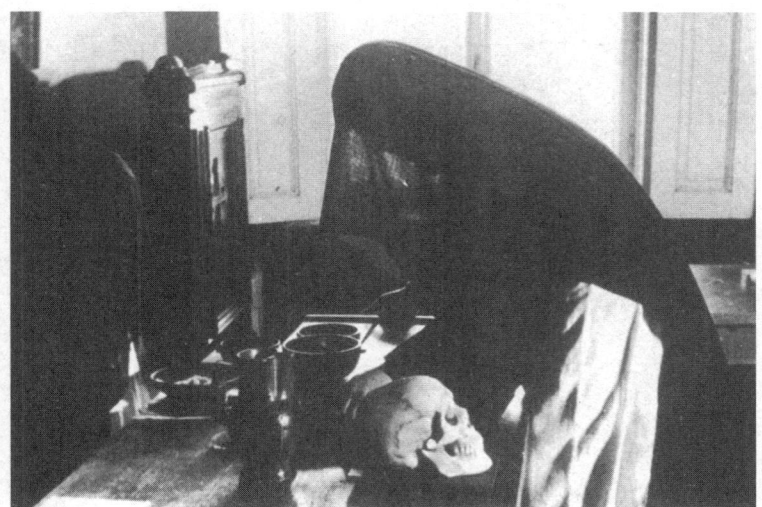

Mayerling heute: Ein Ort des Gebetes

Noch 1889 ließ Kaiser Franz Joseph das Jagdschlößchen Mayerling aus seinen Privatmitteln zu einem Karmelitinnenkloster umbauen. Der Altar der Klosterkirche befindet sich genau an der Stelle des Tatortes, also des Bettes, worin Rudolf und Mary starben. Das Anwesen wird seither von Karmelitinnen bewohnt, die auf ewige Zeiten täglich für Rudolf beten sollen. Aber sogar am 100. Todestag des Paares 1989 wurde der Name des Opfers von Mayerling, Mary Vetsera, in keinem der zahlreichen Gebete genannt.

Der Kommentar zum Titelbild des »Illustrirten Wiener Extrablattes« vom 5. Oktober 1890 war für alle, die die wahren Verhältnisse gekannt hatten, wie ein Hohn: »Kaiser Wilhelm II. war bekanntlich mit unserem unvergeßlichen Kronprinzen Rudoph durch innigste Freundschaft verbunden und es herrschte zwischen Beiden schon zur Zeit, da Wilhelms Schläfe noch keine Kaiserkrone schmückte, ein wahrhaft brüderlich-herzliches Verhältniß. Und es entsprach den edlen Gesinnungen des hohen Gastes unseres Kaisers, daß er, kaum in der Hofburg angekommen, in die düstere Gruft der Kapuziner eilte, in der die irdischen Reste des verklärten Kronprinzen ruhen … Er legte den pracht-

15. Kapitel

Demonstrativer Jubelempfang für Wilhelm II. in Wien im Zeichen der »Nibelungentreue«

vollen Kranz, den er von Berlin mitgebracht hatte, auf den Sarg und verrichtete dann ein kurzes Gebet. Hierauf erhob er sich und schaute lange nach dem Sarge, der die Hülle Desjenigen umschließt, der ihm in treuer Freundschaft ergeben war, den er bei seinem Aufenthalte vor zwei Jahren frisch und blühend neben sich gesehen hatte. Es ist vorüber! Reißen wir halb verharschte Wunden nicht auf!«

Berlin hatte sich gegen Wien voll durchgesetzt. Kein möglicher Kaiser Rudolf als Franzosenfreund störte mehr die Nibelungentreue der beiden Kaiserreiche.

Der große Krieg, der das Vielvölkerreich zerstörte, brach nicht, wie Rudolf fürchtete, im Frühjahr 1889, sondern erst im August 1914 aus. Er begann am Balkan, wie nach zwei Balkankriegen vorherzusehen. Der zögernde 84jährige Kaiser Franz Joseph wurde von Berlin bestärkt, mit deutscher Unterstützung in den Kampf gegen Serbien und Rußland zu ziehen. Der alte müde Mann ahnte nicht – und seine Berater wiesen ihn nicht darauf hin, weil auch sie den Krieg wollten –, daß Wilhelm den Kriegsausbruch für seine eigenen Großmachtpläne ausnützen wollte: Deutsche Truppen marschierten nicht zum Balkan, sondern nach Westen, wie Rudolf es in seinen Albträumen vorhergesehen hatte. Als sie den Weg nach Frankreich gewaltsam über die neutralen Länder Luxemburg und Belgien antraten, antworteten Großbritannien und sein Empire mit der Kriegserklärung gegen das Deutsche Reich.

So wurde in wenigen Tagen aus dem dritten Balkankrieg ein Weltkrieg. Er dauerte lange vier Jahre und zerstörte die alte europäische Welt. Habsburger, Hohenzollern wie Romanows waren schließlich am Ende, und nur wenige ihrer ehemaligen Untertanen weinten ihnen nach. Österreich-Ungarn zerfiel in viele kleine, untereinander streitende Nationalstaaten.

ANMERKUNGEN

1. Kapitel: Kindheit am Wiener Kaiserhof

[1] Dieses und die folgenden Zitate stammen aus der Wiener Zeitung, dem Pester Lloyd und der Morgen-Post vom 22. bis 27. August 1858
[2] A. de Bertha, L'Archiduc Rodolphe, Paris 1889, 2
[3] HHStA. N.R. Kt. 17. Grundlsee, 20. 8. 1885
[4] ebda. 4. 2. 1873
[5] Hofdamenbriefe, gesammelt von B. v. S. Zürich 1903, 284f.
[6] Elisabeth Kovács, Geheime Notizen des Joseph Columbus, Wien 1971, 112
[7] Joseph Karl Mayr (Hg.), Das Tagebuch des Polizeiministers Kempen von 1848 bis 1859, Wien 1931, 159
[8] N.R. Kt. 16. an Latour. Prag, 2. 12. 1881
[9] Franz Schnürer (Hg.), Briefe Kaiser Franz Josephs I. an seine Mutter 1838–1872, München 1930, 292. Verona, 16. 6. 1856
[10] ebda. Schönbrunn, 21. 10. 1860
[11] HHStA. N.A. Rolle 32, Erzh. Maria Theresia an Ehg. Albrecht, Wien, 24. 11. 1860
[12] Pester Lloyd 5. 2. 1889. Der Besuch war am 22. 12. 1860
[13] Egon Caesar Corti, Elisabeth, die seltsame Frau, Salzburg 1934, 108
[14] N.A. Rolle 32. Weilburg, 21. 8. 1861
[15] N.R. Kt. 18. Laxenburg, 12. 11. 1861
[16] ebda. 28. 2. 1862
[17] Schnürer 354, 11. 5. 1866
[18] Kriegsarchiv. M.K.S.M. Sep. Fasz. 25/12. 5. 1864
[19] Der Zerfall Östreich's. von einem Deutschen Österreicher, Leipzig 1867, 19f.
[20] Georg Nostitz-Rieneck (Hg.), Briefe Kaiser Franz Josephs an Kaiserin Elisabeth, II, Wien 1966, 412
[21] Corti, Elisabeth 132
[22] ebda.
[23] HHStA. Depot Khevenhüller. Tagebucheintragung des Fürsten Franz Carl am 26. 9. 1877
[24] Ignaz Pennerstorfer, Unser Kronprinz. Wien 1881, 11
[25] N.R. Kt. 1. an Kaiser Franz Joseph 15. 12. 1868
[26] Kt. 12. Ischl, 17. 6. 1866
[27] ebda. Ischl, 18. 6. 1866

[28] ebda. 25. 6. 1866
[29] N.A. Rolle 31. Konzept. Hauptquartier Somma Campagna 30. 6. 1866
[30] N.R. Kt. 12/30. 6. 1866
[31] Kt. 18. 29. 6. 1866
[32] ebda. 1. 7. 1866
[33] Kt. 1. Ischl, 3. 7. 1866
[34] Kt. 12. Ischl, 8. 7. 1866
[35] Kt. 18. Schönbrunn, 5. 7. 1866
[36] Kt. 12. Ofen, 22. 7. 1866
[37] Hans Wilczek erzählt seinen Enkeln Erinnerungen aus seinem Leben, Graz 1933, 90 und 94
[38] ebda. 124
[39] N.R. Kt. 18. Schönbrunn, 19. 8. 1866
[40] Schnürer 357f., 22. 8. 1866
[41] N.R. Kt. 12. Ischl, 14. 10. 1866
[42] Ischl, 28. 10. 1866
[43] Nostitz-Rieneck, I, 57. Schönbrunn, 7. 8. 1866
[44] ebda. 61. Schönbrunn, 20. 8. 1866
[45] N.R. Kt. 16. an Latour. Prag, 2. 12. 1881
[46] Egon Caesar Conte Corti, Mensch und Herrscher, Wien 1952, 384f.
[47] ebda. 396
[48] Fa. Hauswedell, Autographenkatalog Mai 1965. Nr. 204
[49] Corti, Mensch 395
[50] N.R. Kt. 2
[51] Kt. 18. Ofen, 28. 4. 1868
[52] BSTB. N. Sexan Auszug aus Valerie-Tagebuch 9. 12. 1887
[53] Schnürer 369. Schönbrunn, 28. 9. 1868
[54] HHStA. N. Corti, Abschrift Ischl, 20. 8. 1869
[55] N.R. Kt. 18. Gödöllö, 28. 11. 1870
[56] N. Corti, Abschrift Ischl, 21. 7. 1872
[57] UB Zhisman-Tagebuch 4. 1. 1868
[58] Corti, Mensch 420
[59] Zhisman-Tagebuch 27. 12. 1867 und 29. 2. 1868
[60] N.R. Kt. 1. 15. 12. 1868
[61] Schnürer 362. Schönbrunn, 26. 11. 1866
[62] N.R. Kt. 12. 22. 8. 1867
[63] Ofen, 24. 11. 1868
[64] Kt. 18. Wien, 16. 7. 1869
[65] Kt. 19/22. 7. 1867
[66] Kt. 18. Ischl, 3. 8. 1870
[67] Kt. 15
[68] Ludwig Ritter von Pribram, Erinnerungen eines alten Österreichers, Stuttgart 1912, I.273

2. Kapitel: Eine bürgerliche Erziehung

1. HHStA. N.R. Kt. 1. Ischl, 8. 8. 1869
2. ebda. 19. 12. 1867
3. UB Zhisman-Tagebuch
4. Wilhelm II., Aus meinem Leben 1859–1888, Berlin 1927, 132
5. UB Manuscripta IL 828
6. N.R. Kt. 2. Heft »Diversa« Gödöllö Dezember 1872
7. UB Manuscripta 11828 Studienheft Geschichte 1872
8. N.R. Kt. 18. Ischl, 13. 10. 1870
9. Kt. 11
10. Eugen Lennhoff, Oskar Posner, Freimaurer-Lexikon, Wien 1932, 1762
11. Ferenc Eckhart, Rudolf tronörökös gyermekeveiböl. Napkelet 1925
12. HHStA. N.A. Rolle 31. Wien, 28. 2. 1876
13. ebda. Wien im März 1876
14. ebda. Bemerkungen zu »Einzelne Gedanken über Kaiser Joseph und seine Zeit 1876« Konzept
15. z. B. Der Zirkel 15. 11. 1880 und 15. 3. 1890
16. Die geheimen Papiere Friedrich von Holsteins 11. Göttingen 1957, 262
17. Richard G. Plaschka, Von Palacký bis Pekař, Graz 1955, 40
18. ebda. 41
19. N.R. Kt 2 »Einzelne Gedanken«
20. Oskar Freiherr von Mitis, Das Leben des Kronprinzen Rudolf. neu hg. v. Adam Wandruszka, Wien 1971, 219–222
21. N.R. Kt. 1/4. 5. 1872
22. ebda. Salzburg, 29. 12. 1871
23. ebda. 17. 12. 1875
24. StbW 1.N. 4062/20. 6. 1884
25. N.R. Kt 2 »Diversa«
26. Edmund von Glaise-Horstenau, Franz Josephs Weggefährte. Wien 1930, 230f.
27. Günther Hamann, Das Zeitalter Kaiser Franz Josephs im Spiegel der Topographie des Franz-Josefs-Landes. Publikationen aus dem Archiv der Universität Graz IV 1975, 142
28. Aus Gottfried Kellers glücklicher Zeit, Wien 1927, 90. Keller an Exner 9. 1. 1876
29. N.R. Kt. 18. Laxenburg, z. B. 1875
30. Emil Kauder (Hg.), Carl Mengers erster Entwurf zu seinem Hauptwerk »Grundsätze« ... Tokio 1963, 201
31. NFP 31. 1. 1889, 9
32. N.A. Rolle 31. 1876
33. Norbert Schmid, Des Thrones Jubelfest, Wien 1879, 76
34. NWT 3. 12. 1873

35 N.R. Kt. 18, 16. 1. 1875
36 Glaise-Horstenau, 231

3. Kapitel: Jahr der Reisen

1 HHStA. N.A. Rolle 31
2 Oskar Freiherr von Mitis, Rudolf, 389
3 Corti, Elisabeth 289
4 Der Österreichische Volksfreund 24. 5. 1877
5 N.R. Kt. 21. Wartholz, 23. 6. 1877
6 Ludwig Ritter von Pribram, Erinnerungen eines alten Österreichers, Stuttgart 1912. II, 111
7 Das Mayerling-Original, Wien 1955, 161
8 F. Hantschel, Weiland Kronprinz Rudolf, Leipa 1889, 8
9 Eduard von Wertheimer, Graf Julius Andrássy, Stuttgart 1910, 18 und 20
10 ebda. 24
11 N.R. Kt. 16. Ischl, 29. 7. 1877
12 ebda. 20. 8. 1877
13 Kt. 21. ohne Datum
14 27. 7. (1877)
15 N.A. Rolle 31. Wien, 13. 10. 1877
16 Rolle 14. Wien, 5. 11. 1877
17 WZ 4. 11. 1877. Das Manuskript mit geringfügigen Korrekturen durch Menger im N.R. Kt. 2
18 N.A. Rolle 31. Weilburg, 7. 11. 1877
19 Weltindustrien, Stuttgart 1880, 311 und 309
20 Albin Oppolzer, Karl Ritter von Scherzer, Diss. Wien 1949, 166
21 N.R. Kt. 16. Chester, 3. 1. 1878 an Latour
22 Széchényi-Bibliothek Budapest. Festetics-Tagebuch Februar 1878
23 Corti, Elisabeth 300
24 Kt. 16. Gödöllö, 3. 12. 1877
25 Richard Barkeley, The Road to Mayerling, London 1959, 40f.
26 Mitis 57
27 Princess Catherine Radziwill, The Austrian Court from Within, London 1916, 121f.
28 Das Vaterland, 12. 3. 1878
29 NFP 21. 8. 1921, S. 3
30 HHStA. Khevenhüller-Tagebuch. Kammerburg, 3. 7. 1879
31 NFP 21. 8. 1921
32 Marie Louise von Wallersee, vormals Gräfin Larisch, Kaiserin Elisabeth und ich. Leipzig 1935, 253. Wenn in den Erinnerungen dieser Nichte Elisabeths auch viele Fehler und unwahre Geschichten zu finden sind, so hat das

Buch doch – nach jeweils genauer Prüfung – großen Quellenwert. Daß Larisch tatsächlich die geheimen Gedichte Elisabeths kannte, stellte sich nach dem Fund der Manuskripte 1980 in Bern heraus. S. Brigitte Hamann Hg., Kaiserin Elisabeth. Das poetische Tagebuch, Wien 1984

[33] München, 9. 3. 1878. Mitis 225
[34] N. Corti, Abschrift 16. 2. 1877
[35] N.R. Kt. 19. Hohenschwangau, 19. 11. 1877 und 12. 12. 1875
[36] Mitis 224f.
[37] München, 9. 3. 1878. Mitis 225
[38] Edith Salburg, Das Enkelkind der Majestäten, Dresden 1929, 117
[39] 24. 2. 1889. Der glänzend informierte Autor dieses Artikels ist meiner Überzeugung nach Erzherzog Johann Salvator (Orth)
[40] NB Porträtsammlung, die auch die Bibliothek des Kronprinzen verwahrt.
[41] Mitis 51
[42] Corti, Mensch 533
[43] Prinzessin Louise von Coburg, Throne die ich stürzen sah, Wien 1926, 141
[44] Neues Österreich 18. 5. 1961
[45] Corti, Elisabeth 312
[46] WStB. N. Friedjung, Gespräch mit Marie Festetics, 27. u. 28. 3. 1909
[47] HHStA. F.A. Kt. 96. Manuskript der Memoiren Geza Mattachichs
[48] Prinzessin Stephanie von Belgien, Fürstin von Lonyay, Ich sollte Kaiserin werden, Leipzig 1935, 211

4. Kapitel: Ornithologie

[1] St13 Wien, 8. 1. 1877
[2] (R. von Dombrowski), Rudolf Kronprinz von Österreich-Ungarn als Forscher und Waidmann, Wien o. J. (1889) 9
[3] Kurt Floericke, Tiervater Brehm, Stuttgart 1929, 76
[4] Fünfzehn Tage auf der Donau. Wien 1878, 147
[5] Gartenlaube 1887, 192
[6] Fünfzehn Tage, 159f.
[7] StB. Schönbrunn, 17. 6. 1878
[8] Schönbrunn, 17. 6. 1878
[9] Prag, 14. 8. 1878
[10] Fünfzehn Tage, 2
[11] ebda. 50f.
[12] StB o. D. (Januar 1879)
[13] Fünfzehn Tage, XI
[14] Mitis 367. Prag, 29. 3. 1879
[15] StB Schönbrunn, 26. 5. 1878

Anmerkungen zu den Seiten 126–148

16 Schönbrunn, 17. 6. 1878 Alfred Brehm, Illustrirtes Thierleben. Bd. N. Die Vögel. I. Leipzig 1878
17 Berlin, StB Ischl, 7. 7. 1878
18 ebda. Prag, 14. 8. 1878
19 ebda. Prag, 7. 4. 1879
20 ebda. Wien, 12. 4. 1879
21 Mitis 226f.
22 Hans Wilczek erzählt seinen Enkeln Erinnerungen aus seinem Leben, Graz 1933, 338–350
23 Berlin, StB Mnichowitz, 3. 7. 1879
24 HHStA. N. R. Kt. 14. Heft Spanien 1.
25 V.A. M. d. I. Kt. 16/2 Konfiszierte Zeitungen. Rumburger Zeitung, 20. 2. 1889
26 Mitis 237
27 N. R. Kt. 16/8. 7. 1879
28 Berlin StB. Prag, 10. 10. 1879
29 ebda. Wien, 27. 12. 1879
30 HHStA. Adm. Reg. F1/76 Kairo, 24. 1. 1881
31 Heinrich Brugsch, Mein Leben und mein Wandern, Berlin 1894, 356
32 ebda. 355f.
33 Eine Orientreise vom Jahre 1881, beschrieben vom Kronprinzen Rudolf von Österreich, Wien 1885, 235
34 ebda. 239
35 ebda. 226f.
36 ebda. 332
37 Berlin StB Laxenburg, 16. 5. 1881
38 Budapest, 3. 1. 1883
39 ebda. Prag, 20. 3. 1883

5. *Kapitel:* Residenz in Prag

1 HHStA. KaA Geh. Akten Kt. 19
2 N. R. Kt. 16. Prag, 16. 4. 1880 an Latour
3 Kt. 15
4 N. A. Rolle 14. Prag, 10. 7. 1880
5 ebda. Prag, 2. 8. 1880
6 N. R. Kt. 16. Prag, 10. 11. 1882
7 ebda. Prag, 13. 10. 1879
8 ebda. Prag, 16. 1. 1881
9 Kt. 15
10 an Szeps. Prag, 19. 11. 1882
11 an Latour. Prag, 10. 11. 1882

[12] Denkschrift 35
[13] Prag, 25. 11. 1881
[14] Mitis 231ff.
[15] NWJ 15. 8. 1923, 9
[16] abgedruckt in NWT 17./18. 1924, 7
[17] Prinzessin Stephanie von Belgien, Fürstin von Lónyay, Ich sollte Kaiserin werden. Leipzig 1935, 64f.
[18] AStW Biogr. geneal. Sammlung 201/21 Abschrift
[19] Das Mayerling-Original. Wien 1955, 183 und 216f.
[20] Heinrich Graf von Lützow, Im diplomatischen Dienst der k.u.k. Monarchie, Wien 1971, 30
[21] StBW N. Friedjung, Gespräch mit Marie Festetics 6. 3. 1913
[22] Richard Sexau, Fürst und Arzt, Wien 1963, 268
[23] Politik 1. 2. 1889
[24] N. R. Kt. 16/25. 1. 1881
[25] HHSTA. N. Corti, Combermere, 26. 2. 1881. Abschrift
[26] Stephanie 77
[27] NWT 9. 5. 1881
[28] Lützow 30
[29] HHStA. Khevenhüller-Tagebuch 7. 6. 1881
[30] Marie Freiin von Wallersee, Meine Vergangenheit, Berlin 1913, 93f.
[31] Egon Caesar Conte Corti, Hans Sokol, Der alte Kaiser, Graz 1955, 15f.
[32] Stephanie 82
[33] ebda. 83
[34] ebda. 104
[35] N. R. Kt. 16. Prag, 2. 12. 1881
[36] Valerie-Tagebuch 23. 12. 1882
[37] A. A. Bonn. Österreich 86. Nr. 2. Wien, 8. 11. 1885
[38] Paul Molisch, Briefe zur deutschen Politik in Österreich von 1848 bis 1918. Wien 1934, 265f. Wien, 14. 1. 1886
[39] HHStA. N. Plener. Kt. 17. Prag, 15. 1. 1886
[40] Leopold von Chlumecky, Erzherzog Franz Ferdinands Wirken und Wollen. Berlin 1929, 19f.
[41] Mitis 70f.
[42] Mitis 108
[43] Julius Szeps (Hg.), Kronprinz Rudolf. Politische Briefe an einen Freund. Wien 1922, 14. Prag, 26. 7. 1882
[44] Völkischer Beobachter 21. 8. 1938
[45] Archivni Sprava Prag. N. Gindely 25. 6. 1882
[46] ebda. Promemoria der deutschen Professoren an das Ministerium für Unterricht. 23. 6. 1882
[47] Wien 1883, 7
[48] Kt. 16. Prag, 11. 2. 1881

[49] Johann Friedrich von Schulte, Lebenserinnerungen, III. Gießen 1909, 182ff.
[50] N. R. Kt. 21. Unterredung mit Szeps am 7. 4. 1882
[51] Kt. 17. Reichstadt, 28. 6. 1882
[52] NWT 1. 7. 1882
[53] Das Vaterland 4. 7. 1882
[54] N. R. Kt. 17. Prag, 17. 3. 1883
[55] NWT 18. 3. 1883
[56] StBW N. Friedjung, Gespräch mit M. Festetics Januar 1909
[57] N. R. Kt. 21. Unterredung mit Szeps am 17. 12. 1882
[58] Kt. 17/23. 3. 1883
[59] Berta Szeps-Zuckerkandl, Ich erlebte fünfzig Jahre Weltgeschichte, Stockholm 1939, 57
[60] Heinrich Brugsch, Mein Leben und mein Wandern, Berlin 1894, 358
[61] Max Ermers, Victor Adler, Wien 1932, 125
[62] NFP 31. 1. 1890. Prag, 2. 1. 1882
[63] 12. 1. 1881
[64] N. R. Kt. 16. Prag, 16. 4. 1883
[65] Marie Valerie Tagebuch, hg. von Martha und Horst Schad, München 1998, 2. 9. 1883
[66] J. Szeps, 65. Wien, 23. 10. 1883

6. Kapitel: Eine unstandesgemäße Freundschaft

[1] HHStA. N. R. Kt. 21. Unterredung am 28. 10. 1881
[2] Julius Szeps (Hg.), Kronprinz Rudolf. Politische Briefe an einen Freund. Wien 1922, 19, am 19. 11. 1882. Die Originalbriefe befinden sich im N. R. Kt. 17. Sie mußten benützt werden, da Julius Szeps in seiner Edition oft entscheidende Passagen ausließ.
[3] A. A. Bonn. Österreich 74. Bd. 3. Übersicht der hervorragendsten Tageblätter ... Januar 1887
[4] Wandruszka-Anhang zu Mitis, 375. an Billroth. Prag, 14. 2. 1882
[5] Julius von Stepski, Geschichte und Intrige, Wien 1940, 22f.
[6] Mitis 166
[7] Prag, 26. 7. 1882, J. Szeps 15
[8] N. R. Kt. 17/3. 7. 1883. Es ging um einen Toast, worin ein rumänischer Senator von den Perlen sprach, die noch in der Krone Carols fehlten. J. Szeps 204f.
[9] Laxenburg, 29. 8. 1883. J. Szeps 58f.
[10] Wien, 26. 3. 1883
[11] 20. 1. 1884

[12] Gegenüberstellung der beiden Texte bei Brigitte Hamann, Kronprinz Rudolf, Majestät, ich warne Sie ...«, Wien 1979, 90ff.
[13] Dies und das nächste Zitat Laxenburg, 19. und 30. 9. 1883
[14] Reichstadt, 28. 6. 1882. J. Szeps 8
[15] Laxenburg, 5. 11. 1884. J. Szeps 104
[16] N. R. Kt. 21. Unterredung am 21. 12. 1882
[17] Prag, 13. 1. 1883. J. Szeps 27ff.
[18] 17. 1. 1883
[19] 22. 1. 1883
[20] 1. 2. 1883
[21] 19. 2. 1883
[22] Prag, 14. 3. 1883. J. Szeps 39
[23] NWT 25. 3. 1883 Der stille Bund
[24] NWT 17. 5. 1883 Der Hilfsverein für Bosnien
[25] A. A. Bonn. Österreich 86. Bd 1. Wien, 29. 3. 1887
[26] Mitis 235f.
[27] 19. 2. 1883
[28] Gustav Strakosch-Graßmann, Geschichte des österreichischen Unterrichtswesens. Wien 1905, 302
[29] N. R. Kt. 16. Prag, 11. 2. 1881, an Kálnoky o.D.
[30] Stenographische Protokolle des Abgeordnetenhauses. 18. 4. 1883
[31] N. R. Kt. 17. Prag, 22. 4. 1883
[32] NFP 4. 6. 1933. Prag, 19. 5. 1883
[33] N. R. Kt. 21. Unterredung am 17. 12. 1882
[34] Laxenburg, 19. 11. 1884. J. Szeps 105 29 Das Vaterland, 19. 11. 1884
[35] 18. 11. 1884
[37] NWT 18. 11. 1884
[38] Laxenburg, 25. 10. 1885. J. Szeps 125f.
[39] UDW Nr. 6 6.79.(63-67)
[40] A. A. Bonn. Österreich 74 Bd. 3. Januar 1887
[41] 20. 9. 1887
[42] N. R. Kt. 22. Wien, 3. 2. 1887
[43] A. A. Bonn. Österreich 74 Bd. 3. Wien, 6. 4. 1887
[44] V. A. N. Pichl. Probenummer des Deutschen Volksblattes
[45] 15. 11. 1887
[46] 22. 9. 1888
[47] Stenographisches Protokoll. Haus der Abgeordneten 3. 5. 1888
[48] S. Adler-Rudel, Baron Moritz Hirsch, Bulletin des Leo Baeck Instituts Tel Aviv 1964, 208
[49] Berta Szeps-Zuckerkandl, Ich erlebte fünfzig Jahre Weltgeschichte, Stockholm 1939, 77
[50] Prag, 2. 6. 1882 J. Szeps 6
[51] Prag, 19. 11. 1882

Anmerkungen zu den Seiten 206–225

[52] 15. 5. 1885
[53] Wien, 16. 1. 1883
[54] Mitis 230
[55] Szeps an Rudolf 26. 10. 1885
[56] Wien, 25. 4. 1885. J. Szeps 114
[57] Szeps-Zuckerkandl 123
[58] Szeps-Memoire 1. 12. 1885
[59] NWT 23. 5. 1886
[60] Berlin, 17. 5. 1886. J. Szeps 133f.
[61] Die Große Politik der Europäischen Kabinette 1871–1914. VI. 135ff. Wien, 25. 2. 1886
[62] A. A. Bonn. Österreich 86 Nr. 1 a Bd. 1. Wien, 25. 8. 1886
[63] ebda. 30. 9. 1886
[64] Walter Bußmann (Hg.), Staatssekretär Graf Herbert von Bismarck, Göttingen 1964, 374. Berlin, 16. 9. 1886
[65] Szeps-Zuckerkandl 135–138
[66] Frdl. Mitteilung Mr. Georges Clemenceau am 9. 12. 1974
[67] A. A. Bonn. Anmerkung Bismarcks zum Reuß-Bericht Wien, 4. 5. 1888

7. Kapitel: Repräsentation für Technik und Wissenschaft

[1] Manuskript als Briefbeilage an Szeps. Laxenburg, 15. 8. 1883
[2] Carlo Scharding, Das Schicksal der Kaiserin Elisabeth, Ms. S. 174
[3] NWT 16. 8. 1883
[4] Schönbrunn, 16. 8. 1883
[5] NWT 21. 8. 1883
[6] N. R. Kt. 21. Unterredung mit Szeps am 21. 12. 1883
[7] Wien, 2. 1. 1884
[8] 7. 9. 1883
[9] Unterredung mit Szeps 7. 4. 1882
[10] Protokoll der Plenarsitzung vom 7. 4. 1884
[11] NFP 7. 4. 1882
[12] NWJ 25. 1. 1920
[13] WT 27. 8. 1887
[14] Theodor Billroth, Meine Beziehungen und Korrespondenz mit Kronprinz Rudolf. Mitis 370. Brüssel, 17. 10. 1880
[15] ebda. 372. Prag, 29. 1. 1882
[16] Arthur Skedl (Hg.), Der politische Nachlaß des Grafen Eduard Taaffe, Wien 1922, 354f. Prag, 31. 1. 1882
[17] Mitis 377, Prag, 8. 5. 1882
[18] HHStA. N. Corti, Abschrift 19. 12. 1881
[19] HHStA. P. A. XL/266 b. Die Freimaurer in Wien

[20] Heinrich Benedikt, Kronprinz Rudolf und Karl Emil Franzos. in: Österreich in Geschichte und Literatur 1972, 306–319
[21] NFP 5. 2. 1929, 29
[22] ebda. Alland, 29. 6. 1884
[23] Neue Illustrirte Zeitung 29. 6., 13. u. 27. 4. 1884
[24] Benedikt 313ff.
[25] Peter Rosegger, Vom Kronprinzen Rudolf, Heimgarten Graz 1888, 37–42
[26] StBW Laxenburg, 20. 6. 1884
[27] HHStA. N. Arneth. Kt. 19. Ms. der Erinnerungen
[28] Alfred Ritter von Arneth, Aus meinem Leben IL Wien 1892, 537
[29] Eduard Hanslick, Aus meinem Leben IL Berlin 1894, 238f.
[30] Rede vom 11. 1. 1886
[31] N. R. Kt. 15, 24. 12. 1883
[32] NWT 27. 3. 1884
[33] NFP 30. 3. 1884
[34] Hanslick II. 239f.
[35] Hanslick IL 241f.
[36] Neue Illustrirte Zeitung 24. 2. 1889, 429
[37] Ernst Edler von der Planitz, Die volle Wahrheit über den Tod des Kronprinzen Rudolf von Österreich. 23. Aufl. Berlin o. J. 228ff.
[38] N. R. Kt. 22. Wien, 27. 12. 1887
[39] Illustrirtes Wiener Extrablatt 6. 5. 1889
[40] N. R. Kt. 21 Unterredung mit Szeps 7. 12. 1885
[41] Autographen-Katalog Ingo Nebehay. Liste 29 Wien 1968. Laxenburg, 25. 7. 1884
[42] F. A. Dorfmeister, Kronprinz Rudolf, Wien 1889, 33f.
[43] an Szeps. Wien, 1. 1. 1886
[44] Leopold von Chlumecky, Erzherzog Franz Ferdinands Wirken und Wollen, Berlin 1929, 30
[45] HHStA. P. A. 1. Varia generalia. Lacroma, 20. 11. 1863
[46] Stenographisches Protokoll. Haus der Abgeordneten 2. 5. 1887
[47] Berthold Frischauer, Kronprinz Rudolf und Graf Taaffe NFP 28. 4. 1922
[48] Budapest, 1. 1. 1885
[49] Wien, 21. 8. 1885 an Szeps

8. Kapitel: Militär

[1] HHStA. N. R. 16. Teplitz, 22. 8. 1878
[2] Prag, 7. 11. 1878
[3] 23. 9. 1878
[4] Prag, 4. 4. 1879
[5] Mitis 77

Anmerkungen zu den Seiten 251–266

[6] Prag, 22. 10. 1879
[7] Prag, 16. 4. 1880
[8] Polizeiarchiv Wien. Wien, 7. 1. 1884
[9] Edmund von Glaise-Horstenau, Franz Josephs Weggefährte, Wien 1930, 277
[10] N. R. Kt. 21. Unterredung mit Szeps am 17. 12. 1882
[11] Kt. 15. Kurze Betrachtungen über einen am 3. Nov. 1883 im Militär-Casino gehaltenen Vortrag
[12] Briefe und Erinnerungen Varesanins NWJ 23. 12. 1928
[13] Armeeblatt 27. 11. 1883, 763f.
[14] ebda. 4. 12. 1883, 779
[15] Die Stunde 27. 9. 1923, Erinnerungen der Marie Stubel
[16] Bruck, 28. 8. 1884
[17] 22. 8. 1884
[18] HHStA. Depot Hohenberg. N. Franz Ferdinand Kt. 5. Bruck, 22. 8. 1884
[19] Glaise-Horstenau 178
[20] N. R. Kt. 17. Bruck, 22. 8. 1884
[21] N. Franz Ferdinand. Laxenburg, 26. 11. 1884
[22] HHStA. Depot Khevenhüller. Tagebuch Marchegg, 6. 9. 1884
[23] N. R. Kt. 16. an Kálnoky Wien, 20. 12. 1886
[24] NWT 17. 4. 1884
[25] Günter Dirrheimer, Das k.u.k. Heeresmuseum ... Prüfungsarbeit am Institut für Österreichische Geschichtsforschung, Wien 1972 Masch.schr. 50
[26] N. R. Kt. 15
[27] Wien, 6. 2. 1884. J. Szeps 82
[28] N. R. Kt. 17. Karlsbad, 26. 8. 1884
[29] Wien, 12. 12. 1883, J. Szeps 69
[30] Wien, 12. 12. 1884, J. Szeps 106f.
[31] Mitis 306
[32] Wien, 29. 5. 1886, J. Szeps 135f.
[33] Pester Lloyd Abendblatt 29. 5. 1885
[34] Gleichenberg, 5. 6. 1886. Mitis 311–316
[35] Josef Schneider (Hg.), Kaiser Franz Joseph 1. und sein Hof. Wien 1919, 31f.
[36] Die Stunde 30. 9. 1923
[37] N. R. Kt. 16. Wien, 28. 1. 1887

9. Kapitel: Ungarn

[1] Zuckerkandl, 55
[2] Laxenburg, 19. 8. 1883. J. Szeps 57f.
[3] Pester Lloyd 11. 6. 1888
[4] N. R. Kt. 17. Wien, 7. 1. 1884

5 NWT 13. 1. 1884
6 Wien, 23. 1. 1884. J. Szeps 79f.
7 NWT 19. 1. 1884. Manuskript im N. R. Kt. 15
8 Kt. 17. Szeps an Rudolf 23. 1. 1884
9 Budapest, 13. 10. 1885. J. Szeps 124
10 17. 1. 1883. J. Szeps 33
11 A. A. Bonn. Österreich 92. Nr. 4a geheim. 10. 9. 1889
12 Prag, 22. 1. 1883. J. Szeps 35
13 Juliana von Stockhausen, Im Schatten der Hofburg, Heidelberg 1952, 142
14 18. 4. 1888
15 Das Inland 1. 12. 1888
16 Frdl. Auskunft der Wiener Forschungsloge »Quattuor Coronati«, Dr. Ernest Krivanec
17 Das freisinnige Inland 1. 2. 1889
18 Der Zirkel 15. 2. 1889
19 HHStA. P. A. XL 2666. Die Freimaurerei in Wien
20 Mitis 304ff.
21 N. R. Kt. 16. Prag, 8. 10. 1878
22 Mitis 297
23 ebda. 302f.

10. Kapitel: Balkanwirren

1 Mitis 219–222
2 Hamann, Rudolf-Schriften 143-177
3 Rudolfs Artikel »Alte Ursachen – Neue Folgen« im NWT 28. 8. 1883, Hamann, Rudolf-Schriften 101-106
4 Die geheimen Papiere Friedrich von Holsteins II. Göttingen 1957, 22 (17. 12. 1882)
5 HHStA. P. A. 1. varia personalia. Belgrad, 29. 6. 1882
6 Unterredung mit Szeps am 21. 12. 1883
7 Hamann, Rudolf-Schriften 119-134
8 A. A. Bonn. Österreich 80. Wien, 28. 4. 1884
9 N. R. Kt. 22 o. D. Im Original ungarisch
10 20. 7. 1885. Mitis 269
11 Laxenburg, 4. 8. 1885. J. Szeps 121
12 N. R. Kt. 17, 9. 9. 1885
13 Hamann, Rudolf-Schriften 135–138
14 K El. Poet. Tgb. 76f.
15 HHStA. KaA. Geh. Akten Kt. 18. Vortrag Andrássys am 24. 11. 1885
16 Budapest, 13. 10. 1885. J. Szeps 125
17 Laxenburg, 19. 11. 1885

Anmerkungen zu den Seiten 293–314

[18] 20. 11. 1885. J. Szeps 127
[19] A. A. Bonn. Österreich 70 geheim. Wien, 19. 12. 1885
[20] N. R. Kt. 21. Unterredung mit Szeps am 7. 12. 1885
[21] Hamann, Rudolf-Schriften 139–142
[22] Mitis 276–280
[23] ebda. Wien, 17. 2. 1886
[24] Holstein-Papiere 11, 386 (3. 5. 1887)
[25] Wien, 15. 1. 1886
[26] Mitis 280–311
[27] HHStA. P. A. I Kt. 465. Varia generalia. Sofia, 27. 7. 1886
[28] Bruck, 29. 8. 1886. J. Szeps 144f.
[29] N. R. Kt. 17. Alland, 28. 9. 1886
[30] Wien, 23. 9. 1886
[31] A. A. Bonn. Österreich 95. Bd. 1. Neues Pester Journal 6. 9. 1886
[32] HHStA. Depot Khevenhüller. Tagebuch 7. 12. 1886
[33] A. A. Bonn. Österreich 95 Bd. 1. ganz vertraulich Wien, 26. 1. 1887
[34] P. Heinrich (Pollak), Erzherzog Johann, Wien 1901, 68
[35] Die Stunde 30. 9. 1923
[36] N. R. Kt. 16. 22. 12. 1886
[37] Große Politik VI, 44f. Wien 19. 1. 1888
[38] K El. Poet. Tgb. 337
[39] Stephanie laut N. Corti. Diese Passage nahm sie nicht in ihre Memoiren auf

11. Kapitel: Deutschland

[1] Diktat Bismarcks am 2. 11. 1878. bei Max Müller, Die Bedeutung des Berliner Kongresses für die deutsch-russischen Beziehungen. Leipzig 1927, 83f.
[2] StBW N. Friedjung, Gespräch mit Ludwig Doczi Nov. 1906
[3] Denkschrift von 1886. Mitis 293
[4] Berta Szeps-Zuckerkandl, Ich erlebte fünfzig Jahre Weltgeschichte, Stockholm 1939, 47f. Unterredung mit Szeps am 29. 12. 1882
[5] ebda. 50ff.
[6] Alfred Frances Pribram, Zwei Gespräche des Fürsten Bismarck mit dem Kronprinzen Rudolf von Österreich. Österreichische Rundschau 17. München 1921, 8–19 und 57–68
[7] ebda. 18f.
[8] Wien, 17. 2. 1884. Julius Szeps, Politische Briefe an einen Freund. Wien 1922, 85f.
[9] Wien, 5. 2. 1886 abgedruckt in NFP 4. 6. 1933
[10] HHStA. N. A. Rolle 14, 5. 11. 1884
[11] N. R. Kt. 22. Budapest, 25. 3. 1887

[12] A. A. Bonn. Österreich 86 Nr. 1 Bd. 1 geheim. Berlin, 8. 3. 1887
[13] Die geheimen Papiere Friedrich von Holsteins III, Göttingen 1961, 189, 30. 3. 1887
[14] A. A. Bonn. Österreich 86 Bd. 1. Wien, 11. 2. 1887
[15] ebda. Wien, 20. 2. 1887
[16] HHStA OMaA B 421
[17] HHStA. P. A. I. 466 Denkschrift 7. 3. 1887
[18] Alfred Graf von Waldersee, Denkwürdigkeiten I. Stuttgart 1922, 319f. 19. 3. 1887
[19] Pribram 57–68
[20] Freiherr Robert Lucius von Ballhausen, Bismarck-Erinnerungen, Stuttgart 1920, 377f. (28. 3. 1887)
[21] Eduard von Wertheimer, Kronprinz Erzherzog Rudolf und Fürst Bismarck. Archiv für Politik und Geschichte. Berlin 1925, 355
[22] Berlin, 21. 3. 1887 Stephanie, 166f.
[23] A. A. Bonn. Österreich 86 Nr. 1 a, Bd. 1. Berlin, 23. 3. 1887 geheim
[24] Frederick Ponsonby, Briefe der Kaiserin Friedrich, Berlin 1929, 224f. 17. 3. 1887
[25] Berlin, 8. 4. 1887. Mitis 131
[26] Holstein-Papiere III, 193. Ems, 4. 7. 1887
[27] Mitis 328
[28] N. R. Kt. 21. Unterredung in Prag im März 1883
[29] Stephanie, Prinzessin von Belgien, Fürstin von Lonyay, Ich sollte Kaiserin werden. Leipzig 1935, 113
[30] Wilhelm II. Aus meinem Leben, Berlin 1927, 276f.
[31] N. R. Kt. 22
[32] Wien, 29. 4. 1883. Stephanie 108
[33] Die Identifizierung der bisher nur unter »Wolf« bekannten Frau verdanke ich dem Wiener Genealogen Georg Gaugusch
[34] Fürstin Nora Fugger, Im Glanz der Kaiserzeit, Wien 1932, 278
[35] Mit Dank an Dipl. Ing. Georg Gaugusch, Juniorchef der heute noch existierenden Firma Jungmann in Wien
[36] Peter Broucek, Kronprinz Rudolf und k. und k. Oberstleutnant im Generalstab Steininger. MOSTA 26, 1973, 446f.
[37] Die große Politik V, 66
[38] Holstein-Papiere 11, 374
[39] Glaise-Horstenau, Franz Josephs Weggefährte, 303, 29. 11. 1.887
[40] 2. 12. 1887. J. Szeps 155
[41] 22. 1. 1888. J. Szeps 158
[42] E. C. Conte Corti – Hans Sokol, Der alte Kaiser, Wien 1955, 92
[43] Walter Bußmann, Herbert Bismarck, 375. Berlin 21. 8. 1886
[44] Stephanie 169
[45] Berliner Börsen Courir 24. 2. 1889

Anmerkungen zu den Seiten 337–364

⁴⁶ 1. 9. 1887. J. Szeps 155
⁴⁷ Mitis 223ff. Der Artikel erschien im WT am 11. 3. 1888
⁴⁸ Wien, 14. 3. 1888. J. Szeps 160
⁴⁹ Robert Freiherr Lucius von Ballhausen, Bismarck-Erinnerungen, Stuttgart 1920, 452
⁵⁰ Holstein-Papiere 11, 402. 9. 11. 1887

12. Kapitel: Die große Wende

¹ Der Text vollständig in Hamann, Rudolf-Schriften 191–227
² K. A. N. Kuhn B 670. Tagebuch 24. 9. 1886
³ Archiv Familie Oberhummer.»Der deutsch-österreichische Alliance-Vertrag, 5. 2. 1888
⁴ Wilhelm Gründorf von Zebegény, Memoiren eines österreichischen Generalstäblers. 2. Aufl. Stuttgart 1913, 377
⁵ Kuhn-Tagebuch 24. 5. 1888
⁶ A. A. Bonn. Österreich 86 Nr. 4 Bd. 1 Wien, 22. 7. 1888
⁷ A. A. Bonn. Österreich 86 Nr. l a, Wien, 19. 3. 1888
⁸ Stephanie 189
⁹ Lemberg, 30. 7. 1888. Stephanie 194f.
¹⁰ Mitis 81
¹¹ WT 17. 6. 1888
¹² Pester Lloyd 19. 6. 1888
¹³ HHStA. P. A. Preußen Varia Kt. 135. Berlin, 27. 6. 1888
¹⁴ A. A. Bonn. Österreich 72 Nr. 4 a Bd. 2. Friedrichsruh, 18. 12. 1888
¹⁵ Hl-:StA. Khevenhüller-Tagebuch 26. 8. 1888
¹⁶ Die Reden Kaiser Wilhelms 11. in den Jahren 1888–1895, hg. v. Joh. Penzler, Leipzig o. J. 16. 8. 1888
¹⁷ N. R. Kt. 17. Wien, 24. 8. 1888
¹⁸ Autographenkatalog Fa. Heck. Wien 1935. Rudolf an Szeps 8. 9. 1888
¹⁹ A. A. Bonn. Österreich 86 Nr. 1 geheim. Ausschnitt aus »L'echo de Paris« vom 3. 9. 1895. Rückübersetzung aus dem Französischen
²⁰ Unverfälschte Deutsche Worte 1. 10. 1888
²¹ N.R. Kt. 16. Wien, 29. 9. 1888
²² Belovar, 12. 9. 1888. Stephanie 117
²³ A. A. Bonn. Österreich 86 Nr. 2 Bd. 2. Friedrichsruh, 24. 10. 1888
²⁴ NFP 28. 4. 1922
²⁵ A. A. Bonn. Österreich 70 geheim. Wien, 6. 10. 1888, siehe auch Holstein-Papiere 111, 268
²⁶ ebda. geheim. Friedrichsruh, 10. 10. 1888
²⁷ Denkwürdigkeiten des General-Feldmarschalls Alfred Graf von Waldersee II. Berlin 1922, 18. (12. 11. 1888)

[28] N. R. Kt. 22. an Szögyenyi am 7. 1. 1888
[29] NWJ 3. 1. 1927. Aus den Memoiren des Grafen Lamsdorf
[30] NFP 21. 8. 1921
[31] Porträtsammlung der ÖNB, wo sich die Bibliothek Rudolfs befindet
[32] Waldersee 11, 10 (21. 10. 1888)
[33] Holstein-Papiere 11, 428 (1. 11. 1888)
[34] Waldersee 11, 24 (2. 12. 1888)
[35] ebda. 22 (25. 11. 1888)
[36] Carl Graf Wedel, Bismarcks Entlassung. Berliner Monatshefte 1942, 171f.
[37] HHStA. P. A. X 88. St. Petersburg, 14. 12. 1888
[38] HHStA. P. A. X 88 Rapports 1888/89 Bd. 15, 20. 10. 1888
[39] ebda. Pressebericht 3. 10. 1888
[40] A. A. Bonn. Österreich 86 Nr. 1 a Bd. 1. Wien, 23. 11. 1888
[41] Denkwürdigkeiten des Botschafters General von Schweinitz, Berlin 1927, 1. 287f.
[42] Artikel Kuhns am 3., 10. und 24. 3. 1889
[43] HHStA. I. B. Konfidentenbericht Nr. 122f. 23. 8. 1888
[44] N. R. Kt. 17, 26. 8. 1884
[45] A. A. Bonn. Österreich 74 Bd. 5. Friedrichsruh, 1. 12. 1888
[46] WT 30. 6. 1888 »Die Gräfin in Acht«
[47] A. A. Bonn. Österreich 95 Bd. 3. Warschau, 29. 11. 1888
[48] ebda. adh. 1. Beilage zu Bericht Wien, 9. 12. 1888
[49] 17. 11. 1888
[50] HHStA. P. A. IX 120. Paris, 4. 12. 1888
[51] A. A. Bonn. Österreich 92 Nr. 4 a Bd. 2. Norddeutsche Zeitung 28. 11. 1888
[52] Pester Lloyd 29. 11. 1888
[53] Mitis 336–339
[54] A. A. Bonn. Österreich 86 Nr. 1 a Bd. 1 Wien, 23. 11. 1888
[55] ebda. Wien, 2. 12. 1888
[56] Kreuz-Zeitung 28. 11. 1888
[57] Wien, 29. 11. 1888. J. Szeps 167
[58] N. R. Kt. 17, 29. 11. 1888
[59] A. A. Bonn. Österreich 74 Bd. 5 Militärbericht Nr. 80. 14. 12. 1888
[60] WT 30. 11. 1888
[61] Die Post 8. 12. 1888

13. Kapitel: Der Weg nach Mayerling

[1] Laxenburg, 21. 8. 1888. J. Szeps 163f.
[2] Heinrich Freiherr von Slatin, Die Wahrheit über Mayerling, V. NWT Sonntagsausgabe 13. 9. 1931
[3] Stephanie 214

Anmerkungen zu den Seiten 387–409

[4] K El, 261
[5] HHStA. F. A. Kt. 96 Ms. der Memoiren Geza Mattachichs S. 15
[6] HHStA. N. A. Rolle 14. Wien, 24. 2. 1888
[7] Edith Gräfin Salburg, Erinnerungen einer Respektlosen I. Leipzig 1927, 140
[8] 24. 2. 1889
[9] N. R. Kt. 21. Hoyos-Denkschrift
[10] Carlo Scharding, Das Schicksal der Kaiserin Elisabeth. Ms. 177
[11] Irmgard Schiel, Stephanie, Stuttgart 1978, 319f.
[12] Mattachich Ms. 31
[13] NWJ 12. 1. 1926 S. 8
[14] A. A. Bonn. Österreich 86 Nr. 1. a Bd. z. Brüssel, 18. 2. 1889
[15] Kt. 21. Unterredung am 7. 4. 1882
[16] NWT 30. 8. 1883
[17] N. R. Kt. 21. Abschrift des Briefes Laxenburg, 9. 6. 1884
[18] HHStA. N. Corti, Abschrift aus dem Valerie-Tagebuch 28. 7. 1887
[19] Hans Tietze, Die Juden Wiens. Wien 1933, 252f.
[20] Wien, 9. 3. 1888. Stephanie 183f.
[21] Wien, 13. 3. 1888. Stephanie 185
[22] Hessische Blätter zitiert in Hamburger Korrespondent 4. 12. 1888
[23] Valerie-Tagebuch 13. 5. 1888
[24] 13. 5. 1888
[25] NFP 19. 5. 1888 konfisziert. Ein Exemplar im V. A. N. Pichl
[26] UDW 16. 12. 1888, S. 299f.
[27] V. A. N. Pichl. Probenummer
[28] Gemeinde-Leitung 8. 1. 1889
[29] Das Vaterland 28. 6. 1888
[30] Eduard Sueß, Erinnerungen. Leipzig 1916, 388
[31] UDW 1888, Nr. 1 S. 3
[32] WT 15. 9. 1888
[33] UDW 1888, Nr. 9. S. 115
[34] Lucius von Ballhausen, Bismarck-Erinnerungen 410
[35] ediert in NFP 25. 12. 1908. S. 31ff.
[36] StBW N. Friedjung, Gespräch mit Marie Festetics 23. 3. 1909
[37] N. R. Kt. 17/4. 1. 1889
[38] Stenographisches Protokoll des Abgeordnetenhauses 16. 2. 1888
[39] Jakub Obtulowicz – Erinnerungen. Dzienik Polski Juni/Juli 1972
[40] HHStA. 1. 8. 88 Kt. 671. A 2
[41] K El, 163
[42] Wien, 5. 3. 1888. Stephanie 182
[43] Rede am 15. 3. 1888
[44] Dorotheum-Auktion Mai 1961 zitiert in Neues Österreich 18. 5. 1961
[45] N. R. Kt. 16. Wien, 22. 9. 1887

[46] zitiert von Adam Wandruszka »Die Presse« 11./12. 12. 1976
[47] Julius von Stepski, Geschichte und Intrige. Wien 1940, 24
[48] N. R. Kt. 16. Wien, 4. 3. 1888
[49] Kt. 17/ 27. 10. 1888
[50] Wien, 8. 11. 1888. J. Szeps 166f.
[51] Le Figaro 17. 11. 1888 ausführlich zitiert in WT 19. 11. 1888
[52] N. R. Kt. 17. Beilage zum Brief vom 11. 11. 1888
[53] John C. G. Röhl, Wilhelm II. Bd. 1, München 1993, 489ff.
[54] Juliana von Stockhausen, Im Schatten der Hofburg, Wien 1952, 27
[55] N. R. Kt. 19. Enns, 17. 2. 1887
[56] N. R. Kt. 22
[57] Stephanie 117f.
[58] V. A. Krauss-Akt fol. 121
[59] Corti, Elisabeth 414
[60] A. A. Bonn, Österreich 86 Nr. 1 a Bd. 2. Wien, 8. 4. 1889
[61] Berliner Börsen Courir 24. 2. 1889
[62] Ernst Edler von der Planitz, Die volle Wahrheit über den Tod des Kronprinzen Rudolf von Österreich. Berlin o. J. 129
[63] Denkschrift der Baronin Vetsera über die Katastrophe von Mayerling, hg. v. Ernst v. d. Planitz. o. J. (1900) 45
[64] Brigitte Sokop, Jene Gräfin Larisch, Wien 1985, 172
[65] Die Stunde 30. 5. 1923
[66] Berta Szeps-Zuckerkandl, Ich erlebte 141f.
[67] Denkschrift 30f.
[68] Wien StLB N. Friedjung, Gespräch mit Festetics 1909 und 1913
[69] Planitz 130f.
[70] Wallersee 153
[71] Denkschrift 42
[72] 17. 1. 1889
[73] Stephanie, 198f.
[74] ebda. 46
[75] Planitz, Kommentar in Denkschrift, 31ff.
[76] WT 2. 2. 1889 (Szeps)

14. Kapitel: Mayerling

[1] Friedrich Engel-Janosi, Einige neue Dokumente zum Tode des Kronprinzen Rudolf. MIÖG 1965, 319f.
[2] Dnevnik W. N. Lamsdorfa 1886-1890. Moskau 1926, 11, 180
[3] WT 2. 2. 1889
[4] The Times 8. 2. 1889
[5] NWJ 27. 1. 1929 S. 7

Anmerkungen zu den Seiten 434–451

[6] Slatin NWT Sonntagsausg. 15. 8. 1931 S. 22
[7] Briefe der Kaiserin Friedrich. Hg. v. Frederick Ponsonby, Berlin 1929, 391
[8] Denkschrift der Baronin Vetsera, hg. Planitz, Berlin o. J., 18
[9] Marie Freiin von Wallersee, Meine Vergangenheit, Berlin 1913, 179
[10] ebda. 159
[11] Denkschrift 19
[12] Hoyos-Protokoll abgedruckt bei Mitis 341–353
[13] Wallersee 245
[14] ebda. 164
[15] V. A. Krauss-Akt
[16] Wallersee 173ff.
[17] Das Mayerling-Original, Wien 1955, 116f.
[18] Corti-Sokol, Der alte Kaiser, 117, wo der Zeitpunkt der Ankunft des Briefes fälschlich mit 28. Januar angegeben ist
[19] Mayerling-Original 118
[20] Louise Coburg, Throne die ich stürzen sah. Zürich 1926, 146, gibt für Rudolfs Praterbesuch den 28. statt des durch den Krauss-Akt erwiesenen 27. Januar an
[21] Louise Coburg 137f.
[22] NFP 21. 8. 1921
[23] N. R. Kt. 18
[24] Planitz, Wahrheit 159
[25] NWJ 2. 6. 1923
[26] 29. 1. 1889
[27] Berta Szeps-Zuckerkandl 149
[28] Mayerling-Original 106f.
[29] A. A. Bonn. Österreich 86 Nr. 1 a Bd. 2. Wien, 31. 1. 1889
[30] WT 2. 2. 1889
[31] Rudolf Püchel, Die letzten Stunden ... Reichspost 31. 1. 1926
[32] NFP 21. 8. 1921
[33] Rudolf Neck, Über die Abschiedsbriefe des Kronprinzen Rudolf. MÖSTA 11, 1958, 500ff.
[34] Slatin NWT 15. 8. 1931
[35] StBW N. Friedjung, Gespräch mit Marie Festetics 6. 3. 1913
[36] Stephanie 204
[37] Brigitte Hamann, Elisabeth, Kaiserin wider Willen, Wien 1981, 560
[38] ebda.
[39] HHStA. P.A. 1470, Liasse XXVII, 9. 1. 1899
[40] Wallersee 188
[41] Slatin NWT 15. 8. 1931
[42] Vetsera-Denkschrift 53
[43] Wallersee 197f.
[44] Reichspost 31. 1. 1926

[45] NWJ 27. 1. 1929
[46] Bratfisch-Protokoll. Die Stunde 30. 5. 1923
[47] AStW N. Mailly Kt. 42. Das Heiligenkreuzer Protokoll
[48] Slatin NWT 23. 8. 1931
[49] Mitis 342
[50] Die Stunde 29. 5. 1923
[51] Stephanie 201
[52] ebda. 201f.
[53] Wiener Abendblatt 1. 2. 1889
[54] NöLA 1661 P 9 ad 768/1889 Preßburger Zeitung 11. 2. 1889 konfisz.
[55] Deutsche Zeitung 30. 1. 1889
[56] Mitis, 344
[57] Heinrich Baltazzi-Scharschmid, Die Familien Baltazzi-Vetsera im kaiserlichen Wien, Graz 1980, 222
[58] Erinnerungen und Gedanken des Botschafters Anton Graf Monts, Berlin 1932, 107
[59] Vetsera-Denkschrift 103
[60] N. R. Kt. 22. Xerokopie des Briefes Fery Vetseras 19. 2. 1889
[61] Planitz 167
[62] Vetsera-Denkschrift 104
[63] Corti, Elisabeth 422
[64] Viktor Bibl, Kronprinz Rudolf. Leipzig 1938, 147
[65] Loschek erzählte seine Erinnerungen am 19. 1. 1928. Sie wurden nach seinem Tod in der Berliner Illustrierten Zeitung 24. 4. 1932 veröffentlicht
[66] Hoyos-Denkschrift
[67] Wallersee 230
[68] Original in der Hss der Széchényi-Bibliothek in Budapest
[69] Vetsera-Denkschrift 69
[70] Slatin NWT 5. 9. 1931
[71] Berliner Illustrirte Zeitung 24. 4. 1932 Loschek-Erinnerungen
[72] Le Figaro 14. 2. 1889
[73] AStW N. Mailly Kt. 42. Heiligenkreuzer Protokoll
[74] Stephanie 203
[75] Monts 105f.
[76] Corti – Sokol 124
[77] StBW N. Friedjung, Gespräch mit Marie Festetics 23. 3. 1909
[78] Der Obduktionsbefund ist unbekannt. In den Zeitungen vom 3. 2. 1889 wurde nur ein kurzes, in einigen Punkten neue Rätsel aufgebendes Bulletin mit dem angeblich pathologischen Ergebnis einer Geisteskrankheit veröffentlicht, also genau das, was zur Ermöglichung eines kirchlichen Begräbnisses gebraucht wurde.
[79] Wiener Morgenpost 19. 9. 1927
[80] Slatin NWT 23. 8. 1931

⁸¹ NWT 19. 12. 1937
⁸² NFP 31. 1. 1889
⁸³ NFP 1. 2. 1889
⁸⁴ 31. 1. 1889
⁸⁵ 31. 1. 1889
⁸⁶ Übersetzung in »Die Post« 8. 2. 1889
⁸⁷ HHStA. P. A. X 89. Pressebericht St. Petersburg, 6. 2. 1889
⁸⁸ UDW 1. 2. 1889
⁸⁹ ebda. 16. 2. 1889
⁹⁰ Holstein-Papiere. 111. 274
⁹¹ V. A. M. d. 1. Präs. Kt. 9. 688/1889
⁹² ebda. Präs. 16/2 Kt. 627

15. Kapitel: Reaktionen

1. Brigitte Hamann, Ein Tagebuch über Mayerling. Katalog der Rudolf-Ausstellung in der Hermesvilla, Wien 1990, 94–103
2. Raoul Auernheimer, Das Wirtshaus zur verlorenen Zeit, Wien 1948, 15f.
3. NöLA 5457, P 9 ad 768/1889 Bericht der Polizeidirektion Wien 6. 9. 1889
4. HHStA. I. B. 1564/90, 11. 6. 1890
5. Schiel, 314f. nach den Corti-Abschriften
6. Maria Freiin von Wallersee, Meine Vergangenheit, Berlin 1913, 240ff.
7. Mitis 237f.
8. A. A. Bonn. Österreich 86, Nr. 1 b. Bd. 1. Wien, 3. 2. 1889
9. Julius Andrássy, Die Einheit der österreichisch-ungarischen Armee, Wien 1889, 27
10. HHStA. N. Franz Ferdinand Kt. 2. Weilburg, 17. 9. 1889
11. A. A. Bonn. Österreich 86 Geheime Akten 6. 3. 1889
12. HHStA. N. Corti. Abschrift
13. Erwin Ringel, Der Selbstmord. Abschluß einer krankhaften psychischen Entwicklung. Wien 1953, 11 und 103f.
14. Monts 109
15. A. A. Bonn. Österreich 86 Geheime Akten. 6. 3. 1889
16. Österreich 86 Nr. 1 a Bd. 2. Wien, 1. 2. 1889
17. Meine liebe gute Freundin! Die Briefe Kaiser Franz Josephs an Frau Katharina Schratt, hg. v. Brigitte Hamann. Wien 1992, 140. Ofen, 5. 3. 1889
18. A. A. Bonn. Österreich 86 Geheime Akten 6. 3. 1889
19. N. R. Kt. 22. Es ist möglich, daß Szögyenyi diese Papiere nicht sofort verbrannte, sondern sie vorher dem Grafen Taaffe (nicht aber dem Kaiser) vorlegte. Laut Univ.-Prof. Dr. Felix Mainx, der 1937 vor der Ausreise des letzten Grafen Taaffe das Taaffe-Archiv in Ellischau in Böhmen ordnete, habe der Sohn des Grafen Taaffe noch einige Papiere – Mainx nannte ausdrück-

lich »Damenbriefe« – besessen, sie aber vernichtet. Der Enkel des Ministerpräsidenten habe nur Familienpapiere mit nach Irland genommen, die übrigen Prof. Mainx geschenkt. Es sind hauptsächlich belanglose Polizeiagentenberichte, die ich einsehen durfte.

[20] Corti, Elisabeth 429
[21] Marie Valerie Tagebuch, hg. von Martha und Horst Schad, München 1998, 194
[22] Corti, 425
[23] Stephanie 206
[24] Friedrich Weissensteiner, Die rote Erzherzogin, Wien 1982
[25] ebda. 218ff.

KRONPRINZ RUDOLF – SCHRIFTENVERZEICHNIS

I. Bücher

1. Fünfzehn Tage auf der Donau, Wien 1878, 310 S.
2. Allerlei gesammelte ornithologische Beobachtungen, Wien 1880 (eine Sammlung der bis 1880 in den Mitteilungen des ornithologischen Vereines in Wien erschienenen Aufsätze mit zwei zusätzlichen Arbeiten über Aquila bonellii und Pandion haliaetus), 125 S.
3. Eine Orientreise, Wien 1881. 2 Bde (227 und 258 S.). Die einbändige Ausgabe Wien 1885
4. Einige Jagdreisen in Ungarn, Wien 1881, 114 S.
5. Gesammelte ornithologische und jagdliche Skizzen. Wien 1884 (Sammlung der 1881 bis 1884 in den Mitteilungen des ornithologischen Vereines erschienenen Aufsätze mit fünf weiteren Aufsätzen, vor allem Jagdbeschreibungen), 167 S.
6. Reiseerinnerungen. Orientreise 1885. 131 S.
7. Jagden und Beobachtungen, Wien 1886, 688 S.

Von allen Büchern erschienen Übersetzungen in verschiedenen Sprachen.

II. Anonym erschienene Broschüren

Rudolfs Autorschaft ist gesichert bei:
1. Der österreichische Adel und sein constitutioneller Beruf. München 1878, 48 S. (gemeinsam mit Carl Menger verfaßt)
2. Einige Worte über den Spiritismus. Wien 1882, 39 S.
3. Skizzen aus der österreichischen Politik der letzten Jahre. 1886.

Kronprinz Rudolf – Schriftenverzeichnis

Nach derzeitigem Quellenstand nicht mit einem Manuskript zu beweisende, aber wahrscheinliche Autorschaft an:
(4.) Österreich-Ungarn und seine Alliancen. Offener Brief an S. M. Kaiser Franz Joseph 1. von Julius Felix. Paris 1888, 40 S.

III. Beiträge für das vom Kronprinzen herausgegebene Sammelwerk: »Die österreichisch-ungarische Monarchie in Wort und Bild«

1. Einleitung im Übersichtsband (Wien 1885), 5-19
2. Landschaftliche Lage Wiens, in: Wien und Niederösterreich 1. (Wien 1886), 3f.
3. Der Wienerwald, in: Wien und Niederösterreich 11. (Wien 1888), 3-24
4. Die Donau-Auen von Wien bis zur ungarischen Grenze, ebda. 97-112 und 113-122
5. Einleitung im Band Ungarn 1. (1888), 3–6

IV. Ornithologische Schriften

In Mittheilungen des ornithologischen Vereines in Wien:
1. Vultur cinereus und vultur fulvus. 11. 1878, 101-103
2. Aquila Fulva und aquila imperialis. II. 1878, 109-113
3. Aquila naevia und aquila pennata. 11. 1878, 107-120
4. Haliaetus albicilla. III. 1879, 51-56
5. Eine kurze Notiz über den spanischen Gypaetus barbatus, 111. 1879. 59-61
6. Der Weißkopfgeier (vultur fulvus). III. 1879, 97-100
7. Vultur cinereus. 111. 105-109
8. Steinadler und Prinzenadler. III. 1879, 117-120
9. Über den Rackelhahn. IV. 1880, 41-43
10. Ornithologische Reiseskizzen aus dem Oriente. V. 1881, 57-66
11. Ornithologische Notizen, VI. 1882, 40-43, 51-54
12. Aquila Bonellii in Böhmen. Vl. 1882, 63
13. Ornithologische Notizen aus Siebenbürgen. VI. 1882, 113-116
14. Einige Herbstbeobachtungen. Vll. 1883, 1-3
15. Neue Notizen über Tetrao medius. VII. 1883, 105-109
16. Beobachtungen über Raubvögel. VII. 1883, 177-178
17. Ornithologische Beobachtungen, VII. 1883, 225-226
18. Ornithologische Beobachtungen aus der Umgebung Wiens, VIII. 1884, 33f.
19. Herbst 1885. IX. 1885, 305f.
20. Ornithologische Notizen aus dem Süden, X. 1886, 145-150
21. Notiz über Pastor roseus in Niederösterreich. X. 1886, 157

In Cabanis Jahrbuch für Ornithologie
22. 12 Frühlingstage an der mittleren Donau (gemeinsam mit Homeyer und Brehm) 1879, 1-83
23. Ornithologische Beobachtungen in den Auenwäldern bei Wien (gemeinsam mit Brehm), 1879, 97-129
24. Beiträge zum 6. Jahresbericht (1882) des Ausschusses für Beobachtungsstationen der Vögel Deutschlands. 1883, 52-54

In »Hugos Jagdzeitung«
25. Eine Jagd auf Rackelhähne. XXVI. 1883, 225f.

In Alfred E. Brehm, Illustrirtes Thierleben, Bd. IV. Die Vögel, 1. Bd. Leipzig 1878 (und in späteren Auflagen)
26. Biologische Schilderung des schwarzen Milan, IV. 690-691
27. Biologische Schilderung des Wiesenweihes, IV. 701-704
28. Biologische Schilderung des Rohrweihes. IV. 705-708.

V. Zeitungsartikel

1. Die erzherzoglich Albrechtschen Domänen in Schlesien. Wiener Zeitung. 4. 11. 1877
2. Einige Tage in Korfu und einige Stunden in Albanien. Neue Illustrirte Zeitung 29. 6., 13. 7. und 27. 7. 1884
3. Die Insel Melonta (Besprechung eines utopischen Romans von Lazar von Hellenbach) NWT 14. 8. 1883
4. Der Jubilar vom Hradschin (zum 50jährigen Priesterjubiläum Kardinal Schwarzenbergs) NWT 15. 8. 1883, Leitartikel
5. Notiz über den Besuch der elektrischen Ausstellung NWT 21. 8. 1883
6. Alte Ursachen, neue Folgen (über die ungarisch-kroatische Krise) NWT 28. 8. 1883, Leitartikel
7. Die Wacht an der Leitha (über Liberalismus und Reaktion in Österreich-Ungarn) NWT 19. 1. 1884, Leitartikel
8. Die Kaiserzusammenkunft in Kremsier (geschrieben im August 1885, nicht erschienen)
9. Ein geschriebenes Porträt (Nekrolog für Kaiser Wilhelm 1.) WT 11. 3. 1888, Leitartikel
(Diese Artikel liegen im Manuskript vor, wurden von Moriz Szeps mehr oder weniger geändert, da sie für den Druck meist zu aggressiv waren.)

Aus Hinweisen in der Korrespondenz zwischen Rudolf und Szeps ist auf Rudolf als Autor an folgenden Artikeln zu schließen:

Kronprinz Rudolf – Schriftenverzeichnis

1. Der stille Bund (gegen Katholisierungsbestrebungen in Bosnien) NWT 25. 3. 1883
2. Die blau-gelb-rote Donau NWT 15. 8. 1883
3. Tausend und ein Tag (zur Elektrischen Ausstellung) NWT 16. 8. 1883
4. Tiszas Erwachen NWT 31. 1. 1883

aus anderen Hinweisen zu erschließen:
5. Nachklänge zum Thema »Drill oder Erziehung?« Armeeblatt 27. 11. 1883 S. 763f.
6. Wiener Geisterspuk. NFP 10. 1. 1882

Die folgenden Artikel gehen auf Gespräche, Anregungen und Informationen Rudolfs zurück und können als Gemeinschaftsarbeiten Rudolfs und Szeps' angesehen werden:
1. Noble Fenstereinwerfer NWT 18. 3. 1883
2. Das Geheimnis der Wogen NWT 24. 8. 1883
3. Wachsmaske-Meßwechsel NWT 30. 8. 1883 (über den Antisemitismus in Ungarn)
4. Die Geisterfalle NWT 12. 2. 1884 (über die Entlarvung des Mediums Bastian)
5. Die verhüllte Maria Theresia WT 14. 5. 1888 (über die Schönerer-Demonstration)

Weitere Artikel – im Wiener Tagblatt, im Pester Lloyd, in Schwarzgelb und anderen Zeitungen – sind wahrscheinlich, aber nach derzeitiger Quellenlage nicht mit Manuskripten zu belegen.

Im Nachlaß des Kronprinzen liegt noch eine Reihe von zum Teil vervielfältigten Manuskripten, so »Das Gefecht von Spichern« (88 S.), »Adlerjagden« (100 S.) und zwanzig Folio-Hefte mit Reiseskizzen, vor allem über Spanien und Siebenbürgen.

ABKÜRZUNGSVERZEICHNIS

A.A.	Archiv des Auswärtigen Amtes, Bonn (heute in Berlin)
Adm.Reg.	Administrative Registratur
AStW	Archiv der Stadt Wien
Diss.	Dissertation
I.B.	Informationsbüro
K.A.	Österreichisches Kriegsarchiv
KaA	Kabinettsarchiv
K El	Das poetische Tagebuch, hg. v. Brigitte Hamann, Wien 1984
Kt.	Karton
HHStA.	Haus-, Hof- und Staatsarchiv
M.I.	Ministerium des Innern
MIÖG	Mitteilungen des Instituts für Österreichische Geschichtsforschung
MÖSTA	Mitteilungen des Österreichischen Staatsarchivs
Ms.	Manuskript
N.	Nachlaß
N.A.	Nachlaß Erzherzog Albrecht
NöLA	Niederösterreichisches Landesarchiv
N.R.	Nachlaß Kronprinz Rudolf
NFP	Neue Freie Presse
NWJ	Neues Wiener Journal
NWT	Neues Wiener Tagblatt
o.J.	ohne Jahr
OMaA	Obersthofmarschallamt
ÖNB	Österreichische Nationalbibliothek
P.A.	Politisches Archiv
StB	Deutsche Staatsbibliothek Berlin, ehemals Sammlung Preußischer Kulturbesitz, Sammlung Darmstaedter Lc 1880
StBW	Stadtbibliothek Wien
UB	Universitätsbibliothek Wien
UDW	Unverfälschte Deutsche Worte
V.A.	Allgemeines Verwaltungsarchiv Wien
WT	Wiener Tagblatt

REGISTER

A

Abdülhamid II., Sultan des Osmanischen Reiches 287
Adler-Rudel, S., Schriftsteller 205
Albach-Retty, Rosa , Burgschauspielerin 422
Albert, König von Sachsen 335
Albrecht I., deutscher König 111
Albrecht, Erzherzog, Feldmarschall 14, 35–38, 41–42, 49, 54–55, 64–65, 67–68, 78–79, 84, 90–91, 94–96, 144, 152, 156, 177–178, 187, 189, 190, 197, 218, 226, 249–250, 252–257, 261, 263, 275, 283, 310–312, 316–317, 320–321, 334, 352–353, 355–356, 387, 488, 490
Alexander III., russ. Zar 290–291
Alexander, Fürst von Bulgarien, Prinz von Battenberg, Graf Hartenau 275, 284–285, 287, 289, 298–299, 301–302, 323–324, 433
Alfonso, König von Spanien 219
Andrássy, Gyula, Graf, Minister des Äußeren 39, 43–47, 55, 62, 248, 266, 269–271, 274–275, 280–282, 289, 293, 296–297, 301, 303–304, 368–369, 489, 496
Anzengruber, Ludwig 226–228, 230
Arneth, Alfred von, Historiker, liberaler Politiker 110, 180, 193, 232, 258, 349
Auchenthaler, Dr. Franz, Leibarzt des Kronprinzen 384, 473, 475–477
Auernheimer, Raoul, Schriftsteller 486
Auersperg, Fürst Karlos, Oberst-Landmarschall von Böhmen 172–173
Augusta, deutsche Kaiserin, Gemahlin Wilhelms I. 321
Auguste Viktoria, Gemahlin Wilhelms II. 333

B

Bacher, Dr. Eduard, Herausgeber der NFP 227
Badère, Journalist 370
Ballhausen, Robert Lucius Freiherr von 321–322
Baltazzi, Alexander Freiherr von 435, 441, 457, 477
Bastian, spiritist. Medium 176
Bauer, Ferdinand Freiherr von, Kriegsminister 256, 354
Beck, Kammerdiener des Kronprinzen 434
Beck-Rzikowski, Friedrich Baron, Generalstabschef 78, 89, 252, 255–257, 260, 263, 334
Benedek, Ludwig von, Oberkommandierender in Königgrätz 36, 42
Benedikt, Moritz, Neurologe 151, 167–168, 174, 393
Benk, Johannes, Bildhauer 501
Bernhardine 88
Beust, Ferdinand Graf, Ministerpräsident 101
Bibl, Viktor, Historiker 461
Billroth, Theodor, Mediziner 125, 174, 221–223
Bismarck, Herbert Graf, Staats-

sekretär 211, 324, 333–334, 336, 339–340, 357, 366
Bismarck, Otto Fürst von, deutscher Reichskanzler 42–43, 79, 93, 190, 192, 200, 207–213, 215, 283, 289, 293–294, 296, 299–301, 303–304, 307–308, 310–312, 314–315, 317–318, 320–323, 325–329, 333, 335–336, 338–340, 342–353, 362–364, 367, 371–372, 376–377, 382, 402, 411, 420, 435, 445, 481, 492–493, 495
Bleichröder, Gerson, Berliner Bankier 201
Bombelles, Charles Graf, Obersthofmeister des Kronprinzen 91–94, 100, 106, 113, 117, 120, 129, 134, 155, 248, 318, 389, 409, 448, 470, 486–487
Boulanger, Georges Ernest, franz. General und Kriegsminister 320, 340, 366, 431, 443, 446
Braganza, Prinz Miguel 361, 422, 424, 436, 460, 462
Bratfisch, Frau 417
Bratfisch, Josef, Heurigensänger und Fiaker 415–417, 425, 450–451, 453–455, 459, 463, 465–467
Brehm, Alfred, Zoologe 78, 118–132, 134–138, 140, 170, 174, 180, 249, 275, 354
Bresnitz, Heinrich jun., Journalist 370, 381, 393
Bresnitz, Philipp Heinrich, Journalist 369–372
Brown, John, engl. Industrieller 98
Brucks, Otto 502
Brugsch-Pascha, Heinrich, Ägyptologe 136–138, 174–175, 180, 275
Buska, Johanna, Burgschauspielerin 114

C

Cambridge, Mary von 101
Canon, Hans, Maler 151, 174–176, 275
Carl Theodor, Herzog in Bayern 155
Carol, König von Rumänien 182
Caspar, Mizzi 331, 410, 414–416, 418–420, 424–425, 445–447, 449, 462, 501
Cavour, Camillo Graf, Ministerpräsident von Piemont-Sardinien 22
Chanzy, Antoine, franz. General 481
Charlotte, Kaiserin von Mexiko, Frau von Erzherzog Maximilian 23
Chlumecky, Johann von, liberaler Politiker 163–165, 174, 193–195, 241–242, 312, 395
Chotek, Bohuslav Graf von, österr. Gesandter in Brüssel 152, 154
Clemenceau, Georges, Führer der franz. Radikalen 9, 180, 206–208, 210–215, 271, 300, 303, 314–315, 317, 339–340, 360, 369, 372
Clemenceau, Paul, Ingenieur 180, 212
Clemenceau, Sophie, geb. Szeps 180, 212
Clotilde von Coburg-Coháry, Erzherzogin 152
Coburg, Louise Prinzessin von 115, 117, 152–153, 267, 387, 390, 441–442, 498–499
Coburg, Philip Prinz von 152, 266–267, 442, 454, 456, 463, 465–469, 472–473, 487
Cohn d'Abrest, franz. Journalist 369, 393
Coquelin, Constant Benoit, franz. Schauspieler 205

Corti, Egon Caesar Conte, Historiker 420, 461
Coudenhove, Franz Carl Graf 171
Csanády, Offizier 253
Cumberland, Herzog von 312

D
Darwin, Charles 98
de Jonghe-Ardoye, Gattin des belgischen Botschafters in Wien 217, 389
de Serres, Auguste, Eisenbahnbaudirektor 370
Deák, Franz, ungar. Politiker 43, 270–271
Décrais, Pierre, franz. Gesandter in Wien 433
Dehn, Paul, Journalist 376, 378
Deines, Adolf Graf von, deutscher Militärattaché in Wien 382
Dollfuß, Engelbert, österr. Bundeskanzler 500
Döllinger, Ignaz, Theologe 62
Drumont, Edouard, franz. Schriftsteller 408, 410
Du Chène, Französischlehrer des Kronprinzen 74
Dumba, Nikolaus, Industrieller 233, 236–237, 258

E
Eduard VII., König von England 214, 273, 275, 327–328, 339, 358, 361–362, 381, 414–415, 501
Elisabeth (Erzsi), Erzherzogin, in erster Ehe verh. Fürstin Windischgrätz, in zweiter Ehe verh. Petznek 133, 177, 191, 306, 318, 388, 391, 452, 461, 499–501
Elisabeth, Kaiserin 19–27, 31–35, 37–41, 43–46, 48–50, 57, 63, 78, 87, 90, 100–101, 107–108, 115, 121, 133, 155–157, 160–162, 176, 191, 198, 274–275, 291–293, 304–306, 316, 363, 365, 386, 391, 397–398, 402–404, 407, 410, 426, 439–440, 449, 457, 461, 470–471, 474, 484, 487, 495–497, 499–500, 502
Ernst, Erzherzog 36
Eschenbacher, Joseph Ritter von, Flügeladjutant des Kronprinzen 86
Esterházy, Gräfin Sophie 26
Esterházy, Moriz Graf 100
Etienne, Michael, Chefredakteur der NFP 147
Eugen, Prinz von Savoyen 54
Eulenburg-Hertefeld, Philipp Graf zu, deutscher Diplomat 482
Exner, Adolf, Staatsrechtler, Lehrer des Kronprinzen 79–80, 90, 390
Exner, Wilhelm, Technologe u. liberaler Politiker 242

F
Falk, Max, Chefredakteur des Pester Lloyd 44–45, 270–271, 300, 357–358, 369, 372, 374, 376, 380, 393, 480
Felix, Julius, Pseudonym Rudolfs 341–342, 347, 349, 351, 374
Ferdinand I., Kaiser 18–19, 115, 488
Ferdinand, Fürst (ab 1908 König) von Bulgarien 344
Ferdinand, Großherzog von Toskana 135
Ferenczy, Ida 461, 470, 496
Festetics, Marie Gräfin, Hofdame der Kaiserin 51, 100, 114, 116, 155, 160, 172–173, 404, 425, 448, 474
Festetics, Tassilo Graf 391
Ficker, Julius von, Historiker 62
Fillon, franz. Journalist 369
Finsch, Otto, Ornithologe 141, 220

Fischhof, Adolf, Politiker u. Schriftsteller 72, 147, 167–168
Franz Carl, Erzherzog, Großvater des Kronprinzen 19, 23, 35
Franz Ferdinand, Erzherzog 52–53, 88, 127, 242, 256–257, 406, 408–409, 415, 418, 449, 489–490, 497
Franz I. (II.), Kaiser 18, 350
Franz Joseph I., Kaiser 13–14, 17–19, 22–27, 30–36, 40–44, 46, 49–50, 52–54, 58, 76, 78, 80, 84, 86–87, 94, 100, 116, 127, 142, 149–150, 155, 157, 160, 163–164, 173, 179, 186, 190–191, 197–198, 204, 216, 222, 224, 231, 239, 241–243, 246, 249, 257, 262, 266–267, 272–274, 286, 288, 290–291, 306, 310, 315–316, 335, 341, 353–354, 362, 365, 367–369, 373, 375, 377, 387, 391, 394, 397, 420, 427–428, 434–435, 439, 443–445, 449, 456–457, 461, 468–470, 472–473, 475, 478–479, 484, 487–489, 492–497, 499–500, 503, 505
Franz Salvator, Erzherzog 398, 404, 458
Franzos, Karl Emil, Schriftsteller 225–230, 393, 405
Franzos, Ottilie 228
Friedjung, Heinrich, Historiker 168, 405
Friedrich II., König von Preußen 64, 66, 349
Friedrich III., deutscher Kaiser 30, 79, 214, 270, 275, 299, 321, 327, 336, 338–340, 344, 348, 358, 411, 420, 435, 481
Friedrich Karl, Prinz von Preußen 358
Friedrich Wilhelm IV., König von Preußen 85
Friedrich, Erzherzog 52, 410, 462
Frischauer, Berthold, Journalist 105, 107, 200, 243, 265, 289, 313, 362, 365, 369, 372, 393, 405, 411, 433, 446, 497
Frossard, Charles, franz. General 249
Fugger, Nora Fürstin 331
Fürstenberg, Therese Landgräfin 49
Futtaky, Gyula, ungar. Journalist 266, 270–272, 313, 315, 369, 372, 393, 405, 497

G

Gablenz, Anton von, großherzogl. sächs. Kammerherr 39
Gambetta, Léon, franz. Staatsmann 180, 187, 206, 370, 481
Ganglbauer, Coelestin, Fürsterzbischof von Wien 224, 240
Gemmingen, Otto Freiherr von, militär. Lehrer des Kronprinzen 86
Giesl-Gieslingen, Arthur Freiherr von, Ordonnanzoffizier beim Kronprinzen 253, 476
Gindely, Anton, Historiker 69–72, 142, 165, 167–168, 174, 181, 205
Girtanner, Dr. Georg Albert, Zoologe 220, 434
Gisela, Erzherzogin, Schwester des Kronprinzen 20–23, 28, 32, 37, 49, 52, 86, 88, 107, 448, 471, 474
Goblet, René, franz. Außenminister 215, 360
Goethe, Johann Wolfgang von 61
Gondrecourt, Leopold Graf, erster Erzieher des Kronprinzen 29–31, 33–35, 39, 42, 50, 90, 93, 492
Gorup, Ferdinand Baron, Polizeibeamter 475
Greistorfer, Deutschlehrer des Kronprinzen 74
Grün, Dionysius, Geograph, Lehrer des Kronprinzen 71–72, 167, 174

Register

Gründorf von Zebegény, Wilhelm, Generalstäbler 352
Grünewald, von, militär. Lehrer des Kronprinzen 86
Gurko, Madame 372, 374

H
Hamerling, Robert, Schriftsteller 230
Hamilton, Herzog 99
Hamilton, Mary Lady 391
Hanslick, Eduard, Musikkritiker der NFP 233, 236–237
Harrington, Lord 101
Hattala, Martin, Slawist 142
Heine, Heinrich 107, 176, 198, 305, 402–404, 410
Helfert, Alexander von, Geograph u. Politiker 142, 485
Herbst, Eduard, lib. Politiker 194
Hertzka, Theodor 167
Herz, Cornelius, franz. »Elektriker« 263
Hinzpeter, Georg, Erzieher Wilhelms II. 30
Hirsch, Clara Baronin 449
Hirsch, Moritz Baron, Bankier 201–205, 313, 331, 381, 393, 399–400, 405, 424, 446–447, 449, 462, 482, 497
Hochstetter, Ferdinand von, Geologe, Lehrer des Kronprinzen 74–76, 78, 97, 118
Hodek, Eduard, Präparator u. Ornithologe 120
Hohenlohe, Constantin Prinz von, Oberfthofmeister 463
Holstein, Friedrich Baron von, Vortragender Rat im Auswärtigen Amt Berlin 69, 296, 298, 316, 327, 338, 366, 482
Holub, Emil, Forschungsreisender 78
Homeyer, Eugen von, Ornithologe 120–121, 141, 174, 220
Homolatsch, Anna 412–414, 418
Hotze, Friedrich, Feldmarschalleutnant 250
Hoyos, Josef Graf 389, 437, 443, 449, 451, 454–456, 458–462, 464–470, 472
Hübner, Alexander Graf von 224, 487
Hügel, Eduard, Chefredakteur der Vorstadtzeitung 227
Hugo, Victor 9, 213
Humboldt, Alexander von 61, 85
Hus, Jan 142

I
Isabelle, Erzherzogin 410

J
Jahoda, Agnes 423, 460
Jirecek, Hermenegild, Slawist, Lehrer des Kronprinzen 70–71, 142, 167
Johann Salvator, Erzherzog (Johann Orth) 52, 119, 176, 252–255, 263, 302, 439–440, 487, 490, 501–502
Johann, Erzherzog, Reichsverweser 234, 274
Jókai, Maurus, ungar. Dichter 236–239
Josef, Erzherzog 39
Joseph II., Kaiser 18, 64–68, 91, 152, 275
Joseph, Erzherzog 152
Judtmann, Fritz 465, 468
Jungh, Dr., Leibarzt des Kronprinzen 74

K
Kálnoky, Gustav Graf, Außenminister 183, 185, 194, 203, 242, 263, 285–286, 289–296, 299, 301–302,

304, 308–310, 313–314, 317, 320–321, 325, 328, 342, 348, 351, 353, 360, 391, 395
Karl I., Kaiser 361, 498
Karl Ludwig, Erzherzog 14, 23, 88, 90–92, 222, 224, 258, 449
Karl V., Kaiser 110
Karl, Herzog von Lothringen 110
Károlyi, Pista (Stephan) Graf 431–432, 451, 458–459, 463
Kaunitz, Wenzel Graf, Staatskanzler 396
Keller, Gottfried 80
Keller, Gustav, Jurist u. Lehrer des Kronprinzen 99
Kerchnawe, Hugo, militär. Lehrer des Kronprinzen 86
Kerzl, Dr., kaiserl. Leibarzt 323
Khevenhüller-Metsch, Fürst Franz Carl 106, 159, 175, 257, 301, 357
Khevenhüller-Metsch, Rudolf Graf, Gesandter in Belgrad 284, 289, 294, 297, 301, 303, 391
Koller, Alexander Baron, General 455, 463
Kornhäusel, Josef, Architekt 421
Kossuth, Ludwig, ungar. Revolutionär 281, 489
Kraus, Alfred Ritter von, Leiter der Statthalterei in Böhmen 173, 240
Kraus, Anton, militär. Lehrer des Kronprinzen 74, 86
Kraus, Friedrich, Volksliedforscher 393
Kriehuber, Josef 20
Krist, Josef, Lehrer des Kronprinzen 73–76, 232
Kuhn von Kuhnenfeld, Baron Franz, General, österr. Kriegsminister 351–354, 371
Kuranda, Annie 409–410, 419
Kuranda, Emil, Industrieller 393, 409

Kutschker, Johann, Fürsterzbischof von Wien 224

L

Lamsdorf, Vladimir Graf, russ. Außenminister 365, 433, 435, 490
Lanyi, Dr. Johann, Stabsarzt 384
Larisch, Marie Gräfin, geb. Wallersee 159, 315–316, 421, 423–426, 435, 436–442, 447–451, 457, 462, 487, 490, 495–496, 502
Lassalle, Ferdinand 174
Latour von Thurmburg, Joseph, Erzieher des Kronprinzen 31–36, 38–42, 52, 57–60, 73–74, 78, 87, 90–91, 93–94, 100, 129, 138, 146, 149, 156, 162, 168, 193, 247, 249, 251, 256, 264, 280, 289, 293, 341, 448, 492
Leitenberger, Friedrich Baron, Industrieller 200–201
Leitner, Quirin von 258
Leo XIII., Papst 273
Leopold II., Kaiser 18
Leopold II., König der Belgier 152, 154–155, 157, 499
Leopold, Prinz von Bayern 86, 120, 129, 448
Liechtenstein, Alfred Fürst 195, 266, 273
Liechtenstein, Alois Fürst 195, 267, 273, 399, 405, 411
Liechtenstein, Rudolf Prinz 25, 100
Lister, engl. Industrieller 98
Lónyay, Elemér Graf, s. Stephanie 498
Loschek, Johann, Kammerdiener des Kronprinzen 446–447, 454–455, 461–470
Louis Philippe, franz. König 60–61
Ludwig II., König von Bayern 107–109, 112, 176, 305, 481, 496
Ludwig Viktor, Erzherzog 14, 23

Register

Ludwig, Herzog in Bayern 315–317
Lueger, Dr. Karl, Führer der Christlichsozialen 273, 392, 396, 400–401
Lützow, Heinrich Graf von 155, 159

M

Maaßen, Friedrich Bernhard, Kanonist 382
Makart, Hans, Maler 110, 175
Maria Annunziata, zweite Frau von Erzherzog Karl Ludwig 23
Maria Theresia, Erzherzogin, geb. Prinzessin von Braganza 88–89, 117, 162
Maria Theresia, Kaiserin 18, 232, 349
Maria, Königin von Sachsen 38
Marie Henriette, Königin der Belgier 152, 154–155, 157
Marie José, Herzogin in Bayern 162
Marie Sophie, Königin von Neapel 100
Marie Valerie, Erzherzogin, Schwester des Kronprinzen 48–50, 87, 90, 162, 177, 191, 305–306, 391, 394, 398, 404, 446, 448–449, 458, 462, 470, 473–474, 479, 491, 497
Mariette, Auguste, Ägyptologe 136
Marno, Ernst, Forschungsreisender 78
Mauthner, Eduard, Schriftsteller 227
Max, Herzog in Bayern, Großvater des Kronprinzen 20, 124
Maximilian, Erzherzog, Kaiser von Mexiko 14, 23, 40, 92, 97, 124, 231, 242, 484
Mayer, A. B., Ornithologe 141, 220
Mayer, Albert, Oberstleutnant 440, 447

Mayer, Dr. Laurenz, Hofburgpfarrer 74, 135
Meißner, Dr. Florian, Advokat u. Polizeiagent 410, 413, 418–419, 445
Menger, Carl, Nationalökonom, Lehrer des Kronprinzen 81–83, 90, 94–96, 98–99, 101, 103–106, 113, 115, 174–176, 178–181, 251, 407
Meran, Franz Graf 258
Metternich, Clemens Fürst, Staatskanzler 18, 229–230
Metternich, Pauline Fürstin 223
Metternich, Richard Fürst 443
Meyer, Rudolf, Chefredakteur des Vaterland 405
Meyers, William 502
Middleton, Captain Bay 100–101
Milan Obrenovic, Fürst, später König von Serbien 184–185, 284–286, 288–291, 293, 295, 301
Mitis, Oskar Freiherr von, Historiker 181
Moltke, Helmuth Graf von 320, 334
Montesquieu, Charles Baron de 65
Monts, Anton Graf, deutscher Diplomat 377, 493
Morpurgo, Giuseppe Freiherr von, Bankier 174
Mundy, Jaromir Freiherr von, Philanthrop 221, 224

N

Napoleon I., Kaiser der Franzosen 346, 350, 421
Napoleon III., Kaiser der Franzosen 22
Nehammer, Karl, Kammerdiener des Kronprinzen 212
Nestroy, Johann 15
Neumann, Angelo, Prager Theaterdirektor 114

Neuwirth, Josef, liberaler Politiker 194, 243
Nopcsa, Franz Baron, Obersthofmeister der Kaiserin 470

O
Otto I., König von Bayern 496
Otto, Erzherzog 52, 88, 361, 406–408
Ottokar II., König von Böhmen 111

P
Paar, Eduard Graf, Generaladjutant 463
Paget, Lady Walpurga, Gattin des brit. Botschafters in Wien 432, 442
Pálffy von Erdöd, Moritz Graf 39
Paulus, franz. Volkssänger 443
Payer, Julius von, Forschungsreisender 78
Pernerstorfer, Engelbert, deutschnationaler, später sozialdemokrat. Politiker 406–408, 413
Peter I., Zar 91
Petznek, Leopold, s. Elisabeth, Erzherzogin 500–501
Philippovich, Joseph von, General 246, 250, 252
Pius IX., Papst 100, 273
Planitz, Ernst Edler von der, Mayerling-Forscher 460
Planker-Klaps, Sophie, Kammerfrau der Kronprinzessin 434
Plener, Ernst von, liberaler Politiker 163–165, 174, 194, 237
Plener, Ignaz von 163
Popp, Leonidas, General 260
Possega, Martin, Leiblakai 33
Potocki, Arthur Graf 390, 498
Preschel, Johann, Erfinder des Zündhölzchens 217

Pribram, Ludwig Ritter von 56, 92
Püchel, Rudolf, Hofjäger 445–446, 451–452, 456–457

R
Radde, Dr. Gustav, Ornithologe 220
Radetzky, Joseph Graf, Feldmarschall 33
Radolin-Radolinski, Hugo Graf, Hofmarschall des deutschen Kronprinzen Friedrich Wilhelm 327
Radziwill, Catherine Prinzessin 104
Rainer, Erzherzog 37, 119
Ratschek, Karl, Unterförster 454–455, 466
Rauscher, Kardinal 15
Reuß, Heinrich VII. Prinz, deutscher Botschafter in Wien 191, 210–212, 296, 304, 316–317, 322, 360, 363, 378, 413, 420, 435, 443, 445, 462, 489, 493, 495–496
Reuß, Prinzessin 443–444
Rheinländer, militär. Lehrer des Kronprinzen 86
Richter, Eugen, deutscher liberaler Politiker 328, 407
Rieger, Dr. Franz Ladislaus, Führer der Alttschechen 147, 165–167, 372–373
Ringel, Erwin, Mediziner 491
Röhl, John C. G., Biograph Wilhelms II. 413
Rónay, Hyazinth, Titularbischof, Lehrer des Kronprinzen 62, 64–65, 67–68, 275
Rosegger, Peter 230
Rößler, von, militär. Lehrer des Kronprinzen 86
Rothschild, Bankhaus 198
Rottenburg, Franz von, Chef der Reichskanzlei 363

Rudolf I., römisch-deutscher König 110–111
Rudolf II., Herzog von Österreich 111

S
Salburg, Edith Gräfin, Schriftstellerin 113, 388
Salisbury, Robert Cecil Marquess of, engl. Premierminister 325
Salt, engl. Industrieller 98
Scherzer, Karl Ritter von 96–99
Schiller, Friedrich von 61, 348
Schmerling, Anton von, liberaler Politiker 60
Schnitzler, Arthur 389
Schönborn-Buchheim, Franz Graf, Fürsterzbischof von Prag 452
Schönerer, Georg Ritter von, Führer der Alldeutschen 196–199, 207–208, 360, 392, 394–402, 405, 407, 482
Schratt, Katharina 494
Schulte, Johann Friedrich von, Theologe 169
Schwarzenberg, Friedrich Prinz zu, Fürsterzbischof von Prag 134, 160, 168–170, 184, 193, 266–267
Singer, Edmund 167
Skobeleff, Michail Dimitriewitsch, russ. General 481
Slatin, Heinrich von, Sekretär im Oberstofmarschallamt 385, 462–463, 475–476
Sommssich (oder Socupis), Ella 412–414
Sonnenfels, Joseph von 82
Sonnenthal, Adolf von, Burgschauspieler 205
Sophie, Erzherzogin, Großmutter des Kronprinzen 18–24, 26, 28, 35, 39, 42, 45–46, 49, 52, 54–56, 58, 61

Sophie, Erzherzogin, Schwester des Kronprinzen 20, 22
Spindler, Heinrich Ritter von, Leiter des kronprinzl. Sekretariates 33, 129, 318, 448
Stambulow, bulgar. Ministerpräsident 299
Stefan, Erzherzog 47
Steininger, Karl Freiherr von, Militärbevollmächtigter in Berlin 331, 419
Stephanie, Kronprinzessin, geb. Prinzessin von Belgien, wiederverheiratete Fürstin von Lónyay 117, 152–157, 159–162, 177, 191, 222, 230, 267, 272, 286–287, 305–306, 318, 329–330, 333, 335, 355, 361, 363, 386–391, 394–395, 407–410, 414, 416–417, 419, 427, 434, 436, 439, 443, 446–448, 456–458, 462, 470, 474, 497–500
Stern, Lina 408–409
Stockau, Georg Graf 477
Stockhausen, Juliana Gräfin von (Gatterburg) 414
Strauß, Eduard, Hofballmusikdirektor 159, 192
Strauß, Johann 156
Strauß, Josef 15
Stubel, Milli, verh. Orth 502
Sueß, Eduard, Geologe u. liberaler Politiker 193, 401–402
Sybel, Heinrich von, Historiker 62
Szeps, Moriz 17, 23, 81, 134, 158, 165, 167, 170–173, 178–189, 191–192, 194–212, 218–219, 227, 234, 243–244, 251, 257, 259–261, 263–266, 269–271, 284, 290, 293–294, 296, 299–300, 303, 308, 310–311, 313–315, 328, 334, 336–337, 340, 354, 357–358, 360, 365–366, 369–372, 374, 378–379, 381–382, 385–386, 392–394, 399, 403–405, 407,

411–412, 424, 426, 428–429, 432–433, 445–446, 488, 493, 497, 502
Szögyènyi-Marich, Ladislaus Graf, erster Sektionschef im Ministerium des Äußeren 200, 238, 290, 294, 313–314, 319, 351, 434, 446, 447–449, 462, 490, 495

T

Taaffe, Eduard Graf, Ministerpräsident u. Innenminister 146–148, 162–166, 168, 178–181, 183, 185–186, 192–193, 195, 203, 218, 223–224, 240, 242–243, 252, 260, 264, 268–269, 275, 302, 311, 314, 362, 367, 398–399, 418–419, 477
Tatistschew, russ. Journalist 368, 369
Tegetthoff, Wilhelm von 40
Teleki, Samuel Graf 278, 490
Tilgner, Viktor, Bildhauer 442
Tisza, Koloman Graf, ungar. Ministerpräsident 264–271, 281, 357, 362, 431–432, 459, 488–489
Török, Nikolaus Graf 114

U

Udel, Carl, Musiker 391

V

Vergani, Journalist 202
Vetsera, Franz Baron 460
Vetsera, Hanna, Baronesse 436, 460
Vetsera, Helene Baronin 116, 421–422, 424, 426, 428, 435–436, 461, 463, 470–471, 477, 485–486
Vetsera, Mary Baronesse 116–117, 361, 414, 419–426, 428, 430, 435–444, 447–451, 453–454, 456–458, 460, 462–467, 469–470, 472–473, 475–478, 485–486, 495, 502–503
Victoria, Königin v. Großbritannien u. Irland 101–102, 324, 327, 435
Viktoria, Gemahlin Friedrichs III. 152, 321, 323–325, 329, 435
Viktoria, Prinzessin von Preußen 323
Vogelsang, Karl (Baron), Gründer der Christlichsozialen Partei 273, 382, 392, 400, 483

W

Wagner, Carl, militär. Lehrer des Kronprinzen 74, 86
Wagner, Richard 108, 180, 183
Waldersee, Alfred Graf von, Chef des deutschen Generalstabes 298, 320, 334, 337, 364, 366–367
Walterskirchen, Max Graf von 114
Walterskirchen, Robert von 167
Wedel, Carl Graf, deutscher Militärattaché in Wien 69, 209–210, 212, 301, 302, 367
Wehselitzki (»Argus«), Journalist 369, 371, 375
Weilen, Joseph Ritter von, Schriftsteller 110, 227, 236–239, 241, 393, 433
Welden, Karoline Freifrau von (Wowo), Aja des Kronprinzen 18, 28–29, 448
Welden, Ludwig Baron von, Feldzeugmeister 18
Weyprecht, Carl, Forschungsreisender 78
Widerhofer, Dr. Hermann, kaiserl. Leibarzt 384, 457, 470, 472–473, 478, 494
Wilczek, Hans Graf 40–41, 119, 129–131, 134, 154, 174, 217, 221–222, 224, 233, 236–237, 258
Wilhelm I., deutscher Kaiser, König von Preußen 30, 55–56, 79, 108, 273, 299, 307, 317, 321, 325, 329, 336–337, 344, 394–396

Register

Wilhelm II., deutscher Kaiser 18, 30, 43, 60, 69, 90–91, 104, 203, 215, 269–270, 283, 309, 314, 321, 323–326, 328–333, 336, 338–340, 344, 348, 357–367, 369, 372, 379, 381–382, 386, 402–403, 407, 410–415, 418, 420, 432–433, 442–444, 480, 482, 490, 492–493, 501, 503, 505
Wilhelm, Erzherzog 39, 54, 258
Windischgrätz, Otto Fürst, s. Elisabeth, Erzherzogin 500
Windthorst, Ludwig, Führer des deutschen Zentrums 301
Wodiczka, Leibjäger des Kronprinzen 446, 465–466
Wolf, Johanna, Kupplerin 330–333, 393, 410, 414–415, 418, 501

Wretschko, Matthias, Botaniker, Lehrer des Kronprinzen 73, 76
Wurmbrand, Offizier 253

Z
Zeißberg, Heinrich Ritter von, Historiker 74
Zhisman, Anton 59
Zhisman, Josef, Kirchenrechtler u. Lehrer des Kronprinzen 50, 52, 58–62, 74, 167, 181, 189, 275
Zuckerkandl, Berta, geb. Szeps 208, 445, 502
Zuckerkandl, Emil, Anatom 393, 424–425
Zwerger, Alois, Schloßwart in Mayerling 475

BILDNACHWEIS

Haus-, Hof- und Staatsarchiv Wien: S. 53, 67, 71, 85, 276
Friedrich Weissensteiner, *Die rote Erzherzogin*, Wien 1982: S. 133 rechts unten
Die Habsburgermonarchie 1848–1918, Bd. III, Wien 1980 Tafel 1: S. 143
Fritz Judtmann, *Mayerling ohne Mythos*, Wien 1982: S. 465, 468, 503
Bundesmobiliendepot Wien: S. 501
Sämtliche andere Abbildungen: Archiv der Autorin

Stephan Baier/Eva Demmerle
Otto von Habsburg

Die einzige autorisierte Biografie

In seinem wechselvollen Leben setzte sich Otto von Habsburg unbeirrbar für Freiheit und Einheit Europas ein. Seine Visionen und Ziele, sein Kampf gegen Hitler und Stalin, sein Einsatz für Österreich und Europa schildert diese Biografie, vergisst aber auch kritische Punkte nicht.

Das Buch ist ein besonders authentischer Blick hinter die Kulissen dieses einmaligen Lebens: Die Autoren hatten uneingeschränkten Zugang zu allen persönlichen Unterlagen, unveröffentlichten Dokumenten und zahlreichen Fotos aus dem Privatbesitz der Familie.

576 Seiten, ISBN 978-3-85002-486-0
Amalthea

Lesetipp

BUCHVERLAGE
LANGENMÜLLER HERBIG NYMPHENBURGER
WWW.HERBIG.NET